U0086321

增訂三版

貿易條件詳論
——FOB, CIF, FCA, CIP, etc.

張錦源 著

學歷／國立臺灣大學經濟學系畢業
經歷／國立政治大學國際貿易研究所
　　　國立交通大學管理科學研究所教授
　　　司法官訓練所講座
　　　中央信託局副局長
　　　考試院甲種特考著作審查委員、高普考典試委員
現職／外貿協會國際企業人才培訓中心課程顧問

三民書局

國家圖書館出版品預行編目資料

貿易條件詳論:FOB、CIF、FCA、CIP, etc. / 張錦源著.
－－增訂三版一刷.－－臺北市；三民，2003
　　面；　公分

　　ISBN 957-14-3714-X　（平裝）

　　1.貿易

558.5　　　　　　　　　　　　　　　92001183

網路書店位址　　http : // www. sanmin. com. tw

© 　貿 易 條 件 詳 論
——FOB, CIF, FCA, CIP, etc.

著作人　張錦源
發行人　劉振強
著作財
產權人　三民書局股份有限公司
　　　　臺北市復興北路386號
發行所　三民書局股份有限公司
　　　　地址／臺北市復興北路386號
　　　　電話／(02)25006600
　　　　郵撥／0009998-5
印刷所　三民書局股份有限公司
門市部　復北店／臺北市復興北路386號
　　　　重南店／臺北市重慶南路一段61號
初版一刷　1987年6月
初版二刷　1990年9月
修訂二版一刷　1992年9月
修訂二版二刷　1996年3月
增訂三版一刷　2003年3月
編　號　S 55210-0
基本定價　拾貳元陸角
行政院新聞局登記證局版臺業字第○二○○號

有著作權·不准侵害

ISBN　957-14-3714-X　（平裝）

增訂三版序

一、2000年版國貿條規(Incoterms 2000)已於1999年修訂,並自2000年1月起實施。為配合此修訂,承蒙劉副教授鶴田兄的協助,作者費了二年多時間,將本書(原名:貿易慣例)作了大幅度的翻修。尤其第二章「國際商會貿易條件解說」更是做了全面的改寫。希望讀者對新版 Incoterms 會有更深入的認識,進而對於各種「貿易條件」(Trade Terms)能應用自如。

二、「美國對外貿易定義」自1941年修訂後,經過了半世紀,終於在1990年再度修訂,改稱為「1990年修訂美國對外貿易定義」(Revised American Foreign Trade Definitions—1990)。「美國對外貿易定義」雖然有些人認為已成過去式的規則,然而,在北美洲貿易界卻仍多所採用。本書第三章也做了相應的修改,希望與北美洲商人做生意的人,對「1990年美國對外貿易定義」能多加了解。

三、除了上述之外,⑴為配合新版 Incoterms,將 Combiterms 2000 替換第八章的Combiterms 1990,⑵附錄一「我國法院有關貿易條件判決」部分,酌予增補我國法院近年來的判決,⑶附錄二「習題與試題」部分則增補了近年來各類考試中有關「貿易條件」的試題,甚具參考價值。

　　本書原名為《貿易慣例——FCA、FOB、CIF、CIP等條件解說》,但不少讀者建議:若將「貿易慣例」改為「貿易條件」可能更恰當。因此,趁修訂的機會,將其改名為《貿易條件詳論——FOB, CIF, FCA, CIP, etc.》。

　　本書既是學術性也是實務性的書籍,自民國76年初版問世以來,即承蒙學術界及實務界的人士關注、愛護及指教,謹在此申致謝忱!

張錦源 謹識

民國91年9月

修訂二版序

我國某大型工廠，為了擴建廠房，擬自美國進口一套價值上百萬美元的重型機器設備，與紐約 Rochester 的一家機械公司磋商貿易契約已有一段時間。雙方以 FOB Rochester 為基礎進行磋商契約內容。

在正式簽約的前一天，我方工廠負責人為謹慎起見，特請了一位貿易專家審核雙方已磋商多時的貿易契約草稿。當這個專家看了契約草稿之後，豎起眉毛，問本案採購主辦人說：「FOB Rochester 的 FOB 涵義為何?」該主辦人答說：「該 FOB 的涵義與本公司其他所有貿易契約中所使用的 FOB 一樣，它表示賣方須負責在最靠近 Rochester 的海港，把所購機器設備裝上我方所指派船舶。」他又說：「它就與 FOB Kobe 一樣，賣方須負責在日本神戶港(Port of Kobe)，把貨物裝上船舶，才完成交貨義務。」

然而，這位貿易專家卻有不同的看法，他告訴這位採購主辦人說，在美國，FOB 一詞並不一定與世界上其他地方的人所理解的 FOB 相同。這是因為在傳統上，美國商人是按照Revised American Foreign Trade Terms 來解釋 FOB 條件之故。這位貿易專家隨即出示一份"Revised American Foreign Trade Definitions—1941"並指出美國式的 FOB 有多種，其中有的與 Incoterms EXW 相似，有的則與 Incoterms DDP 差不多。鑒於本案交易標的是笨重的龐然大物，從 Rochester 運至最近的港口需花費相當多的時間與金錢，這位貿易專家很謹慎地建議該採購主辦人再向美商查詢究竟其對FOB Rochester作何解釋。

經查詢結果，美商公司竟然答覆說：「在FOB Rochester條件下，我方只負責在 Rochester把機器裝上內陸運送工具，就視為完成交貨義務，至於由Rochester運至港口以及裝船的責任概由貴方自理。」這個答覆令採購主辦人大為驚訝，結果不得不擱置簽約手續，重新磋商契約條件。

由上述案例，我們可得到的教訓是：世界上大多數國家的貿易廠商固然都使用Incoterms所規定的貿易條件(Trade Terms)，但卻有一個主要而且很重要的例外，那就是美國，美國進出口商未必都使用Incoterms。雖然，近年來，美國進出口商採用Incoterms者越來越多，但是，習慣不是一朝一夕就可改變，事實上，許多美國進出口商迄今仍樂於使用美國式的貿易條件。

鑒於貿易條件在國際貿易實務中扮演著很重要的角色，著者在民國76年初夏出版了《貿易慣例》一書，嘗試將各種定型與非定型的貿易條件加以闡釋其內容。出版後，出乎意料，得到讀者相當熱烈的反應。

目前，大部分的國際貨物買賣契約都以國際商會制定的Incoterms 1980規定買賣雙方間各自應負擔的風險(Risks)、費用(Costs)和責任(Duties)。但是，由於EDI (Electronic Data Interchange)通訊的使用日益普及，以及國際運送技術的變化——特別是貨櫃貨物的單元化，複合運送及近海運送中汽車或火車的駛進駛出式運送——國際商會乃於Incoterms 1980公布實施了僅僅十年之後，又於1990年4月頒布了新的Incoterms，即Incoterms 1990，並自同年7月1日起生效實施，以期各種Trade Terms更能適應上述新形勢的需要。

為了配合新Incoterms的實施，著者乃將原著作了大幅度的修訂，其中第二章可說是作了全面的改寫，希望讀者能對新的Incoterms內容有充分的認識。

此外，應讀者的要求，藉此次修訂的機會，在本書之後，附上豐富的習題，供練習之用，希望藉此加深讀者對各種 Trade Terms 的了解與應用。

本書初版自民國76年問世以來，承蒙學術界及貿易界的關心、愛護及指教，謹在此申致謝忱！

張錦源 謹識
民國81年8月

初版序

　　國際貿易乃跨越國境的商務活動。從事國際貿易活動的當事人必須在不同的國境、不同的法制及不同的習慣下，利用各種不同的設施或服務，以完成其所從事的交易活動。今日的國際貿易雖呈多元化、多樣化，但國際商品買賣活動，仍屬其中最重要的一環。

　　從事國際商品買賣的當事人，對於下列各項問題，莫不特別關懷與注意：

　　⑴賣方負擔貨物的風險(Risks)到何時、何地為止？從何時、何地起，由買方負擔？

　　⑵何種費用應包括在售價中由賣方負擔？何種費用不包括在售價中而應由買方負擔？

　　⑶由何方安排運送與保險？與交易有關的單據文件應由何方負責申領或提供？

　　國際商品交易中，有關貨物運送所涉及的風險(Risks)、費用(Costs)及責任(Duties)等，在買賣雙方之間那一項應歸那一方負擔或負責，依一般商業習慣予以界定的標準即通常所稱的 Trade Terms，如 FOB、CIF 等。本書即在於闡釋在各種 Trade Terms 下，貨物風險與費用的分界點(Critical Point)，以便讀者了解其依某一 Trade Term 進行交易時，其應負的風險、費用及責任，從而可主動選用適當的 Trade Term，精確估算其交易價格，從而順利達成交易目的，並避免無謂的貿易糾紛。

　　撰寫本書期間，屢承德時國際通商事務所葉律師永芳、世華銀行嵇顧問惠民、臺灣銀行蔡副理曉畊、陳襄理武雄、中國農民銀行陳副理沖及上海商業儲蓄銀行劉襄理存英諸先生提供寶貴的意見及資料，謹在此申致謝忱。

　　著者學驗有限，書中訛謬恐不能免，尚祈讀者不吝指正，是所深幸。

張錦源 謹識

民國76年5月

貿易條件詳論
——FOB, CIF, FCA, CIP, etc.

第三章　美國對外貿易定義解說

第一章

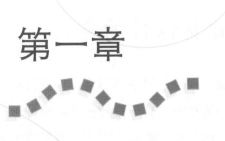

貿易條件概說

第一節　貿易條件的意義

在國際上尚無受各國普遍承認的統一國際貿易法情形下，世界各國的貿易廠商，在進行交易時或履行貿易契約義務時，其所根據的規範是什麼？長期以來，各國貿易廠商根據什麼從事鉅額的貿易業務？再者，貿易當事人間發生爭端時，又根據什麼做妥善的解決呢？換言之，在法律、風俗及習慣相異的國家之間，足以使貿易當事人服膺且具有權威性的規範是什麼呢？其答案為：在長期國際貿易實踐中逐漸形成的一些習慣做法和先例，而由一些權威性的國際性組織或商業團體就這些習慣做法和先例加以解釋或歸納成文的商業慣例 (Commercial Customs and Usage) 是也。這種慣例，先是行於一地方，繼之擴展至一國，而後為國際間所遵循，最後乃成為國際貿易慣例 (International Trade Custom)。**各國法院或仲裁機構也大多根據這種慣例以解決貿易上的爭議。**這種慣例固然不是國際條約，就是在私法上對於貿易當事人，也不直接具有法律上的強制力和拘束力，但在國際貿易界卻已演變成定型的慣例，其效力幾與法律相埒。

國際貿易與國內買賣有很大的不同。在國內買賣，買賣雙方一般是採取面對面的交易，一手交錢，一手交貨，即使是送貨上門的交易，通常也只是涉及國內不同地區之間的運輸，情況比較單純。但是，在國際貿易，由於貨物要越出國境，從出口國運往進口國，這就產生許多複雜的情況，並引起許多國際貿易所特有的風險、費用及責任。於是，從事國際貨物買賣的雙方當事人，在從事貨物買賣活動時，對於以下一些特殊問題，莫不特別關心：

(1)在國際貿易中，買賣雙方分處於兩個不同的國家，賣方究竟應在何地交貨？在賣方的工廠、倉庫交貨，還是在貨物的裝運地或裝運港、目的港或買方營業地交貨？貨物在運輸途中可能遭遇到各種風險 (Risks)，使貨物遭到滅失 (Loss) 或毀損 (Damage)，這種風險究竟應由何方承擔？以何時、何地為界限？

(2)在國際貿易中，貨物需由一個國家運往另一個國家，其間會發生各種

費用，那麼究竟那些費用包括在售價中而應由賣方負擔？那些費用不包括在售價中而應由買方負擔？

(3)國際買賣的貨物一般都要經過長距離的運輸。在這種情況下，究竟由賣方還是由買方負責安排運輸事宜？由誰負責辦理貨物運輸保險事宜？又，各國政府對於對外貿易都有一系列的管制措施，如實行進出口許可證制度、外匯管制制度、關稅制度等。在這種情況下，究竟由賣方還是由買方負責申領輸出入許可證和辦理貨物通關手續？除此之外，對於貨物的交付，買賣雙方各應負何種通知義務？賣方應向買方提出何種單據文件，才能要求買方付款？

上述問題，在國際貿易中，如每次交易時都將其以冗長的條文約定，則不勝其煩，也不符講求效率的貿易需要。所幸上述問題在國際貿易實踐中，買賣雙方大都可以透過採取一定的「貿易條件」(Trade Terms)，例如 FOB, CIF 等，求得解決。這些貿易條件是在國際貿易的長期實踐中形成的，並且已經得到廣泛的採用，而成為一種重要的貿易慣例。當這些條件用於報價時，即成為報價條件的主要部分之一，等到報價被接受以後，這些條件載明於買賣契約中，又成為買賣契約的主要部分之一。

基本上，貿易條件都是以賣方履行交貨義務的地點作為在買賣雙方之間劃分彼此所應承擔的責任和義務的標準。所以，有些人又將貿易條件稱之為「交貨條件」(Delivery Term)。例如，從賣方的立場來說，最理想的是能夠在其工廠或倉庫交貨，這樣，賣方就可以不必承擔貨物離開工廠或倉庫之後所發生的風險和費用，也不必辦理運輸、保險以及申領輸出許可證等與輸出有關的事宜，並且一般在交貨時就可以收到貨款；但另一方面，從買方的立場來說，他可能會要求賣方把貨物交到目的地，由賣方辦理運輸、保險以及與輸出入有關的事宜，並希望能在收到貨物之後才付款。根據買賣雙方的不同要求，雙方可以透過協議採取各種不同的交貨安排，例如，雙方可以約定在賣方工廠或倉庫交貨，或者在賣方國家的港口船邊交貨，或者在裝運港的船上交貨，或者在目的港的船上交貨，甚至在買方營業地交貨，等等。這些由不同的交貨地點所形成的條件，在國際貿易中習慣上都是用幾個縮寫的英文

字母來表示，例如，「工廠交貨」以 EXW 表示，在輸出港「船邊交貨」以 FAS 表示，在輸出港「船上交貨」以 FOB 表示，「目的港船上交貨」以 DES 表示，等等。這些在國際貿易中被用來說明買賣雙方在貨物交接方面的責任、費用和風險劃分的各種縮寫術語，就叫做「貿易條件」。

　　一般而言，貿易條件的功能，主要在於劃分一筆交易中買賣雙方之間各自所應承擔的風險 (Risks)、費用 (Costs, Expenses) 和責任 (Duties, Obligations)。詳言之，貿易條件具有下列三種功能：

　　⑴規定在一筆交易中，賣方應負擔貨物的風險到何時、何地為止；何時、何地以後的風險歸由買方負擔。也就是說，貿易條件可用以劃分買賣雙方就買賣貨物應負擔的風險的界限。前已指出貿易條件在基本上是交貨條件，所謂交貨 (Delivery) 就是將買賣標的物交付之意。而貨物的風險則原則上於貨物交付時由賣方移轉買方。我民法第 373 條規定：「買賣標的物之利益及危險，自交付時起，均由買受人承受負擔。但契約另有訂定者，不在此限」。美國統一商法 (Uniform Commercial Code, UCC) 第 2–509 條也有類似規定。不同的貿易條件，有其不同的交貨地點，因此，貨物風險負擔的移轉界限（時、地）也互不相同。然而，在一筆交易中，所採用的貿易條件一經確定，其交貨地點也就確定，交貨地點既經確定，風險負擔的移轉界限也就隨之而確定。

　　⑵規定在一筆交易中，那些費用應包括在售價中而由賣方負擔；那些費用不包括在售價中，而須由買方負擔。換言之，貿易條件的第二種功能在於規定買賣標的物價格的結構。採用不同的貿易條件，買賣雙方所負擔的風險、責任和費用也因之而有所不同，但這些風險、責任和費用最後都在貨價上反映出來。一般地說，如賣方所承擔的風險大、責任重、支付的費用項目多，則貨物的售價也高；反之，如賣方所承擔的風險小、責任輕、支付的費用項目少，其貨物售價也相應較低。同樣的貨物，在按「工廠交貨」(EXW) 條件出售時，其價格一般應低於按裝運港「船上交貨」(FOB) 條件出售的價格；而按裝運港「船上交貨」條件出售的價格又應低於按「目的港船上交貨」(DES) 條件出售的價格。從這個意義上看，不同的貿易條件也代表了貨物的不同價格結構，所以貿易實務界往往也把貿易條件稱為價格條件 (Price Term)。

　　(3)規定在一筆交易中，由何方負責安排運輸、保險事宜、申領輸出入許可證、辦理通關手續、買賣雙方應負的通知義務、賣方應向買方提出的單據文件。例如，按 CIF 條件交易時，賣方應負責安排船舶、購買保險、申領輸出許可證、辦理出口通關事宜，並向買方提出商業發票 (Commercial Invoice)、可轉讓或通知運送人即可將貨物轉售給他人的通常裝船運輸單據 (On-Board Transport Document)、保險單 (Insurance Policy) 等，此外還須將貨物已在船舶上交付一節，給予買方充分的通知。

　　從上述可知，貿易條件不但可表示買賣貨物價格的結構，而且更重要的是規定買賣雙方各應履行的義務、負擔的費用以及風險移轉的分界點或關鍵點 (Critical Point)。所以貿易條件實包含了許多內容甚為複雜而又極為重要的法律涵義，絕不可單純地視其為僅是表示價格結構的價格條件而已❶。

　　由於貿易條件在國際貿易中具有劃分買賣雙方當事人間風險、費用和責任的作用，買賣雙方在磋商交易和訂立買賣契約時，只要選用某一雙方認為合適的貿易條件，就可以據此確定他們之間的責任與義務，而不必逐項磋商討論。所以，貿易條件的廣泛採用，為買賣雙方提供了很大的方便，它簡化了交易的程序，縮短了磋商的時間，並可節省交易的開支和費用❷。

第二節　「貿易條件」一詞的商榷

　　前面已提及，FOB、CIF 等，在英文稱為 Trade Terms，但在實務界或學術界，其名稱卻頗為不統一。在歐洲方面，雖大都將 FOB、CIF 等稱為 Trade Terms，但也有將其稱為 Delivery Terms 或 Shipping Terms（尤其在英國方面）或 Commercial Terms（尤其在法國方面）者❸。

---

❶　*ICC Business World* 在其1986年 July-September 期，第17頁"What's in a word? A lot when it comes to trade terms!"一文中，強調 FOB、CIF等 Trade Terms 雖然只有三個英文字母，但其所涵蓋的意思卻是很豐富。

❷　張錦源，《國際貿易法》，五修訂版，民國90年，p. 332。

❸　Alasdair Watson, *Finance of International Trade*, 2nd ed., 1981, pp. 41–43; Arthur J. Day, *Exporting for Profit*, 1st ed., 1976, p. 75.

在美國方面，一部分人將 FOB、CIF 等稱為 Quotation Terms 或 Price Quotation，一部分人將其稱為 Trade Terms，更有一部分人則將其稱為 Sales Terms 或 Terms of Sales❹。而著名的美國統一商法 (Uniform Commercial Code) 則又將其稱為 Delivery Terms。也有一部分人稱其為 Price-Delivery Terms❺。

在日本方面，實務界及早期的學術界，都將 FOB、CIF 等稱為「價格條件」(Price Terms)；近年來，學術界雖已逐漸改稱為「貿易條件」(Trade Terms)，但實務界則大部分仍稱其為「價格條件」❻。

至於在我國，對於 FOB、CIF 等的稱呼更為不統一。實務界多仿照日本，將其稱為「價格條件」(Price Terms)；在學術界，有的將其稱為「貿易條件」(Trade Terms)，有的將其稱為「價格條件」(Price Terms)❼，有的則將其稱為「報價條件」(Quotation Terms)❽，更有的人則將其稱為「定型貿易條件」❾或「交易條件」❿，也有人譯成「價格術語」或「商業用語」⓫或「貿易術語」⓬或「貿易條規」。其名目之多，簡直令人眼花撩亂，無所適從。

持平而論，將 FOB、CIF 等條件稱為 Trade Terms，也就是貿易條件，似乎失之過廣，因為「貿易條件」一詞，涵義甚廣，除指 FOB、CIF 條件以外，

---

❹　Philip MacDonald, *Practical Exporting and Importing*, 2nd ed., p. 110.

❺　H. J. Berman & C. Kaufman, "The Law of International Commercial Transactions (Lex Mercatoria)", 19, *Harvard International Law Journal*, 1981, p. 221.

❻　Clive M. Schmitthoff, *Export Trade*, 7th ed., p. 20: The FOB clause is frequently taken as a basis for the calculation of the price of the goods sold and not as a term defining the method of delivery; p. 8: The special trade terms are primarily designed to define the method of delivery of the goods sold. They are, however, often used for another purpose, namely to indicate the calculation of the purchase price and, in particular, the incidental charges included therein.

❼　梁滿潮，《貿易契約與糾紛之預防》，增訂再版，民國64年，p. 130。

❽　周渭泉，《國際貿易實務》，初版，民國61年，p. 13。

❾　古嘉諄，〈國際貿易中定型貿易條件之研究〉，興大法研所碩士論文，p. 1。

❿　王仁宏，〈國際商品買賣契約〉，司法行政部國際貿易司法實務講義，p. 171；葉永芳，〈國際商會國貿條規的逐項分析〉，《商務仲裁》，第8期，民國71年4月，p. 9。

⓫　嵇惠民，《國際貿易實務》，初版，民國59年，p.1–32。

⓬　我國大陸學者多稱其為「貿易術語」。

凡是一筆交易的品質、數量、交貨、保險、價格、索賠……等條件，都可以包括在內，用來專指 FOB、CIF 等條件，並不十分相宜。而且可能與國際貿易理論中常用的「貿易條件」(Terms of Trade) 一詞相混。

又如將 FOB、CIF 等條件稱為 Delivery Terms 或 Price Terms，也就是交貨條件或價格條件，其失之過狹，也甚顯然，因為這些條件並不限於表示交貨或價格而已。或許稱為 Delivery-Price Terms（交貨價格條件；交貨價格術語）更好。

至於將 FOB、CIF 等條件稱為 Quotation Terms，即報價條件，也並不適合。因為報價條件的內容要比 FOB、CIF 等的內容要廣泛的多，所以，不宜稱其為報價條件。

將 FOB、CIF 等條件稱為 Trade Terms（貿易條件）固然並不十分相宜，然而，由於國際商會 (International Chamber of Commerce) 所制定且被廣泛採用的「貿易條件的國際解釋規則」(International Rules for The Interpretation of Trade Terms)，簡稱「國貿條規」(Incoterms)，將 FOB、CIF 等條件稱為 Trade Terms，所以本書也將此等條件稱為 Trade Terms，並譯成「貿易條件」，同時將 Incoterms, Warsaw-Oxford Rules 及 American Foreign Trade Definitions 等規則中所規定的 Trade Terms 稱為定型貿易條件或標準化貿易條件 (Standardized Trade Terms)，而將這些規則以外的貿易條件，諸如 FOB&C、CIFFO、FOB airplane 等稱為非定型貿易條件或非標準化貿易條件。

第三節　貿易條件在國際貿易中的重要性

在國際貨物買賣，報價 (Offer) 一經被接受 (Accepted)，通常都須簽立買賣契約書，而在買賣契約中必訂有各種交易條件 (Terms and Conditions of Transaction)。在各種交易條件中，構成契約骨幹者厥為貿易條件。因如前所述，貿易條件的作用，是在於規定買賣雙方在貨物交接過程中的責任、費用與風險的劃分，買賣契約中所記載的 FOB 或 CIF 雖然只有三個英文字母，但其涵義卻非常豐富。國際商會為了解釋買賣雙方在 CIF 條件下應負的義務、

費用與風險，用了數百字的篇幅，由此可知，CIF 三字母，可替契約書省卻許多文字。當然，像這樣的術語，自然會受到重視，而且自然而然地成為契約的特徵。於是一般的契約名稱也就常以其所選用的貿易條件稱呼，例如以 FOB 條件訂約者，即稱其為 FOB Contract，以 CIF 條件訂約者，即稱其為 CIF Contract。

買賣契約在國際貿易中具有不可或缺的重要性，而貿易條件又在買賣契約中居於如此重要的地位，則研究貿易條件的商業與法律涵義，對於從事或研究國際貿易實務的人而言，可說是頗具意義的課題。

貿易條件在國際貿易實務中的重要性，可分述如下：

(1)就國際貨物買賣契約的成立而言，買賣雙方以貿易條件做為報價與接受的基準。

(2)就國際貨物買賣契約的履行而言，買賣雙方以所選用的貿易條件做為各自履行義務，享受權利的依據。

(3)就國際貨物買賣契約的糾紛而言，買賣雙方以所選用的貿易條件做為解決糾紛，劃分責任的準則。

由上述可知我們欲求國際貿易工作的順利進行，減免貿易糾紛的發生，不僅對於貿易條件的內涵須有充分的認識，而且必須能隨情況的不同，活用各種貿易條件⑬。

 ## 第四節　貿易條件的解釋規則

各國地區，由於歷史背景、法制的不同，加上各地風俗習慣、地理環境的差別，逐漸形成許多獨特的貿易習慣。在貿易條件方面，這種現象尤為顯著。雖然在國際貿易中，各種貿易條件的使用已有相當的歷史，也已很普遍，但各國地區對於同一貿易條件的解釋卻一直相當紛歧。因此，昔日進行國際貿易，必須由買賣雙方預先協議，言明遵循某一港口或某一行業的特殊習慣，

---

⑬　(1)*Guide to Incoterms*, 2nd ed., ICC Publication, No. 354, pp. 8–9.

　　(2)*ICC Business World*, July-September, 1986, p. 17.

並訂明買賣雙方的權責範圍，這樣才能避免或減少因誤解而引起貿易糾紛，從而順利完成交易。然而，這對經營國際貿易的業者而言，不但很不方便，而且增加很多無法預料的危險。

國際間有識之士及有關機構，鑒於各國地區貿易條件解釋的紛歧，常常引起誤會與糾紛，嚴重影響國際貿易的發展，咸認為貿易條件的解釋有加以統一化或標準化的必要。於是，經過數十年來的努力，此項統一化或標準化的工作，已有相當可觀的成果。

此項工作的進行可歸納成三類，第一類為將貿易條件於買賣契約中予以固定，而使買賣契約標準化；第二類為在個別買賣契約中將貿易條件予以特定解釋，用以拘束買賣雙方當事人；第三類為將貿易條件的解釋予以統一規則化。

標準化的模範契約 (Model Contract)，通常於特定貨物──諸如大宗貨物或資本財──交易時，為業者所採用。此類標準契約格式，大都是由各國相關的國際貿易協會所設計，僅於買賣契約當事人同意的情形下才有效。當然，當事人也可協議加以若干的變更。例如英國倫敦 The Grain And Feed Trade Association Ltd. (GAFTA) 即制定了數十種標準契約格式，供業者使用（包含 Imported Feeding Stuffs in Bags [CIF terms], Feeding Fish Meal [CIF terms], United Kingdom and Eire Grain [FOB terms] 等）。美國紐約 North American Export Grain Association, Inc. 也曾為穀物交易制定了若干標準契約格式，例如其中 NAEGA No. 2 (FOB)，即是最常用的一種標準契約格式。

在個別買賣契約中將貿易條件予以特定解釋者，乃因此類貨物的買賣，尚無統一的一般交易條件，也無標準化的模範契約格式可資應用，故由當事人於契約中予以特定解釋，以產生當事人所欲期發生的效力。

貿易條件解釋的統一規則化，進行迄今，已陸續產生了下列幾種解釋規則。這些解釋規則為較多的國家或貿易界所熟悉、承認和採用，也就成了有關貿易條件的國際貿易慣例。

關於貿易條件，目前國際上有較大影響的國際慣例有下列三種：

一、國際商會貿易條件解釋規則

本規則簡稱 Incoterms（國貿條規），在 1936 年由國際商會制訂，定名為 Incoterms 1936，副題為 International Rules for the Interpretation of Trade Terms （貿易條件的國際解釋規則），1953 年重加修訂，標題改為 Incoterms 1953，副題仍同。Incoterms 為 "International Commercial Terms" 的簡稱，意即「國際商業用語」。Incoterms 1953 所解釋的貿易條件共有九種。嗣為因應事實需要，先後於 1967 年、1976 年、1980 年、1990 年及 2000 年補充或修訂。

現行 Iconterms 為 2000 年修訂者，由國際商會以 ICC Publication, No. 560 刊行（自 2000 年 1 月 1 日生效），本版（2000 年版）規則所解釋的貿易條件共有十三種❶。

二、美國對外貿易定義

本解釋規則係於 1919 年在紐約 India House 舉行全美貿易會議 (National Foreign Trade Convention) 時制定，原名為 Definitions of Export Quotations，但通稱 India House Rules for FOB。 1941 年由美國商會 (The Chamber of Commerce of The United States of America)、美國進口商全國委員會 (The National Council of American Importers, Inc.) 及全國對外貿易委員會 (The National Foreign Trade Council, Inc.) 等三機構組成的聯合委員會 (Joint Committee) 再加以修訂，並改稱為 Revised American Foreign Trade Definitions ─ 1941 （1941 年修訂美國對外貿易定義），簡稱「美國定義」(American Definitions)。嗣又於 1990 年再修訂，稱為 Revised American Foreign Trade Definitions─1990 （1990 年修訂美國對外貿易定義）。本規則所解釋的貿易條件共有六種，不過其中 FOB 條件，又分為六種，所以實際上其所解釋的貿易條件共有十一種之多❶。

---

❶　關於 Incoterms 2000 的內容，詳本書第二章。

❶　關於1990年修訂美國對外貿易定義，詳本書第三章。

三、華沙、牛津規則

本規則的前身是華沙規則 (Warsaw Rules, 1928)，該規則為國際法協會 (International Law Association) 於 1928 年在波蘭首都華沙制定，共有廿二條規則，旨在統一解釋 CIF 買賣契約下，買賣雙方的權利與義務。嗣於 1932 年由各國商會的協助下，在英國牛津 (Oxford) 開會，予以修訂並改稱為「華沙、牛津規則」(Warsaw-Oxford Rules，1932)，共有廿一條規則❶。

以上三種貿易條件的解釋規則，以 Incoterms 最為通行。在國際貿易中應用很廣，早已成為具有最大影響的有關貿易條件的國際貿易慣例。自國際商會公布 Incoterms 1980 之後，美國商會、美國進口商全國委員會、全國對外貿易委員會等七個主要商業團體，也向美國貿易界推薦 Incoterms，以取代「修訂美國對外貿易定義」。然而，目前美洲國家的一些貿易廠商，尤其美國貿易廠商仍習於採用「修訂美國對外貿易定義」的貿易條件。至於 Warsaw-Oxford Rules，則因所解釋的貿易條件僅有 CIF 一種，目前採用者不多。

此外，瑞典貨運承攬業者協會 (Swedish Freight Forwarders' Association) 為簡化買賣雙方費用的劃分，企圖以代碼 (Code Number) 表示貿易條件中的費用項目，乃於 1969 年制定了 Combiterms 1969 （1969 年複合條件），將 Incoterms 中各貿易條件的條文予以重編，按其內容分別賦予標題 (Headings)，並以代碼 (Code Number) 表示貿易條件中各有關費用項目 (Cost Units) 以簡化買賣雙方費用的劃分，便利自動化作業，對於併裝併櫃的貨物運輸具有莫大的助益。嗣為配合 Incoterms 1980、Incoterms 1990 及 Incoterms 2000 的修訂，分別於 1982 年、1990 年及 2000 年重新修訂，分別改稱 Combiterms 1980、Combiterms 1990 及 Combiterms 2000，其中各貿易條件及所規定買賣雙方費用負擔的劃分，分別與 Incoterms 1980、Incoterms 1990 及 Incoterms 2000 大致相同，只是重點放在詳列買賣雙方應負擔的費用項目 (Detailed Breakdown of Cost Elements)。Combiterms 主要通行於以瑞典為主的北歐國家 (Northern European Countries) 商人之間的貿易❷。

---

❶　關於華沙、牛津規則，詳本書第四章。

Combiterms 2000 將 Incoterms 中的 Trade Terms，依其適用運輸方式的不同，歸納為二大類，即：

1. Sea transport only

FAS, FOB, CFR, CIF, DES, DEQ.

2. All modes of transport

EXW, FCA, CPT, CIP, DAF, DDU, DDP⓲.

 第五節　貿易條件解釋規則的任意性及其適用

　　前節所述各種貿易條件解釋規則都是由民間機構所制定的統一規則，並非由國家政府所制定，也非條約，故這些解釋規則均無法律的強制性，對當事人並無當然的拘束力。換言之，唯有當事人在契約中約定採用這些解釋規則，才對當事人發生法律上的拘束力。同時，這些解釋規則，對於同一型的貿易條件，其解釋也不盡相同，有時甚至頗有出入。故為避免無謂的爭議，制定這些規則的機構，均於其各規則的序言中強調，要求貿易商在其所訂買賣契約中訂明究竟採用那一規則。

　　例如 Incoterms 2000，在其序言最後一段有下列文字：

> Merchants wishing to use Incoterms 2000 should now therefore clearly specify that their contract is governed by "Incoterms 2000".
>
> 　　（希望使用 Incoterms 2000 的商人，現在應清楚明示其契約係受「2000年版國貿條規」的規範。）

American Definitions 在其序言中則有以下文字：

⓱　Jan Ramberg, and StaffanSundell, *Combiterms*, 1982, p. 2.

⓲　Jan Ramberg, *Guide to Incoterms*, 1999, pp. 190–191.

These revised definitions have no status at law unless there is specific legislation providing for them, or unless they are confirmed by court decisions. Hence, it is suggested that sellers and buyers agree to their acceptance as part of the contract of sale. These revised definitions will then become legally binding upon all parties.

（這些修訂的定義除非經過特別的立法，或經法院判決加以確認，否則不具備法律上的地位。因此，特建議買賣雙方將其列為買賣契約的一部分，如此，這些修訂的定義就具有法律的效力，拘束所有的當事人。）

Warsaw-Oxford Rules 對於此點，也有下列文字：

In the absence of any express adoption of these Rules in the manner hereinafter appearing, they shall in no case be deemed to govern the rights and obligations of the parties to a sale of goods on CIF terms.

Their adoption as herein provided shall be conclusive evidence that the parties intend their contract to be a CIF contract.

（在 CIF 條件的貨物買賣，如果未表明採用本規則，買賣雙方當事人的權利義務，絕不可視為是依照本規則處理。

本規則一經採用，即視為當事人意欲訂立的契約為 CIF 契約的決定性證據。）

為避免對同一貿易條件作不同解釋致引起爭執，業者於簽訂契約時，應先確定採用何種解釋規則，然後將採用的解釋規則，訂明在契約中。這樣就可以避免許多不必要的誤會。通常在契約中所註明貿易條件的依據條款如下：

Unless otherwise expressly stipulated herein, this contract is subject to Incoterms 2000, ICC Publication 560.

或

┌───┐
│　　Unless otherwise expressly stipulated herein, this contract is governed by │
│the provisions of Warsaw-Oxford Rules 1932. │
└───┘

或

┌───┐
│　　Unless otherwise specially stated, this contract is subject to the conditions │
│of Revised American Foreign Trade Definitions—1990. │
└───┘

　　這些條款不外是表明，倘契約無明文約定，則有關貿易條件的解釋，依約定的解釋規則處理。

　　假如契約中未約定適用那一解釋規則，而發生爭執時，怎麼辦呢？鑒於國際商會所制定的 Incoterms 被廣泛使用，其影響力甚大，故在當事人無特別約定之下，各國法院或仲裁機構往往推定當事人間合意適用 Incoterms 的解釋規則。

　　此外，應提醒讀者的是，買賣雙方合意適用某貿易條件解釋規則的某一貿易條件，並不意味著其買賣契約即絕對受該貿易條件的支配。換言之，某貿易條件解釋規則的某一貿易條件即使經買賣雙方合意適用，仍不具絕對的效力。假如買賣契約中有與該貿易條件內容衝突的特別規定，則該特別規定將優先適用。而且，買賣雙方也可約明適用某貿易條件解釋規則（如 Incoterms 2000）的某一貿易條件（如 FOB），再斟酌實際需要予以增刪、變更。

第六節　貿易條件的種類與分類

一、貿易條件的種類

　　貿易實務界所使用的貿易條件種類甚多，除前述各種解釋規則中所解釋

的定型貿易條件之外，尚有許多非定型的貿易條件，諸如 FOB Airplane, FOB Factory, FOBS, FOBST, C&I, C&FFO, FOB&C, FIS, Franco, Free Warehouse ……等四、五十種。茲先就一般常見的貿易條件分類如下，至於各種定型或非定型貿易條件，容於以後各章分別介紹。

貿易條件的種類

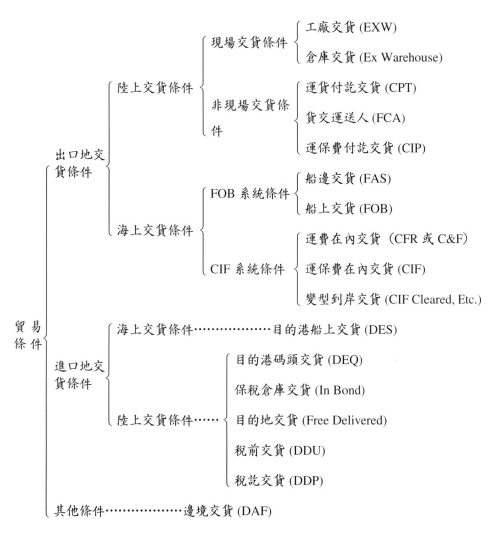

二、貿易條件的分類

貿易條件的種類多而複雜，因此為便於比較分析，學者常將其理出分析

的標準。有的以出口地交貨條件與進口地交貨條件區分；有的以貨物運送中所生費用及風險係由賣方或買方負擔區分；也有以其為裝運地契約或目的地契約區分等等。茲分述如下：

(一)依貨物運送有關成本、費用與風險分擔標準區分

(1)貨物運送的費用及風險均歸買方負擔 (goods moving at buyer's risk and cost) 的貿易條件：包括 EXW、FCA、FAS、FOB 等。

(2)貨物運送費用由賣方負擔，風險由買方負擔 (goods moving at buyer's risk and seller's cost) 的貿易條件：包括 CFR、CIF、CPT、CIP 等。

(3)貨物運送的風險及費用均歸賣方負擔者 (goods moving at seller's risk and cost)：包括 DES、DEQ、DDU、DDP 及 DAF 等。

(二)依出口地交貨抑進口地交貨區分

(1)出口地交貨的貿易條件：包括 EXW、FCA、FAS、FOB、CFR、CIF、CPT、CIP 及 DAF 等[19]。

(2)進口地交貨的貿易條件：包括 DES、DEQ、DDU 及 DDP 等。

(三)按買賣雙方負責辦理出進口的不同區分

1.進口商負責辦理出口的貿易條件

只有 EXW 一種。此貿易條件的特點是，賣方只要依約提供契約規定的貨物及有關憑證，交貨後一切風險和費用就轉移給買方；買方應依約接受貨物，給付貨款，負擔接受貨物後的一切風險和費用，並自行辦理有關出口的手續，裝運出口。此貿易條件對買方十分不便，故國際貿易中應用不多。

2.出口商負責辦理出口的貿易條件

包括 FCA、FAS、FOB、CFR、CIF、CPT、CIP、DES、DAF、DDU、

---

[19] 在Delivered at Frontier條件下，如所指邊境為出口國邊境時，屬於出口地交貨條件，如所指邊境為第三國邊境，則既不屬出口地交貨條件，也不屬進口地交貨條件，而應屬於第三國交貨條件，詳見第二章第十節(p.222)。

DEQ、DDP 等。這一類貿易條件的特點是，賣方須負責把貨物交給運送人承運，並自行辦理有關出口的手續。其中 FOB、CFR 和 CIF 的特點是，只要賣方將貨物裝上船，向買方提供裝運單據 (Shipping Documents)，就算完成交貨義務，並可憑裝運單據收回貨款，而買方取得裝運單據後就取得貨物的所有權。顯然，這三種貿易條件對買賣雙方當事人都比較有利，因此在國際貿易中應用最廣。

3. 出口商負責辦理進口的貿易條件

只有 DDP 一種。此貿易條件的特點是，賣方不僅要將貨物運到目的地，而且還須在進口國辦理進口手續和支付進口稅、碼頭捐等各種與進口有關的費用。可見，賣方所承擔的責任和風險太大，因此，在國際貿易中，採用此貿易條件者還不普遍。但隨著企業的國際化，採用此條件者必將增多。

(四) 依運送中貨物風險由何方負擔為標準區分

1. 裝運地契約 (Place-of-Shipment Contract, Shipment Contract) 貿易條件或稱發送契約貿易條件

裝運地契約係指賣方須將貨物於裝運地交付運送人運往指定地點，但賣方並不保證貨物安然運抵指定地點的買賣契約。換言之，有關貨物在運送中可能遭受的遲延、滅失或毀損的風險，於賣方將貨物交付運送人占有時，即轉由買方負擔。在裝運地契約類型之下，除買賣雙方另有合意外，賣方必須：(UCC § 2–504)

(1)將貨物交付運送人占有，並依貨物性質及其他情況，與運送人訂立合理的運輸契約。

(2)取得並適時交付或提供買方以適當形式的單據，俾使買方得以占有貨物，或交付其他依契約或交易習慣所要求的單據。

(3)適時通知買方有關貨物交運事宜。

屬於裝運地契約類型的貿易條件有：FCA、FOB、CFR、CIF、CPT、CIP 等，但 FOB 等條件如運用於國內買賣，則視 FOB 後面所列地點的不同，或屬於裝運地契約，或屬於後述的目的地契約。例如臺中的工廠以 FOB Keelung 的

條件，將貨物出售予臺北的出口商，則該 FOB 係屬於目的地契約的貿易條件。

2. 目的地契約 (Place-of-Destination Contract, Destination Contract, Arrival Contract) 貿易條件或稱送交契約貿易條件

目的地契約，係指賣方須將貨物運至特定地點交由買方處置，並負擔貨物交由買方處置以前一切運送中可能遭受的遲延、滅失或毀損風險的買賣契約。因此，貨物的風險於賣方在特定地點適時適法交由買方處置後，即轉由買方負擔，不管買方是否立即提貨。在目的地契約下，如貨物於賣方應負擔的風險之下發生滅失或毀損的事故，則賣方因不完全交付，須對買方負賠償責任，除非賣方另行交付無瑕疵的貨物以代替受損或已滅失的貨物。反之，若貨物的滅失或毀損係於買方應負擔的風險之下所發生者，則買方不得以貨物滅失或毀損為由而拒絕支付貨款。屬於目的地契約類型的貿易條件有：FAS、DES、DEQ、DDU、DDP 等[20]。

(五)依其屬國內買賣抑屬國際買賣區分

1. 國際買賣的貿易條件

凡是賣方須負責辦理輸出地一切出口所須的通關手續，負擔因此而生的稅捐、費用及申請輸出許可證，而買方則須負責辦理輸入地一切進口所須的通關手續，負擔因此而生的稅捐、費用及申請輸入許可證者，則這種買賣屬於國際買賣或出口買賣 (Export Sale)。在此情形下，必須由買賣雙方共同分工協力，才能順利完成交易。屬於這類型的貿易條件有：FCA、FAS、FOB、CFR、CIF、CPT、CIP、DAF、DES、DEQ、DDU 等。

---

[20] ①葉永芳，〈國際商會國貿條規的逐項分析〉，《商務仲裁》，第8期，pp. 10–11。

②Incoterms 中的 Delivered at Frontier 條件，究屬 Shipment Contract 抑 Destination Contract，詳閱第二章第十一節說明。至於 Ex Works 條件，既非裝運地契約，也非目的地契約，有人稱其為 Pick-Up Contract，參閱朝岡良平，《貿易賣買と商習慣》，p. 149。

③FAS通常被認為是目的地契約，See R. Duesenberg and L. King, *Sales and Bulk Transfers under the UCC*, at "8.03 (1), Mathew Benders (1969) 及Annot. 66 ALR 3d," 2(a), p. 145. (1975).

2.國內買賣的貿易條件

凡輸出入通關事宜及輸出入稅捐、費用及輸出入許可證的申請，均歸由當事人中的一方全部負責，他方當事人則僅負責協助者，在這種情形下，雖為國際買賣，但是買賣雙方所處的地位，與國內交易的買賣雙方所處地位並無不同者，則這種買賣屬於國內買賣 (Domestic Sale)。屬於國內買賣類型的貿易條件有：EXW（此為出口地的國內買賣）、DDP（此為進口地的國內買賣）❷。

㈥依賣方交貨的方式區分

1.實際交付 (Actual Delivery; Physical Delivery) 的貿易條件

指賣方將貨物實際交給買方或其代理人或履行輔助人，使貨物的占有支配，得以直接而實際地移轉給買方的交貨方法而言。依實際交付的貿易條件交易時，賣方只有將貨物置於買方的實際控制之下，才算完成交貨義務，才有權向買方收取貨款，也就是說，原則上，買方是憑貨而非憑單據付款。

實際交付的地點可以是在出口國，也可以是在進口國，屬於實際交付的貿易條件有：EXW、FAS、傳統的 FOB(Orthodox or Classic Type FOB)（以上為在出口國實際交付）、DES、DEQ、DDU、DDP（以上為在進口國實際交付）、DAF（以上為在出口國或在第三國實際交付）。一般說來，在出口國實際交付對買方不利，在進口國或在第三國實際交付對賣方來說很不便，因此，在國際貿易中較少採用。

2.象徵性交付 (Symbolic Delivery) 的貿易條件

又稱單據交付 (Documentary Delivery)，指賣方以表徵貨物所有權的單據交付買方或其代理人，以代替貨物實際交付的交貨方法而言。按象徵性交付的貿易條件交易時，賣方在裝運貨物後，將貨運單據交給買方（大多數情況下都是透過銀行）就算完成交貨義務，並有權要求買方支付貨款，也就是說不論貨物是否運抵目的港（地），賣方憑交付貨運單據而非憑交付貨物本身向買方收取貨款。

象徵性交付的地點一般是在出口國。最典型的象徵性交付貿易條件為：

---

❷　葉永芳，〈國際商會國貿條規的逐項分析〉，《商務仲裁》，第8期，p. 11。

Additional Services FOB、CFR 和 CIF❷。至於配合貨櫃運輸而產生的貿易條件有 FCA、CPT 及 CIP，依這些條件交易時，賣方將貨物送到貨櫃場後，可取得收貨單 (Dock Receipt)，並能據此向船公司換取提單；如貨交航空運送人，則可取得空運提單；如貨交複合運送人，則可取得一種證明從起運點到終點的全程運送單據——複合運送單據 (Combined Transport Document)。由於這些運送單據不一定是表徵貨物所有權的物權證券 (Document of Title)，所以，這些單據的交付不一定能替代貨物的實際交付。因此只有賣方向買方提供的貨運單據為物權證券（如海運提單）時，這些貿易條件才算屬於象徵性交付的貿易條件❷。

(七)依貨物直接交付買方或交付運送人轉交標準區分

1.將貨物直接交付買方的貿易條件：包括 EXW、ES、DEWQ、DAF、DDU、DDP 等。

2.將貨物交付運送人轉交買方的貿易條件：包括 FCA、FAS、FOB、CFR、CIF、CPT、CIP 等。

(八)依 Incoterms 2000 的區分

Incoterms 2000 將貿易條件分為四種基本上不同的類型：

1. E 類型 (Group E) 貿易條件

即賣方在其營業處所（包括工廠、工場、倉庫等）將貨物交付買方的貿易條件。本類型貿易條件僅有一種，即 EXW。

2. F 類型 (Group F) 貿易條件

本類型貿易條件的特點是，賣方只須將貨物交給買方所指派的運送人就

---

❷　大崎正瑠，《FOB 條件とCIF 條件》，初版，1982，pp. 21–22。又 FOB 買賣在交易習慣上雖屬實際交貨買賣，但在國際貿易契約中，通常因為有跟單匯票結帳的特約，故根據當事人的合意，變為象徵性交付。

❷　CPT 與 CIP 條件雖與 CFR 及 CIF 條件相似，但並非象徵性交貨條件。朝岡良平，《貿易賣買と商慣習》，第3版，p. 452。

完成交貨義務，主要運費歸由買方負擔。此類型貿易條件共有三，即 FCA、FAS、FOB。

　　3. C 類型 (Group C) 貿易條件

　　本類型貿易條件的特點是，賣方須負責訂立運送契約，並支付主要運費，但不承擔裝船後或發貨後貨物滅失或毀損風險，或因發生事故所造成的額外費用。此類型貿易條件包括：CFR、CIF、CPT 及 CIP 四種。

　　4. D 類型 (Group D) 貿易條件

　　本類型貿易條件的特點是，賣方必須承擔將貨物送到目的地為止的全部費用及風險。此類型貿易條件包括：DAF、DES、DEQ、DDU 及 DDP 五種。

㈨依其適用運輸方式的不同區分

　　1.可適用於任何運輸方式的貿易條件

　　此類貿易條件包括：EXW、FCA、CPT、CIP、DAF、DDU 及 DDP 等七種。可適用於包括複合運送在內的任何運送方式。

　　2.適用於海運及內河運送的貿易條件

　　此類貿易條件包括：FAS、FOB、CFR、CIF、DES、DEQ❷❹。

第七節　選用貿易條件的原則

　　貿易條件 (Trade Terms) 的選用，如純從買賣雙方義務的觀點而論，基本上當盡可能選擇義務最少的條件為上策。準此，在洽談契約時，賣方盡可選用在現場交貨的 EXW 條件；但就買方而言，則盡可選用在目的地交貨的 DDP 條件。然而，實務上並非如此簡單。因為貿易條件的選用常涉及買賣雙方的談判或協商能力，同時還需要顧及各項外在的因素，諸如市場狀況、運輸及保險的控制、政府的干預、地理因素及外匯管制等等。茲就一般及個別

---

❷❹ *Incoterms 2000—A forum of experts*, ICC Publication No. 617, March 2000, p. 27. Remarks: DES and DEQ terms can also be used in multi modal transport partly by sea (door to door).

考慮因素，分析選擇貿易條件的原則說明如下：

一、選擇貿易條件的一般原則㉕

(一)市場狀況的考慮

在競爭劇烈的市場中，賣方為了與競爭者競爭起見，有時不得不遷就買方，而應允採用對買方較為有利的 DES、DEQ 或 DDP 等目的地交貨條件。至少賣方也得採用 CFR、CPT、CIF 或 CIP 等條件，以示願意負擔安排運輸事宜及支付運費的責任。但須知，羊毛出在羊身上，賣方接受須負擔更多風險與費用的貿易條件，終必反映在價格上，使得價格水漲船高。

(二)運輸及保險的控制

在許多事例中，有大量貨物出口及經常出口貨物的出口商，常比偶而進口貨物的進口商居於有利地位，可從運送人及保險人獲得較優惠的條件。而且，一般而言，在出口地安排運輸事宜總是較為便利。此外，出錯的機會也較少。因此，除非另有原因，否則出口商實無必要堅持必須以 EXW、FCA 或 FOB 等條件交易。換言之，出口商應可接受須負擔較多義務的貿易條件，例如 CFR、CPT、CIF 或 CIP 等條件。

在正常情形下，凡具有良好設施的貨櫃港口及比較溫和勞工條件的國家，因政治騷亂、港口擁塞、罷工致貿易中斷的危險比較小。在這種情形下，出口商當可選擇將其義務延伸至在目的地交貨的貿易條件，例如 DES、DEQ 或 DDP 等條件，當然，若出口商認為上述風險難以確定，以致不易計算價格時，那只好求其次，改採 FAS、FOB、CFR、CPT、CIF、CIP 等條件，而將上述危險轉由進口商承擔。

(三)政府的干預

各國政府當局常直接或間接地指令或規定本國廠商須以 CFR 或 CIF 等

㉕　*Guide to Incoterms*, 2nd ed., ICC Publication, No. 354, 1980, pp. 10–11.

條件出口貨物，或以 FOB、FAS 或 FCA 等條件進口貨物。其理由為：

⑴以貿易條件為工具，引導本國廠商利用本國船舶裝載進出口貨物，從而達到保護或扶助本國航運及保險事業的目的。就運輸而言，如①以 CFR 或 CIF 等條件出口時，運輸的安排將由出口商負責，故出口商可儘量利用本國船舶裝載，②以 FAS 或 FOB 等條件進口時，運輸的安排將由進口商負責，故進口商可儘量安排本國船舶承運。就保險而言，如①以 CIF 或 C&I 等條件出口時，由出口商負責安排保險，故出口商可儘量向本國保險公司投保，②以 FAS 或 FOB 等條件進口時，進口商負責安排保險，故進口商可儘量向本國保險公司投保。

⑵以干預手段增加或節省外匯收入或支出。就出口國而言，出口商以 CFR 或 CIF 等條件出口貨物時，出口商雖承擔運輸及保險費用，但這些費用已計入價格內，故可增加外匯的收入。就進口國而言，進口商以 FAS 或 FOB 等條件進口貨物時，進口商雖承擔運輸及保險費用，但因在大多數情況下可以本國幣繳付運費及保險費，故可節省外匯的支出。

㈣地理因素的限制

一個島國的貿易商從事對外貿易，由於地理上的限制，自不便或不能以 DAF 等條件交易。

㈤外匯管制

由於外匯的管制，若以 EXW、DES、DEQ 或 DDP 等條件出口貨物，在實務上將增加很多困難。目前許多國家都採行外匯管制，這正說明為什麼採用上述這些條件者較少。

二、選擇貿易條件的個別原則❷❻

依一般實務的經驗，進出口商通常係斟酌下列各種情形之後，再決定選用適當的貿易條件：

---

❷❻　張錦源主編，《國際貿易實務問答資料彙編》，第三輯，民國68年，pp. 6–7。

(一)出口商選用貿易條件的個別原則

　1.就出口商而言，在下列情形下，宜選用 FOB 條件

⑴運價有上漲趨勢時。

⑵找船不易時。

⑶需備船，而不諳備船實務時。

⑷進口港擁塞時。

⑸本國幣有升值趨勢時（因如用 CFR 或 CIF 等條件，則支付運費時的匯率較高，結匯時的匯率較低，且如需預售外匯，則其預售外匯成本將增加。這裡所指匯率均指應付匯率而言）。

⑹賣方市場 (Seller's Market) 時。

　2.就出口商而言，在下列情形下，宜選用 CIF（或 CFR 或 C&I 條件，視情形而定）

⑴運價有下跌趨勢時。

⑵找船容易時。

⑶精於運價及保險費的計算時。

⑷進口港不擁塞時。

⑸進口國外匯短絀時（若進口國外匯短絀，船公司將要求出口商先付運費，而不管出口商以何種貿易條件交易）。

⑹活鮮、易腐爛貨物，或在目的地拍賣時不足抵付運費者。

⑺本國保險費率較低廉時。

⑻本國幣有貶值趨勢時（支付運費時的匯率較低，結匯時的匯率較高，這裡所指匯率均指應付匯率而言）。

⑼出口商須控制交貨期時。

⑽小額交易時。

⑾需要出口實績時。

⑿付款方式為 D/P 或 D/A 時（宜用 C&I，否則在 CIF 條件下，出口商須先支付運費，將影響資金調度）。

⒀郵資沒有後付的制度，故利用郵遞時，應採 CFR 或 CIF 條件。

㈡進口商選用貿易條件的個別原則

1.就進口商而言，在下列情形下，宜選用 FOB 條件

⑴運價有下跌趨勢時。

⑵找船容易時。

⑶大宗貨物交易，而諳熟備船實務時。

⑷運費占貨價成本較大比率，且以即期信用狀 (Sight L/C) 交易時（可少繳結匯保證金、輸入許可證簽證費、開狀費等）。

⑸本國幣有升值趨勢時（因開狀結匯保證金中，運費部分不必繳付結匯保證金，俟貨到時，才以較低匯率折付本國幣）。

⑹本國保險費率較低廉時（且在保險索賠時，較為方便）。

2.就進口商而言，在下列情形下，宜選用 CIF 條件

⑴運價有上漲趨勢時。

⑵找船不易時。

⑶大宗貨物交易，不諳熟備船實務時。

⑷以遠期信用狀 (Usance L/C) 交易，需由銀行融資時（因運費及保險費也可獲得融資）。

⑸以郵政包裹進口時。

⑹需要進口實績時。

⑺本國幣有貶值趨勢時。

⑻小額交易。

⑼活鮮、易腐爛貨物。

三、小　結

　　以上所述，並非一成不變的原則，而是因時、因地、因人而異。事實上，貿易條件的選擇是一門高度的藝術，如何靈活運用，獲致最大的利益，唯賴經驗、機智與細心。

貿易條件是決定買賣雙方權利義務的基礎，貿易業者必須充分了解各種貿易條件的真義，依據實際需要採用適當的貿易條件。

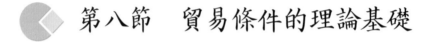

第八節　貿易條件的理論基礎

一、交貨的意義

　　在各種貿易條件之中，「交貨」(Delivery) 是一項重要問題，因為交貨地點不同，買賣雙方對於費用和風險的承擔，以及貨物價格的計算也隨之而異。因此先從交貨說起。

　　買賣是以移轉貨物所有權為目的。賣方有義務將買賣標的物交付給買方，使買方能自由使用、收益或處分。所謂交貨就是將買賣標的物交付之意。從法律上言，對於物有事實上支配或利用之力者（民法上稱為管領之力）稱為占有，交貨就是物的占有權的移轉。

　　占有權得由本人自行取得或委託他人代為取得，在出口地交貨的貿易條件，如 FAS, FOB 等，賣方將貨物交給承運人之後，即可認為承運人已代買方接受了賣方的交貨，但買方保留查驗貨物的權利。承運人除代買方占有貨物之外，同時負有運輸之責，故貨物在運輸途中發生滅失損壞時，應由承運人或買方負責。

二、交貨與所有權的移轉

　　買賣雖然以移轉所有權為目的，但依英美法，所有權移轉的時期因其為特定物買賣抑不特定物買賣而不同。在不特定物 (Unascertained Goods) 買賣，貨物未特定化以前，所有權不能移轉於買方；在特定物 (Specific Goods) 買賣或經特定化的貨物，所有權在雙方協議移轉時間（雙方有意移轉的時間）移轉。一般而言，不特定貨物於交貨時才特定化。故，原則上（即除非賣方以某種方式保留所有權），貨物於交付買方時，其所有權即移轉買方。國際貿易大部分是不特定物買賣，因此，除非賣方以某種方式（例如掌握海運提單）

保留所有權外，原則上所有權因交貨而由賣方移轉買方。

三、費用與風險的負擔原則

國際貨物買賣必然會發生包裝、檢驗、搬運等費用。在運輸途中，亦有貨物滅失或損壞的風險。凡此費用與風險，原則上，應由所有權人負擔。換言之，費用與風險在交貨之前原則上由賣方負擔，交貨之後原則上由買方負擔。

四、計算價格的基礎與價格條件

賣方計算售價時，除貨物成本及利潤外亦將所應負擔的費用計算在內，依售價出售其商品，收回其所負擔的費用。貨物的價格（即售價）買方也相當關心，因此賣方報價時，應同時將價格的計算基礎說明，此種計算價格的基礎就是價格條件 (Price Terms)。

價格條件的用語與貿易條件的用語相同，例如 US$50 per set FOB Keelung 一方面說明每套價格美金 50 元，二方面說明以基隆港船上交貨為條件。可見貿易條件與價格條件，在實務上，有密切關係，貿易條件如何，也就是價格條件如何，因此之故，常常將貿易條件稱為價格條件。

根據以上說明，在指定地點交貨的貿易條件具有下列要點：

(1)以在特定地點交貨為條件，交貨地點因貿易條件而異。

(2)貨物的所有權，原則上因交貨而由賣方移轉到買方，有關貨物的費用與風險，在交貨之前由賣方負擔，交貨之後則由買方負擔，故買方所負擔的費用與風險，因貿易條件而異。

(3)不同的貿易條件，必然產生不同的價格。

第九節　國貿條規與 L/C 等的關係

一、當代國際商務操作的動程演化

技術的提升與貿易實務的演變對國際商務操作將產生一定的影響，這種

技術或實務的動程演化，可以歸類來自四個方面❷：

(1)信用狀使用的動程演化 (Evolution of the Use of L/C)。

(2)國際貿易的動程演化 (Evolution of Int'l Trade)。

(3)與商務有關的技術的動程演化 (Evolution of Techniques)。

(4)信用狀實務與國貿條規有關的動程演化 (Evolution of L/C Practices in Relation to Incoterms)。

以下分別予以說明。

二、信用狀使用的動程演化

(1)信用狀的功能 UCP 是把它定位在付款的功能 (The UCP Focus on Payment)，而且這種功能的發揮，UCP 在深深思考了整個商務操作流程後，讓它與「單據鏈」(Documentary Chain) 掛鉤，似乎是針對商品貿易而設計。

信用狀的無因性縱然使 L/C 與買賣契約獨立，但受益人本身到底有沒有依買賣契約履行交付義務 (Delivery) 呢？代表賣方義務業已終結 (Representing the End of the Seller's Obligations) 的「交付」，必須用「單據」來呈現，國貿條規在這方面對要提示什麼單據有詳細規定，當然，主要的是運送單據 (Transport Document)。

(2)當代使用的信用狀似乎不拘限於有形貿易；服務、研究、軟體計劃、整廠設備、修理、定期服務、維修、技術協助等，均可使用 L/C，現代型的信用狀不再以有形貿易為其服務範圍。因此提供的單據不一定與運輸單據有關，若要與運輸單據有關，可能的情形是：

①無形貿易的付款條件與交付時點掛鉤 (A Term of Payment Linked to The Moment of Delivery)。

②修理、定期服務以及維修與零組件的提供有關 (Forwarding of Spare Parts)。

③技術協助通常包括設備的使用或提供。

④整廠設備的總價可能有 50% 是涉及設備及材料的提供。

---

❷ Charles Debattista,ed. , *Incoterms in practice*, ICC publication, 1995, p. 30.

擔保信用狀的出現，如使用在付款保證可能與交付或運輸有關，但是與愈來愈多的投標、履約、預付款保證可能就比較沒有關係。

因此，我們可以說傳統信用狀與買賣契約連結，是與國貿條規有關的。

三、國際貿易的動程演化

國際商務活動除了傳統的買賣方式外，更複雜的貿易方式諸如 OEM、合作開發、策略聯盟、海外投資，使得原材料、零組件、完成品的貿易方式對貿易來源產生了變化，就以⑴國貿條規為例，E 類型或 D 類型條件使用會增多，⑵付款方式為例，不再與「交付」掛鉤。出貨後藉助 EDI 或 Internet 單據的鍵入請款，會愈來愈普通，例如 IBM。

對買賣雙方信用調查的重要性會在兩方面加以體現：⑴愈來愈重視雙方的財務狀況與匯兌或授信的風險管理，⑵對產品的品質與服務的管理愈來愈重視，產品與零組件間的相容性，藉助於出貨前的檢查，製造時的 Audit，甚至公證公司的實驗室檢查，來確保產品品質。

四、國際商務技術的動程演化

國際商務技術是多樣化的，我們把它簡單分為：

1.運籌管理

有些製造商或者採購商會實施零庫存政策 (Zero Stock Policy)，其實零庫存只是物流或者運籌管理的一部分，依照美國物流協會的定義，運籌管理指的是為滿足客戶需要而對原材料、中間產品、製成品及其相關信息，從源頭到消費者處的高效率流動、貨物儲存進行的計劃與實施和控制的過程。簡單說，就是利用現代信息技術進行貨物的存儲、交易、運輸的運作方式和機制。運籌管理應包括商業貿易、交通運輸、信息開發三個層次。彼此之間的關係呢？商業貿易應居首位，它是物流的源泉與動力，信息則是處在先導地位，交通運輸則是完成商業貿易的保證。

⑴圖示運籌管理服務的內容❷❽

---

❷❽　陳曉為，〈向第三方物流進軍〉，《國際經貿探索》，民國90年，第6期，p. 66。

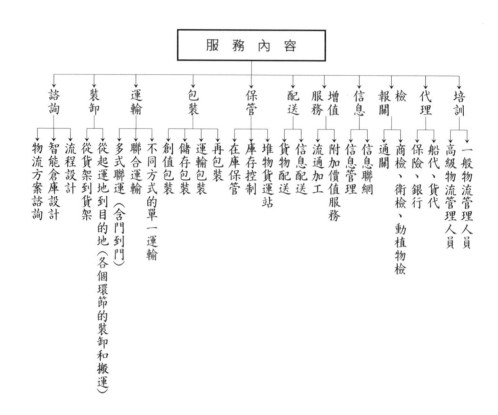

(2)國際物流系統網絡[29]

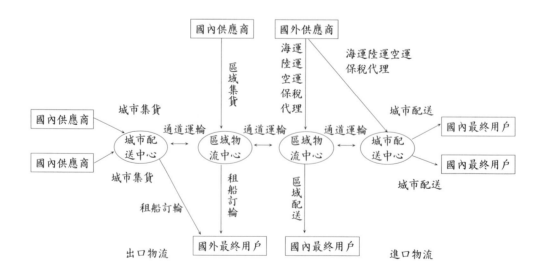

[29]　同[28]，p. 68。

臺灣的資訊業者為了服務客戶也有(1) GDS (Global Direct Shipment) 全球直送，(2) TDS (Taiwan Direct Shipment) 的運籌管理能力，這會影響到國貿條規的費用和付款方式。

2.信息及單據的傳送 (Transmission of the Information and Documents)

EDI、Internet、Bolero 的出現，對單據的提示發生了重要的影響，甚至國際商會於 2002 年 4 月 1 日正式生效的 eUCP，對電子單據提示正式有了法源依據[30]。

3.行政作業 (Administrative Work)

出口軟體 (Export Softwares)、微電腦 (Micro Computers)、內部資料處理網絡 (Internal Data Processing Networks) 等工具，不論對進出口商或貿易行政機關，在行政作業處理上均會發生速度加快的作用。

五、信用狀實務與國貿條規有關的動程演化

與實務接觸的人都知道，國際貿易有兩個現象：(1)國際貿易實務很少與技術發展同步 (Trade practice rarely keeps pace with technological advance)，(2)國際貿易教育跟不上國際貿易實務的發展。例如信用狀的開發有的還是喜歡用郵遞信用狀。

信用狀規定用 CIF CKS Airport，那豈不是要憑提單付款 (Payment against full set of bill of lading)？

金融專家遂提出呼籲 "electronic shipping records, customs clearance and banking are upon us and we must adopt"。

以下的數據也許會讓我們憂慮：(1)古老的 L/C 付款工具是否會愈來愈少用？(2)國貿條規的單據是否太繁雜了？

美國密西根大學教授隆納德曼恩 (Ronald J. Mann) 檢視了 500 件 L/C 交易，發現(1)僅有 27% 符合 L/C 的要求，(2) 22% 未提出 L/C 要求的單據，(3) 18% 遲延裝船，(4) 14% 遲延提示，(5)其他則屬於小瑕疵。

---

[30]　劉鶴田，〈探討 eUCP 及其引發的有關問題〉，《臺灣經濟金融月刊》，第38卷，第5期，民國91年5月20日，pp. 40, 45。

　　既然如此，為什麼信用狀還繼續在使用？隆納德教授提出了四點看法，試著將它演繹如下：

　　⑴開狀銀行頗注重自己在 L/C 業務範圍內的卓著聲望，如果無正當理由被拒付，自己的聲望將受損。

　　⑵企業付款給銀行，對貿易伙伴的可靠性，透過審核單據方式加以驗證。

　　⑶雖然開狀銀行並未直接允諾對開狀申請人施壓，放棄對微不足道的瑕疵拒付，但願意開狀，至少對買方的信用已經提供了有意義的保證。

　　⑷開狀銀行開狀，已暗含有他的客戶會依照「L/C 工業」的行規來付款。

　　我們如果印證託收，跟「單」託收的「單」是指金融單據以外的「單」，但一般附的是海運提單，在對方未承兌或付款前，藉助物權憑證上所有權的保留、控制貨物、單據固然簡單多了，但是對方不見得會付款或承兌，L/C 還是較有保障❸❶。

六、國貿條規規定的單據

　　國貿條規是用來決定交付、費用及風險負擔移轉的。與國際買賣有關的成本，我們可以將之分為四類：

　　⑴發送 (Dispatch)、運輸及交付有關的費用。

　　⑵進口結關、出口通關有關的費用。

　　⑶在相關貿易條件下，一方為他方所提供的服務或協助的費用 (Services or assistance rendered by one party to the other)。

　　⑷保險有關的費用。

　　這些費用背後均標誌著一方是否業已為他方履行了義務或提供了協助，通常都必須用單據來顯示，這些單據可分為：⑴商業單據，⑵運輸單據，⑶通關單據，⑷保險單據，⑸其他單據❸❷。

---

❸❶　"www.iccwbo.org/home/news-archives/2001/dcpro-insight.asp", "Documentary credits still widely used despite discrepences", paris 7, March 2001.

❸❷　Jan Ramberg, *ICC Guide to Incoterms 2000*, 1999, p. 63.

(一)商業單據 (Commercial Documents)

1. 商業發票 (Commercial Invoice)

商業發票的性質，理論上是把它定位為賣方向買方要求「付款的請求書與支付明細書」，進出口通關時會使用得到，預期發票 (Proforma Invoice) 並不能代替商業發票的使用。

2. 提供符合契約要求的證明 (Evidence of Conformity Required by The Contract)

如果將 Incoterms 各條件中的 A.1 與 A.9 連結在一起，提供符合契約要求的單據，可能是重量單、計量單或包裝單 (Weighing, Counting or Packing List)。

有趣的是歐盟統合後，通關自由，賣方不必再提供給運送人商業發票，代之而起的是一種叫做 "Voucher" 的單據，供賣方對到達的運輸工具究竟包括什麼內容加以查核，看起來就像一張沒有打上價格的單據或者類似包裝單❸。

3. 交付的證明 (Proof of Delivery)

A.3 是提到運輸單據，如果運輸單據並未提示出來當做交付證明，那麼 A8 規定賣方要提供交付的通常證明，這種交付的證明可以是任何形式的，例如碼頭收據 (Dock Receipt) 或者是運送承攬人的收貨證明 (Forwarding Agent Certificate of Receipt)。

(二)運輸單據

國貿條規 A.3、B.3 提及運輸契約 (Contract of Carriage)，A.8、B.8 提及運輸單據 (Transport Document)，不管叫運輸契約或者運輸單據，運送人出具的單據肩負重要的任務，它是貨物的收受證明、運輸契約的證明，貨物權利轉讓的工具 (A Means of Transferring Rights to The Goods)。

1. 海運單據之一 —— 提單

海運最普遍使用到的是提單 (Marine Bill of Lading or Ocean Bill of Lad-

---

❸　同❷，p. 41。

ing)，提單可以由船東 (Shipowner)、運送人 (Carrier) 大副或其他代理人簽發 (The Master or Their Agent)，提單具有下列幾項功能：

⑴貨物的收據 (A Receipt for The Goods)

貨物收據的內容，原則上會對貨物的內容和數量加以說明，如果貨物外觀或包裝並非處在良好狀態，提單會對貨物的外觀和包裝加以註記。

理論上提單會註明裝船 (On Board) 日期，但某些運送人會於裝船前掣發提單，此稱為備運提單，備運提單有時在提單的印刷格式 (Printed Form) 或提單蓋上戳記，說明運送人已收到 (Received) 了貨物，但這種備運提單並不能證明貨物已實際裝船。在 FOB 條件下，提供備運提單，顯然與 Free on board 的意旨不符；如果是 CFR 或 CIF，顯然「未在合意的期間內裝船」(Dated Within in The Period Agreed for Shipment)。

⑵提單是運送契約的證明

在提單中得記載運送契約的全部契約條款，或者於簡式提單 (Short Form or Blank Black B/L) 中不記載而提及記載運輸契約條款的文件，或者僅於提單中提及運送契約條款全依訂艙單 (Booking Note) 或依傭船契約書 (Charter Party) 所載。

⑶提單是物權證券 (Document of Title)

物權證券意味著運送人應於目的港將貨物交給提單持有人，在運送期間提單持有人得以背書及交付，轉讓提單。

2.海運單據之二 ── 海運貨運單 (SWB)

⑴海運貨運單的優點

海運貨運單僅具有貨物的收受證明和運送契約的證明，不具有物權證券的功能，海運貨運單的受貨人於領貨時僅須證明他是其上所記載的受貨人，不需提示 SWB(Sew Way Bill)。

因為在某些近程航運或者船舶快速化下，為了避免受貨人在卸貨港等待提單始能提貨的窘境，遂有 SWB 的出現。

⑵海運貨運單轉讓的限制

由於 SWB 並非有價證券，因此運輸途中並不能轉讓。這時候必須檢討在

CFR 與 CIF 條件下，可否使用 SWB?

這必須檢討 A.8 規定：..., unless otherwise agreed, enable the buyer to sell the goods in transit by the transfer of the document to a subsequent buyer (The negotiable Bill of Lading) or by notification to the carrier，亦即除非另有約定，應使用能使買方得以轉讓的可轉讓提單，或通知運送人方式將運送中貨物轉讓給爾後次一買受人的運輸單據。

因此契約若未明定，按 CFR、CIF 條件交易時，並不宜使用 SWB。此時宜改用 CPT 或 CIP 條件交易。

(3)海運貨運單究竟適用什麼規則?

傳統提單適用的海運規則，大部分國家會於海商法裡規定適用或引進海牙或海牙威士比規則，海運貨運單則於運送契約中的契約條款規定「本契約適用海牙或者海牙威士比規則」。

何以僅提及海牙或海牙威士比規則? 這將漢堡規則置於何地? 因為漢堡規則很多國家不採用，只有借助於運送契約的條款引進漢堡規則了。

為了讓海運貨運單有規則可依，國際海事委員會於 1990 年訂定了海運貨運單統一規則。至於本規則究竟適用那一個公約? 依本規則第 4 條(1)規定：「運輸契約應受適用於該契約的，或者運輸契約由提單或類似的物權憑證涵蓋時，強制適用於該契約的國際公約或國內法……」似應適用海牙或海牙威士比規則。

另外本規則第 6 條固規定託運人擁有支配權 (Right of Control)，可以在貨物運抵目的地後，受貨人提貨前的任何時間，改變受貨人，但可藉助於在海運貨運單加入條款剝奪他的選擇權，將支配權轉給受貨人，亦即註明「不得處置」(NO DISP)。當託運人將運送中貨物的支配權讓與受貨人，託運人即無法行使變更權❸❹。

3.海運單據之三 —— 複合運送單據

複合運送乃指利用兩種以上不同的運送方式把貨運到指定地點的運送，複合運送經營人 (Multimodal Transport Operator, MTO) 開立複合運送提單

---

❸❹　張錦源，《國際貿易法》，修訂版，民國90年5月，p. 688。

(Multimodal Transport Bill of Lading)，自其於收受貨物之時起到目的地交付之時止負運送人責任。

⑴複合運送單據的性質

①複合運送提單是貨物收受的收據

複合運送提單的簽發並不意味著貨物已經裝上船，可能意味著已於內陸集散站把貨物交給運送人。

②複合運送提單是運送契約的證明

至於複合運送提單是否為有價證券有爭論，但 UCP500 第 26 條規定，除另有約定外將接受複合運送單據。複合運送提單最好是約定運送途中貨物支配權不得透過單純的背書而轉讓 (the better view seems to be that it cannot transfer control of the goods while in transit through the simple endorsement of the document)。

⑵複合運送單據所適用的國際慣例

1992 年以前，複合運送業者感到困擾，因為當時存有兩個慣例，一個是聯合國的「國際複合運輸公約」(UN Convention on International Multimodal Transport of Goods of 1980, The MT Convention)，另一個是國際商會 1973 年（75 年又修訂）的「複合運輸單證統一規則」(Uniform Rules for A Combined Transport Document, ICC Publication 268)[35]。

為了提供複合運送一個統一的體制，UNCTAD 與 ICC 在 1992 年 1 月 1 日正式制定了 UNCTAD/ICC Rules for Multimodal Transport Documents (ICC Publication 481)。

國際運送承攬人協會 (FIATA) 積極主動的將這套新規則具體化於新的複合運送提單，成為 "Negotiable FIATA Multimodal Transport Bill of Lading"（舊的格式為 "FIATAcombined Transport Bill of Lading"）。1993 年 8 月 4 日國際商會確認了 FIATA 的新提單符合新規則，並允許可以使用 ICC 的 Logo (Was Allowed in Evidence of This Fact to Bear The ICC Logo)[36]。

---

[35]　同[34]，p. 675。

[36]　同[27]，p. 34。

4.海運單據之四 —— 運送承攬人提單

運送承攬人乃指受託運人委託，而以自己的名義代為處理進出口貨物裝卸（含打包、報關、倉儲等）與水陸空運輸業務，收取運費及手續費為報酬的業者，1926 年運送承攬人於維也納組成國際運送承攬人協會，總部設在瑞士。UCP500 第 30 條已規定，運送承攬人本於運送人身分或代理人身分所簽發的 Freight forwarder's transport document 是可以被接受的。

5.海運單據之五 —— 傭船提單

以船舶的全部或一部供運送為目的的契約稱為傭船契約，傭船契約中會規定若裝船或卸貨超過約定天數要加收「滯船費」(Demurrage)，反之若少於約定天數可退「快速獎金」(Dispatch Money)。如果是 FAS 或 FOB 的賣方，因為他不是與船東訂定運送契約的當事人，因此傭船契約內容與他無關，但買方為了避免滯船費起見，會將傭船契約有關的裝船規定載入買賣契約，方便未來滯船費的追償。如果是 CFR 或者 CIF，因傭船契約由賣方與船東訂定，他自會加速裝船避免滯船費，甚至可以領到加速獎金。但是情況可能會逆轉，因為 CIF 的 B.4 規定，買方必須在指定目的港從運送人提領貨物，船東或買方是以 Free Out 變型條件成交，亦即 CIF 的買方負擔卸貨的費用及行為，此時必須於買賣契約規定，買方於接受可卸貨通知後，有多少時間可以卸貨，為避免糾紛，買賣契約的卸貨規定宜與傭船契約一致。

因此一個 CIF 買方若認為傭船契約內容恐對他不利，常於信用狀要求賣方提示傭船契約供審核該契約內容有無對其不利，但 UCP500 為恐銀行捲入買賣雙方因傭船契約所發生的糾紛，遂規定押匯銀行並不予審查，在不負責任情況下將傭船契約遞送予開狀銀行。

Incoterms 2000 也依循 UCP 的原則，廢除傭船提單情況下並不必再提示傭船契約。

6.內河運輸單據 (Inland Waterway Document)

內河運輸單據可以是任何形式的，在不少的情況下它是傭船提單，但也有用到內河運輸貨單 (Inland Waterway Bills)，但如果使用在萊茵河及其鄰近河流 (Rhine and Adjacent Rivers) 一般會使用 "Rhenan Bill of Lading" [37]。

7.空運提單

規範國際航空運輸的法制，主要是由華沙公約及以後一系列的修正公約所構成，又叫華沙體制。

空運提單，華沙公約原稱為 Air Consignment Note，1955 年的海牙議定書改稱為 Air Way Bill。空運提單正本一式三份。第一份註明「交運送人」，由託運人簽名；第二份註明「交受貨人」，由託運人和運送人簽名，隨貨運送；第三份由運送人簽署，交託運人做為運輸證明。

空運的託運人有變更指示權,有在起運地機場或目的地機場將貨物提回,或在途中之機場時中止運輸,或在目的地或運輸途中交給原非指定的受貨人,或要求將貨物退回起運地機場。但行使變更指示權應提示第三聯 AWB，因此，如若付款方式使用信用狀，會規定押匯應提出第三聯提單，用以剝奪託運人的變更指示權。

如果買方用預付款方式付清款項了，則可以要求在空運提單中加入不得處置條款 (Non-Disposal Clause) 以剝奪託運人的處置權[38]。

空運提單格式於 1983 年由國際航空運輸協會 (IATA) 制訂統一格式，在國際貿易實務通常是由運送承攬人以運送人的代理人身分簽發空運提單，因為 UCP500 規定，空運提單若無特別規定，會接受表明是以運送人或經指明代表或代理運送人的身分所簽發的單據。

8.鐵路運送單據

鐵路運送單據 (Railway Consignment Note) 隨不同地區而有不同格式，但最主要的應用地區應係在歐洲，而幾乎歐洲所有地區均為國際鐵路貨物運送公約 (International Convention Concerning The Carriage of Goods by Rail; CIM)，鐵路運送單據的新格式於 1993 年 1 月 1 日上路。

9.公路運送單據

公路運送單據 (Consignment Note) 每個國家或各地區的協會各有自己的格式 (Each Country or Association of Countries that Has Its Own Form)，但歐洲

---

[37]　同[27]，p. 34

[38]　張錦源前揭著，p. 620。

地區有關公路運送，聯合國歐洲經濟委員會為統一公路貨物運輸，於 1956 年
制定國際公路貨物運輸契約公約 (Convention on The Contract for The International Carriage of Goods by Road; CMR)。在歐洲地區公路貨運若需轉運，不得
使用 CMR 公路運送單據，在歐盟與 EFTA 間若用公路轉運，宜用 (Single Administrative Document EU Form)，轉運到其他地區宜用 TIR (Transit International Routier)❸❾。

㈢通關單據

通關單據 (Custom Documents) 國貿條規在各條件的 A.2 提及 "all customs formalities necessary for the export of the goods" B.2 提及 "all customs formalities for the import of the goods and for their transit through any country"。

1.輸出入許可證

幾乎所有的國家在不同程度內對輸出入貨物會使用到輸出入許可證
(Export or Import Licences)，因為每個國家使用的名稱會不同，因此國貿條規
用「或其他官方批准書」(Official Authorization) 帶過。在 EXW 買方應自行取
得輸出許可證，買方委任賣方國家的地區運送承攬人 (Local Freight Forwarders) 為之，若需賣方的協助提供有關資訊 (Obtain Information from Seller)，應以買方的風險與費用協助提供。反之，在 DDP 是由賣方負責進口通關，
也應由買方協助提供有關資訊方便進口通關。

2.其他單據

國貿條規各條件 A.10、B.10 規定買賣雙方有時要循對方要求協助取得輸
出入所需的單據，這些可能是健康證明 (Health Certificate)、領事發票 (Consular Invoice) 等，自應依請求協助取得。

㈣保險單據

在國貿條規 CIF 與 CIP 中的 A.3 提及賣方應向買方提供保險單或其他
已保險的證明 (Other Evidence of Insurance Cover)，這種保險證明可以是保險

---

❸❾　同❷❼，p. 36。

單 (Insurance policy)，保險單尚乏統一格式，每個國家可能有不同的格式，Incoterms 也允許用「其他已為保險的證明」(Evidence of Insurance Cover)，這種證明是一種簡式的保單，主要記載保險已包括的主要風險範圍 (A Short Form of The Policy Giving The Main Elements of The Risk Covered)。

在保險當中可能有下列問題值得討論，那就是：

1. 為什麼 CIF/CIP 賣方不需投保全險？

因為全險並不完全適用在所有的貨物上，某些貨物性質，例如砂石、柏油、石油、散裝或未包裝貨物可能不必投保全險。

此外，貨物保險的設計需要與保險人諮商或者評估，如若未經諮商且買賣雙方未經合意，當然只要投保最低保險即為已足，如若已經合意，則買方可能會再加保，因此買方應循賣方要求提供其投保所需資訊。

2. 可否特約除去某些特定風險？

在某些國家犯罪風險 (Crime Risk) 非常之高，因此唯有買賣雙方在合格水險保險人協助，採取特別的防範措施後，保險人方願用較低費率予以保險，如果當事人不願意採取措施，也不願意付高額的犯罪風險費率，只好於全險中除去犯罪風險 (To Exclude Criminal Risks in The Insuran Cecover)，就以下列貨物為例，常為高風險的被偷竊貨物：Tires、Clothing、Cosmetics、Furniture、Liquor、Sport Articles、Wall Paper、Textile Products、Food、Leather Goods、Furs、Personal Computers、Pharmaceuticals、Entertainment Electronics、Valuables、Wine、Tools、Cigarettes。

3. 投保金額為什麼乘以 110%？

投保水險的目的，主要是在 cover 貨物到達目的地不因毀損滅失而減少其價值。至於何以要乘以 110%？其中的 10% 是表示貨到時第三人可得期待的利益 (The additional 10% represents a profit to third parties)。加 10% 的概念應可溯源到 1906 年的英國保險法，當時的考量是希望若無風險，買方因貨到賣掉可得的利益，這種加成投保，在某些國家是一種普通的慣例，1936 年國際商會在制定國貿條規時也納入了規定而延續至今。

若深一層加以說明，在可可亞 (Cocoa) 貿易，若用 CIF 交易，一般是按

發票價加 12.5%；在法國的國際買賣契約，則是按 CIF 發票價加 20%。如果契約有特別規定，投保金額可否超過 110%或低於 110%，從 Incoterms 的精神以觀似無不可 (there is nothing in Incoterms 2000 that pvevents the parties from agreeing coverage higher or lower than 110% provided that both parties to the Contract of sale make an express agreement to that effect)。

4. 保險利益的問題

保險利益乃指要保人對於財產上的現有利益，或因財產上的現有利益而生的期待利益。也就是說保險利益並非僅存在貨物本身，並且存在於要保人與貨物間的特殊利害關係，若因貨物毀損滅失而受到損害的人即具有保險利益 (In Cargo Insurance that person generally is the one who had to bear the risk of the goods at the time of occurance of the event insured against)。

國貿條規各條件中的 A.5、B.5 都規定危險負擔的移轉時點，就以 FOB 為例，賣方必須負擔貨物毀損滅失的一切風險，直到越過船舷時為止，從而毀損滅失發生時，保險人將檢視發生毀損滅失的運輸事件究竟是在那個時點？在危險發生的這個時點，保險索賠的人究竟有沒有保險利益？若沒有保險利益，保險人並不負責賠償。

如果用上述標準來檢視 FOB，FOB 的 Buyer 若投保全險，倘運輸事件發生於貨物從出口國內地倉庫運到出口港口的 Pre-carriage 階段，則因尚未逾越出口港載貨船船舷，保險人並不會賠償給買方。或許有人會問保險效力不是採用倉庫到倉庫原則 (From Warehouse to Warehouse)"From the place of commencement of insurance to the place of termination of insurance"，但保險利益是請求者賠償的適格問題，與保險效力無關連。

5. 國貨國「保」的問題❹

有些國家認為保險金會花費外匯，為了節省外匯支出 (Saving Foreign Exchange Cost for Insurance Premiums)，因此會規定進出口的保險，要由該國的國營保險公司承保，此時它們的出口會報 CIF，如果是進口，則它們會要出口商報 FOB 或 CFR，把保險留在國內。有那些國家有此制度呢？如下表所示。

---

❹　同❷，p. 93。

當真的發生保險事件了，這些國家果真有外匯來賠嗎？賠當地貨幣嗎？這些都值得考慮。

　　茲將這些國家列表如下：

Countries with compulsory national insurance

　　[1]=Forbidden for the seller to insure exports abroad

　　[2]=Forbidden for the buyer to insure imports abroad

　　[3]=Forbidden for the seller to export FOB

　　[4]=Forbidden for the buyer to import CIF

　　[5]=Special taxes, extra charges

　　[6]=Currency restrictions

Algeria	[2][4]	Korea, North	[2]
Angola	[2][4]	Libya	[2][4]
Argentina	[1][2]	Malaysia	[5]
Austria	[5]	Mali	[2][4]
Bangladesh	[1][2]	Mauritania	[2][4][6]
Barbados	[2][5]	Mexico	[1][2]
Benin	[2]	Morocco	[2]
Bolivia	[1][2]	Nicaragua	[2][4]
Brazil	[2]	Niger	[2][6]
Burundi	[1][2]	Nigeria	[2][4]
Cameroon	[2][4]	Oman	[2][4]
Cape Verde	[1][2]	Pakistan	[2][4]
Central African R.	[2][4][6]	Panama	[2][4]
Chad	[2][4]	Portugal	[1][2]
Colombia	[2][4][6]	Rwanda	[1][2][6]
Congo	[2][4]	Senegal	[1][2][3][4]
Cuba	[3][4]	Seychelles	[1][2][6]
Dominican Rep.	[2]	Sierra Leone	[2]

Ecuador	[2]	Somalia	[2][4][5][6]
Ethiopia	[2]	Sudan	[2]
Gabon	[2][3][4][6]	Syria	[2]
Ghana	[1][2][3][4]	Tanzania	[2][4]
Guinea	[2][4]	Togo	[2][5]
Haiti	[1][2][3][4]	Tunisia	[2][4]
Indonesia	[1][2]	Uganda	[2]
Iran	[2][4]	Upper Volta/Burkina Faso	[2][4]
Iraq	[2][4]	Benezuela	[2]
Italy	[1][2][3]	Yemen	[1][2]
Ivory Coast	[2][4][6]	aire	[1][2][6]
Jordan	[2][4][6]	Zambia	[4]
Kenya	[2][6]		

Reference:

International Union of Marine Insurance (IUNI), Freedom of Insurance Committee, Circular April 1994, pp. 3–9❹❶.

(五)其他單據

1.充分通知

在國貿條規各條件的 A.7 與 B.7 中提及買賣雙方為了裝運及接受貨物，有關的時間地點或通常必要採取的措施，應給對方充分的通知。通常買賣雙方對這些通知並未給予重視，未予通知有時是十分嚴重的違約，情況重大者，並得解除契約。

就以 FOB 買方依 B.7 要通知賣方船名、裝貨地點及交貨時間，若未通知會構成風險的提早轉移，成本自貨物特定化後增加的部分將由買方負擔。

再就 FOB 的 A.7 為例，賣方應將貨物已交至船舶上一事給予買方充分通知 (Sufficient Notice)。就通知方式而言，可用 Cable, Telex, Fax 或電子方式，

---

❹❶　本表轉引自 Charles Debattista, *Incoterms in practice*, ICC, 1995, p. 96.

但是何時通知呢? 究竟超過那個時點通知才算是「未充分通知」? 國貿條規並未規定，法國的海商法 (Sales of Goods Carried by Sea) 允許於裝船後 24 小時以內為有關的通知 (The period allowed for a similar motice in 24 hours)。

2. 裝船前檢驗

國貿條規各條件的 B.9 提及裝船前檢驗 (Pre-Shipment Inspection)，檢驗本身並不是一項文件，檢驗者開立的文件有時候叫做「檢驗證明」(Certificate of Inspection)，如果檢驗結果是正面的，會發給 "Clean Report of Findings"，如果必須由賣方協助執行該檢驗，依 A.10 規定應由賣方協助。

當然從事國際買賣所需要的文件不可能盡在 Incoterms 規定，例如抵制進口入阿拉伯國家的文件 (The certificate of boycott for import of goods in Arab Countries)，或者食品進口到以色列的牧師證明 (Rabbi's certificate for import of foodstuffs into Israel)，這種文件在進口動植物產品甚為常見，這種文件要依國貿條規來判斷究竟是什麼性質，再依 A 或 B 有關條款來加以處理。

第二章

國際商會貿易條件解說

第一節　Incoterms 的制定經過及其沿革

一、Incoterms 1936

　　第一次大戰結束後，國際商會 (International Chamber of Commerce，簡稱 ICC) 於 1919 年在巴黎創立，創立宗旨為促進國際貿易與合作，改善國際商務的環境，並謀求解決有關經貿問題。創立之初，國際商會即以統一貿易條件的解釋作為其主要工作之一。首先是搜集各國各地區使用的貿易條件，然後予以整理，去蕪存菁。經過十幾年的磋商研討，終於在 1936 年制定了具有歷史性意義的貿易條件解釋規則，定名為 Incoterms 1936 (1936 年版國貿條規)，副標題為 International Rules for The Interpretation of Trade Terms (貿易條件的國際解釋規則)。至於 Incoterms 一詞係 International Commercial (法語 Commercial 一詞等於英語的 Trade) Terms 的縮寫。本規則將貿易條件分為十一種，每一條件訂明買賣雙方應盡的義務，以供業者自由採用。該十一種貿易條件如下：

1. Ex Works (Ex Factory, Ex Mill, Ex Plantation, Ex Warehouse, etc.)
2. FOR (Free on Rail) ... (named departure point)

   FOT (Free on Truck) ... (named departure point)
3. Free... (named port of shipment)
4. FAS (Free Alongside Ship) ... (named port of shipment)
5. FOB (Free on Board) ... (named port of shipment)
6. C&F (Cost and Freight) ... (named port of destination)
7. CIF (Cost, Insurance, Freight) ... (named port of destination)
8. Freight or Carriage Paid to...(named point of destination)
9. Free or Free Delivered... (named point of destination)
10. Ex Ship... (named port)
11. Ex Quay... (named port)

　　本規則在 1936 年 1 月開會討論時，雖曾遭英國委員的反對（理由為：其中部分解釋與英國習慣不同），以及義大利委員的聲明保留，但本規則實際上大部分係以英國習慣為依據，所以在同年 6 月理事會會議時，以絕大多數通過，並以 Incoterms 1936 之名，在巴黎總部公布❶。

二、Incoterms 1953

　　第二次大戰之後，鑒於國際情勢的複雜化，咸認為貿易條件的重新整理，以及各貿易條件內容的修訂乃成必要。於是國際商會於 1953 年 5 月在奧國維也納召開會議，審議 Incoterms 的修訂案。同年 10 月修訂完成，並頒布新修訂的 Incoterms，定名為 Incoterms 1953。此次修訂是以 Incoterms 1936 為基礎加以整理及歸納，將罕用的 Free... (named port of shipment) 及 Free or Free Delivered...(named point of destination) 兩條件刪除，並將剩下的九種條件的內容，參照各國委員的意見，加以充實或修訂。此次修訂，據 Incoterms 1953 的序言，係根據以下三大原則進行：

　　⑴旨在盡可能清楚而精確地界定買賣雙方當事人的義務。

　　⑵為期獲得業者廣泛的採用本規則，以現行國際貿易實務上最普遍的做法 (The Greatest Common Measure of Practice) 為基礎而修訂。

　　⑶所規定賣方義務係最低限度的義務 (Minimum Liabilities)，因此，當事人在其個別契約中可以本規則為基礎，增加或變更有關條件，加重賣方義務，以適應其個別貿易情況的特別需要。例如，在 CIF 條件下，賣方所須投保的海上保險種類為 FPA，倘若當事人依其交易貨物性質、航程及其他因素加以考慮，認為應投保 WA 較妥時，可在其買賣契約中約定賣方應投保 WA，例如："CIF Incoterms with WA Insurance" 是❷。

三、Incoterms 1980

　　Incoterms 於 1953 年修訂之後，為各國業者廣泛採用，對於國際貿易的發

---

❶　上坂西三，《國際貿易條件基準》，9版，1976，pp. 6–7。

❷　上坂西三，《國際貿易條件基準》，9版，1976，pp. 13–14。

展貢獻良多。但自 1950 年代末期以後，鑒於西歐與東歐社會主義國家集團，以及東歐社會主義國家之間盛行邊境交貨及進口國交貨的貿易實務，國際商會乃於 1967 年補充 Delivered at Frontier (...named place of delivery at frontier) 及 Delivered Duty Paid (...named place of destination in the country of importation) 兩種貿易條件，以配合貿易需要。又鑒於利用航空運輸貨物的情形日益普遍，復於 1976 年再增訂了 FOB Airport(...named airport of departure) 一種，使適用範圍再予擴大。嗣以貨櫃運輸的發展，多種運送方式的複合運送 (Multi-Modal Transport) 乃應運而生，門至門 (Door-to-Door) 的交貨方式已逐漸為世界各國採用。於是，為配合這種國際貿易的需要，國際商會又於 1980 年增訂 Free Carrier (...named point) 及 Freight or Carriage and Insurance Paid to (...named point of destination) 兩種貿易條件，並將 Freight or Carriage Paid to (...named point of destination) 予以修訂，使能擴大適用於一貫作業的複合運輸。故國際商會所解釋的貿易條件，至 1980 年為止，已有十四種之多。該會於 1980 年 3 月，將此十四種貿易條件彙成一小冊，以 ICC Publication, No. 350 刊行，並定名為 Incoterms 1980，副標題仍稱為 International Rules for The Interpretation of Trade Terms。茲將 Incoterms 1980 所解釋的貿易條件及其國際代號 (International Code) 列舉於下❸：

貿易條件	國際代號
Ex Works	EXW
Free Carrier	FRC
FOR/FOT	FOR
FOB Airport	FOA
FAS	FAS
FOB	FOB

---

❸　為便於 ADP（automatic data process，自動資料處理）的利用，乃由聯合國歐洲經濟委員會(UNECE)與 ICC 合作，將 Incoterms 的各貿易條件賦予代號(Codified)，以三個英文字母代表各條件，並獲各國政府及各國際機構的承認。

C&F	CFR
CIF	CIF
Freight or Carriage Paid to	DCP
Freight or Carriage and Insurance Paid to	CIP
Delivered at Frontier	DAF
Ex Ship	EXS
Ex Quay	EXQ
Delivered Duty Paid	DDP

四、Incoterms 1990

鑒於電子資料交換 (Electronic Data Interchange, EDI) 通訊的使用日益增加，以及國際運輸技術的變化，特別是貨櫃貨物的單元化、複合運送及近海運送中汽車和火車的駛進駛出式運送，國際商會為了使貿易條件能適應這種形勢的需要，乃於 Incoterms 1980 公佈實施了僅僅十年之後，又於 1991 年 4 月正式發布新的 Incoterms，即 Incoterms 1990，並自同年 7 月 1 日起生效實施。Incoterms 1990 共有十三種貿易條件，比 Incoterms 1980 減少了一種。不過，實際上除了將 Incoterms 1980 的 FOA、FOR/FOT 併入 FRC 並改稱為 FCA 之外，另增加了 DDU 一種而已。

Incoterms 1990 的特色為：

1. 適應電子資料交換通訊的推行

Incoterms 1990 容許以電子資料交換訊息 (EDI Message)❹取代傳統的貨運單據，以配合無紙貿易 (Paperless Trading) 的來臨。

2. 因應新運輸技術

將 Incoterms 1980 的 FOA、FOR/FOT 併入 FRC 並改稱為 FCA。

3. 按性質的不同，將十三種貿易條件歸納為 E、F、C 及 D 四種基本類型，即

---

❹ 也有人以「電子文件」稱之。

E 類型 (起運)	EXW	Ex Works	工廠交貨條件
F 類型 (主要運費未付)	FCA	Free Carrier	貨交運送人條件
	FAS	Free Alongside Ship	船邊交貨條件
	FOB	Free on Board	船上交貨條件
C 類型 (主要運費付訖)	CFR	Cost and Freight	運費在內條件
	CIF	Cost, Insurance and Freight	運保費在內條件
	CPT	Carriage Paid to	運費付訖條件
	CIP	Carriage, and Insurance Paid to	運保費付訖條件
D 類型 (到達)	DAF	Delivered at Frontier	邊境交貨條件
	DES	Delivered Ex Ship	目的港船上交貨條件
	DEQ	Delivered Ex Quay	目的港碼頭交貨條件
	DDU	Delivered Duty Unpaid	稅前交貨條件
	DDP	Delivered Duty Paid	稅訖交貨條件

4.重整貿易條件條文

將每一貿易條件下買賣當事人各自的義務歸納在十個標題之下，對應賣方一邊的每個標題，在買方一邊對應的位置上，也都反映相同主題的內容，使得更容易閱讀和理解 (Easier Reading and Understanding)。

五、Incoterms 2000

國際商會為了鞏固國貿條規在全球所享受到的廣泛認同，全力確保國貿條規能與貿易實務保持同步，因此，國際商會本於更新條件的使命感，1996年決議修改，其轄下的國際商業管理委員會，於 1997 年 6 月成立修改工作小組，將設計好的問卷透過各國國家委員會向該國有關的銀行、保險及廣泛蒐集意見，歡迎針對⑴國貿條規為了與當代貿易實務契約契合，1990 年版的那些部分是需要修改的。⑵ 1990 年版的那些條款曾因語意不明而引起糾紛或者誤解而需要澄清的 (To Clarify)。

依回收問卷，工作小組形成修改初稿，送予各國國家委員會表示意見並召開修訂會議，前後三易其稿，最後於 1999 年 9 月中旬公布英文版正式文版，並於 2000 年 1 月 1 日正式實施。

2000 年版國貿條規主要修訂部分，可綜合歸納為：

(一)形式部分

針對每個貿易條件定義的敘述部分加以變更。

國貿條規的每個條件均由三個部分構成，即(1)定義、(2)賣方義務、(3)買方義務。本次修訂，針對：

1. 定義部分

本次就定義部分，給予更具體、明確的修訂，並增加了與其他貿易條件在使用上的區別，有重大變化的部分並特別用斜體字加以標示。

2. 賣方義務

1990 年版賣方義務的英文原使用 " the seller must"，本版則改稱為 "the seller's obligation"。至於原來所稱的 "the seller must" 則改置於賣方十項義務之首。

3. 買方義務

1990 年版買方義務的英文原使用 "the buyer must"，本版則改稱為 "the buyer's oblgation"，至於原來所稱的 "the buyer must" 改置於買方十項義務之首。

目的是讓 2000 年版的定義敘述符合英文的語法和修辭。

(二)實質部分

1. 船邊交貨條件 (FAS) 變更為由賣方負責辦理出口通關有關事宜及負擔有關費用

2000 年版確定了一項原則，那就是「誰擁有最佳位置執行通關及繳納關稅，和負擔其他有關輸出入成本的業務，就由那一方去辦理」(The main principle that the party best positioned to undertake the function to clear the goods and to pay duties and other costs in connection with export and import should do so)❺，此外在貿易實際的作法上，經國際商會調查發現，普遍的作法是由賣方辦理出口通關手續，為了與實務吻合，本版遂變更為由賣方負責辦理出口通關事宜及有關費用。

2.目的港碼頭交貨條件 (DEQ) 修改為有關貨物進口所需付的關稅、稅捐及其他費用，以及進口通關的辦理手續均由買方負擔

本於與 FAS 變更由賣方負責出口通關等相同理由，國際商會認為誰在涉案國有事務所方便與進出口國行政單位打交道，就由誰辦理此項通關手續的原理 (The principle that it is better for a party domiciled in a country to take care of whatever is necessary with the authorities)❻，DEQ 本版也變更由買方負責辦理進口通關、支付關稅及其他費用。

3.貨交運送人條件 (FCA) 強調若在賣方的營業場所交付，由其負責裝貨，若在賣方場所以外的地方交付，賣方不負責卸貨

1990 年版的 A.4，分別就七種不同的運輸方式（例如鐵路、公路、海運、航空等）規定了交貨的方法。2000 年版的修正小組則認為處理交貨方法的較佳方式，應該是針對在賣方的場所誰負責把貨裝上收貨的運送工具？指定地在賣方以外場所交貨，誰負責從抵達的運輸工具上把貨卸下？比較好。

因此本版遂廢除 1990 年版對不同運送方式交貨方法的規定，修正為，指定在賣方營業場所交貨，賣方負責裝載貨物於到來的運送工具，指定地在賣方營業場所以外的地方，將尚未從賣方運送工具上卸下來的貨物交由買方處置時即已交付。

4.邊境交貨條件 (DAF) 特別強調在辦妥出口通關但尚未辦妥進口通關，置於「尚未卸載的到達運輸工具上的貨物」即屬交貨

5.稅前交貨條件 (DDU) 及稅訖交貨條件 (DDP) 的買方應負責從到達的運輸工具上卸貨

---

❺ Jan Ramberg, *Guide to Incoterms 2000* , p. 23.

❻ *INCOTERMS 2000—A forum of experts*, ICC, p. 15.

第二節　工廠交貨 (EXW) 條件

一、工廠交貨條件概說

㈠工廠交貨條件的概念

1. EXW 的概念

本條件 Ex Works，中文譯為「工廠交貨」條件，係原地或現場交貨 (Loco) 條件的代表用語。一般係指以買賣標的物存放地為交貨地點的買賣條件而言。依本條件交易時，當賣方在其營業處所或其他指定地（即工場、工廠、倉庫等）將尚未辦理輸出通關手續且尚未裝上任何收貨運送工具的貨物交由買方處置時，即屬賣方交貨，貨物的風險及其所有權（原則上）也同時移轉買方。買方則應安排運送工具於約定時間或期間內前往約定交貨地點提取 (Pick Up) 貨物，承擔貨物交由其處置之後的一切風險及費用，並依契約規定支付貨款。在所有貿易條件中，本條件的賣方所負責任最小，他在指定的內陸地點完成交貨手續後，即可依契約規定收取貨款，他既不過問貨物的實際出口業務，也不負擔交貨後的一切風險及費用。而買方則必須在出口國的指定工廠（或工場或倉庫等）接運貨物，辦理貨物出口手續，把貨物裝運出口，並承擔貨物交由其處置時起的一切風險與費用。故在所有貿易條件中，本條件的買方所負責任最大。正因如此，在各種報價中，以本條件報出的價格最低。

2. Incoterms 2000 仍續予維持 EXW 的原意不變

⑴ 1990 年版對 EXW 的討論意見：

芬蘭在 1990 年版修正時，曾提出這樣的意見，EXW 的賣方只要將貨物置在賣方營業場所交由買方處置時為止，風險就移由買方負擔，這樣速度太快了，因為買方投保的運輸保險，其保險效力是從貨物「實際交付」給買方的那個「時點」方才開始 (where a buyer's transport insurance gives cover from the point of actual delivery to the buyer)。「交由買方處置」與「實際交付」的時

點會有差異，豈不是在這個時間差當中，將買方暴露在沒有保險的狀態之下？

　　這個看法，一度產生了 "EXW Loaded" 的點子，Loaded（裝貨）的意思純粹是賣方協助買方將貨物裝上買方備妥的車輛 (Implying just an assistance of the seller to the buyer)，但這並沒有對保險的時間差距有所彌補，反而會割裂了成本與風險的認定標準❼，最後考慮結果仍不予更動。

　　(2) 2000 年版對 EXW 的討論意見：

　　EXW 有那些地方需要配合商業實務而做修正？實務上，一個賣方所做的事情遠比 Incoterms 規定的更多，因為賣方不會袖手旁觀，他會協助買方將貨物裝上前來取貨的車輛而不收分文，協助裝貨與負有裝貨義務兩者是不同的，若有義務裝貨而未予以裝貨是違反契約義務，何況若規定有裝貨義務，買方車輛未及時趕到，風險是否仍由賣方負擔？或提早轉移？均有疑問，這些都是變更 EXW 貿易條件必須要考慮到的，最後還是把 EXW 維持為賣方負擔責任最輕的條件而不予變更❽，亦即 2000 年版只有 EXW，沒有所謂的 EXW Loaded。

　　但，2000 年版也特別在 EXW 的定義部分指出，如若當事人希望賣方負責將貨物裝載於待運之發貨車輛，並負擔裝載的風險及一切費用，則應於買賣契約中明白的加以規定。

(二)用法上應注意事項

1. 語　義

　　本條件在歐洲稱為 Loco 或 On Spot，而在美國則稱為 Point of Origin。按 Ex 係 From, Out Of 或 At 之意❾。此一類型的用語有 Ex Works, Ex Factory, Ex Mill, Ex Plantation 及 Ex Warehouse 等等，前三者都可譯成工廠交貨條件，其中 Ex Works 通常用在鐵工場或機械工廠及其他重工業工場的場合；Ex Facto-

---

❼　Charles Debattista, ed., *Incoterms in Practice*, ICC, 1995, p. 153.

❽　*Incoterms 2000—A forum of experts*, ICC, p. 9.

❾　Ex 是英語"out of"用拉丁語表示的接頭語，作為商業用語是將約定貨物「從指定地點取出，交給……」之意。

ry 用在輕工業，如成衣廠、電子廠、製靴工廠等場合；Ex Mill 則用於紗廠、麵粉廠、鋸木廠或造紙廠等場合；Ex Plantation 則指農場交貨而言，通常用於農產品在產地交貨的場合。至於 Ex Warehouse，依字面雖可譯成「倉庫交貨」，但此倉庫有賣方自己的倉庫與倉庫業的倉庫之分。因二者性質不同，所以在使用時，如在賣方倉庫交貨，宜以 Ex Seller's Warehouse 表示；如在倉庫業的倉庫交貨，則宜以 Ex Bailee's Warehouse 表示❿。

上述五個用語，實際上係屬同一類型的貿易條件，所不同的只是交貨場所而已。一般都將其總稱為 Loco Terms，即「原地交貨條件」或「現場交貨條件」之意，也有人譯成「當地交貨條件」。上面雖僅列舉了 Works, Factory, Mill, Plantation 及 Warehouse 等五個交貨場所，但實際上可能還有以 Mine 為交貨場所的 Ex Mine（礦場交貨），以 Godown⓫為交貨場所的 Ex Godown 及以 Store 為交貨場所的 Ex Store（倉庫交貨）等條件⓬。

2. 禁止輸出的風險

在本條件下，由於買方須承擔在出口國辦理貨物輸出通關手續的義務，因此，買方須承擔貨物禁止輸出的風險。

3. 使用本條件的限制

除非買方在輸出國設有分支機構或派有代表，可直接或間接地在輸出國安排貨物輸出通關手續，否則不宜使用本條件。在此情形下，宜使用下述的FCA 條件。由於上述限制，本條件在國際貿易中很少採用。若賣方處於優勢的賣方市場地位，雙方擬以本條件交易，而買方又無法直接、間接辦理貨物輸出手續，則買方應要求由賣方負責辦理貨物輸出通關手續。在此情形下，可在本條件的後面加上 "cleared for export"（已辦妥出口通關）的字樣。目前國內廠商採用本條件出售貨物者，是因其不諳出口手續或因其他原因，而以

---

❿ 就Incoterms而言，其所指"Warehouse"只限於"Seller's Warehouse"而言。

⓫ Godown 在東南亞各地，指在港口的營業倉庫而言。

⓬ Ex Store 的 Store，除了指儲藏庫之外，還包括一些特種倉庫，例如冷凍食品倉庫是。如買賣標的物為冷凍肉或冷凍食品等，則 Ex Store 將被解釋為 Ex Refrigerating Store。

本條件銷售給國內出口商，再由國內出口商以其他貿易條件轉售國外進口商的情形居多。就賣方而言，其以本條件出售貨物時，實際上，與其一般內銷並無多大區別。換言之，本條件是一種在輸出國境內的國內買賣 (Domestic Sale)，交易中所產生的各種關係通常均由賣方所在國家的法律來規範，外國買方實質上與輸出國境內的一般買方，在一般法律上，處於相同的地位。但因為買方的最終目的是把貨物運往國外的目的地，所以從這個意義上來說，本條件也可算是國際貿易的一種貿易條件。

4.裝貨費用由買方負擔

依本條件交易時，除非另有約定，賣方不負擔將貨物裝上買方備妥的運輸車輛的責任。因此，買方如擬由賣方負責或協助將貨物裝上買方所備妥的運輸車輛，則應在本條件之後加上 "including loading risks and costs"（由賣方負責時）或加上 " loaded upon departing vehicle"（由賣方協助時）字樣❸。

5.我國國內工廠與我國出口商以工廠交貨條件交易時，往往以所謂的 "FOR factory" 條件替代本條件

其性質與本條件之後加上 "including loading risks and costs" 者類似，但 "FOR factory" 條件畢竟不是定型化的貿易條件，在使用時，應特別規定買賣雙方的有關義務，以免發生爭議。

6.本條件相當於 American Definitions 的 EXW (...named place) 條件，請參閱第三章第三節

7. Ex Works 的國際代號 (International Code) 為 EXW

㈢用法舉例

以本條件報價或訂約時，通常須在本條件之後，列明交貨地點的詳細地址，例如：

---

❸　Jan Ramberg, *Guide to Incoterms 2000* , ICC Publication, No. 620, 1999, p. 70.

> We offer to sell T-shirt No. 6160 2,000 dozens US$10 per dozen, Ex Seller's Factory, 30 Sanming Road, Taichung City, delivery during July.
>
> （謹報價出售圓領衫品號 6160 二千打，每打美金 10 元，臺中市三民路 30 號，賣方工廠交貨，7 月間交貨。）

本例係以 Factory 為交貨地點，如以 Works 為交貨地點，則將 Factory 改為 Works，其餘類推。"Ex Seller's Factory" 也有以 "EXW" 代替者。

報價時，如只列記交貨場所的城市名稱，則報價經接受後，賣方應適時將交貨的詳細地點通知買方或其代理人。倘未為此項通知，則賣方不但對於買方的未履行接受貨物不能請求損害賠償，而且尚須因自己的未履行交貨而賠償買方所蒙受的損害。賣方於報價時所以未列明交貨地點的詳細地址，可能係賣方在同一城市中擁有數處營業處所 (Premises)，而保留交貨地點選擇權之故。

在某些情況，於訂立買賣契約時，對於交貨地點只提及一個「區域」(Range) 或一個相當廣大的地方，但約定日後由買方於該區域或地方內指定具體的交貨地點。在此情形，如果買方未在規定的接受貨物時間內，將接受貨物地點及時間，給予賣方充分的通知，則買方應承擔因其未指定而生的風險及額外費用。除此之外，若買方未行使其權利以指示交貨地點，則將賦予賣方選擇最適合其目的（本意）的地點之權。

二、工廠交貨 (EXW) 條件規則解說

㈠賣方應負擔的義務與費用

1.交貨義務

賣方應於其營業處所或其他指定交貨地，於約定的期日或期間內，將尚未辦理輸出通關手續且尚未裝上任何收貨運送工具的貨物交由買方處置。如果買賣契約中未約定交貨地點或時間，則於交付貨物的通常時間，將尚未裝

上任何收貨運送工具的貨物交由買方處置，若指定地未約定交貨地點，且又有數處可供選擇，則賣方得在交貨地點選擇最適合其本意的地點 (A.1, A.4)。

⑴提供符合買賣契約的貨物：賣方所提供的貨物必須與買賣契約所規定者相符 (A.1)。在 Incoterms 所有貿易條件賣方義務第 1 條均有與此相同的規定，以示其重要性。在國際貿易，買賣雙方不僅遠隔重洋，且少有親自接觸 (Personal Contact) 的機會。通常國外買方也少有前往出口地親自檢驗其所訂購貨物的情形。在實務上，很多場合係憑樣品交易，買方信任賣方的誠實，而決定向其訂購。因此，賣方為了不辜負買方的信任，自有義務供給與契約所定相符的貨物。這是經商的基本原則，本無以明文規定的必要。然而，經驗告訴我們，在契約履行過程中，卻常由於品質不佳 (Defective Quality)、品質不符 (Different Quality)、品質錯誤 (Wrong Quality)、品質低劣 (Inferior Quality)、異品摻混 (Different Quality Mixed in)、變質、變色 (Deterioration, Discoloration) 等而發生品質上的索賠 (Claim)；或因短裝 (Short Shipment)、短卸 (Short Landing)、重量不足 (Under Weight) 等而發生數量上的索賠，以致貿易糾紛層出不窮。國際商會鑒及此，乃開宗明義，於每一貿易條件的賣方義務第 1 條即規定賣方必須供給與契約相符的貨物，以提醒賣方注意。

⑵交貨時間 (Time of Delivery)：

①有約定時：應於約定期日或期間內 (on the date or within the period stipulated) 交貨 (A.4)。本規則雖以期日 (Date) 或以期間作為交貨時間，但國際貿易的交易數量通常相當多且龐大，所以，實際上以日期作為交貨時間者較少。其以期間約定交貨時間者，通常都約定以某月的上半月 (during the first half of... [month]) 或下半月 (during the second half of... [month]) 或以某月 (during... [month]) 的方式約定交貨時間。至於具體的交貨時間，將由雙方磋商。例如商定於 10 月 10 日上午 9 時至下午 5 時之間交貨是。

②無約定時：若買賣契約中未規定交貨時間者，賣方應於交付這種貨物（即契約貨物）的通常時間，將尚未裝上任何收貨運送工具的貨物交由買方處置。按：英國 1979 年 Sale of Goods Act（以下簡稱 SGA）§29⑶，美國 Uniform Commercial Code（以下簡稱 UCC）§2–309⑴，聯合國 1980 年 Convention on Contracts for the International Sale of Goods（以下簡稱 CISG）§33 ⑶均規定，如未約定交貨時間者，應於訂約後合理時間 (Reasonable Time) 內交貨。我國民法第 315 條則規定：「清償期……或得依債之性質或其他情形決定者外，債權人得隨時請求清償，債務人亦得隨時為清償。」

⑶交貨地 (Place of Delivery)：

①有約定時：應於指定地點交貨 (A.4)。

②無約定時：若於指定地未約定交貨地點且又有數處地點可供選擇時，賣方得在交貨地中選擇最適合其本意的地點，將貨物交由買方處置。SGA §29 ⑵規定：除明示默示外，如係不特定物，以賣方營業處所為交貨地點，如係特定物，以締約時該特定物的所在地為交貨地點。UCC §2–318 ⒜、⒝ 的規定，與 SGA 同。我國民法第 314 條規定：特定物時，以訂約時該特定物所在地為交貨地，不特定物時，以買方的住所為交付地。CISG 的規定，也與 SGA 同。

在貨物買賣，賣方為履行契約，將貨物交付買方，除另有約定外，乃以所有權的移轉為目的而移轉占有。這種做為買賣雙方責任界限的交貨地點，自應於契約中訂明。

⑷交貨方法 (Mode of Delivery)：賣方應將貨物置於買方可以自由處置的狀態 (A.4)。按貨物交付的類型可分為：

①實際交付 (Actual Delivery; Physical Delivery)：即賣方將貨物實際地交給買方，使貨物的占有支配，得以直接而實際地移轉買方的方法。

②推定交付 (Constructive Delivery)，又可分為❶：

⒤讓與承認的交付 (Delivery by Attornment)。

⒜簡易交付：買賣成立之前，買方已占有貨物時，買賣成立之後，依雙方移轉所有權的合意，即生交付的效力。

⒝占有改定：占有貨物的賣方，於售出後，以買方代理人或受寄人身分繼續占有貨物，並與買方訂立契約，使買方取得間接占有，做為交貨予買方

---

❶　這種交貨方式，通常賣方須以代表貨物所有權的物權證券 (Document of Title) 交付買方，故也屬象徵交付的一種。

的方法。

(c)指示占有移轉：第三人為賣方保管占有貨物，買賣成立後，賣方通知該第三人，承認買方對該貨物的返還請求權，並由該第三人繼續占有貨物。例如賣方將其已出租的家具讓與時，即可以指示占有移轉方式使買方逕向承租人行使返還請求權。

(ⅱ)象徵交付 (Symbolic Delivery)，又稱單據交付 (Documentary Delivery)，即賣方以表彰貨物所有權的單據，例如提單 (B/L)、運貨單 (Way Bill)、倉單 (Warehouse Receipt)、小提單 (Delivery Order) 等物權證券 (Document of Title) 交付買方或其代理人，以代替貨物的實際交付❺。

在 Ex Works 條件，其交貨方法以實際交付為主，但以 Ex Warehouse 或 Ex Store 條件交易時，可以象徵交付方式交貨。

2.交貨通知義務

(1)通知的必要性：交貨的期限利益屬於賣方，因此，賣方有主張在何時交貨的權利（當然買方也有保留交貨時間的權利）。但交貨地點係在賣方工廠，因此，當貨物已處於可交付狀態 (In Deliverable State) 時，即應通知買方，使買方得適時著手準備提貨、保險、付款與轉售事宜。此外，賣方在同一城市有二以上的工廠，而在契約中又未訂明在那一工廠交貨時，更有必要通知買方在那一工廠提貨❻。

(2)通知方法：賣方應將貨物交由買方處置的時間及地方給予買方充分的通知 (Sufficient Notices)(A.7)。通知方法本條件並未作具體規定，國際商會曾向各國詢問結果，有些國家認為應以書面方式（包括 Letter, Telex, Telefax 等）通知，最好以掛號信 (Registered Letter) 或有押碼 (Test Key) 的電傳為之；有的國家則認為以口頭方式，或以電話通知即可❼。

至於通知時間，本條件也未規定，但其通知時間應以足以使買方有合理時間著手準備提貨工作為要。

---

❺　朝岡良平，《貿易賣買と商慣習》，初版，1976，pp. 153–155。

❻　朝岡良平，前揭書，p. 191；Davies v. Mclean (1873) 21 W. R. 264 at p. 265 Per Brett. J.

❼　朝岡良平，前揭書，pp. 190–191。

本條件 A.7 所稱「充分的通知」是指：通知方法適當、通知時間合理、通知內容充分（包括交貨時間、地點、貨物名稱、數量、金額、契約號碼等）等而言。至於賣方未履行上述通知義務時，其後果如何，國貿條規未作進一步的規定，但其將構成違約 (Breach of Contract) 應無疑義。也就是說，依該買賣契約的準據法，賣方可能須就其違約負責任❸。

　3.申請、提供或協助取得單據的義務

　⑴商業發票 (Commercial Invoice)：商業發票係賣方所製作，載明所出售貨物詳細內容，以及作為請求支付貨款根據的單據，所以無論以何種貿易條件交易，賣方均有提供商業發票的義務。又若當事人同意使用電子通訊時，得以等同的電子訊息替代商業發票 (A.1)。

　⑵符合契約的證據：如買賣契約中有特別約定，賣方須提供證據 (Evidence) 以證明其提供的貨物確與契約所規定相符者，賣方尚須提供此項證據 (A.1)。在 Ex Works 條件下，雖然賣方在貨物所在地，將約定貨物交由買方處置 (Place the goods at the disposal of the buyer)，即視為已履行義務，但由於當時的情形或因貨物的性質，欲期買方在提貨當場詳細驗貨，事實上可能相當困難。因此，在某些場合，買方自可約定要求賣方提出品質或數量證明書，證明其品質或數量確與契約相符。此項證明書究應由何人出具，在契約中自宜明確規定，如無約定，賣方可以合格的獨立公證行 (Independent Public Surveyor) 所出具的公證報告做為證據。

　⑶協助取得輸出入、過境所需單據：賣方應協助買方取得貨物輸出、過境、輸入所需，而由交貨國及／或原產國所發行或傳輸的任何單據或等同的電子訊息，但其風險及所需費用歸買方負擔 (A.2, A.10)。

　①輸出所需單據：輸出許可證或政府核准文件 (A.2)。

　②輸入或過境所需單據：例如領事發票 (Consular Invoice)、產地證明書 (Certificate of Origin)、衛生證明書 (Health Certificate)、無瑕疵檢驗報告 (Clean Report of Finding)、輸入許可證 (Import Licence) 等是 (A.10)。

　4.提供購買保險所需資訊 (A.10)

---

❸　Jan Ramberg, op. cit., p. 71.

賣方於履行 A.7 交貨通知義務時，可同時給予買方有關購買保險的資訊。

5.應負擔的費用與稅捐

賣方對下列費用應負支付之責：

⑴交貨費用：把貨物交由買方處置時為止的一切費用 (A.6)。

⑵包裝、標示費用：賣方應以訂立買賣契約之前已獲知的有關運送情況（例如運送方式、目的地）為限度，自負費用將貨物施以其運送所需的包裝，但依該特定行業，契約貨物通常以不加包裝而交由買方處置者，不在此限 (A.9)❶。所謂「運送所需的包裝」必須顧及運送方式、目的地等並考慮到貨物的性質：如易受潮的貨物，必須考慮防潮；易於腐壞或變質者，應考慮其防止方法及適當的包裝。例如採海運方式，則其包裝必須適合海運包裝 (Seaworthy Packing)，如採陸運方式，則必須適合陸運包裝 (Land Worthy Packing)，若採空運方式，則必須適合空運包裝 (Airworthy Packing)；若為上述這些運送方式的結合，則必須適合上述各種運送方式的包裝。此外，賣方尚須在貨物外包裝上施予適當的標誌 (Mark) 俾買方及運送人得以識別並採取適當的措施。若貨物外包裝標誌不明確或不清楚導致貨物滅失（如交貨錯誤）或毀損，運送人不負責。

⑶檢查費用：因賣方負有交付符合契約所規定貨物的義務，故賣方為確認其所交貨物符合契約規定自應進行適當的檢驗，其因此而生的費用，自應由其負擔。至於檢查的內容，包括檢查品質、丈量、過磅及點數等。

⑷交貨通知費用 (A.7)。

㈡買方應負擔的義務與費用

1.接受貨物義務

就賣方而言，提供符合買賣契約的貨物是其主要義務；就買方而言，接受貨物是其主要義務之一。因此當賣方一旦將貨物依 A.4 交由其處置時，應及時接受 (B.4)。其若不接受，並不能免除其支付價款義務，貨物風險照樣移轉。

---

❶　例如大型起重機通常就不需加以包裝。

⑴接受時間
⑵接受地點
參閱「賣方應負擔的義務與費用」1 之⑵、⑶ (p. 58)。

⑶接受方法：買方應自行安排運輸工具前往交貨地點接受貨物 (A.4)，除另有約定外，應由買方負責將貨物裝上運輸工具。換言之，除非另有約定，賣方不負責將貨物裝載於買方安排的運輸工具之上。

2. 通知接受貨物時間義務

如買方依買賣契約的約定保留指定接受貨物時間及／或地方的權利時，應將其接受時間及／或地方，給予賣方充分的通知。所謂充分的通知，應包括：通知時間適當、通知方法能使賣方確實適時收到、通知內容能使賣方充分知悉其確實時間及／或地方 (B.7)。

3. 辦理貨物輸出入所需一切通關手續，必要時，還要辦理通過其他國家所需的一切通關手續 (B.2)

4. 支付價款義務

就賣方而言，貨物的提供，是其在買賣契約中最基本的義務，而價款的支付，當是買方最基本的義務。在 Ex Works 條件下，當賣方依約定時間，在約定地點，將貨物交由買方處置時，買方即應依買賣契約規定支付價款 (B.1)。

⑴支付金額：

①有約定時：依約定。

②無約定時：SGA §8⑵規定以訂約時合理價格為準；UCC §2–305⑴(a)(b)(c)規定以交付時合理價格為準；我民法第 346 條規定以交付時交付地市價為準；CISG §50 規定以訂約時該貨物在該相關交易情況下所應支付的價格為準。

⑵支付幣類：應依約定的貨幣支付，無約定者，以賣方國幣支付。

⑶支付時間：

①有約定時：於約定時間支付價款（包括預付、延付）。

②無約定時：依習慣；無習慣時，貨物的交付與價款的支付應同時履行 (Concurrent Condition)。但因屬實際交付條件契約，故在買方有機會檢查貨物之前，無付款義務。

△SGA §28 規定：價金的支付與貨物的交付同時履行。

△UCC §2–310 ⒜⒞規定：買方收到 (Receive) 貨物時支付價款，但以物權證券交付者，於收到物權證券時支付。

△CISG §58 ⑴規定：若買方無義務在任何其他特定時間支付價款者，必須於賣方依契約或本公約規定，將貨物或支配貨物處分權的單據置於買方處置時支付價款，賣方可以支付價款做為交付貨物或單據的條件。

△我國民法第 369 條規定：買賣標的物與其價金之交付，除法律另有規定或契約另有訂定，或另有習慣外，應同時為之。

△民法第 370 條規定：標的物交付定有期限者，其期限，推定其為價金交付之期限。

⑷支付地點：

①有約定時：依約定。

②無約定時：我民法第 369、371 條規定：無約定時依習慣，無習慣時，若標的物與價金應同時交付者，其價金應於標的物之交付處所交付。UCC §2–310 ⒜規定：ⓐ於買方收受貨物的所在地支付，ⓑ依物權證券為交付時，以買方收受物權證券的所在地支付。一般而言，除另有約定外，收受貨物及物權證券的所在地為買方的營業處所。SGA §29 ⑴規定：以賣方交付貨物的所在地為付款地，除另有約定或習慣外，貨物交付地係指賣方營業處所。CISG §57 ⑴規定：ⓐ於賣方營業處所支付，ⓑ於交付貨物或單據的地方支付。

⑸付款方法：付款方法有多種，諸如現金、支票、匯票、本票、信用狀等是。因此：

①有約定時：依約定。

②無約定時：應以現金支付。

5.提供已接受貨物的證明

買方應於賣方依規定將貨物交由其處置時，提供適當證明表示其已接受貨物。此處所指適當證明通常是指買方所出具的貨物收據 (Receipt of Goods) 而言，但也可在包裝單 (Packing List) 上註明已接受貨物 (B.8)[20]。

---

[20]　Jan Ramberg, op. cit., p. 49.

6.應負擔的費用與稅捐

買方對於下列費用或稅捐應負支付之責:

⑴取得輸出入許可證的費用: 負擔為取得貨物輸出入所需輸出入許可證或其他官方批准書而生的費用 (A.2, B.2)。

⑵接受貨物後的一切費用: 負擔貨物交由其處置時起, 有關貨物的一切費用, 此項費用包括 (B.6):

①進出口稅捐及通關費用: 在可適用的情況下, 貨物輸出時, 應付的一切關稅、稅捐及其他費用, 以及辦理通關手續的費用。

②貨物運送及保險費用等。

⑶負擔未及時接受貨物或未向賣方發出適當通知而生的額外費用: 賣方依約交貨而買方未及時接受貨物, 或者買方依約定保留指定接受貨物時間及／或地方的權利但未向賣方發出適當通知, 而產生的額外費用 (例如倉租、保險費等), 但以貨物經正式指撥於契約, 也即經清楚地分置或得以其他方法辨認其為契約貨物為限 (B.6, B.7)。

⑷負擔通知接受貨物費用 (B.7)。

⑸檢驗費用: 除賣方依 A.9 所實施檢查貨物的費用由賣方負擔者外, 其他有關貨物的檢驗費用, 諸如裝運前檢驗 (Pre-Shipment Inspection, PSI) 費用、輸出國當局強制實施的檢驗費用 (即法定檢驗 [Mandatory Inspection]), 除另有約定外, 概由買方負擔 (B.9)。在一些輸入國其政府規定, 貨物在輸出國裝運前, 須經其指定的檢驗機構檢驗, 以確保貨物符合契約, 否則無法取得輸入許可證或取得外匯支付價款。這種裝運前的檢驗稱為 Pre-Shipment Inspection。Pre-Shipment Inspection 的費用本應由輸入國政府負擔, 最終則轉嫁給買方負擔, 但買賣雙方也可約定此項檢驗費用歸由賣方負擔。在一些情形, 契約中約定,假如檢驗結果,貨物不符契約規定時,其檢驗費用歸賣方負擔❷。

⑹取得有關單據的費用:賣方依 A.10 協助買方取得貨物輸出及／或輸入及, 必要時, 通過任何國家所需, 而在交貨國及／或原產國發行或傳輸的任何單據或等同的電子訊息而生的一切費用, 應由買方負擔, 若賣方已代為墊

❷　Jan Ramberg, op. cit., p. 76.

付者，買方應予償還 (B.10)。

(三)風險負擔的問題

1.貨物風險的移轉

(1)貨物風險的內容：

貨物風險包括貨物滅失及毀損兩者，係指貨物可能因受意外事件 (Fortuitous Events)，致使貨物受到滅失或毀損者而言。所以若非基於意外事件所致的滅失或毀損，諸如因貨物包裝或標示不良或因貨物本質或因固有瑕疵所致的滅失或毀損風險，並不因交貨而由賣方移轉買方。

(2)貨物風險移轉時、地：

①原則：賣方負擔貨物滅失或毀損的一切風險直至其於指定交貨地，於約定日期或期間內，若無約定這種地點或時間，則於交付這種貨物的通常時間，及在交貨地中選擇最適合其本意的地點，將貨物交由買方處置時為止；買方則負擔自此以後的貨物滅失或毀損的一切風險 (A.5, B.5)。

②例外：若買方依約保留指定接受貨物時間及／或地方的權利，而未適時將接受貨物時間及／或地方向賣方發出充分的通知，則自約定提貨日或約定受領期間屆滿日起，負擔貨物滅失或毀損的一切風險 (B.5)。

例：契約中約定 Delivery during October，賣方通知買方可於 10 月 15 日交貨，但買方說不便，並請賣方等候另行通知接受貨物日期。事後買方一直未通知賣方，則自 11 月 1 日起，買方須負擔貨物的一切風險及費用（如 Carrying Charges）。

③貨物風險移轉條件：

貨物風險的移轉，必須在貨物經正式指撥於契約 (have been duly appropriated to the contract) 之後。因此，假如貨物尚未特定化 (Unascertained) 之前，貨物風險不移轉。也就是說，貨物必須已經清楚地分置 (Set Aside) 或得以辨認（identified，例如已將貨物予以適當包裝及標示）其為契約貨物時，貨物風險才移轉 (B.5)。

2.禁止輸出入的風險負擔

Ex Works 條件倘若用於國際貿易，則此條件係當事人以貨物的輸出入為特約的一種買賣條件。故以此條件交易時，固然與一般國內買賣並無不同，但以貨物的輸出入作為特約之點，則為一般國內買賣條件所無。如在這種買賣契約成立之後，發生不可抗力的事由致無法將貨物輸出入時（例如政府禁止輸出入），該契約的效力如何，應分別情形而定。依本條件 B.2 取得貨物輸出入所需輸出入許可證或其他官方批准書的風險歸由買方負擔。因此，依本條件交易時，貨物的禁止輸出入，並不因而免除買方在買賣契約下的義務。然而，買賣契約中常常列有「免責條款」(Relief Clauses) 以因應這些情形。有些免責條款規定遇到禁止輸出入情形時，可展延履約的時間，有些免責條款則規定，契約因而失效。在某些國家的法律即規定，遇到禁止輸出入時，契約即失效。日本學者則有如下見解，即在本條件下如遇：

⑴全面禁止輸出入時：除另有約定外，買方得以不能達成契約目的為由，主張解約，但也可要求交貨，而不解約。

⑵出口國宣布局部禁止輸出時：如買賣契約中已聲明貨物輸往目的地，而政府宣布禁止輸往該目的地者，買方得以不能達成契約目的為由，主張解約，但也可要求交貨，而不解約。如買賣契約中未聲明貨物輸往目的地，而政府宣布僅禁止輸往某目的地者，除另有約定外，買方不得要求解約，因買方可將其輸往其他地方。

⑶進口國宣布局部禁止輸入時：如買賣契約中已聲明貨物輸往目的地，而該目的地政府宣布禁止從賣方所在國進口該貨物者，買方得以不能達成契約目的為由，主張解約，但也可要求交貨，而不解約。如買賣契約中未聲明貨物輸往目的地，而部分國外政府宣布禁止從賣方所在國進口該貨物者，買方不得要求解約，因買方可將其輸往其他地方❷。

---

❷　貿易實務講座刊行會，《貿易と法律》，初版，1962，p. 256。

㈣所有權的移轉時期

從事貿易的人常常問及貿易條件與貨物所有權移轉的關係。業者常常想知道在特定貿易條件，在什麼時點，貨物所有權由賣方移轉買方。

但是，我們要知道，貿易條件與貨物所有權的移轉是毫不相關的。貿易條件只是規定在特定契約下（例如在 CIF 契約），賣方在何種情況下才算完成其交貨義務。貨物所有權也許隨著貨物的交付而由賣方移轉買方。但依許多國家的法律，貨物即使已交付買方，只要買方尚未付清貨款，賣方仍有可能繼續保留貨物所有權。因為有關貨物所有權移轉的法律，因國家而異，當事人最好在其買賣契約中，根據其所適用的法律，就此問題有所約定。由於各國對所有權保留的法律規定不盡相同，國際商會出版了 "Reservation of Title（所有權保留）" 的小冊子，將許多不同法制下有關保留所有權條款的約定事項作了簡要的介紹，頗值得參閱。

這裡僅就一般情形下，以 EXW 條件交易時，貨物所有權的移轉時期予以說明。

在 EXW 條件下，賣方以交付為目的，將貨物交由買方處置時，除另有約定外，其「交付」應解為賣方以貨物所有權移轉為目的，將貨物的占有權移轉買方。因此，一般而言，在 EXW 條件下，買賣雙方在賣方營業處所完成貨物交接手續後，貨物所有權即由賣方移轉買方。

三、國內 Ex Works 與國際 Ex Works

日本學者朝岡良平博士認為 Incoterms 雖在其副題標明「貿易條件的國際解釋規則」，但其所規定的 Trade Terms 並非只適用於國際買賣，實際上也可適用於國內買賣。至於在國際買賣，由何方負責申領輸出入許可證，辦理進出通關手續等問題，須依各國政府法令的規定，並非買賣當事人私下所能決定。因為這些手續並非 Trade Terms 固有的內容，於是氏乃進一步，將 Trade Terms 分為國內買賣的 Trade Terms 與國際的 Trade Terms，加以分析。

㈠國內買賣的工廠交貨條件

以工廠交貨條件交易的國內買賣,大約有如圖⑴與圖⑵所示的兩種情形。

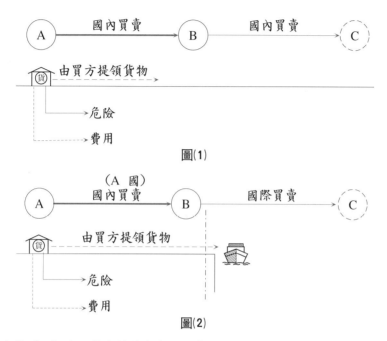

圖⑴

圖⑵

(註:粗實線(──→)表示該契約的當事人,Ⓐ為賣方,Ⓑ為買方。細實線(─→)表示該契約之前或之後的購進或轉售交易關係,Ⓒ為此交易的供應商或購買者。虛線(┈→)表示基於該契約的貨物移動方向。(┕)與(┖)分別表示該契約下風險與費用的分界點。┄┄ 表示關稅線。)

這兩種情形,其契約性質雖完全相同,但在⑴的場合,係表示國內批發商 B 以 Ex Works 條件從國內製造商 A 買進後,轉售國內其他業者 C 的情形,在⑵的場合,則表示出口商 B 以 Ex Works 條件從國內製造商 A 買進後,轉售國外進口商 C 的情形。在第⑴種情形,A 的產品最後將在國內消費;而在第⑵種情形,A 的產品最後將在國外消費。兩者雖然有上述的不同,但賣方(即製造商 A)的責任並不因買方 B 是否將貨物轉售國內之 C 或國外之 C 而異。換言之,不論買方 B 將貨物轉售國內之 C 或轉售國外之 C,契約履行地均在賣方 A 工廠存放貨物的地方。賣方 A 只須依契約規定,於約定期日或

期間內，將存放於工廠的貨物，在存放地交由買方 B 處置；而買方 B 則須於約定日期或期間內，前往賣方 A 的貨物存放地，提領貨物。因此類型的交易係國內買賣，故不發生由誰負責辦理通關手續的問題。在第(2)種情形，出口商 B 從製造商 A 買進貨物之後，於裝運出口時，固然須辦理通關手續，但此乃基於出口商 B 與國外進口商 C 之間的貿易契約關係，與 A、B 之間以 Ex Works 條件交易的契約無關聯。

(二)國際買賣的工廠交貨條件

以工廠交貨條件交易的國際買賣，大約有如圖(3)與圖(4)所示的兩種情形。

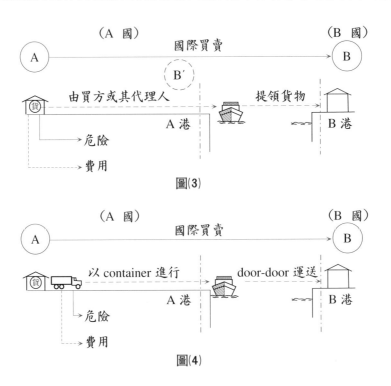

圖(3)

圖(4)

在(3)的情形，係由 A 國的賣方 A 與 B 國的買方 B，以 Ex Works 條件訂立買賣契約，貨物將經由國際運送，通過 A、B 兩國間的關稅線，由 A 國運往 B 國，從而發生貨物所有權的國際移轉，所以是國際買賣。但因以 Ex Works 條件交易，故賣方 A 的責任，與上述國內買賣的情形並無不同，賣方只要在約定期日或期間內，將存放於賣方工廠的貨物，在存放地交由買方 B 處置即

可；買方 B 則須在約定日期或期間內，前往賣方 A 的貨物存放地提領貨物。故，在此情形，雖屬國際買賣，但賣方 A 所負義務與國內買賣的情形並無不同，根本不具有出口商的機能。

另方面，在 B 國的買方 B，於前往指定地點提領貨物並支付貨款之後，須將貨物運至出口港，以出口商身分辦理出口通關，安排船運、購買保險，以及備辦出口、進口所需的各種單證。在出口地的各種手續須由進口國買方 B 負責辦理，確是不合理，而且若每次交易，買方都需前往出口國親自辦理出口手續，則更是不勝其煩。於是，假如在出口地設有分公司或代理商 B′，將出口手續交由 B′ 辦理，則可省事了。在此場合的 Ex Works 條件，實際上又與上述國內買賣第(2)種情形，沒有什麼不同矣！

在(4)的場合，以 Ex Works 條件訂約的賣方 A，須負責在其倉庫或工廠，將貨物裝入貨櫃，交由運送人收管，即屬已交貨。在此情形，應採用 "EXW Loaded upon Departing Vehicle" 或 FOB Factory 或 FOB Seller's Warehouse 或 Free Carrier 等用語才正確。依此條件交易者，賣方於倉庫或工廠，將貨物裝入貨櫃，並將其交由運送人收管時，有關貨物的風險與費用即移轉買方。由於貨櫃貨物將以一貫運送方式運往進口國，所以有關出口通關等手續，應在契約中約定歸由賣方負責。當然，如逕以 Free Carrier...Seller's Premises 條件交易，則買賣雙方責任的劃分，Incoterms 已有規定，不必另行約定。

四、個　案

⑴"*The Case of the Unhappy Shoe-Importer*"

A French shoe company concluded a contract on EXW terms with a Hungarian buyer.

The seller prepared the order, as is normally done. He made sure that he provided the right number of boxes of shoes, that the shoes were the right sizes, without defects, and so forth. When he was ready, he notified the buyer, as is required under the notice provisions of the Incoterms.

He told the buyer, "Your shoes are ready, please come and pick them up." The buyer was a little surprised, and answered, "Would you please indicate who is going to transport the shoes from France to Hungary?" The seller, a little irritated at the obvious inexperience of the Hungarian buyer, responded, "Sir, under the Incoterms, my only responsibility is to make this shipment of shoes available to you at my factory or warehouse. I am not at all obliged to locate a transporter for you, that is your responsibility."

The seller was perfectly justified from a legal point of view in making this demand, even though from a sales or marketing point of view, very often sellers will perform duties they are not required to perform, although they will charge these services to the buyer's account.

The buyer notified the seller after a short delay that he had found a rail transport company that would make three railway wagons available at the seller's premises, as in this case the seller had a warehouse that had its own railway connection. Thereupon, the seller had his men place the three wagon loads of shoes next to the railway tracks. The transport company moved the wagons alongside the tracks.

So now we have the shoes next to the tracks, and the wagons next to the shoes. It would appear that everything was prepared to conclude this very successful deal. But nothing happened. The shoes were not loaded onto the wagons. The wagons simply sat there. After a few days, the seller contacted the buyer and told him, "What is going on? Why haven't you loaded the shoes onto your wagons?" And the buyer, equally upset, said, "But why haven't you loaded the shoes onto the wagons?"

The seller knew more about Incoterms than the buyer did. He knew that technically, according to the Incoterms, the seller is not required to load the merchandise upon the vehicles provided by the buyer. This is because the EXW term represents the absolute minimum obligation on the part of the seller. Of course, in many cases the cost of loading is negligible in comparison with the cost of the goods, and in any event the sellers will often provide the loading even if they are not legally required to. But they don't have to provide such loading.

So the seller informed the buyer, " I am very sorry sir, but the loading is your responsibility. If you don't believe me, consult the Incoterms." The buyer soon informed himself that the seller was correct. He was furious, however, at the un-cooperative nature of the seller. He called the transport company and requested them to load the wagons, but at that point the transport company had no person-nel available. He called the seller back and pleaded with the seller to load the wagons, promising to pay him for the labor costs. But the seller responded that he was very sorry, but he was in the middle of his peak season, and his entire staff was already working over-time and was behind schedule. He refused to help.

Eventually, two weeks later, the buyer was able to have the goods loaded. Even though two weeks inconvenience may not seem so serious, if one considers the cost of maintaining the unused railway wagons in place for two weeks, plus the two weeks lost sales of the shoes, the amount is no longer negligible. Frequent-ly, mistakes such as this one will reduce or eliminate the profit margin that the buyer had counted on in making the purchase.

This entire problem could have been avoided if the seller had been more famil-iar with the Incoterms, and if he had used a simple addition to the EXW term, such as "EXW loaded upon departing vehicle".

⑵EXW is the only Incoterm that lacks an essential international or export charac-ter, as EXW is basically the same for domestic as for international sales. How-ever, it is possible to make mistakes in this area, as the following story illus-trates: "*The Case of the Shirts That Weren't Missing*"

This example concerns one of France's greatest prides, the shirts with the little alligator on them, Lacoste.

One of the salesmen at Lacoste met a foreign distributor who wanted to make an enormous purchase of Lacoste shirts for distribution in a foreign country. This foreign gentleman was an excellent negotiator, and he was able to get a very, very good price for the shirts because he was buying such a large quantity. Of course, the buyer asked for an exemption on the Value Added Tax, because as a foreign buyer purchasing for export, he did not pay this kind of tax. The salesman, who was very eager to make the enormous sale, processed the buyer's request for an exemption with all possible speed.

When the time of delivery came about, the buyer came and picked up the goods and loaded them on trucks, and the seller was paid promptly. So it would appear that there is no problem. Where is the mystery? Where did things go wrong?

Not long after this sale, local French distributors began to complain that they were having difficulty making sales, because someone was apparently selling Lacoste shirts to their clients at incredibly cheap prices. In fact, the market seemed flooded with Lacoste shirts. Where were these shirts coming from?

It turned out that the buyer had never intended to export the shirts. He had merely said that he would so that he could obtain the Value Added Tax exemption. With this exemption, and with the discount he got for buying in volume for a foreign country, he was able to immediately sell the shirts in France at a cheap price and still make a large profit.

Needless to say, this is fraud, and the Lacoste company would have been able to recover damages, except for one small problem. They were never able to find the buyer again. The lesson here is, when your pricing depends on an export sale, make sure that it really is an export sale.

第三節　貨交運送人 (FCA) 條件

一、貨交運送人條件概說

㈠貨交運送人條件的概念

1. FCA 是 ICC 塑造出來的新型貿易條件 (ICC Shaped New Terms)

有一位學者說 "through history it was commerce that shaped Incoterms, but, we can see that Incoterms have now begun to shape commerce"。因為 1919 年 ICC 成立，可是在十二世紀貿易條件 (Trade Terms) 就已經存在了，但是，不同的國家其法院或商人對這些貿易條件均會有不同的解釋，ICC 1936 年制定的 Incoterms，就是要以國際的觀點來和諧及標準化這些條件，這個階段可說是既存的國際商事習慣造就了 Incoterms。但是，1970 年代左右流行的貨櫃及複合運送的出現，改變了國際貿易的結構 (changed the fabric of international trade)，FOB/CFR/CIF 傳統的海運貿易條件無法肆應這種新的變化，ICC 遂塑造出了新一代的貨櫃運輸型的貿易條件 FCA/CPT/CIP，這可說是為了與實務同步的第一次重大改變 (ICC first begun to experiment with innovations meant to keep the rules in pace with practice)。

本來，在 Incoterms 1980 對於賣方不負擔主要運費 (Main Carriage Unpaid) 的貿易條件有 Free Carrier (FRC)、Free on Rail/Free on Truck (FOR/FOT)、FOB Airport (FOA)、Free Alongside Ship (FAS) 及 Free on Board (FOB) 等五種，但為了因應運輸技術的變化，Incoterms 1990 乃將前三種併入 Free Carrier 條件，並將此條件的國際代號 (International Code) 改稱為 FCA，可譯為「貨交運送人條件」。

2. Incoterms 2000 的修訂

2000 年版重新規定了裝貨和卸貨義務。原因在於 1990 年版固然依照鐵路、公路、內河、海運、空運、其他未指明運輸方式及複合運送方式底下，規定了賣方的交付義務。但是，究竟在那個重要地點 (Important Point) 才算履行交貨義務，則需更進一步的正確說明，才能避免困擾；例如，對買方派來取貨的運送工具，賣方是否應負責裝貨？誰負責從賣方派來交貨的卡車上負責卸貨？影響到賣方交付的義務。

2000 年版為了避免困擾，明確的規定，交貨地若在賣方營業所在地時，賣方應負責裝貨，交貨地若不在賣方營業所在地時，賣方不負責卸貨。

至於 1990 年版 A.4 分 7 種不同的運輸方式，針對交付所做的複雜規定，2000 年版給予了簡化，指定地在賣方營業場所，貨物裝上買方或其指定運送人所提供的運送工具即已完成交貨。如果指定地在賣方營業場所以外的地方，則將放在賣方運送工具上尚未卸載的貨物，交由買方所指定或賣方依 A.3.a 款所選定運送人或其他人處置時，即為完成交貨。

因此，依本條件交易時，賣方於指定地方，辦妥了輸出通關手續後，將貨物交給買方指定的運送人時，即為已履行其交貨的義務。應注意的是，所選擇的交貨地對貨物在該地裝載及卸貨的義務具有影響。若在賣方營業處所交貨，賣方負責裝載；若在其他地方交貨，賣方不負責卸貨。

所謂運送人是指在運送契約中，承擔履行鐵路、公路、空中、海上、內陸水路運送、複合運送的實際運送人 (Actual or Performing Carrier)，或安排履行上開各種運送的契約運送人 (Contracting Carrier)。

如果買方指定運送人以外的人收受貨物，於賣方將貨物交付該人時，即視為已履行其交貨義務。

3. FCA 與 FOB 的區別及其選用標準

FCA 是從 FOB 條件發展出來的，其目的原來主要是為了適應貨櫃運輸、駛上駛下船運輸及複合運送的需要。本條件可使用於包括複合運送在內的任何運送方式運送貨物的交易。

實務上，常將本條件稱為「複合運送的 FOB 條件」，而將僅適用於海上買賣的 FOB 條件稱為「海上 FOB 條件」。但如本條件適用於鐵路或公路運送方式的買賣時，可稱其為「陸上 FOB 條件」，而適用於空運方式的買賣時，則可稱其為「航空 FOB 條件」。

(1) FCA 與 FOB 的區別

FCA 與 FOB 基本原則相同，兩者的主要區別為：

①交貨責任不同：在 FOB 條件下，賣方必須在契約規定的裝運港，將貨物交到買方指定的船舶上時，賣方的交貨責任才終了；但在 FCA 條件下，賣

方的交貨責任是只要將貨物交給契約規定地點買方指定的運送人時，賣方的交貨責任即終了。

②貨物風險移轉時、地不同：在 FCA 條件下，貨物滅失或毀損的風險，於貨物交給運送人時，即由賣方移轉買方，而非如 FOB 條件以裝運港船舷為界限。

③適用的運送方式不同：FOB 只能使用於海運或內陸水路運送的情形，以其他運送方式運送貨物的交易均不能使用 FOB 條件；但 FCA 條件則可使用於包括複合運送在內的任何運送方式。因此凡利用鐵路運送、公路運送、海運、空運、內陸水路運送以及結合這些運送方式的複合運送方式運送貨物的交易均可使用 FCA 條件。

(2) FCA 與 FOB 的選用標準

選擇 FCA 或 FOB 以前，買賣雙方必須考量 3 個因素：

①賣方應該在那個地點交貨，在港口？內陸貨櫃集散站 (Inland Terminal)？或者賣方場所 (Seller's Premises)？

②運輸作業是否需使用到特定的運輸技術 (Transport Technique)，例如用複合運送？需要併櫃或者散貨 (Unitised or Break-Bulk)？

③締結的運輸契約是那一種型式的或是那一種條件的，例如是定期船或者是傭船？

一旦選定了，就會決定在那個地點將貨物交給運送人，理論上如果要選擇 FOB，應該是船舷的存在對把貨物交付給運送人運送是起重要作用的一個關鍵點。如果在船舶抵達裝船港以前必須把貨物交給運送人或者代表運送人的集散站經營人 (Terminal Operator) 似宜採用 FCA 較妥，因為如果使用 FOB，那麼貨物還沒有超過船舷以前放在集散站的風險與成本費用仍由賣方負擔。

㈡用法上應注意事項

1. 交貨地點

在國際貿易中，買賣雙方費用和風險的劃分都是根據某一地點──關鍵

地點 (Critical Point) —— 進行劃分，而此一地點即為交貨地點 (Delivery Point)。交貨地點既為風險與費用的關鍵點，則精確的交貨地點的指定甚為重要。任何交貨地點的選定或變更，對於買賣雙方風險與費用的負擔均有重大的影響，從而反映在買賣價格上。由於 FCA 條件可使用於各種運送方式的交易，具有多種用途性質 (Multipurpose Character)，因此，其交貨地點也隨運送方式的不同而異。1990 年版分 7 種不同的運輸方式所做的複雜規定，在 2000 年版給予了簡化，僅分別就交貨地點係賣方營業場所，以及交貨地點是在賣方營業場所以外的地方做出規定。

交貨地點若是在賣方場所 (Seller's Premises)，原則是希望「運輸前階段」能夠由買方指定的運送人來負責 (The pre-carriage to be controlled by the buyer's carrier)，交貨地點若是在賣方場所以外的地點，原則是希望賣方能將貨物運往由買方指定的運送人控制的地點交貨 (To require the seller to bring the goods to a named place controlled by the buyer's carrier)。

由此再細分，若在賣方場所交付，賣方負責把貨裝上運送人提供的運送工具上；若在賣方以外場所交付，則將放在賣方運送工具上尚未卸載的貨物交給運送人處置。

假如在訂立買賣契約時，買方保留日後決定交貨地點及運送方式的選擇權，則同時約定買方此項選擇權的範圍以及在何時以前行使此項選擇權一節，至為重要。若買方對於交貨地點未保留指定選擇權，在買賣契約中指定的交貨地方 (Place)，運送人有數處收貨地點 (Receiving Point) 可資選擇，但卻對於交貨地點的指定未保留選擇權，則賣方可就指定交貨地方中選擇最適合其目的的收貨地點做為交貨地點。

2.將貨物拼成運送單位 (Transport Unit) 的拼裝費用負擔問題

把貨物裝載在貨櫃、拖車、平板貨櫃 (Flats) 或墊板的裝櫃費、裝上拖車或平板貨櫃的費用，或墊板費（也即貨物單元化費用或拼裝費用）究應由何方負擔，常引起爭議。依本條件 A.4 規定，這些拼裝費用通常包含在運費中，而由買方負擔。但我們仍需顧及特定行業或特定地方的習慣。如特定行業或特定地方的習慣與上述規定有相異之處，則買賣雙方最好在磋商買賣契約時，

將這種習慣適時通知對方，以免引起誤會，甚至發生糾紛。例如，在我國，貨物未達整櫃載量的出口貨物（即 LCL Cargo）在貨櫃貨物集散站的裝櫃費用，通常都由賣方負擔，但依本條件 A.4 規定則理應包含在運費中，歸由買方負擔。又如貨物空運出口的場合，貨物在航空貨運站交給運送人後的打盤費用，依本條件 A.4 規定本應包含在運費之內，而由買方負擔，但實際上多由賣方負擔。然而，上述裝櫃、打盤費用賣方是否已列入貨價之內，卻不得而知。所以，買方是否應歸償賣方所支付的這些費用，難免不會引起爭議。類此情形，買賣雙方在訂立買賣契約時，宜約定貨價中已包含上述有關費用，賣方不得向買方求償。

3.關於輸出許可證及輸出通關

在本條件下，賣方的交貨地點可能是在賣方營業處所、運送人的倉庫、內陸貨物集散站 (Cargo Terminal) 或貨櫃場、鐵路車站、航空貨運站、內陸水路船舶上，也可能是在港口附近的貨物集散站。其交貨地點雖在出口國境內，但因本條件是出口買賣 (Export Sale) 條件的一種，所以，輸出許可證或其他官方批准書的取得、貨物出口通關及出口稅捐及費用，均須由賣方負擔，就此而言，本條件與 EXW 條件大異其趣，不可不注意。

4.運送人與貨運承攬人

在本條件，由於是買方指示賣方將貨物交給其所指定的人運送，因此，給「運送人」下定義本來是多餘的。但是鑒於運送人及運送單據對於當事人而言很重要，所以，本條件的前言還是對於「運送人」下了定義。依其定義，所謂運送人包括實際運送人和契約運送人。

本條件規定，賣方應遵照買方的指示，只要把貨物交給該履行運送的人，即視為已履行交貨義務。該履行運送的人並不以符合法律上的「運送人」條件為必要，買方也可以指定「其他人」(Another Person)，例如貨運承攬人為交付對象。但是，假如賣方依本條件 A.3 規定安排運送，則賣方必須與本條件前言所界定的運送人，以通常條件訂立運送契約 (Contract for Carriage)，除非另有約定，不得與不承擔運送人責任的貨運承攬人 (Forwarding Agency) 訂約。但運送承攬人若表明係以運送人身分承擔責任，依 UCP500 第 30 條規定

仍可做為運送人❷。

5.關於運送契約的訂立

依本條件，買方須負責安排運送事宜，即負有訂立運送契約並支付運費的義務。賣方的義務只限於把貨物交給買方所指定的運送人承運，所以，賣方並無訂立運送契約的義務。

然而，假如安排運送並不困難，而且不論由買方或賣方出面與運送人訂約，運費都差不多時，由賣方出面以買方風險及費用訂立運送契約往往更為實際。這也就是為什麼在許多情形下，由賣方代為安排運送事宜成為商業習慣做法 (Commercial Practice)。

但必須強調的是：如上述，賣方並無代為訂立運送契約的義務，而且買方也非必須要讓賣方來訂立運送契約。假如賣方的代為安排運送事宜是基於雙方當事人間先前交易的習慣做法 (usual practice between the contracting parties in previous dealings between them)，那麼賣方可以把代訂運送契約一事「當做對買方的額外服務」(as an additional service to the buyer)。但是如果買方這時通知賣方不必代訂運送契約者，不在此限。此外，上述因賣方的額外服務而生的費用，諸如貨運承攬人及裝卸貨物承攬人費用 (Freight Forwarders' and Shipping Agents' Charges)，應由買方予以補償。

因此，若買方比賣方有可能以更低廉的費率安排運送，或者因其他理由必須由買方出面訂立運送契約（例如政府指令）時，買方必須把將由買方自行安排運送一事通知賣方，最好是在訂立買賣契約時就把此事告知賣方。否則會發生雙方當事人都以為對方不安排運送事宜，結果雙方卻都與運送人訂立運送契約，以致產生額外費用的問題。

反之，由於某種理由賣方不應允買方要求代為訂立運送契約，或者賣方不願遵循商業習慣做法，那麼他就必須迅速將此事告知買方，否則可能會發生額外的費用與風險。

無論如何，不管是循買方的要求，或是遵循商業習慣做法而安排運送事宜，賣方是不承擔任何風險的，因為賣方畢竟是在買方負擔風險與費用下提

❷　Jan Ramberg, op. cit., p. 80.

供這種額外服務。所以，假如一時無法安排運送（例如碼頭工人罷工、停航，或貨載太多不容易找到艙位）或運費上漲，凡此風險均必須由買方承擔，與賣方無關。

6. 關於交貨證明、運送單據的性質

本條件可用於以鐵路、公路、空中、海上、內陸水路以及複合運送等各種運送方式運送貨物的交易，賣方將貨物交給這些運送人收管承運時，通常可從這些運送人收到與運送單據 (Transport Document) 相當的收據 (Receipt)，諸如可流通（轉讓）提單 (Negotiable B/L)、不可流通（轉讓）海運貨運單 (Non-Negotiable Sea Waybill)、內陸水單據 (Inland Waterway Document)、空運提單 (Air Waybill)、鐵路貨運單 (Railway Consignment)、公路貨運單 (Road Consignment Note)、複合運送單據 (Combined Transport Document) 等。

> **FCA**
>
> S must provide B with usual proof of delivery; and
>
> unless usual proof of delivery is the transport document, help B obtain the transport document
>
> e.g. negotiable bill of lading
>
> or non-negotiable sea waybill
>
> or inland waterway document
>
> or air waybill
>
> or railway consignment note
>
> or road consignment note
>
> or multimodal transport document

歸納之，FCA 底下有下列幾種單據：

(1)可轉讓提單

(2)複合運送單據

複合運送單據的名稱一般稱為 Multimodal Transport Document，但有時也

被叫做 Combined Transport Document, Container Bill of Lading, FIATA Multi-modal Transport Bill of Lading 或者其他名稱。

⑶海運貨運單 (Sea Way Bill, SWB)

SWB 有時被叫做 Cargo Quay Receipt, Data Freight Receipt, Non-negotiable Bill of Lading, Liner Waybill，是不可轉讓的。

⑷大副收據 (Mate'S Receipt)

大副收據是用來證明貨物已交給運送人的單據 (Document providing proof of delivery to a carrier)。

⑸空運提單 (Air Way Bill)

有時也被稱為 Air Consignment Note。

⑹託貨單據 (Consignment Note)

有時候被稱為 CIM (Rail) Consignment Note; CMR (Road) Consignment Note or Way Bill。

⑺運送人承攬單據 (Freight-Forwarder'S Documents)

運送人承攬單據，有時叫做 Forwarding Agent's Certificate of Receipt (FCR)。

⑻FIATA 可轉讓複合運送提單 (FIATA Multimodal Transport Bill of Lading)

1973 年 ICC 制定複合運送規則 (Uniform Rules for a Combined Transport Document)；1980 年聯合國貿易暨發展會議制定聯合國國際貨物複合運送公約，由於這兩套規則同時規範複合運送，讓業界無所適從，因此 FIATA 就積極奔走，由 ICC 與 UNCTAD 組成聯合工作小組，訂定 1991 年複合運送單據統一規則，於 1992 年 1 月 1 日生效。FIATA 並依該規則訂定一套新的 " Negotiable FIATA Multimodal Transport Bill of Lading"，ICC 並且在 1993 年 8 月 4 日加以確認 (ICC confirmed)。

⑼等同於 EDI message 做成的電子單據

假如買賣雙方同意使用電子系統通訊時，上述單據得以等同的電子資料交換訊息 (EDI Message) —— 例如電子提單 (Electronic Bill of Lading) —— 替

代❷。

　　所謂電子資料交換 (Electronic Data Interchange) 是指企業間透過加值型網路，在彼此的電腦進行電子資料交換和信息處理的系統。是一種無紙化的貿易工具。

　　EDI 與提單相互結合稱為 EDI 電子提單 (Electronic Bill of Lading)，電子提單乃指利用 EDI 系統，對海上貨物運輸中的貨物所有權進行轉讓 (EDI Transfers of Negotiable Bills of Lading)。其轉讓過程託運人、受貨人、銀行等之間，均以運送人為中心，透過電子密碼 (Private Key)，這個電子密碼包含有一組的數字或字母 (A Series of Numbers, A Series of Letters) 來完成運送中貨物的轉讓，等到貨到目的港，運送人將依照握有最後密碼之人所給予的交貨指示，待密碼核對正確後即予交貨。

　　國際海事委員會有鑒於 EDI 使用於提單是不可避免之事，為了和諧電子提單的推廣和運用，在制定海運提單的同時，即有組成電子提單委員會負責研究之議，1989 年 5 月 31 日在倫敦召開的會議，提出了電子提單規則草案，1990 年在巴黎召開的國際海事委員會第三十四屆大會通過電子提單規則 (CMI Rules for Electronic Bill of Lading)，全文計十一條。

　　用 EDI 來傳送提單固然具有可靠性與安全性，可是係屬於封閉性的，因此一個叫做 Bolero 系統的傳輸電子提單方式在西元 2000 年正式上市。

　　Bolero 是 Bill of Lading Electronic Registry Organization 的縮寫，利用開放性的 Bolero net 所做成的提單叫做 BBL (Bolero Bill of Lading)。

　　上述這些運送單據雖具有⑴貨物收據：證明已把貨物交給運送人，⑵運送契約的證據等兩種作用，但除了可流通（轉讓）提單外，其他運送單據都與海上運送人所發行的運送單據──海洋提單 (Ocean B/L)──在法律上有迴然不同的性質。這些運送單據不像海洋提單具有代表貨物 (Representing the goods) 所有權的性質，也就是說並不是物權證券 (Document of Title)，不具有

---

❷　關於electronic bill of lading 請參閱國際海事委員會(CMI)所制定的"CMI rules for electronic bill of lading"，該規則刊載於 Jan Ramberg 所著 *Guide to Incoterms 2000* , pp. 187–189.

可轉讓性或流通性 (Not Negotiable)。提貨人只須證明其為該等運送單據上所記載的受貨人 (Receiver)，即可要求運送人交貨，無需繳回運送單據。換言之，貨物在運送過程中，其所有權並不因這些運送單據的交付而移轉給他人。

假如賣方從運送人收到的單據並非運送單據時（例如，當貨物裝上買方所傭租船舶而收到的所謂 Mate's Receipt 大副收據），賣方應循買方協助其取得運送單據，當然其費用及風險歸買方負擔。

如依買方指示，將貨物交給其所指定的貨運承攬人保管，則賣方將貨物交給該貨運承攬人時可從該貨運承攬人收到證明收到貨物的「貨運承攬人收據」(Forwarder Cargo Receipt, FCR)，若該貨運承攬人為 FIATA 的會員，則其所出具的單據應該是 FIATA combined transport B/L (FBL)。前者（即 FCR）通常並不具運送單據性質，後者（即 FBL）則具有運送單據性質。

7. 貨物的控制與付款問題

在本條件下，若約定貨物交給運送人時，買方即須支付貨款，則買方宜要求賣方交出可轉讓（流通）運送單據，或在不可轉讓（流通）運送單據的場合，應要求賣方交出該運送單據「託運人聯」(His copy of the transport document to him，即 Sender's Copy of the Waybill 或 Copy for Shipper)。在此情形下，依照一些國際運送公約（例如國際公路運送公約 [CMR]，國際鐵路運送公約 [CIM]，國際航空運送華沙公約 [Warsaw Convention]），賣方再也無法指示運送人將貨物予以改運 (Rerouting) 他處。如有人要求改運，運送人於接受之前，有義務要求提示貨運單的託運人聯。如運送人怠於履行此項義務而逕予改運，則應補償買方因而所遭受的損害。然而，目前一些新型的運送單據，尤其是海運貨運單 (Ocean or Sea Waybill) 或定期輪貨運單 (Liner Waybill) 或運費收據 (Data Freight Receipt)，並未仿照上述國際公約適用有關貨運單 (Waybill) 的改運手續的規定，因此，買方不宜憑這些運送單據就支付貨款。除非採適當措施以防止賣方對運送人為新的指示而將貨物改運他處。

依本條件交易而採 L/C 或 D/P 付款方式時，賣方最關心的是，在開狀銀行或買方未付款前，如何保留貨物控制權 (Right of Control) 以保障其債權的問題。假如運送人發行的運送單據是可流通（轉讓）運送單據——例如 Negotiable Ocean B/L, Negotiable Combined Transport Document ──則賣方只要握有這些單據即可控制貨物，不致發生問題，但如所發行的運送單據為不可流通（轉讓）運送單據（例如前述的 Air Waybill, Sea Waybill, Road or Railway Consignment Note, FBL 等）或貨運承攬人出具的 FCR，則該等單據上的受貨人 (Receiver or Consignee) 於貨物運抵目的地時，即可要求運送人或貨運承攬人交出貨物，而不需提出上述運送單據或 FCR。因此，假如這種運送單據或 FCR 上的受貨人為買方，而又採 L/C 或 D/P 付款方式時，賣方很有可能陷入錢貨兩失的窘境。也就是說，買方可能一方面拒付，他方面卻又把貨物領走。關於此，讀者宜特別留意（實務上，可規定以開狀銀行或經同意的銀行為受貨人，而以買方為受通知人，同時，在運送單據上加上「不可撤銷的 (Irrevocable)」NO DISP(No Disposal) 條款，以防賣方指示運送人改運）**❷❺**。

8.有關 FCA 條件下的保險問題

依 FCA 條件，貨物在指定地方或地點（例如運送集散站或其他類似收貨地點）交給承擔國際運送的第一運送人保管時，貨物風險即移轉給買方負擔，但依協會貨物條款 (Institute Cargo Clauses) 第 8 條規定，保險人承保責任開始時間為「自貨物離開保險單所載地點的倉庫或儲存處所開始運送時生效」(attaches from the time the goods leave the warehouse or place of storage named herein for the commencement of the transit)。於是，「貨物交給第一運送人保管時起，至貨物離開倉庫或儲存處所」這一段待運期間成為無保險狀態，萬一在這段期間貨物遭遇火災或其他意外事故，貨主將無法自保險人獲得理賠。因此，為使保險人的承保責任始期與買賣風險移轉時間一致起見，日本保險業界乃特別制定了 "Free Carrier Attachment Clause" 以保障貨主（買方）。

---

❷❺ Jan Ramberg, op. cit., pp. 16–17.

> **FREE CARRIER ATTACHMENT CLAUSE**
>
> Notwithstanding anything contained herein to the contrary (Excepting Coverage Against War Risks), it is understood and agreed that this insurance shall notattach to the interest hereby insured prior to being delivered into the charge of or the custody of the carrier at the point or place named in the police for the commencement of the transit.

9.本條件相當於 American Definitions 的 (II–A)FOB(named inland carrier at named point of departure)，詳本書第三章第四節

10. Incoterms 並未規定 THC 究竟應由誰負擔

THC （貨櫃場作業費）有人叫做 "Terminal Handling Charges" 或者叫做 "Transport Handling Charges"❷，如果使用在海運，THC 狹義的定義為「整櫃的貨物進入貨櫃場經接受 (Receiving) 後，加以存放 (Storing)，然後迄交給停於裝貨港的船舶所發生的費用」，當然，從卸貨港的船舶接受貨物、堆放，然後交給受貨人所發生的費用也是 THC。

THC 究竟是由 Shipper 或者船公司負擔？ Incoterms 規定賣方負擔有關貨物的一切費用，直到依 A.4 交付時為止。似乎並不能替 THC 究竟由誰負擔提供有效的解決，因為 THC 有人把它廣義的分為 17 種，有的是在交付前，有的是在交付完成後才發生。在 1990 年，ESC (European Shippers Council) 及 CENSA/ICWP (Council of European and Japanese National Shipowners Associations/Inter Conference Working Party)，曾對 THC 達成一項合意，交貨貨櫃費用的 80% THC 由 shipper 負擔，20%由船東 (Shipowner) 負擔❷。

有人則建議買賣雙方各負擔 50% (50/50 Between Seller and Buyer)。其餘努力解決的方法尚有：

⑴把 THC 納入運費 (Freight) 的範疇

---

❷　THC 使用的名稱並不一致，尚有"Container services charges"、"Portliner term charges"、"Equipment hand over charges"、"Lo-Lo charges"等。

❷　ICC: (Edited by Charles Debattisa), *Incoterms in Practice*, 1995, p. 120.

由於 THC 的費用各個地區不同，船公司習慣將各地的 THC 當做是另外一種費用 (Separate Cost) 來看待，這樣可以讓運費透明化，更具有競爭性，船公司反對這種做法。

⑵將貨櫃場作業費分為 Pre-delivery 及 Post-delivery THC

凡是屬於交付前發生的 THC 由賣方負擔，交付後發生的 THC 由買方負擔。問題是交付後的 THC 又可再細分為好幾種，也很難去認定究竟由誰負擔，買方已經很喜歡用 FOB 了，又這樣區分當然更不喜歡用 FCA。

剩下的解決方法只有：

⑴依照貿易或者當地港口習慣解決 (Customs of the Trade or Port)

⑵契約特別規定 (A Specific Agreement)

例如可以這樣規定 " FCA costs up to ship's side for seller's account unless included in freight."

Guide to Incoterms 2000 也認為 THC 究竟由誰負擔，不同的港口有不同的分法，商業實務並不一致，因此最好由買賣雙方約定如 " FCA Bremens Incoterms 2000, THC for seller's account" 或 " FCA Bremens Incoterms 2000, 50% of the THC for seller's account"❷❽，但學者 Philippe Rapatout 有不同看法，他認為 Handling Charges（作業費）與 THC 有很大不同，作業費應該由船東付，THC 要由 shipper 付❷❾。

11.本條件 Free Carrier 的國際代號為 FCA

㈢用法舉例

依本條件交易時，在 Free Carrier 之後，應載明精確的交貨地點。例 1：

---

❷❽　*Guide to Incoterms 2000*, ICC, p. 33.

❷❾　There is a big difference between handling charges and THC. The handling charges are those that are really paid by the shipowner, and THC are the charges that are imposed upon the shippers" in ICC: *Incoterms 2000—A forum of experts* , p. 21.

> We offer to sell ladies' nylon umbrellas 10,000 dozens US$20 per dozen free carrier's warehouse at 12 Wen—Hua Road, Chungli City, Taiwan, delivery during July.
>
> （謹報價出售女用尼龍雨傘 1 萬打，每打美金 20 元，在臺灣中壢市文化路 12 號向運送人交貨，7 月間交貨。）

例 2：

> We offer to sell electronic computers 1,000 sets US $50 per set FCA CKS Airport, Taoyuan, Taiwan, delivery during October.
>
> （謹報價出售電子計算機 1,000 臺，每臺美金 50 元，臺灣桃園中正國際機場交貨，10 月間交貨。）

如果在買賣契約中未約定精確的交貨地點，則雙方當事人必須將運送人收管貨物的地方 (Place) 或區域 (Range) 載明。

二、貨交運送人 (FCA) 條件規則解說

㈠賣方應負擔的義務與費用

1. 交貨義務

賣方應於指定地方 (Named Place)，在約定的交貨日期或期間內 (On the Date or Within the Period)，將符合買賣契約的貨物交給買方所指定或賣方依本條件 A.3.a 所選定的運送人或其他人保管。假若在指定地方內未約定特定地點 (Specific Point)，而且又有數處地點可供選擇時，賣方得在交貨地中選擇最適合其本意的地點，做為交貨地點。若買方無精確指示，賣方得依運送方式 (Transport Mode) 及／或貨物的數量及／或性質所要求的方法，將貨物交給運送人 (A.4, A.1)。

⑴提供符合買賣契約的貨物：參閱「工廠交貨條件規則解說」的「賣方應負擔的義務與費用」1 之⑴。(p. 58)

⑵交貨時間：有約定時，在約定交貨日期或期間內交貨；若無約定，其交貨時間，請參閱「工廠交貨條件規則解說」的「賣方應負擔的義務與費用」1 之⑵之②。(p. 58)

⑶交貨地點：有指定時，應於指定地點 (Point) 交貨。該地點可能是運送集散站 (Transport Terminal)，諸如鐵路車站、貨運站、貨櫃集散站或貨櫃場、多用途貨物集散站或類似的收貨地點，也可能是賣方營業處所 (Seller's Premises)，視約定而異。假如只指定交貨地方 (Place) —— 例如 Taipei —— 或指定範圍相當廣泛的交貨區域 (Range) —— 例如 Taiwan —— 而未指定精確的交貨地點（例如臺北市中山北路一段 1 號），而運送人在該指定地方或區域內又有數處交貨地點可資選擇時，賣方可選擇對其最有利的地點作為交貨地點。

⑷交貨方法：應依約定方法或該地點習慣，將貨物交給運送人；若買方未明確指示，則賣方可依運送人運送方式、貨物數量及（或）性質所要求的方法，將貨物交給運送人。

⑸交貨的完成：

由於本條件可使用於各種運送方式的交易，1990 年版分別依①鐵路運送、②公路運送、③內河運送、④海上運送、⑤航空運送、⑥未指定運送方式、⑦複合運送分別規定交貨何時完成。2000 年版改採指定地係賣方營業場所及賣方場所以外的任何地方：

①指定在賣方營業場所交付：當貨物已經裝載於買方，或其代理人所指定的運送人，所提供的運送工具上時。

②指定在賣方營業場所以外的任何地方交付：把貨物放在賣方運送的交通工具上，尚未卸貨的情況下，交給買方指定的，或者賣方依 A.3.a 所選定的運送人，或其他人處置時，交貨完成。

2. 交貨通知義務

⑴通知交貨：將貨物已依 A.4 交給運送人收管一事，給予買方充分的通

知 (A.7)。因買方須負擔自賣方將貨物交給買方所指定或賣方依本條件 A.3.a 所選定的運送人處置時起，有關貨物的一切風險與費用，故賣方應負交貨通知義務，俾買方得適時辦理保險，及準備適時依本條件 B.4 受領貨物。通知的方式宜以電傳方式（諸如 Cable, Telex 或 FAX 等方式）迅速為之，不得遲延。

　　⑵運送人未能在約定時間接受貨物時：若運送人未能在約定的時間接受貨物時，那麼賣方也應將其事實通知買方。本項規定為 FCA 條件所特有者，Incoterms 的其他所有條件都無此規定。因為在 C 類型及 D 類型條件下，如運送人未能接受貨物，則應由賣方負責，而在 EXW 及其他 F 類型條件下，買方所指定的運送人是由其自己控制之故。本項賣方所以負有通知責任是源於本條件 A.3.a 的規定，因為在此場合是由賣方以買方風險及費用安排運送，若有什麼差錯 (If Something Goes Wrong)，當然應迅速通知買方，以便採取補救措施，以減少損失。

　　由上述可知，在本條件下，賣方無論是否已於約定時間把貨物交給運送人，賣方均須通知買方。至於賣方違反此規定時，其後果如何，Incoterms 並未作任何規定。但依 Incoterms 的精神，賣方將需負違約之責。

　3.辦理貨物輸出通關手續義務 (A.2)

　　依本條件交易時，賣方不僅須提供准許出口的貨物，而且應自負風險與費用申領輸出許可證或其他官方批准書，在可適用的情況下，並辦理貨物輸出所需的一切通關手續。

　4.申請、提供或協助取得單據的義務

　　⑴商業發票：賣方應提供適當形式的商業發票 (A.1)。商業發票載有買賣貨物內容，可供作請求支付貨款及進貨證明之用。在實務上，不論以那一種貿易條件交易，賣方均須提供商業發票。至於其內容，通常包含賣方、買方名稱、貨物名稱、規格、數量、單價、總價等等，此外，如有要求，其格式尚須符合買方國家的法令規章。

　　又若當事人同意利用電子系統通訊時，得以等同的電子訊息替代商業發票 (A.1)。

⑵符合契約的證據：如買賣契約有特別約定，賣方須提供證據 (Evidence) 以證明其提供的貨物確與契約所規定相符者，賣方尚須提供此項證據 (A.1)。此項證據包括公證行出具的公證報告。

⑶輸出許可證或批准書：賣方須自負風險及費用，取得為貨物輸出所需的輸出許可證或其他官方批准書。因此，若因政府命令禁止出口，或出口該貨物的稅捐提高，則此項風險與費用均歸賣方負擔。不過，對這些意外事件 (Contingencies) 買賣契約中一般都有特別規定，以保護賣方利益。依 CISG 及一些國家的買賣法的規定，對於無法預見的 (Unforeseen) 或合理地無法預見的 (Reasonably Unforeseeable) 禁止出口，可免除賣方在買賣契約項下的義務❸。

⑷協助買方取得過境、輸入所需單據：賣方須循買方的要求並由其負擔風險及費用，給予一切協助，以取得買方為把貨物輸入及，必要時，通過任何國家所需要，而在交貨國及（或）原產國發行或傳輸的任何單據或等同的電子訊息，但 A.8 所規定的通常運送單據除外 (A.10)。

上述交貨國及（或）原產國發行或傳輸的單據或等同的電子訊息包括 Consular Invoice、Certificate of Origin、Health Certificate、Clean Report of Finding 等。

⑸交貨證明、運送單據或等同的電子訊息：賣方負有交貨的義務，而賣方為證明其已交貨，應自負費用，將證明其已依本條件 A.4 交貨的通常證明 (Usual Proof of Delivery) 提供給買方 (A.8)。

又，上述單據若不是運送單據，而買方又有所要求的話，賣方應循其要求並由其負擔風險及費用，給予一切協助，以取得有關運送契約的運送單據 (Transport Document)。此項運送單據包括可轉讓提單 (Negotiable B/L)、不可轉讓海運貨運單 (Non-Negotiable Sea Waybill)、內陸水運單據 (Inland Waterway Document)、空運提單 (Air Waybill)、鐵路貨運單 (Railway Consignment Note)、公路貨運單 (Road Consignment Note)、複合運送單據 (Multimodal Transport Document)、FIATA combined transport B/L(FBL) 等在內。

---

❸ Jan Ramberg, op. cit., p. 78.

假如買賣雙方已同意以電子通訊，則上述單據得以等同的電子資料交換訊息 (EDI Message) 替代。

5. 提供買方購買保險所需資訊

若買方有要求，須循其要求，提供買方購買保險所需的資訊 (A.10)。賣方於履行 A.7 交貨通知義務時，可以同時給予買方有關購買保險所需資訊。

6. 代訂運送契約

若買方有要求，或如有商業實務做法而買方未在適當時間內作出相反的指示，則賣方得以買方風險及費用，按通常條件訂立運送契約。賣方若不願訂立此項契約，則應迅速將其旨趣通知買方 (A.3)。

7. 應負擔的費用與稅捐

⑴取得輸出許可證及輸出通關的費用：自負費用取得為辦理貨物輸出所需任何輸出許可證或其他官方批准書，在可適用的情況下並辦理貨物輸出所需的一切通關手續 (A.2)。

⑵交貨費用：負擔將貨物交給買方所指定或賣方依本條件 A.4 項交付時為止的一切費用 (A.6)。

⑶出口稅捐：在可適用的情況下，支付貨物輸出通關手續所需費用以及輸出時應付的一切關稅、稅捐及其他費用 (A.6)。

⑷包裝、標示費用：賣方應以訂立買賣契約之前已獲知的有關運送情況（例如運送方式、目的地）為限度，自負費用將貨物施以其運送所需的包裝，但依該特定行業習慣，契約貨物通常以不加包裝而發送者，不在此限 (A.9)。其餘說明參閱「工廠交貨條件規則解說」的「賣方應負擔的義務與費用」5 之⑵ (A.9) (p. 62)；此外，尚須在貨物外包裝上施予適當的標誌，俾買方及運送人得以識別並做適當的處理。但不需包裝者，不在此限 (A.9)。

⑸檢查費用：支付為把貨物交給運送人所需的檢查作業（例如檢查品質、丈量、過磅、計數）費用 (A.9)。此外，出口國政府依法令規定對出口貨物所實施的檢驗，其費用也應由賣方負擔 (B.10)。

⑹交貨通知費用 (A.7)。

⑺輸出國當局強制實施檢驗的費用 (B.9)。

⑻提供交貨證明（限於通常單據）而生的費用 (A.8)。

(二)買方應負擔的義務與費用

1. 訂立運送契約義務

除依本條件 A.3.a 由賣方訂立運送契約者外，買方須與運送人訂立自指定地方起的貨物運送契約 (B.3)，俾賣方得依約將貨物交給運送人承運。這裡所指「自指定地方 (From The Named Place)」是指買賣契約中所規定的指定地方，因此，該指定地方以前的運送 (Pre-carriage) 應由賣方自行安排❸。

2. 通知賣方交貨義務

除非賣方依本條件 A.3.a 自行選定運送人，否則買方應將運送人名稱給予賣方充分的通知，必要時還須把貨物交給運送人的細節——諸如運送方式、交付運送人的日期或期間，以及精確的交貨地點——通知賣方。若買方未履行此項義務，貨物滅失或毀損的風險可能會提早移轉買方，而且因此而生的額外費用也將由買方負擔 (B.7, B.5, B.6)。

3. 接受貨物義務

當貨物依本條件 A.4 規定交由買方處置時，買方必須接受 (B.4)，買方不接受貨物不僅不能免除其支付貨款的義務，而且依本條件 B.5, B.6 的規定，貨物滅失或毀損的風險將提早移轉，並須負擔因此而生的額外費用。

4. 支付價款義務

支付價款為買方最基本義務。賣方完成交貨義務時，買方自應依買賣契約規定支付價款。

5. 通知賣方協助訂立運送契約

依本條件 A.3.a 需要賣方協助訂立運送契約時，買方應給賣方適當的指示 (B.10)。

6. 接受交貨證明、運送單據或等同的電子訊息

依 A.8 賣方須向買方提供證明其已依本條件 A.4 交貨的證明，而買方則須接受此項單據。若買方拒絕接受該單據（例如指示銀行拒付跟單信用狀項

---

❸　Jan Ramberg, op. cit., p. 84.

下貨款）則將構成違約，賣方得憑買賣契約獲得補救（例如取消契約或請求違約的損害賠償）。當然，假如該等單據無法供作交貨的適當證明，例如單據上有附註表明貨物有缺陷或數量少於約定者，也即所謂不潔單據 (Unclean Document)，則買方無接受此種單據的義務 (B.8)❸❷。

7.負責取得輸入許可證並辦理輸入、過境通關手續

買方須負取得貨物輸入許可證或其他官方批准書，在可適用的情況下並辦理貨物輸入及（或）通過任何國家所需的一切通關手續 (B.2)。

8.應負擔的費用與稅捐

⑴輸入許可證費用：買方應負擔取得輸入許可證或其他官方批准書的費用 (B.2)。

⑵提貨後的一切費用：

①運費及保險費：負擔自起運地的運費 (B.3)，至於賣方在交貨地點把貨物交給運送人以後的貨櫃集散站作業費用，通常是包含在運費內，由買方負擔。但依各地習慣，須由賣方負擔者，賣方應將此項費用列入貨價之內。例如在我國，運送人即向出口商收取所謂「貨櫃場作業費」。因此，出口商在計算成本時，即應將此項本應由買方負擔的費用項目，計入售價中。又若派遣運送車輛至賣方營業處所或倉庫提貨時，其裝載費用究應由何方負擔？FCA 的定義已表明若在賣方營業處所交貨，賣方負責裝載，但有些謹慎的商家為了避免買賣雙方對此發生爭議，必要時，在買賣契約中應附加如下的約定：「把貨物裝載於運送工具或貨櫃的費用由賣方負擔，自此以後的費用則歸買方負擔。」至於保險的問題，貨物的風險既於貨物交給運送人時移轉買方，則貨物交給運送人以後的有關該貨物的保險應由買方購買，其保險費當然也由買方負擔。

②進口稅捐及輸入、過境通關費用：在可適用的情況下，支付貨物輸入及必要時，通過另一國時應付的一切關稅、稅捐及其他費用，以及辦理通關手續的費用 (B.6)。

⑶負擔未指定運送人或指定運送人未依約接管貨物而生的額外費用：支

---

❸❷　Jan Ramberg, op. cit., p. 86.

付因其未指定運送人或其所指定運送人未能在約定時間接管貨物而生的任何額外費用，但以貨物經正式指撥於買賣契約，也即經清楚地分置或得以辨認其為契約貨物 (Contract Goods) 為條件 (B.6)。

⑷負擔未依 B.7 將運送人名稱給予賣方適當通知而生的額外費用 (B.6)，但以貨物經正式指撥於契約為條件。

⑸負擔通知提貨費用 (B.7, B.10)。

⑹取得有關單據的費用：支付或償還賣方為協助買方取得將貨物輸入及，必要時，通過其他國家所需，而在交貨國及（或）原產國發行或傳輸的任何單據或等同的電子訊息而生的一切費用 (B.10, A.10)。

⑺償還賣方依本條件 A.3.a 訂立運送契約而生的費用 (B.10)。

⑻檢驗費用：除賣方負擔依本條件 A.9 所實施檢查貨物的費用及輸出國政府強制檢驗的費用外，其他有關貨物的檢驗費用，包括裝運前檢驗 (Pre-Shipment Inspection) 費用，除另有約定外，概由買方負擔 (B.9)。買方為確保賣方確已履行買賣契約義務，自有必要就貨物的情況加以檢驗。尤其買方在未收到貨物並加以查對之前就須先行支付貨款時，這種檢驗尤為重要。這種檢驗是為買方利益而實施，因此，除非在買賣契約中另有約定外，賣方並無安排並支付裝運前檢驗貨物費用的責任。有些買賣契約中規定，假如檢驗結果，貨物不符契約規定，則其檢驗費用由賣方負擔。在一些進口國，其政府規定，貨物在出口國裝運前，須經其指定的檢驗機構（例如我國貨物外銷到菲律賓、印尼等國家時，須由其指定的遠東公證公司 [SGS] 檢驗）檢驗，以確保貨物符合買賣契約，否則無法取得 Clean Report of Finding，以致無法取得輸入許可證或獲得外匯支付貨款。這種裝運前的檢驗，實務界稱為 Pre-Shipment Inspection(PSI)。PSI 費用本應由輸入國政府負擔，最終則轉由買方負擔。但買賣雙方也可約定此項 PSI 費用歸由賣方負擔。

⑼償還賣方為協助取得運送單據而生的費用 (A.8)。

(三)風險負擔的問題

1.貨物風險的移轉

(1)貨物風險的內容：貨物風險包括貨物滅失及毀損兩者，係指因意外事故 (Fortuitous Events)，致使貨物遭受滅失或毀損者而言。若非基於意外事件所致的滅失或毀損，諸如因貨物包裝不良、標示不清楚或因貨物本質或固有瑕疵所致的滅失或毀損，其風險並不因交貨而由賣方移轉買方。

(2)貨物風險移轉時、地：

①原則：賣方負擔貨物滅失或毀損的一切風險直至其於指定地方或地點，在約定交貨日期或期間內，以約定方法或依該地點習慣方法，將貨物交給買方所指定或賣方所選定的運送人或其他人（例如貨運承攬人）保管時為止，買方則負擔自此以後的貨物滅失或毀損的一切風險 (A.5, B.5)。

②例外：若買方未將運送人名稱給予賣方充分的通知及，有其必要，卻未指明運送方式及貨物交付運送人的日期或期間、地點，或其指定的運送人未能接管貨物，則買方承擔自約定交貨日或約定交貨期間屆滿日起貨物滅失或毀損的一切風險 (B.5)。根據一般原則，貨物的風險於貨物交付時移轉，但依本例外規定，貨物尚未交付運送人，風險照樣移轉買方，這種情形，在法律上稱為「提早移轉風險」(Premature Passing of Risk)❸❸。

(3)貨物風險移轉條件：

依據貨物風險移轉時期的原則，貨物必須經正式指撥（或劃歸）於買賣契約 (Appropriate to the Contract) 項下，也即必須經特定，可辨認其為買賣契約項下的標的物時，其風險才移轉買方。因此：

①：在(2)之①的情形，既已完成交貨，貨物已經得以辨認其為意圖要交給某一買方者，所以，再也不發生指撥的問題。但在例外情形，有數位買方，而貨物則由賣方整批發送（例如散裝貨裝於同一艘船，買方卻有數人），但個別買方的貨物卻未加分置或無法辨認其屬於某一買賣契約項下的標的物，則在貨物未正式指撥之前，其風險不移轉❸❹。

②：在(2)之②的情形，其 Premature Passing of Risk 的條件為：貨物必須已經正式指撥於契約，也即貨物已經清楚地分置 (Set Aside) 或得以辨認其為

❸❸　Jan Ramberg, op. cit., p. 85.

❸❹　*ICC Incoterms 2000*, p. 17.

契約貨物為條件（例如已將貨物予以適當包裝及標示）(B.5)。

　　2.禁止輸出入的風險負擔

　　⑴禁止輸出的風險：依本條件，取得貨物輸出所需任何輸出許可證或其他官方批准書的風險，歸由賣方負擔 (A.2)，因此萬一政府禁止契約貨物的出口，則其後果由賣方負責。但買賣契約中都有免責條款的規定，同時有些國家的法律也規定，遇到禁止出口情事，契約即失效。

　　⑵禁止輸入的風險：取得貨物輸入許可證或其他官方批准書的風險，歸由買方負擔 (B.2)，但萬一進口國政府禁止該契約貨物進口時，依買賣契約中的免責條款，買方應可免責，而且某些國家的法律也規定，政府禁止進口時，契約即失效。

㈣貨物所有權的移轉時期

　　在本條件下，貨物所有權的移轉時期，須依約定及賣方交貨時運送人所發行的收貨單據性質而定。如其所發行的單據係屬可轉讓運送單據（例如 Negotiable B/L），則除另有約定外，於賣方將該等單據交付買方時，貨物所有權由賣方移轉買方。

　　如運送人所發行的單據不是可轉讓運送單據（例如 Non-Negotiable Sea Waybill），則貨物所有權的移轉時期須視有關規定而定。

 # 第四節　船邊交貨 (FAS) 條件

一、船邊交貨條件概說

㈠船邊交貨條件的概念

　　1. Incoterms 2000 的主要修訂

　　自 1936 年以來一直流傳著一個概念，如果是在船邊交貨，那麼是在賣方的國家交貨，如果是在船上交貨，那麼是在外國領域交貨 (If you delivered alongside the ship, you would still be delivering in your own country. But if you delivered on the ship, particularly if it had a foreign flag, then you would be delivering in foreign territory.）。亦即把船舶當做想像中的兩國國界，船邊交貨時並未逾船舶，是屬於國內買賣，買方想輸出，當然要由買方辦理出口有關手續。長期以來形成了賣方不必辦出口通關手續的共識，同時也法典化在 Incoterms 上。

可是在貿易實際的作法上，經國際商會調查發現，普遍的作法是由賣方辦理出口通關手續。為了與實務吻合，並且體現誰在出口地有營業所，就由誰辦出口通關的原則。因此 2000 年版針對 FAS 做了一個重大的變更，由賣方負責辦理出口通關事宜及負擔有關費用**❸❺**。

2. FAS 的一般概念

船邊交貨條件的英文為 Free Alongside Ship，國際代號 (International Code) 為 FAS，係以貨物在裝船港的船舶邊交貨為內容的貿易條件。依本條件交易時，賣方須負擔一切風險與費用，在指定裝船港，於規定日期或期間內，依該港口習慣方式，將貨物交到買方所指定裝貨地 (Loading Place) 指定船舶邊**❸❻**；買方則須負責安排船舶，將船名、裝貨地方及向船舶交貨時間給予賣方充分的通知，負擔貨物交到船邊以後的一切風險與費用，並依買賣契約規定支付貨款。本條件與後述的 FOB 條件相較，雖其交貨地方在觀念上極為相近，但兩者在大宗貨物或笨重貨物交易的場合，其風險與費用的負擔，相差可能很大。因為在 FAS 條件下，賣方只須將貨物交到裝貨船席船邊，買賣雙方風險與費用的分擔即以船邊為界限；而在 FOB 條件下，賣方則須將貨物運到船邊並裝載於船上，買賣雙方風險與費用的負擔則以船舷 (Ship's Rail) 為分界點。在件貨運送的場合，因貨物裝載費用 (Loading Charges) 通常係包含於運費中，而由買方負擔，故就費用負擔而言，FAS 與 FOB 兩者並無不同。這也就是為什麼在實務界常將兩者混為一談，而都稱為船邊交貨條件。然而，在大宗貨物運送或特殊貨物運送的場合，例如火車頭、鍋爐等笨重貨物，須

---

❸❺ 劉鶴田，〈新版國貿條規搜秘〉，《貿易雜誌》，第59期，民國89年9月1日，p. 37。

❸❻ 此處所指 loading place 乃指 loading berth（裝貨船席）而言。

使用特種起重機（Special Derrick 或 Floating Derrick）時，其起重機費用，依 FAS 條件交易時，須由買方負擔，如依 FOB 條件交易，則須由賣方負擔❸❼。在美國，直至 1930 年代，仍將 FAS 與 FOB 視為同一條件。嗣因美國港埠設施的改善，貨物裝卸的改良，以船邊為買賣雙方責任界限的 FAS 條件才逐漸擴大採用，於是與 FOB 條件分化。

本條件起初係用於北歐與北美的木材交易，尤其是將原木 (Logs) 編成木筏，從產地沿河運至裝船港，再將這些木筏橫靠船邊，以利裝船的場合，都採用本條件交易。此外，一些大宗貨物的交易，尤其自美國輸出的原棉，也常以 FAS 條件交易。

總之，當貨物在裝船方面有某些特殊困難時（即前述笨重貨物），賣方往往採取 FAS 條件，以期自己不承擔這種義務。

(二)用法上應注意事項

(1)所謂「船邊」，本條件並未加以界定，但實務上一般係指船舶吊貨機 (Winches) 或其他裝貨索具 (Ship's Loading Tackle) 可及的範圍而言 (Within The Reach of Vessel's Tackle)。如利用碼頭上的吊貨起重機 (Crane) 時，則所謂「船邊」係指實際上利用該等設備進行裝貨的地方而言，換言之，是指買方指定船舶預定停靠碼頭岸邊供裝貨的地方。倘若指定船舶不能靠岸，而在港中以拋錨停泊者，賣方須雇用駁船或小艇將貨物運到港內拋錨的船舶旁邊，並負擔駁船費用，以及負擔貨物運至船邊時為止的一切風險。但依丹麥習慣，如因買方所安排的船舶因其吃水深度非尋常 (Exceptionally Deep Draft)，以致無法靠岸者，上述駁船費用應由買方負擔❸❽。

(2) Free on Lighter：在裝船港船舶擁擠的場合，賣方可事先取得買方的同意，將交貨條件改為「駁船上交貨」(Free on Lighter)。在此場合，賣方的責

---

❸❼　濱谷源藏，《貿易取引の基本問題》，p. 38。

❸❽　濱谷源藏，《貿易取引の基本問題》，p. 35；Michael Schwind, "FAS Clauses in American and Comparative Law", vol. 32, *New York University Law Review*, 1957, p. 1257.

任於貨物越過駁船船舷 (Lighter's Rail) 時，即告終止。駁船的駁船費及駁船風險均歸買方負擔❸❾。

由上述可知，本條件只能使用於以海運或內陸水路運送貨物的交易。

⑶本條件 FAS 後面所列的港口係裝船港。但有時也有在 FAS 後面列上進口港者，即 FAS(...named port of import)，等於「進口港船邊交貨條件」。然而，此類型的契約，正確地說，應該是 DES 契約，或是 DEQ 契約。由於雙方義務未必明確，故宜避免使用（參閱 Moore v. United States, 196 U.S. 157 [1905]）。

⑷在貨櫃運輸，FAS 一詞與這裡所討論的 FAS 涵義完全不同。它係 Free Arrival Station 的縮寫，意指運送人須負責在契約中所規定的到達站（Arrival Station，指貨櫃集散站）將貨櫃交給受貨人，以便買方或代買方通關及提貨。這類型的契約，實際上係 Destination Contract 或 Arrival Contract 的一種，業者不可不注意❹❶。

⑸我國實務界常將後述的 FOB 稱為船邊交貨 (FAS)，而美國實務界則甚至以 FOB · FAS 條件交易❹❶。因此，美國 UCC 把 FOB、FAS 兩個條件放在 UCC §2–319 一起處理也就不會令人驚訝了。但是 FAS 與 FOB 畢竟不同，不宜混淆。

⑹本條件雖與 American Definitions 的 FAS vessel 相當，但風險與費用的分界點不盡相同。詳本書第三章第五節。(p. 319)

⑺本條件的國際代號為 FAS。

㈢用法舉例

以本條件交易時，通常須在本條件之後，列明裝船港名稱，例如：

---

❸❾ 張錦源，《國際貿易實務詳論》，修訂九版，三民書局，2002年8月，pp. 121–123。

❹❶ C. M. Schmitthoff, *Export Trade*, 9th ed., 1990, p. 16.

❹❶ Michael Schwind, "FAS Clauses in American and Comparative Law", vol. 32, *New York University Law Review*, 1957.

We offer to sell American raw cotton staple $1\frac{1}{16}$, 200,000 lbs., US¢50 per lb. FAS Houston, delivery during March.

（謹報價出售美棉纖維長度 $1\frac{1}{16}$ 吋，數量 20 萬磅，每磅 50 美分，休斯頓船邊交貨，3 月間交貨。）

目前我國業者，以 FAS 條件外銷者，甚為罕見，只有從美國進口原棉等大宗貨物時，才有以美國定義 (American Definitions) 的 FAS vessel 條件交易。如前所述，美國定義的 FAS vessel 與 Incoterms 的 FAS，在風險與費用負擔的分界點不盡相同，所以業者與美國商人以 FAS vessel 條件交易時，應特別注意其與 FAS 的不同之處。關於此，請詳閱本書第三章第五節❷(p. 319)。

二、船邊交貨 (FAS) 條件規則解說

㈠賣方應負擔的義務與費用

1. 交貨義務

賣方應在指定裝船港，在約定的日期或期間內，依該港口習慣方式 (In The Manner Customary at The Port)，在買方指定裝貨地將貨物交到買方所指定船舶邊 (A.4)。

⑴提供符合買賣契約的貨物：參閱「工廠交貨條件規則解說」的「賣方應負擔的義務與費用」1 之⑴。(p. 58)

⑵交貨時間：

①有約定時：應於約定日期或期間內交貨 (A.4)。

②無約定時：依習慣，無習慣者，應在訂約後合理期間內交貨，其餘參閱「工廠交貨條件規則解說」的「賣方應負擔的義務與費用」1 之⑵之②。(p. 58)

⑶交貨地點：在買方指定裝貨地買方所指定船舶邊 (alongside the vessel

❷　以 FAS 條件交易發生糾紛的最近法院判決參閱 Metro Meat Ltd. v. Fares Rural Co. Pty. Ltd., 1985, 2 Lloyd's Rep. 14.

nominated by the buyer at the loading place named by the buyer at the named port of shipment)(A.4)，如前所述，若指定船舶在港中拋錨停泊而不靠岸者，賣方尚須雇用駁船或小艇，將貨物運到該船舶邊交貨。亦即交貨地點是在碼頭或駁船邊 (On the Quay or In Lighters)。

　　實務上，契約中大都只約定一個裝船港，例如 FAS Los Angeles，但也可能約定二個裝船港，例如 FAS Los Angeles or San Francisco，在此種情形，買方應依本條件 B.7 規定，適時指定其中某一裝船港。至於船舶名稱及裝貨地方（即裝貨船席）也應適時給賣方詳細的指示。

　　⑷交貨方法：應以裝船港口習慣的方式 (In The Manner Customary at The Port)，將貨物交給買方或其受託人 (Bailee)(A.4)。所謂港口習慣方式，視貨物性質而定。如習慣上係從碼頭裝船者，則在碼頭上船邊交貨；如習慣上係以駁船運到船邊裝船者，則須雇用駁船將貨物運到船邊交貨。在 FAS 條件下，其交貨係屬於實際交付 (Actual Delivery)，其交貨的證明可能是碼頭收據 (Dock Receipt, Wharfinger'S Receipt) 或貨物收據 (Cargo Receipt)，或備運提單 (Received B/L)❸。但也有可能沒有任何交貨的收據。

　　2.交貨通知義務

　　賣方應將貨物已交到指定船舶邊事宜，給予買方充分的通知 (A.7)，以便其採取必要措施，諸如以便其購買保險、準備提貨、安排融資或轉售事宜。至於應在什麼時候通知買方呢?關於此，一般的說法係指將貨物交到船邊時，即應通知買方，但至遲應於賣方收到碼頭收據或貨物收據時，即應立刻通知買方。當然，如能在交到船邊之前一、二天，通知買方更佳。至於通知內容包括貨物的內容、數量、金額、交貨時間等等❹。

　　若賣方違反交貨通知義務，其後果如何，Incoterms 未作任何規定，但依Incoterms 的精神，賣方將負違約之責。

　　3.申請、提供或協助取得單據的義務

---

❸　上坂西三，《貿易慣習》，第9刷，1968，pp. 144, 146–147；濱谷源藏，《貿易取引の基本問題》，p. 37。

❹　上坂西三，《貿易慣習》，第9刷，1968，p. 146。

⑴商業發票：賣方應向買方提供適當的商業發票。若買賣雙方同意利用電子系統通訊，則可以等同的電子訊息替代商業發票 (A.1)。

⑵貨物符合契約的證據：如買賣契約有約定，賣方尚須提供證據以證明其提供的貨物確與買賣契約所規定者相符 (A.1)。例如由公證行出具的公證報告。

⑶交貨證明、運送單據或等同的電子訊息：因為賣方的義務只限於在買方指定的船舶邊交貨，所以，不一定都能從運送人收到收據 (Receipt)。那麼賣方就必須提供其他單據，以證明其已交貨。這種單據各港口未必一樣。因此，若契約有約定者，依約定；無約定者，按港口習慣，提供慣用者即可，諸如 Dock Receipt, Wharfinger's Receipt, Warehouse Receipt or Warrant 或 Cargo Receipt 是。例如在英國，習慣上，由碼頭或碼頭管理員以買方受託人身分在船邊接貨，賣方取得的交貨憑證為碼頭收據 (Dock Receipt, Wharfinger's Receipt)，因此，賣方提供碼頭管理員出具的碼頭收據即可。而在美國，賣方取得的交貨憑證通常係碼頭公司出具的碼頭收據 (Dock Receipt)。因此，賣方提供碼頭公司簽發的碼頭收據即可。雖然美國定義 (American Definitions) 的 FAS Vessel 中，規定賣方須提供 Clean Dock Receipt 或 Clean Ship's Receipt，但美國所稱 Ship's Receipt，實際上，是指英國的 Mate's Receipt，而 Mate's Receipt 則必須於貨物裝上船舶之後，才由船方發行，顯然與 FAS 的本質有違[45]。又，賣方提供的交貨證明必須是屬於 "Clean" 者，所謂 Clean（清潔，無瑕疵）係指未聲明貨物及（或）其包裝不良或有缺陷者而言。

又，上述單據若不是運送單據，而買方又有所要求，則賣方應循其要求並由其負擔風險與費用，給予一切協助以取得有關運送契約的運送單據。諸如可轉讓提單、不可轉讓海運貨運單、內陸水路單據等是。茲圖示之[46]：

FAS

S must provide B with usual proof of delivery; and unless usual proof of

---

[45] 濱谷源藏，《貿易取引の基本問題》，p. 41。

[46] FAS 所例示的運送單據，比 FOB 少一項（即 or Multimodal Transport Document）。

> delivery is the transport document, help B obtain the transport document, e.g. negotiable bill of lading or non-negotiable sea waybill or inland waterway document.

　　假如買賣雙方已同意以電子系統通訊，則上述單據得以等同的電子資料交換訊息 (EDI Message) 替代 (A.8)。

　　⑷提供輸出所需單據：自負風險及費用取得任何輸出許可證或其他官方批准書。

　　⑸協助買方取得輸入、過境所需單據：賣方必須協助買方取得為貨物過境、輸入所需，而由裝船國及（或）原產國發行或傳輸的任何單據或等同的電子訊息，但其風險及所需費用則由買方負擔 (A.10)。輸入、過境所需單據：例如衛生證明書、無瑕疵檢驗報告 (Clean Report of Finding)、產地證明書及輸入許可證等是 (A.10)。

　　4.提供買方購買保險所需資訊

　　若買方有要求，則循其要求提供其購買保險所需資訊，例如貨物數量、金額等 (A.10)。賣方於履行 A.7 交貨通知義務時，可以同時給予買方有關購買保險所需資訊。

　　5.代訂運送契約

　　若買方有要求，或如有習慣而買方未在適當時間內作出相反的指示，則賣方得以買方風險及費用，按通常條件訂立運送契約。若賣方不願訂立此項契約，則應迅速將其旨趣通知買方❹。

　　6.應負擔的費用與稅捐

　　⑴交貨費用：

　　賣方必須負擔把貨物交到指定裝船港買方所指定船舶邊指定裝貨地的一切費用 (A.6)。在無相反的約定或港口的習慣下，貨物通過碼頭時所必需支付的碼頭費 (Dock Dues)、搬運費 (Porterage)、駁船費 (Lighterage) 和其他類似費

---

❹　Jan Ramberg, op. cit., p. 40.

用，通常均由賣方負擔，但如買賣雙方約定以「碼頭交貨」(Free to Docks, Delivery to Docks) 條件交易，則此類費用，歸買方負擔❹。

至於出口通關費用究竟應由何方負擔呢？依 Incoterms 2000 本條件 A.6 規定，通關手續以及輸出時應付的一切關稅、稅捐及其他費用由賣方負擔。

此外，有關貨物的港口稅 (Port Rates) 究應由何方負擔，本條件並無規定。各國港務局的規定也不一致。依倫敦港務局規定，Port Rates 在 FAS 條件下，須由買方負擔。但在實務上，大部分都由賣方支付 Port of London Rates。因此，為避免發生爭執，宜在契約中訂明由何方負擔。例如英國商會即建議在契約中訂明 FAS London(Including Port Rates)，明確表明由賣方負擔 Port Rates❹。

(2)包裝、標示費用：賣方必須以訂立買賣契約之前已獲知的有關運送情況（例如運送方式、目的地）為限度，自負費用將貨物施予其運送所需包裝，但依該特定行業習慣，該契約貨物通常以不加包裝而裝運者，不在此限 (A.9)。「運送所需」視情況而定，包括運送方式、目的地、貨物性質、習慣及運送距離等等。此外還須在貨物外包裝上施以適當的標誌，俾買方及運送人得以識別並做適當的處理 (A.9)。在實務上，因包裝而發生的糾紛不少，而且所謂「運送所需」包裝，往往因立場的不同，常常發生爭議。為避免糾紛，最好的辦法是：在買賣契約中詳訂包裝條件❺。

(3)檢查費用：支付為把貨物交由買方處置所需的檢查作業（例如檢查品質、丈量、過磅、計數）費用 (A.9)。

(4)提供交貨證明（限於通常單據）而生的費用 (A.8)。

(5)交貨通知費用 (A.7)。

㈡買方應負擔的義務與費用

1.負責取得輸入許可證，並辦理輸入、過境通關義務

---

❹　Clive M. Schmitthoff, *Export Trade* , 9th ed., p. 15.

❹　同❹。

❺　濱谷源藏，《貿易取引の基本問題》，p. 40。

在可適用的情況下，貨物輸入及通過任何國家時應付的一切關稅、稅捐及其他費用，以及辦理前開通關手續的費用，由買方負擔 (B.7)。

2. 訂立運送契約義務

除買方有要求，或依習慣買方未於適當時間內作出相反指示，則賣方得以買方風險及費用，依通常條件代訂運送契約外，買方必須自負費用訂立自指定裝船港起的貨物運送契約 (B.3)，因此，在本條件下，安排船運係買方的基本義務。在大宗物資的交易，應租傭足夠裝載契約貨物的船舶，如屬小量雜貨，則應簽訂貨件運送契約，獲得必要的艙位 (Ship's Space)。

在實務上，賣方常循買方的要求，向船公司洽訂艙位，這種額外服務 (Additional Service)，應認為是賣方以買方代理人身分而辦理，買方須歸償賣方因取得運輸單據（例如 B/L）而墊付的費用及其他裝船費用 (Shipping Charges)。這種額外服務的 FAS 條件與後述額外服務的 FOB 條件，性質類似。

3. 通知賣方交貨義務

除非賣方循買方要求，或依慣例代為安排船運自行選定運送人，否則買方必須將其指定的船名、裝貨地點以及交貨時間，給予賣方充分的通知。若買方未履行此項義務，則貨物滅失或毀損的風險可能會在賣方依本條件 A.4 交貨之前，即提早移轉買方，並負擔因此而生的額外費用 (B.5, B.6, B.7)。這種額外費用包括倉租、保險費及利息等所謂的 carrying charges（延滯提貨費用；持有費用）。

4. 接受交貨證明、運送單據或等同的電子訊息

依 A.8 賣方須向買方提供證明其已依本條件 A.4 交貨的通常證明，而買方則須接受此項交貨證明。若買方拒絕接受該交貨證明（例如指示銀行拒付跟單信用狀項下貨款）則將構成違約，賣方得依據買賣契約獲得救濟（例如解除契約或請求違約的損害賠償）。當然，假如該等交貨證明無法供作交貨的適當證明，例如交貨證明上註明貨物有缺陷或數量少於約定者，也即所謂不潔單據 (Unclean Document)，則買方無接受這種交貨證明的義務 (B.8)。

5. 接受貨物義務

當賣方依本條件 A.4 將貨物交到買方所指定船舶邊的裝貨地方時，買方

必須接受貨物 (B.4)。買方不接受貨物不僅不能免除其支付貨款義務，而且依本條件 B.5，B.6 規定，貨物滅失或毀損的風險照樣移轉，並須負擔因此而生的額外費用。

　6.支付價款義務

　　買方的最基本義務為支付貨款。賣方完成交貨義務時，買方自應依買賣契約規定支付貨款 (B.1)。其餘參閱「工廠交貨條件規則解說」的「買方應負擔的義務與費用」4 (p. 63)❺。

　7.應負擔的費用與稅捐

　⑴取得輸入、過境許可證的費用：買方必須自負風險及費用取得任何輸入許可證或其他官方批准書，在可適用情況下，並辦理貨物輸入及通過任何國家的一切通關手續 (A.2, B.2)。

　⑵接受貨物後的一切費用：負擔貨物交到買方所指定船舶邊指定裝貨地方時起有關該貨物的一切費用 (B.6)。

　①裝船費用 (B.6)。

　②運費及保險費用等：負擔自指定裝船港起的貨物運費及保險費等 (B.3)。

　③進口稅捐、輸入及過境通關費用：在可適用情況下，支付貨物輸入及通過任何國家時應付的一切關稅、稅捐及其他官方費用（例如推廣貿易服務費、商港服務費），以及辦理通關手續費 (B.6)。

　⑶負擔通知賣方交貨費用 (B.7)。

　⑷支付因：①指定船舶未準時抵達或不能承載貨物或早於規定時間截止收貨，②買方未將船名、裝貨地方及交貨時間，給予賣方適當通知而生的任何額外費用（例如 Carrying Charges），但以該貨物經正式指撥於契約，也即已經清楚地分置或得以辨認其為契約貨物為條件 (B.6)。

---

❺　UCC § 2-319⑷規定，「除另有約定外，在 FAS 條件下，買方須憑規定單據的提供付款，賣方不得以提出貨物代替單據的提供。買方也不得要求以交付貨物代替單據的提供」，然而 FAS 條件畢竟是實際交付條件的契約，因此，在買方有機會檢查貨物之前，應無付款的義務。

⑸支付或歸墊取得有關單據的費用：

①支付為取得貨物輸入及，必要時，通過其他國家所需而在裝船國及（或）原產國發行或傳輸的任何單據或等同的電子訊息而生的費用。若賣方為協助買方取得上述單據而發生費用者，買方應予償還 (B.10)。②償還賣方因協助買方取得運送單據而生的費用 (A.8)。

⑹償還代訂運送契約的費用：賣方循買方要求代訂運送契約，是賣方的額外服務 (Additional Service)。因這種額外服務而生的費用，自應由買方負擔。

⑺檢驗費用：除賣方依 A.9 所實施檢查貨物的費用由賣方負擔者外，其他有關貨物檢驗的費用，諸如買方為本身利益所作的檢驗費用、輸入國政府規定的裝船前檢驗 (Pre-shipment Inspection, PSI) 費用，除另有約定外，概由買方負擔 (B.9)，輸出國政府強制實施的檢驗費用不在此限。裝船前檢驗 (PSI) 與買方為本身利益所作的檢驗，在性質上並不一樣。在一些國家，其政府規定貨物在輸出國裝運前，須經其指定的檢驗機構（例如 SGS, OMIC）檢驗，以確保貨物符合買賣契約，否則無法取得輸入許可證或取得外匯支付貨款。這種裝船前的檢驗稱為 "Pre-shipment Inspection (PSI)"。PSI 費用本應由輸入國政府負擔，但最終則轉嫁給買方負擔。至於買方為本身利益所做的檢驗則與輸入國政府無關。當買方有理由懷疑賣方可能會交運不符合買賣契約所規定的貨物時，這種檢驗就顯得特別重要。上述各項檢驗費用雖然是由買方負擔，但買賣雙方也可約定全部由賣方負擔，或部分由賣方負擔。他方面，如檢驗結果顯示貨物不符買賣契約規定時，通常多由賣方負擔檢驗費用❷。

(三)風險負擔的問題

1. 貨物風險的移轉

⑴貨物風險的內容：貨物風險包括貨物滅失及毀損兩者，是指因意外事故，致使貨物遭受滅失或毀損者而言。若不是基於意外事故所致的滅失或毀損，諸如因貨物包裝不良、標示不清楚或因貨物本質或固有瑕疵所致的滅失或毀損，並不因交貨而由賣方移轉買方。

---

❷　Jan Ramberg, op. cit., p. 95.

⑵貨物風險移轉時、地：

①原則：賣方負擔貨物滅失或毀損的一切風險直至其在指定裝船港，在約定日期或期間內，以該港口習慣方法，將貨物交到買方所指定船舶邊的指定裝貨地方時為止，買方則負擔自此以後的貨物滅失或毀損的一切風險 (A.5, B.5)。

②例外：若買方未將船名、裝貨地方及交貨時間，給予賣方充分的通知，或其指定的船舶未能按時抵達，或不能承載貨物，或早於規定時間截止收貨，則自約定交貨日或規定交貨期間屆滿時起，負擔貨物滅失或毀損的一切風險 (B.5)。根據一般原則，貨物的風險於其交付時移轉買方，但依本例外規定，貨物雖尚未交付，風險照樣移轉買方，這在法律上稱為「提早移轉風險」(Premature Passing of Risk)。

⑶貨物風險移轉條件：

依據貨物風險移轉時間的原則，貨物必須經正式指撥於買賣契約項下，也即必須經特定，可辨認其為買賣契約項下的標的物時，其風險才移轉買方，因此：

①：在⑵之①的情形，既已完成交貨，貨物已經得以辨認其為意圖要交給某一買方者，所以，再也不發生指撥的問題。但在某些場合，有數位買方，而貨物則由賣方整批發送（例如散裝貨），但個別買方的貨物卻未加分置或無法辨認其屬於某一買賣契約項下的標的物，則在貨物未經正式指撥之前，其風險不移轉。

②：在⑵之②的情形，其 Premature Passing of Risk 的條件為：貨物必須已經正式指撥於契約項下，也即貨物已經清楚地分置或得以辨認其為契約貨物為條件，例如已將貨物予以適當包裝及標示 (B.5)。

2.禁止輸入的風險負擔

依本條件 B.2 規定，取得貨物輸入許可證或其他官方批准書的風險由買方負擔。因此，依本條件交易時，即使貨物遭受禁止輸入，買方仍不能免除其契約項下的義務。但買賣契約中通常列有「免責條款」以解決這種情況。有些免責條款規定：遇到貨物的禁止輸入情形時，可展延履約的時間，有些

則規定契約因而失效。某些國家的法律也規定，遇到禁止輸入時，契約即因而失效。其餘請參閱「工廠交貨條件規則解說」的「風險負擔問題」2(p. 66)。

㈣所有權的移轉時期

以 FAS 條件交易時，貨物所有權原則上於貨物交到指定裝船港買方所指定船舶邊的指定裝貨地方，任由買方處置時，由賣方移轉買方。但如賣方保留處分權 (Reserve a Right of Disposal) 的場合，所有權仍不移轉買方。至於在何種情形下，視為賣方保留處分權呢?關於此,常常發生爭議,在 Nippon Yusen Kaisha 與 Ramjiban Serowgee (1938) 對訟案中，一批麻袋以 FAS Calcutta 條件交易，契約的第 3 條規定 "payment against mate's receipts"，第 4 條規定 "so long as the mate's receipts are in the possession of the sellers, the seller's lien is to subsist until payment in full"，後來貨物裝上買方所洽訂的船上，並取得以買方為託運人的 Mate's Receipt。該 Mate's Receipt 透過賣方的供應商交給賣方,同時，運送人向買方發行提單，貨物最後憑提單交付次買方 (Sub-Buyers)。由於買方違約 (Default)，賣方控告運送人，但被認為賣方對運送人無訴因，因為貨物在船邊交付時，所有權即已移轉。就本案而言，依契約第 3 條的規定，在通常情形下，在買方未付款之前，是可阻止所有權的移轉的，但根據契約的第 4 條規定，所有權於貨物交到船邊時即已移轉，因為「對於自己的貨物不能享有留置權」(A person cannot have a lien on his own goods)。本案 Mate's Receipt 上的託運人 (Shipper) 倘若係賣方而非買方的話，那麼結果又完全不同了。換言之，Mate's Receipt，在通常情形下，雖非表彰貨物的物權證券 (Document of Title)[53]，但如其以賣方為託運人的場合，且由賣方持有 Mate's Receipt 的話，無異賣方保留處分權[54]。

---

[53] Mate's Receipt 在某些特殊貿易，由於實務演進形成習慣，而被當做物權證券。例如在 Singapore 與 Sarawak 的交易，依當地習慣，Mate's Receipt 即視為物權證券，參閱 David M. Sassoon 與 H. Orren Merren 共著 *CIF and FOB Contracts*, 3rd ed., pp. 108–109。

[54] A. G. Guest, *Benjamin's Sale of Goods* , 2nd ed., pp. 1025–1026.

三、個　案

"The Case of the Worried General"

The buyer was an official entity of an African country, which purchased a certain amount of arms, or weaponry, from a French supplier. The French seller requested the term FAS Bordeaux in the contract, and requested that the buyeropen an irrevocable, confirmed letter of credit in his favor. The buyer immediately complied, specifying as documents required under the letter of credit a commercial invoice, a packing list, and a received for shipment bill of lading.

The French seller immediately performed his side of the bargain. He provided the arms by the requisite date, and they were impeccably packed, because of course packing is quite crucial in the area of weaponry. The seller then sent a telex to the buyer informing him that the goods were ready.

Having fully complied with the terms of the letter of credit, the seller went to the bank and drew on the letter of credit, and was immediately paid.

The buyer was very anxious to have his weapons. Perhaps there was a political emergency at home and weapons were very important. In fact, weapons may be in certain cases somewhat like shoes in the previous example, in that they are articles that people would like to use soon after purchase. The buyer notified his freight forwarder to arrange for the shipment of the arms. The freight forwarder obtained notice that the ship on which space had been reserved would be sailing in three weeks.

The freight forwarder, who was also acting as customs broker, also began to process customs clearance. In the case of export of weapons, the customs formalities are not always as simple as the parties would like them to be. That is because weapons sales are very politically sensitive, and the government likes to keep track of them. For this reason, a special export licence is required for the export of weapons in France.

The freight forwarder sent a fax to his African client, and said, " Would you please furnish me with your AEMG (Authorisation pour L'Export du Matériel de Guerre)?" The African client knew nothing about this certificate, and informed the freight forwarder that he should get in touch with the seller immediately. He did so.

The seller very calmly informed the freight forwarder that the sale had been on FAS terms, and therefore, that all customs clearance and formalities were the responsibility of the buyer. The freight forwarder then immediately made inquiries to find out how to obtain the necessary export certificate. He discovered that the release of these certificates was subject to an arms export quota, and that although it was only the month of March, this quota had already been exceeded for the country of France, and that therefore the African client would have to wait until the next January 1st to apply for the necessary licence.

The buyer had already paid for the goods, via the irrevocable credit. He had also already paid for the reserved space on the ship that was to transport the goods. And he needed his goods right away. The buyer therefore came to the conclusion that he had only one possible solution: to sell the goods to a French buyer, and to use that money to purchase at least part of the weapons he needed somewhere else.

So the buyer began to look for someone to buy his now worthless goods. And who did he find: the original seller, who was nice enough to offer to take the shipment off his would-be customer's hands, at a substantial discount of 50%.

So the lesson is, avoid FAS if you are buying goods in a far-off country and you are not familiar with the export clearance requirements.

Usually, of course, the seller clears the goods anyway, under FAS, but the buyer should be careful, because if there should be an export prohibition on those goods, the risk will legally fall entirely on him.

第五節　船上交貨 (FOB) 條件

一、船上交貨條件概說

(一)船上交貨條件的概念

FOB 乃指當貨物在指定裝船港越過船舷時，即屬賣方交貨。即自該時點起買方必須負擔貨物毀損及滅失的一切費用及風險。

1. Incoterms 2000 何以未對 FOB 做出修改？

FOB 是否仍然應以船舷當做成本、費用以及危險負擔的分界線，1976、1980、1990 及 2000 年版修訂時均曾試圖解決，甚至想取消這個條件：

(1) 1976 年的版本曾經說「有效的越過船舷」(Effectively Passed (Crossed) The Ship's Rail)，這樣表述的目的是要利用「有效的」用語，將當時發展起來的駛上 (Roll-on)、駛下 (Roll-off)、從船舷底下越過 (Passed Underneath The Ship's Rail) 的情況，能夠吸收在 FOB 的越過船舷的概念底下，但 1990 年版已經把「有效的」字樣取消，1990 年版的 FOB 定義中已載明，FOB 條件只能適用海運或內陸水路運送。當船舷無實際作用時，例如在駛進駛出或貨櫃運送，使用 FCA 較為妥當[55]。

(2) 1980 年版修訂時，修改小組面臨了一項重大選擇，當時有兩個方案：①第一個方案是針對 FOB 做出修改，不介紹新的貿易條件。怎麼樣對 FOB 做出修改呢？可能會產生至少兩種以上的 FOB 變型條件，一種是用來運送大宗物資買賣的 FOB(FOB for the sale of commodities by use of chartered ships)，另一種也許是製造既成品使用的 FOB(Perhaps for Manufactured Goods)，②第二個方案是創造一個新的貿易條件來肆應需要，最後的抉擇是決定創造 FCA（當時叫 FRC）這個貿易條件[56]。

---

[55] *Incoterms 1990, questions and answers* , ICC, 1998, p. 94.

[56] *Incoterms 2000—A forum of experts*, ICC, p. 11.

⑶ 2000 年版的修訂，討論時也分成兩派：第一派認為既然貨櫃及駛上駛下已廣為大家所使用，貨櫃流行門到門的服務而非傳統的吊裝吊卸，駛上駛下則為船舶打開艙門貨物直接運進運出，船舷當做危險負擔的分界線已無實際意義，這個條件要取消。第二派則認為 FOB 仍有存在必要，尤以散裝貨等運輸還要使用到這個條件，其中以英國反應最為激烈，他們認為如若取消 FOB，就永遠不要運用國際商會的國貿條規。

後來修改小組不得不取得妥協，他們考慮到這個貿易條件已經行之久遠並且深植人心，完全廢除本條件並不實際，加上考慮到某些貨物的性質以及碼頭的裝卸設備問題 (The nature of the cargo and the loading facilities available) 確實還需要 FOB 這個條件，至於可否加以增修，或者增加變型條件，這種增修愈是考慮到不同的各種情況，工程愈是浩大，後來就決定不加以更動。

2. FOB 的概念

船上交貨條件的英文為 Free on Board，縮寫為 FOB，依英國商業習慣及法院判例，係指 "to put the goods on board the ship" 或 " to deliver the goods on board ship at seller's own expense" 之意。因此，"on board" 乃指 "on board ship（或 vessel）" 而言。在實務上，通常也作如此解釋，所以我國貿易界乃將此條件稱為「船上交貨」條件。

然而，在美國，卻將 "on board" 加以擴大解釋，除了 "on board ship（船上）" 之外，尚包括「其他運輸工具上」在內。所以，在美國，所謂 Free On Board，一般是指「運輸工具上交貨」之意。依美國定義 (American Definitions)，FOB 可適用於利用鐵路、卡車、駁船、船舶及飛機等運輸工具的買賣，但 Incoterms 所規定的 FOB 乃專指利用船舶運輸的 FOB 而言。

最早給 FOB 契約下定義的是 1884 年英國法院的一個判例，即 Stock v. Inglis 一案的判決❺。在這個判決中，Brett 法官說：「人們不會否認，根據商人的一般理解，『船上交貨』(Free on Board) 這幾個字不僅僅是指由託運人擔負費用把貨物交到船上，而且是指為了收貨人的利益才擔負費用把貨物交到

❺　David M. Sassoon and H. Orren Merren, *CIF and FOB Contracts*, 3rd ed., 1984, p. 330.

船上。在那種情況下，根據這樣的契約交到船上的貨物，不管在航程中是否滅失，其風險由買方負擔。」

這個判決給 FOB 契約確立了如下的基本性質：第一、賣方必須支付及承擔把貨物交到船上的費用和義務，也就是負擔直至貨物越過船舷為止的費用和安全的全部責任；第二、這項義務履行完畢，交貨即告完成，貨物滅失或毀損的風險就在此時此地移轉給買方，這兩點仍然是現代 FOB 契約的基本性質。

依 Incoterms 的規定，所謂 FOB 是指在裝運港船上交貨的條件。按此條件交易時，賣方須在規定日期或期間內，以指定裝船港口的習慣方法，在指定裝船港買方所指定船舶上交貨，並負擔貨物越過船舷 (Ship's Rail) 以前的一切風險與費用；「船上交貨」條件，要求賣方辦理貨物輸出通關手續，而買方則須負責租傭船舶或預洽裝運貨物所需艙位，將船舶名稱、裝貨地點（船席）及向船舶交貨時間適時通知賣方，並負擔貨物越過船舷以後的一切風險與費用，及依買賣契約規定支付價款。本條件在本質上是在出口港船上實際交付 (Actual Delivery) 的一種。

在國際貿易中，本條件的使用，較諸其他貿易條件，有更悠久的歷史。在 1812 年，英國法院的判決中即已提及本條件用語，距今已有 180 餘年[58]。當時定期船運輸制度尚未發達，進口商大多租傭船舶 (Charter a Vessel) 到各國港口採購所需貨物，進口商或其代理人必須親自前往各出口地接洽採購事宜，買賣成立後，即要求賣方（出口商）將貨物交到進口商所安排的船舶上，經檢查認可後，進口商或其代理人立即支付價款，完成交易。這是 FOB 型貿易條件形成的緣由。之後，因海上運輸的發展，定期船運輸漸普及，以提單表彰貨物所有權的觀念也漸樹立，加上電訊、金融匯兌制度的長足進步，進口商無需前往國外，而在本國即可直接與國外出口商進行交易，於簽妥買賣契約之後，進口商即依約定時間派船前往出口港提貨。除非另有約定，貨物的所有權則於出口商將貨物交到船上後，即移轉買方。由於在本條件下，進口商須負責安排船運及海上保險，其責任重大，於是進口商漸漸要求出口商

[58] Wakerbarth v. Masson (1812) 3 Camp. 270.

負責安排船運及海上保險事宜,遂乃產生後述的 CIF 條件。然而,迄目前為止,FOB 條件仍被廣泛使用。有些國家為保護及扶植本國航業,甚至強制規定本國進口商必須以 FOB 條件交易,以達成國貨國運的目的。再者,在大宗物資的交易,進口商為期以較有利的條件獲得船位,也多以 FOB 條件交易。

這裡要特別說明的是:若對於 FOB 契約作嚴格及一成不變的解釋,將有損其真義。因為 FOB、CIF 等契約的產生,均基於買賣的慣例及習慣而來,並非來自立法。然而 FOB 契約與 CIF 契約不同,後者的意義與性質較少變化,而前者的意義與性質,則因時代的不同,貿易環境的變遷,而呈顯多樣性的意義與性質。故若對 FOB 契約作一成不變的嚴格解釋,將造成錯誤。在 1954 年 Pyrene Co. Ltd. v. Scindia Navigation Co. Ltd. 訟案中,Devlin 法官曾說:FOB 契約係具有彈性的工具 (Flexible Instrument),因此有各種類型的 FOB 契約。英國法院在 1957 年 Smits Import-Export v. English Exporters(London) 訟案判決中指出,不能僅因賣方負有指定艙位的責任,即認定其為非 FOB 契約。因 FOB 契約的主要意義與特性為:賣方應負責貨物裝上船舶為止的所有危險與費用,至於船舶的指定,應由賣方抑或買方負責,並非主要者。所以,FOB 契約乃有各種不同的型態。以下就從不同觀點,介紹 FOB 契約的種類:

1. 以運輸工具為區分標準

⑴以船舶為運輸工具的 FOB 契約:Incoterms 的 FOB 條件係以「裝船港船舷作為買賣雙方當事人間風險與費用負擔的分界點」為基準的一種海上買賣條件,其運輸工具為船舶,不涉及其他運輸工具。

⑵利用各種運輸工具的 FOB 契約:在實務上,除以船舶為運輸工具的 FOB 買賣外,尚有利用其他運輸工具(例如火車、卡車、駁船、飛機等)的 FOB 買賣,例如,依美國定義,其所規定的 FOB 即有六種之多(詳第三章),其中只有 FOB Vessel (named port of shipment) 與 Incoterms 的 FOB 相當。因此,在洽商交易時,應確定究竟是指那一種 FOB,否則,將發生意料不到的糾紛。

2. 以契約當事人雙方是否在同一國境為區分標準

⑴國內買賣的 FOB 契約 (Internal FOB Contract):此類型的 FOB 契約,

其契約當事人均在同一國家內。這種交易方式通常發生於出口商並非製造商，而向國內工廠進貨轉售國外的場合。在此類型的 FOB 契約下，買方（稱為 Exporter-Buyer）通常於訂約時告訴賣方所購貨物將轉售國外，以便在賣方違約時，得藉以請求因此所喪失的預期利潤，並要求賣方在貨物包裝方面，以適合海上運送為條件。倘若買方未表明所購貨物將轉售國外，則不能推定其有轉售國外的意思。因此，在這種類型的 FOB 契約下，賣方（國內工廠）常可合法地主張買方（出口商）購貨的目的並非用以轉售國外，有關貨物的出口通關、申請輸出許可證等義務與費用係本於買方的轉售契約而生，其並非轉售契約的當事人，故不負有關貨物出口通關、申請輸出許可證、支付出口稅捐等的責任。而且在實際上，某些手續也非賣方所能代辦。例如賣方不知悉轉售對象、貨物轉售目的地、轉售價格時，賣方即無法代為申請輸出許可證、辦理出口通關等手續。

　　(2)國際買賣的 FOB 契約 (External FOB Contract)：在此類型的 FOB 契約，其契約當事人不在同一國家，即賣方在本國，而買方在國外。由於買賣雙方不在同一國內，故其當事人所應履行的義務，與 Internal FOB Contract 下的買賣雙方當事人所應履行的義務有顯著的不同。例如依英國海關的規定「應向海關報明的貨物價格，乃國外買方所應支付的貨物價格。此項價格應由有權請求的人申報。」因此，製造商直接將貨物售予國外買方時，即負有申請輸出許可證、履行通關手續、支付出口稅捐等的義務。反之，如果製造商將貨物售予託運人（Shipper，即 Exporter-buyer），託運人再將其轉售國外買方時，則應由託運人（非製造商）負責申請輸出許可證、履行通關手續、支付出口稅捐等。依此類型 FOB 條件交易時，賣方必須就貨物為適當的包裝，以適合海上運送。

　　由上述可知 Incoterms 的 FOB 係屬於 External FOB Contract。

　　茲將 External FOB 與 Internal FOB 圖示如下：

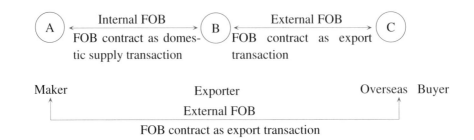

3.以安排船運事宜的誰屬為區分標準

(1)固有型態的 FOB 契約 (Orthodox FOB Contract)：又稱古典的或嚴格意義的 FOB 契約 (Classic or Strict FOB Contract)，在此類型下的 FOB 契約，買方必須自為船舶的安排或艙位的洽訂，並將船名通知賣方，負責申請輸出許可證，辦理出口通關，支付通關費用及出口稅捐等❺❾。賣方則在船上交貨後，從船方取得 M/R 並向買方提出，以證明其已交貨。所以，賣方履行交貨的義務並非以提單 (B/L) 為憑據，而是以 M/R 為憑據。

(2)運往目的港的 FOB 契約 (FOB Shipment to Destination Contract)：在這種類型的 FOB 契約下，賣方以買方代理人的身分，安排船舶或訂定艙位，甚至代為購買保險。因賣方僅以買方的代理人地位為上述各種行為，故只要盡其應盡的注意義務即可。如賣方已盡其應盡的努力後，仍無法洽得船舶或艙位時，其風險應由買方負擔。在這種型態的 FOB 契約，賣方取得的提單通常係以買方或其指定人為抬頭人❻⓿。

(3)提供額外服務的 FOB 契約 (FOB Providing for Additional Services Type of Contract)：在這種型態的 FOB 契約下，賣方以託運人及出口商的地位，由其以自己的名義安排船舶、洽訂艙位（及保險），取得以自己名義為抬頭人的提單，再將提單（及保險單）背書轉讓買方。在這種型態的 FOB 契約下，賣方仍然只是買方的代理人，不承擔無法獲得船舶或洽得艙位的風險❻❶。

4.以風險移轉界限及費用負擔為區分標準

---

❺❾ 同❺❼，pp. 333–336。

❻⓿ 同❺❼，pp. 388–391。

❻❶ 同❺❼，pp. 361–366。

依 UCC §2-319，FOB 契約可分為三種類型：

⑴裝運地 FOB(FOB Place of Shipment)：在此類型下的 FOB，賣方須負擔將貨物交由指定裝運地的運送人占有時為止的一切費用與風險。換言之，在 FOB Place of Shipment（例如 FOB Dallas）條件下，對於貨物裝上運輸工具的費用及風險，賣方不負責。本類型的 FOB 契約係屬於 Shipment Contract。

⑵目的地 FOB(FOB Place of Destination)：在此類型下的 FOB，賣方須以自己的費用及風險，將貨物運至指定目的地。因此，此類型的 FOB 契約係屬於 Destination Contract。

⑶裝運地船上、車上或其他運輸工具上交貨 FOB(FOB Vessel, Car or Other Vehicle, Place of Shipment)：在此類型下的 FOB（例如 FOB Car Dallas），賣方須負擔在指定裝運地，將貨物裝上運輸工具上為止的費用及風險。因此，此類型的 FOB 與 FOB Place of Shipment 相同，屬於 Shipment Contract。

由於 UCC 中的 FOB 有屬於 Shipment Contract 的 FOB，與 Destination Contract 的 FOB 兩種，如僅以 FOB New York 訂約，究竟係屬於那一種 FOB，將很難判斷。因此，契約中宜訂明裝運地與目的地，以便辨認。又在 Shipment Contract 的場合，關於裝上運輸工具的費用與風險應由何方負擔，也應作明確的規定。假如此項費用與風險須由賣方負擔，則應將運輸工具名稱加上，例如以 FOB Truck New York 表示，以示與 FOB New York 有所區別（在後一情形，裝上運輸工具的費用與風險歸買方負擔）。

㈡用法上應注意事項

1.安排船運問題

依 Incoterms，在本條件下，船舶的安排或艙位的洽定，係買方的義務。這在大宗物資的買賣，由買方自行備船運送，固然不生問題，但在零星雜貨交易，利用定期船運送的場合，因艙位多須預先訂妥，除非買方在出口地有代理商可為代辦，否則甚為不便。所以，實務上，以 FOB 條件交易的零星雜貨買賣，往往就船運安排事宜，再做若干的約定。其一為由賣方以買方的代理人名義安排船運，辦理一切託運事宜，也即上述所稱的 FOB Shipment to

Destination Contract；其二為賣方以自己的名義安排船運，辦理一切託運事宜，也即上述所稱的 FOB providing for additional services type of contract。賣方以代理人名義或以本人名義安排船運，在學理上與實務上均有予以區別的實益。例如於賣方出具認賠書 (Letter of Indemnity) 請求運送人發行清潔提單 (Clean B/L)，而貨物運抵目的地，買方發現貨物與提單所載不符時，如賣方以自己的名義安排船運，則買方得向運送人請求損害賠償。反之，如賣方以買方的代理人身分安排船運，則買方對運送人不得主張任何權利❷。

　　買方與賣方究竟由誰承擔託運人的身分，當事人有約定時，自應從其約定。當事人無約定時，自應從契約中所約定的條件探求。例如在 FOB 契約中，其付款條件為付款交單的場合，如約定提示提單時支付價款 (Payment Against Bill of Lading) 或提示貨運單據時支付價款 (Payment Against Shipping Documents) 或有賣方須向買方提出提單的約定時，通常乃認為賣方必須承擔託運人的身分❸。

　　2. 貨物風險移轉時、地的問題

　　FOB 條件一方面規定賣方必須在規定日期或期間，在指定裝船港買方所指定「船舶上交貨」(A.4)；另方面又規定賣方須負擔貨物滅失或毀損的一切風險直至其在指定裝船港「越過船舷」時為止。那麼，貨物風險的移轉時、地究竟以何為準？「越過船舷」與「在船舶上交貨」兩者究竟有何不同？在買賣雙方的法律上責任究竟有何區別呢？❹。國際上有些學者認為貨物「在船舶上交貨時」與「越過船舷時」的說法雖有所不同，但不能拘泥於字句，應把兩者作完全相同的解釋。即所謂「在船舶上交貨時」就是「越過船舷時」❺。但是也有人認為兩者的涵義不同，還有人認為，Incoterms 在規定 FOB、CFR 及 CIF 這三種常用條件的賣方責任時，既規定：「賣方應將貨物裝到船上」，同時又規定：「賣方負擔貨物的風險，至貨物在裝船港裝船越過船舷時為止」，

---

❷　David M. Sassoon, *FOB Contracts*, 1960, p. 13.

❸　David M. Sassoon and H. Orren Merren, op. cit., p. 362.

❹　這裡所謂「船舶上」可以理解為貨物實際交到船舶甲板上或船艙內。

❺　津田昇，《CIF および FOB 契約》，第6版，通商產業調查會，1965，p. 53。

這種規定本身就是前後矛盾。我們認為,「在船舶上交貨」與「越過船舷」,就賣方責任而言,兩者確是有所不同。例如,在裝船過程中,貨物從吊鉤上掉落下來受損,如賣方可及時以同類貨物替代,固然不成問題。但如無同類貨物替代,情況就不一樣了。假如買賣契約採用 Incoterms 以船舷分界來劃分風險,則只要貨物不是掉落在碼頭、駁船或海中,而是掉落在船舶甲板上或是在船艙裡受損的,那麼賣方就可免予承擔「不交貨」(Non-Delivery) 的責任;但如果採用的是以「在船舶上交貨」來劃分風險,則賣方就要承擔「不交貨」的責任,並對買方因此而遭受的損害負責賠償。

我們認為:以船舷為分界劃分買賣雙方的責任、風險及費用並不恰當。正如 Devlin 法官在 Pyrene Co. Ltd. v. Scindia Navigation Co. Ltd. 一案中所說:「只有最熱心的律師才會滿意地注視著貨物在吊桿的尾端搖搖晃晃地越過船舷正上方的概念化的垂直線時,那種難以確定責任的移轉場面 (Only the most enthusiastic lawyer could watch with satisfaction the spectacle of liabilities shifting uneasily as the cargo sways at the end of a derrick across a notional perpendicular projecting from the ship's rail)」[66]。

3. 多港口 FOB 條款 (Multi-Port FOB Clause) 的問題

例如以 FOB Taiwan Port 或 FOB European Port 訂約時,裝船港事後才指定的場合,因裝船港口在訂約時尚屬未知數,從賣方工廠到裝船港的內陸運費不知,成本無法事先精確估算,從而裝運港的指定權誰屬,容易引起爭執。C. M. Schmitthoff 認為如果貨物為大宗貨物,並依嚴格意義下的 FOB 條件,須由買方負責洽船者,買方應於簽訂買賣契約後,適時指定一艘有效的船舶,選擇裝船港,並立即通知賣方。倘若貨物為小宗貨物,將由定期船載運,並由賣方代洽訂艙位,或由賣方以其本身名義洽訂艙位者,裝船港應由賣方選擇。換言之,在多港口 FOB 條款下,負責安排洽船的一方通常即有權選擇其最方便的港口做為裝船港。

4. 裝載費用 (Loading Charges) 的負擔問題

在 FOB 條件下,一方面賣方必須負擔有關貨物的一切費用,直至在裝船

---

[66] David M. Sassoon and H. Orren Merren, op. cit., p. 426.

港越過買方所指定船舶的船舷為止 (A.6)；另方面賣方又必須依港口習慣方法，在裝船港買方所指定的船舶上交貨 (A.4)。一個是以船舷為界，一個是要求把貨物交到船舶上，那麼裝載費用究竟應由何方負擔呢？按實際裝船操作，貨物從碼頭或駁船起吊直至船艙(如買賣契約允許,也可放置於船的甲板上)，是一個連續的作業過程，不可能把船舷前的費用與船舷後的費用作明確的劃分。為解決此項裝載費用負擔的問題，可能的方法約有三：甲、如果貨物是以定期輪條件 (Liner Term) 運送，由於定期輪運費中一般都包括裝卸費用在內，而運費又是由買方支付，所以裝載費用也就由買方負擔。乙、如果貨物是以傭船條件來運送，貨物以「裝貨船方免責條件 (FI Term)」裝運時，它意味著運費並不包含裝載費用。在此場合，裝載費用就須由賣方負擔了。丙、裝載費用也可按照港口習慣 (Custom of The Port)，由買賣雙方分擔，即買賣雙方各自負擔裝載費用的一部分。至於貨物在船艙的積載費用 (Stowage)，本來應由買方負擔，但依港口習慣 (Custom of The Port)，也許將向賣方收取。因此，賣方為配合港口習慣，可以 FOB Stowed 的條件❻，與買方訂約，意指包含 Stowage 在內由賣方負擔，並已計入貨價之內。但是在 FOB 後面附加 Stowed 一字之後，貨物滅失或毀損風險的分界點是否也由船舷轉移到船艙，不無疑問。若當事人無意改變貨物風險的分界點，則宜以 stowage costs for seller's account（積載費用歸賣方負擔）替代 stowed 一字較為妥當。若擬將 loading 與 stowing 的費用與風險均由賣方負擔，則可約定 "FOB stowed, costs and risks in connection with loading on the seller"。

5.美國定義下的 FOB 有六種之多，其中 FOB vessel 固然與本條件（即 Incoterms 的 FOB）相當，但其間仍有若干區別，不得不留意尤其美國定義的第六類 FOB 條件係屬於目的地交貨條件，與本條件的屬於裝運地交貨條件者，性質迥異，不可混淆。同時，Free On Board 的 On Board 就 Incoterms 的 FOB 而言，係專指海洋或內河運輸的「船舶上」，但就美國定義的 FOB 而言，On Board 一詞係泛指各種運輸工具上（如火車、卡車、駁船、

---

❻　或以 FOB including stevedorage, stowage, trimming 表示，如賣方不願負擔這些裝載費用，可以 FOB excluding stevedorage, stowage, trimming 表示。

船舶、飛機)，而不限於海洋船舶上。

6.國人常把 FOB 稱為船邊交貨或岸邊交貨條件，這是不妥的，Incoterms 的 FOB 與 FAS 雖很相似，但兩者卻有如下的區別

(1)就風險移轉分界點而言：在 FAS 條件下，賣方須負擔風險至將貨物交到裝船港買方所指定船舶邊指定裝貨地方時為止；而在 FOB 條件下，賣方須負擔風險至貨物越過裝船港買方所指定船舶船舷時為止。換言之，索具 (Tackle) 的風險（即 Sling Loss）負擔人不同。在 FAS 條件下，索具的風險與賣方無關，在 FOB 條件下，則其風險歸賣方負擔。但事實上，船公司的運輸責任是「索具起索具止」(Tackle to Tackle)，因索具風險由船公司負擔，結果兩者一樣，問題卻在於萬一發生索具事故時，在 FOB 的場合係船方與賣方間的問題，而在 FAS 的場合，則為船方與買方間的問題。

(2)就費用負擔而言：在 FAS 條件下，賣方只須負擔將貨物交到裝船港買方所指定船舶邊指定裝貨地方時為止的一切費用。因此裝載費用由買方負擔；而在 FOB 條件下，賣方則須負擔貨物在裝船港越過買方所指定船舶船舷時為止的一切費用，故裝載費用由賣方負擔。

(3)就應提供證明交貨的單據而言：在 FAS 條件下，賣方應向買方提供 Dock Receipt 或 Warehouse Receipt 或 Warehouse Warrant；而在 FOB 條件下，賣方應向買方提供證明貨物已裝上船 (On-Board Vessel) 的 Ship's Receipt, Mate's Receipt 或 On-Board B/L。

(4)就交易性質而言：FAS 條件常被視為國內買賣 (Domestic Sale) 條件；而 FOB 條件則為國際買賣 (Export Sale) 條件。

7. FOB 與 FCA 的區別

實務上，常將 FOB 條件稱為「海上 FOB 條件」，而將 FCA 條件稱為「複合運送的 FOB 條件」，兩者的區別如下：

(1)在運送方式上：FCA 條件可用於包括以複合運送在內的任何運送方式運送貨物的交易；而 FOB 條件則只能使用於以海運或內陸水路方式運送貨物的交易。

(2)在交貨地點上：FCA 條件下的交貨地點在內陸的運送集散站或其他收

貨地點；而 FOB 條件下的交貨地點則在裝船港船舶上。

⑶在風險移轉上：FCA 條件下的風險移轉地點與運送工具無關聯，是以貨物交給指定運送人時作為風險的分界點；而 FOB 條件則以貨物在裝船港越過海（河）船的船舷作為風險的分界點。

⑷在賣方應提交的運送單據上：FCA 的交貨地點在內陸，運送人簽發運送單據時，貨物尚未裝上運送工具，因此對賣方所應提交的運送單據，只能作出籠統的規定：「提供貨物已交運送人的通常證明」；但在 FOB 條件下，賣方所應提交的運送單據則必須表明貨物已裝上船 (On-Board Vessel)。

8. 使用本條件的限制

本條件只能使用於以海運或內陸水路運送方式運送貨物的交易。因此，當船舷無實際意義時，例如採用駛進駛出或貨櫃運送 (Roll-On Roll-Off or Container Traffic) 時，使用 FCA 條件更為適當。目前我國出口貨物大都採貨櫃運送，但卻以 FOB 條件交易者居多。若一定要用 FOB 條件交易，則建議買賣雙方約定以貨櫃場為風險移轉界限，例如約定：The risk of the goods shall pass from the seller to the buyer when the goods are delivered into the charge of the carrier (or Forwarder) designated by the buyer at the CFS (Container Freight Station) in Keelung, Taiwan。

9. FOB 與保險問題

⑴或有保險 (Contingency Insurance) 的投保：在 FOB 條件（或 CFR 條件），賣方所負擔的貨物風險，以裝船港船舷為界，因此通常賣方不再投保貨物海上保險。但是，賣方將貨物交運後，未收到貨款前，若貨物因意外事故而滅失或毀損，而買方又拒付貨款，則賣方將陷入窘境。於是，以 FOB（或CFR）條件交易時，賣方為確保收不到貨款而貨物又遭遇損失時可獲得適當的補償，可考慮投保或有保險。或有保險的條款如下：

Contingency Insurance Clause

The goods described in this policy are insured subject to the conditions of this policy against the risks specified, but this insurance covers shipper's interest only.

Claims in respect of loss of or damage to the goods shall be payable hereunder only if and to the extent that the buyer fails to accept the documents of title.

This company to be subrogated to the Assured's right against the buyer as well as other parties. Any assignment of this policy or of any interest or claim hereunder shall discharge this company from all liability whatsoever ❽.

(2)加保裝船前賣方受益險 (Risk Before Loading for Benefit to Shipper)：以 FOB（或 CFR）條件交易時，貨物海上保險由買方投保，但買賣雙方所負擔的貨物風險是以船舷為界，因此，萬一貨物在越過船舷之前發生損失，則因其風險負擔尚未移轉，買方不具保險利益 (Insurable Interest)，買方無法憑其購買的保險單獲得賠償。如果在此情形下，賣方也未就裝船前的風險購買保險，則其損失將無法獲得補償，勢必影響到交易的安全。因此，以 FOB（或 CFR）交易，對貨物裝上船之前的內陸運輸風險，賣方必須依賴保險來保障。其方式有二：其一為賣方自己向保險人投保陸上運輸險，保險效力至貨物裝上船舶為止。如此自然包括裝船前風險在內。其二為要求買方在其購買保險時，加保「裝船前賣方受益險」，本保險條款如下：

Special Clause for Benefit of Insurance to Shipper

It is specially understood and agreed that this insurance is to grant the shipper the benefit of this insurance to the extent of his insurable interest on the terms and conditions of this Policy, should the goods and documents of title not be accepted by the Assured, providing notice is given promptly after receipt of

---

❽　濱谷源藏，〈信用狀なしのFOB輸出 Contingency Insurance〉，《貿易賣買の研究》，pp. 288–289。

advice of non-acceptance and subject to payment of a premium in the same currency as that designated herein by the Shipper to this Company prior to the insurance of the Policy mentioned below.

　　Pursuant to this, this Company agree to issue to the Shipper,

Messrs. _____

a substituted Policy in exchange for the above-mentioned Policy as soon after non-acceptance has been established as final, whether before or after loss.

　　In the event of any delay or deviation caused by the failure of the Consignee to take up the goods or documents, held covered at an additional premium to be arranged, which provision will be deemed to override any condition expressed to the contrary ❻❾.

10.目的港的約定

　　FOB 後面的港口名稱就是裝船港名稱，通常都會標明，至於目的港則往往闕如。但是，如賣方在國外各地設有獨家代理商或獨家經銷商時，為避免其他人侵犯該等代理商或經銷商的權益，以 FOB 條件交易時，應同時明示目的港名稱及輸入國名稱。換言之，向其他人報價時，不得以已設有獨家代理商或獨家經銷商所屬國家港口為目的港。此外，也不得以政府禁止輸往的國家港口為目的港。

　　11.本條件的國際代號為 FOB

㈢用法舉例

　　以本條件交易時，通常應將指定裝船港名稱列在本條件之後，例如：

　　We offer to sell mosquito coil 10,000 dozens US$2 per dozen FOB Keelung, shipment during April.

---

❻❾　同❻❽，p. 288。

（謹報價出售蚊香一萬打，每打二美元，基隆船上交貨，4 月間裝運。）

在貨櫃運輸，將來究竟在基隆港或高雄港裝船，賣方未必能控制。因此，可採用 Multi-port FOB 方式報價或訂約，將裝船港名稱，例如 Keelung，改為 Taiwan Port，也即 FOB Taiwan Port。

二、船上交貨 (FOB) 條件規則解說

(一)賣方應負擔的義務與費用

　　1. 辦理貨物輸出通關手續義務 (A.2)

　　2. 交貨義務

賣方應於約定日期或期間內，在指定裝船港，依照港口習慣方法，將符合買賣契約的貨物交到買方所指定的船舶上 (A.1, A.4)。

⑴提供符合買賣契約的貨物：參閱「工廠交貨條件規則解說」的「賣方應負擔的義務與費用」1 之⑴ (p. 58)。

⑵交貨時間：有約定時，賣方應在約定交貨日期或交貨期間內把貨物交到船上 (A.4)。如果契約中規定在某一日期為交貨日期，則賣方應在該日期交貨。例如契約中規定：「在 6 月 15 日交貨」，賣方就應在 6 月 15 日這一天內交貨。在國際貿易中，由於指定在某一天交貨難以做到，因此，除特殊情況外，一般很少使用這種規定交貨時間的做法。如果契約中規定的交貨期為一段時間，例如規定：「2002 年 1 月份交貨」，則賣方應在 2002 年 1 月份內交貨。契約中規定有一段時間為交貨期，即允許賣方在該段時間內的任何時候交貨。在國際貿易中，交貨時間通常規定為一段時間，這樣可使賣方在備貨和裝運上較為機動，賣方可選擇在該段時間內的任何時間交貨，除非契約中另有規定。但在 FOB 交易，契約中規定由買方負責安排運輸時，實際上將由買方在約定的一段時間內選擇他認為合適的交貨日期。在這種情況下，買方必須事先及時將選定的船名、裝貨地點及交貨日期通知賣方，以便賣方有足

夠的時間為裝船交貨作好準備 (B.7)。

　　在 All Russian Co-operative Society Ltd. v. Benjamin Smith & Sons(1923) 訟案中，雙方當事人約定，賣方須將燕麥以 FOB 條件在 1 月底以前交貨，但賣方將燕麥的最後 105 噸於 1 月 31 日下午 4 點 30 分才用駁船運到買方指派船舶邊，而碼頭下班時間為 4 點 45 分，致 105 噸的燕麥無法完成裝上船。本案法院判決買方勝訴，其理由為賣方未能於契約所定的期間內，在船上履行交付貨物的義務。

　　如果契約中未規定交貨時間，則賣方應在訂約後一段合理時間內交貨❼。至於什麼才是「一段合理的時間」，則需根據有關交易的具體情況而定。由於對「合理時間」這個概念在國際上並無統一的解釋，為避免在履約時引起爭議，在買賣契約中對交貨時間應作出明確具體的規定。其餘參閱「工廠交貨條件規則解說」的「賣方應負擔的義務與費用」1 之(2)之② (p. 58)。

　　(3)交貨地點：

　　①有約定時：在指定裝船港買方所指定船舶上交貨 (A.4)。

　　②在 multi-port FOB 的場合：即從數港口擇一的場合，例如以 FOB Taiwan port 或 FOB European port 方式約定裝船港時，裝船港由買方負責選擇，並適時通知賣方。但約定由賣方代為洽船或由賣方負責洽船時，C. M. Schmitthoff 認為應由賣方選定裝船港。用他的話就是「負責裝船的一方，通常即為選擇港口的一方」(The party responsible for shipment has normally the choice of the port of shipment)。毫無疑問，儘管這種觀點有許多優點，但並不能肯定地成為一般適用的規則。顯然以下兩件事可能加以分開，即買方可能希望保留對裝船港的選擇權，而將訂艙的責任交由賣方承擔❼。

　　③未約定時：只約定以 FOB 條件交易，對於裝船港無明示或默示的約定時，由於欠缺確定性，故該契約不具拘束力 (Cumming & Co. Ltd. V. Hasell, 1920)。但在 1973 年 David T. Boyd & Co. Ltd. 與 Louis Louca 對訟案中，Kerr 法官判稱，若契約對於裝船港的名稱，缺乏明示合意，也無貿易習慣或其他

---

❼　David M. Sassoon and H. Orren Merren, op. cit., p. 339.

❼　David M. Sassoon and H. Orren Merren, op. cit., p. 347.

周遭環境，足以獲得推斷時，在 FOB 契約中，裝船港應由買方選擇。

⑷交貨方法：將貨物實際地在船舶上交付 (A.4)。賣方的交貨並非直接向買方交貨，而是向買方的受託人 (Bailee) —— 運送人 —— 交貨。嚴格地說，FOB 的交貨方法屬於實際交付 (Actual Delivery)，但如約定以跟單匯票方式清償貨款，則蛻變成象徵交付 (Symbolic Delivery)，賣方提出約定的單據，買方才依約支付價款。

賣方不履行交貨時，其賠償計算標準，當以賣方應交貨之日的交貨地市價與契約價格的差額為準（參閱 Standard Casing Co. v. California Casing Co. [1922]），又賣方雖已交貨，但所交貨物與契約不符者，當以買方收到貨物並發覺或應發覺其不符合契約時目的地市價與契約價格的差價為賠償金額。當然運費、保險費及其他搬運費等，均可向賣方索償（參閱 Perkins v. Minford et al. [1923]）。

3. 交貨通知義務

賣方應將貨物已在船上交貨一節，給予買方充分的通知 (A.7)。

⑴通知的必要性：通知的目的在於使買方得就貨物海上運送的風險付保、便於準備承兌或支付貨款、或安排提貨或轉售事宜。如賣方怠於此項通知，致買方遭受損害時，賣方應負賠償之責 (UCC § 2–504, SGA § 32⑶)。但如買方已知悉有關裝船事項而足以為貨物保險時，自無再要求賣方嚴格履行此項通知義務的必要。在 1913 年 Wimble, Sons Co. 與 Rosenberg & Sons 對訟案，契約中規定 "FOB Antwerp to be shipped as required by buyers"，買方指示賣方將貨物裝運至 Odessa，並要求代其為選船及代付運費。在買方接獲裝船通知之前，貨物已依指示裝船，並於不久之後發生全損，賣方仍請求付款，但遭買方拒付，於是提起訴訟。法院認為買方雖然不知載貨船及開航日期，但因買方已有充分的資料可供其獲得有效的保險，故賣方雖怠於將貨物裝船事宜通知買方，賣方對於此項怠忽不須負任何責任。在 Northern Steel & Hardware Co. Ltd. v. J. Batt & Co. (London) Ltd. (1917) 訟案，也有類似的判決。所以，在 FOB 條件下，賣方雖負有將裝船事項通知買方的義務，但如買方已知悉有關裝船事項而足為貨物的保險時，賣方即無再履行此項通知義務的必要。

法官 Bailhache 認為賣方的裝船通知義務，僅適用於賣方代買方安排船運的「運往目的港」(Shipment to Destination) 和賣方負責安排船運的「提供額外服務」(Providing for Additional Services) 的 FOB 契約的場合。至於買方自為安排船舶或艙位的場合，由於買方已有充分的資料可供貨物的保險，故應排斥其適用。

　　以上所述係僅就英美法律或判決加以說明。至於 Incoterms 則明定不論在何種情形，賣方均負有裝船通知義務。然而，賣方若怠於履行此項通知時，運送中風險是否不移轉買方，而仍由賣方承擔，Incoterms 卻未作明確規定，英國 SGA §32⑶則明定風險不移轉買方。

　　⑵通知的時期及方法：Incoterms 雖規定賣方應於貨物交到船上時通知買方。但最好是在裝船前以迅速方法通知買方較妥。

　　4.申請、提供或協助取得單據的義務

　　⑴商業發票：賣方應向買方提供適當的商業發票，如當事人同意利用電子系統通訊時，得以等同的電子訊息替代商業發票 (A.1)。

　　⑵符合契約的證據：如買賣契約有特別約定，賣方須提供證據以證明其提供的貨物確與契約所規定相符者，賣方須提供此項證據 (A.1)。

　　⑶輸出許可證或批准書：賣方須自負風險及費用取得為貨物輸出所需的輸出許可證或其他官方批准書 (A.2)。事實上，賣方如未能取得輸出許可證或其他官方批准書，貨物就無法通關，也無法履行裝船的義務，所以，取得輸出許可證或其他官方批准書乃是賣方當然的義務。萬一因政府禁止出口，則此項風險歸賣方負擔。不過，對於這種意外事件，買賣契約中一般都有免責規定。依 CISG 及一些國家的買賣法規定，對於無法預見的，或合理地無法預見的禁止出口，賣方可免除買賣契約項下的義務。

　　⑷交貨證明、運送單據或等同的電子訊息：賣方須自負費用，將足以證明貨物已在船上交付的通常證明提供買方 (A.8)。此類證明必須是足以證明貨物已在船上交付的 Clean on Board Receipt（無瑕疵裝船收據），例如大副收據 (Mate's Receipt) 或 Ship's Receipt（美國用語）是。

　　上述證明若不是運送單據 (Transport Document)，而買方又有所要求時，

賣方應循其要求並由其負擔風險及費用條件下，給予一切協助，以取得有關運送契約的運送單據。此項運送單據包括可流通（轉讓）提單、不可流通（轉讓）海運貨運單、內陸水路單據以及複合運送單據。此外 FBL 也包括在內。以上各項運送單據必須證明貨物已裝上船舶 (On Board)，由於備運提單 (Received for Shipment B/L) 不足以證明貨物已裝上船，所以不符合要求。但當事人雙方如有特約（例如在貨櫃運輸），允許賣方提供備運提單者，則不在此限。但在此情形，買賣雙方貨物風險的移轉和責任的負擔不再以船舷為界限，賣方一經將貨物（例如在貨櫃場）交付運送人，取得備運提單，貨物的風險即轉由買方負擔，而不待貨物的實際裝上船（其風險移轉的特約條款，請參閱本節一之㈡之 9) (p. 124)。再者，上述證明必須係清潔無瑕疵 (Clean) 者。又若當事人同意以電子系統通訊者上述證明得以等同的電子訊息替代 (A.8)。

　　⑸協助買方取得過境、輸入所需單據：賣方須循買方的要求並由其負擔費用及風險，給予一切協助，以取得買方為把貨物輸入及必要時，通過任何國家所需要，而在裝船國及（或）原產國發行或傳輸的任何單據或等同的電子訊息，但 A.8 所規定的通常交貨證明除外 (A.10)。

　　上述交貨證明、運送單據或等同的電子訊息包括 Consular Invoice, Health Certificate, Certificate of Origin, Clean Report of Finding 等。

　　5.提供買方購買保險所需的資訊

　　若買方有所要求，則循其要求，提供其購買保險所需的資訊 (A.10)，通常賣方於履行 A.7 交貨通知義務時，可同時給予買方有關購買保險所需資訊。

　　6.代訂運送契約

　　以 FOB 條件交易時，賣方並無訂立運送契約的義務，而且在整船裝運散裝貨時，也不會要求賣方訂立運送契約。但在定期輪運送，其運費通常都依定期輪同盟 (Liner Conferences) 所定標準計算運費，因此，無論由買方或賣方洽訂運送契約都沒有什麼差別時，由賣方或其運送承攬業者在裝船港代訂運送契約，往往更為簡便。所以，在雜貨 (General Cargo) 買賣，買方常要求，或依商業習慣，由賣方代訂運送契約。在此情形，賣方是以提供額外服務的立場代訂運送契約，其有關費用與風險歸買方承擔。

7.賣方應負擔的費用與稅捐

⑴取得輸出許可證及輸出通關的費用：自負費用取得貨物輸出所需任何輸出許可證或其他官方批准書，在可適用的情況下並辦理相關的通關手續(A.2)。

⑵交貨費用：依本條件 A.6，賣方須負擔貨物在指定裝船港越過船舷時為止的有關貨物的一切費用。但是本條件 A.4 卻又規定賣方須在指定裝船港買方指定的船上 (On Board Vessel) 交貨，以致裝船費用究竟由誰負擔，難免有疑義。廣義的裝船費用 (Loading Costs) 包括①岸上運至船邊的裝運費用 (Shipping Charges)，②由船邊至船上的裝載費用 (Loading Charges)，以及③艙內的積載費用 (Stowage)。第①項費用由賣方負擔，第③項由買方負擔，應不致發生爭議，至於第 ②項，如依本條件 A.6 規定，則船舷以前的裝載費用由賣方負擔，船舷以後的裝載費用由買方負擔；如依 A.4 規定，則因須在船上交貨，所以第②項的費用全部由賣方負擔。由此可知 Incoterms 的規定不夠清楚。不過，在定期輪運送，上述第②、③項費用通常是包括在運費中，由買方負擔。但不能不考慮到各港口的習慣 (Custom of the Port)，有些港口的習慣是：上述三項費用都由賣方負擔，至於在傭船運送的情形，上述 Stowage 是否包括在 FOB 價中由賣方負擔呢?此外還有 Trimmings（平艙費用）、Dunnage（即 Dunnage Wood 及 Shifting Board）又由誰負擔呢? 如在買賣契約中未約定，只好依裝船港習慣來決定了。

再者，以定期船運送時，Loading Charges 通常已包括在運費中，所以實際上係由買方負擔（等於 FOB FI），但買方不得從其應付的貨款中扣除此項費用。在 Glengarnock Iron & Steel Co. Ltd. v. Cooper & Co. 訟案中，買方主張假如其不得扣除裝貨費用，則 FOB 與 FAS 又有何區別呢? 但實際上 FAS 與 FOB 的區別不在於 Loading Charges 歸誰負擔，而在於裝船風險歸誰負擔。在 FOB 條件下，買方不須負擔貨物的裝船風險，但在 FAS 條件下，買方則須負擔貨物的裝船風險。

至於在不定期船 (Tramp Vessel) 或傭船運送，裝載費用 (Loading Charges) 也有包括在運費中者（即 Berth Terms 的場合）。因此為杜絕日後糾紛，於簽

立 FOB 契約時，其價格是否包括 Loading Charges 在內，宜明確規定，以便買方與運送人簽訂相應的運費條件。

契約價格	買方與運送人簽立的運費條件
(A) FOB including loading charges	FI terms
(B) FOB not including loading charges	Berth terms (Liner Terms)

在 (A) 的場合，賣方不僅負擔 Loading Charges，而且多須負擔 Stowage Charges 或 Trimming Charges。在此場合，視情形宜以 FOB Stowed (FOBS), FOB Trimmed (FOBT)，或 FOB Stowed & Trimmed (FOBST) 條件訂約。

(3)出口稅捐及通關費：在可適用的情況下，支付輸出通關手續所需費用，及輸出時應付的一切關稅、稅捐及其他費用 (A.6)。關於出口關稅 (Export Duty) 的負擔問題，英國 H. O. Brandt & Co. v. H. N. Morris & Co. Ltd. (1917) 訟案中，法院曾判決出口稅應由買方負擔，但本案買賣雙方均在英國境內，買方為出口商，係屬 Internal FOB 契約。就 External FOB 契約而言，賣方為出口商，出口稅自應由賣方負擔。因此，在 Bowhill Coal Co. Ltd. v. A. Tobias (1902) 訟案中，法院即認為 External FOB 契約的賣方應負擔支付出口稅的義務。American Definitions (II–E) FOB vessel 雖規定買方負有支付出口稅的義務，美國法院在 Krauter v. Menchasatorre et al. (195, N. Y. S. 361; 202 App Div. 200 [1920]) 訟案中，也認為買方負有支付出口稅的義務。但 American Definitions (II–E) FOB vessel 畢竟是 American Definitions，實際上具有 Internal FOB 與 External FOB 的雙重性質，如將其用來解釋屬於 Export Sale 的 Incoterms FOB，則頗有斟酌的餘地，而且與商業實務 (Commercial Practice) 不符❷。

在 FOB 契約的價格中既然包含出口稅，則該出口稅於訂約後有減免情事發生，如當事人未約定該利益由何方享受時，買方是否得主張減免價款呢？在 Cie Continental d'Importation Zurich S. A. v. Ispahani Ltd.(1962) 訟案中，買

❷ (1)*Guide to Incoterms*, ICC Publication, No. 620, 2000, p. 41.

(2)David M. Sassoon and H. Orren Merren, op. cit., p. 374.

(3)朝岡良平，《貿易賣買と商慣習》，p. 250。

賣雙方曾經約定：“FOB Calcutta, export duty based on current rates, any alterna-tions to be on buyer's account.”，本案貨物於部分裝運出口後，政府頒布命令取消徵收出口稅，於是買方要求扣除相當於出口稅部分的金額。法院判決買方主張有理由，其判決理由為：因在契約中約定 “export duty based on current rates, any alternations to be on buyer's account” 之故。但從本判決可推定有關因出口稅的減免而生的利益，若當事人無特約時，並不當然歸由買方所享受❼❸。

⑷包裝、標示費用：賣方須以訂立買賣契約之前已獲知的有關運送情況（例如運送方式、目的地）為限度，自負費用將貨物施以其運送所需的包裝，除非該特定行業，契約貨物通常以不加包裝而裝運者 (A.9)。此處所謂「運送所需的包裝」是一種習慣包裝 (Customary Packing) 也即耐航的出口包裝 (Sea-worthy Export Packing)。如果賣方未依其運送所需為適當的包裝，以致在運送途中發生損害時，賣方應負包裝不適當 (Inadequate Packing) 致貨物受損害的損害賠償責任。此原則為英國法院在 Kelly, Douglas & Co. Ltd. v. Pollock 訟案中所採用。在該案賣方以 FOB 條件出售大頭菜給買方，且已施以標準及妥善的包裝 (Standard Packing)，但大頭菜於運送途中遭受損害，此項損害並非由於包裝不適當所致，故法院以下列二點理由判決賣方勝訴：①以 FOB 條件交易時，航行中的風險應由買方負擔，②貨物業經依照買方的指示，而為標準與妥善的包裝。

此外，尚須自負費用在貨物外包裝上施予適當的標示，俾買方及運送人得以識別並做適當的處理。但依該特定行業，貨物不需包裝而裝運者，不在此限 (A.9)。

⑸檢查費用：支付為把貨物在指定裝船港買方所指定船舶上交付所需的檢查作業（例如檢查品質、丈量、過磅、計數）費用 (A.9)，以及出口國政府依法對出口貨物所實施檢驗而生的費用 (B.9)。

⑹提供交貨證明（限於通常單據）而生的費用 (A.8)。

⑺交貨通知費用 (A.7)。

---

❼❸　同❼❷⑵。

㈡買方應負擔的義務與費用

1.締結運送契約及通知賣方交貨義務

在本條件下，賣方須自負費用，租傭船舶或預訂裝貨所需艙位，將貨物自指定裝船港運往目的港 (B.5)，並將船名、裝貨地點及要求交貨時間，給予賣方充分的通知 (B.7)。

⑴傭船 (Charter A Vessel) 或預訂艙位 (Book A Space)：如屬大宗貨物，須傭船者，買方須與船公司簽立傭船契約，如屬小宗貨物，則須向船公司預訂艙位。

⑵通知賣方：買方安排船舶或訂妥艙位後，應適時給予賣方充分的通知 (Sufficient Notice)。通知內容包括船名、裝貨船席（地點）及向船舶交貨的日期。所謂充分通知，契約有規定者，依其規定；契約未有規定者，應在合理時間內通知賣方，俾便其能及時將貨物運至船邊裝貨。

⑶提供船舶的時間：買方應於契約所定時間內提供船舶，船舶如逾越契約所定期限才抵達者，買方應負因此而生的額外費用及自約定期間屆滿時起的貨物危險 (B.6)。

如果買方有權在某一定期間內選擇接受 (Take Delivery) 貨物的時間，買方應在合理時間內指定船舶，以便賣方能如約交貨，否則買方無權對賣方的未能依約交貨起訴。倘若買方指定船舶過遲，則尚須負擔因此而生的額外費用，及自約定期間屆滿時起貨物的危險。在 F. E. Napier v. Deters Ltd. 訟案中，以 "delivery during the month of October, 1925, FOB London steamer, cash against mate's receipt" 條件交易，但買方直至 10 月 27 日才通知賣方：「於 10 月 30 日（星期五）交到 Fennings 碼頭以便裝上 10 月 31 日（星期六）開航的船舶。」但星期五下午 2 點 30 分碼頭即停止收貨裝船，以致無法全部裝上船。買方乃企圖以其未全部裝船為拒收貨物。但法院卻判決買方不得拒收貨物。尤有進者，法院判決賣方不但得請求買方支付貨款，而且有權請求買方賠償損害。因此，買方應在合理期間內安排船舶，以便賣方能依照指示交貨。

倘若買方所安排船舶於裝船期限將屆滿時才開抵裝船港，則賣方只負依

契約所定交貨期間儘量裝載的義務，契約所定交貨期限屆滿，賣方即無繼續裝載的義務。在 Bunge & Co. Ltd. v. Tradax England Ltd. (1975) 訟案中，買賣大麥 1,000 tons，交貨期為 Jan. 1 至 Feb. 20, 1973。買方所指定船舶預定在 Feb. 19（星期五）才能抵達裝船港裝載，對於此，賣方抗議如船舶於 Feb. 19 才到達，則無法於契約所定裝船期限內裝載完畢。事後賣方只裝載了 110 tons，剩下的 890 tons 則未裝載。涉訟結果，Donaldson 法官判定賣方勝訴。因為在 FOB 契約，交付與接受交付義務是相對的義務，買賣雙方都應受到裝船期限的約束。即使對於買方未如期提供船舶乙事放棄拒絕交付的權利，此項棄權並不因而使買方獲得要求賣方在約定裝船期間過後的交付之權。

(4)在 FOB 契約，交貨日期的選擇權，原則上雖歸買方享有，但此項選擇權也可經買賣雙方的同意，歸由賣方享有。例如契約中以 "to be delivered during Aug./Sept. in seller's option" 的方式約定裝船期限，則該裝船期限的利益屬於賣方，他可任意選擇 8 月 1 日至 9 月 30 日之間的任何時間裝船。在此情形下，賣方未行使其選擇權之前，買方無從為船舶的提供。因此，在此種情形，一般認為契約中隱含一默示條件，即：賣方應將其預定裝船的日期事先適時通知買方，以便買方得以知悉何時提供船舶前往裝載[74]。

(5)無約定交貨時間時：在本條件下，如無交貨時間的約定，買方應於訂約後合理期間內提供船舶以便賣方交貨。故買方於合理期間經過後，仍未提供船舶者，賣方可解除契約[75]。

(6)買方原則上，固然負有安排船舶的義務，但如賣方已經明白表示不願意或無法於契約所指定時間、地點交貨時，無論其為先期違約 (Anticipatory Breach) 或已然違約 (Occurred Breach) 的情形，買方得免除提供有效船舶的義務，以免因提供船舶而無法收受貨物致遭受損害[76]。

(7)如買方不能依約提供船舶，自應對賣方負因此所受的損害，其損害範

---

[74]　Harlow & Jones Ltd. v. Panex (International) Ltd. (1967).

[75]　Cumming & Co. Ltd. v. Hasell (1920).

[76]　Peter Turnbull & Co. Proprietary Ltd. v. Mundas Trading Company (Australasia) Proprietary Ltd. (1954).

圍的計算，如有約定者，依約定。如未約定，賣方所得請求的數額當不得超過契約於履行時可獲得的利益。

(8)如前所述，買方通常雖負有安排船舶、預訂艙位的義務，但也可約定由賣方負責安排船舶或預訂艙位。於此情形，賣方所承擔安排船舶、預訂艙位的義務，究竟是絕對擔保責任，抑或僅負過失責任？由於 FOB 契約係受自治原則的拘束，故在當事人無特約情形下，賣方應僅負過失責任。換言之，如賣方已盡力，即使無法洽到船舶或艙位，也不算違約❼。

(9)可否岸上交貨？由於 FOB 條件並非偏向買賣雙方任何一方的利益，故買方怠於提供一適當及有效的船舶時，賣方自不負交貨的義務，買方通常也不能堅持以「岸上交付」(Delivery on Shore) 替代履行。早在 Wakerbarth v. Masson(1812) 訟案中，Lord Ellenborough 即曾說：「賣方所承擔的交貨義務是將貨物裝載於買方所指定的船舶上，他也已準備以此方式交貨……但買方不指定船舶，卻要求賣方於岸上交貨……賣方若同意，則可能因而增加危險負擔，或因而喪失某種利益。故賣方得以其非所約定的交付方式為由加以拒絕。」買方固然不得請求岸上交貨，賣方也不得主張於岸上交貨，除非契約中有此約定。故倘若買方怠於提供船舶，或雖提供船舶，但因不可控制的事故致實際上不能承載貨物時，除非另有約定，賣方不得主張岸上交貨以請求支付貨款，而只能請求買方違約的損害賠償。所謂「另有約定」乃指當事人約定在某些場合，得不在船上交貨之意。其目的有二：一為使賣方於買方怠於準時提供船舶致無法履行交貨義務時，得請求支付貨款，二為使買方享有請求在船上交貨或在岸上倉庫交貨的選擇權。在 FOB 契約中，常發生買方未能準時提供船舶，致賣方受到損失的情形，故在標準 FOB 契約中，尤其在穀物標準 FOB 契約，通常都規定「買方如認其所提供船舶無法準時到達，致使賣方無法在約定時間內交貨時，得要求賣方在岸上交貨。買方自接受貨物時起，即視為交付，此後貨物所生的風險與費用歸買方負擔。買方不行使該權利時，賣方有權於契約所定時間屆滿後，以買方的風險與費用，將貨物寄託於裝貨港的倉庫，並憑該倉庫所出具倉單，向買方請求支付貨款。貨物寄託費用以

---

❼　N. V. Handel My. J. Smits Import-Export v. English Exporters (London) Ltd. (1957).

及日後貨物自倉庫至船邊並交於船上的費用均歸買方負擔。賣方則只負擔依當事人所採行交付方式所生的裝載費用」❼❽。例如我國外銷食米契約中即曾有如下約定：

> Shipment: If the buyer fails to provide adequate shipping bottom to effect the shipment(S) on or before the shipping deadline, the seller is entitled to draw the full FOB amount under the relevant L/C against Keelung Harbour Bureau's warehouse certificate. Any excess warehouse expenses incurred after the shipping deadline shall be for buyer's account...
>
> Payment: ...the L/C must provide that it is available against presentation of the following documents:
>
> 1. ...
> 2. Full set of clean on-board ocean B/L...or Keelung Harbour Bureau's warehouse certificate at seller's option.

依契約規定，買方享有請求岸上交貨選擇權下，除契約因其他規定或事由而無效者外，並不因貨物禁止出口而無效，賣方不得以貨物禁止出口為由，拒絕在岸上交貨❼❾。

2.負責取得輸入許可證，並辦理輸入、過境通關

在本條件下，既然賣方將貨物於裝船港裝載於船上，即完成交貨義務，則買方須負責取得貨物輸入許可證或其他官方批准書，在可適用的情況下並辦理貨物輸入，及必要時，通過任何國家所需的一切通關手續 (B.2)。因此，如遭遇禁止進口情事，買方並不能因而免除支付貨款的義務，除非在買賣契約中訂有免責條款 (Relief Clause) 藉以獲得救濟。這種條款有的規定可展延履約義務時間，有的則依準據法買方有權主張解除契約❽❶。

3.接受交貨證明、運送單據或等同的電子訊息

❼❽　Clause 97 of the standard form of FOB contracts for the sale of cereals.

❼❾　Smith Coney & Barrett v. Becker, Grey & Co. (1961).

❽❶　Jan Ramberg, op. cit., p. 73.

依本條件 A.8 賣方須向買方提供證明其已在指定裝船港買方所指定船舶上交貨的單據，而買方則須接受此項單據 (B.8)。若買方拒絕接受該單據（例如指示銀行拒付跟單信用狀項下貨款）則將構成違約，賣方得根據買賣契約獲得補救（例如取消契約或請求違約的損害賠償）。當然，假如該等單據不足以供作交貨的適當證明，例如單據上註明貨物有瑕疵或數量少於約定者，即所謂不潔單據，則買方無接受這種單據的義務。

4. 接受貨物義務

當貨物依本條件 A.4 規定在指定裝船港買方所指定船舶上交付時，買方必須接受 (B.4)。若買方不接受貨物不僅不能免除其支付貨款的義務，而且依本條件 B.5, B.6 的規定，貨物滅失或毀損的風險將提早移轉，並負擔因此而生的額外費用，諸如倉租、保險費及利息等所謂 Carrying Charges。

5. 支付價款義務

支付價款為買方最主要義務。賣方完成交貨義務時，買方即應依買賣契約規定支付價款 (B.1)。

⑴支付金額：

①有約定時，依約定金額支付。

②無約定時，參閱「工廠交貨條件規則解說」的「買方應負擔的義務與費用」4 之⑴之②。(p. 63)

⑵支付幣類：應以約定的貨幣支付，無約定者，以賣方國幣支付。

⑶支付時間：

①有約定者，依約定。按如今國際貿易以 FOB 條件交易者，已由實際交付 (Actual Delivery) 蛻變為象徵交付 (Symbolic Delivery)，約定於貨物裝船後，賣方將有關貨運單據以郵寄或透過銀行或其他適當方法向買方提出，而買方則於接受貨運單據時即支付價款，或先承兌賣方所簽發的匯票，並於匯票到期時付款❽❶。

---

❽❶ UCC § 2–319⑷規定「除另有約定外，在 FOB vessel 條件，買方必須憑規定單據的提出付款，賣方不得以提出貨物代替單據的提供，買方也不得要求以交付 貨物代替交付單據」。但 FOB 契約畢竟是現實交付條件的契約，因此，在買方無檢查

②未約定者，原則上應於交付貨物時支付價款。故於賣方提出足以證明貨物已裝上船的清潔單據（如 M/R）時，即應支付約定的價款，但在買方有機會檢查貨物之前，仍無支付價款義務。若賣方在買方的請求並由其負擔費用情形下，取得提單者，必須於其向買方提出提單時，買方才須支付價款，或承兌賣方所簽發匯票，並於匯票到期時付款❽❷。

⑷支付地點：

①有約定者，依約定。

②無約定者，請參閱 Ex Works「買方應負擔的義務與費用」4 之⑷之②。(p. 64)

但支付地點與支付方式有關，如約定以託收方式（即 D/A, D/P）付款者，其付款所在地為買方所在地。如約定以信用狀方式付款者，視信用狀種類而定。如規定 available with opening bank，則以開狀銀行所在地為付款地，如屬 restricted L/C，則以指定押匯銀行所在地為付款地，如屬 straight L/C，則以付款銀行所在地為付款地。如採匯款方式者，因賣方負有交付單證給買方的義務，故除另有約定者外，以買方所在地為付款地。

⑸付款方式：

①有約定時，依約定方法支付，其約定包括順匯與逆匯。在順匯的場合，由買方以電匯、信匯或票匯方式匯付賣方。在逆匯的場合，大都以 L/C 方式支付貨款，或由賣方以 D/P、D/A 託收方式收回貨款。

②無約定時，以現金支付。

6.應負擔的費用及稅捐

⑴輸入許可證費用：買方應負擔取得輸入許可證或其他官方批准書的費用 (B.2)。

⑵支付自貨物在指定裝船港越過船舷時起有關貨物的一切費用。

①運費及保險費：負擔自指定裝船港起運的運費 (B.3)。除非另有約定或另有習慣，尚包括船上積載費用 (Stowage)。又，貨物越過船舷時起，其風險

貨物之前，應無支付貨款義務，但另有規定者，不在此限。
❽❷　朝岡良平，《貿易賣買と商慣習》，初版，1976，p. 244 及❼❾。

移轉買方，因此，有關貨物的保險費用，當然應由買方負擔。

②進口稅捐及輸入、過境通關費：在可適用的情況下，支付貨物輸入及通過任何國家時應付的一切關稅、稅捐及其他費用，以及辦理通關手續的費用 (B.6)。

⑶負擔指定船舶未按時抵達，或不能承載貨物或早於規定時間截止收貨，或因未將船名、裝貨地點及交貨時間，給予賣方適當通知而生的任何額外費用（例如倉租、保險費及利息等所謂 Carrying Charges）。但以該貨物經正式指撥於契約項下，也即經清楚地分置或得以辨認其為契約貨物為條件 (B.6)。

⑷通知賣方交貨的費用 (B.7)。

⑸支付或歸墊取得有關單據的費用：

①支付為取得貨物輸入及必要時，通過任何國家所需而在裝船國及（或）原產國發行或傳送的任何單據或等同的電子訊息而生的費用。若賣方為協助買方取得上述單據而發生費用時，買方應予償還 (B.10)。

②償還賣方因協助買方取得運送單據而生的費用 (A.8)。因為賣方的義務只是交貨並取得證明已交貨的清潔單據──一般是大副收據 (M/R)，所以，提供運送單據，例如提單，不是賣方的義務。如買方特別要求賣方提供運送單據，賣方才會協助買方取得，但其費用（例如印花稅票等）須由買方負擔。但實際上，以 L/C 交易時，通常都規定賣方須提供 On-Board B/L，因此，賣方必將此項費用包括在貨價中，所以，賣方大概不會要求買方歸償。

⑹償還代訂運送契約的費用：若買方要求賣方安排船運，則因此項額外服務而發生的費用應由買方歸償賣方。

⑺檢驗費用：除賣方依 A.9 所實施檢查貨物的費用及輸出國政府強制檢驗的費用由賣方負擔者外，其他有關貨物的檢驗費用，諸如買方為自己利益所作的檢驗費用、輸入國政府規定的裝船前檢驗 (PSI) 費用，除另有約定外，概由買方負擔 (B.9)。

(三)風險負擔的問題

1.貨物風險的移轉

⑴貨物風險的內容：貨物風險包括貨物的滅失及毀損兩者，是指貨物因意外事故而遭受滅失或毀損者而言，若不是因意外事故所致的滅失或毀損，諸如因貨物包裝不良、標示不清楚或因貨物本質或因有瑕疵所致的滅失或毀損，並不因交貨而移轉買方。

⑵貨物風險移轉時、地：

①原則：賣方須負擔貨物滅失或毀損的一切風險，直至其在指定裝船港越過船舷時為止，自此以後的貨物滅失或毀損風險則由買方負擔 (A.5, B.5)❽❸。因此，在貨櫃運輸仍使用 FOB 條件者，可約定以貨櫃場為風險負擔分界點。例如：The risk of the goods shall pass from the seller to the buyer when the goods have been delivered into the charge of the carrier designated by the buyer at the CFS in Keelung, Taiwan.

②例外：若買方未依 B.7 規定將船名、裝貨地點及要求交貨時間，給予賣方充分的通知，或若其所指定船舶未能按時抵達，或不能承載貨物，或早於規定時間截止收貨，則自約定交貨日或規定交貨期間屆滿日起，負擔貨物滅失或毀損的一切風險 (B.5)。根據一般原則，貨物的風險於其交付時移轉買方，但依本例外規定，貨物雖尚未交付，風險照樣移轉買方，這在法律上稱為「提早移轉風險」(Premature Passing of Risk)。因買方怠於通知指定船舶，或其指定的船舶遲到，或不能承載貨物，或提早截止收貨，致賣方無法於約定交貨日或於規定交貨期間內裝船，賣方雖然不負遲延裝船交貨之責，但如令賣方仍於「貨物越過裝船港船舷」之時才免其風險負擔，則顯失公平，故以該約定交貨日或規定交貨期間屆滿之日為風險負擔移轉之時，俾平衡當事人的權益❽❹。

---

❽❸　在協良貿易股份有限公司對泉盛股份有限公司及日商三菱商事股份有限公司臺北分公司一案（最高法院六四年度臺上字第二五七一號，載於司法行政部民事司編，《最高法院國貿暨海商判決選輯》，67 年 3 月出版，p. 77），原告自三菱總公司購買人造膠，運到臺灣提貨時，發覺短少一百包，法院判決被告無需負責，因買賣條件為 FOB，三菱在日本裝船後，危險即已移轉至買方，如有缺少而可歸責於運送人或其他第三人，應向此等人追償。

❽❹　在菲律賓商彌沙彌斯木業有限公司對裕國合板股份有限公司一案（最高法院六四

⑶貨物風險移轉條件:

依據貨物風險移轉時間的原則,貨物必須經正式指撥於買賣契約項下,也即必須經特定,可辨認其為買賣契約項下的標的物時,其風險才移轉買方,因此:

①: 在⑵之①的情形,既已完成交貨,貨物已經得以辨認其為意圖要交給某一買方者,所以,再也不發生指撥的問題。但在某些情形,若賣方將貨物以整批發送(例如散裝貨)給數位買方,但個別買方的貨物卻未加分置或無法辨認其屬於某一買賣契約項下的標的物,則在貨物未經正式指撥之前,其風險不移轉 (B.5)。

②: 在⑵之②的情形,其「提早移轉風險」(Premature Passing of Risk) 的前提為: 貨物必須已經正式指撥於契約項下,也即貨物已經清楚地分置或得以辨認其為契約貨物為條件,例如已將貨物予以適當包裝及標示 (B.5)。

2. 禁止輸出入的風險負擔

⑴禁止輸出的風險: 依 FOB 條件規定,取得貨物輸出所需任何輸出許可證或其他官方批准書的風險,歸由賣方負擔 (A.2)。因此萬一政府禁止契約貨物的出口,則其後果由賣方承擔。但通常買賣契約中多有免責條款的規定,而且有些國家的法律也規定: 遇到禁止出口情事時,契約即失效。

⑵禁止輸入的風險: 依 FOB 條件規定,取得輸入許可證或其他官方批准書的風險,歸由買方負擔 (B.2)。但萬一進口國政府禁止該契約貨物進口時,依買賣契約中的免責條款,買方應可免責,何況有些國家的法律也規定,政府禁止進口時,契約即失效。

Incoterms 規定在 FOB 條件下,取得輸出許可證的風險歸賣方負擔,而取得輸入許可證的風險則歸買方負擔,那麼,萬一無法取得輸出或輸入許可證時,當事人是否可免責,或是否可主張契約無效,或解除契約呢? 有些學者,曾就此作了一些分析,即:

年度臺上字第一九二九號判決,載於前揭書第 80 頁),菲律賓公司尚未將木材裝船,仍放置在蓄木池內,後為水蟲浸食,法院認為由於買賣條件為 FOB,而賣方尚未將原木裝船,因此蟲蝕之危險,仍應由賣方負擔。

A. 訂約時已有輸出入許可證（或配額）制度存在時：

⒜ 如契約中未規定 subject to export（或 import）licence 或 subject to quota 等條款者，當事人取得許可證（或配額）的義務係絕對的。如未能取得許可證（或配額），致貨物無法出口或進口者，當事人不能以此為由主張解約。因無法取得許可證（或配額）以致未履約，則屬違約，對方因而遭受損害者，違約的一方，應負損害賠償之責❽。

但也有持相反意見者，請參閱 Re Anglo Russian Merchant Traders and John Batt & Co. (London) (1917) 案件。

⒝ 如契約中已規定 subject to export（或 import）licence 或 subject to quota 等條款者，當事人取得許可證（或配額）的義務係相對的。當事人實際上如已盡了一切合理的努力 (Have Used All Reasonable Endeavour to Obtain Licence...) 仍無法取得許可證（或配額）時，當事人可主張解約，且不必賠償對方因此而遭受的損害❾。

B. 訂約時如無輸出入許可證（或配額）制度，而履約時卻需要許可證（或配額）者，當事人所負的義務是相對的。因此，當事人只要盡了合理的努力，仍無法取得許可證（或配額）者，即構成契約的目的不能達成 (Frustration)，當事人可免責。

㈣所有權的移轉時期

1. 嚴格意義 FOB 契約下所有權的移轉時期

一般而言，在不特定物買賣，將貨物交付買方，或為運給買方而將貨物交付運送人時即特定化 (Ascertained)，除另有約定外，貨物的所有權即由賣方移轉買方。

據美國契約法學家 Williston 及買賣法學家 Lawrence Vold 所創設的 Theory of Divided Property Interest，將所有權分為受益利益 (Beneficial Interest) 與

---

❽ Partabmull Rameshwar v. Sethia (K. C.) Ltd. (1951); M. W. Hardy & Co. Inc. v. A. V. Pound & Co. (1955).

❽ Charles H. Windschuegl Ltd. v. Pickering & Co. Ltd. (1950).

擔保利益 (Security Interest)。在嚴格意義的 FOB 條件下，只要貨物越過船舷，買方即應支付約定價款，賣方對於貨物的擔保利益，無需採取保留措施，所以，可適用一般原則，於貨物越過船舷時，貨物所有權即由賣方移轉買方。（但契約中約定或習慣上以 B/L 代替 M/R 者，賣方可以保留貨物處分權，一直到買方依契約規定付款為止。）

2.以賣方為託運人時，所有權的移轉時期

如今，國際貿易以 FOB 條件交易者，除另有約定外，均以賣方為託運人，並於貨物裝船後，自船公司取得提單，然後向買方提示並請求依約支付貨款。在此情形下，賣方均以控制提單方式保留對於貨物的擔保利益（即對貨物的處分權），藉以確保買方支付貨款義務的履行。換言之，貨物所有權中的受益利益，雖於裝船時移轉買方，但擔保利益卻以賣方本身或銀行為受貨人的指示式提單形式，由賣方予以保留。俟買方付款或就賣方向其開發的匯票予以承兌之後，提單才交付買方，於是賣方的擔保利益才消失，而買方則取得完整的貨物所有權[87]。

3.以散裝形式運出時，所有權的移轉時期

在 FOB 契約中，貨物尚未特定化者，例如以散裝形式運出，但該散裝貨是賣給數位買方的情形，在該散裝貨清楚地分開放置之前，也即該貨物經正式指撥於各個買方之前，貨物所有權不移轉買方[88]。

三、國內 FOB 與國際 FOB

(一)國內買賣的船上交貨條件

以 FOB 條件交易的國內買賣，大約有如圖(1)及圖(2)所示兩種情形：

---

[87] 參閱本書第二章第七節，運保費在內(CIF)條件二之(四)(p. 194)。

[88] Obestain Inc. v. National Mineral Development Corp. Ltd. The Sanix Axe (1987) 1 Lloyd's Rep. 465, 467.

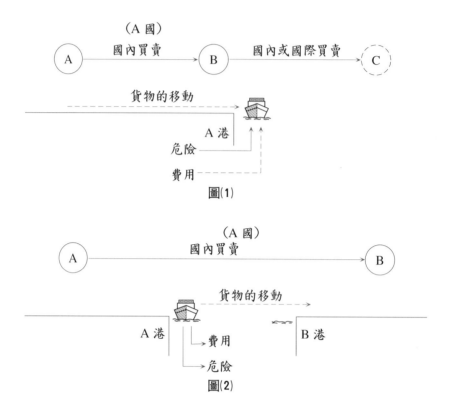

在圖(1)的情形，賣方 A 為製造商或供應商，買方 B 為出口商或批發商。買方 B 從賣方 A 以 FOB A 港條件買進後，固然可於貨物裝上船之後，以自己的名義及風險，將其運到目的地，並由自己收下，但在大多數情形，係由買方 B 以 CFR、CIF、DES 或 FOB 條件轉售次買方 (Sub-Purchaser) C。若次買方也在國內，則 B、C 之間的交易也屬國內買賣。但若次買方 C 在國外，則 B、C 之間的交易為國際買賣。在此場合，貨物將由 A 國輸往外國。因此，在 B、C 之間的契約中，買方 B 將以賣方或出口商的地位辦理出口手續，並支付因此而生的各種稅捐及費用，而非以 A、B 之間的 FOB 買賣契約中的買方身分辦理通關或負擔稅捐及費用。B 以 FOB A 港自賣方 A 買進的 FOB 價格與 B 以 FOB A 港條件將貨物轉售 C 的 FOB 價格，當然不同。在前一種的 FOB 價格，就 B 而言，係進貨成本，以此價格加上 B 的直接、間接費用及預期利潤，即為轉售的 FOB 價格。CIF 價格中的 C 即相當於此轉售的 FOB 價格，故在出口通關申報的 FOB 價格，即須以此為準。

　　在圖⑵的國內買賣，與後述國際買賣係屬同一類型的 FOB 條件，不同之處為：在國內買賣的場合，賣方 A 與買方 B 均在 A 國，故其買賣，原則上不受國家的干涉；而在後述國際買賣的場合，賣方 A 與買方 B 分別在不同國家，貨物須由 A 國運至 B 國，為此，賣方 A 須依 A 國法令辦理出口通關手續，買方 B 則須依 B 國法令辦理進口通關手續。

　　在圖⑴與圖⑵的場合，A 港固然是裝船港，但前者基於 A、B 間的契約，將貨物由工廠或倉庫運往 A 港的船舶，並以 A 港船舶上為交貨地點，其情形如同在國內其他地點交貨。在此契約下，賣方 A 須在目的地（即 A 港船舶上）交貨，而非在出貨地（即工廠或倉庫）。因此，賣方在目的地（即 A 港船舶上）完成交貨之前的一切風險與費用，均歸其負擔，在船上交貨後，貨物的所有權及風險即移轉買方 B，貨物則由買方或其受託人 (Bailee) ── 運送人 ── 運往目的地（港）。此部分的運送與賣方 A 完全無關。因此，在圖⑴的 FOB 契約，並非一般所稱的裝運地契約條件（或出貨地交貨條件），而是目的地契約條件（或卸貨地交貨條件），也即相當於 UCC 的 FOB(Place of Destination)Contract，或許可稱為 FOB Vessel(Place of Destination)。但這並不是說，以船舶裝載貨物運至目的地（港），並在該地（港）交貨之意。例如在 FOB Vessel New York 的場合，如屬圖⑴型 FOB 的話，New York 港為目的地，賣方須以自己的費用與風險，將貨物運至 New York 港，並將貨物裝上買方所指定的船舶上。在這種 FOB 契約下，將貨物運往裝船港（目的地）的工作，未必仰賴海上運送人，反而仰賴陸上運送人的情形居多，因此，不如說不是海上買賣。常見於英國法院有關 FOB 契約的判決中，屬於固有型的 FOB，即為上述圖⑴型的 FOB。英國 Institute of Export 在 1951 年所定義的固有 FOB 條件，以及 1990 年修訂美國對外貿易定義 (II–E)FOB Vessel，均是以買方為出口商或託運人 (Shipper) 的立場而規定者。因此，這些解釋規則所規定的 FOB 契約，在本質上是屬於國內買賣契約。

　　在圖⑵型的 FOB 契約下，賣方 A 將貨物裝上買方所指定的船舶即屬已履行交貨義務，貨物所有權及風險同時移轉買方，至於運往目的地 B 港的手續，則由買方或其受託人辦理，故與圖⑴型的 FOB，在本質上並無不同。但

是圖⑵型的 FOB 契約，係賣方為履行契約上的交貨義務，將貨物運往目的地（B 港）。然而，如依特約，由其安排船運，並在 A 港裝船時，其情形就不同了。在此場合，A 港並非單純的裝船地點，而是基於此契約的貨物開始運送的裝運地（出貨地）。因此，在此場合的 FOB 契約是屬於裝運地契約條件（或出貨地交貨條件）的買賣契約，也即相當於 UCC 的 FOB(Place of Shipment)Contract。假如是船上交貨條件，則以 FOB Vessel(Place of Shipment) 表示。但同是 FOB Vessel New York，卻與上述圖⑴的情形不同。因為在此場合的 New York 港是表示裝運地（出貨地）。在此種類型的 FOB 契約下，買賣當事人間的貨物交付通常是由海上運送人以輔助發行人的地位完成，故屬海上買賣。一般國際買賣的 FOB 即是這種裝運地契約條件的海上買賣。

如上所述，在買賣契約中即使同樣以 FOB Keelung 或 FOB Vessel New York 字樣表示，同是船上交貨條件，但其性質可能不同。

㈡國際買賣的船上交貨條件

如前所述，國際買賣的 FOB 條件與上述圖⑵的場合相當，其在買賣契約上的基本的義務相同，但在下圖⑶的場合，由於其履行義務，須利用各種國際性的制度，故在實務上，與國內買賣的 FOB 契約略有不同。加之，是否須辦理輸出或輸入通關，其手續究應由何方負責辦理，依關稅法規定，視其屬國內買賣抑屬國際買賣而異。

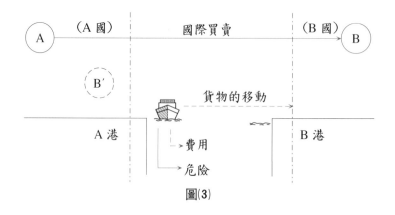

圖⑶

在國內買賣的 FOB 契約，因其交易標的為國內貨物，故不涉及通關的問題。然而，買方如將其轉售國外，則買方 B 須以出口商或託運人 (Shipper) 的地位負責申領輸出許可證，並負擔因此而生的各種出口稅捐、手續費等。因此，此種出口通關，與國內買賣的 FOB 契約並無任何關聯。

反之，在(3)類型的 FOB 契約，通常賣方 A 須以出口商的地位申領輸出許可證、辦理出口通關等手續，買方 B 則須以進口商的地位申領輸入許可證、辦理進口通關等手續。依 Incoterms 的規定，賣方須自行負擔風險與費用，取得為貨物出口所需的輸出許可證或其他官方批准書 (A.2)，並負擔因貨物出口而徵收的任何稅捐、規費或手續費 (A.6)。此外，循買方的要求並由買方負擔風險與費用，提供或協助取得買方為將貨物輸入目的地（及必要時，在運送中通過其他國家）所需，而在裝船國及（或）原產國所發行的任何單據 (A.10)。美國定義的 FOB Vessel 則與 Incoterms 不同，依美國定義，出口稅或其他因貨物出口而課徵的一切規費或手續費須由買方負擔；但如買方為輸出或為在目的地輸入，有需要產地國及（或）裝運國所發行單據時，賣方須循買方的要求，並由買方負擔費用，協助取得。由此可知，依美國定義，FOB Vessel 契約下的買方，同時具有出口商與進口商的雙重身分。

四、個　案

How do you make sure that when you use FOB you mean the FOB according to Incoterms? The safest way is to say "FOB Incoterms 2000", or CIF Incoterms 2000, or FCA Incoterms 2000. This is the best practice. Of course, it is possible that a court will assume that you were using an Incoterm because in your industry it is an international custom of trade, for example, but it is better to specifically refer to Incoterms.

As an example of what can go wrong when people do not observe the safe method of incorporating the Incoterms, consider the following story.

"The Case of the Suspicious FOB"

This case concerns a sale under an FOB term. The buyer was a major European manufacturer, which negotiated a contract to buy a large amount of chemicals from a company in Rochester, New York. The trade term in the contract was simply "FOB Rochester".

The day before the contract was signed, the company decided to let their logistics expert check the contract. The expert looked at their contract, raised his eyebrows, and asked the executive in charge of the purchase what he meant by " FOB Rochester".

The executive replied that this meant the same thing it always meant in all their European contracts. It meant that the seller was required to load the goods on board a ship named by the buyer at the nearest maritime port to Rochester, New York. He suggested that it was the same thing as if one said, "FOB Athens", when in fact the goods were going to be loaded at the nearby port of Piraeus.

The logistics expert begged to differ. He informed the executive that in the United States, FOB does not necessarily mean the same thing as it does in the rest of the world. This is because the United States has traditionally submitted itself to the definitions contained in the American Revised Foreign Trade Terms. The logistics expert produced a copy of these American definitions, and pointed out that an American FOB can vary all the way from being very similar to EXW to being very similar to a delivered term like DDU. He suggested that the executive call his American counterpart to determine what the Americans understood by FOB, because in this case the transport of some very heavy, bulky merchandise from Rochester to the nearest maritime port would involve a not negligeable expenditure of time and money.

As it turned out the Americans did intend the buyers to transport the goods to the port, at the buyer's expense. The contract had to be re-negotiated. The lesson to be learned here is: most of the world uses Incoterms, but the main exception is an important exception—the United States.

Fortunately, in the recent past American exporters and importers have been using Incoterms more and more to the extent that they have gradually replaced the American Revised Definitions as the terms of choice.

第六節　運費在內 (CFR) 條件

一、運費在內條件概說

㈠運費在內條件的概念

　　運費在內條件的英文為 Cost and Freight，縮寫為 CFR，本條件是指當貨物在裝船港越過船舷時，即屬賣方交貨，賣方必須支付將貨物運至指定目的港所需費用及運費，但交貨後貨物滅失或毀損的風險及發生事故而生任何額外費用，則由賣方移轉予買方。Cost 是指賣方將貨物運至裝船港裝上船舶為止的費用而言，包括貨物成本、內地運至裝船港的運費、裝船費用、通關費等在內，通稱為 FOB cost。Freight 則指貨物從裝船港運到目的港的海運費而言。依本條件交易時，賣方除須負擔貨物裝上指定出口港船舶為止的費用外，尚須負責洽訂適當船舶，於約定日期或期間內，將貨物裝上船，支付裝船港至目的港的運費及費用，包括在訂立運送契約時定期船公司向其收取的裝載費用及在卸貨港的任何卸貨費用，並負擔貨物在裝船港越過船舷時為止的一切風險；買方則須負擔貨物在裝船港越過船舷時起有關貨物的一切風險及費用，支付有關該貨物運抵目的港為止運送中因發生意外事故而生的一切費用，以及包括駁船費及碼頭費用在內的卸貨費用，除非此類費用於賣方訂立運送契約時，已由定期船公司向賣方收取，並依買賣契約規定支付貨款。

　　在本條件下，貨物的風險，如同 FOB 條件，於貨物越過出口港船舷時起，移轉由買方負擔，賣方應負責適時通知買方有關貨物的裝船啟航事宜，否則因可歸責於賣方的事由，致買方未能及時購買保險時，其運送中貨物的危險，仍應由賣方負擔[89]。

---

[89]　*Guide to Incoterms 2000*, ICC Publication, No. 620, p. 43; SGA § 32⑶.

CFR 條件係由後述 CIF 條件分化而來，即賣方負責安排貨物的海上運送，買方負責貨物的海上保險，也即自 CIF 條件中，將賣方所負投保貨物海上保險的義務除去。所以，除海上保險部分外，CFR 條件的法律關係，幾同於 CIF 條件的法律關係。因此，CFR 條件是屬於 CIF 系統的貿易條件。

(二)用法上應注意事項

1. CFR 是裝運地契約

　　本條件是裝運地契約 (Shipment Contract, Place-of-Shipment Contract) 的一種，而非目的地契約 (Destination Contract, Place-of-Destination Contract)。換言之，賣方將貨物運至裝船港，越過船舷時，貨物的滅失或毀損風險，即轉由買方負擔。也就是說，貨物在海上運送中的風險，賣方不負責。此點與屬於目的地契約的 DES 或 DEQ 迥然不同。

2. CFR 費用及風險分擔的關鍵點

　　在 CFR 條件下，賣方雖然必須負擔沿通常航路並以習慣方式將貨物運至指定目的港的通常運費，但貨物滅失及貨物裝上船之後因意外事故而生的額外費用，則歸買方負擔。

　　因此，本條件與其他 C 類型條件一樣，以其具有兩個關鍵點 (Critical Points) ——費用分擔關鍵點和風險分擔關鍵點——而與所有其他類型的貿易條件有所不同。基於此，增加賣方在本條件有關上述風險分擔關鍵點以後的義務時，要非常謹慎。本條件的本質是只要賣方訂立運送契約，將貨物裝上船，以履行契約後，賣方就免除進一步的風險及費用。

3. CFR 運送中的任何延遲風險均由買方負擔

　　在本條件下，運送中的任何遲延風險均須由買方負擔，所以，在任何情況下，賣方不應該——事實也不能——在沒有改變本條件的屬性下，承擔與貨物運抵目的港有關的任何義務。

　　因此，與時間有關的任何義務，例如：「裝船不遲於……」一定是指裝船港的時間。至於類如「CFR 漢堡，不遲於……」這種約定實在不是妥當的方式，而且可能會引起不同的理解。當事人可能會理解成貨物必須在該約定日

期實際運抵漢堡。在此情形下，該契約已非裝運地契約，而是目的地契約；或者當事人也有可能理解成賣方必須在貨物於正常情況下可於約定日期前運抵的時間裝船，除非是由於意料不到的事故使運送遲延。

4.依 CFR 的涵義，海運費歸賣方負擔，故裝載費用 (Loading Costs) 總是由賣方負擔

至於卸貨費用，除非已包括在海運費之內，或於支付海運費時已由船公司收訖，否則將由買方負擔。但如賣方同意以 CFR Landed（運費、起岸費在內）條件交易，則卸貨費用將歸由賣方負擔。應注意的是：CFR 後面加上 Landed 一詞，僅表示卸貨費用歸賣方負擔而已，並不因而變更本條件性質，也不變更其風險負擔的分配。

假如無法確定貨物究竟將由定期船抑或備租船舶承運，那麼當事人最好在買賣契約中就此事做明確的約定。又即使允許以備租船舶載運的場合，也常常規定賣方必須以 Liner Terms（定期輪條件）訂立運送契約。在此情形，裝卸貨費用包括在運費中，歸由賣方負擔。但是，備船契約中很有可能約定不負擔 (Free) 上述裝卸費用，這就是所謂的 FIO（裝卸貨船方免責）條款，FIO 為 "Free In" and "Free Out" 的縮寫。

無論如何，"liner terms" 一詞的涵義未必有共同的理解，因此，除非由信用良好的定期船公司承運，建議當事人在買賣契約中，將運送契約的條件做明確的規定。

5.在 CFR 條件下，其交貨方式係以運送單據（即提單）的交付代替貨物的實際交付

換言之，其交貨方式是象徵性交貨 (Symbolic Delivery)，而非如 EXW、FAS 或 FOB 等條件的 Actual Delivery。買方從賣方取得運送單據後，即有權向運送人請求交貨。如貨物發生滅失或毀損，買方可依運送單據所載條款向運送人索賠，或依保險單規定向保險人索賠。

6. CFR 中，賣方的裝船通知義務

以本條件交易時，賣方對於裝船通知義務的履行應特別注意，如賣方未依本條件 A.7 的規定向買方發出充分的通知，則貨物在運送中的風險，例外

地，仍須由賣方負擔，而不是由買方負擔（參閱本節三之㈠之 3）。

7.裝船港與目的港

在本條件下，除非另有約定，裝船港可由賣方自行選擇。本條件賣方不特別約定裝船港的理由（例如 CFR New York shipment from Stockholm），是於訂定買賣契約時，想保留有稍後再決定裝船港的自由 (with a certain liberty with regard to the exact port of shipment)。這時候裝船港就有 3 個選擇，比如直接從斯德哥爾摩出口，用路運到哥登堡 (Gothenburg) 甚至到鹿特丹再出口，此時即應合理安排通常航運運送。在此情形下，賣方必須安排經由通常航路的船舶運送，如有二以上的航路可供選擇時，賣方應以合理的方式安排船運，並且避免暴露於比一般相關貿易下更大的貨物滅失、毀損或遲延的風險[90]。

至於目的港的約定，是本條件的必須條件。目的港通常為某一特定的港口，但也有約定以某地區的一主要港口為目的港者，例如約定 "one main Persian Gulf ports to be nominated upon the carrying vessel passing Strait of Hormuz"。在此情形，何謂 "main port" 買賣雙方宜事先約定，否則可能發生糾紛。民國 77 年初，我國某出口商以 CFR 條件出售一批 5,800 公噸的水泥到中東地區，買方是在當地承包有多項工程的法國公司。因為該地區戰亂及內陸轉運的問題，買方在契約中規定 "Delivery at one main Persian Gulf ports to be nominated upon the carrying vessel passing Strait of Hormuz" 為我國出口商所接受，並據此向某船東租用 6,000 噸級散裝船 (Bulk Carrier) 一艘承運。未料船抵波斯灣時接到買方指示後，才發現買方所指定的港口已淤淺，6,000 DWT 的貨輪無法滿載靠泊，故只得按船長建議，先在另一港口卸下 1,500 公噸水泥，使船身吃水較淺後再駛往前述所指定港口，卸下其他約 4,500 公噸水泥，致造成交貨延誤並使工程未能照契約進度完成，買方轉向我國出口商要求賠償，船東也向出口商要求支付延滯費，以致引起糾紛。就本案而言，何謂 "main port" 買賣雙方未事先約定清楚，也未約定此 main port 必須是船舶可以安全停泊的港口，是訂約上的過失。順便要提出的是，本案表面上是按 CFR 條件交易，但卻規定 "delivery at one main Persian Gulf ports"，這與 CFR 為 ship-

---

[90]　*Guide to Incoterms 2000*, ICC Publication, No. 620, p. 43.

ment contract 的本質有出入，若照此契約規定 "delivery at" 目的港，則似屬 destination contract，出口商似須負責在約定日期或期間內在目的港交貨，否則就構成違約（參閱本節一之㈡之 3）(p. 152)。

此外，在規定目的港時，還應注意同名異港的問題，世界各國港口名稱相同的很多。例如 Victoria 全世界有十二個之多；Portland、Boston 在美國和其他國家都有同名稱的港口。因此，凡有同名的港口，應加註國名，在同一國家有同名港口的，則還須加註所在國的部位。過去曾發生過因漏註國名，將應運至利比亞 Tripoli 港的貨物，誤運至黎巴嫩 Tripoli 港去的差錯事故。

8. 避免使用 "CFR, no arrival, no sale" 的條件

實務上，偶爾可以見到以 "CFR, no arrival, no sale" 的條件交易者，意指「不到貨，就無買賣」，這顯然已違反 CFR 為 shipment contract 的屬性，而成為 arrival（或 destination）contract。為避免混淆，不宜以這種條件交易。

9. 載運船舶

賣方必須按通常條件訂立以運送該契約貨物所常用類型的海船（或視情形，內陸水路船舶）(A.3.a)

10. 保險問題

以本條件交易而又涉及對買方授信的場合（例如以 L/C、D/P、D/A 等為付款條件時），賣方必要時，尚須考慮投保「或有保險」(Contingency Insurance) 的問題，詳參閱第六節「船上交貨條件」一之㈡之 9 (p. 124)。

在本條件，係由買方安排保險並支付保費。然而，保險費率與船齡有密切關係，船隻越老舊，保險費率越高。因此，聰明的買方最好在買賣契約中規定，賣方不得以逾齡船載運，否則因此而生的額外保險費歸賣方負擔。例如約定：Insurance: to be covered by buyer, however, A/P (Additional Premium), if any, due to overage vessel, shall be for seller's account.

11. 本條件使用限制

①運送方式的限制：本條件只能使用於以海運或內陸水路運送貨物的交易。當船舷無實際意義時，例如以駛進駛出或貨櫃運送方式運送貨物的交易，不宜使用本條件，而改用 CPT 條件更為適當。

②CFR 條件在應用上，不如 CIF 條件普遍，除了有些國家基於政治原因，或由於外匯短缺，要求其進口商最好在國內投保，或買方與保險公司訂有預約保險或進口國保險費率較低，不按 CIF 條件交易者外，出口商通常並不喜歡以 CFR 條件交易。因為 CFR 條件會導致運送和保險安排被人為地分隔開來，而 CIF 條件則與 FOB 條件一樣，對出口商和國外買方之間的責任，都作出自然的劃分。

12. CFR 與 CPT 的區別

實務上，常將 CFR 條件稱為「海上 CFR 條件」，而將 CPT 條件稱為「複合運送的 CFR 條件」，兩者的區別如下：

⑴在運送方式上：CPT 條件可使用於包括複合運送在內的任何運送方式；而 CFR 條件則只能使用於以海運或內陸水路運送貨物的交易。因此，前者的承運人可能是公路運送人或是鐵路運送人、航空公司、複合運送人，承運人不必擁有運送工具，後者的承運人一般是船東或船舶租傭人。

⑵在交貨地點上：CPT 條件下的交貨地點在第一運送人 (First Carrier) 營業處所；而 CFR 條件下的交貨地點則在裝船港船舶上。

⑶在風險移轉上：在 CPT 條件下，貨物風險是以其交給第一運送人時作為風險移轉界限；而在 CFR 條件下，則以貨物在裝船港越過船舷時作為風險的分界點。

⑷在賣方應提供的運送單據上：在 CPT 條件下，賣方應提供的運送單據不必註明 "on board" 字樣；但在 CFR 條件下，賣方應提供註明 "on board" 字樣的運送單據，此項運送單據必須可使買方得在目的港向運送人索取貨物，而且，除另有約定外，尚須能使買方以轉讓單據或通知運送人方式將運送中貨物轉售給次一買方 (Subsequent Buyer)，CPT 條件的運送單據則無此項要求。

⑸貨物所有權的移轉不同：在 CFR 條件下，賣方通常只要交出代表貨物的海運提單，一般地說，貨物所有權就移轉買方；但在 CPT 條件下，不能僅透過交付運送單據，貨物所有權便可移轉（除非其為可流通〔轉讓〕提單），因為陸上運送和航空運送中所用的運送單據，與海運提單的法律性質不同。

13.在 CFR 下，契約中若載由「由買方投保」，買方負投保責任

在本條件下，如契約中載有「由買方投保」(insurance to be effected by buyer) 或其他類似涵義的字樣時，英國法院認為這些字句不僅是一項聲明，而且是構成買方的一項契約義務，即買方必須取得通常的保險單，也就是在 CIF 契約條件下，須由賣方取得的那種保險單❾❶。同時，若買方怠於投保，致賣方受損時（例如拒付，貨物又受損或滅失）買方要負責❾❷。

14.避免使用 CFR 的變型

每一版的 *Guide to Incoterms* 都提出警告，不要使用變型條件，因為有時 CFR 因一字或甚至一字母的增加，即可能產生完全無法預料的後果，以致使契約的性質完全改觀。因此，CFR Cleared, CFR Customs Duty Paid, CFR Landed, CFR Outturn Weight 等 CFR 變型條件應盡量避免使用。倘若使用這種變型條件，在契約中應訂明各當事人應負的義務與費用，以杜糾紛的發生。

15. CFR 與 FOB 的異同

主要相同點：⑴均限適用於海運及內陸水路運送，⑵均由賣方負責申領輸出許可證及辦理貨物出口通關手續，⑶貨物風險均於越過出口港船舷時，由賣方移轉買方，⑷均由買方負責辦理貨物的保險事宜，⑸均由買方負責申領輸入許可證並辦理貨物進口通關手續，支付進口關稅。

主要不同點：⑴在 FOB 條件，由買方負責安排船運並支付運費，但在 CFR 條件下，則由賣方負責安排船運並支付運費，⑵在 FOB 條件下，賣方只須提供交貨的通常證明 (Usual Proof of Delivery) 以證明其交貨，只在買方有所要求時，才協助其取得運送單據 (Transport Document)，但在 CFR 條件則賣方須提供通常的運送單據 (Usual Transport Document) 俾買方得於目的港向運送人索取貨物或將運送中貨物 (Goods in Transit; Afloat Goods) 轉售，⑶通常 FOB 條件多使用於由買方備船的交易；而 CFR 條件則多使用於通常的交易，⑷在 FOB 條件下，必須約定裝船港；而在 CFR 條件則必須約定目的港，

---

❾❶　Schmitthoff's "Export Trade", op. cit., p. 55.

❾❷　M. Golodetz & Co. Inc. v. Czarnikow-Rinonda Co. Inc. (The Galatia) (1980), also see *Benjamin's Sale of Goods*, 3rd ed., 1987, p. 1240.

(5)在 FOB 條件下，常發生船舶已到港，而賣方無法交貨，或貨已準備好，船舶卻未到港或遲到情事，在 CFR 則無此種問題，(6)在 FOB 條件，在裝載費用方面常發生應由何方負擔的問題，而在 CFR 條件則常發生卸貨費用由何方負擔的糾紛。

16. CFR 的其他用語

本條件又有寫成 C&F 者，但 Incoterms 2000 並無 C&F 此一用詞，國際代號為 CFR，在電傳中常寫成 CANDF, CNF 或 CAF，易引起誤解，尤其 CAF 可能會被誤解為 Cost, Assurance, Freight，也即 CIF，故應避免使用。

㈢用法舉例

以本條件交易時，應在 CFR 後面加上指定目的港，例如：

> We offer to sell sunglasses 20,000 dozens US$15 per dozen CFR San Francisco, shipment during April.
>
> （謹報價出售太陽眼鏡 2 萬打，每打 15 美元，包括至舊金山運費在內，4 月間交運。）

二、運費在內 (CFR) 條件規則解說

㈠賣方應負擔的義務與費用

1. 取得輸出許可證並辦理輸出通關手續義務 (A.2)
2. 交貨義務

賣方應於約定期日或期間內，如期日或期間均未約定，則於訂約後合理期間內，在裝船港將符合買賣契約的貨物交到船舶上 (A.1, A.4)。其他說明請參閱「工廠交貨條件規則解說」的「賣方應負擔的義務與費用」1 (p. 57)。

3. 締結運送契約義務

賣方應依通常條件，訂立以運送該類契約貨物通常所用類型的海船（或

視情形，內陸水路船舶），經過通常航路，將貨物運至指定目的港的運送契約 (A.3.A)。

本條件與前述 FOB 條件相較，有兩項主要不同點，其一為安排船運責任由買方移轉賣方，其二為海運、內陸水路運費的負擔由買方移轉賣方。在 CFR 條件下，雖然由賣方負責安排船運並負擔運費，但貨物風險移轉界限卻與 FOB 條件相同，以裝船港船舷為界限。故賣方有可能為節省運費支出而租傭一艘不適合航行的逾齡船，只要貨物能安全裝上船，即不管以後的風險，如此，買方豈非將吃虧？為防止賣方投機取巧，本條件乃訂明賣方洽船時須遵守下列各項：

⑴依運送該約定貨物的通常條件 (Usual terms for the carriage of the goods)：依照通常海運習慣，一般零星小宗貨物，應交由定期班輪載運；大宗貨物則應依一般條件租傭專輪運送。

⑵照通常航路 (Usual Route)：因為承運船舶的航路如非駛往目的港的通常航路，可能增加風險，延誤貨物抵達時間，從而使買方受損。

⑶使用海船或視情形使用內陸水路船舶 (A seagoing vessel or inland waterway vessel as appropriate)：如需航行海洋者，應租傭適於航行海洋的船舶，不能租傭只適於航行內陸河或湖泊者；如屬內陸水路運送者，可租傭適於航行內陸水路的船舶。

⑷通常用於載運類如契約貨物的船舶類型 (The type normally used for the transport of the goods for the contract description)：例如交易貨物為冷凍鮮貨或青果，則賣方所安排的船舶必須擁有冷藏艙設備，以便載運此類貨物。

4.交貨通知義務

依本條件，賣方應於貨物裝上船時，將其已在船舶上交貨，以及為使買方取得以接受貨物的通常必要措施而需要的其他事項，給予買方充分的通知 (A.7)。裝船通知，在 CFR 條件下，甚為重要，其通知與 FOB 條件或 CIF 條件下的通知義務性質不同。因在 FOB 條件下，若係由買方安排船運，則買方已知悉有關裝船事宜；在 CIF 條件下，則保險已由賣方投保，但 CFR 則由賣方安排船運，買方未必知悉有關裝船事宜。依 SGA §32⑶規定，除另有約

定外，賣方經由海運方式將貨物向買方發貨時，賣方應就該貨物保險所需資料通知買方，使其能就海上運送途中貨物購買保險。如賣方怠於為此項通知，則貨物在海上運送中的風險，應由賣方負擔。如果通知遲延，貨物在運送中的一切風險也由賣方負擔。

5.申請、提供或協助取得單據的義務

⑴商業發票：賣方應向買方提供適當的商業發票，除非另有約定，不包括領事發票 (Consular Invoice) 與海關發票 (Customs Invoice) 等公用發票 (A.1)。如當事人同意利用電子系統通訊時，得以等同的電子訊息替代商業發票 (A.1)。

⑵符合契約的證據：如買賣契約有特別約定，賣方須提供證據以證明其提供的貨物確與契約所規定相符者，賣方須提供此項證據 (A.1)。

⑶輸出許可證或批准書：在可適用的情況下賣方須自負風險及費用取得為貨物輸出所需的任何輸出許可證或其他官方批准書 (A.2)。事實上，賣方如未能取得輸出許可證或其他官方批准書，貨物就無法通關，也就無法履行在船上交貨的義務。所以，取得輸出許可證或其他官方批准書乃是賣方當然的義務。萬一因政府禁止出口，致貨物不能出口，則此項風險歸賣方負擔。不過，對於這種意外事故，買賣契約中通常都載有免責條款。依 CISG 及一些國家的買賣法規定，對於無法預見或合理地無法預見的禁止出口，賣方可免除買賣契約項下的義務。

⑷交貨證明、運送單據或等同的電子訊息：除非另有約定，賣方須自負費用，將載明運往約定目的港的通常運送單據，迅速提供給買方。此項運送單據（例如可流通〔轉讓〕提單、不可流通〔轉讓〕海運貨運單、內陸水路單據）必須涵蓋契約貨物，載有約定裝船期間內的日期，可使買方得在目的港向運送人索取該貨物，並且，除非另有約定，又能使買方以轉讓單據（可流通〔轉讓〕提單）或通知運送人方式將運送中貨物 (Goods in Transit, Afloat Goods) 轉售次一買方 (A.8)。茲分析如下：

```
┌─────────────────────────────────────────────────┐
                          CFR

 S must provide B without delay with the usual transport document for the

 agreed port of destination e.g. negotiable bill of lading

 or-negotiable sea waybill

 or inland waterway document

 which must:

 cover the contract goods to be

 dated within the agreed shipment

 period,

 enable B to claim the goods from the carrier at the port of

 destination,

 and unless otherwise agreed,

 enable B to sell by transfer

 (Negotiable B/L) or by notification

 to the carrier

 Full set of originals
└─────────────────────────────────────────────────┘
```

①迅速提供運送單據給買方 (Without Delay)

在 F 類型的 FAS A.8 與 FOB A.8 規定「賣方必須自負費用向買方提供已依 A.4 項交貨的通常證明」，並無 "without delay" 字樣，原因何在？

因為在 CFR 與 CIF 條件，運送契約是由賣方與運送人訂定，在這兩個條件下的賣方擁有比 FAS/FOB 的賣方更強而有力的地位，要求運送人迅速簽發單據，因此在 FAS/FOB 若要求賣方「迅速提供」運送單據，就很不合理。

②迅速提供通常運送單據

通常 (Usual) 運送單據，在本次修訂時有些國家建議把「通常」改為「合理」(Reasonable)，理由有二：ⓐ 通常運送單據是用來單純反映 A.3 的賣方應訂定一個合理的運送契約 (A Reasonable Contract of Carriage)，ⓑ 英國貨物買

賣法 (SGA) 講賣方應訂定合理的運送契約 (The Uk Sale of Goods Act says that the seller must tender a reasonable contract of carriage)，後來還是沿用 1990 年版的 "usual"，還特別在導言中提及要精確說出通常一詞的意思有其困難，然而，在多數情形下它可以用於確認業者在交易中通常的作為。且此實務將成為指導方針，在此意義下，「通常」一詞比「合理」一詞更有助益，後者不就實務界衡量而就善意及公平交易的高難度原則衡量。簡單講，「通常」是實務用語，「合理」是法律用語，而合理一詞在法律的衡量底下義務要在於「通常」(and perhaps higher duty of reasonable)。

③通常運送單據種類

通常運送單據簡單分為兩大類：

(i) 可流通（轉讓）運送單據 (Negotiable B/L)

可流通（轉讓）運送單據簡單講是提單「受貨人欄」(Consignee) 有 "order" (to order or to order of issuing bank...) 的字眼。

(ii) 不可流通（轉讓）運送單據 (Non-negotiable Transport Documents)

未有 "order" 出現的提單 (B/L Not Contain The Word "Order") 或者是不可流通（轉讓）的收據 (Non-negotiable Receipt) 均屬之，可包括：

(a) Straight Bill of Lading（直接式提單）

(b) Liner Waybills

(c) Ocean Waybills

(d) Cargo Quay Receipts

(e) Data Freight Receipts

(f) Sea Waybills

不可流通（轉讓）運送單據 (Non-negotiable Transport Document) 必須能使買方以通知運送人方式將運送中貨物轉售者為限。這種不可流通（轉讓）運送單據為近年來出現者，其名稱不一已如前述，但通常以 Sea Waybills 涵蓋上述多種海上貨運的各種不可流通（轉讓）運送單據。

不幸的是，有關的國際公約及各國法律到目前為止還沒有專門規範這些不可流通（轉讓）運送單據的規章（美國為例外，在美國，不可流通（轉讓）

提單，也即所謂的 straight B/L 是被承認的）。基於此，國際海事委員會 (CMI) 在 1990 年 6 月制定了「海運貨運單統一規則 (Uniform Rules for Sea Waybills)」。為了避免不可流通（轉讓）運送單據在法律上的不確定性，當事人在運送契約中應載明適用本統一規則。

在多數情形，以定期輪運送的貨物通常是不準備在運送中轉售的；但以備船運送的貨物，其情形則往往不同，例如貨物在現貨市場 (Spot Market) 的場合，貨物在運抵目的港之前，往往一再轉售。在此情形，可流通（轉讓）提單在傳統上甚為重要。因為握有紙面單據 (Paper Document) 即能使隨後的買方 (Subsequent Buyer) 得在目的港向運送人索取貨物，換言之，他可以憑正本提單向運送人換取貨物。

然而，若無意轉售運送中貨物時，如能確保買方得以其他方式——例如在運送契約中載明適用 CMI 海運貨運單統一規則——在目的港向運送人索取貨物的權利，那麼就不需要使用提單了。

在 CFR（及 CIF）條件下，預定將運送中貨物轉售的買方是有權要求賣方提供可流通（轉讓）提單的，但是沒有提單也可安排運送中貨物的轉售，例如相關的當事人可利用一種制度，憑此要求運送人聽從指示將貨物交由隨後的買方處分。

此外，(a)若運送單據以數份正本發行者，必須向買方提供全套正本 (A Full Set of Originals)，不得只提供其中一部分，以確保買方的權益。(b) 若運送單據註明係根據備船契約發行者，賣方還須提供該備船契約抄本一份的規定，2000 年版已經刪除。

CFR 條件 A.8 已考慮到當事人可能願意從事所謂的無紙貿易 (Paperless Trading) 的情形。若當事人約定以電子系統通訊，那麼，賣方提供紙面單據的要求就再也不是強制性的了。

不用說，在走向 Paperless Trading 的現代，傳統的提單已屬格格不入。基於此，CMI 在 1990 年 6 月設計了一套「電子提單統一規則 (Uniform Rules for Electronic Bills of Lading)」，該統一規則規定了有關當事人以電子通訊的有關情況，企圖用以替代傳統的紙提單 (Paper Bill of Lading)[33]。

④指定目的港 (Agreed Port of Destination)

所謂指定目的港，究竟指定在那裡？原則應依買賣契約來決定，是海港？內河港或上游港？ (Is it the seaport or is it the inland port, the upriver port?) 宜於訂定買賣契約時考慮清楚。

⑸協助買方取得過境、輸入所需單據：賣方須循買方的要求並由其負擔風險及費用，給予一切協助，以取得買方為貨物輸入及，必要時，通過任何國家所需要，而在裝船國及（或）原產國發行或傳輸的任何單據或等同的電子訊息，但 A.8 所規定的通常運送單據除外 (A.10)。

上述單據或等同的電子訊息包括 Consular Invoice, Health Certificate, Certificate of Origin, Clean Report of Finding 等。

6. 提供買方購買保險所需的資訊

循買方要求提供其購買保險所需的資訊 (A.10)。

7. 賣方應負擔的費用與稅捐

⑴取得輸出許可證的費用：自負費用取得貨物輸出所需的任何輸出許可證或其他官方批准書。

⑵交貨費用：負擔有關貨物的一切費用，直至其在裝船港船上交貨為止，以及裝船港至目的港的運費及一切其他費用，包括賣方在訂立運送契約時定期船公司所收取的「裝載費用及在卸貨港的任何卸貨費用」(A.6)。這裡要特別說明的是：雖然賣方須負擔依通常航路及習慣方式將貨物運至目的港的通常運費，但對於貨物交到船上之後因意外事故而生的額外費用，則不負擔，也就是說，這些額外費用歸買方負擔。這種額外費用包括為了規避意外的障礙（諸如冰山、擁塞、勞工騷擾、政府命令、戰爭或軍事行動），運送人行使轉運或類似條款項下的權利而生的費用。

⑶出口稅捐及通關費用：支付輸出通關所需費用，及輸出時應付的一切關稅、稅捐及其他費用 (A.6)。

⑷包裝、標示費用：自負費用將貨物施以依其所安排運送貨物所需包裝（除非依該特定行業，契約貨物通常以不加包裝裝運），並在貨物外包裝上施

---

❸　Jan Ramberg, op. cit., p. 112.

予適當的標示 (A.9)。其餘說明，請參閱「船上交貨 (FOB) 條件規則解說」的「賣方應負擔的義務與費用」㈠之 7 之 (4)(p. 134)。

　　⑸檢查費用：支付為把貨物在裝船港船舶上交付所需的檢查作業（例如檢查品質、丈量、過磅、計數）費用 (A.9)。此外，出口國政府依法令規定對出口貨物所實施檢驗而生的費用也應由賣方負擔 (B.9)。

　　⑹提供運送單據而生的費用 (A.8)。

　　⑺交貨通知費用 (A.7)。

㈡買方應負擔的義務與費用

1.通知賣方裝運時間及目的港名稱義務

　　依買賣契約規定，若買方有權決定貨物的裝運時間及（或）目的港時，買方應將其決定給予賣方充分、及時的通知，使賣方有充裕的時間安排船舶，否則買方須負擔因此而增加的額外費用及風險 (B.7)。所謂增加的風險，依本條件 B.5 規定，若買方未將裝運時間及（或）目的港給予賣方充分的通知，則貨物滅失或毀損的風險可能提早移轉買方 (Premature Transfer of the Risk)[94]。又依本條件 B.6 規定，若買方未將裝運時間及（或）目的港給予賣方適當的通知時，自約定裝船日或裝船期間屆滿日起，該貨物因此而生的額外費用，須由買方負擔。當然，上述風險的提早移轉以及額外費用的歸由買方負擔，必須以貨物已經指撥於買賣契約為前提（本條件 B.5, B.6）。

2.負責取得輸入許可證，並辦理輸入、過境通關

　　在本條件下，既然賣方將貨物裝載於裝船港船舶上即完成交貨義務，則買方就必須負責申領貨物輸入許可證或其他官方批准書，在可適用的情況下並辦理貨物輸入，及通過任何國家所需的一切通關手續 (B.2)。因此，如遭遇禁止進口情事，買方並不能因而可免除其支付貨款的義務，除非在買賣契約中訂有免責條款，或依有關準據法的規定，買方可免責或遲延履約時間。

3.接受運送單據或等同的電子訊息義務

　　依本條件 A.8，賣方須向買方提供載明貨物運往約定目的港的通常運送

---

[94]　Jan Ramberg, op. cit., p. 116.

單據。若此項運送單據符合買賣契約及 A.8 的規定，買方就必須予以接受 (B.8)。若買方拒絕接受該單據（例如指示銀行拒付跟單信用狀項下貨款）則將構成違約，賣方可憑買賣契約獲得救濟（例如取消契約或請求違約的損害賠償）。

4.接受貨物義務

在本條件下又再度出現二個關鍵點 (Critical Points)，其一為：賣方在裝船港把貨物交到船上時，賣方就履行了其義務，因此，買方必須在裝船港船上接受貨物 (Accept Delivery of the Goods)；其二為，買方還須在指定目的港從運送人提領貨物 (Receive the Goods)(B.4)。買方在指定目的港提領貨物不僅僅是為本身利益，而且是對訂立運送契約的賣方應負的義務。因為船舶抵達指定目的港時，若買方不適時從運送人提貨，則運送人可能會向運送契約當事人的賣方收取額外的費用。

以備船方式交易時，關於裝船港裝貨時間及卸貨港卸貨時間超過備船契約中所約定的 Free Time（即所謂的 Lay-time〔裝卸時間〕）時，運送人將向備船人收取補償費，即所謂的延滯費用 (Demurrage)，於是買賣雙方可能會因此項延滯費用負擔問題而引起爭議。因此，買賣雙方當事人不僅在備船契約中，而且在買賣契約中，必須分別就裝貨時間及卸貨時間的長短有所約定，這是非常重要的。同時在契約中還須約定何方須向船東支付 Demurrage。通常，備船契約中也會規定，如裝貨時間及（或）卸貨時間少於約定時間時，船東須支付報償金，也即所謂 Dispatch 或 Dispatch Money（快速獎金）。在這種情形，買賣契約中也應規定這種快速獎金歸由何方享受❾❺。

在這裡要順便提出的是，本條件 B.4 所規定 "accept delivery of the goods" 與 "accept the goods" 的意義是不同的，同時 "accept the goods" 與 "receive the goods" 也具有不同的意義。"accept delivery of the goods" 是指賣方把貨物交出時，買方予以接受之意，也就是說，賣方為交貨，買方則為接貨之意。至於 "accept the goods" 則指買方承認賣方所交貨物符合買賣契約規定，而予以接受之意，既然承認所接受的貨物，買方就再也不能向賣方主張貨物不符合

---

❾❺　Jan Ramberg, op. cit, p. 115.

買賣契約規定。至於 "receive the goods" 與 "accept the goods" 兩者的區別，茲說明如下（參閱 Incoterms 2000 導言，6、行業用語，delivery）：

⑴提領貨物 (Receive the goods) 與承認所接受貨物 (Accept the goods) 係兩回事。貨物運抵目的港後，買方首先應提領貨物，然後應在合理時間內檢查所收到的貨物是否與契約相符。

⑵賣方應給買方合理機會及相當時間，以便其就貨物作實際的檢查，否則買方雖已憑單據付款，也已收到貨物，但不得遽認為買方已承認所收到的貨物。

⑶貨物的檢查通常係在進口港進行，但也可在其他約定地方進行。

⑷經檢查，如發現與契約不符，應於約定期間內或合理期間內通知賣方，表示拒絕承認所收到的貨物，或請求損害賠償。依 Warsaw-Oxford Rules 規則19，買方應於檢查完畢後三天內，將不符契約的事實通知賣方，若買方怠於此項通知時，不得行使拒絕所收到貨物的權利。但這種情形只適用於由外表可看出的瑕疵而言。至於隱藏缺陷或固有瑕疵所致的滅失或毀損，則不受上述三天的限制。

5. 支付價款義務

支付價款為買方最主要義務。賣方既已依約交貨，買方即有依買賣契約支付價款的義務 (B.1)。

⑴支付方法：應依買賣契約所約定方法支付。若未約定，原則上是 Cash Against Documents（交單付款）。

⑵支付時間：應依買賣契約所約定時間付款，若未約定付款時間，則於賣方提出符合買賣契約的單據時即應付款，不得以尚未檢查貨物為由延遲付款。

6. 應負擔的費用與稅捐

⑴輸入許可證費用：在可適用的情況下負擔取得貨物輸入許可證或其他官方批准書而生的費用 (B.2)。

⑵除裝運港至目的港的運費應由賣方負擔外，買方須負擔自貨物在裝船港船舶上交貨起有關貨物的一切費用，並且支付貨物運抵目的港為止運送中

有關該貨物的一切費用，以及包括駁船費及碼頭費用在內的卸貨費用，但這些費用在訂立運送契約時已由定期船公司向賣方收取者，不在此限 (B.6)。

①貨物在裝船港船舶上交貨起有關該貨物的一切費用：例如因船舶擱淺、碰撞、罷工、政府指令等發生的額外費用，將由運送人向買方收取。

②在卸貨港包括駁船費及碼頭費用在內的卸貨費用：但這些費用於訂立運送契約時，已由定期船公司向賣方收取者，買方不必支付。

③進口稅捐及輸入、過境通關費：在可適用的情況下支付貨物輸入時應付的一切關稅、稅捐及其他費用，及辦理通關手續的費用以及必要時除已包含於運送契約的費用外，通過任何國家的上列費用 (B.6)。

⑶負擔未將裝運貨物時間及（或）目的港給予賣方充分通知而生的額外費用：若買方依買賣契約有權決定裝運貨物的時間及（或）目的港，而未將其決定給予賣方充分的通知，則自約定裝船日或規定裝船期間屆滿日起，負擔該貨物因此而生的額外費用。但以該貨物經正式指撥於契約項下，也即經清楚地分置或得以辨認其為契約貨物為條件 (B.6)。

⑷負擔通知賣方裝運時間及（或）目的港的費用 (B.6)。

⑸支付或歸墊取得有關單據的費用：支付為取得貨物輸入及，必要時，通過任何國家所需而在裝船國及（或）原產國發行或傳送的任何單據或等同的電子訊息而生的費用。若賣方為協助買方取得上述單據而發生費用時，買方應予歸墊 (B.10)。

⑹檢驗費用：除賣方依本條件 A.9 所實施檢查貨物的費用及輸出國政府當局強制檢驗的費用應由賣方負擔外，其他有關貨物的檢驗費用，包括買方為自己利益所作的檢驗費用及輸入國政府規定的裝船前檢驗 (Pre-shipment Inspection, PSI) 費用，除另有約定外，概由買方負擔 (B.9)。

⑺貨物海上保險費：但因賣方租傭逾齡船而生的額外保險費 (Additional Premium, A/P) 應由賣方負擔。

㈢風險負擔的問題

1.貨物風險的移轉

⑴貨物風險的內容：

貨物風險包括貨物的滅失及毀損兩者，是指貨物因意外事故而遭受滅失或毀損者而言，若不是因意外事故所致者，例如因貨物包裝不佳、標示不清楚或因貨物本質或固有瑕疵所致滅失或毀損，其風險並不因賣方交貨而移轉買方。

⑵貨物風險移轉時、地：

①原則：在 CFR 條件，貨物風險以裝船港船舷為移轉界限。換言之，賣方須負擔貨物滅失或毀損的一切風險，直至其在裝船港越過船舷時為止；而買方則自貨物在裝船港越過船舷時起，負擔其滅失或毀損的一切風險 (A.5, B.5)❾❻。因此，在貨櫃運送，仍使用 CFR 條件者，宜約定以貨物交給運送人時作為風險負擔的分界點。例如約定："The risk of the goods shall pass from the seller to the buyer when the goods have been delivered into the charge of the carrier at the CFS in Taiwan." 但我們認為既然使用貨櫃運送，則改用 CPT 條件更為適當。

在大宗貨物買賣，偶然發生所買賣的貨物為正在海上運送中者。在此情形，本條件的後面應加上 "afloat"（運送中、在途中）詞語，根據 CFR 條件，貨物滅失或毀損的風險已由賣方移轉到買方，這就可能會發生解釋上的困難。一種可行的辦法是，仍舊保留 CFR 條件有關風險在賣方和買方之間劃分的原意，也即裝運時風險已移轉，此意指買方或許必須承擔買賣契約生效時已經發生的風險。另一可行的辦法為讓風險的移轉恰好與買賣契約訂立的時間一致。前一種方法可能較為實際，因為貨物正在運送中通常無法確定其情況。

---

❾❻ 在銘泰有限公司對瑞豐冷凍實業股份有限公司一案中，銘泰向瑞豐購買魚貨一百二十短噸，外銷美國，後遭美國進口商退貨，並有重量不足現象，銘泰乃要求瑞豐賠償（瑕疵擔保責任）。第二審認為兩造所訂合約，並無交貨地點之約定，但在 C&F 交易條件下，交貨在理論上應在輸出港大船甲板上，或輸出埠其他種類交通工具上，本件魚貨在高雄港過磅交貨裝上貨櫃時，銘泰所派之人員均在場，並無爭執，載貨證券所載數量亦為一百二十短噸，故事後發生之短少或損壞，瑞豐不應負責。最高法院對此判決予以維持，見解很正確（最高法院六四年度臺上字第七五三號判決）。

因此，1980 年聯合國國際貨物買賣契約公約第 68 條規定：「若情況有所表明者，自貨物交給簽發載有運送契約的單據的運送人時起，風險就由買方承擔。」但是此規則也有例外，那就是「賣方已知或理應知道貨物已經滅失或毀損，而他又沒有向買方告知」時，不在此限。因此，CFR 加上 "afloat" 字樣後的解釋，將取決於買賣契約中所適用的法律。為此，建議當事人明確規定其買賣契約所適用的法律以及由此所產生的解決辦法。在有疑義時，建議買賣雙方在買賣契約中予以明確約定❾❼。

②例外：若買方未依本條件 B.7 規定，將其所保留裝運貨物的時間及（或）目的港，給予賣方充分的通知，則自約定裝船日或規定裝船期間屆滿日起，負擔貨物滅失或毀損的一切風險 (B.5)。根據一般原則，貨物的風險，於其交付時移轉買方，但依本例外規定，貨物雖尚未交付，風險照樣移轉買方，這在法律上稱為「提早移轉風險 (Premature Transfer of Risk)」。因買方保有指定裝運時間及（或）選擇目的港權利時，若怠於指定裝運時間及（或）目的港，卻仍令賣方負擔「貨物越過船舷」時為止的風險，則顯失公平。故以該約定裝船日或規定裝船期間屆滿之日為風險移轉之時，俾平衡當事人的權益。

⑶貨物風險移轉條件：

依據貨物風險移轉的原則，貨物必須經正式指撥於契約項下，也即必須經特定，可辨認其為買賣契約項下的標的物時，其風險才移轉買方。因此：

①：在⑵之①的情形，既已完成交貨，貨物已經得以辨認其為契約項下標的物，所以，不發生指撥的問題。但在某些情形，貨物以整批裝運（例如散裝貨）給數位買方，且個別買方的貨物未加分置或無法辨認那一部分屬於某一買賣契約項下的標的物，則在貨物未經正式指撥之前，其風險不移轉買方 (B.5)。

②：在⑵之②的情形，其「提早移轉風險」的前提為：貨物必須已經正式指撥於買賣契約，也即貨物已經清楚地分置或得以辨認其為契約貨物為條件，例如貨物已經適當包裝及標示，得以辨認其為契約項下標的物 (B.5)。

2. 禁止輸出入的風險負擔

---

❾❼　*Guide to Incoterms 2000*, ICC publication, No. 620, p. 23.

⑴禁止輸出的風險：依 CFR 條件，取得貨物輸出所需任何輸出許可證或其他官方批准書的風險，歸由賣方負擔 (A.2)。因此，萬一因政府禁止契約貨物的出口，則其後果由賣方承擔。但通常契約中多有免責條款的規定，而且有些國家的法律也規定：遇到政府禁止出口情事時，契約即失效。

⑵禁止輸入的風險：依 CFR 條件，取得輸入許可證或其他官方批准書的風險，歸由買方負擔 (B.2)，但萬一進口國政府禁止契約貨物輸入時，依買賣契約中的免責條款，買方可免責，何況有些國家的法律也規定：遇到政府禁止輸入時，契約即失效。

㈣所有權的移轉時期

CFR 條件下貨物所有權的移轉時期與 CIF 條件同，請參閱「運保費在內條件規則解說」㈣ (p. 194)。

第七節　運保費在內 (CIF) 條件

一、運保費在內條件的概說

㈠運保費在內條件的概念

運保費在內條件的英文為 Cost, Insurance, Freight，縮寫為 CIF，在我國通稱為到岸價格或起岸價格，係以賣方除了須負擔貨物裝上裝船港船舶為止的費用外，還須負擔貨物運至指定目的港的費用及運費以及貨物海上運送保險費為內容的貿易條件。依此條件交易時，賣方負有如 CFR 條件所規定相同義務外，還須就買方所負貨物在運送中滅失或毀損的風險，購買海上保險。換言之，賣方除須負擔貨物裝上裝船港船舶為止的費用外，還須負責安排適當的船舶，於規定日期或期間內，將貨物裝上船舶，支付裝船港至目的港的費用及運費，購買貨物海上運送保險，並負擔貨物在裝船港越過船舷以前的一切風險；買方則須負擔貨物在裝船港越過船舷以後滅失或毀損的風險，以及

貨物在裝船港船上交付後由於意外事故而生的任何額外費用，並依買賣契約規定支付貨款。

　　CIF 條件為現代國際貿易中應用最廣泛的貿易條件，也是最為典型的憑單據交付 (Documentary Delivery) 買賣。Wright 法官曾說：它是買賣契約的一形式，在海上買賣，它比其他任何貿易條件更為廣泛、更常被使用。

　　CIF 交易習慣的形成，在前述 FOB 條件概說中曾予說明。最早的 CIF 條件係以 free on board, and including freight and insurance 的形式出現。最早給 CIF 契約下定義的是英國 Blackburn 法官在 1872 年 Ireland 與 Livingston 對訟案中所作的闡述；而確立了現代 CIF 契約定義的是英國的 Atkinson 法官在 1920 年在上議院審理 Johnson v. Taylor Bros. 一案中對各個權威性判決所作的總結。他總結說：「我即將引證的權威性判決清楚地肯定，當貨物的買賣雙方係本案那樣居住在不同的地方，訂立一項係本案所訂立的 CIF 契約時，賣方在無任何相反的特殊規定時，必須照他所訂的契約做到以下各件事：第一、開出所售貨物的發票；第二、在裝運港將契約規定的貨物裝上船；第三、辦妥在契約規定的目的地交貨的貨物運送契約；第四、為買方的利益，盡可能根據行業的通行條件購買保險；第五、合理迅速地將發票、提單和保險單等裝運單據提供給買方，這些單據交付給買方就像所購貨物的交付，貨物的風險從而由買方負擔，同時賣方也就有權要求給付貨款。我根據的是下列權威性的判決：Ireland v. Livingston, Blackburn J; Biddell Bros. v. E. Clemens Horst Co. 和上訴法院對該案的判決，以及 Sharpe & Co. v. Nosawa Co. 案的判決。這些案件也確立了：如果在 CIF 契約中沒有指定提供運送單據的地點，一般需在買方的住處或營業所交付。」

(二) CIF 條件的特性

1. CIF 契約是裝運地契約

　　在本條件下，買賣雙方對於貨物風險的負擔以裝船港船舷為分界點，與 FOB、CFR 同屬裝運地契約。在此條件下，賣方負有三大義務：

(1)安排船舶。

⑵將約定貨物裝上船，取得運費付訖的提單，並向買方提供。

⑶就貨物投保海上運輸險，取得保險單並向買方提供。

從法律觀點看 CIF 契約，基本上是由買賣契約、運送契約及保險契約等三個契約所構成。賣方安排船運、購買保險，取得提單及保險單後，將其交付買方，貨物所有權即移轉買方。如貨物在運送途中發生滅失或毀損，則由買方向有關方面索賠。賣方的責任並不因其負有締結運送契約及保險契約的義務而延伸到目的港。換言之，貨物裝上船以後的風險及運費、保險費以外的一切費用歸買方負擔，此與後述屬於目的地契約的 DES 迥然不同。

2. CIF 契約是憑單據交貨的買賣契約

在本條件下，賣方係以提出約定貨運單據作為履行交貨的義務，買方於收到貨運單據時，即須依契約規定支付貨款。因此，買方固無以接受貨物代替接受單據的權利與義務 (Orient Co. Ltd. v. Brekke & Howlid, [1913])，賣方也無以提供貨物代替提供貨運單據的權利與義務。

3.在 CIF 條件下，買方的付款義務不以交運的貨物是否尚存在為前提

賣方將貨物交運，取得提單後，不論貨物是否尚存在（可能在運送中已滅失），不管買方是否已知悉貨物已不存在，只要賣方將約定貨運單據向買方提出，買方即有依約支付貨款的義務 (Manbre Saccharine Co. v. Corn Product Co. [1919])。如果貨物毀損的原因是屬於保險公司承保範圍之內或屬於船方的責任，買方在取得貨運單據後，可根據提單或保險單的有關規定向保險公司或船方要求賠償損失。

4. CIF 條件在本質上是專用於海運或內陸水路運送的貿易條件

貨物由河海運送人承運，並由其簽發可轉讓提單，而此種提單是表彰貨物的物權證券 (Document of Title)。由於其具有物權證券性質，才產生憑單據交付的買賣。在空運貿易的場合，因航空運送人所發行的空運提單，不但不具可轉讓性，也非物權證券，故無從適用憑單據交付為前提的 CIF 條件。至於陸運貿易，運送人所發行的貨運單 (Waybill)，也如同空運提單，並不具可轉讓性，也不表徵貨物所有權，所以也不宜使用 CIF 條件。

5. CIF 條件買賣，必待運用押匯，才能發揮其功能

在國際買賣，買賣雙方遠隔兩地，凡貨運單據的授受，賣方的收回貨款，買方的支付貨款，均有賴於押匯銀行的介入，才能順利達成。詳言之，賣方於貨物裝船後，即可備妥貨運單據，簽發匯票，向出口地銀行申請押匯，取得貨款，押匯銀行則將匯票連同貨運單據轉寄進口地銀行，於買方付款或承兌匯票後，即將貨運單據交付買方。在此情形下，在買方未付款之前，賣方即已自銀行收回貨款，故賣方不發生資金凍結的困擾；而買方則於取得貨運單據時或取得貨運單據後經過一段期間才支付貨款，故買方也不致發生先期付款的問題。所以，CIF 條件買賣，唯有銀行的介入押匯，才能圓滑進行。這正可說明 CIF 條件買賣，係在近代銀行業發展以後，才被普遍採用的原因。

㈢用法上應注意事項

1. CIF 與 CAF

CIF 條件在歐洲，尤其在法國常常寫成 CAF(Coût, Assurance, Fret)。在英國有時也寫成 CAF(Cost, Assurance, Freight)。但 CAF 一詞在美國往往將其視為 Cost and Freight（即 CFR 或 C&F）的縮寫。法國進口商即曾與紐約出口商以 c.a.f. 條件交易，結果美國出口商卻誤以為 Cost and Freight 條件，而未提保險單，致發生糾紛。訴訟結果，紐約法官認為 c.a.f. 在歐洲商人皆知相當於 CIF，因此出口商敗訴[98]。

但在 Pittsburgh Provision of Packing Co. 與 Cudahy Packing Co.(1918) 對訟案中，法官卻將 c. a. f. Pittsburgh 解釋為 CIF Pittsburgh。因此，為防止糾紛，應避免使用 CAF 一詞。

2. 在本條件下，貨物海上運送保險須由賣方負責投保，除另有約定外，其最低投保金額為契約金額加 10%

至於投保險類，至少應按倫敦保險人協會所制定的協會貨物條款或任何類似條款的最低承保條件辦理（例如 FPA 或 ICC ㈄）。若這種條款不足以保障貨物在運送途中可能遭遇的風險，則買賣雙方應視貨物的性質、航程等，

---

[98]　參閱 Para. 17 of the official comment to UCC § 2–320.

約定承保範圍較大的其他險類。此外，若買方有要求，且若有可能付保，賣方還應以買方費用加保戰爭、罷工、暴動及民變的風險，並以契約所定的貨幣付保。

3. 避免使用 CIF 的變型

有時 CIF（及 CFR）因一字或甚至一字母的添加，即可能產生完全無法預料的後果，以致使契約的性質完全改觀。因此，CIF Customs Duty Paid，CIF Cleared 等 CIF 變型條件應盡量避免使用。倘若使用這種變型條件，在契約中應訂明各當事人應負的義務與費用，以杜糾紛的發生。

4. 根據 CIF 的涵義，河海運費歸賣方負擔，故裝載費用 (Loading Costs) 總是歸由賣方負擔

至於卸貨費用 (Unloading Costs) 除非已包括在河海運費之內，或賣方支付運費時已由船公司收訖，否則將由買方負擔。但如賣方同意以 CIF landed 條件出售，則卸貨費用，包括駁船費及碼頭費，歸賣方負擔。

5. 附有卸貨重量條件的 CIF，仍屬 CIF 條件

CIF 契約乃屬於裝運地買賣條件，因此除非另有約定，貨物品質、數量只要在裝船時與買賣契約符合，賣方即已履行契約。至於裝船後品質、數量發生變化的風險歸買方負擔。但在 CIF 條件下也偶有約定以卸貨重量為條件的情形，例如 CIF net landed weights, CIF delivered weights 或 CIF outturn 等是。關於此，UCC § 2–321 ⑵規定，關於數量或品質，約定以其到達時的狀態為擔保條件者，運送途中貨物的通常惡化、短少或類似的風險，將由賣方負擔，但裝船後因海上風險而造成的滅失、毀損，仍應由 CIF 契約的買方負擔。換言之，CIF 條件附有此類條件者，仍不失為 CIF 契約❾❾。

6. 附有「貨物到達時付款」條件的 CIF 契約，仍不失為 CIF 條件

在 CIF 契約附有類如「貨物到達時付款」(Payment on Arrival of Cargo) 條件者，通常解釋為於貨物運到或應運到之日支付貨款之意，而不作為「以貨物的運到為付款條件」解釋，故附有此類條件的 CIF 條件，仍屬 CIF 契約。又在 CIF 契約中有 D/A 90 days after cargo arrival 條件者，也與上述一樣，是

---

❾❾　UCC § 2–321 ⑵.

指貨款應於貨物運到後或應運到之日起算 90 天付款之意。因此，萬一船舶沉沒時，買方仍不能免除付款義務，而應於船舶應到之日起算於 90 天付款，故附有此類條件的 CIF 仍屬 CIF 契約。當然，上述情形，如當事人明確約定唯有於船到或貨到時才付款者，則又另當別論。這種約定固然有效，但因其約定與 CIF 的本質有違，故再也不能視為 CIF 契約。

7.附有與 CIF 本質相違的條件者，非 CIF 契約

例如契約雖以 CIF 為名，但卻附有類如：①貨物實際交付買方之前，其危險由賣方負擔，②貨物雖已裝船，但如有部分未運抵目的港，則該部分的契約無效，③貨物以受損狀態運達時，必須扣減貨款等條件者，與 CIF 條件之「貨物於越過裝船港船舷時起，其風險即歸買方負擔」的本質有違，故非 CIF 契約❿。

8.本條件使用限制

本條件只能使用於以海運或內陸水路運送的交易。當船舷無實際意義時，例如以駛進駛出或貨櫃運送方式運送貨物的交易，不宜使用本條件，而改用 CIP 條件更為適當。在空運的場合，實務上偶爾可看到以 CIF 交易者，Graham 法官在 Morton–Norwich Products Inc. v. Intercen Ltd.(1976) 訟案中，曾說：「與空運 (Air Transport) 關聯的 CIF 並非真正的 CIF 契約。」❶

9. CIF 與 CIP 的區別

實務上，常將 CIF 條件稱為「海上 CIF 條件」，而將後述的 CIP 條件稱為「複合運送的 CIF 條件」，兩者的區別如下：

⑴在運送方式上：CIP 條件可使用於包括複合運送在內的任何運送方式；而 CIF 條件則只能使用於以海運或內陸水路運送的交易。

⑵在交貨地點上：CIP 條件下的交貨地點在第一運送人 (First Carrier) 營業處所；而 CIF 條件下的交貨地點則在裝船港船舶上。

---

❿　Law & Bonar Ltd. v. British American Tobacco Co. Ltd. (1916); Denbigh, Cowan & Co. v. Atcherley & Co. (1921).

❶　Morton–Norwich Products Inc. v. Intercen Ltd. (1976) F. S. R. 513; J. B. L. (1977), p. 182.

⑶在風險移轉上：在 CIP 條件下，貨物風險是以其交給第一運送人時作為風險移轉界限；而在 CIF 條件下，則以貨物在裝船港越過船舷時作為風險的分界點。

⑷在賣方應提供的運送單據上：在 CIP 條件下，賣方應提供的運送單據不必註明 "on board" 字樣；但在 CIF 條件下，賣方應提供註明 "on board" 字樣的運送單據。在 CIF 條件下，賣方所提供的運送單據必須可使買方得在目的港向運送人索取貨物，而且，除另有約定外，尚須能使買方以轉讓單據或通知運送人方式將運送中貨物轉售給次一買方 (Subsequent Buyer)，CIP 條件的運送單據則無此項要求。

⑸貨物所有權的移轉不同：在 CIF 條件下，賣方通常只要交出代表貨物的海運提單，一般地說貨物所有權就移轉買方；但在 CIP 條件下，不能僅透過交付運送單據，貨物所有權便可移轉 (若其為可流通〔轉讓〕提單者除外)，因為陸上運送和航空運送中所用的運送單據，與海運提單的法律性質不同。

⑹費用負擔不同：在 CIF 條件下，賣方須負擔把貨物運到目的港的運費及保險費；但在 CIP 條件下，賣方須負擔把貨物運到目的地為止的運費及保險費。

10.裝船港與目的港

在 CIF 條件下，除非另有約定，裝船港可由賣方自行選擇，事實上通常不以類如 "CIF London Shipment from Keelung" 的方式特別規定裝船港，因為這種約定方式限制了賣方選擇裝船港的機會。

至於目的港的約定，是 CIF 條件必須的條件，其目的港的約定方式約可分為三種方式：⑴以某一特定港口為目的港，例如 "CIF London"。⑵以某一地區的一主要港口為目的港，例如 "CIF one main Persian Gulf ports, to be nominated upon the carrying vessel passing Strait of Hormuz." 在此情形，何謂 "main ports" 宜有所約定，同時應約定此 main ports 必須是船舶可以安全停泊的港口。⑶以選擇港 (Optional Ports) 方式約定目的港，例如 "CIF London/Hamburg/Rotterdam optional. Optional charges for buyer's account." 其餘說明，請參閱「運費在內條件概說」一之㈡之 7 (p. 154)。

11.卸貨費用負擔問題

請參閱「運費在內條件概說」一之㈡之 4 (p. 153)。

12.本條件的國際代號為 CIF

㈣用法舉例

以本條件交易時，應在 CIF 後面加上指定目的港，例如：

> We offer to sell ball pen 10,000 gross US$5.00 per gross CIF Pussan, prompt shipment.
>
> （謹報價出售原子筆一萬籮，每籮美金 5 元，包括至釜山運費及保險費在內，即速交運。）

二、運保費在內 (CIF) 條件規則解說

㈠賣方應負擔的義務與費用

1. 辦理貨物輸出通關手續的義務 (A.2)

2. 交貨義務

賣方應於約定日期或期間內，如日期或期間均未約定，則應於訂約後合理期間內，在裝船港將符合買賣契約的貨物交到船舶上 (A.1, A.4)。

⑴提供符合買賣契約的貨物 (A.1)：

①說明請參閱「工廠交貨條件規則解說」的「賣方應負擔的義務與費用」1 之⑴ (p. 58)。

②在 CIF 契約下，如契約中對於貨物的種類、品質、規格或包裝情形有所說明時，賣方須依其說明供給貨物，如有不符，即屬違約。在 Bowes v. Shand(1877) 訟案中，Blackburn 法官曾說：「如訂約出售豌豆 (Peas)，便不得要求買方接受豌豆 (Beans)，如所交付的貨物與契約的說明有任何差異，則此貨物即非當初約定的貨物，買方無接受義務。」

在 Manbre Saccharine Co. v. Corn Products Co.(1919) 訟案中，約定買賣的貨物為 280 磅袋裝的澱粉一宗，但賣方裝運的澱粉一部分以 280 磅袋裝，一部分以 140 磅袋裝。賣方對「280 磅袋裝」一詞認為並非契約的重要部分，但 MaCardie 法官不表同意，他說：「顯然此類字眼乃係契約的重要部分，構成貨物說明的一部分……。」

③賣方所供給的貨物，其數量須與契約規定相符，較多或較少均屬違約 (SGA §30)。

在 Shipton, Anderson & Co. v. Weil Bros. & Co.(1912) 訟案中，有一買賣小麥的契約，契約中規定：「重量以 B/L 所載者為準……共 4,500 tons，可多裝或少裝 2%，賣方享有較約定數量再多裝或少裝 8% 之權 (weight as per bills of lading...say 4,500 tons, 2 percent more or less; seller has option of shipping a further 8 percent, more or less on contract quantity)」，而賣方交付數量較契約所允諾的數量 4,950 tons（按即：$4,500 \times (1+2\% + 8\%) = 4,950$）多出 55 lbs，買方即以超量交付為由拒收。超過部分的貨款為 4 先令 (4 s)。4,950 tons 的貨款為 £40,000，賣方並未請求支付多裝的貨款 4 先令。於拒收後，賣方只好以賤價轉售，並請求不接受 (Non-Acceptance) 的損害賠償。Lush 法官判決說：「其超過的數量，微不足道，賣方既未請求超過部分的貨款，賣方已實質上履約，故依 SGA §30 ⑵ 的規定，買方無權拒絕接受貨物。」Lush 法官同時認為，假如賣方請求支付超運部分的貨款 4 先令，則本案情形即將因之改觀。

在 Harland & Wolff v. Burstall(1901) 訟案中，賣方出售 500 捆木材，但賣方實際上只裝運 470 捆。關於此，Bigham 法官判決認為賣方並未履行義務。他說：「當然，履行類此的商務契約，輕微的差額，在所難免。非謂所交付的數量必須是絕對的約定數量，但必須大致上與約定數量相符。」

⑵交貨時間：

①有約定者，應於約定日期或期間內，在裝船港船舶上交貨 (A.4)。關於交貨時間的規定方法有二，一為規定在某日裝船 (At The Date Fixed)，例如 "Shipment: on Oct. 30, 20–"，另一為規定在一定的期間內裝船 (Within The Period Fixed)，例如 "Shipment: during Oct. 20–" 或 "Shipment: on or before Oct.

31, 20–"。

　②未約定者，應在訂約後合理期間內，在裝船港船舶上交貨 (SGA §29 ⑶; W-O Rules 3; CISG §33 ⒞ ; White Sea Timber Trust v. W. W. North [1932])。我國民法 315 條則規定:「清償期，除法律另有規定或契約另有訂定，或得依債之性質或其他情形決定者外，債權人得隨時請求清償，債務人亦得隨時為清償。」

　在 Thomas Borthwick(Glasgow)Ltd. v. Bunge & Co. Ltd.(1969) 訟案中，買賣契約中規定:「預定於 1968 年 1 月 3 日至 1 月 5 日間，由 Bristol City 輪裝載，或由其他代替船裝載，可直接或間接駛往目的地，可轉船或不轉船」，此規定並未訂明確定的裝船日期。事實上由於該輪的延誤，至 1 月 20 日才到達裝船港。賣方未及等候該輪，乃改裝他船，但卻在 1 月 5 日之後。結果買方以賣方未在 1 月 3 日至 1 月 5 日之間裝船及代替船應由船舶所有人選擇，賣方無權選擇等理由，拒絕接受。法官認為:「雖然賣方的原來義務係將貨物裝載於 Bristol City 輪，但如該輪無法裝載，則任何其他船舶均可取而代之，且契約中並無裝船時間的規定。因此，SGA §29 ⑶有其適用❿，賣方如能於合理時間內發送貨物，即已履行交貨義務。」

　在 Lewis Emanuel & Son Ltd. v. Sammut(1959) 訟案中，原告（買方）與被告（賣方）於 1958 年 4 月 14 日訂立一買賣 500 包的 Maltese 產春季新收成的馬鈴薯的 CIF London 契約。其中規定 "Shipment on or before April 24"，結果因賣方無法取得於 4 月 14 日與 4 月 24 日之間到達 Malta 的唯一船舶的艙位，故未依約履行。仲裁人認為賣方須負賠償責任的論斷，為 Pearson 法官所維持。仲裁人判斷認為:「並無如賣方所主張之於約定裝船期間內，艙位須能獲得始足相當的習慣或慣例的存在，從而裝船成為不能時，契約並不因之而失效。因此，在不容易獲得 shipping space 的場合，賣方宜在契約中規定 "... subject to shipping space being available" 條款，以便萬一無法獲得艙位時可免責。」

---

❿　SGA §29⑶規定: 依買賣契約，賣方須送交貨品給買方者，若送交期間未限定，賣方應在合理期間內為之。

(3)交貨地點：

①有約定者，依約定，否則即屬違約（Filley v. Pope [1885]; Continental Imes Ltd. v. H. E. Dibble [1952]）。

②無約定者，契約中無裝船地點的約定者，例如僅規定 shipment from Taiwan 或 shipment to Kobe 者，賣方得依貿易習慣選擇一合理地點裝船交貨。合理與否，應依具體情況決定。例如以離賣方最近的港口，或約定船舶停泊港為裝船港，或雖非最近港口，但依貨物種類或性質，以有裝載該貨物設備的港口為裝船地，並不能一概而論，惟應秉誠信原則決定才可。

(4)交貨方法：依 CIF 契約性質，賣方須提供貨運單據以代替貨物的實際交付，即 Symbolic Delivery 是。而貨運單據中當以提單最為重要。但貨物必須裝上船，船公司才會發行（裝船）提單，故就賣方而言，其交貨，即履行供給貨物義務，必須將貨物裝上船舶。

從實務上而言，賣方供給貨物的方法有二，其一為將貨物實際裝上船，其二為購買運送中貨物 (Goods Afloat)。在第一種方法之下，賣方必須將貨物裝上自行安排的船舶。在第二種方法之下，賣方購進已在運送途中的貨物，然後向買方供給，所以，在第二種方法之下，賣方本身不必安排船運事宜，但在第二種方法之下，所購買的貨物原則上須於契約所定的時間及地點裝船者才可。這種供給貨物的方法，實係因 CIF 契約的本質而生，因在 CIF 契約下，賣方履行契約係以交付單據方式為之，即所謂 Symbolic Delivery 是也。

(5)賣方不履行交貨時，其賠償計算標準：在 CIF 條件下，如賣方不履行交貨義務，以致買方遭受損失時，其損失賠償的計算標準日，當以賣方所應提供的貨運單據，依通常情形能到達買方時的市價為準。在 1917 年 C. Sharpe & Co. v. Nosawa & Co. 訟案中，日商將一批日本豆以 CIF London 條件售給英商，約定 6 月間交貨，依當時交易過程，貨運單據應可於 7 月 21 日到達倫敦，貨物則可於 8 月 30 日運到倫敦，但賣方並未依約交貨。訴訟結果，法院判決該買賣契約於 7 月 21 日被廢棄，故賣方對買方的賠償金額應以契約價格與 7 月 21 日的市價之差額為準。至於市價，乃指目的地市價而言，但在美國若干判決則指裝船地的市價而言（參閱 Seaver v. Lindsay Light Co. [1922]）。

倘若賣方已交貨，但買方收到貨物經檢查發現有瑕疵，則其賠償金額的計算，當以貨物到達時的市價為準，而非以提供貨運單據到達時為準。在 1924 年 Schmoll Fils & Co. v. Scriven & Co. 訟案中，法院認為在 CIF 交易，賣方雖然依約裝船並提供貨運單據，但如買方於收到貨物時發覺貨物品質不良者，其賠償金額，應以貨物到達目的地時的市價為計算標準，而非依賣方提供貨運單據到達時為準。

　　3.締結運送契約義務

　　賣方應依通常條件，訂立以運送約定貨物通常所用類型的海洋船舶（或視情形，內陸水路船舶），經過通常航路，將貨物運送至指定目的港的運送契約 (A.3.A)。賣方與船公司締結運送契約時，應注意到下列事項：

　　⑴通常條件：所謂通常條件 (Usual Terms) 係指於裝船時，該貨物在貿易上或預定航程上常用的合理條件而言。所謂該貨物在貿易上的合理條件，例如該貨物在貿易習慣上均係裝在甲板上，則買賣契約中雖無甲板裝載的約定，賣方即使訂定甲板裝載的運送契約，也屬合理。所謂在預定航程上的合理條件，例如原買賣契約無轉船的規定，但依預定的航程以觀，非轉船不可者，賣方即使訂定需轉船的運送契約，也屬合理。但上述情形，以原買賣契約無特別規定時，才有其適用。如買賣契約已訂明不得為甲板裝載，或不得轉船，而賣方訂立的運送契約竟與此相違，即屬違約（關於「通常 (usual)」一詞，請參閱 *Incoterms 2000* 導言 6.行業用語）。

　　⑵船舶類型：有約定時，依約定。無約定時，貨物必須裝載於通常用來運送該類貨物的海洋船舶 (Seagoing Vessel)，不得以帆船運送。如屬內陸水路者，貨物必須裝載於通常用來運送契約貨物的內陸水路船舶 (Inland Waterway Vessel)。

　　⑶運送航路：有約定時，依約定。如因不可抗力，無法依約定航路運送時，係屬於契約的履行不能，賣方不能改由其他航路運送。無約定時，須以通常航路 (Usual Route) 運送貨物。如無通常航路的存在，則應選擇實際可用的商業航路 (Practical Commercial route) 運送貨物。

　　1956 年 10 月 29 日，以色列入侵埃及，11 月 1 日英、法兩國也對埃及採

取軍事行動，11 月 2 日 Suez Canal 被封鎖，封鎖一直持續到 1957 年 4 月 9 日。在這段 Suez Canal 被封鎖期間裡，引起了許多國際貿易的糾紛。對於這些糾紛，國際貿易界和司法界廣泛討論：在 CIF 契約項下必須航行什麼航路，以及如果在簽約時預定的、通常的習慣航路在履約時已經不再通航，這個契約是否可因而解除。這些問題在下述一個英國的海商貿易判決中得到了答案。

查 Tsakiroglou & Co. Ltd. v. Noblee Thorl G.m.b.H. ── 英國上議院 1962 年 A.C.93 號案：1956 年 10 月 4 日上訴人（賣方）蘇丹的 Tsakiroglou & Co. Ltd. 與被告上訴人（買方）漢堡的 Noblee Thorl G.m.b.H. 透過代理人在漢堡簽訂了一項貨物買賣契約。買賣標的物為 300 噸蘇丹花生，每噸 50 英鎊，CIF 漢堡，1956 年 11 月至 12 月裝運。在裝運期間，因 Suez Canal 的封鎖，賣方提出契約履行不能 (Frustrated) 的要求，理由是契約的第 6 項規定：「在進口或出口禁令、封鎖或戰爭、流行病疫或罷工情況下，以及在不能如期裝運或交貨的不可抗力情況下，裝運或交貨期可延長到兩個月之內，但不超過兩個月。此後如果不可抗力情勢繼續存在，本契約可以取消。」買方拒絕接受賣方的要求。按契約的仲裁條款規定，雙方當事人將爭議提交倫敦仲裁院仲裁。1957 年 2 月 20 日仲裁判斷：賣方違約，應付買方損失賠償金和仲裁費。賣方不服此仲裁判斷，又向英國油籽協會上訴委員會上訴，結果上訴委員會駁回上訴，支持原仲裁的判斷，並且得到英國上議院的支持。上訴委員會的判斷內容如下：「這是一個我們查證的事實問題也是一個我們堅持的法律問題：

A.在這段主要的時間裡，在埃及只有敵對行動但沒有戰爭。

B.如果『裝運』這個詞的意思是指將貨物裝上船運至漢堡的話，那麼既沒有戰爭也沒有不可抗力情勢阻止在契約規定的期限內裝運契約規定的貨物。

C.如果『裝運』這個詞不僅包括將契約規定的貨物裝上船，還包括運至契約規定的目的港的話，即使在契約規定的裝運期限內因不可抗力使運經 Suez Canal 成為不可能，但通過好望角 (Good Hope Cape) 的航道並沒有受阻。

D.契約中並沒有默認裝運或運送必須要經過 Suez Canal 的條款。

E.該契約不能因為關閉 Suez Canal 而失效。

F.該契約的履行，通過 Suez Canal 運送和經過好望角運送，在商業上並沒有什麼根本的差別。」

⑷目的港：

①買賣契約中訂明某一特定目的港時，貨物必須裝載於駛往約定目的港的船上，並負責取得保證貨物將在買賣契約中所定目的地交付的提單（B/L 上的免責條款除外）。

在 Lecky & Co. Ltd. v. Ogilay Gillanders & Co.(1897) 訟案中，被告（賣方）出售一批袋裝糖予原告（買方），裝船港為印度 Calcutta，貿易條件為 CIF Tripoli，當事人的意思是要將貨物運至非洲利比亞的 Tripoli，但由於船公司的疏忽，而非因賣方的過失，貨物竟被運至 Syria 的 Tripoli，並在該港交付。上訴法院判決認為原告請求未交付貨物的損害賠償之訴有理。

在 Acme Wood Flooring Co. v. Sutherland Innes & Co.(1904) 訟案中，契約中規定 CIF to buyer's wharf, Victoria Docks, London，但 B/L 上並未如此記載，結果貨物在 London Port 的其他碼頭起岸，因而增加一些費用。涉訟結果，法官判決，須由賣方負擔此項額外費用。

②約定數個目的港時：如契約規定有數個目的港（例如 CIF Keelung/Kaohsiung）而須由買方於特定期限內指定卸貨港者，買方須在特定期限內指定卸貨目的港俾賣方履約，否則即屬違約（參閱 Carapanayoti & Co. v. Comptoir Commercial Andre & Cie S. A. [1971]）。

4.交貨通知義務

依本條件，賣方應於貨物裝上船時，將貨物已在船舶上交付一事，以及為使買方採取得以提貨的通常必要措施而需要的其他事項，給予買方充分的通知 (A.7)。

⑴通知目的及時期：①因裝船以後的貨物風險由買方負擔，除賣方已投保的險類之外，買方可能還有其他風險需投保。②俾買方對於提貨、支付貨款、轉售有所準備。在 CIF 條件下，賣方是否應於貨物裝上船舶後，及時通知買方一事，英國法院歷年來都確認賣方負有通知裝船的義務。然而，實際

上，英國法院的見解已漸有所改變。英國法院的見解已變更為：除非買賣契約中有特別規定，或賣方訂定的保險契約就特定的風險未加承保而該風險通常係由買方自行投保者，否則買方無權要求賣方就貨物的裝載於船舶，作及時通知[103]。另外，W-O Rules 第 13 規則規定：「買方未收到此項通知，或賣方因意外疏漏未通知買方，買方均不得以此為理由拒收賣方所提出的單據。」

(2)通知方法：通常可以航郵方式發出，是否必須以電傳通知，須依約定為準。但鑒於電傳費的日趨低廉，宜以電傳方式通知。

(3)通知內容：通常包括船名、貨名、數量、嘜頭、裝船日期、目的港及預定到達日 (ETA) 等。W-O Rules 第 13 規則規定：「如可能的話，包括船名、嘜頭及明細。」

5.締結保險契約義務

賣方必須自負費用與信譽良好的保險人或保險公司訂立保險契約，投保買賣契約所約定的貨物保險，使買方或任何其他享有貨物保險利益者，取得直接向保險人索賠的權利，並向買方提供保險單或其他保險證明文件。該項保險，除另有約定外，應按協會貨物條款（倫敦保險人協會）或任何類似條款的最低承保條件投保。保險期間應依照 B.4 及 B.5 規定。若買方有所要求，且若有付保可能，賣方必須以買方費用，加保戰爭、罷工、暴動及民變的風險。最低保險金額應按契約價款加一成（即 110%），並須按契約貨幣投保 (A.3. B)。

(1)保險人：在 CIF 條件下，保險係賣方為受益人（即買方）利益而投保，而保險旨在貨物遭受風險時，由保險人負責補償損害，其信用很重要。故本條件規定賣方須向信用良好的保險人或保險公司投保。如買賣契約中定有保險人時，賣方應向該保險人投保。如買賣契約中未就保險人特別約定時，賣方應盡相當注意 (With Reasonable Care) 以選定保險人。

(2)投保險類：海上貨物保險，依其保險種類的不同，其承保範圍也不同。賣方究竟應投保何種險類，視買賣契約的規定而定。故，買賣契約中訂有保險種類者，賣方自應依買賣契約的規定而投保，否則即屬違約。但如買賣契

---

[103]　Law & Bonar Ltd. v. British American Tobacco Co. Ltd. (1916).

約中對於保險種類無約定者，賣方僅負有依「貿易上通用的條件」(The Terms Current in The Trade) 投保的義務，投保險類是否適當，係屬事實問題，應視該險類是否該種貿易實務上或習慣上所採用，並考慮貨物性質、船舶的特性及航路而定。但為避免爭議，Incoterms 規定賣方應按協會貨物條款（倫敦保險人協會）或任何類似條款的最低承保條件（即 FPA 或 ICC (C)）投保。除契約另有約定外，賣方並無義務投保特定交易所需或買方為其個別保障有意投保的特別險類，所謂特別險類，包括 Theft, Pilferage, Leakage, Breakage, Chipping, Sweat, Contact with Other Cargoes 等在內。此外，賣方並無投保兵險、罷工、暴動及民變險的義務，故買方認為有投保這些險的必要時，可要求賣方以買方的費用投保，但以賣方有可能購買到這些保險為條件 (A.3.B)。

在 Plaimar Ltd. v. Waters Trading Co. Ltd.(1945) 訟案中，賣方交付的保險單中含有在轉船港發生滅失、毀損不賠的例外條款。該條款規定，如果於 15 天內未將貨物轉船完畢，保險單即停止其效力，直至轉船完畢之日才恢復效力，不幸貨物於轉船港滅失，買方乃拒收單據。澳大利亞高等法院判決買方不得拒收單據，其理由為：賣方所交付的保險單係一通常保險單，在當時並無法取得承保轉船 15 天以上的風險的海上保險單。因此買方無權要求交付承保這種特別風險的保險單。

在 C. Groom Ltd. v. Barber(1915) 訟案中，賣方於 1914 年 6 月 8 日依「英國黃麻製品協會」(United Kingdom Jute Goods Association) 所定條款，出售 100 捆麻布給買方。貿易條件是 CIF。契約中規定須於 6 月 1 日至 7 月 15 日間自 Calcutta 裝船運往倫敦，並約定兵險由買方負責 (War Risk for Buyer'S Account)。貨物於 7 月 15 日裝上 City of Winchester 號船舶，後來該船於 8 月 6 日為德國巡洋艦所捕獲，並沉沒。由於賣方僅提供載有「拿捕不保條款」(Free From Capture and Seizure) 的普通勞依茲保險單而未投保兵險，買方乃拒絕接受，於是交付仲裁。買方主張賣方應投保兵險，同時於交付單據時，貨物已滅失，故其無接受單據的義務。但仲裁人認為賣方有理。案經上訴至「黃麻製品協會倫敦地方上訴委員會」(London Local Appeal Committee of The Jute Goods Association)，該委員會也判決賣方勝訴，其理由為：既乏投保兵險的

貿易習慣，賣方所提出的保險單並無不合。

(3)保險金額：保險的目的除使買方可獲得貨物實際損失的賠償外，對其合理利潤也應考慮，否則買方不能獲得合理保障。故保險金額，除另有約定者，應依其約定外，應為契約金額加一成（即 CIF × 110%），即除了貨物的合理價值 (Reasonable Value of The Goods) 之外，應加保買方利潤 (Buyer's Profit)10%。因為買方進口貨物的目的在於獲取利潤，故估計其合理利潤為 CIF 價格的 10%。

在 Landauer v. Asser(1905) 訟案中，CIF 契約中有一條款規定賣方應為買方的計算以超過淨發票金額 5% 的金額投保 (insurance 5 percent over net invoice amount to be effected by sellers for account of buyers)。賣方卻以超過發票淨金額 5% 以上的金額投保，並將保險單連同其他單據交付買方請求支付貨款。該貨物於運送中發生毀損滅失，於是保險人將全部保險金給付買方，賣方卻提出異議。但法院判決買方有權取得全部保險金。其所持理由為:「賣方於貨物毀損滅失時，對保險標的物已無利益存在，故無權向保險人請求保險金的給付。」

在 Karinjee Jivanjee & Co. v. W. F. Malcolm & Co.(1926) 訟案中，賣方以超過發票金額的金額保險，後來發生保險事故，買方乃取得全部保險金。但賣方卻以契約中的約定「貨物的全部或一部分如未到達……則該部分的契約無效」(should the goods or any portion thereof not arrive...this contract to be void for any such portion) 為由，請求交付保險金的全部。換言之，賣方認為依此約定，貨物一旦毀損滅失，當事人即恢復單據交付前的地位，從而賣方有權請求保險給付。但 Rocke 法官判決認為該約定對當事人的地位並無任何影響，因為契約已經履行完畢（即已交付單據及付款），故買方有權取得超額部分的保險金。

(4)幣別：保險幣別涉及匯率變動問題，因此，如有約定，應依約定幣別投保；如無約定，應依買賣契約所載幣別投保 (A.3.B)。

(5)保險單據：賣方為證明其已與保險人訂立保險契約，須取得可轉讓保險單據由其背書轉讓給買方，使其能享受對貨物的保險利益。賣方以提供保

險單 (Insurance Policy) 為原則，如無保險單可資提供，則保險證明書 (Certifi-cate of Insurance) 也可，但該保險證明書必須係基於保險人的授權而簽發，且對於買方賦予持有原保險單相同的權利，並須載有原保險單主要條款 (A.3.B)。

⑹保險期間：如有約定，依其約定；如無約定，則其保險期間為自貨物越過裝船港船舷時起至貨物運抵約定目的港為止，但在裝船港越過船舷之前的貨物風險，仍須由賣方負擔，所以，賣方可投保貨物自工廠或製造商交付時起至約定目的港為止的保險，而於貨物裝船後，將保險單背書移轉買方，使買方取得貨物運送中的保險權利 (A.3.B)。

6. 申請、提供或協助取得單據的義務

⑴申請或協助取得單據的種類：

①輸出許可證或其他政府批准 (A.2)。

②協助買方取得過境、輸入所需單據：賣方須循買方要求並由其負擔風險及費用，給予一切協助，以取得買方為貨物輸入及必要時，通過任何國家所需要，而在裝船國及（或）原產國發行或傳輸的任何單據或等同的電子訊息，但 A.8 所規定的通常運送單據除外 (A.10)。

⑵應提供的單據種類：

①商業發票或等同的電子訊息 (A.1)。

②符合買賣契約的證據 (A.1)。

③交貨證明、運送單據或等同的電子訊息 (A.8)。請參閱「運費在內條件規則解說」的「賣方應負擔的義務與費用」5 之⑷ (p. 160)。

④保險單據 (A.3.B)。

⑶提供單據的時間：賣方應於約定時間內向買方提交，如無約定，應於貨物裝船後，盡一切合理的注意，儘速將各種單據於合理時間內交付買方，否則，買方有權拒絕接受貨物，如不拒絕接受貨物，也得請求遲延交付的損害賠償。

在 Barber v. Taylor(1839) 訟案中，買方訂購 150 袋棉花，賣方依約裝船，取得提單後，卻未立即發送予買方，買方乃拒絕接受貨物。涉訟結果，法院

判決稱，賣方於取得提單後，應於合理期間內交付買方……故賣方於提供提單顯有遲延，買方得拒絕接受貨物。至於賣方是否已於合理時間內交付，應依案件個別情況而定。

法官 Scrutton 在 Landauer & Co. Craven & Speeding Bros.(1912) 訟案中判稱：「賣方於買賣商品運出後，應儘速發送單據予買方或受貨人。」法官 Birken Heat 表示：「賣方於裝船後，應在合理期間內提交單據予買方。」法官 Atkinson 在 Johnson v. Taylor Bros.(1920) 訟案中表示：「賣方應盡一切合理的快速提交單據。」

在 Sharpe & Co. v. Nosawa & Co.(1917) 訟案中，賣方未依 CIF 契約約定於 6 月間將貨物從日本運往倫敦，且證明賣方如於 6 月間裝運最後一班的船舶，而依合理的送達方式將單據寄送時，可於 7 月 21 日到達倫敦。法官 Atkin 在裁量買方得請求的損害賠償金額時，係以契約金額與 7 月 21 日的商品價格的差額為準。Atkin 法官說：「契約義務應由賣方履行者，其履行的日期為應送達單據之日，即賣方盡其合理努力將之送交買方的日期。」

⑷交付單據的地點：如契約有約定者，依其約定；如無約定，應於買方營業處所或居所交付單據。在 Ireland v. Livingston(1871)、Biddell Bros. v. E. Clemens Horst Co.(1911) 及 Sharpe & Co. v. Nosawa & Co.(1917) 諸訟案中，法院的判決均認為賣方有義務提交單據予買方。賣方為履行此義務，得以直接郵寄予買方，或由賣方的代理人轉交或以信用狀押匯方式由押匯銀行轉寄開狀銀行或付款銀行，以在付款地交單。因此，假如以信用狀付款，而信用狀係由賣方營業處的所在地銀行簽發者，或以賣方營業處的所在地銀行為付款銀行者，因單據必須向該開狀銀行或付款銀行提示，在此場合，單據的交付地點應為賣方所在地❿。但也有主張在某些情形下，應在賣方營業處所交付單據者❺，但前者為通說。

⑸交付單據的方法：

①直接交付：僅限於買方在賣方所在地設有營業所或代理人時，才有其

---

❿　The Albazero (1974).

❺　Rein v. Stein [1892] 1 Q.B. 753.

適用可能。

②直接寄送：即由賣方以郵寄或其他方式（例如 courier service）寄送買方或其代理人。

③間接寄送：即透過銀行將單據交付買方，現代國際貿易多以信用狀或託收方式收取貨款，所以間接寄送方式甚為普遍。

7.賣方應負擔的費用及稅捐

⑴取得輸出許可證的費用 (A.2)。

⑵交貨費用 (A.6)。

⑶出口稅捐及通關費用 (A.6)。

⑷檢查費用 (A.9, B.9)。

⑸包裝、標示費用 (A.9)。

⑹提供運送單據而生的費用 (A.8)。

⑺交貨通知費用 (A.7)。

⑻保險費 (A.3.B)。

以上⑴–⑺，請參閱「運費在內條件規則解說」㈠之 7 (p. 164)。

㈡買方應負擔的義務與費用

1.通知賣方裝運時間及目的港名稱義務 (B.7)

請參閱「運費在內條件規則解說」㈡之 1 (p. 165)。

2.負責取得輸入許可證，並辦理輸入、過境通關 (B.2)

請參閱「運費在內條件規則解說」㈡之 2(p. 165)。

3.接受運送單據或等同的電子訊息

依本條件 A.8，賣方須向買方提供載明貨物運往約定目的港的通常運送單據。若此項運送單據符合買賣契約及 A.8 的規定，買方就必須接受 (B.8)。若買方拒絕接受該單據（例如指示銀行拒付跟單信用狀項下貨款），則將構成違約，賣方可憑買賣契約獲得救濟。

假如賣方提出的單據不合契約規定，買方固然可拒絕接受，然而，在 CIF 契約下，單據是代表貨物，交付單據等於交付貨物，那麼拒收單據是否即拒

收貨物呢？ 關於此，Devlin 法官在 Kwei Tek Chao v. British Traders and Shippers Ltd.(1954) 訟案中曾說：「拒收單據之權於交付單據之時產生，至於拒絕承認所接受貨物之權，則於貨物卸載經檢驗發現與契約不符時才產生。」在 CIF 契約下，拒收單據與拒絕承認所接受貨物是二個完全獨立的權利。因此，接受單據之後，仍得以運抵的貨物與契約不符為由拒絕承認所接受貨物。反之，於接受貨物後，即使因貨物已處分，致喪失拒收貨物之權，但如單據係屬偽造（例如倒填裝船日期），買方仍可主張其拒收單據之權，只是其主張的形式不同而已。

4.接受貨物義務 (B.4)

請參閱「運費在內條件規則解說」㈡之 4 (p. 166)。

5.支付價款義務

依本條件 B.1 規定，買方應依買賣契約規定支付價金。

⑴支付時間： 有約定時，依其約定；無約定時，有習慣者，依習慣；無習慣者，應於賣方提交符合買賣契約規定的單據時，即應支付貨款。所謂「即應支付貨款」乃指應於接受單據後「合理時間」內支付之意。至於何謂「合理時間」，乃為事實問題，應就個案依具體情形決定。關於付款時間，另請參閱 UCC § 2–310 ⒜、⒞ ; UCC § 2–325; CISG § 58 ⑴ ; SGA § 28 及我民法第 369 條規定。

⑵支付方式： 國際貿易上支付貨款的方式可分為付現與匯兌方式，匯兌方式又可分為順匯與逆匯，逆匯又可分為憑信用狀方式與不憑信用狀方式。因此，究竟以何種方式支付貨款，應在契約中規定，如未約定，應以付現方式為之，即 Cash Against Documents 是也。至於以信用狀方式付款者，究竟應於何時開達信用狀不無疑問。如買賣契約中未規定，通說認為買方應於合理時間內開達信用狀。所謂合理時間係以「從裝船期間的第一天往前倒算，而非自契約成立之日往後算 (calculated back from the first date of the shipment; not calculated forward from the date of the conclusion of the contract)。其目的在於使賣方於貨物裝船之前，知擔保其貨款的信用狀確已存在。因此，契約中訂定的裝船日期若為： during February, March or April，則除另有約定外，買

方必須於 2 月 1 日以前合理期間內將信用狀開達賣方。」

⑶支付地點：在 CIF 契約下，買方支付貨款的地點，因支付貨款方式的不同而異。在付現方式下，除另有約定外，因賣方負有交付單據予買方的義務，故買方於其營業處所為現付，乃理所當然。在不憑信用狀方式下，須由代收銀行代表賣方在買方所在地提示單據，故付款地也是在買方營業處所。至於以信用狀方式付款者，則視信用狀的種類而定。如係 negotiation L/C，則以押匯銀行所在地為付款地；如屬 straight L/C，則以該指定付款銀行所在地為付款地。

⑷支付貨幣：依約定貨幣支付。其餘參閱「工廠交貨條件規則解說」的「買方應負擔的義務與費用」4 之⑵ (p. 63)。

⑸支付金額：參閱「工廠交貨條件規則解說」的「買方應負擔的義務與費用」4 之⑴ (p. 63)。

6.提供賣方購買保險所需資訊

在 CIF 條件下，貨物的保險由賣方負責辦理。就賣方立場而言，賣方應依買賣契約規定投保，若契約無約定，應依本條件 A.3.b 的規定付保。若買方有意加保其他險類時，買方當然必須通知賣方，請其加保。在大多數情形，賣方知道應如何保險，不需買方提供購買保險所需的資訊。但若不是這樣的話，買方應循賣方的要求，提供其購買保險所需的資訊 (B.10)。

7.應負擔的費用及稅捐

⑴輸入許可證費用 (B.2)。

⑵不包含在運費內的卸貨費用、運送中有關貨物的一切費用、進口稅捐及輸入、過境通關費 (B.6)。

⑶負擔未將裝運貨物時間及（或）目的港給予賣方充分通知而生的額外費用 (B.6)。

⑷負擔通知賣方裝運時間及（或）目的港的費用 (B.6)。

⑸償還賣方代投保戰爭、罷工、暴動及民變風險而支付的保險費 (A.3.B)。

⑹支付或歸墊取得有關單據的費用 (B.10)。

⑺檢驗費用 (B.9)。

以上(1)－(4)，(6)－(7)請參閱「運費在內條件規則解說」㈡之 6 (pp. 167–168)。

㈢風險負擔的問題

1. 貨物風險的移轉

參閱「運費在內條件規則解說」㈢之 1 (p. 168)。

這裡要補充說明的是：

⑴通說認為：在 CFR 條件下，如賣方未將貨物已裝船乙事迅速通知買方，則貨物風險負擔不移轉買方。但在 CIF 條件下，貨物已由賣方購買保險，故縱使賣方未將貨物已裝船乙事迅速通知買方，也不致影響貨物風險負擔的移轉。我們認為在 CIF 條件下，賣方即使未將貨物已裝船乙事，迅速通知買方，原則上，貨物於其越過裝船港船舷時，風險移轉買方，但如貨物因賣方所購買保險未承保 (Cover) 的風險而造成滅失或毀損時，此項損失應由賣方負擔，因為賣方如將已裝船乙事迅速通知買方，買方或可向保險公司購買賣方所未投保的險類之故也。

⑵貨物在運送中因意外事故而遭受的風險，與其在運送中惡化 (Deterioration) 的風險不同。在 FOB 與 CIF 契約，關於易腐爛貨物 (Perishable Goods) 的買賣，含有貨物必須具有 Merchantable Quality（商品性品質）狀況的默示條件。尤有進者，不但在裝運時須具有 Merchantable Quality 狀況，而且貨物運抵目的地之後在合理期間內仍應具有 Merchantable Quality 狀況，以供買方可作正常處分。但運輸過程或處分貨物不當延誤者不在此限。Diplock 法官在 1961 年 Mash & Murrell Ltd. v. Joseph I. Emanuel Ltd. 訟案中，曾說：「由於運輸過程中遭受不正常情況 (Abnormal Conditions) 所致貨物的非尋常的惡化 (Extraordinary Deterioration)，應由買方負擔。但貨物在運輸中因必然且不可避免的惡化 (Necessary and Inevitable Deterioration)，致貨物運抵目的地時不具 Merchantable Quality 者，此項風險通常由賣方負擔。」

2. 禁止輸出入的風險負擔

參閱「運費在內條件規則解說」㈢之 2 (p. 170)。

㈣貨物所有權的移轉時期

1.所有權移轉的一般原則

在普通法 (Common Law) 制度下，原則上貨物的風險須由所有權人 (Owner) 負擔。因此，貨物所有權的移轉，除另有約定外，原則上與貨物風險同時移轉。但事實上，在 CIF 契約下，貨物所有權與貨物風險並非同時移轉。茲先說明貨物所有權移轉的一般原則。

在英美法，關於貨物所有權的移轉有兩個基本原則，即：

①不特定物的買賣，其貨物所有權，於貨物特定之前，不移轉買方 (SGA §16)。

②特定物的買賣，其貨物所有權，於當事人欲其移轉之時，移轉於買方 (SGA §17⑴)。

再者，不特定物即使特定後，其所有權也須於當事人欲其移轉之時，才移轉買方。所謂「於當事人欲其移轉之時」係指當事人就所有權的移轉有意思表示而言。如當事人的意思不明時，應依下列原則決定：

①未附條件的 (Unconditional) 特定物買賣，如該特定物處於可交付狀態 (In Deliverable State) 者，則其所有權於契約成立時移轉買方 (SGA §18 Rule 1)。

②在不特定物買賣，以貨物指撥於契約(即特定)，且處於可交付狀態時，所有權移轉買方 (SGA §18 Rule 5)。

然而，不特定物買賣的貨物在何時特定呢？換言之，何種行為才構成貨物的指撥行為呢？關於此，SGA §18 Rule 5 ⑵規定：

①貨物由賣方直接交付買方者，於貨物交付買方時，

②賣方以運送予買方為目的，將貨物交付運送人或其他受託人時，

貨物即特定，其交付行為即構成指撥行為。

因此，一般而言，在不特定物的買賣，「貨物的所有權，於貨物交付買方或交付運送人時，由賣方移轉買方」，這個原則也可適用於國際買賣的場合。

2. CIF 契約下，貨物所有權移轉時期

　　那麼在 CIF 契約下，貨物所有權究竟於何時由賣方移轉買方呢？關於此，我國法律並無規定，也無相關的判決可資參考。在英國則不但有若干判決已成為商業習慣，且常為他國法院所採納。因此，以英國先例判決為中心，參酌英美學說，藉以了解 CIF 契約下貨物所有權移轉時期，應屬恰妥。

　　首先，CIF 契約既係買賣契約的一種，則上述所有權移轉的一般原則自可適用，但是在 CIF 契約，賣方負有將貨物裝上船舶的義務。因此，為了將貨物運交買方，必須將貨物交給船公司。所以，將貨物交付船公司，也即裝船時，貨物所有權即由賣方移轉買方。英美法院的先例判決，均一再宣示此旨趣 (SGA §18 Rule 5 ⑵，§19 ⑵)。

　　但是卻有一個難題：即在 CIF 契約下，如賣方自船公司取得以自己為抬頭人 (To Order of Seller) 的指示提單，並憑此提單向買方提示要求支付貨款的場合，曾有判決認為：「在買方未支付貨款之前，貨物所有權仍屬賣方所有，而不移轉買方。」那末，貨物所有權究竟於裝船時移轉呢？還是裝船後，於買方支付貨款並取得提單時才移轉呢？

　　固然在「憑貨運單據收取貨款為本質」的 CIF 契約下，賣方係從船公司取得以自己為抬頭人的提單，連同發票、保險單及匯票，透過銀行向（或逕向）買方提示請求付款（不管有無信用狀，原理一樣）。然而，賣方所以要求發行以自己為抬頭人的指示提單，而不發行以買方為抬頭人的記名式或指示式提單，是為防萬一買方不依約付款時，賣方可憑提單將貨物轉售，也可憑提單從船公司提回貨物，從而可保障債權之故。換言之，其目的無非是：「在買方未支付貨款之前，擬就該貨物保留擔保權或處分權 (Right of Disposal)。」但是賣方藉這種指示式提單保留對貨物的擔保權或處分權，如就遽認為是「賣方於未獲付貨款之前，仍保留所有權」，在理論上並非正確。實際上，賣方在此情形下所保留的所有權並非完整的所有權，而其所保留的只不過是買方不付款時，可將貨物處分的權利而已。

　　買賣契約乃是以貨款為對價而移轉貨物所有權的契約。在交易過程中，當事人對貨物所擁有的權利，並非必須是 all or nothing（全有否則全無）。換言之，在履約過程中，由買賣雙方分享貨物所有權，應屬無妨。所有權的內

容包括使用、收益、處分等權利，此等權利，實際上一部分由某人享有，而其他部分歸他人享有的情形，比比皆是。例如房屋的所有人，將其出租時，承租人雖獲得使用權，但其所有權內容中，除使用權外，其他權利仍屬房東所有。同樣，通常某人對貨物享有擔保權的場合，他只有在其債權無法獲得清償時，才有權處分貨物。除此以外，其他的所有權內容，仍由所有權人所享有。在此場合，擔保權人對於因其債權無法獲得清償時，即可處分貨物的權利，稱為擔保利益 (Security Interest)，而授與擔保利益的所有權人，就其所有權扣除擔保利益之後，剩下的權利，則稱為受益利益 (Beneficial Interest)。所以，對某一貨物的所有權，如另有人對其享有擔保利益的場合，所有權的內容可分割為擔保利益與受益利益，而由兩個人分別享有，即

$$\text{property} \begin{cases} \text{beneficial interest} \\ \text{security interest} \end{cases}$$

那末，對於上述所有權可分割的現象，如能予以明確的把握，則關於 CIF 契約所有權移轉的時期，乍看之下，似乎矛盾的上述先例判決，也可因而獲得理解。換言之，賣方為了將貨物運交買方，而把貨物交付船公司裝船時，所有權內容的全部或至少所有權中的受益利益即移轉買方。所有權內容的全部於裝船時，即由賣方移轉買方的情形，係指賣方不表示也不擬保留擔保權的情形而言。倘若賣方為保留擔保權而採取某種措施的場合，貨物裝船時，只有所有權中的受益利益移轉買方，而賣方則仍保留所有權中的擔保利益。在此情形下，只要買方支付貨款，賣方的擔保利益即歸消滅，而買方乃取得完整的所有權 (General Property)。

至於賣方是否保留擔保利益，可以從提單上的抬頭人（即提單上受貨人欄）的記載方式，加以認定：

①提單以賣方（託運人）為受貨人指示式 (To Order of Shipper) 形式發行時：在此種情形，可解釋為賣方顯然有保留擔保利益的意思。貨物裝船時，買方只取得貨物所有權的受益利益，賣方仍保有貨物所有權的擔保利益。必俟賣方所簽發匯票經承兌或付款後，擔保利益才消滅，買方才取得貨物的完整所有權。

②提單以代收貨款銀行 (Collecting Bank) 為受貨人指示式 (To Order of Collecting Bank) 形式發行時：在此情形，也解釋為賣方有保留擔保利益的意思。貨物裝船時，買方只取得貨物所有權的受益利益，賣方仍享有貨物所有權的擔保利益。於買方就賣方所簽發匯票承兌或付款後，代收銀行即將提單背書轉讓與買方，於是買方取得完整的所有權，而賣方的所有權擔保利益因之消滅。

③提單以買方為受貨人的指示式 (To Order of Buyer) 形式發行時：在此場合，只要賣方占有提單，即可解釋為賣方有保留擔保利益的意思。因為在此情形，雖然除買方或其被背書人 (Endorsee) 外，無人可憑提單自船公司提取貨物，但只要賣方占有全份提單，即可達成保留擔保利益的目的。但如於買方支付貨款之前，即將這種提單交給買方，則應解釋為賣方無保留擔保利益的意思。

④提單以買方為受貨人的直接式（Straight Form 即 To Buyer）形式發行時：在此情形，將被認為賣方無保留擔保利益的意思。因為在此情形，買方不必提示提單，即可自船公司提領貨物（英美法規定與我國海商法略有不同）。因此，貨物裝船時，買方即享有貨物的完整所有權。茲將上述四種情形，所有權的移轉形式，列表如下：

B/L 之發行形式	裝　船　時	承　兌　或　付　款　時
1. To order of shipper	只有受益利益移轉	擔保利益消滅（所有權全部移轉給買方）
2. To order of collecting bank	只有受益利益移轉	擔保利益消滅（所有權全部移轉給買方）
3. A. To order of buyer，但 seller 占有 B/L	只有受益利益移轉	擔保利益消滅（所有權全部移轉給買方）
B. To order of buyer，且將 B/L 交付 buyer	所有權全部移轉	－

4. To buyer（straight B/L）	所有權全部移轉	–

由上述，可獲得結論如下：賣方自船公司取得以自己為抬頭人的指示提單，且以跟單匯票作清償貨款時，CIF 契約下的貨物所有權的移轉時期為：「貨物於裝船時，受益利益由賣方移轉買方，但賣方仍保有擔保利益。嗣買方承兌或支付匯票時，賣方的擔保利益乃歸消滅，而買方則取得完整的貨物所有權。」

在英美法院的判決，就個別案件，固然大多作了正確的解決，但對於賣方保留擔保權的情形，因未能作有系統的把握，以致常常有：在某一案件判定所有權於裝船時移轉，而在另一案件則又判定所有權於買方支付貨款時才移轉的情形，結果，給人一種矛盾的印象。但如上所述，基於所有權分割（分割為受益利益與擔保利益）的認識，即可說明兩者並無矛盾之處，這就是著名的分割所有權利益理論 (Theory of Divided Property Interest)，係由美國契約法泰斗 Samuel Williston 及買賣法權威 Lawrence Vold 所創設❿。

3.透過銀行收取貨款時，貨物所有權的移轉時期

在 CIF 契約，如貨款的收取，有銀行介入時，其所有權的移轉時期及過程如下：

⑴銀行以託收方式處理時：在此場合，銀行只是以賣方代理人地位處理代收貨款事宜，故與跟單匯票由賣方向買方逕行提示的情形並無兩樣。換言之，貨物所有權的受益利益，於裝船時，移轉買方，但賣方取得的提單是以自己為抬頭人的指示提單，故仍保有擔保利益。當買方接獲代收銀行的通知而兌付匯票時，賣方的擔保利益即歸消滅，買方則取得完整的所有權。

倘若買方拒絕兌付匯票，則賣方得憑提單發動擔保權，將貨物處分，如有損失並可向買方請求損害賠償。

⑵銀行以押匯方式處理時：在此場合，貨物所有權的受益利益於裝船時，由賣方移轉買方。賣方則憑以自己為抬頭人的指示提單，保有擔保利益。當銀行承做押匯讓購匯票時，賣方以空白背書方式將提單轉讓與銀行，由銀行

---

❿　Lawrence Vold, *Law of Sales*, St. Paul, 1960, p. 4; UCC § 2–505.

取得貨物所有權的擔保利益。押匯銀行將匯票連同包括提單在內的貨運單據寄往進口地銀行時，如匯票由進口地銀行買進，則貨物所有權的擔保利益即轉予進口地銀行。進口地銀行將匯票向買方提示，經其兌付，則進口地銀行於貨物所有權的擔保利益即歸消滅，買方則取得完整的所有權。

　　如買方拒絕兌付，即發生如何實現擔保權的問題。如銀行享有票據法的追索權時，銀行自可要求賣方償還票款，收回匯票及包括提單在內的貨運單據，並憑提單收回貨物或予轉售。如銀行未享有追索權（指不可撤信用狀的場合），而買方又拒絕兌付時，銀行可憑提單，將貨物予以處分❿。

三、國內 CIF 與國際 CIF

㈠國內買賣的運保費在內條件

　　以 CIF 條件交易的國內買賣，大約可分為如下圖⑴與圖⑵所示的兩種情形。

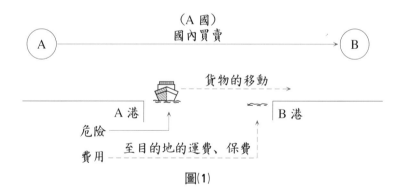

圖⑴

---

❿　關於 CIF 契約下貨物所有權移轉時期的說法很多，有興趣者，請參閱下列論著：
⑴朝岡良平，〈CIF 契約における所有權と危險移轉〉，《早稻田商學》，第191號，pp. 29–56；192號，pp. 1–37；193號，pp. 1–60；⑵Philip W. Thayer, "CIF Contracts in International Commerce", *Harvard Law Review*, vol. 53, 1940, pp. 816–826;⑶ David M. Sassoon and H. Orren Merren, *CIF and FOB Contracts*, 3rd ed., pp. 212–231.

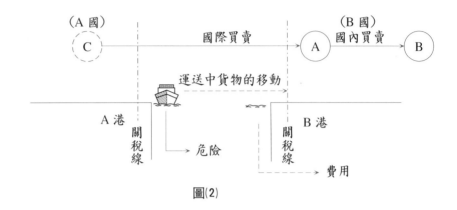

圖(2)

　　圖(1)為在同一國境內的賣方 A 與買方 B 所訂立的 CIF 契約，依此，賣方 A 須負擔一切風險與費用，於約定日期或期間內，將貨物在 A 國 A 港裝上船舶，並負擔 A 港至 B 港的運費及保費；買方則須負擔貨物裝上船以後的一切風險及運費、保費以外的一切費用。賣方 A 於裝船後，即可備齊規定的貨運單據向買方 B 提示，買方 B 則於賣方 A 提出符合買賣契約的單據時，接受單據，並支付約定價款。但因屬國內買賣，故當事人間不發生依關稅法由何方辦理通關以及負擔因此而生的稅捐、規費或手續費的問題。

　　至於在圖(2)的場合，係表示在進口國 B 國的賣方 A，將運送中貨物 (Goods Afloat) 轉售國內買方 B 的情形。其交易性質又可分為多種情形：

　　第一種情形為假設 A 國出口商 C 將運送中貨物 (Goods Afloat) 以 CIF 條件與進口國 B 國的進口商 A 成立買賣契約，並基於此，由出口商 C 向進口商 A 提供貨運單據，則出口商 C 與進口商 A 之間的買賣是屬於國際買賣，相當於後述圖(3)的通常的 CIF 契約。進口商 A 雖以自己的計算（即自負盈虧）先期輸入 (Anticipatory Import)，但得再以自己的計算以 CIF 條件轉售國內買方 B。依此 CIF 契約，買方 B 如接受貨運單據，則貨物的風險溯及至 B/L 日期，即自貨物在出口國 A 國裝船時起，移轉買方 B。但進口商 A 與買方 B 訂約時若貨物已滅失或毀損，且進口商 A 知情或應知者，該買賣契約為無效。進口商 A 將貨物轉售買方 B 時，固然無按轉售價格另行購買保險的義務，也無就加價部分另行購買保險的義務。買方 B 不得以所提供的保險單未能保險

(Cover) 其購買價格為由而拒絕接受貨運單據。倘若買方 B 有意加保，則應由其自行投保。以上進口商 A 與買方 B 之間的 CIF 契約，顯然屬於國內買賣。

第二種情形為進口國的進口商 A 接獲國內用戶 B 的訂單後，從國外進口貨物的場合。在此情形，因轉售對象已確定，故進口商 A 不但可免除一般進口商先進口貨物，再尋找買主的場合可能遭遇的風險，而且資金也不致凍結過久。至於其契約內容與在第一種情形下進口商 A 與買方 B 的情形大致相同。這種根據國內用戶的訂單而從事進口業務的進口商，有時稱為 CIF Importer。

第三種情形為出口國 A 國的賣方 C 與進口國 B 國的進口代理商 A 之間訂立寄售代理契約，並由進口代理商 A 以 CIF 條件將貨物售予國內買方 B 的場合。出口商 C 向進口代理商報價時，可以 CIF 條件報價，並以此基準計算進口代理商應得的佣金；但也可以含佣金的 CIF & C 條件報價。進口代理商自買方 B 收到貨款後，即可將其應得的佣金自貨款中扣下，然後將餘款匯付出口商 C。不論採用那一種報價方式，在出口商與進口代理商之間，並不發生貨物所有權的移轉問題。所以進口代理商並不負擔貨物裝船以後的海上風險。進口代理商 A 只是代出口商 C 以 CIF 條件銷售貨物而已。因此，出口商 C 應向進口代理商 A 提供有關的貨運單據，以便進口代理商 A 能以 CIF 條件出售貨物。至於買方 B 則於支付貨款取得貨運單據，並負擔貨物裝船後的一切風險，以及運費及保費以外裝船後的一切費用。貨物運到時，即由買方 B 向運送人提領貨物。有關進口通關手續及有關進口稅捐、規費或手續費，均由買方 B 負擔。因此，第三種的情形，是一種間接的輸入交易，就此而言，應屬於下述國際買賣的一種。

㈡國際買賣的運保費在內條件

以 CIF 條件交易的國際買賣也有多種情形，這裡只舉下述二種情形為例。

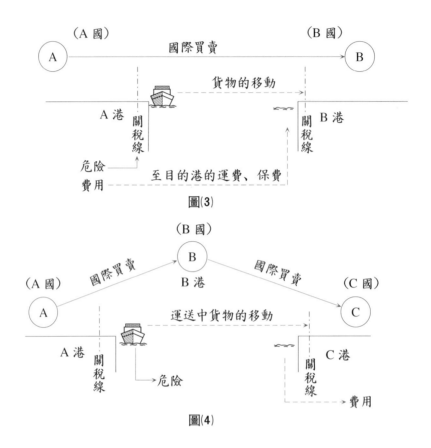

圖(3)

圖(4)

　　圖(3)所示的 CIF 條件國際買賣是最具代表性的一種。即 A 國的賣方 A 為履行 CIF 契約下的義務，必須負擔一切風險與費用取得輸出許可證、辦理貨物出口通關事宜、購買保險、安排船運、將貨物裝上船舶，並支付海運費及海上保險費；B 國的買方 B 則負擔貨物裝上船以後的一切風險，並負擔海運費、保險費以外的一切費用，於賣方 A 提出與買賣契約相符單據時，買方 B 即須接受單據並支付約定價款。然後由買方 B 自行負責申領輸入許可證，辦理進口通關手續，並憑提單向運送人提領貨物，運入國內。買賣雙方的義務，正如 Incoterms 所規定者。

　　在圖(4)的場合，在 B 國的中間商 B 利用地理上的有利條件，從 A 國的出口商 A 以 CIF 條件買進貨物，然後以 Optional Cargo 方式裝運，中間商 B 取得貨運單據後，即將運送中貨物 (Goods Afloat) 尋找客戶兜售。假設覓得 C 國的進口商 C，並以 CIF 條件訂立了轉售契約，於是中間商 B 將貨運單據向進

口商 C 提出，並取得貨款，同時通知船公司將貨物在 C 港起卸。在此情形下，出口商 A 與中間商 B 的契約固然是 CIF 契約，中間商 B 與進口商 C 的契約也是 CIF 契約，但前者係依固有的 CIF 條件交易，而後者則以運送中貨物 (Goods Afloat) 為買賣標的物的 CIF 條件，因此，買賣雙方（B、C 間）的義務乃有若干的變更（例如 B 不必負擔出口通關、支付出口稅捐等義務是）。

 # 第八節　運費付訖 (CPT) 條件

一、運費付訖條件概說

(一)運費付訖條件的概念

本來國際商會於初次制定 Incoterms 時，即將「運費付訖條件」(Freight/ Carriage Paid To) 列入其中，以便使用於以陸運運送貨物的交易。嗣為配合複合運送，於 1980 年就 Incoterms 1953 的 "Freight or Carriage Paid To" 條件加以結構上的修訂，俾延伸使用於利用各種型式的運輸工具的買賣，包括複合運送以及利用拖車和駁船的貨櫃或駛上駛下運送 (multimodal operations and container or "roll on-roll off" traffic by trailers and ferries)。1990 年及 2000 年國際商會修訂 Incoterms 時，將該條件歸入 Group C「主要運費付訖」(Main Carriage Paid) (By Seller) 類之內，改稱為 "Carriage Paid To...: CPT"。

依本條件交易時，賣方須於規定日期或期間內，把貨物交付其所指定的運送人並負擔額外支付將貨物運至指定目的地所需的運送費用，買方則須負擔貨物依上開方式交付後所生的一切風險及其他費用，並依買賣契約約定支付貨款。

本條件與 CFR 條件類似，賣方須負責締結將貨物運至目的地約定地點的運輸契約，並支付運送費用；但貨物滅失或毀損的風險，以及增加的任何費用，於貨物交付運送人時，即由賣方移轉買方，非如 CFR 條件以船舷 (Ship's Rail) 為風險與費用負擔的分界點。由於貨物在運送中的風險歸買方負擔，故

本條件是裝運地交貨條件的一種。就運輸方式而言，CFR 條件是以海運為主的海上交貨條件，而 Carriage Paid To 條件則不限運輸方式。因此，實務上常稱本條件為「複合運輸 CFR 條件」，如運輸方式為鐵路或公路者，可稱為「陸上 CFR 條件」；如海陸聯運，則可稱為「海陸 CFR 條件」；如為陸空聯運，則可稱為「陸空 CFR 條件」，而將僅適用於海上運送的 CFR 條件稱為「海上 CFR 條件」。

(二)用法上應注意事項

1. 運送人的種類

因為本條件可適用於任何形式的運輸，故運送人可能是公路運輸公司 (Road Haulier)、鐵路運輸公司 (Railway Company)、航空公司 (Airline Company)、船公司 (Shipping Company)、複合運送人 (Combined Transport Operator, Multimodal Transport Operator) 或以契約運送人 (Contracting Carrier) 身分承擔運送責任的貨運承攬業者 (Freight Forwarder) 等不一而足。因此，本條件下的「運送人」相當於 1978 年聯合國海上貨物運送公約 (UN Convention on the Carriage of Goods by Sea) —— 通稱為漢堡規則 (The Hamburg Rules) —— 所界定的運送人。

2. 風險負擔的分界點

如前所述，本條件雖與 CFR 條件類似，但就風險負擔的界限而言，在本條件下，賣方只要將貨物交給運送人 —— 通常係在其貨物集散站 (Cargo Terminal) —— 風險即移轉買方，但若利用相繼運送人運送至約定目的地，則風險於貨物交給第一運送人 (First Carrier) 時移轉。這與 CFR 條件不同，後者其貨物風險的移轉界限係以裝運港船舷為準。

3. 運送單據

陸上運送及航空運送所使用的運送單據 (Transport Document) 與海上運送的海運提單 (Ocean B/L) 不同。前者稱為貨運單 (Waybill)，一般而言只具有運送人收據 (Carrier's Receipt) 及運送契約條件的證據效力，並不像海運提單具有表彰貨物 (Represent The Goods) 所有權的性質。而且這種貨運單並不能

轉讓 (Not Negotiable)。向運送人提貨時，通常也無須將貨運單繳回，提貨人只須證明其為該貨運單上所記載的受貨人 (Receiver) 即可提貨。也就是說，在運送過程中，貨物所有權並不能單憑這種運送單據的交付即可轉讓。

不過在現代定期輪運輸，提單的使用已有逐漸減少的趨勢。代之而起的新型運送單據卻為不可轉讓性質的海運貨運單 (Sea Waybills) 或記名運費收據 (Data Freight Receipts) 等。相反地，在複合運送情形下，又有若干運送單據卻像提單一樣，在法律上具有可轉讓的性質⑩。

4. 付款問題

在本條件下，如買方須於貨物交付運送人時即須支付貨款，則買方宜要求賣方提出可轉讓的運送單據，或於不可轉讓運送單據的場合，要求賣方提出該運送單據「託運人聯」(His copy of the transport document to him，即 Sender's Copy of The Waybill 或 Copy for Shipper)。在此情形下，依照一些國際運送公約（例如國際公路運送公約 [CMR]，國際鐵路運送公約 [CIM]，國際航空運送華沙公約 [Warsaw Convention]），賣方再也無法指示運送人將貨物予以改運 (Rerouting) 他處。如有人要求改運，運送人於接受之前，有義務要求提示貨運單的託運人聯。如運送人怠於履行此項義務而逕予改運，則應補償買方因而所遭受的損害。然而，目前一些新型的運送單據，尤其是海運貨運單 (Ocean or Sea Waybills) 或定期輪貨運單 (Liner Waybills) 或運費收據 (Data Freight Receipts)，或 Cargo Quay Receipts，並未仿照上述國際公約適用有關貨運單 (Waybill) 的改運手續的規定，因此，買方不宜憑這些運送單據就支付貨款。因為實在無法防範賣方對運送人為新的指示而將貨物改運他處之故。

在某些場合，例如國內公路運輸，根本不發行運送單據，故本條件規則規定：若有習慣 (If Customary) 時，賣方才須向買方提供通常的運送單據⑩。

5. 輸出入許可證

本條件係以貨物出口為前提，屬出口買賣 (Export Sale) 的一種，故賣方須自行負擔風險與費用取得貨物出口所需的任何輸出許可證；而買方則須負

---

⑩ *Guide to Incoterms*, ICC Publication, No. 620, p. 28.

⑩ CPT A.8.

責取得輸入許可證以及負擔貨物進口至目的國應付的一切費用與稅捐。

　　6. 目的地地點 (Point of Destination)

　　在本條件，除了應約定目的地 (Place of Destination) 之外，還應約定目的地地點 (Point of Destination)。若契約中未約定目的地地點，賣方只好依實務來決定目的地地點。若目的地地點未經約定，也無法依實務決定，那麼賣方可在指定目的地 (Named Place of Destination) 選擇最適合其本意的地點做為目的地地點 (A.3.a)。

　　7. 其他應注意事項請參閱「運費在內條件」一之㈡ (p. 152)

　　8. 本條件的國際代號為 CPT

㈢用法舉例

　　依本條件交易時，在本條件後面應載明指定目的地約定地點 (the agreed point at the named place of destination) 名稱。例如：

> We offer to sell decoration lamps 10,000 sets US$3 per set CPT New York, delivery during September.
>
> 　　（謹報價出售裝飾燈一萬組，每組美金 3 元，運費付訖至紐約，9 月間交貨。）

二、運費付訖 (CPT) 條件規則解說

㈠賣方應負擔的義務與費用

　　1. 取得輸出許可證並辦理輸出通關手續義務

　　賣方必須負責取得為貨物輸出所需任何輸出許可證或其他官方批准書，在可適用的情況下並辦理相關的一切輸出通關手續 (A.2)。

　　2. 交貨義務

　　賣方應於約定日期或期間內，如日期或期間均未約定，則於訂約後合理

期間內，為運送至指定目的地，將符合買賣契約的貨物交給運送人保管。若有相繼運送人時，則將貨物交給運送至指定目的地的第一運送人 (First Carrier) 保管。因本條件可使用於任何運送方式的交易，若貨物經複合運送者，其貨物將由數人相繼運送，所以，賣方將貨物交給第一運送人保管即完成交貨義務 (A.1, A.4)。

⑴提供符合買賣契約的貨物：所提供的貨物必須符合買賣契約所約定者。其餘請參閱「工廠交貨條件規則解說」的「賣方應負擔的義務與費用」1 之⑴ (A.1) (p. 58)。

⑵交貨時間：有約定時，應於約定日期或期間內交貨 (A.4)；如無約定交貨時間，請參閱「工廠交貨條件規則解說」的「賣方應負擔的義務與費用」1 之⑵ (p. 59)。

⑶交貨地點：裝運地運送人（或第一運送人）營業處所，或其貨物集散站 (Cargo Terminal)。

⑷交貨方法：將貨物實際地交付運送人保管，即屬已履行交貨義務。

3.締結運送契約義務

賣方應依通常條件，訂立經由通常路線及以習慣方法將貨物運送至指定目的地約定地點的運送契約。若未約定地點或不能依實務做法決定，賣方得選擇在指定目的地最適合其本意的地點做為目的地地點 (A.3.A)。

⑴與運送人締結運送契約的當事人為賣方，而非買方。

⑵運送契約內容：

①運送路線及方式：必須以經由運送契約貨物的通常路線 (Usual Route) 並依運送該類貨物習慣方法 (Customary Manner) 洽訂運送契約。

②目的地地點：有約定時，依其約定；無約定時，依習慣決定；如不能依習慣決定，則由賣方在目的地選擇最適合其本意的地點作為目的地地點。

4.交貨通知義務

因本條件的運送是由賣方安排，所以，賣方應將其已把貨物交給運送人的事實及有關事項給予買方充分的通知，俾買方得以著手辦理有關提貨的手續 (A.7)。賣方怠於此項通知的後果，Incoterms 未作任何規定，但從 Incoterms

推斷，賣方若怠於此項通知，將構成違約，這表示依買賣契約的準據法，賣方可能須負違約之責。

　　5.申請、提供或協助取得單據的義務

　　⑴提供商業發票，若買賣當事人使用電子通訊方式者，得以電子訊息替代商業發票 (A.1)。

　　⑵提供符合契約的證據：如買賣契約有特別約定賣方須提供證據，以證明其提供的貨物確與契約規定相符者，賣方尚須提供此項證據，例如檢驗證明、成分分析表或公證報告等 (A.1)。

　　⑶申請輸出許可證或批准書：本條件是以貨物出口為前提，雖然其交貨地點為輸出國境內運送人營業處所，但賣方須負責取得貨物輸出所需的任何輸出許可證或其他官方批准書。萬一貨物被政府禁止出口，其風險歸賣方負擔。不過，對於這種意外事故，買賣契約中通常都列有免責條款。依 CISG 及一些國家的買賣法規定，對於無法預見或合理地無法預見的禁止出口，賣方可免除買賣契約項下的義務 (A.2)。

　　⑷提供交貨證明、運送單據或等同的電子訊息：若有習慣，賣方必須向買方提供通常運送單據以證明其已將貨物交給運送人，此項運送單據包括可流通轉讓提單、不可流通轉讓海運貨運單（包括 Liner Waybills, Ocean Waybills, Cargo Quay Receipts, Data Freight Receipts 等）、內陸水路單據、空運提單、鐵路貨運單、公路貨運單及複合運送單據等 (A.8)。

　　我們試著來分析 A.8：

CPT	運費付訖
S must provide B if customary with the usual transport document or documents	若有習慣賣方應提供予買方通常運送單據或單據
for the agreed port of destination	運到指定目的港
e.g. negotiable bill of lading	例如可轉讓運送單據

or non-negotiable sea waybill	或不可運送單據
or inland waterway document	或內河運送單據
or air waybill	或空運提單
or railway consignment note	或鐵路貨運單
or road consignment note	或公路貨運單
or multimodal transport document	或複合運送單據

① "customary" 的問題

何以在 C 類型條件經海運的 CFR/CIF 未規定「若有習慣應提供通常運送單據」，反面解釋就是「若沒有習慣就不必提供通常運送單據」，理由何在？可能是 CFR/CIF 這些條件會使用在轉運中的貨物 (Will Be Sold in Transit)，CPT 則似乎較少使用於轉運中的貨物，因此運送單據自然不必轉讓，亦即沒有轉讓之意，因此只有在某些特定行業 (Particular Trade) 才有習慣應由賣方提供運送單據，這是規定 "customary" 的緣由。

例如我們可能賣一個貨櫃的技術設備給買方，這批特殊的設備我們並不預想他們會轉賣，而且付款方式也有特別的安排，例如是 open account，在這種特定型態貿易可能沒有習慣要提供運送單據，因此 CPT 並不規定賣方負有主動義務要提供運送單據 (Incoterms do not impose an automatic obligation of tender in this or similar situations)。

② "usual transport document" or "documents"

CFR/CIF 的 A.8 是講 "provide the buyer without delay with the usual transport document..."，並未如 CPT 的 "the usual transport document or documents"，若有 CFR/CIF 也只有在 A.8 第 2 段講到 "this document" 原因又是何在？因為 CPT/CIP 使用在複合運送，不同的運程有不同的單據，縱然複合運送人可以只簽一張單據，但買賣契約可能堅持要賣方提供數張單據，因此才有這樣的規定（the sale contract may insist on tender of several documents rather than just the one）。

若賣方與買方同意以電子系統通訊，則上述運送單據得以等同的電子資

料交換訊息替代 (A.8)。

有關的國際公約及各國法律迄目前為止還沒有專門規範不可流通(轉讓)運送單據的規章（美國為例外，在美國，不可流通〔轉讓〕提單，也即所謂 Straight B/L 是被承認的）。基於此，國際海事委員會 (CMI) 在 1990 年 6 月制定了「海運貨運單統一規則 (Uniform Rules for Sea Waybills)」。為了避免不可流通（轉讓）運送單據在法律上的不確定性，當事人在運送契約中應載明適用本統一規則。

在 CPT 條件下，若買方預定將運送中貨物轉售他人，那麼，應在買賣契約中規定賣方須提供可流通（轉讓）提單。

⑸協助買方取得過境、輸入所需單據：賣方須循買方要求並由其負擔風險及費用，給予一切協助，以取得買方為貨物輸入，及通過任何國家所需要，而在發貨國及（或）原產國發行或傳輸的任何單據或等同的電子訊息，但 A.8 所規定的通常運送單據除外 (A.10)。上述單據或等同的電子訊息包括 Consular Invoice, Health Certificate, Certificate of Origin, Clean Report of Finding 等。

6. 提供買方購買保險所需的資訊

循買方要求提供其購買保險所需的資訊 (A.10)。

7. 賣方應負擔的費用與稅捐

⑴取得輸出許可證的費用：自負費用取得貨物輸出所需的任何輸出許可證或其他官方批准書 (A.2)。

⑵交貨費用：負擔有關貨物的一切費用，直至其將貨物交給運送人保管為止，以及貨物運送至目的地的運費及一切其他費用，包括賣方在訂立運送契約時已包含在運費中或已由賣方承擔的裝載費用及在目的地的卸貨費用 (A.6)。雖然，賣方須負擔依通常路線及習慣方法將貨物運至目的地約定地點的通常運費及費用，但貨物交給運送人保管後因意外事故而生的額外費用，則應歸買方負擔。這些額外費用包括為了規避意外障礙（諸如冰山、擁塞、勞工騷擾、政府命令、戰爭或軍事行動）、運送人行使轉運或類似條款項下的權利而生的費用。

⑶出口稅捐及通關費用：支付貨物輸出通關所需費用，及輸出時應付的一切關稅、稅捐及其他費用 (A.6)。

⑷包裝、標示費用：自負費用將貨物施予依其所安排運送貨物所需包裝（除非依該特定行業，契約貨物通常以不加包裝發送），並在貨物外包裝上施予適當的標示 (A.9)。其餘說明請參閱「船上交貨條件規則解說」㈠之 7 之⑷。(p. 134)

⑸檢查費用：支付為把貨物交給運送人保管所需的檢查作業（例如檢查品質、丈量、過磅、計數）費用 (A.9)，賣方在交貨前對於貨物施以適當的檢查，是賣方為履行交貨所應盡的義務，其因此而生的費用應由賣方負擔。此外，出口國政府依法令規定對出口貨物所實施的檢驗，其費用也應由賣方負擔 (B.9)。

⑹提供運送單據而生的費用 (A.8)。

⑺交貨通知費用 (A.7)。

㈡買方應負擔的義務與費用

1. 通知賣方發貨時間及目的地名稱

依買賣契約規定，若買方有權決定貨物的發貨時間及（或）目的地時，買方應將其決定給予賣方充分、及時的通知，以便賣方有充裕的時間安排運送事宜，否則買方須負擔因此而增加的額外費用及風險 (B.7)。所謂增加的風險，依本條件 B.5 的規定，若買方未將發貨時間及（或）目的地給予賣方充分的通知，則貨物滅失或毀損的風險可能提早移轉買方 (Premature Passing of the risk)。又依本條件 B.6 規定，若買方未將發貨時間及（或）目的地給予賣方適當的通知時，自約定發貨日或發貨期間屆滿日起，該貨物因此而生的額外費用歸由買方負擔。當然，上述風險的提早移轉以及額外費用的歸由買方負擔，必須以貨物已經指撥於買賣契約為前提 (B.5, B.6)。

2. 取得輸入許可證，並辦理輸入、過境通關

在 CPT 條件下，既然賣方將貨物交給運送人並辦妥輸出通關手續，即完成交貨義務，則買方就必須負責申領貨物輸入許可證或其他官方批准書，在

可適用的情況下，並辦理貨物輸入及通過任何國家所需的一切通關手續 (B.2)。因此，如遭遇禁止進口情事，買方並不能因而可免除其支付貨款的義務，除非在買賣契約中訂有免責條款，或者依有關準據法的規定，買方可免責或展延履約時間。

3.接受交貨證明、運送單據或等同的電子訊息義務

依 CPT 條件 A.8 規定，若有習慣，賣方須向買方自負費用提供通常運送單據。若此項運送單據符合買賣契約規定，買方就必須予以接受 (B.8)。若買方拒絕接受該單據，則將構成違約，賣方可依買賣契約請求損害賠償或取消契約。

4.接受貨物義務

在 CPT 條件下又再度出現二個關鍵點 (Critical Points)，其一為：賣方在發貨地把貨物交給運送人時，賣方就履行了其交貨義務，因此，買方必須在發貨地接受交貨 (Accept Delivery of Goods)；其二為：買方還須在指定目的地從運送人提領 (Receive The Goods)(B.4)。買方在指定目的地收受貨物不僅僅是為本身利益，而且是對訂立運送契約的賣方應負的義務，因為運送工具抵達目的地時，若買方不適時從運送人提貨，則運送人可能會向運送契約當事人的賣方收取額外費用。

5.支付價款義務

支付貨款為買方首要義務。賣方既已依約交貨，並提供符合買賣契約規定的運送單據及發票等，買方即有依買賣契約支付價款的義務 (B.1)。

⑴支付方法：應依買賣契約所約定的方法支付。若未約定，原則上是 Cash Against Documents（交單付款）。

⑵支付時間：應依買賣契約規定時間付款。若未約定付款時間，則於賣方提出符合買賣契約的單據時付款，不得以尚未檢查貨物或尚未收到貨物為由延遲付款。

6.應負擔的費用與稅捐

⑴輸入許可證費用：負擔取得為貨物輸入所需任何輸入許可證或官方批准書而生的費用 (B.2)。

(2)除發貨地至目的地的運費應由賣方負擔外，買方須負擔依 A.4 自貨物在發貨地交給運送人時起有關貨物的一切費用，並支付至運抵約定目的地為止運送中有關貨物的一切費用及卸貨費用，但此類費用在賣方訂立運送契約時已包含在運費中或已由賣方支付者，除外 (B.6)。

①貨物在發貨地交給運送人時起，有關該貨物的一切費用，諸如因碰撞、罷工、政府指令等而生的額外費用，將由運送人向買方收取。

②在目的地的卸貨費用，此項費用於訂立運送契約時，已包含在運費中，或已由賣方支付者，買方不必負擔。反之，則應由買方負擔。

③進口稅捐及輸入、過境通關費用：在可適用的情況下，支付貨物輸入時，應付的一切關稅、稅捐及其他費用，以及辦理通關手續的費用，以及除已包含於運送契約的費用外，通過任何國家的上列費用。

(3)負擔未將發貨時間及（或）目的地名稱給予賣方充分通知而生的額外費用：若買方依買賣契約有權決定發貨的時間及（或）目的地，而未將其決定給予賣方充分、及時的通知，則自約定發貨日或規定發貨期間屆滿日起，負擔該貨物因此而生的額外費用，但以該貨物經正式指撥於契約項下，也即經清楚地分置或得以辨認其為契約貨物為條件 (B.6)。

(4)負擔通知賣方發貨時間及（或）目的地的費用 (B.7)。

(5)支付或歸墊取得有關單據的費用：支付為取得貨物輸入及通過任何國家所需在發貨國及（或）原產國發行或傳輸的任何單據或等同的電子訊息而生的費用。若賣方為協助買方取得上述單據而發生費用時，買方應予歸墊 (B.10)。

(6)檢驗費用：除賣方依本條件 A.9 所實施檢查貨物的費用及輸出國政府依法實施檢驗的費用應由賣方負擔外，其他有關貨物的檢驗費用，包括買方為自己利益所作的檢驗費用及輸入國政府規定的發貨前檢驗 (Pre-shipment Inspection, PSI) 費用，除另有約定外，概由買方負擔 (B.9)。

(7)貨物保險費：貨物交給運送人時起，有關貨物的保險應由買方付保，其保險費當然應由買方負擔。

(三)風險負擔的問題

1. 貨物風險的移轉

(1)貨物風險的內容：貨物風險包括貨物滅失及毀損兩者，是指貨物因意外事故而遭受滅失或毀損而言，若不是因意外事故所致者，例如因貨物包裝不佳、標示不清楚或因貨物本質或固有瑕疵所致滅失或毀損，其風險並不因賣方交貨而移轉買方。

(2)貨物風險移轉時、地：

①原則：在 CPT 條件，貨物風險以貨物交給運送人時，或若有相繼運送人，則以貨物交給第一運送人時，為移轉界限。換言之，賣方須負擔貨物滅失或毀損的風險，直至其將貨物交給運送人（在相繼運送時，交給第一運送人)時為止；而買方則自貨物交給運送人時起，負擔其滅失或毀損的風險 (A.5, B.5)。

②例外：若買方未依本條件 B.7 規定，將其所保留貨物發送時間及（或）目的地給予賣方充分的通知，則自約定發貨日或規定發貨期間屆滿日起，負擔貨物滅失或毀損的一切風險 (B.5)。根據一般原則，貨物的風險於其交付時移轉買方，但依本例外規定，貨物雖尚未交付，風險照樣移轉買方。這在法律上稱為「提早移轉風險 (Premature Passing of Risk)」。因買方保有指定發貨時間及（或）選擇目的地的權利，若怠於行使其權利，卻仍令賣方負擔「貨物交給運送人時」為止的風險，則顯失公平。故以約定發貨日或規定發貨期間屆滿之日為風險移轉之時，俾平衡當事人的權益。

(3)貨物風險移轉條件：

依據貨物風險移轉的原則，貨物必須經正式指撥於契約項下，也即貨物必須已經特定，可辨認其為買賣契約項下的標的物時，其風險才移轉買方。因此：

①：在(2)之①的情形，既已完成交貨，貨物已經得以辨認其為契約項下標的物，所以，不發生指撥的問題。但在某些情形，貨物以整批發貨（例如散裝貨）給數位買方，且個別買方的貨物未加分置或無法辨認那一部分屬於

某一買賣契約項下的標的物，則在貨物未經正式指撥之前，其風險不移轉買方 (B.5)。

②：在(2)之②的情形，其「提早移轉風險」的前提為：貨物必須已經正式指撥於買賣契約，也即貨物必須已經清楚地分置或得以辨認其為契約貨物為條件，例如貨物已經適當包裝及標示，得以辨認其為契約項下標的物 (B.5)。

　2.禁止輸出入的風險負擔

⑴禁止輸出的風險：依 CPT 條件，取得貨物輸出所需任何輸出許可證或其他官方批准書的風險，歸由賣方負擔 (A.2)。因此，萬一禁止契約貨物的出口，則其後果由賣方承擔。但通常買賣契約中多有免責條款的規定，而且有些國家的法律也規定：遇到政府禁止出口情事時，契約即失效。

⑵禁止輸入的風險：在 CPT 條件下，取得輸入許可證或其他官方批准書的風險，歸買方負擔 (B.2)。但萬一進口國政府禁止契約貨物輸入時，依買賣契約中的免責條款，買方可免責，何況有些國家的法律也規定，政府禁止輸入時，契約即失效。

㈣所有權的移轉時期

在本條件下，貨物所有權的移轉時期，須依約定及視賣方交貨時，運送人所發行的運送單據性質而定。如其所發行的運送單據為可轉讓運送單據(例如 Negotiable B/L)，則除另有約定外，於賣方將運送單據交付買方時，貨物所有權即移轉買方。

如運送人所發行的運送單據不是可轉讓運送單據（例如 Non-negotiable Sea Waybill, Air Waybill）則貨物所有權的移轉時期須視有關規定而定。

第九節　運保費付訖 (CIP) 條件

一、運保費付訖條件概說

㈠運保費付訖條件的概念

國際商會於 1980 年修訂 Incoterms 時，制定了 "Freight/Carriage And Insurance Paid To" (CIP) 條件，以配合複合運送的需要。即 1990 年修訂 Incoterms 時，國際商會將該條件歸入 Group C「主要運費付訖 (Main Carriage Paid)」類之內，並改稱為 "Carriage and Insurance Paid To"，但其國際代號 "CIP" 仍舊不變，2000 年版亦未加以變更。其內容除賣方必須就買方所負貨物在運送中滅失或毀損的風險，購買保險外，買賣雙方所應負的風險、費用與義務，與 CPT 條件完全相同。換言之，依本條件交易時，賣方須於規定日期或期間內，把貨物交付其指定的運送人，並負擔額外支付將貨物運送至指定目的地所需的運送費用，並須就買方所負貨物在運送中毀損或滅失的風險購買保險，買方則負擔貨物依上開方式交付後所生的一切風險及其他費用，並依買賣契約規定支付貨款。

本條件與 CIF 條件類似，賣方須負責洽訂將貨物運至目的地約定地點的運送契約以及購買運輸保險，並支付運費及保險費，但貨物滅失或毀損的風險以及增加的任何費用，於貨物交付第一運送人時，即由賣方移轉買方負擔，非如 CIF 條件以出口港船舷為風險及費用負擔的分界點。由於貨物在運送中的風險歸買方負擔，故本條件是裝運地交貨條件的一種。就運送方式而言，CIF 條件是以海運為主的海上交貨條件，而本條件則不限運輸方式。因此，實務上常稱本條件為「複合運送 CIF 條件」(如運輸方式為鐵路或公路者，可稱為「陸上 CIF 條件」，如海陸聯運，則可稱為「海陸 CIF 條件」，如為陸空聯運，則可稱為「陸空 CIF 條件」)，而將僅適用於海上運輸的 CIF 條件稱為「海上 CIF 條件」⑩。

(二)用法上應注意事項

1.風險負擔分界點

本條件雖與 CIF 條件類似，但就風險移轉界限而言，在本條件下，只要賣方將貨物交付第一運送人，風險即移轉買方，而在 CIF 條件下，其風險移轉界限卻以出口港船舷為分界點。

2.關於保險的問題

在本條件下，貨物一經交付第一運送人，貨物風險即轉由買方負擔，因此買方須靠運輸保險來保護其利益。固然，貨物在運送途中遭受滅失或毀損時，買方可以貨主的身分，有權向運送人請求賠償，但是基於運送人的免責及限制賠償責任，這種賠償請求權的價值不大。故萬一貨物遭受滅失或毀損，買方通常只有轉向保險人索賠。其保險金額通常為契約價格外加一成（即運保費付訖價加一成）。

在保險承保範圍之內，一旦貨損事故發生，買方固然可從保險人獲得損害補償 (Compensation)，但其也必須將得對抗運送人的權利由保險人代位 (Subrogation)。為此，買方必須適時向運送人發出貨物已發生滅失或毀損的適當通知，俾保險人日後不致失權，而得以向運送人索賠。這點很重要，不得疏忽。

依 Incoterms CIP 條件的規定，賣方投保範圍是基於賣方最低責任而設，因此，除非當事人另有約定，賣方只須按協會貨物條款（倫敦保險人協會）或任何類似條款的最低承保條件投保，與 Incoterms CIF 條件下賣方投保範圍相同。但是 CIP 條件因可使用於包括複合運送在內的任何運送方式，而海上運送以外的其他運送，並無與海上運送及海上保險的 FPA（或 ICC (c)）或共同海損相對稱 (Counterpart) 的保險種類或概念。因此，買賣雙方在訂約時，最好明確約定保險種類。此外，賣方所投保的險類可能並非就是買方所期待者，因此，賣方必須將其已投保的險類儘速通知買方，俾買方於必要時可購買額外的保險。只要賣方已履行上述義務，萬一貨物發生滅失或毀損，而未為賣方所投保的保險所承保者，買方不得指責賣方所安排的保險為不適當[110]。

---

[110]　大畸正瑠，《FOB條件とCIF條件》，初版，1982，p. 127。

從而，2000 年版於 A.10 新增，循買方要求，賣方應提供其購買任何額外保險所需資訊。

　　3.其他應注意事項，請參閱本章第八節「運費付訖條件概說」㈡ (p. 203)

　　4.本條件的國際代號為 CIP

㈢用法舉例

　　依本條件交易時，在本條件後面應載明目的地地點名稱，例如：

> We offer to sell decoration lamps 10,000 sets US\$3.10 per set CIP New York City, delivery during September.
>
> 　　（謹報價出售裝飾燈 1 萬組，每組美金 3 元 1 角，至紐約市運保費付訖，9 月間交貨。）

二、運保費付訖 (CIP) 條件規則解說

㈠賣方應負擔的義務與費用

　　1.取得輸出許可證並辦理輸出通關手續義務 (A.2)

　　2.交貨義務 (A.1, A.4)

　　3.締結運送契約義務 (A.3.A)

　　4.交貨通知義務 (A.7)

　　以上 1 至 4 的說明，請參閱「運費付訖條件規則解說」㈠之 1–4 (pp. 206–207)。

　　5.締結保險契約義務

　　說明請參閱「運保費在內條件規則解說」㈠之 5(p. 185)。

　　6.申請、提供或協助取得單據的義務

---

⑪　*Guide to Incoterms 2000*, ICC Publication, No. 620, p. 134.

⑴提供商業發票或等同的電子訊息 (A.1)。

⑵提供符合契約的證據 (A.1)。

⑶申請輸出許可證或批准書 (A.2)。

⑷提供交貨證明、運送單據或等同的電子訊息 (A.8)。

⑸提供保險單或其他保險證明文件 (A.3)。

⑹協助買方取得過境、輸入所需單據 (A.10)。

⑺循買方要求提供購買額外保險所需資訊。

以上⑴—⑷ , ⑹請參閱「運費付訖條件規則解說」㈠之 5 (p. 208)。

7. 賣方應負擔的費用與稅捐

⑴取得輸出許可證的費用 (A.2)。

⑵交貨費用 (A.6)。

⑶出口稅捐及通關費用 (A.6)。

⑷包裝、標示費用 (A.9)。

⑸檢查費用 (A.9, B.9)。

⑹提供運送單據而生的費用 (A.8)。

⑺交貨通知費用 (A.7)。

⑻保險費 (A.3.B)。

以上⑴—⑺，請參閱「運費付訖條件規則解說」㈠之 7 (p. 210)。

㈡買方應負擔的義務與費用

1. 通知賣方發貨時間及（或）目的地名稱 (B.7)

2. 取得輸入許可證，辦理輸入、過境通關義務 (B.2)

3. 接受交貨證明、運送單據或等同的電子訊息義務 (B.8)

4. 提貨義務 (B.4)

5. 支付價款義務 (B.1)

以上 1–5，請參閱「運費付訖條件規則解說」㈡之 1–5 (pp. 211–212)。

6. 提供賣方購買保險所需的資訊 (B.10)

7. 應負擔的費用與稅捐

⑴輸入許可證費用 (B.2)。

⑵負擔貨物交給運送人時起，運費以外有關貨物的一切費用，以及運送中有關貨物的一切費用及卸貨費用，但已含在運費中或已由賣方支付者，不在此限 (B.6)。

①貨物在發貨地交給運送人時起，有關貨物的一切費用。

②在目的地的卸貨費用，但已含在運費中或已由賣方支付者，不在此限。

③進口稅捐及輸入、過境通關費用 (B.6)。

⑶未將發貨時間及（或）目的地名稱給予賣方充分通知而生的額外費用 (B.6)。

⑷通知賣方發貨時間及（或）目的地的費用 (B.7)。

⑸支付或歸墊取得有關單據的費用 (B.10)。

⑹檢驗費用 (B.9)。

以上各項，請參閱「運費付訖條件規則解說」㈡之 6 (pp. 212–213)。

㈢風險負擔的問題

1. 貨物風險的移轉

⑴貨物風險的內容：貨物風險包括滅失及毀損兩者，是指貨物因意外事故而遭受滅失或毀損者而言，若不是因意外事故所致者，例如因貨物包裝不佳、標示不清楚或因貨物本質或固有瑕疵所致滅失或毀損，其風險並不因賣方交貨而移轉買方。

⑵貨物風險移轉時、地：

①原則：在 CIP 條件下，貨物風險的移轉時、地與 CPT 條件一樣，以貨物交給運送人，或若有相繼運送人，則以貨物交給第一運送人時，由賣方移轉買方。換言之，賣方須負擔貨物滅失或毀損的風險，直至其將貨物交給運送人（在相繼運送時，交給第一運送人）時為止；而買方則自貨物交給運送人時起，負擔其滅失或毀損的風險 (A.5, B.5)。

②例外：若買方未依本條件 B.7 規定，將其所保留貨物發送時間及（或）目的地給予賣方充分的通知，則自約定發貨日或發貨期間屆滿日起，負擔貨

物滅失或毀損的一切風險 (B.5)。根據一般原則，貨物的風險於其交付時移轉買方。但依本例外規定，貨物雖未交付，風險照樣移轉買方。這在法律上稱為「提早移轉風險」(Premature Passing of Risk)。因買方保有指定發貨時間及（或）選擇目的地的權利，若怠於行使其權利，卻仍令賣方負擔「貨物交給運送人時」為止的風險，則顯失公平。故以約定發貨日或規定發貨期間屆滿之日為風險移轉之時，俾平衡當事人的權益。

⑶貨物風險移轉條件：

依據貨物風險移轉的原則，貨物必須經正式指撥於買賣契約項下，也即貨物必須已經特定，可辨認其為買賣契約項下的標的物時，其風險才移轉買方。因此：

①在⑵之①的情形，既已完成交貨，貨物已經得以辨認其為契約項下標的物。所以，不發生指撥的問題。但在某些情形，貨物以整批發貨（例如散裝貨）給數位買方，且個別買方的貨物未加分置或無法辨認那一部分屬於某一買賣契約項下的標的物，則在貨物未經正式指撥之前，其風險不移轉買方 (B.5)。

②在⑵之②的情形，其「提早移轉風險」的前提為：貨物必須已經正式指撥於買賣契約，也即貨物必須已經清楚地分置或得以辨認其為契約貨物為條件，例如貨物已經適當包裝及標示，得以辨認其為契約項下標的物 (B.5)。

2. 禁止輸出入的風險負擔

⑴禁止輸出的風險：依 CIP 條件，取得貨物輸出所需任何輸出許可證或其他官方批准書的風險，歸由賣方負擔 (A.2)。因此，萬一政府禁止契約貨物的出口，則其後果將由賣方承擔。但通常買賣契約中多有免責條款的規定，而且有些國家的法律也規定：遇到政府禁止出口情事時，契約即失效。

⑵禁止輸入的風險：在 CIP 條件下，取得輸入許可證或其他官方批准書的風險，歸買方負擔 (B.2)。但萬一進口國政府禁止契約貨物的輸入時，依買賣契約中的免責條款，買方可免責，何況有些國家的法律也規定，政府禁止輸入時，契約即失效。

㈣貨物所有權的移轉時期

在本條件下，貨物所有權的移轉時期，須依約定及視賣方交貨時，運送人所發行的運送單據性質而定。如其所發行的運送單據為可轉讓運送單據(例如 negotiable B/L)，則除另有約定外，於賣方將該運送單據交付買方時，貨物所有權將由賣方移轉買方。

如運送人所發行的運送單據不是可轉讓運送單據（例如 Non-negotiable Sea Waybill, Air Waybill)，則貨物所有權的移轉時期須視有關規定而定。

第十節　邊境交貨 (DAF) 條件

一、邊境交貨條件概說

㈠邊境交貨條件的概念

自 1950 年代後半以後，東歐各國之間，及東歐各國與西歐各國之間，漸流行邊境交貨的貿易。國際商會有鑒及此，乃於 1967 年制定 Delivered at Frontier，簡稱 DAF 條件，以應需要，並於 1990 年修訂 Incoterms 時，將其納入 D 類型 (Group D) 條件之內。

本條件乃指賣方在相鄰國海關邊界之前的邊境指定地點 (point) 及地方 (place) 將已辦妥輸出通關手續，但尚未辦理輸入通關手續，把置於尚未卸載的到達運送工具上的貨物，交由買方處置時，即屬完成其交貨義務。買方則須負擔自貨物交由其處置時起的一切風險與費用，並依買賣契約規定支付貨款。

本條件本來主要是使用於歐洲大陸國家之間，以鐵路或公路運送貨物的貿易，但以其他運輸方式者，也可適用，並無限制。換言之，也可適用於海上運輸或航空運輸的交易。但是，從 DAF 的定義而言，交貨的地點似處在陸地邊境 (Goods are to be delivered at a land frontier)，因此交貨地點若是在目的

地港口內 (The Port of Destination) 的船上或碼頭進行 (On Board a Vessel or On the Quay) 則應使用 DES 或者 DEQ。學者也認為 DAF 僅適用於陸地邊界交付 (DAF has clearly now been limited to deliveries at the land frontier[112])。

㈡邊境交貨條件存廢的考量

DAF 後面所加的指定地,有兩個功能,一是用來決定成本 (Cost) 的功能,在指定地以前的成本由賣方負擔,在指定地以後發生的成本由買方負擔,二是用來決定風險 (Risk) 的,在指定地以前貨物毀損滅失或者交通運輸受到干擾,由賣方負擔,反之則由買方負擔。但是買賣雙方在締結 DAF 契約時只考慮到成本的功能,很少考慮到也有決定風險的功能。若果如此,CPT 或者 CIP 就已足夠應付了, 因此 1990 年修訂時也曾考慮刪除 DAF。但是在某些區域也還在使用這個條件, 最後還是被保留下來。

到了 2000 年修正時,舊調重彈是否要廢除 DAF,少部分的國家委員會建議仍應予以保留,因為在鐵路運送場合,他們依然使用 DAF,因此依然被保留下來[113]。

理由之一是美洲地區（北美自由貿易協定）可能會使用到;但如果詳加調查,美國與加拿大的卡車均可以駛入各國內陸,貨物流通自由,貿易條件不會使用到 DAF;剩下來的就是美國與墨西哥了,美國的卡車不能進入墨西哥,墨西哥的卡車除了在少數邊界以外,也不能進入美國。似乎在美墨邊界因為受到邊界物理的阻隔,因此必須要更換卡車,DAF 應該可以派上用場吧!但美國有一家叫做 *Managing Exports* 的雜誌,曾經向美國實務界調查與加、墨做生意用什麼貿易條件,答案令人感到意外,竟然沒有人用 DAF,至於用什麼呢?是 FCA (FCA accompanied by the specific US-Mexican border point)[114]。

2000 年版 DAF 在定義中特別強調兩個重點:

⑴強調邊界的貨物係處在尚未卸載的到達運輸工具上:

---

[112] *Incoterms 2000 — A forum of experts*, ICC, p. 38.

[113] Jan Ramberg, *Guide to Incoterms*, 1990, p. 23.

[114] *INCOTERMS 2000 — A forum of experts*, ICC, p. 38.

從而，如果當事人希望賣方自到達的運輸工具上把貨卸下，並且負擔風險及費用，則應清楚的在買賣契約中註明。

　　⑵強調若是在陸地邊界交貨，本條件可使用於任何運輸方式，但若在目的港的船上或碼頭上交貨，則應用 DES 或 DEQ。

㈢用法上應注意事項

　　1.避免將本條件與 Free Border 或 Franco Border 條件相混

　　業者常使用諸如 Free Border 或 Franco Border 條件，而以為其涵義與本條件 Delivered at Frontier 相當，其實不盡然。Free Border 或 Franco Border 條件，依許多國家的法律，賣方只負責安排運輸並支付至邊境的運費。至於交貨地點則並未延伸至邊境的指定地點。換言之，貨物在賣方所在地交由運送人運出時，原則上賣方即已履行義務（即屬於 Shipment Contract）而不是將貨物運抵邊境指定地點時才已履行契約（即非 Arrival Contract）。為避免運抵邊境之前貨物滅失或毀損風險究竟應由那一方負擔的爭議，業者最好改用 Delivered at Frontier 此一條件。在 Delivered at Frontier 條件下，貨物運至邊境之前的風險及費用將由賣方負擔。當然，倘若當事人僅僅希望由賣方安排運輸並支付至邊境的運費，而將貨物運抵邊境之前的風險歸買方負擔，則業者最好採用前面所介紹的 CPT 條件，至於 Free (Franco) Border 此一條件，應避免使用⑮。

　　2. "Frontier（邊境）" 一詞可以用於任何邊境，包括出口國的任何邊境

　　因此，為避免發生歧見，當事人以本條件訂約時，應將精確的交貨地點 (Point of Delivery) 列在本條件的後面。例如 Delivered at Frontier（或 DAF）Modane, France。

　　如在邊境有數處地點可作為交貨地點時，當事人必須選定其中一地點 (Point) 作為交貨地點。因此，在 DAF 之後，應加上約定交貨地點名稱，以杜日後爭議。如買賣契約中未約定邊境指定交貨地的地點，又無法依實務做法

⑮　*Guide to Incoterms 2000*, ICC Publication, 1999, p. 48.

決定其交貨地點，則賣方有權選擇對其最有利的邊境交貨地的地點作為交貨地點，買方不得異議，但以該地點設有通關設施者為限。

3.風險負擔的劃分

在本條件下，貨物風險負擔的分界點係在邊境的指定交貨地。所以實際上只有運輸在邊境中斷者，才有適用的餘地，否則運輸須通過邊境持續運送的場合，很難確定，甚至無法確定貨物在何處發生滅失或毀損。因此，在此情形下，設定風險負擔的分界點，並無意義。

如貨物係以鐵路或公路越境運輸，而無需辦理進出口通關手續者——現今西歐大陸常常是如此——最好約定以運輸起程地或中途停車站或運輸最終目的地為交貨地點⓫。

4.聯運運送單據

在多數情形,貨物不會在 DAF 後面所提到的地點卸下後再裝上另一運送工具。因此，若貨物須越過邊界持續運送者，賣方須循買方的要求及由其負擔風險與費用下，提供從發貨國發貨地點至買方所指定在輸入國最後目的地的聯運運送單據 (Through Document of Transport)，例如 Through Consignment Note，並協助買方辦理貨物通過第三國的有關通關手續。因為提供聯運運送單據是屬於賣方的額外服務 (Additional Services)，其風險與費用，與 FCA 與 FOB 條件下的情形一樣，應由買方承擔。

5.卸貨費用的負擔及有關單據的提供

若當事人希望賣方負責將貨物自到達的運送工具上卸下而且負擔卸貨的風險及費用，則應清楚地在買賣契約中附加此一旨趣的明確用語，在此場合，賣方須支付卸貨費用 (Unloading Costs)，而且還須向買方提供一切必要的單據（例如運輸單據或倉單等），俾其可在邊境指定地點接受貨物。

6.保險問題

依本條件，賣方無義務為買方利益，就貨物投保運送中風險。因此，當事人間最好共同考慮關於貨物由發貨國內起運地點至買方所選定最終目的地地點止的貨物運輸保險事項，買賣雙方各應負擔何種義務，此點甚重要⓬。

⓫　*Guide to Incoterms*, ICC Publication, No. 354, p. 76.

7.裝運地契約? 目的地契約?

本條件究竟屬於裝運地契約 (Shipment Contract) 抑屬於目的地契約 (Destination Contract) 頗有爭議。有人認為係裝運地契約，有人則認為係目的地契約 (例如 Incoterms 及 C. M. Schmitthoff)。有的則認為既係裝運地契約也是目的地契約。但筆者認為應從邊境交貨地點與買賣雙方營業處所的距離來衡量，如契約所指定邊境交貨地點距賣方營業處所較近且無跨越第三國時，本條件應屬裝運地契約；反之，如契約所指定邊境交貨地點距買方營業處所較近時，本條件即應屬目的地契約。茲圖示如下：

⑴在第三國邊境交貨時：

①以賣方國與第三國的邊境交貨時 (下圖丙地)，主要運送為第三國及買方國境內的運送，而賣方國境內的運送為補助運送，(甲) 至 (丙) 的距離小於 (丙) 至 (乙) 的距離 (或無跨越第三國)，故，在此場合，屬於裝運地契約。

(註)　‧符號為交貨地點

②反之，以第三國與買方國的邊境交貨時 (上圖 (丁) 地點)，主要運送為賣方國及第三國境內的運送，而買方國境內的運送 (後續運送) 為補助運送，(甲) 至 (丁) 的距離大於 (丁) 至 (乙) 的距離，故，在此場合，屬於目的地契約。

⑵在買賣兩國邊境交貨時：

①賣方較靠近邊境時，B 區間為主要運送，而 A 區間為補助運送，故屬

---

⑰　Clive M. Schmitthoff, *Export Trade*, 7th ed., 1980, p. 44.

於裝運地契約。

　　②買方較靠近邊境時，A 區間為主要運送，而 B 區間為補助運送，故屬於目的地契約。

　　③A 區間與 B 區間距離相等，在此情形，究竟屬於裝運地契約還是目的地契約，實在無法確定，也許稱為中間地契約較妥，但實際上，這種情形幾乎不會出現⓲。

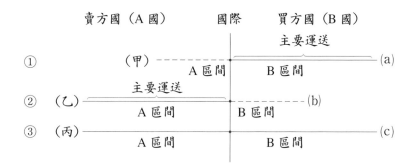

　　8. Delivered at Frontier 的國際代號為 DAF

㈣用法舉例

　　依本條件報價或訂約時，在 DAF 之後必須標明精確的交貨地點及國名，例如：

> We offer to sell electronic computers 10,000 sets Euro 1,000 per set DAF Modane, France, delivery during March⓳.
>
> 　　（謹報價出售 10,000 臺電子計算機，每臺歐元 1,000 元，在法邊境，莫丹，3 月間交貨。）

⓲　　濱谷源藏，〈定型貿易取引條件の分類基準〉，《經濟集誌》，第50卷1號，1980，pp. 93–94。

⓳　　也可以Delivered at Franco-Italian Frontier (Modane)（在法、義邊境[莫丹]交貨）代替。

二、邊境交貨 (DAF) 條件規則解說

㈠賣方應負擔的義務與費用

1. 取得輸出許可證並辦理輸出、過境通關手續義務

賣方必須取得貨物交由買方處置所需任何輸出許可證或其他官方批准書或其他單據，在可適用的情況下並辦理貨物輸出至邊境指定交貨地，及其通過任何國家所需要的一切通關手續 (A.2)。若貨物遭禁止出口或被課徵稅捐以及由於政府規定而使貨物的出口費用比預期要多時，其一切風險與費用均歸賣方負擔。但買賣契約中通常有特別約定，以因應這種意外事故。CISG 及各國買賣處多規定對於不可預見或合理地不可預見的禁止出口，可免除賣方買賣契約項下的責任。

2. 交貨義務

賣方應於約定日期或期間內，如日期或期間均未約定，則應於訂約後合理期間內，在指定邊境交貨地，將符合買賣契約的貨物交由買方處置 (A.1, A.4)。

⑴提供符合買賣契約的貨物 (A.1)。

⑵交貨時間：有約定時，依約定 (A.4)；如無約定，應於訂約後合理時間內交貨 (A.4)。

以上⑴、⑵說明，請參閱「工廠交貨條件規則說明」的「賣方應負擔的義務與費用」1 之⑴及⑵。(p. 58)

⑶交貨地點：有約定時，依約定，於邊境交貨地指定地點交貨 (A.3.A)，依本條件交易時，買賣雙方應將邊境交貨地 (Place of Delivery) 的交貨地點 (Point of Delivery) 予以精確的界定，這是很重要的。若萬一買賣雙方只約定相關國家的邊境，而未約定邊境交貨地的交貨地點（例如契約中只約定 DAF Italian border），或無法依慣例確定其交貨地點，而在交貨地又有數處交貨地點時，賣方可選擇對其最方便的地點為交貨地點 (A.3.A)。

⑷交貨方法：DAF 條件雖可使用於任何運送方式的交易，但大多數情形是使用於鐵公路運送的交易。依本條件 A.4，賣方雖然須在指定交貨地點將貨物置於尚未卸載的到達運送工具上實際地交由買方處置，但鐵公路運送通常多越過邊界 (border) 持續運送，貨物仍在鐵公路貨車中，不會在邊境從鐵公路貨車卸下後，再裝上另一鐵公路貨車。因此，並無真正的「將貨物交由買方處置」情事，也就是說，並無實際交付 (Physical Delivery) 的情形。相反地，買方將要求賣方提供把貨物運至進口國最終目的地的聯運運送單據 (Through Document of Transport)。

3. 締結運送契約義務

賣方必須自負費用訂立將貨物運至邊境交貨地指定地點（如有者）的運送契約。若邊境交貨地指定地點未經約定，或不能依實務做法決定，賣方得選擇在指定交貨地最適合其本意的地點。

又，若買方有所要求，賣方得以買方負擔風險及費用，依通常條件訂立將貨物越過邊境指定地持續運送至買方所指定輸入國家最終目的地的契約，但賣方得拒絕訂立此項契約，若拒絕，應迅速將其旨趣通知買方 (A.3.a)。

4. 交貨通知義務

因本條件下的運送是由賣方安排，所以，賣方應將貨物向邊境指定地發送的事實以及為使買方採取得以接受貨物的通常必要措施所需的其他事項，給予買方充分的通知 (A.7)。若賣方怠於此項通知，其後果如何，Incoterms 未作任何規定，但可由 Incoterms 推斷，賣方若怠於此項通知，將構成違約，這表示依買賣契約的準據法，賣方可能須負違約之責。又若交貨地點係由賣方選擇者，應將所選擇的地點通知買方。

5. 申請、提供或協助取得單據的義務

⑴申請或提供單據：

①商業發票：若當事人同意使用電子通訊方式者，得以電子訊息替代商業發票 (A.1)。

②符合契約的證據：如買賣契約規定賣方須提供證據，以證明其提供的貨物確與契約規定相符者，賣方還須提供此項證據，例如檢驗證明書等 (A.1)。

③交貨證明、運送單據或等同的電子訊息：向買方提供有關在邊境指定地交貨的通常單據或其他證據。這是貨物在邊境交貨地指定交貨地點實際地交由買方處置時，才要求賣方提供這種單據或交貨證據。所謂通常單據包括倉單、碼頭倉單、小提單或其他類似單據 (A.8)。

但正如前述，在鐵公路運送時，貨物通常都在鐵公路貨車上越過邊界持續運送。在此場合，賣方應循買方要求，向其提供通常在發貨國取得，含有以通常條件，將貨物由該國發貨地運至買方所指定在輸入國最後目的地的聯運運送單據 (Through Document of Transport)，例如聯運鐵路貨運單 (Through Railway Consignment Note) (A.8)。

又，若賣方與買方同意以電子通訊時，上述單據得以等同的電子訊息替代 (A.8)。

茲圖解之：

DAF	邊境交貨
S must provide B	賣方應提供予買方
with the usual document or other	通常單據或其他
evidence of the delivery of the goods	交付貨物的證據
at the named place at the frontier	置於邊界指定地
or	或
if the parties agree on on-carriage	若雙方同意持續運送
beyond the frontier with the through	越過邊境則提供聯運運送單據
document of transport normally	該單據通常在發貨國取得
obtained in the country of dispatch	
covering the transit from dispatch	記載有由發貨地至目的地的通常條件
document to destination on usual terms	

④申請輸出許可證或批准書：賣方負責取得將貨物交由買方處置所需任何輸出許可證或其他官方批准書或其他單據 (A.2)。

⑵協助買方取得過境、輸入所需單據：賣方須循買方要求並由其負擔風

險及費用，給予一切協助，以取得買方為貨物輸入，及必要時，通過任何國家所需要而在發貨國及（或）原產國發行或傳輸的任何單據或等同的電子訊息，但 A.8 所規定的通常單據除外 (A.10)。上述單據包括 Certificate of Origin, Consular Invoice, Health Certificate 等等。

6.提供買方購買保險所需資訊

循買方要求提供其購買保險所需資訊 (A.10)。

7.賣方應負擔的費用與稅捐

⑴取得輸出許可證的費用 (A.2)。

⑵交貨費用：除負擔將貨物運至邊境交貨地指定地點（必要時，包括通過另一國）的運費外，並負擔直至把貨物在邊境交貨地指定地點交付為止有關該貨物的一切費用。

⑶出口、過境稅捐及通關費用：在可適用的情況下，支付輸出所需通關費用，以及貨物輸出時及依 A.4 項交貨之前通過任何國家時應付的一切關稅、稅捐及其他費用 (A.6)。

⑷包裝、標示費用：以訂立買賣契約前賣方已獲知有關運送狀況（例如運送方式、目的地）為限度，自負費用將貨物施予其在邊境交貨及相繼運送所需包裝（除非依該特定行業，契約貨物經約定或通常以不加包裝而交付）。包裝上應予以適當的標示 (A.9)。其餘說明請參閱「船上交貨條件規則解說」㈠之 7 之⑷ (p. 134)。

⑸檢查費用：支付為把貨物在邊境交貨地方交由買方處置所需的檢查作業（例如檢查品質、丈量、過磅、計數）費用 (A.9)。賣方在交貨前對於貨物施以適當的檢查，是賣方為履行交貨所應盡的義務，其因此而生的費用應由賣方負擔。此外，出口國政府依法令規定對出口貨物所強制實施的檢驗，其檢驗費用也應由賣方負擔 (B.9)。

⑹提供交貨證明而生的費用：自負費用，提供有關在邊境指定地交貨的通常單據或其他證據 (A.8)。

⑺交貨通知費用 (A.7)。

(二)買方應負擔的義務與費用

1.通知賣方其接受貨物時間及（或）地點

依買賣契約規定，若買方有權決定規定接受貨物期間內的接受貨物時間及（或）接受貨物地點，則買方應將其決定給予賣方充分、適時的通知，以便賣方有充裕時間安排交貨事宜，否則買方須負擔因此而增加的額外費用及風險 (B.7)。所謂增加的風險，依本條件 B.5 的規定，若買方未將接受貨物時間及（或）地點給予賣方充分的通知，則貨物滅失或毀損的風險可能提早移轉買方 (Premature Passing of Risk)。又依本條件 B.6 規定，若買方未將接受貨物時間及（或）地點給予賣方適當的通知，則負擔因此而生的一切額外費用 (B.5,B.6)。

2.取得輸入許可證，並辦理輸入、過境通關

在 DAF 條件下，買方須負責取得任何輸入許可證或其他官方批准書，或其他單據，在可適用的情況下，並辦理貨物進口及其後續運送所需的一切通關手續 (B.2)。

3.接受交貨證明、運送單據或等同的電子訊息

依 DAF 條件 A.8 規定，賣方須向買方提供交貨的通常單據或其他證據，若買方有要求時，須提供聯運的運送單據。若此項單據符合買賣契約規定，買方就必須予以接受 (B.8)。若買方拒絕接受該單據，則將構成違約，賣方可依買賣契約請求損害賠償或取消契約。當然，假如提供的單據無法供作交貨的適當證明，例如單據上有註記表明貨物有缺陷，或表明貨物數量比所約定者少，則買方無接受的義務。在這些情形，稱該單據為「不潔 (Unclean)」單據。

4.接受貨物義務

賣方於規定日期或期間內在邊境指定交貨地，將貨物交由買方處置時，買方應迅速接受貨物 (B.4)。當然，如貨物早於約定時間提前交由買方處置時，買方無義務在約定時間之前接受貨物；反之，如在約定時間之後，才將貨物交由買方處置者，買方可能會依契約準據法責成賣方負起違約之責。買方可

能請求損害賠償，若構成根本違約 (Fundamental Breach of Contract) 則買方可能會主張解約⓵。

5.支付貨款

支付貨款為買方首要義務。賣方既已依約交貨，並提供符合買賣契約的單據或運送單據及發票等，買方即負有依買賣契約規定支付價金的義務 (B.1)。

6.應負擔的費用與稅捐

⑴輸入許可證費用：負擔取得為貨物輸入所需任何輸入許可證或其他官方批准書或其他單據而生的費用 (B.2)。

⑵支付自貨物在邊境交貨地指定地點交由其處置時起，有關該貨物的一切費用 (B.6)。

①貨物在邊境交貨地指定地點，交由買方處置時起有關該貨物的一切費用，包括自到達運送工具上接受貨物所需要的卸貨費用。假如貨物須在指定交貨地點卸下，然後再裝上另一運送工具續運時，希望由賣方負責辦理卸貨 (Unloading) 及再裝貨 (Re-Loading) 的工作，例如在 DAF 後面另加上 "loaded upon on-carrying vehicle"，在此場合，其再裝貨費用歸賣方負擔。當 DAF 條件使用於鐵公路運送時，貨物通常仍留在同一鐵公路貨車上而越過邊界持續運送，而契約中所提及的交貨地點 (Point of Delivery) 則成為當事人負擔鐵公路運費的分界點。賣方須負擔貨物的風險及費用至該地點為止。

在貨物留在同一鐵公路貨車上越過邊界持續運送的場合，雖然不發生實際交貨 (Physical Delivery) 的情形，但買方仍須在約定地點 (Agreed Point)，於約定時間火（卡）車通過約定地點時，接受貨物。若買方怠於接受貨物或就其續運 (On-carrying) 採取適當措施，則買方須負擔因此而生的任何額外費用，但以貨物經正式指撥於契約為條件 (B.6)。

到了交貨階段，在正常情形，賣方應已將貨物指撥於契約，足以辨認其為契約項下的標的物。但是假如賣方未將貨物指撥——例如貨物以散裝方式運抵目的地，之後，才以提貨單 (D/O) 或其他方式指撥——則在貨物正式指

⓵　Jan Ramberg, op. cit., p. 139.

撥之前所發生有關貨物的任何額外費用，買方不須負擔❷。

②進口稅捐及輸入、相續運送通關費：在可適用的情況下，貨物輸入時，其相續運送應付的通關手續費用以及一切關稅、稅捐及其他費用 (B.6)。

③負擔未將接受貨物時間及（或）地點給予賣方充分、及時的通知而生的額外費用，諸如額外的倉租費用及保險費等，但以該貨物經正式指撥於該契約，亦即經清楚地分置或得以其他方法辨認其為契約貨物為限 (B.6)。

⑷負擔通知賣方其接受貨物時間及（或）地點的費用 (B.7)。

⑸支付或歸墊取得有關單據的費用：支付為取得依 A.10 項所規定單據或等同的電子訊息而生的一切費用，並歸還賣方依該規定給予協助而生的費用 (B.10)。

⑹檢驗費用：除賣方依本條件 A.9 所實施檢查貨物的費用及輸出國政府依法實施檢驗的費用應由賣方負擔外，其他有關貨物的檢驗費用，包括買方為自己利益所作的檢驗費用及輸入國政府規定的裝貨前檢驗 (Pre-shipment Inspection, PSI) 費用，除另有約定外，概由買方負擔 (B.9)。

7.提供外匯管制批准書、許可證、其他單據或驗證抄本或輸入國貨物最終目的地地址

若有必要，買方應循賣方要求而以買方的風險及費用，提供賣方外匯管制批准書、許可證和其他單據或驗證抄本，或提供輸入國貨物最終目的地地址，以取得 A.8.ii 所述的聯運運送單據或任何其他單據 (B.10)。

㈢風險負擔的問題

1. 貨物風險的移轉

⑴貨物風險的內容：貨物風險包括貨物滅失及毀損兩者，是指貨物因意外事故而遭受滅失或毀損而言。若不是因意外事故所致者，例如因貨物包裝不良、標示不清楚或因貨物本質或固有瑕疵所致滅失或毀損，其風險並不因賣方交貨而移轉買方。

⑵貨物風險移轉時、地：

---

❷　Jan Ramberg, op. cit., p. 144.

①原則：在 DAF 條件下，賣方負擔貨物滅失或毀損的一切風險，直至其於約定日期或期間內，依 A.4 在邊境指定交貨地，將貨物交由買方處置時為止；買方則自貨物交由其處置時起，負擔貨物滅失或毀損的風險 (A.5, B.5)。

②例外：若買方未依本條件 B.7 規定，將其所保留接受貨物的時間及(或)地點給予賣方充分的通知，則自約定接受日期或規定接受貨物期間屆滿日起負擔貨物滅失或毀損的一切風險 (B.5)。根據一般原則，貨物的風險於其交付時移轉買方，但依本例外規定，貨物雖尚未交付，風險照樣移轉買方。這在法律上稱為「提早移轉風險 (Premature Passing of Risk)」。因買方保留決定接受貨物時間及（或）地點之權，若怠於行使其權利，卻仍令賣方負擔「貨物交給買方處置時」為止的風險，則顯失公平。故以約定接受貨物日或規定接受貨物期間屆滿之日為風險移轉之時，俾平衡當事人的權益。

⑶貨物風險移轉條件：

依據貨物風險移轉的原則，貨物必須經正式指撥於契約項下，也即貨物必須已經特定，可辨認其為買賣契約項下的標的物時，其風險才移轉買方。因此：

①：在⑵之①的情形，既已完成交貨，貨物已經得以辨認其為契約項下標的物，所以，不發生指撥的問題。但在某些情形，貨物以整批散裝方式發送給數位買方，但個別買方的貨物未加分置或無法辨認那一部分屬於某一買賣契約項下標的物，則在其未經正式指撥之前，其風險不移轉買方 (B.5)。

②：在⑵之②的情形，其「提早移轉風險」的前提為：貨物必須已經正式指撥於買賣契約，也即貨物必須已經清楚地分置或得以其他辨認其為該契約貨物為限，例如貨物已經適當包裝及標示，得以辨認其為契約項下標的物 (B.5)。

2.禁止輸出入的風險負擔

⑴禁止輸出的風險：依 DAF 條件，取得貨物輸出所需任何輸出許可證或其他官方批准書的風險，由賣方承擔 (A.2)。因此，萬一政府禁止契約貨物的出口，則其後果由賣方承擔。但通常買賣契約中大多有免責條款的約定，而且有些國家的法律也規定：遇到政府禁止出口情事時，契約即失效。

(2)禁止輸入的風險：在 DAF 條件下，取得輸入許可證或其他官方批准書或其他單據的風險，由買方負擔 (B.2)。但萬一進口國政府禁止契約貨物輸入時，依買賣契約中的免責條款，買方可免責，何況有些國家的法律也規定，政府禁止輸入時，契約即失效。

㈣貨物所有權的移轉時期

在本條件下，除另有約定外，貨物於邊境指定交貨地點交由買方處置，同時將通常單據或聯運運送單據交付買方時，其所有權移轉買方。

 # 第十一節　目的港船上交貨 (DES) 條件

一、目的港船上交貨條件概說

㈠目的港船上交貨條件的概念

目的港船上交貨條件的英文為 Delivered Ex Ship，簡寫為 DES。舊版 Incoterms 稱為 Ex Ship。Ex Ship 原為 out of the ship（從船上）或 free out 或 land from the ship（從船上起卸）之意，係指賣方負責在進口港（目的港）船上將貨物交付買方而言。依本條件交易時，賣方於約定日期或規定期間內，在指定目的港船上，將尚未辦理輸入通關手續的貨物交由買方處置時，即屬賣方交貨。賣方必須負擔將貨物運至指定目的港於卸貨前的一切費用及風險；買方則負擔自此以後的一切風險與費用，並依買賣契約規定支付貨款。若當事人希望賣方負擔卸貨的費用及風險，則應使用 DEQ 條件。由此可知，DES 條件係目的地契約 (Destination Contract, Arrival Contract) 的一種。又在此條件下，其交貨方法是以實際貨物交付買方，也即係實際交付 (Actual Delivery) 的一種。所以，賣方即使將經背書的提單交付買方，也只具有交貨指示的效用，並非表示貨物所有權的移轉。

就海上買賣而言，最初係由冒險商人自備船隻或租用船舶，自冒航海風

險，將貨物從生產國運到消費國銷售。在航海不安全的帆船貿易時代，以及汽船時代初期，海外貿易多以這種型態——DES——進行交易。隨著造船技術的發達，以及汽船航海的發展，這種目的地交貨貿易的型態逐漸沒落，而由裝運地交貨的 CIF 貿易型態替代。

(二)用法上應注意事項

　　1.本條件是屬於目的地交貨條件中的海上交貨條件，就費用負擔而言，與 CIF 類似，但性質上迥然不同，茲比較如下❷：

　　(1)就交貨方式而言，在 DES 條件下，其交貨方式是實際交付 (Actual Delivery)，賣方須在指定目的港船上將貨物實際地交由買方處置，不能以貨運單據代替交貨。因此，貨物在運送途中滅失，買方不必付款，已支付者，可要求退還。在 CIF 條件下，其交貨方式是象徵交貨 (Symbolic Delivery)，賣方係以貨運單據代替實際交付，只要賣方提出約定貨運單據，買方即須依約支付貨款，而不管貨物在運送中是否已滅失。

　　(2)就所有權的移轉而言，在 DES 條件下，賣方將提單背書後交付買方，並不視為貨物所有權的移轉，只有貨物在指定目的港船上實際交付買方時，所有權才移轉買方，提單的交付只不過是便於買方提貨而已。至於在 CIF 條件下，貨運單據的交付，即等於貨物的交付，單據一經交付買方，買方即取得完整的所有權。

　　(3)就風險負擔而言，在 DES 條件下，貨物在航海中的風險由賣方負擔，賣方購買保險是為自己的利益而投保並非基於其對買方的義務。保了險之後，萬一貨物在航海中喪失，只能由賣方向保險公司索賠。買方對航海中的貨物並無保險利益，因此，不能憑賣方的保險單向保險公司索賠。而在 CIF 條件下，貨物的風險是在裝船港越過船舷時即轉由買方負擔。萬一貨物在航海中滅失，買方可以憑賣方轉來的保險單向保險公司索賠。

　　(4)就付款方式而言，在 DES 條件下，除另有約定外，賣方在目的港船上將貨物實際地交由買方處置之前，無要求付款之權，但這並不是說貨款的清

---

❷　新堀聰，《貿易賣買入門》，新裝版，1971，pp. 203–205。

償不能以貨運單據為之。至於 CIF，則不論貨物是否運抵目的地，只要賣方提出約定的貨運單據，買方就須依買賣契約規定支付貨款。

2.本條件使用限制

本條件只能使用於以海運或內陸水路運送貨物的交易。

3.賣方在目的港船上交貨之前,必須將船東對貨物的一切留置權排除

也就是說，賣方必須使貨物置於可交付狀態 (In Deliverable State) —— 將貨物置於買方隨時能提取的狀態。具體地說，如運送中發生共同海損，而應支付共同海損分擔費用時，此項費用應由賣方負擔。

4.指定特定承運船舶時，即構成貨物記述的一部分

契約中如約定以 Delivered Ex... (A Particular Ship) 或 afloat per... (a particular ship) 方式特定承運船舶時，此項約定便構成貨物記述 (description of goods) 的一部分，如貨物未裝上該特定船舶，即構成違約。

同樣地，如約定某特定船舶的大致到港日期 (The approximate date of arrival of the named ship) 時，此項約定也構成貨物的記述（特性）。例如約定 afloat per S. S. President due approximately June 8th 時，即無異告訴買方船舶可望大致在 6 月 8 日到港。但賣方並不絕對保證船舶必須在 6 月 8 日到港。買方也不得只因貨物遲到而拒絕接受貨物❿，但如貨物遲到太久，致使買方無法達成契約目的 (frustrate his purpose in entering into the contract) 者，買方似有權拒絕接受貨物。如契約中約定貨物未能於約定日期到達則契約無效 (Void)，而貨物確未能如約運到，則除非當事人之一有違反其他約定外，雙方責任即解除❿。

5.買方必須把握提貨時間

如怠於提貨或提貨太遲，以致船舶在港口等候時間超過預定時間，而發生滯船費用 (Demurrage) 時，此項費用須由買方負擔❿。

---

❿　Macpherson Train & Co. Ltd. v. Howard Ross & Co. Ltd. (1955).

❿　Idle v. Thornton (1812); A. G. Guest, *Benjamin's Sale of Goods*, 1981, 2nd ed., p. 1034.

6.在本條件下，賣方須盡告知義務

因為船運、保險均由賣方負責安排，買方對於裝運情形可能一無所知，故為使買方能適時辦理提貨，賣方必須將船舶預定到達目的港日期先期通知買方**⓲**。

7.在 DES 條件下，通常以貨物安全運抵目的港為雙方履約的前提

如貨物因不可歸責於賣方的事由，致未能運抵目的港時，賣方不負再為給付的義務，買方也不負支付貨款的義務。

如貨物運到，但其數量少於契約規定時，其後果如下：

⑴該船上該貨物實際數量少於賣方所約定出售數量時：只要非可歸責於賣方的事由所致者，賣方不負責。

⑵該船上該貨物實際數量並不少於賣方所約定出售數量，但其全部或一部分必須交給第三者，以致賣方無權處理它們時，除非契約中另有規定，賣方可能須負損害賠償之責。

⑶該船上該貨物實際數量並不少於賣方所約定出售數量，但賣方已將該貨物分配給別的買方時，除非另有規定，賣方原則上須對買方負責。

8.卸貨費用 (Unloading Costs) 的負擔問題

依本條件，賣方須在指定目的港通常卸貨地點船上 (On Board The Vessel)，以適於契約貨物性質的卸貨設備，能自船舶卸離的方式，將貨物有效地交由買方處置。所謂在「船上」(On Board The Vessel) 交貨，就一般而言，應指在「艙內」或「甲板上」交貨而言，而不包含在「船外」交貨。因此 Incoterms DES 條件 B.6 明確規定卸貨費用由買方負擔。然而，UCC § 2–322 ⑵⒝有關 Ex Ship 的規定，卻有如下文字：「貨物脫離船舶索具或其他適當方式起卸之前，風險負擔不移轉買方 (the risk of loss does not pass to the buyer until the goods leave the ship's tackle or are otherwise properly unloaded)，」又在其 Official Comments 詳釋：The delivery term "Ex Ship", as between seller and buyer, is a reverse of the FAS term covered. 換言之，依 UCC，Ex Ship 的交貨地點為目

⓲ Jan Ramberg, op. cit., p. 47.

⓳ 同**⓲**。

的港船邊。因此，其卸貨費用應由賣方負擔。*Benjamin's Sale of Goods* 乙書在其第 2 版第 1029 頁，甚至認為：依照有關交貨費用的通常規則 (Normal rules relating to the expenses of delivery)，其起岸費用 (Landing Charges) 也應由賣方負擔。然而，由於 UCC 只是美國的法律，未必適用於他國，且 Incoterms 的 DES 畢竟是 on board delivery 而非 shipside delivery。所以，在實務上，為避免爭議，在契約中常有如下約定[127]：

① Delivered Ex Ship... (Named Port of Destination) unloading charges for seller's account 或 Delivered Ex Ship... (Named Port of Destination) berth term.

② Delivered Ex Ship... (Named Port of Destination) unloading charges for buyer's account 或 Delivered Ex Ship... (Named Port of Destination) Free Discharge（或 FD）.

與船公司訂立運送契約時，賣方可依上述條件而訂立如下的運送條件：

① berth term 或

② free out（或 free discharge）。

9. Delivered Ex Ship 的國際代號為 DES

㈢用法舉例

以本條件報價或訂約時，在 DES 之後，必須列明目的港，例如：

> We offer to sell panty hose 10,000 dozens US$2.00 per dozen DES Kobe, delivery in September.
>
> （謹報價出售褲襪 10,000 打，每打美金 2 元，9 月間在神戶船上交貨。）

[127] 新堀聰，前揭書，pp. 209–210；濱谷源藏，《貿易賣買の研究》，pp. 79–90；及氏，《貿易取引の基本問題》，pp. 24–30.

二、目的港船上交貨 (DES) 條件規則解說

㈠賣方應負擔的義務與費用

1. 取得輸出許可證並辦理輸出、過境通關手續

賣方必須取得任何輸出許可證或其他官方批准書或其他單據，在可適用的情況下並辦理貨物輸出，及通過任何國家所需的一切通關手續 (A.2)。因此，假如貨物遭禁止出口或被課徵稅捐以及由於政府規定而增加貨物出口費用時，其一切風險與費用均歸賣方負擔。但買賣契約中通常有特別約定，以因應這種意外事故。CISG 及各國買賣法也大多規定對於不可預見或合理地不可預見的禁止出口，可免除賣方在買賣契約項下的義務。

在 DES 條件下，賣方除須負責辦理貨物輸出通關手續外，如貨物需通過其他國家才能運到指定目的港，則尚須負責貨物過境的一切通關手續 (A.2)。

2. 交貨義務

賣方應於約定期日或期間內，如期日或期間均未約定，則應於訂約後合理期間內，在指定目的港通常卸貨地點的船舶上，將尚未辦理輸入通關手續的貨物，以適於貨物性質的卸貨設備，能自船舶卸離的方式，將符合買賣契約的貨物交由買方處置 (A.1, A.4)。

⑴提供符合買賣契約的貨物 (A.1)，說明請參閱「工廠交貨條件規則解說」㈠之 1 之⑴ (p. 58)。

⑵交貨時間：有規定時，依規定 (A.4)；如無規定，應於訂約後合理期間內交貨。其餘說明，請參閱「工廠交貨條件規則解說」㈠之 1 之⑵ (p. 58)。

⑶交貨地點：在契約所指定目的港通常卸貨地點的船舶上 (on board the vessel)，將貨物交由賣方處置 (A.4)。

⑷交貨方法：在指定目的港船舶上將貨物交由買方處置 (place the goods atthe disposal of the buyer)，所以係實際交付 (Physical Delivery)，但實務上大多以小提單 (D/O) 或通常運送單據或碼頭倉單 (Dock Warrant) 交付買方，由其向船公司提貨 (A.4, A.8)。

3.締結運送契約

賣方既然必須在指定目的港船上交貨，運送的安排當然要由賣方負責。依本條件 A.3.a 規定，賣方必須自負費用訂立將貨物運至指定目的港指定地點（如有者）的運送契約。在本條件下，賣方必須保證貨物實際地運抵目的地，因此好像賣方有權訂立自認為適當的運送契約——因為在這方面任何不適當的措施，將自動地歸由他承擔風險——然而，與 C 類型貿易條件一樣，所有 D 類型貿易條件都規定，賣方應以「經由通常路線及以習慣方法」訂立運送契約。

通常 DES 後面會提及目的港交貨的地點，但若該地點未經約定或不能依實務做法決定，賣方得選擇在指定目的港最適合其本意的地點為交貨地點 (A.3)。從實務觀點來說，當事人最好明確約定船舶停靠的碼頭或指定碼頭的方法。

4.交貨通知義務

因為本條件的交貨地點為指定目的港船舶上，所以，賣方必須將承運船舶預定到達目的港時間 (Estimated Time of Arrival, ETA)，以及為使買方採取得以接受貨物的通常必要措施而需要的其他事項（例如貨物數量、船舶裝卸設備等），給予買方充分的通知 (A.7)。若賣方怠於此項通知，將構成違約。

5.購買保險

在本條件下，賣方須負責將貨物安全地運至指定目的港，運送中貨物可能發生的風險，全由賣方負擔，所以，賣方對買方並無負擔投保的義務，但賣方有必要為本身利益購買保險 (A.3.b)。

6.申請、提供或協助取得單據的義務

⑴申請或提供單據：

①商業發票：若當事人同意使用電子通訊方式者，得以電子訊息替代商業發票 (A.1)。

②符合契約的證據：如買賣契約規定賣方須提供證據以證明其提供的貨物確與契約規定相符者，賣方還須提供此項證據，例如檢驗證明書等 (A.1)。

③交貨證明、運送單據或等同的電子訊息：向買方提供小提單及（或）通常運送單據（例如可轉讓提單、不可轉讓海運貨運單、內陸水路單據或複

合運送單據），以使買方得在目的港向運送人提領貨物 (A.8)。

若買賣雙方同意以電子通訊時，上述單據得以等同的電子訊息替代 (A.8)。

④申請輸出許可證或批准書或其他單據：負責取得貨物輸出所需的任何輸出許可證或其他官方批准書或其他單據 (A.2)。

⑵協助買方取得其為貨物輸入所需要，而在發貨國及（或）原產國發行或傳輸的任何單據或等同的電子訊息，但 A.8 所規定的小提單及（或）通常運送單據除外 (A.10)。

7.提供買方購買保險所需的資訊

買方於指定目的港船舶上提貨後，應負擔卸貨及在國內運送的風險，所以，可能需要投保適當的保險，而買方為投保而要求賣方提供有關資訊時，賣方應迅速提供 (A.10)。

8.賣方應負擔的費用與稅捐

⑴取得輸出許可證或其他官方批准書或其他單據的費用 (A.2)。

⑵交貨費用：賣方除負擔將貨物運至指定目的港的運費外，其負擔直至其在指定目的港船舶上把貨物交由買方處置時為止的一切費用 (A.6)。

⑶出口、過境稅捐及通關費：在可適用的情況下，負擔貨物輸出所需通關手續費用，以及貨物輸出時及依 A.4 項交貨之前通過任何國家時應付的一切關稅、稅捐及其他費用 (A.6)。

⑷包裝、標示費用：負擔費用將貨物施予為交付所需的包裝（除非依該特定行業，契約貨物通常以不加包裝而交付），並在貨物外包裝上施予適當的標示 (A.9)。此項規定為對於包裝的一般性規定，大宗物資的運送，依其性質及交易習慣，通常對貨物不加以包裝。在此場合，當然可不予包裝，也無標示的問題。但若需要包裝的貨物，則應在買賣契約中明定其包裝及標示事項。

⑸檢查費用：支付為把貨物在指定目的港船上交由買方處置所需的檢查作業（例如檢查品質、丈量、過磅、計數）費用 (A.9)。賣方為履行其交貨義務，自應在交貨前對於貨物施以適當的檢查，其因此而生的費用當然由賣方負擔。此外，出口國政府依法令規定對出口貨物所實施的強制檢驗，其檢驗

費用也應由賣方負擔 (B.9)。

　　⑹提供交貨證明而生的費用：因向買方提供小提單及（或）通常運送單據而生的費用 (A.8)。

　　⑺通知船舶預定到達時間費用 (A.7)。

㈡買方應負擔的義務與費用

　　1.通知賣方其接受貨物時間及（或）地方

　　依買賣契約若買方有權決定於指定目的港在約定接受貨物期間內的受領貨物時間及（或）接受貨物地點，則買方應將其決定給予賣方充分的通知 (B.7)。換言之，若買賣契約僅約定接受貨物期間，而未約定接受貨物的確定時間時，若其接受時間約定由買方決定者，買方究於何時接受貨物，應將其決定給予賣方充分的通知。關於接受貨物地方亦然。若買方怠於此項通知，則須負擔因此而增加的額外費用及風險。所謂增加的風險，依本條件 B.5 的規定，若買方未將接受貨物的時間及（或）地方給予賣方充分的通知，則貨物滅失或毀損的風險可能提早移轉買方 (Premature Passing of Risk)。又依 B.6 規定，若買方怠於依 B.7 將接受貨物的時間及（或）地方給予賣方適當的通知，則負擔因此而生的一切額外費用 (B.5, B.6)。

　　2.取得輸入許可證並辦理輸入通關手續

　　在 DES 條件下，買方須負責取得貨物輸入所需任何輸入許可證或其他官方批准書，並在可適用的情況下辦理相關的一切通關手續 (B.2)。因此，禁止進口並不能免除買方的付款責任。但買方可引用買賣契約中的免責條款以獲得救濟。這種條款可能規定展延履約時間或規定買方有權解約。

　　3.接受交貨證明、運送單據或等同的電子訊息

　　依 DES A.8 規定，賣方須向買方提供小提單及（或）通常運送單據，俾使買方能接受貨物。若此項單據符合買賣契約規定，買方就必須予以接受 (B.8)。若買方拒絕接受該單據（例如指示銀行拒付跟單信用狀項下貨款），則將構成違約，賣方可依買賣契約請求損害賠償或取消契約。當然，假如賣方提供的單據無法供作交貨的證明，例如單據上有批註表明貨物有缺陷，或表

明貨物數量少於所約定者，則買方無接受這種「不潔 (Unclean)」單據的義務。

4.接受貨物義務

賣方依約於指定目的港卸貨地點的船上，將貨物交由買方處置時，買方應迅速接受 (B.4)。當然，如貨物早於約定時間提前交由買方處置時，買方無義務在約定時間之前，接受貨物；反之，如賣方在約定交貨時間之後，才交貨，則買方可依契約準據法責成賣方負起違約之責。買方可能請求損害賠償，若其遲延構成根本的違約 (Fundamental Breach of Contract) 則買方甚至可主張解約❶❷❽。

5.支付貨款

支付貨款是買方的首要義務，賣方既已依約交貨，並提供符合買賣契約的單據或運送單據及發票等，買方就負有依買賣契約規定支付貨款的義務 (B.1)。

支付貨款時間，除另有約定外，於交貨時同時履行。因此，契約中即使規定賣方於提示提單或小提單時支付貨款 (DES, Payment Against Documents)，如貨物尚未運到目的港，或賣方無法在目的港船上交出約定貨物，買方仍無支付貨款義務，倘若在貨物運抵目的港之前，買方已憑賣方所提出的提單或小提單付款，事後貨物未運抵目的港時，買方有權請求返還已付出的貨款❶❷❾。

又，如果運費為到付 (Collect) 者，買方若不支付運費，將無法提貨。在此情形，買方可將其所支付的運費，從應付的貨款中扣除。

6.應負擔的費用與稅捐

⑴輸入許可證費用：負擔取得為貨物輸入所需任何輸入許可證或其他官方批准書而生的費用 (B.2)。

⑵支付自貨物依 A.4 項交付日時起有關該貨物的一切費用，包括自船舶上接受貨物所需要的卸貨作業費用 (Unloading Costs) (B.6)。若買方怠於接受

---

❶❷❽　Jan Ramberg, op. cit., p. 152.又 1990 年版B.4的take delivery of the goods as soon as they placed at his disposal in accordance with A.4, "as soon as"已刪除。

❶❷❾　Yangtsze Insurance Association v. Lukmanjee, 1918.

已依 A.4 項交由其處置的貨物，例如未能在約定時間接受貨物——就像在 laytime（卸貨時間）內——則必須負擔因此而生的額外費用，尤其在逾越 lay-time 時，他必須向船東支付延滯費用 (Demurrage)。但以貨物經正式指撥於契約，也即已經清楚地分置或得以其他方法辨認其為契約貨物為限 (B.6)。

　　當貨物以 liner term 裝運時，卸貨費用通常包括在運費中，由賣方負擔。但若以傭船方式裝運時，情形就大不同，若以 DES 條件交易時，賣方與船方必將以 Free out（卸貨船方免責）條件簽立傭船契約。於是，卸貨費用將由買方負擔。他方面，在 DES 條件下，其裝載費用 (Loading Costs) 若是由賣方負擔，則傭船契約也可能以 FIO (Free In and Out) 條件簽訂。

　　⑶進口稅捐及輸入通關費用：在可適用的情況下，支付貨物輸入時應付的通關手續費用以及一切關稅、稅捐及其他費用 (B.6)。

　　⑷負擔將接受貨物時間及（或）地方給予賣方充分、及時的通知而生的額外費用，諸如額外的倉租費用及保險費等，但以該貨物經正式指撥於契約項下，也即經清楚地分置或得以其他方法辨認其為契約項下貨物為限 (B.6)。

　　⑸負擔通知賣方其接受貨物時間及（或）地點的費用 (B.7)。

　　⑹支付或歸墊取得有關單據的費用：支付為取得貨物輸入所需而在發貨國及（或）原產國發行或傳輸的任何單據或等同的電子訊息而生的費用。若賣方為協助買方取得上述單據而發生費用時，買方應予歸墊 (B.10)。

　　⑺檢驗費用：除賣方依本條件 A.9 所實施檢查貨物的費用及輸出國政府依法實施檢驗的費用應由賣方負擔外，其他有關貨物的檢驗費用，包括買方為自己利益所作的檢驗費用及輸入國政府規定的裝運前檢驗 (Pre-shipment Inspection, PSI) 費用，除另有約定外，概由買方負擔 (B.9)。

㈢風險負擔的問題

1. 貨物風險的移轉

　　⑴貨物風險的內容：貨物風險包括貨物滅失及毀損兩者，是指貨物因意外事故而遭受滅失或毀損而言。若不是因意外事故所致者，例如因貨物包裝不良、標示不清楚或因貨物本質或固有瑕疵所致滅失或毀損，其風險並不因

賣方交貨而移轉買方。

(2)貨物風險移轉時、地：

①原則：在 DES 條件下，賣方負擔貨物滅失或毀損的一切風險，直至其於規定日期或期間內，在指定目的港通常卸貨地點的船舶上，將貨物交由買方處置時為止；買方則自貨物交由其處置時起，負擔貨物滅失或毀損的風險 (A.5, B.5)。

②例外：若買方未依本條件 B.7 規定，將其所保留接受貨物的時間及(或)地點給予賣方充分的通知，則自約定接受貨物日期或規定接受貨物期間屆滿日起負擔貨物滅失或毀損的一切風險 (B.5)。根據一般原則，貨物的風險於其交付時移轉買方，但依本例外規定，貨物雖尚未交付，風險照樣移轉買方。這在法律上稱為「提早移轉風險 (Premature Passing of Risk)」。因買方保留決定接受貨物時間及（或）地方之權，若怠於行使其權利，卻仍令賣方負擔「貨物交給買方處置時」為止的風險，則顯失公平。故以約定接受貨物日或規定接受貨物期間屆滿之日為風險移轉之時，俾平衡當事人的權益。

(3)貨物風險移轉條件：

依據貨物風險移轉的原則，貨物必須經正式指撥於契約項下，也即貨物必須已經特定，可辨認其為買賣契約項下的標的物時，其風險才移轉買方。因此：

①：在(2)之①的情形，既已完成交貨，貨物已經得以辨認其為契約項下標的物，所以，不發生指撥的問題。但在某些情形，貨物以整批散裝方式載運，而於貨物運抵目的港時，才將貨物指撥給不同的數位買方，則在其未經正式指撥之前，風險不移轉買方 (B.5)。

②：在(2)之②的情形，其「提早移轉風險」的前提為：貨物必須已經正式指撥於買賣契約，也即貨物必須已經清楚地分置或得以其他方法辨認其為契約貨物為條件，例如貨物已經適當包裝及標示，得以辨認其為契約項下標的物 (B.5)。

2.禁止輸出入的風險負擔

(1)禁止輸出的風險：依 DES 條件，取得貨物輸出所需任何輸出許可證或其

他官方批准書或其他單據的風險，由賣方承擔 (A.2)。因此，萬一政府禁止契約貨物的出口，則其後果由賣方承擔。但通常買賣契約中大多有免責條款的約定，而且有些國家的法律也規定，遇到政府禁止出口情事時，契約即失效。

　　⑵禁止輸入的風險：在 DES 條件下，取得輸入許可證或其他官方批准書的風險，由買方負擔 (B.2)。但萬一進口國政府禁止契約貨物輸入時，依買賣契約中的免責條款，買方可免責，何況有些國家的法律也規定，政府禁止輸入時，契約即失效。

㈣貨物所有權的移轉時期

　　雖然貨物的交付與其所有權的移轉不一定有密切的關係，但在 DES 條件下，除另有約定外，通常於貨物交付買方時，貨物所有權即由賣方移轉買方。因此，契約規定 payment against documents 的場合，即使提單或小提單已交付買方，也不表示貨物所有權已移轉買方。但以移轉所有權的意思而將提單背書後交付買方時，貨物所有權因提單的交付而移轉買方。

第十二節　目的港碼頭交貨 (DEQ) 條件

一、目的港碼頭交貨條件概說

㈠目的港碼頭交貨條件的概念

1. DEQ 的概念

　　目的港碼頭（稅訖）交貨條件英文為 Delivered Ex Quay，簡寫為 DEQ。依本條件交易時，賣方於約定日期或期間內在指定目的港碼頭上，將尚未辦理輸入通關手續的貨物交由買方處置時，即屬賣方交貨。賣方必須負擔將貨物運至指定目的港及在碼頭上卸貨所生的費用及風險，買方則須辦理貨物輸入通關手續，負擔貨物交由其處置以後的一切風險與費用，並依買賣契約規定支付貨款。

DEQ 條件與 DES 條件一樣，同屬於目的地契約，在交貨方法方面，DEQ 條件也與 DES 條件一樣均屬實際交付 (Physical Delivery) 條件。

2. 2000 年版對 DEQ 的重大修訂

⑴ DEQ 1990 年版原僅規定適用於海運或內河運送，2000 年版擴大適用於「海運、內陸水路運送或複合運送」方式，致貨物在目的港船上交貨才有適用。

⑵修改為有關貨物進口所需付的關稅、稅捐及其他費用以及進口通關的辦理手續均由買方負擔。

2000 年版修訂時，有鑒於多數國家海關通關程序變化頻仍，依照誰在貿易國有事務所就由誰辦理有關通關手續的原則 (It is better for a party domiciled in a country to take care of whatever is necessary with the authorities)，遂參照修訂 FAS 條件相同的理由做了修訂，由買方負責辦理進口通關的手續、支付關稅及其他費用。

㈡用法上應注意事項

1. 碼頭型態的區別

所稱碼頭係指港內水陸交接，船舶能橫靠，而不假借駁船即可將貨物逕行裝卸之地而言。這種碼頭依商港的天然條件、碼頭的構造和設備的不同，可分為下列多種：

⑴ Wharf：為航行船舶可停靠，且為水陸兩種運輸可接連的碼頭。Wharf 不但有良好的裝卸設備，且有良好的倉庫設施。為一般貿易貨物裝卸碼頭的統稱。

⑵ Quay：Wharf 在歐洲稱為 Quay，但嚴格言，Quay 係指沿天然港岸而建築的碼頭，通稱為橫碼頭或貼岸碼頭，僅有臨港一面可靠船舶。由於英國為海運先進國家，其海運用語廣為國際間所採用。因此，Incoterms 乃以 Delivered Ex Quay 一詞代表碼頭交貨條件。

⑶ Pier：指突堤碼頭或直碼頭而言。為突出港中的碼頭，與天然港岸成直角或斜角，碼頭的兩邊及突出的一面，均可靠船舶裝卸貨物。在較大的商

港，Pier 為 Wharf 結構的一部分。

⑷Dock：船塢式碼頭，又稱泊渠碼頭。倘若港灣內，潮汐變化大，則開鑿人工船渠，設置閘門，保持固定的水深，使不受潮汐影響，這種港埠，稱為 Dock Port。在這種港埠的碼頭即稱為 Dock。

由於碼頭有多種，故以碼頭交貨為條件的契約，常以 Ex Wharf、Ex Quay、Ex Pier、Ex Dock 等不同用語表示。不過 Incoterms 的 Delivered Ex Quay 是被廣泛使用的一種定型貿易條件，所以通常多以 Delivered Ex Quay 代表碼頭交貨條件。

　2.進口稅捐的負擔問題

在 DEQ 的定義中，特別用黑色粗字體彰顯出 2000 年版的重大改變，即："THIS IS A REVERSAL FROM PREVIOUS INCOTERMS VERSIONS WHICH REQUIRED THE SELLER TO ARRANGE FOR IMPORT CLEAR-ANCE"。

　3.如果買賣雙方希望將貨物輸入時應付的一切或部分費用由賣方負擔，則應明確的在買賣契約中規定

　4.本條件 1990 年版規定使用於海運及內陸水路運送，2000 年版則擴及於複合運送

　5.如果買賣雙方希望從碼頭延伸到港口內外的其他地方，例如倉庫、集散站或運送站 (Transport Station)，則應考慮使用 DDU 或者 DDP

　6. DEQ 與 DES 的比較

⑴在交貨地點方面：在 DES 條件下，賣方須在指定目的港通常卸貨地點的船舶上交貨；在 DEQ 條件下，賣方須在指定目的港碼頭上交貨。

⑵在風險負擔方面：在 DES 條件下，賣方須負擔貨物滅失或毀損的風險，直至其在指定目的港船舶上把貨物交由買方處置時為止；在 DEQ 條件下，賣方則須負擔貨物風險，直至其在指定目的港碼頭上，把貨物交由買方處置時為止。

⑶在卸貨費用負擔方面：依 DES 條件交易時，貨物如以 Liner Terms 裝

運，則卸貨費用包括在運費中，由賣方負擔，如以傭船裝運，則卸貨費用由買方負擔；按 DEQ 條件交易時，無論以 Liner Terms 裝運，或以傭船裝運，卸貨費用都由賣方負擔。

　　(4) DES 條件為國際買賣 (International Sale) 條件的一種；而 DEQ 條件則主要是國內買賣 (Domestic Sale) 條件的一種。

　　7.本條件相當於 Revised American Foreign Trade Definitions—1990 的 DEQ 條件，詳本書第三章第八節

　　8.本條件的國際代號為 DEQ

㈢用法舉例

依本條件交易時，在 DEQ 之後，必須列明進口港名稱，例如：

> We offer to sell Toyota sedan 10 units US$10,000 per unit DEQ Keelung, delivery in November.
>
> 　（謹報價出售豐田小轎車 10 部，每部 1 萬美元，基隆碼頭交貨，11 月間交貨。）

二、目的港碼頭交貨 (DEQ) 條件規則解說

㈠賣方應負擔的義務與費用

　　1.取得輸出許可證並辦理輸出、過境通關手續

　　賣方必須取得任何輸出許可證或其他官方批准書或其他單據，在可適用的情況下並辦理貨物輸出，及通過其他國家所需的一切通關手續 (A.2)。因此，假如貨物遭禁止出口或被課徵稅捐以及由於政府規定而增加貨物出口費用時，其一切風險與費用均歸賣方負擔。但買賣契約中通常有特別約定，以因應這種意外事故。CISG 及各國買賣法也大多規定對於不可預見或合理地不可預見的禁止出口，可免除賣方在買賣契約項下的義務。

在 DEQ 條件下，賣方除須負責辦理貨物輸出通關手續外，如貨物需通過其他國家才能運到指定目的港，則尚須負責貨物過境的一切通關手續 (A.2)。

2. 交貨義務

賣方應於約定日期或期間內，如期日或期間均未約定，則應於訂約後合理期間內，在指定目的港指定碼頭上，將符合買賣契約的貨物交由買方處置 (A.1, A.4)。

⑴提供符合買賣契約的貨物 (A.1)，說明請參閱「工廠交貨條件規則解說」㈠之 1 之⑴ (p. 58)。

⑵交貨時間：有約定時，依約定 (A.4)；如無約定，應於訂約後合理時間內交貨。其餘說明，請參閱「工廠交貨條件規則解說」㈠之 1 之⑵ (p. 58)。

⑶交貨地點：在契約所指定目的港碼頭上 (On the Quay [wharf])，將貨物交由買方處置 (A.4)。

⑷交貨方法：在指定目的港碼頭上將貨物交由買方處置 (Place the goods at the disposal of the buyer)，所以係實際交付 (Physical Delivery)，但實務上大多以小提單 (D/O) 或通常運送單據或碼頭倉單 (Dock Warrant) 交付買方，由其向船公司提貨 (A.4, A.8)。

3. 締結運送契約

賣方既然必須在指定目的港碼頭上交貨，運送的安排當然要由賣方負責。依本條件 A.3 規定，賣方必須自負費用訂立將貨物運至指定目的港指定碼頭的運送契約。

通常 DEQ 後面會提及目的港交貨的指定碼頭，但若該碼頭未經約定或不能依實務做法決定，賣方得選擇在指定目的港最適合其本意的碼頭 (A.3)。從實務觀點來說，當事人最好明確約定交貨的碼頭或指定碼頭的方法。

4. 交貨通知義務

因為本條件的交貨地點為指定目的港碼頭上，所以，賣方必須將承運船舶預定到達目的港時間 (Estimated Time of Arrival, ETA) 以及為使買方採取得以接受貨物的通常必要措施而需要的其他事項（例如貨物數量、包裝情況等），給予買方充分的通知 (A.7)。若賣方怠於此項通知，將構成違約。

5.購買保險

在本條件下，賣方須負責將貨物安全地運至指定目的港碼頭，運送中貨物可能發生的風險，全由賣方負擔，所以，賣方對買方並無負擔投保的義務，但賣方有必要為本身利益購買保險。

6.申請或提供單據義務

⑴商業發票：若當事人同意使用電子通訊方式者，得以電子訊息替代商業發票 (A.1)。

⑵符合契約的證據：如買賣契約規定賣方須提供證據以證明其提供的貨物確與契約規定相符者，賣方還須提供此項證據，例如檢驗證明書等 (A.1)。

⑶交貨證明、運送單據或等同的電子訊息：向買方提供小提單及（或）通常運送單據（例如可轉讓提單、不可轉讓海運貨運單、內陸水運單據或複合運送單據），俾使買方能接受貨物並從碼頭搬離 (A.8)。

若買賣雙方同意以電子通訊時，上述單據得以等同的電子訊息替代 (A.8)。

⑷申請輸出許可證或其他批准書或其他單據：負責取得貨物輸出所需的任何輸出許可證或其他官方批准書或其他單據 (A.2)。

7.提供買方購買保險所需資訊

買方於指定目的港碼頭上提貨後，應負擔國內運送的風險，所以，可能需要投保適當的保險，而買方為投保而要求賣方提供有關資訊時，賣方應迅速提供 (A.10)。

8.賣方應負擔的費用與稅捐

⑴取得輸出許可證或其他官方批准書或其他單據的費用 (A.2)。

⑵交貨費用：賣方除負擔將貨物運至指定目的港的運費外，並負擔直至其在指定目的港碼頭上把貨物交由買方處置時為止的一切費用 (A.6)。

⑶出口、過境稅捐及通關費：在可適用的情況下，負擔貨物輸出所需通關手續費用，以及貨物輸出時及交貨之前通過任何國家時應付的一切關稅、稅捐及其他費用 (A.6)。

⑷包裝、標示費用：自負費用將貨物施予為交付所需的包裝（除非依該

特定行業，契約貨物通常以不加包裝交付），並在貨物外包裝上施予適當的標示 (A.9)。此項規定為對於包裝的一般性規定，大宗物資的運送，依其性質及交易習慣，通常對貨物不加以包裝。在此場合，當然可不予包裝，也無標示的問題。但若需要包裝的貨物，則應在買賣契約中明定其包裝及標示事項。

(5)檢查費用：支付為依 A.4 項交貨把貨物在約定目的港碼頭上交由買方處置所需的檢查作業（例如檢查品質、丈量、過磅、計數）費用 (A.9)。賣方為履行其交貨義務，自應在交貨前對於貨物施以適當的檢查。其因此而生的費用當然由賣方負擔。此外，出口國政府依法令規定對出口貨物所實施的強制檢驗，其檢驗費用也應由賣方負擔 (B.9)。

(6)提供交貨證明而生的費用：因向買方提供小提單及（或）通常運送單據而生的費用 (A.8)。

(7)通知船舶預定到達時間費用 (A.7)。

(二)買方應負擔的義務與費用

1.通知賣方其接受貨物時間及（或）地方

依買賣契約若買方有權決定於指定目的港約定接受貨物期間內的接受貨物時間及（或）地點，則買方應將其決定給予賣方充分的通知 (B.7)。換言之，若買賣契約僅約定接受貨物期間，而未約定接受貨物的確定時間時，若其接受時間約定由買方決定者，買方究於何時接受貨物，應將其決定給予賣方充分的通知。關於接受貨物地方亦然。若買方怠於此項通知，則須負擔因此而增加的額外費用及風險。所謂增加的風險，依本條件 B.5 的規定，若買方未將接受貨物的時間及（或）地點給予賣方充分的通知，則貨物滅失或毀損的風險可能提早移轉買方 (Premature Passing of Risk)。又依 B.6 規定，若買方未將接受貨物的時間及（或）地點給予賣方適當的通知，則負擔因此而生的一切額外費用 (B.5, B.6)。

2.接受交貨證明、運送單據或等同的電子訊息

依 DEQ A.8 規定，賣方須向買方提供小提單及（或）通常運送單據，俾使買方能接受貨物。若此項單據符合買賣契約規定，買方就必須予以接受

(B.8)。若買方拒絕接受該單據（例如指示銀行拒付跟單信用狀項下貨款），則將構成違約，賣方可依買賣契約請求損害賠償或取消契約。當然，假如賣方提供的單據無法供作交貨的證明，例如單據上有批註表明貨物有缺陷，或表明貨物數量少於所約定者，則買方無接受這種「不潔 (Unclean) 單據」的義務。

3.接受貨物義務

賣方依約於約定目的港碼頭上，將貨物交由買方處置時，買方應即接受 (B.4)。當然，如貨物早於約定時間提前交由買方處置時，買方無義務在約定時間之前，接受貨物；反之，如賣方在約定交貨時間之後，才交貨，則買方可依契約準據法責成賣方負起違約之責。買方可能請求損害賠償，若其遲延構成根本的違約 (Fundamental Breach of Contract)，則買方甚至可主張解約❸。

4.支付貨款

支付貨款是買方的首要義務，賣方既已依約交貨，並提供符合買賣契約規定的單據或運送單據及發票等，買方就負有依買賣契約規定支付貨款的義務 (B.1)。付款時間如有約定時，依其約定；無約定者，應於提貨時支付約定貨款 (B.1)。但在件貨運送，通常係由賣方將小提單或碼頭倉單交付買方，然後由買方以貨主身分向船公司碼頭（或倉庫）提領貨物。故實務上，多於賣方交付小提單或碼頭倉單時支付貨款。但貨物如在運送中滅失者，則與 DES 一樣，賣方須返還已收到的貨款。這是與 CIF 不同的地方。

5.應負擔的費用與稅捐

⑴支付自貨物在約定目的港碼頭上交由買方處置時起有關該貨物的一切費用 (B.6)。又賣方於約定時間，在約定目的港碼頭上，將貨物交由買方處置時，買方應即受領貨物 (B.4)，如果怠於接受貨物，則必須負擔因此而生的費用，但以貨物經正式指撥於契約，也即經清楚地分置或得以辨認其為契約貨物為條件 (B.6)。例如依倫敦港口的習慣，以倫敦港碼頭交貨條件買賣時，貨物存放碼頭（或倉庫），可享受二星期的免費保管期間 (Rent-free Period)。過了此二星期，如貨物尚未搬離碼頭，則貨主須支付保管費。其他港口也有類似規定，只是免費保管期間長短不同而已。又買方提貨時，須自行負擔費用

---

❸　Jan Ramberg, op. cit., p. 160.

與風險，將貨物裝上其自備的運輸工具❸。

⑵負擔未將接受貨物時間及（或）地方給予賣方充分、及時的通知而生的額外費用，諸如額外的倉租費用及保險費等，但以該貨物經正式指撥於契約項下，也即經清楚地分置或得以辨認其為契約項下貨物為條件 (B.6)。

⑶負擔通知賣方其接受貨物時間及（或）地點而生的費用 (B.7)。

⑷檢驗費用：除賣方依本條件 A.9 所實施檢查貨物的費用及輸出國政府依法實施檢驗的費用應由賣方負擔外，其他有關貨物的檢驗費用，包括買方為自己利益所作的檢驗費用及輸入國政府規定的裝運前檢驗 (Pre-shipment Inspection, PSI) 費用，除另有約定外，概由買方負擔 (B.9)。

⑸負擔貨物輸入及其相繼運送時應付的通關手續費用，及一切關稅、稅捐及其他費用 (B.6)。

⑹支付為取得 A.10 項所規定單據或等同的電子訊息而生的一切費用，並歸還賣方依該規定給予協助而生的費用 (B.10)。

㈢風險負擔的問題

1. 貨物風險的移轉

⑴貨物風險的內容：貨物風險包括貨物滅失及毀損兩者，是指貨物因意外事故而遭受滅失或毀損而言。若不是因意外事故所致者，例如因貨物包裝不良、標示不清楚或因貨物本質或固有瑕疵所致滅失或毀損，其風險並不因賣方交貨而移轉買方。

⑵貨物風險移轉時、地：

①原則：在 DEQ 條件下，賣方負擔貨物滅失或毀損的一切風險，直至其於約定期日或期間內，在約定目的港碼頭上，將貨物交由買方處置時為止；買方則自貨物交由其處置時起，負擔貨物滅失或毀損的風險 (A.5, B.5)❸。

---

❸　濱谷源藏，《貿易取引の基本問題》，p. 31；朝岡良平，《貿易賣買と商慣習》，p. 326。

❸　契約貨物於起岸後，通常係存放於碼頭倉庫，故所謂「將貨物交由買方處置」，通常係指將提貨單(D/O)或將提單（限於雙方另有約定時）背書後，交付買方而

②例外：若買方未依本條件 B.7 規定，將其所保留接受貨物的時間及 (或) 地點給予賣方充分的通知，則自約定接受貨物日期或規定接受貨物期間屆滿日起負擔貨物滅失或毀損的一切風險 (B.5)。根據一般原則，貨物的風險於其交付時移轉買方，但依本例外規定，貨物雖尚未交付，風險照樣移轉買方。這在法律上稱為「提早移轉風險 (Premature Passing of Risk)」。因買方保留決定接受貨物時間及 (或) 地方之權，若怠於行使其權利，卻仍令賣方負擔「貨物交給買方處置時」為止的風險，則顯失公平。故以約定接受貨物日或規定接受貨物期間屆滿之日為風險移轉之時，俾平衡當事人的權益。

⑶貨物風險移轉條件

依據貨物風險移轉的原則，貨物必須經正式指撥於契約項下，也即貨物必須已經特定，可辨認其為買賣契約項下標的物時，其風險才移轉買方。因此：

①：在⑵之①的情形，既已完成交貨，貨物已經得以辨認其為契約項下標的物，所以，不發生指撥的問題。但在某些情形，貨物以整批散裝方式載運，而於貨物運抵目的港碼頭時，才將貨物指撥給數位不同的買方，則在其未經正式指撥之前，風險不移轉買方 (B.5)。

②：在⑵之②的情形，其「提早移轉風險」的前提為：貨物必須已經正式指撥於買賣契約，也即貨物必須已經清楚地分置或得以其他方法辨認其為契約貨物為限，例如貨物已經適當包裝及標示，得以辨認其為契約項下標的物 (B.5)。

2.禁止輸出的風險負擔

依 DEQ 條件，取得貨物輸出所需任何輸出許可證或其他官方批准書或

言。因此，買方收受此等單據時，貨物滅失或毀損的風險即轉由買方負擔。例如 UCC§2-509⑵規定：若貨物為受寄人保管，而不以移動該貨物為交付的場合，在發生下列各款情形時起，風險移轉買方：

⒜於買方收到貨物的可轉讓物權證券時；或

⒝於受寄人確認買方有權占有該貨物時；或

⒞依本法§2-503⑷⒝規定，於買方收到不可轉讓物權證券或其他交付指示書之後。

其他單據的風險，由賣方承擔 (A.2)，進口方面則由買方負擔 (B.2)。因此，萬一政府禁止契約貨物的出口，則其後果由賣方承擔。但通常買賣契約中大多有免責條款的約定，而且有些國家的法律也規定：遇到政府禁止出口情事時，契約即失效。

(四)貨物所有權的移轉時期

在本條件下，除另有約定外，通常係於約定目的港口碼頭上，實際地將貨物交付買方後，貨物所有權即由賣方移轉買方。因此，契約規定 Payment Against Documents 的場合，即使小提單或碼頭倉單已交付買方，並不表示貨物所有權已移轉買方。其餘請參閱「目的港船上交貨條件規則解說」(四)「貨物所有權的移轉時期」(p. 247)。

三、國內 DEQ 與國際 DEQ

(一)國內買賣的碼頭交貨條件

如前所述，DEQ 條件早期本來多用於將起岸後存入碼頭倉庫或碼頭通棧的進口貨物轉售國內廠商的場合。因賣方（指進口商）須負責取得輸入許可證，辦理進口通關，將貨物以國內貨物的形態交付國內買方（指廠商），故這種買賣契約實際上係以國內貨物為標的物的國內買賣。

十九世紀中葉以前，由於港灣、碼頭設施尚未完備，海上運送多靠小型帆船，危險甚大。賣方必須將貨物運至買方所在地港口推銷，否則甚難成交，因此，在此帆船貿易時代，盛行以目的港為交貨條件的卸貨地買賣。

十九世紀中葉以後，由於造船技術的進步，大型鋼製輪船的出現，商港設施的改善，加上海運企業經營的合理化，於是輪船貿易取代帆船貿易，以卸貨地為交貨條件的 DEQ 條件也漸漸無人採用。

然而，到了現代，死灰復燃，以 DEQ 條件交易的情形又漸漸多起來。促進以 DEQ 條件交易的主要原因是由於各國保稅制度的產生。由於海運與通訊的發展，國際買賣乃由大量買賣方式變成適量買賣方式。尤其對中小企業

而言，為期經營的合理化，多不願一次大量進貨（原料），以期減免費用及風險。然而，這些中小企業如每次都從國外進口小量貨物，則頗為不經濟或頗不方便。於是經營國際貿易的大型貿易商，為服務這些中小企業，乃利用保稅制度，從事國際性的批發生意。例如，如圖(1)所示，貿易商 B，從 A 國的出口商 A 一次進口大量穀物暫存 B 港的保稅倉庫。假如擬將貨物出售給第三國的買方 C′，則可將貨物從保稅倉庫搬出，然後裝上開往 C 港的船舶。在此場合，出口商 A 與貿易商 B 之間的交易，及貿易商 B 與買方 C′ 的交易，毫無疑問，均屬國際買賣。而其使用的貿易條件不外是 FOB 條件或 CIF 條件。又基於各該契約的貨物移動方向而言，B 港為 A、B 間交易的進口港，但同時又是 B、C′ 間交易的出口港。B 在 A、B 間的交易中，是買方，同時也是進口商，而在 B、C′ 間的交易中，B 又成為賣方，同時也是出口商。

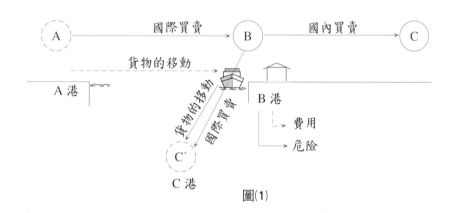

圖(1)

又，假如 B 以 DEQ 條件將存放在保稅倉庫的穀物售給國內穀物商 C，則進口穀物的進口商 B 不負責辦理進口通關手續。於繳付進口稅捐後，將外國貨物變成國內貨物。然而，也只限於負責將外國貨物變成國內貨物而已，其交貨地點則仍為訂約時保管穀物的保稅倉庫。因 B・C 之間的交易係屬國內買賣，故在此場合的 B 的地位，既非出口商也非進口商，而僅是通常的賣方而已，又，B 港也只是穀物的保管及交貨地點而已，既非出口港也非進口港。因此本來的 DEQ，包括 Incoterms 1980 的 EXQ 就是使用於這種國內買賣的

碼頭交貨條件。但是，Incoterms 1990 的 DEQ 是針對國際買賣而制定的，此可以從 DEQ 後面的港口為 port of desination 而得知。2000 年版則規定進口手續與關稅改由買方負擔，更是印證 DEQ 是國際買賣條件。

㈡國際買賣的碼頭交貨條件

美國定義所規定的碼頭交貨條件，稱為 DEQ (Duty Paid)...named port of importation，與 Incoterms 2000 的 DEQ 一樣，依此條件訂立的買賣契約，在性質上是屬於國際買賣。如圖⑵所示，A 為賣方，同時也是出口商。

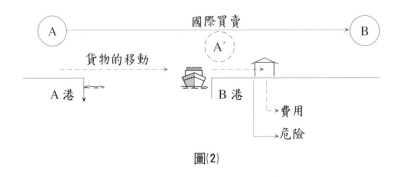

圖⑵

假設賣方 A 與買方 B 以 DEQ 條件成立買賣契約，則依此契約，貨物將在 A 港裝船，然後運往指定進口港 B 港。貨物運達 B 港後即起卸搬入碼頭倉庫，並在該地點將貨物交由買方處置。換言之，以這種內容為條件的碼頭交貨條件，與其說屬於 Ex 系統，不如說具有 Free 系統的性質。

依美國定義，在此條件下的賣方，其所報價格包括貨物成本、將貨物放置於指定進口港碼頭上所需的一切額外費用，以及進口稅捐、規費或手續費。換言之，賣方一方面須辦理出口手續、支付出口稅捐及其他規費或手續費，他方面又須備辦及支付至指定進口港為止的運輸、備辦及支付海上保險，將貨物運至進口港。貨物運達進口港之後，尚須將其起卸存入碼頭倉庫，支付碼頭使用費、起岸費用、因起岸而生的其他一切費用、進口通關費、進口稅捐、規費或手續費等。在指定進口港碼頭上，一般認定的免費保管期間屆滿前的貨物的滅失或毀損均為賣方負擔。但從美國定義賣方義務 A.6：「支付買

方將貨物輸入目的地國所需……產地證明書、領事發票、提單的簽證、其他單據……」的文字判斷，似應解釋為買方應以進口商的身分辦理進口通關手續，賣方則對因此而生的費用及進口稅捐等，只負擔支付義務。此顯與 Incoterms 2000 的 DEQ 不同。換言之，美國定義的 DEQ 條件為美國進口商自國外進口貨物時所使用的國際買賣條件。

　　然而，美國貿易實務專家 M. S. Rosenthal 卻在其所著 *Technique of International Trade* (1950) 一書 p. 28 上說，Ex Dock（1990 年，改稱 DEQ）是美國進口商將進口貨物轉售國內客戶時所使用的國內買賣條件。日本貿易實務學者朝岡良平博士則以為 M. S. Rosenthal 所指國內買賣的 Ex Dock（即 1990 年版 DEQ）條件並非美國定義所規定國際買賣的 Ex Dock（即 1990 年版 DEQ）條件，氏以為兩者用語雖同，但因一為國內買賣條件，一為國際買賣條件，兩者性質不同，故在使用或解釋這種 Trade Term 時應特別注意。

 # 第十三節　稅前交貨 (DDU) 條件

一、稅前交貨條件概說

㈠稅前交貨條件的概念

　　本條件 Delivered Duty Unpaid，簡稱 DDU，中文為「稅前交貨」條件。依本條件交易時，賣方須於規定日期或期間內，在指定目的地將尚未辦理輸入通關手續且尚未從到達運送工具卸下的貨物交付買方。賣方須負擔將貨物運至該地為止的費用及風險，在可適用的情況下，不含在目的地國家的任何輸入稅負。買方則須負擔其未能及時辦理貨物輸入通關手續而生的任何額外費用及任何風險，以及負擔貨物交由其處置時起有關貨物滅失或毀損的一切風險及費用，並依買賣契約支付貨款。

　　本條件可使用於任何運送方式的買賣，但使用於陸上運送及複合運送的情形較普遍。

依本條件，因賣方須負責在進口國指定目的地約定地點，將貨物實際地交付買方，故屬於實際交貨條件，同時也是目的地契約的一種。

㈡用法上應注意事項

1.本條件是 Incoterms 1990 新增訂的貿易條件

　　特別針對歐盟 (EU) 1992 年以後的貿易環境，亦即針對單一市場或者其他相似的區域經濟整合團體所規定的 (the DDU term was created the coincide with the introduction of the Single Market or any other equivalent grouping)。從而當賣方不辦理輸入通關手續和不支付進口關稅等，就準備在進口國國內交貨時，本條件即可達成重要的功能。當輸入通關手續不成為問題時 —— 諸如在歐盟市場內 —— 本條件即相當理想也很適當。

　　此外，進口國政府為獎勵貨物的加工出口，設置免稅特區，對於免稅區內的進口商，其在進口貨物時，採用本條件交易，也很理想。還有進口貨物享有免稅待遇，或特定的進口商，其進口貨物可免稅者，也適合採用本條件。

2. 2000 年版修訂的主要內容

⑴未竟成功的 DDU (Not at The Buyer'S Premises)：

　　2000 年版修訂的工作小組 (The Working Group) 曾經考慮 DDU 後面所加的指定目的地 (Named Place) 予以多元化，在買方營業場所以外的地方，諸如運送人的集散站交由買方處置，買方再行派車前往集散站取貨，亦即仿照FCA 交貨地點的理念，也用於 DDU❸❸。但，卻被 ICC 的國際商業慣例委員會否決，一則太瑣碎了，會有很多變型條件產生，二則賣方對那些進口國的買方場所以外地點無法掌控，遂對這部分不予規定。

⑵2000 年版規定 DDU 的賣方是將裝載於到達運送工具上尚未卸下的貨物交由買方處置。

⑶DDU 這個條件，在歐盟因為域內貨物流通自由不需辦輸入通關手續，

---

❸❸　If the goods are to be delivered from some other place in the country of destination —
not at the buyer's premises, but perphaps from a carriers terminal in the country of
destination. The buyer then comes along with his vehicle to pick up the goods.

但若從歐盟域外輸入還是要辦輸入通關手續，為避免這種困擾，因此 B.6 規定，在需要辦理通關的時候 (Where Applicable)，由買方辦理輸入通關手續的費用以及應付的一切關稅、稅捐及其他費用。

3.買方不履行貨物輸入通關義務的問題

因在 DDU 條件下，須在買方國家完成貨物輸入通關後，才能把貨物運抵指定目的地約定地點，若買方不履行其貨物輸入通關手續義務，以致貨物在海關被擋住，而無法運抵約定目的地地點，則可能會引起特殊的問題。

在本條件下，既然買方負責貨物輸入通關義務，則上述一切事故的風險與費用應由其承擔。雖然如此，除非賣方確信不會發生上述事故，否則建議賣方不宜輕易以此條件交易。

4.希望由賣方辦理輸入通關手續時

若當事人使用本條件而希望由賣方辦理輸入通關手續並負擔因此而生的費用及風險，以及貨物輸入時應付的一些費用，則應清楚的在買賣契約中附加上此一旨趣的明確用語。

若當事人使用本條件而希望由賣方自行辦理輸入通關手續，但不負擔進口關稅等，也可按 "DDU cleared for import" 的條件交易。這表示賣方的義務只限於負責辦理輸入通關手續，至於進口關稅及在貨物進口時課徵的其他進口費用則仍由買方負擔❽。

至於 1990 年版定義中的這些規定：「若當事人希望將貨物輸入時應付的某些費用包括在賣方義務之內──例如加值稅 (VAT)──則應在本條件中明確地加上此旨趣的詞語，例如 "DDU VAT unpaid (...named place of destination)"。」2000 年版已經予以刪除。

5.卸貨費用 (Discharging Cost) 的負擔問題

---

❽　Jan Ramberg, op. cit., p. 50.

By adding the term "cleared for import", it is possible to use DDU and still place the obligation to the clear the goods for import on the seller. This means that the seller's obligation is limited to the clearance as such and that the duty, as well as other charges levied upon import, will be unpaid and have to be paid by the buyer.

以 DDU 條件交易時，賣方是否須負擔在目的地約定地點，把貨物從運送工具卸下並放置到買方倉庫之內為止的一切費用？關於此，Incoterms 2000 年版已做出規定，從到達的運送工具上把貨卸下，是買方的義務，運送工具一經抵達約定地點，即完成交貨。

6.付款問題

本條件是目的地契約的一種，同時也是屬於實際交付 (Physical Delivery) 的一種，所以，除另有約定外，賣方必須在進口國指定目的地約定地點，將貨物實際地交付買方時，才有權請求支付貨款。依本條件，賣方須將貨物運至進口國指定目的地約定地點交由買方處置，同時尚須將小提單及（或）通常運送單據向買方提供，但這並非意指賣方向買方提供上述單據，即有權請求支付貨款。其向買方提供上述單據，只不過是便於買方向運送人提貨而已[135]。

7.本條件的國際代號為 DDU

㈢用法舉例

依本條件交易時，在本條件之後應標明交貨地點、地址，例如：

> We offer to sell 1,000 sets personal computers Model 123 Euro 900 per set
> DDU at...（地址）Hamburg, delivery during August.
>
> （報價出售 123 型個人電腦 1 千部，每部歐元 900 元，在漢堡……（地址）稅前交貨，8 月間交貨。）

二、稅前交貨 (DDU) 條件規則解說

㈠賣方應負擔的義務與費用

1.取得輸出許可證並辦理輸出、過境通關手續

---

[135]　朝岡良平，《國際貿易條件基準の解說》，1977，p. 35。

賣方必須自負風險及費用取得任何輸出許可證及其他官方批准書或其他單據，在可適用的情況下，並辦理貨物輸出及通過任何國家所需的一切通關手續 (A.2)。因此，假如貨物遭禁止出口或被課徵稅捐以及由於政府規定而增加貨物出口費用時，其一切風險與費用均歸賣方負擔。但買賣契約中通常有特別約定，以因應這種意外事故。CISG 及各國買賣法也大多規定對於不可預見或合理地不可預見的禁止出口，可免除賣方在買賣契約項下的義務。

在 DDU 條件下，賣方除須負責辦理貨物輸出通關手續外，如貨物需通過任何國家才能運到指定目的地約定地點，則尚須負責貨物過境的一切通關手續 (A.2)。

2. 交貨義務

賣方應於約定期日或期間內，如期日或期間均未約定，則應於訂約後合理期間內，在指定目的地約定地點，將裝載於到達運送工具上尚未卸下的貨物交由買方處置或交由買方指定的其他人處置 (A.1, A.4)。

⑴提供符合買賣契約的貨物 (A.1)，說明請參閱「工廠交貨條件規則解說」㈠之 1 之⑴ (p. 58)。

⑵交貨時間：有約定時，依約定 (A.4)；如無約定，應於訂約後合理時間內交貨。其餘說明，請參閱「工廠交貨條件規則解說」㈠之 1 之⑵ (p. 58)。

⑶交貨地點：在契約所指定目的地約定地點，將貨物交由賣方處置 (A.4)。

⑷交貨方法：在指定目的地約定地點將到達運送工具上尚未卸下的貨物交由買方處置 (Place the goods at the disposal of the buyer)，所以係實際交付 (Physical Delivery)，但實務上大多以小提單 (D/O) 或通常運送單據交付買方，由其向運送人提貨 (A.4, A.8)。

3. 締結運送契約

賣方既然必須在指定目的地約定地點交貨，運送的安排當然要由賣方負責。依本條件 A.3 規定，賣方必須自負費用訂立將貨物運至指定目的地的運送契約。若該特定地點未經約定，或不能依實務作法決定，賣方得選擇在指定目的地最適合其本意的地點。

對買方而言，賣方選擇的運送方式，會影響到他接受貨物的義務，因此，

賣方如果選擇了不適當的運送方式，讓買方增加額外的困難或費用，才能從運送人處接受貨物，則因此不適當運送方式增加的風險與費用將由賣方負擔。因此 2000 年版所有的 D 類型貿易條件，不再像 C 類型貿易條件一樣刪除了「賣方應以經由通常路線及以習慣方法」訂立運送契約的規定。

通常 DDU 後面會提及目的地交貨地 (Place of Destination)，但若該地點未經約定或無法以實務作法決定，而又有數處地點可供選擇時，賣方得選擇在指定目的地最適合其目的地地點為交貨地點 (A.3)，從實務觀點來說，當事人最好明確約定交貨地點。

4. 通知發貨義務

賣方須將發貨以及為使買方採取得以接受貨物的通常必要措施而需要的其他事項，給予買方充分的通知 (A.7)。其通知內容包括有關貨物種類、數量、嘜頭、運送人、運送工具及其名稱、發貨時間及預定到貨時間等。

5. 購買保險

在本條件下，賣方須負責將貨物安全地運至指定目的地，運送中貨物可能發生的風險，全由賣方負擔，所以，賣方對買方並無負擔投保的義務，但賣方有必要為本身權益購買保險。

6. 申請、提供或協助取得單據的義務

⑴申請或提供單據：

①商業發票：若當事人同意使用電子通訊方式者，得以電子訊息替代商業發票 (A.1)。

②符合契約的證據：如買賣契約規定賣方須提供證據以證明其提供的貨物確與契約規定相符者，賣方還須提供此項證據，例如檢驗證明書等 (A.1)。

③交貨證明、運送單據或等同的電子訊息：提供買方為接受貨物所需要的小提單 (D/O) 及（或）通常運送單據（例如可轉讓提單、不可轉讓海運貨運單、內陸水運單據、空運提單、鐵路貨運單、公路貨運單或複合運送單據）。

若買賣雙方同意以電子通訊時，上述單據得以等同的電子訊息替代 (A.8)。

④申請輸出許可證或其他官方批准書或其他單據：負責取得貨物輸出所

需的任何輸出許可證及其他官方批准書或其他單據 (A.2)。

　　⑵協助買方取得其為貨物輸入所需而在發貨國及（或）原產國發行或傳輸的任何單據或等同的電子訊息，但 A.8 所規定的小提單及（或）通常運送單據除外 (A.10)。

　　7. 提供買方購買保險所需資訊

　　買方在指定目的地約定地點提貨後，可能還要轉運其他地方，在此場合，可能需要投保適當的保險，而買方為投保而要求賣方提供有關資訊時，賣方應適時提供 (A.10)。

　　8. 賣方應負擔的費用與稅捐

　　⑴取得輸出許可證及其他官方批准書或其他單據的費用 (A.2)。

　　⑵交貨費用：賣方除負擔將貨物運至指定目的地約定地點的運費外，並負擔直至其在指定目的地約定地點把裝載於到達運送工具尚未卸下且符合買賣契約的貨物交由買方處置時為止的一切費用 (A.6)。

　　⑶出口、過境稅捐及通關費用：負擔貨物輸出所需通關手續費用，以及貨物輸出時依 A.4 項交貨之前通過其他國家時應付的一切關稅、稅捐及其他費用 (A.6)。

　　⑷包裝、標示費用：負擔費用施予貨物因交付所需的包裝（除非依該特定行業，契約貨物通常以不加包裝而交付），並在貨物外包裝上施予適當的標示 (A.9)。此項規定為對於包裝的一般性規定，大宗物資的運送，依其性質及交易習慣，通常對貨物不加以包裝。在此場合，當然可不予包裝，也無標示的問題。但若需要包裝的貨物，則應在買賣契約中明定其包裝及標示事項。

　　⑸檢查費用：支付為把貨物在指定目的地約定地點交由買方處置所需的檢查作業（例如檢查品質、丈量、過磅、計數）費用 (A.9)。賣方為履行其交貨義務，自應在交貨前對於貨物施以適當的檢查。其因此而生的費用當然由賣方負擔。此外，出口國政府依法令規定對出口貨物所強制實施的檢驗，其檢驗費用也應由賣方負擔 (B.9)。

　　⑹提供交貨證明而生的費用：因向買方提供小提單及（或）通常運送單據而生的費用 (A.8)。

(7)發貨通知費用 (A.7)。

(二)買方應負擔的義務與費用

1.通知賣方其接受貨物時間及（或）地方

依買賣契約若買方有權決定於指定地約定接受貨物期間內的接受貨物時間及（或）接受貨物地點，則買方應將其決定給予賣方充分的通知 (B.7)，換言之，若買賣契約僅約定接受貨物期間，而未約定接受貨物的確定時間時，若其接受時間約定由買方決定者，買方究於何時接受貨物，應將其決定給予賣方充分的通知。關於接受貨物地點亦然。若買方怠於此項通知，則須負擔因此而增加的額外費用及風險。所謂增加的風險，依本條件 B.5 的規定，若買方未將接受貨物的時間及（或）地方給予賣方充分的通知，則貨物滅失或毀損的風險可能提早移轉買方 (Premature Passing of Risk)。又依 B.6 規定，若買方未將接受貨物的時間及（或）地點給予賣方適當的通知，則負擔因此而生的一切額外費用 (B.5, B.6)。

2.取得輸入許可證並辦理輸入通關手續

在 DDU 條件可適用的情況 (Where Applicable) 下，買方須負責取得貨物輸入所需任何輸入許可證或其他官方批准書或其他單據，並辦理相關的一切通關手續 (B.2)。因此，禁止進口並不能免除買方的付款責任。但買方可引用買賣契約中的免責條款以獲得救濟。這種條款可能規定展延履約時間或規定買方有權解約。

3.接受交貨證明、運送單據或等同的電子訊息

依 DDU A.8 規定，賣方須向買方提供小提單及（或）通常運送單據，俾使買方能接受貨物。若此項單據符合買賣契約規定，買方就必須予以接受 (B.8)。若買方拒絕接受該單據（例如指示銀行拒付跟單信用狀項下貨款），則將構成違約，賣方可依買賣契約請求損害賠償或取消契約。當然，假如賣方提供的單據無法供作交貨的證明，例如單據上有批註表明貨物有缺陷，或表明貨物數量少於所約定者，則買方無接受這種「不潔 (Unclean)」單據的義務。

4.提貨義務

賣方依約於指定目的地約定地點，將貨物交由買方處置時，買方應即接受 (B.4)。當然，如貨物早於約定時間提前交由買方處置時，買方無義務在約定時間之前，接受貨物；反之，如賣方在約定交貨時間之後，才交貨，則買方可依契約準據法責成賣方負起違約之責。買方可能請求損害賠償，若其遲延構成根本的違約 (Fundamental Breach of Contract) 則買方甚至可主張解約。

5. 支付貨款

支付貨款是買方的首要義務。賣方既已依約交貨，並提供符合買賣契約的單據或運送單據及發票等，買方就負有依買賣契約規定支付貨款的義務 (B.1)。

支付貨款時間，除另有約定外，於交貨時同時履行。因此，契約中即使規定賣方於提示提單或小提單時支付貨款 (DDU, Payment Against Documents)，如貨物運抵目的地之前賣方已憑提單或小提單收到貨款，事後貨物卻未運抵目的地，則買方有權請求返還已付出的貨款。

6. 應負擔的費用與稅損

⑴輸入許可證費用：負擔取得貨物輸入所需任何輸入許可證或其他官方批准書而生的費用 (B.2)。

⑵負擔貨物在指定目的地約定地點交由買方處置時起有關該貨物的一切費用 (B.6)。

⑶負擔因未及時辦理進口通關手續，或貨物交由其處置時，未予接受，或未將其所保留接受貨物時間及（或）地方給予賣方充分、及時的通知而生的額外費用，諸如額外倉租、保險費等。但以貨物經正式指撥於契約，也即經清楚地分置或得以辨認其為契約貨物 (Contract Goods) 為條件 (B.6)。

⑷進口稅損及輸入通關費用：支付貨物輸入時應付的一切關稅、稅損及其他官方費用，以及辦理貨物輸入通關手續的費用 (B.6)。

⑸負擔通知賣方其接受貨物時間及（或）地方的費用 (B.7)。

⑹支付或歸墊取得有關單據的費用：支付為取得貨物輸入所需而在發貨國及（或）原產國發行或傳輸的任何單據或等同的電子訊息（但取得 A.8 所規定小提單及（或）通常運送單據的費用除外）而生的費用。若賣方為協助

買方取得上述單據而發生費用時，買方應予歸墊 (B.10)。

(7)檢驗費用：除賣方依本條件 A.8 所實施檢查貨物而生的費用及輸出國政府依法實施檢驗的費用應由賣方負擔外，其他有關貨物的檢驗費用，包括買方為自己利益所作的檢驗費用及輸入國政府規定的裝運前檢驗 (Pre-shipment Inspection, PSI) 費用，除另有約定外，概由買方負擔 (B.9)。

(三)風險負擔的問題

1.貨物風險的移轉

(1)貨物風險的內容：貨物風險包括貨物滅失及毀損兩者，是指貨物因意外事故而遭受滅失或毀損而言。若不是因意外事故所致者，例如因貨物包裝不良、標示不清楚或因貨物本質或固有瑕疵所致滅失或毀損，其風險並不因賣方交貨而移轉買方。

(2)貨物風險移轉時、地：

①原則：在 DDU 條件下，賣方負擔貨物滅失或毀損的一切風險，直至其於規定日期或期間內，在指定目的地約定地點，將貨物交由買方處置時為止；買方則自貨物交由其處置時起，負擔貨物滅失或毀損的風險 (A.5, B.5)。

②例外：若買方未依本條件 B.7 規定，將其所保留受領貨物的時間及(或)地方給予賣方充分的通知，則自約定受貨日期或規定受貨期間屆滿日起負擔貨物滅失或毀損的一切風險 (B.5)。根據一般原則，貨物的風險於其交付時移轉買方，但依本例外規定，貨物雖尚未交付，風險照樣移轉買方。這在法律上稱為「提早移轉風險 (Premature Passing of Risk)」。因買方保留決定受領貨物時間及（或）地方之權，若怠於行使其權利，卻仍令賣方負擔「貨物交給買方處置時」為止的風險，則顯失公平。故以約定受貨日或規定受貨期間屆滿之日為風險移轉之時，俾平衡當事人的權益。

(3)貨物風險移轉條件：

依據貨物風險移轉的原則，貨物必須經正式指撥於契約項下，也即貨物必須已經特定，可辨認其為買賣契約項下的標的物時，其風險才移轉買方。因此：

①: 在⑵之①的情形，既已完成交貨，貨物已經得以辨認其為契約項下標的物，所以，不發生指撥的問題。但在某些情形，貨物以整批散裝方式載運，而於貨物運抵目的地時，才將貨物指撥給不同的數位買方，則在其未經正式指撥之前，風險不移轉買方 (B.5)。

②: 在⑵之②的情形，其「提早移轉風險」的前提為: 貨物必須已經正式指撥於買賣契約，也即貨物必須已經清楚地分置或得以其他方法辨認其為契約貨物為限，例如貨物已經適當包裝及標示，得以辨認其為契約項下標的物 (B.5)。

2.怠於履行進口通關手續的風險移轉

若買方怠於履行取得貨物輸入所需任何輸入許可證或其他官方批准書或其他單據，在可適用的情況下並辦理相關的一切通關手續，以致貨物無法運抵指定目的地 (Place of Destination)，則負擔因此而生的貨物滅失或毀損的一切額外風險。也就是說，貨物未運抵約定交貨地點之前 —— 例如由於買方怠於辦理進口通關手續，以致貨物被扣留在海關分支關 (Customs Station) —— 貨物風險照樣移轉買方。但以貨物已經正式指撥於買賣契約，也即貨物必須已經清楚地分置或得以其他方法辨認其為契約貨物為限 (B.6)。

3.禁止輸出入的風險負擔

⑴禁止輸出的風險: 依 DDU 條件，取得貨物輸出所需任何輸出許可證或其他官方批准書或其他單據的風險，由賣方承擔 (A.2)。因此，萬一政府禁止契約貨物的出口，則其後果由賣方承擔。但通常買賣契約中大多有免責條款的約定，而且有些國家的法律也規定: 遇到政府禁止出口情事時，契約即失效。

⑵禁止輸入的風險: 在 DDU 條件下，取得貨物輸入所需任何輸入許可證或其他官方批准書或其他單據的風險，由買方負擔 (B.2)。但萬一進口國政府禁止契約貨物輸入時，依買賣契約中的免責條款，買方可免責，何況有些國家的法律也規定，政府禁止輸入時，契約即失效。

㈣貨物所有權的移轉時期

雖然貨物的交付與其所有權的移轉不一定有密切的關係，但在 DDU 條件下，除另有約定外，通常於貨物交付買方時，貨物所有權即由賣方移轉買方。因此，契約規定 Payment Against Documents 的場合，即使提單或小提單已交付買方，也不表示貨物所有權已移轉買方。但以移轉所有權的意思而將提單背書後交付買方時，貨物所有權因提單的交付而移轉買方。

 ## 第十四節　稅訖交貨 (DDP) 條件

一、稅訖交貨條件概說

㈠稅訖交貨條件的概念

　　稅訖交貨條件的英文為 Delivered Duty Paid，簡稱 DDP。依本條件交易時，賣方須於規定日期或期間內，在進口國指定目的地將已辦妥輸入通關手續而尚未從到達運送工具卸下的貨物交付買方。賣方須負擔將貨物運至該地為止的一切費用及風險，在可適用的情況下，包含在目的地國家的任何輸入「稅負」，「稅負」一詞包括辦理通關手續的義務及風險，及支付通關手續費用、關稅、稅捐及其他費用。買方則須負擔貨物交由其處置時起的一切風險與費用，並依買賣契約支付貨款。因此，在本條件下，賣方不僅須負責由出口地至進口地的運送、保險，而且須負責進口通關、支付進口稅、加值稅、進口國內陸運費，甚至連輸入許可證也須負責申領。就此點而言，依本條件的買賣猶如在進口國境內的國內買賣 (Domestic Sale)。因此，在本條件下的賣方，其所處地位，原則上，與在進口國國內買賣的賣方地位相同。其所負責任之重，由此可見其一斑。在各種貿易條件中，以 Ex Works 條件交易時，賣方的責任最小；反之，以本條件 Delivered Duty Paid 條件交易時，賣方的責任最大。

　　依本條件，因賣方須負責在進口國指定地點，將貨物實際地交付買方，故是目的地契約的一種。

㈡用法上應注意事項

1.本條件可使用於以任何運送方式運送貨物的交易,尤其適合於複合運送方式的買賣

以本條件交易時,可說「賣方服務到家」,最具競爭性,但是,假如賣方無法直接或間接取得輸入許可證及辦理輸入通關手續,則不宜使用此條件。所幸,目前許多企業已走上國際化,賣方若在進口國設有分支機構者,可透過其分支機構辦理貨物的輸入手續及代墊關稅等。在此情形下,若採用本條件交易,當可提供更好的服務。

然而,若賣方不願承擔這樣重的責任,而希望由買方辦理貨物輸入通關手續並支付關稅,則應改用 DDU 條件。

2. "Duty" 的涵義: 本條件 "Delivered Duty Paid" 中的 "Duty"

在 2000 年版中特別指出,是包括辦理通關手續的義務及風險,以及支付通關手續費用、關稅、稅捐及其他費用 (including the responsibility for and the risks of the carrying out of customs formalities and the payment of formalities, customs duties, taxes and other charges),因此 2000 年版雖刪除了 1990 年版在定義條款中所規定的「當事人如希望貨物輸入時應繳付的某些費用,例如 VAT,自賣方義務中排除,則可在本條件中明確加上此旨趣的詞語,例如: "DDP VAT unpaid (...named place of destination)" 或 "DDP exclusive of VAT and/or taxes (...named place of destination)" 以表明賣方不負擔加值稅及（或）稅捐」。但在 *Guide to Incoterms 2000* 中,仍規定可使用這樣的詞語❶❸❻。

3.提貨單據的提供

倘若交貨地點不在買方營業處所時,賣方須提供買方必要單據（例如運送單據或倉單）,俾買方得從運送人或倉庫業者提領貨物❶❸❼。

---

❶❸❻ *Guide to Incoterms 2000*, p. 49. 又2000年版已將other official charges改為other charges,目的是在避免商人對"official"的誤解,但用不用official實質意義並未改變。

❶❸❼ *Guide to Incoterms 2000*, ICC Publication, No. 620, p. 175.

4.付款問題

本條件是目的地交貨買賣條件之一，同時也是屬於實際交付 (Actual De-livery) 的一種。故，除另有約定外，賣方必須在進口國指定目的地，將貨物實際交付買方時，才有權請求支付貨款。依本條件，賣方須將貨物運至進口國指定目的地交由買方處置，同時尚須將通常的運送單據、倉單、埠頭倉單（受領證）、小提單或其他類似單據向買方提供。但這並非意指賣方向買方提出上述單據，即有請求支付貨款之權。其向買方提出上述單據，只不過是便於買方向運送人或倉庫業者提貨而已❸。

5.卸貨費用 (Discharging Cost) 的負擔問題

以 DDP 條件交易時，賣方是否須負擔在目的地約定地點，把貨物從運送工具卸下並放置到買方倉庫之內為止的一切費用？

關於此，Incoterms 2000 年版已做出規定，從到達的運送工具把貨卸下，是買方的義務，運送工具一經抵達約定地點，即完成交貨。

6.本條件相當於 American Definitions 的 (II–F) FOB (named in-land point in country of importation)

7. Delivered Duty Paid 的國際代號為 DDP

(三)用法舉例

依本條件交易時，在本條件之後應標明交貨地點名稱，例如：

> We offer to sell TV sets 1,000 sets US$80 per set DDP at 1 Wall St., New York City, delivery during March.
>
> 　（謹報價出售電視機 1 千臺，在紐約華爾街 1 號稅訖交貨，每臺美金 80 元，3 月間交貨。）

Delivered Duty Paid at 1 Wall St., New York City 也可以 Delivered at 1 Wall St., New York City Duty Paid 表示。如賣方不願負擔進口時課徵的某些

---

❸　朝岡良平，《國際貿易條件基準の解說》，1977，p. 35。

稅捐，則可以 Delivered at 1 Wall St., New York City, Duty Paid, exclusive of (Named Tax) 表示。

二、稅訖交貨 (DDP) 條件規則解說

㈠賣方應負擔的義務與費用

1. 取得輸出許可證並辦理輸出入、過境通關手續

賣方必須取得任何輸出入許可證或其他官方批准書或其他單據，在可適用的情況下，並辦理貨物輸出，通過任何國家及輸入所需的一切通關手續 (A.2)。因此，假如貨物遭禁止進出口或被課徵稅捐以及由於政府規定而增加貨物進出口費用時，其一切風險與費用均歸賣方負擔。但買賣契約中通常有特別約定，以因應這種意外事故。CISG 及各國買賣法也大多規定對於不可預見或合理地不可預見的禁止進出口，可免除賣方在買賣契約項下的義務。

在 DDP 條件下，賣方除須負責辦理貨物輸出入通關手續外，如貨物需通過任何國家才能運到指定目的地，則尚須負責貨物過境的一切通關手續 (A.2)。

2. 交貨義務

賣方應於約定期日或期間內，如期日或期間均未約定，則應於訂約後合理期間內，在指定目的地約定地點，將裝載於到達運送工具尚未卸下，且符合買賣契約的貨物交由買方處置 (A.1, A.4)。

⑴提供符合買賣契約的貨物 (A.1)。說明請參閱「工廠交貨條件規則解說」㈠之 1 之⑴ (p. 58)。

⑵交貨時間：有規定時，依規定 (A.4)；如無規定，應於訂約後合理時間內交貨。其餘說明，請參閱「工廠交貨條件規則解說」㈠之 1 之⑵ (p. 58)。

⑶交貨地點：有約定時，依約定 (A.3)；如買賣契約中未約定交貨地點 (Delivery Point)，也不能依慣例決定交貨地點，而在指定目的地又有數處地點可供選擇者，賣方得選擇在指定目的地最適合其目的的地點為其交貨地點 (A.3, A.4)。

⑷交貨方法：在指定目的地約定地點將裝載於到達運送工具尚未卸下的貨物交由買方處置 (Place The Goods at The Disposal of The Buyer)，所以係實際交付 (Physical Delivery)，但實際上大多以小提單 (D/O) 或通常運送單據或碼頭倉單 (Dock Warrant) 交付買方，由其向運送人提貨 (A.4, A.8)。

3. 締結運送契約

賣方既然必須在指定目的地約定地點交貨，運送的安排當然要由賣方負責。依本條件 A.3 規定，賣方必須自負費用訂立、將貨物運送至指定目的地的運送契約。在本條件下，賣方必須保證貨物實際地運抵目的地，因此好像賣方有權訂立自認為適當的運送契約——因為在這方面任何不適當的措施，將自動地歸由他承擔風險。

通常 DDP 後面會提及目的地交貨地點 (Delivery Point)，但若該地點未經約定或無法以實務做法決定，而又有數處地點可供選擇時，賣方得選擇在指定目的地最適合其本意的地點為交貨地點 (A.3)。從實務觀點來說，當事人最好明確約定交貨地點。

4. 發貨通知義務

賣方須將發貨以及為使買方採取得以接受貨物的通常必要措施而需要的其他事項，給予買方充分的通知 (A.7)。其通知內容包括有關貨物的種類、數量、嘜頭、運送人、運送工具及其名稱、發貨時間及預定到貨時間等。

5. 購買保險

在本條件下，賣方須負責將貨物安全地運至指定目的地，運送中貨物可能發生的風險，全由賣方負擔，所以，賣方對買方並無負擔投保的義務，但賣方有必要為本身利益購買保險。

6. 申請或提供單據的義務

⑴商業發票：若當事人同意使用電子通訊方式者，得以電子訊息替代商業發票 (A.1)。

⑵符合契約的證據：如買賣契約規定賣方須提供證據以證明其提供的貨物確與契約規定相符者，賣方還須提供此項證據，例如檢驗證明書等 (A.1)。

⑶交貨證明、運送單據或等同的電子訊息：提供買方為接受貨物所需要的

小提單及（或）通常運送單據（例如可流通〔轉讓〕提單、不可流通〔轉讓〕海運貨運單、內陸水運單據、空運提單、鐵路貨運單、公路貨運單或複合運送單據）。若買賣雙方同意以電子通訊時，上述單據得以電子訊息替代 (A.8)。

⑷申請輸出入許可證及其他官方批准書或其他單據：負責取得貨物輸出入所需的任何輸出入許可證及其他官方批准書或其他單據 (A.2)。

7.提供買方購買保險所需資訊

買方於指定目的地約定地點提貨後，可能還要轉運到其他地方，在此場合，可能需要投保適當的保險，而買方為投保而要求賣方提供有關資訊時，賣方應適時提供 (A.10)。

8.賣方應負擔的費用與稅捐

⑴取得輸出入許可證及其他官方批准書或其他單據的費用 (A.2)。

⑵交貨費用：賣方除負擔將貨物運至指定目的地約定地點的運費外，並負擔直至其在指定目的地約定地點把貨物交由買方處置時為止的一切費用 (A.6)。

⑶進出口、過境稅捐及通關費用：在可適用的情況下，負擔貨物輸出入所需通關手續費用，以及貨物輸出入時及依 A.4 項交貨之前通過任何國家時應付的一切關稅、稅捐及其他費用 (A.6)。

⑷包裝、標示費用：負擔費用施予貨物因交付所需的包裝（但依該特定行業，契約貨物通常以不加包裝而交付者，除外），並在貨物外包裝上施予適當的標示 (A.9)。此項規定為對於包裝的一般性規定，大宗物資的運送，依其性質及交易習慣，通常對貨物不加以包裝。在此場合，當然可不予包裝，也無標示的問題。但若需要包裝的貨物，則應在買賣契約中明定其包裝及標示事項。

⑸檢查費用：支付為把貨物在指定目的地約定地點交由買方處置所需的檢查作業（例如檢查品質、丈量、過磅、計數）費用 (A.9)。賣方為履行其交貨義務，自應在交貨前對於貨物施以適當的檢查，其因此而生的費用當然由賣方負擔。此外，出口國政府依法令規定對出口貨物所實施的檢驗，其檢驗費用也應由賣方負擔 (B.9)。

(6)提供交貨證明而生的費用：因向買方提供小提單及（或）通常運送單據而生的費用 (A.8)。

(7)發貨通知費用 (A.7)。

(8)支付或歸墊取得有關單據的費用：支付為取得將貨物交由買方處置所需而在輸入國發行或傳輸的任何單據或等同的電子訊息而生的費用。若買方為協助取得上述單據而發生費用時，賣方應予歸墊 (A.10, B.2, B.10)。

(二)買方應負擔的義務與費用

1.通知賣方其接受貨物時間及（或）地方

依買賣契約若買方有權決定在規定接受貨物期間內的接受貨物時間及（或）地方，則買方應將其決定給予賣方充分的通知 (B.7)。換言之，若買賣契約僅約定接受貨物期間，而未約定接受貨物的確定時間時，若其接受時間約定由買方決定者，買方究於何時接受貨物，應將其決定給予賣方充分的通知。關於接受貨物地方亦然。若買方怠於此項通知，則須負擔因此而增加的額外費用及風險。所謂增加的風險，依本條件 B.5 的規定，若買方未將接受貨物的時間及（或）地方給予賣方充分的通知，則貨物滅失或毀損的風險可能提早移轉買方 (Premature Passing of Risk)。又依 B.6 規定，若買方未將接受貨物的時間及（或）地方給予賣方適當的通知，則負擔因此而生的一切額外費用 (B.5, B.6)。

2.接受交貨證明、運送單據或等同的電子訊息

依 DDP A.8 規定，賣方須向買方提供小提單及（或）通常運送單據，俾使買方能接受貨物。若此項單據符合買賣契約規定，買方就必須予以接受 (B.8)。若買方拒絕接受該單據（例如指示銀行拒付跟單信用狀項下貨款），則將構成違約，賣方可依買賣契約請求損害賠償或取消契約。當然，假如賣方提供的單據無法供作交貨的證明，例如單據上有批註表明貨物有缺陷，或表明貨物數量少於所約定者，則買方無接受這種「不潔 (Unclean)」單據的義務。

3.受領貨物義務

賣方依約於指定目的地約定地點，依 A.4 將貨物交由買方處置時，買方必

須接受貨物 (B.4)。當然，如貨物早於約定時間提前交由買方處置時，買方無義務在約定時間之前接受貨物；反之，如賣方在約定交貨時間之後才交貨，則買方可依契約準據法責成賣方負起違約之責。買方可能請求損害賠償，若其遲延構成根本的違約 (Fundamental Breach of Contract) 則買方甚至可主張解約。

4.支付貨款

支付貨款是買方的首要義務，賣方既已依約交貨，並提供符合買賣契約的單據或運送單據及發票等，買方就負有依買賣契約規定支付貨款的義務 (B.1)。

5.應負擔的費用與稅捐

⑴支付貨物在指定目的地約定地點交由買方處置時起有關該貨物的一切費用 (B.6)。貨物交由買方處置時，買方必須接受貨物 (B.4)，若怠於受領貨物，則必須負擔因此而生的一切額外費用，但以貨物經正式指撥於契約，也即經清楚地分置或得以辨認其為契約貨物為條件 (B.6)。

⑵負擔未將接受貨物時間及（或）地方給予賣方充分、及時的通知而生的額外費用，諸如額外的倉租費用及保險費等，但以該貨物經正式指撥於契約項下，也即經清楚地分置或得以辨認其為契約項下貨物為條件 (B.6)。

⑶負擔通知賣方其接受貨物時間及（或）地方的費用 (B.7)。

⑷檢驗費用：除賣方依本條件 A.9 所實施檢查貨物的費用及輸出國政府依法實施檢驗的費用應由賣方負擔外，其他有關貨物的檢驗費用，包括買方為自己利益所作的檢驗費用及輸入國政府規定的裝運前檢驗 (Pre-shipment Inspection, PSI) 費用，除另有約定外，概由買方負擔 (B.9)。

6.協助賣方取得單據

循賣方要求，給予一切協助，以取得賣方為將貨物交由買方處置所需要而在輸入國發行或傳輸的任何單據或等同的電子訊息。例如本條件 B.2 所提及的輸入許可證或其他官方批准書等是 (B.2, B.10)。

㈢風險負擔的問題

1.貨物風險的移轉

⑴貨物風險的內容：貨物風險包括貨物滅失及毀損兩者，是指貨物因意外事故而遭受滅失或毀損而言。若不是因意外事故所致者，例如因貨物包裝不良、標示不清楚或因貨物本質或固有瑕疵所致滅失或毀損，其風險並不因賣方交貨而移轉買方。

⑵貨物風險移轉時、地：

①原則：在 DDP 條件下，賣方負擔貨物滅失或毀損的一切風險，直至其於規定日期或期間內，在指定目的地約定交貨地點，將貨物交由買方處置時為止；買方則自貨物交由其處置時起，負擔貨物滅失或毀損的風險 (A.5, B.5)。

②例外：若買方未依本條件 B.7 規定，將其所保留接受貨物的時間及（或）地方給予賣方充分的通知，則自約定交貨期日或規定期間屆滿日起負擔貨物滅失或毀損的一切風險 (B.5)。根據一般原則，貨物的風險於其交付時移轉買方，但依本例外規定，貨物雖尚未交付，風險照樣移轉買方。這在法律上稱為「提早移轉風險 (Premature Passing of Risk)」。因買方保留決定接受貨物時間及（或）地方之權，若怠於行使其權利，卻仍令賣方負擔「貨物交給買方處置」時為止的風險，則顯失公平。故以約定交貨期日或規定交貨期間屆滿之日為風險移轉之時，俾平衡當事人的權益。

⑶貨物風險移轉條件：

依據貨物風險移轉的原則，貨物必須經正式指撥於契約項下，也即貨物必須已經特定，可辨認其為買賣契約項下標的物時，其風險才移轉買方。因此：

①：在⑵之①的情形，既已完成交貨，貨物已經得以辨認其為契約項下標的物，所以，不發生指撥的問題。但在某些情形，貨物以整批散裝方式發送給數位買方，但個別買方的貨物未加分置或無法辨認那一部分屬於某一買賣契約項下標的物，則在其未經正式指撥之前，風險不移轉買方 (B.5)。

②：在⑵之②的情形，其「提早移轉風險」的前提為：貨物必須已經正式指撥於買賣契約，也即貨物必須已經清楚地分置或得以辨認其為契約貨物為條件，例如貨物已經適當包裝及標示，得以辨認其為契約項下標的物 (B.5)。

2.禁止輸出入的風險負擔

⑴禁止輸出的風險：依 DDP 條件，取得貨物輸出所需任何輸出許可證或

其他官方批准書的風險，由賣方承擔 (A.2)。因此，萬一政府禁止契約貨物的出口，則其後果由賣方承擔。但通常買賣契約中大多有免責條款的約定，而且有些國家的法律也規定：遇到政府禁止出口情事時，契約即失效。

⑵禁止輸入的風險：在 DDP 條件下，取得輸入許可證或其他官方批准書的風險，由買方承擔 (B.2)。但萬一進口國政府禁止契約貨物輸入時，依買賣契約中的免責條款，買方可免責，何況有些國家的法律也規定，政府禁止輸入時，契約即失效。

㈣貨物所有權的移轉時期

除另有約定外，原則上於賣方將運送單據、倉單、碼頭倉單、小提單或其他類似單據交付買方，並由其從運送人或倉庫業者提取貨物時，貨物所有權移轉買方。

第十五節　使用 Incoterms 的金科玉律 (golden rules)

⑴ FAS、FOB、CFR 及 CIF 此四個貿易條件只能使用於以海運或內陸水路運送貨物的交易。

⑵除非以海運方式運送大宗貨物或以傭船方式運送貨物，否則，所有運送方式（包括海運）的貨物買賣都宜使用 FCA、CPT 或 CIP 條件。

⑶明定如何進行交貨，2000 年版已明定由何方負責裝貨 (Loading) 以及由何方負責卸貨 (Discharge)。

⑷明定所要付保的保險範圍 (Insurance Coverage)，尤其您想要最大保障時為然。

⑸若對運送方式有所限制時，明定其運送方式。

⑹假如您負責辦理通關手續或負責在國外交貨，則在買賣契約中一定要訂明不可抗力、免責或展延交貨時間條款。

(7)在買賣契約中，以類如 "FCA...Incoterms 2000" 方式清楚地規定適用 Incoterms。

(8)須知 CFR、CIF、CPT 及 CIP 是裝運地契約 (Shipment Contract) 而非目的地契約 (Arrival Contract)。

(9)雖然有人說 Incoterms 已具有國際貿易習慣的性質❸，但這與事實有相當的出入。例如 Incoterms 2000 的 CFR 雖然與實務界向來使用的 C&F 相同，但實務界很少人使用 CFR 此一用語；又如在 FOB 條件下，實務上幾乎都由賣方負責取得提單 (B/L)，而非如 Incoterms 2000 FOB 所規定，由賣方協助買方取得提單。

因此，採用 Incoterms 時，應查明 Incoterms 的規定與實務有何出入，並作必要的修改 (Modification)。

最後，我們也必須對 Incoterms 所建立的 Golden Rules 加以整理一下：

1. 誰在當地有營業處所就由誰負責通關原則

除了 EXW 外，INCOTERMS 建立了誰在當地有營業處所就由誰負責辦理通關的原則 (The party domiciled in the country to be in charge of the clearance obligation)，因此 FAS 2000 年改由 Seller 負責出口通關，DEQ 改由 Buyer 負責進口通關。

就理論而言，這個原則是適合的，因為他會比較容易去決定究竟需要的成本有那些，進出口通關可能遭到的風險與成本有那些，同時進出口稅費方面的減免由他來辦也比較方便。但這個條件對 EXW 不適用，目的是在維持 EXW 是 Seller 負擔最輕的義務的原則。

2. 誰在裝卸場所擁有裝卸設備就由誰負責裝卸的原則

FCA 採取了誰在裝卸場所擁有裝卸設備就由誰負責裝卸 (The party in charge of the loading and unloading facilities should be responsible for the operations so that the seller loads the goods on the collecting vehicle)。至於 Buyer，在 FCA、DDU、DDP 條件下，原則上負有卸貨義務 (The buyer generally unloads the goods from the seller's arriving vehicle)。

---

❸ C. M. Schmitthoff, *Export Trade*, 9th ed., p. 67.

3.交付地點的所在即成本劃分的所在的原則

幾乎 INCOTERMS 的 13 種貿易條件 A.6 都會規定 "all cost relating to the goods until such time as they have been delivered in accordance with A.4" 至交付時止，由 Seller 負擔有關該貨物的一切費用也是一項重要的原則 (The division of costs occurs at the delivery point)。

4.交付後風險即移轉原則

就以 FOB、CFR、CIF 為例，貨物超過船舷危險即移轉給買方，幾乎 Incoterms 也建立了交付後風險即移轉的原則 (The risk of loss of or damage to the goods is transferred from the seller to the buyer when the seller has fulfilled his delivery obligation)。

5. CIF/CIP 的最低保險原則 (Minimum Cover)

CIF/CIP 是 Incoterms 唯一觸及保險的兩個貿易條件，規定賣方有為買方利益投保的義務，契約如果沒有特別約定，賣方應為買方投保最低額度的保險，因為當初的思考設計是運輸中的海運貨物會被轉賣，賣方也就毋需為未來轉運的貨物如何安排保險預做考慮 (If the goods are intended to resold in transit, one does not know beforehand the insurance arrangement of the subsequent buyers)。

6. C 類型條件採用兩個關鍵點原則 (Two Critical Point Rule)

C 類型條件常被誤認為是目的地契約 (Arrival Contract) 或者是與 D 類型條件雷同或類似 (More or Less Equivalent to D–Terms)，原因在於 C 類型條件的賣方尚須負擔貨物運至目的地的運費，危險負擔也被誤會到目的地交付時止方始移轉。實則 C 類型條件有兩個關鍵點：

(1)其中一點是用來區分風險的 (One for The Division of Risk)，就以 CIF 為例，它的危險負擔如同 FOB 在裝船港越過船舷就已移轉。

(2)另外一點則是用來決定成本的 (Another for The Division of Costs)，就以 CIF Hamburg 為例，它的成本是包括由賣方負擔至漢堡的運費。

第三章

美國對外貿易定義解說

第一節　American Foreign Trade Definitions 的制定經過

一、India House Rules for FOB (1919)

　　本世紀經過兩次世界大戰之後，國際經濟情勢發生了劇烈變化。尤其自第二次世界大戰之後，美國一躍成為世界貿易的重心。我國對外貿易，多年來與美國息息相關，這種密切關係，將繼續維持殆無疑問。因此從事對外貿易者，除應熟悉 Incoterms 之外，尚應研究美國貿易業者在其州內、州際或與外國間貿易中所慣用的買賣習慣。

　　美國立國較晚，歷史淵源不久。自從盎格魯撒克遜 (Anglo-Saxon) 民族由英倫島國移居美國大陸後，乃以拓荒的精神，開拓新大陸。在初期，移民們將英國的買賣習慣移植新大陸，而成為美國經濟立法的基礎。例如 1906 年制定的美國統一買賣法 (Uniform Sales Act)，在本質上即為抄襲自英國 1893 年制定的商品買賣法 (Sale of Goods Act, 1893)。然而，無論在資源方面或在市場方面，美國與英國在先天上具有不同的自然條件。因此，如將蕞爾島國的法律或習慣，依樣畫葫蘆，移植地大物博的新大陸，難免有削足適履之感。基於這種地理條件的不同，美國除移植英國海上買賣習慣之外，自有採用陸上買賣習慣的必要。其最顯著的例子就是美國的 FOB 習慣❶。

　　在美國，由於州內、州際貿易的盛行，業者所使用的貿易用語不僅與英國傳統的貿易用語有出入，且業者間對於同一貿易用語的解釋也往往彼此有歧異。於是為謀求貿易用語的統一，於 1919 年 12 月在美國 National Foreign Trade Council 的提倡之下，由具有代表性的企業機構及貿易團體，在紐約的 India House 舉行全美貿易會議 (National Foreign Trade Conference)。當時會議中討論的重點為：

---

　　❶　張錦源，《信用狀理論與實務》，初版，民國60年，pp. 492–494.

⑴美國慣用的貿易條件與他國所用者，其解釋有何差異。

⑵如何使貿易條件的解釋統一。

在此一會議中，就多種出口報價條件 (Export Quotations) 中選出 FOB、FAS、C&F 及 CIF 等四種常用者，予以美國標準定義 (Standard American Definitions)，並由與會的 National Foreign Trade Council, Inc., Chamber of Commerce of USA, National Association of Manufacturers, American Manufacturers Export Association, Philadelphia Commercial Museum, American Exporters and Importers Association, Chamber of Commerce of the State of New York, NewYork Produce Exchange 及 New York Merchants Association 等九個機構具名頒布了美國出口報價條件定義 (U.S. Definitions of Export Quotations)。其中 FOB 計有七種，即：

> FOB (named point)
>
> FOB (named point) freight prepaid to (named point on the seaboard)
>
> FOB (named point) freight allowed to (named point on the seaboard)
>
> FOB cars (named point on the seaboard)
>
> FOB cars (named port) LCL
>
> FOB cars (named port) lighterage free
>
> FOB vessel (named port)

由於本定義中 FOB 共有七種之多，占了本定義的大部分，且因在 India House 會議中通過，乃依美國商務部的建議將本定義稱為 India House Rules for FOB。因其為「1941 年修訂美國對外貿易定義」(Revised American Foreign Trade Definitions, 1941) 的前身，所以，也有人稱其為「1919 年美國對外貿易定義」(American Foreign Trade Definitions, 1919)。

是項美國標準定義於 1920 年，由紐約銀行信用狀會議 (The New York Bankers' Commercial Credit Conference) 的與會者決議率先採用❷。

---

❷　橋本英三，《外國貿易取引條件の研究》，初版，1953，pp. 91–92。

二、Revised American Foreign Trade Definitions

然而，自 1919 年頒布 India House Rules for FOB 以還，在貿易實務上發生許多變遷。是項規則雖對於簡化貿易手續貢獻很大，而且為美國貿易業者廣泛應用，但畢竟無法因應實務需要。於是，於 1940 年，在第 27 次全美貿易會議時，由 Chamber of Commerce of USA, National Council of American Importers, Inc. 及 National Foreign Trade Council, Inc. 等三團體組成聯合委員會，聯合修訂 India House Rules，終於 1941 年 7 月定稿，制定了「1941 年修訂美國對外貿易定義」(Revised American Foreign Trade Definitions—1941)。簡稱 "American Definitions"。至 1990 年復加以修訂，改稱 "Revised American Foreign Trade Definitions—1990"（1990 年修訂美國對外貿易定義）。

是項修訂貿易條件的解釋規則，雖與 Incoterms 有若干差異，但仍廣為美國貿易業者，尤其州際貿易業者所應用。

由於美國定義主要是當作報價 (Quotation) 之用，而 Incoterms 則對於買賣雙方的義務有詳細的規定，且為世界多數國家貿易業者所使用。因此，美國業者已同意使用 Incoterms，以期貿易條件的解釋的國際性統一化。然而，事實上，部分美國貿易業者仍繼續使用美國定義，因此，我們與美商交易時，不可不注意。

茲將 1990 年修訂美國對外貿易定義的貿易條件圖示如下：

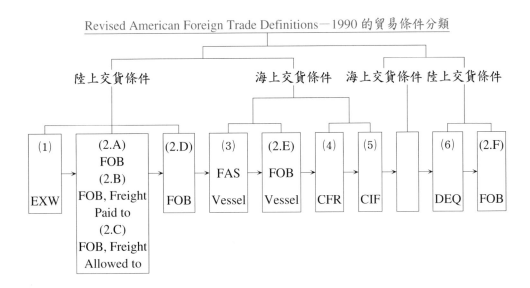

Revised American Foreign Trade Definitions—1990 的貿易條件分類

陸上交貨條件　　　　海上交貨條件　　海上交貨條件　陸上交貨條件

(1)　EXW

(2.A) FOB
(2.B) FOB, Freight Paid to
(2.C) FOB, Freight Allowed to

(2.D)　FOB

(3)　FAS Vessel

(2.E)　FOB Vessel

(4)　CFR

(5)　CIF

(6)　DEQ

(2.F)　FOB

第二節　American Foreign Trade Definitions 序言及一般注意事項

——中英文對照——

REVISED AMERICAN FOREIGN TRADE DEFINITIONS
—1990

Adopted 1990, by a Joint Committee representing the Chamber of Commerce of the United States of America, the National Council of American Importers, Inc., and the National Foreign Trade Council, Inc.

FOREWORD

Since the issuance of American Foreign Trade Definitions in 1919, many changes in practice have occurred. The 1919 Definitions did much to clarify and simplify foreign trade practice, and received wide recognition and use by buyers and sellers throughout the world. At the Twenty-Seventh National Foreign Trade Convention, 1940, further revision and clarification of these Definitions was urged as necessary to assistthe foreign trader in the handling of his transactions.

The following Revised American Foreign Trade Definitions—1990 are recommended for general use by both exporters and importers. These revised definitions have no status at law unless there is specific legislation providing for them, or unless they are confirmed by court decisions. Hence, it is suggested that sellers and buyers agree to their acceptance as part of the contract of sale. These revised definitionswill then become legally binding upon all parties.

In view of changes in practice and procedure since 1941, certain new responsibilities for sellers and buyers are included in these revised definitions. Also, in many instances, the old responsibilities are more clearly defined than in the 1941 Definitions, and the changes should be beneficial both to sellers and buyers. Widespread acceptance will lead to a greater standardization of foreign trade procedure, andto the avoidance of much misunderstanding.

Adoption by exporters and importers of these revised terms will impress on all parties concerned their respective responsibilities and rights.

GENERAL NOTES OF CAUTION

1990 年修訂美國對外貿易定義

本解釋規則是在 1990 年由代表美國商會、美國進口商全國委員會、及全國對外貿易委員會組成的聯合委員會採行實施。

序　言

自從 1919 年「美國對外貿易定義」頒佈以來，在實務方面已發生了許多變遷。1919 年的定義對澄清和簡化對外貿易實務卓有貢獻，並已獲得全世界的買方和賣方廣泛承認和使用。在 1940 年第 27 次全國對外貿易會議時，各方敦促對這些定義作進一步的修訂和澄清，俾能有助於對外貿易業者進行其交易。

茲推薦「1990 年修訂美國對外貿易定義」供出口商和進口商共同使用。此項修訂定義除非經過特別的立法，或經法院判決加以確認，否則不具備法律效力。因此，特建議賣方和買方共同接受將它列為買賣契約的一部分，如此，此項修訂定義就具有法律的效力，拘束所有的當事人。

由於 1941 年以來貿易習慣及手續方面已有所變遷，賣方與買方所應負擔的一些新的責任，均已包含在這些修訂的定義中。同時，在許多地方，對於原有責任的解釋，也比 1941 年的定義要來得清楚，這種更動對於買賣雙方應均屬有利。廣泛接受這次修訂的定義將導致對外貿易程序更進一步的標準化，並避免許多誤解。

出口商和進口商採用此修訂的定義，可以使各有關當事人對其各自的責任與權利更加明確。

一般注意事項

1. As foreign trade definitions have been issued by organizations in various parts of the world, and as the courts of countries have interpreted these definitions in different ways, it is important that sellers and buyers agree that their contracts are subject to the Revised American Foreign Trade Definitions—1990 and that the various pointslisted are accepted by both parties.

2. In addition to the foreign trade terms listed herein, there are terms that are at times used, such as Free Harbor, C.I.F.&C. (Cost, Insurance, Freight, and Commission), C.I.F.C.&I. (Cost, Insurance, Freight, Commission, and Interest), C.I.F. Landed (Cost, Insurance, Freight, Landed), and others. None of these should be used unless there has first been a definite understanding as to the exact meaning thereof. It is unwise to attempt to interpret other terms in the light of the terms given herein. Hence, whenever possible, one of the terms defined hereinshould be used.

3. It is unwise to use abbreviations in quotations or in contracts which might be subject to misunderstanding.

4. When making quotations, the familiar terms "hundredweight" or "ton" should be avoided. A hundredweight can be 100 pounds of the short ton, or 112 pounds of the long ton. A ton can be a short ton of 2,000 pounds, or a metric ton of 2,204.6 pounds, or a long ton of 2,240 pounds. Hence, the type of hundredweight or ton should be clearly stated in quotations and in sales confirmations. Also, all terms referring to quantity, weight, volume, length, or surface should be clearly defined and agreed upon.

5. If inspection, or certificate of inspection, is required, it should be agreed, in advance, whether the cost there of is for account of seller or buyer.

6. Unless otherwise agreed upon, all expenses are for the account of seller up to the point at which the buyer must handle the subsequent movement of goods.

7. There are a number of elements in a contract that do not fall within the scope of these foreign trade definitions. Hence, no mention of these is made herein. Seller and buyer should agree to these separately whennegotiating contracts. This particularly applies to so-called "customary" practices.

　　1.由於世界各地的機構分別提出了對外貿易定義，而各國的法庭對於這些定義又作過不同的解釋，因此，賣方和買方協議其所訂契約係遵照「1990年修訂美國對外貿易定義」，並接受「定義」中所列各點，這極為重要。

　　2.除本「定義」所列的對外貿易條件外，尚有其他一些條件也常被採用，如 Free Harbor（港口交貨），C.I.F.&C.（運費、保費、佣金在內），C.I.F.C.&I.（運費、保費、佣金、利息在內），C.I.F. Landed（運費、保費、起岸費在內），以及其他條件。除非對這些條件的確切意義已先有正確的了解外，不應加以採用。欲以本「定義」所舉的條件附會解釋其他條件，實非聰明之舉。因此，無論何時，都應儘可能採用本「定義」所解釋的任何一個條件。

　　3.在報價或契約中，使用可能引起誤解的略語，乃非聰明之舉。

　　4.報價時，通俗的用語「匈特威」或「噸」應加以避免。一個匈特威可能是短噸的 100 磅，或長噸的 112 磅。一噸可能是 2,000 磅的短噸，或 2,204.6 磅的公噸，或 2,240 磅的長噸。因此，在報價單或在售貨確認書中對於匈特威或噸要明確表示其所代表的實際重量。同時，關於數量、重量、容積、長度、或面積等單位的用語，也應清楚地加以界定並取得協議。

　　5.如需要檢驗，或檢驗證明書，應事先議定該項費用是由賣方或買方負擔。

　　6.除另有協議外，賣方必須負擔一切費用，直至買方必須接手處理貨物隨後搬運的地點為止。

　　7.契約中尚有許多條件不屬於對外貿易定義的範圍，因此，在本「定義」中未曾提及這些條件。對此賣方和買方在洽訂契約時應個別加以協議，對於所謂「慣常的」做法尤應如此。

第三節　工廠交貨 (EXW) 條件

一、工廠交貨條件的概念

　　本條件的原文是 Ex Works，代號為 EXW，中文可譯成「工廠交貨」條件（或價格）「現場交貨」條件、「原地交貨」條件或「產地交貨」條件，根據貨物原存放地點 (Point of Origin) 的不同，乃有「工廠交貨 (Ex Factory)」條件、「工場交貨 (Ex Mill)」條件、「礦場交貨 (Ex Mine)」條件、「農場交貨 (Ex Plantation)」條件、「倉庫交貨 (Ex Warehouse)」條件等之分。本條件的賣方通常是生產業者或製造商，因交貨地點就在其生產或製造廠所在地，所以對賣方而言，係一很有利的貿易條件。依本條件交易時，賣方須在約定的期日或期間內，在約定地點，將貨物交由買方處置，並負擔貨物的一切費用及風險直至買方有義務提貨時為止；而買方則須於貨物交由其處置時，儘速提貨，並自其有義務提貨時起，負擔貨物的一切費用及風險。

　　本條件大致上與 Incoterms 的 Ex Works 條件相當。又本條件中，Ex Warehouse 與 Incoterms 的 Ex Warehouse 相同，係指在倉庫交貨。如在工廠（場）內的倉庫交貨，通常仍多以 Ex Factory, Ex Mill, Ex Works 等表示。但為有所區分，如在倉庫業的倉庫交貨，可以 Ex Bailee's Warehouse 表示，如在賣方倉庫交貨，可以 Ex Seller's Warehouse 表示。

　　使用本條件報價時，須在 Ex 後面加上貨物所在地點 (Point of Origin) 的名稱，例如：

　　We offer...10,000 cases, US$12 per case, ex factory, St. Louis, Missouri, delivery during March.

　　（謹報價……〔某項貨物〕10,000 箱，每箱售美金 12 元，密蘇里州，聖路易市工廠交貨，在 3 月間交貨。）

在本條件，依文字上的規定，賣方的風險與費用止於其貨物所在地，而買方則須到貨物所在地提貨，但實際上，除非買方有代理人或分支機構在賣方所在地，由其辦理提貨事宜，否則，在買方請求之下，賣方仍宜予買方協助。

又本條件對於買賣雙方的義務規定得很簡略，當事人對於本條件未規定的事項，如認為有必要，自應在買賣契約中加以訂明。

二、本條件定義原文及其中譯

（原文）

(I) EXW (EX WORKS—NAMED PLACE)

"Ex Factory", "Ex Mill", "Ex Mine", "Ex Plantation", "Ex Warehouse", etc. (named point of origin)

Under this term, the price quoted applies only at the point of origin, and the seller agrees to place the goods at the disposal of the buyer at the agreed place on the date or within the period fixed.

Under this quotation:

Seller must

（1）bear all costs and risks of the goods until such time as the buyer isobliged to take delivery thereof;

（2）render the buyer, at the buyer's request and expense, assistance in obtaining the documents issued in the country of origin, or of shipment, or of both, which the buyer may require either for purposes ofexportation, or of importation at destination.

Buyer must

（1）take delivery of the goods as soon as they have been placed at his disposal at the agreed place on the date or within the period fixed;

(2)pay export taxes, or other fees or charges, if any, levied because of exportation;

(3)bear all costs and risks of the goods from the time when he is obligated to take delivery thereof;

(4)pay all costs and charges incurred in obtaining the documents issued in the country of origin, or of shipment, or of both, which may be required either for purposes of exportation, or of importation atdestination.

（中譯）

(I)「工廠交貨」條件

工廠交貨、工場交貨、礦場交貨、農場交貨、倉庫交貨等（指定原地）

在本條件下，所報出的價格僅適用於在貨物所在地點，賣方同意於規定期日或期間內，在約定地方，將貨物交由買方處置。

在本報價下：
賣方必須

(1)負擔貨物的一切費用及風險，直至買方有義務提貨時為止。

(2)循買方要求並由其負擔費用，給予協助，以取得買方為貨物出口或在目的地國進口可能需要而由產地國及（或）裝運國所簽發的單據。

買方必須

(1)於貨物在規定日期或期間內，在約定地點交由其處置時，盡速提貨。

(2)支付因出口而徵收的任何出口稅或其他規費或手續費。

(3)自其有義務提貨時起，負擔貨物的一切費用及風險。

(4)支付因取得為貨物出口或在目的地因進口可能需要而由產地國及（或）裝運國，所簽發單據而生的一切費用。

第四節　運輸工具上交貨 (FOB) 條件

一、運輸工具上交貨條件的概念

美國定義下的 FOB(Free on Board) 是指「運輸工具上交貨」而言，與 Incoterms 的 FOB 是指「船上交貨」者，涵義迥然不同。再者，此一條件，實際上是六種 FOB 的總稱。這六種 FOB 關於買賣雙方的義務規定，各不相同。換言之，美國的 FOB 條件，實際上係六種不同的報價（貿易）條件。所以本規則提醒大家，乃有下列的 note：

> Seller and buyer should consider not only the definitions but also the "Comments on all FOB Terms" given at end of this section, in order to understand fully their respective responsibilities and rights under theseveral classes of "FOB" terms.
>
> （為期充分了解在各種 FOB 條件，雙方各自的權利與責任，賣方與買方不僅須顧及本定義，而且對於本節後面所列「對各類 FOB 條件的評註」也應加以注意。）

此六種 FOB，如以交貨地為區分標準，可分為：

$$
\text{FOB}
\begin{cases}
\text{FOB place of shipment}
\begin{cases}
\text{(II–A)} \\
\text{(II–B)} \\
\text{(II–C)} \\
\text{(II–E)}
\end{cases}
\text{風險在裝運地運輸工具上移轉買方} \\
\\
\text{FOB place of destination}
\begin{cases}
\text{(II–D)} \\
\text{(II–F)}
\end{cases}
\text{風險在目的地運輸工具上移轉買方}
\end{cases}
$$

換言之，(II–A)、(II–B)、(II–C) 及 (II–E) 等四種 FOB 屬於裝運地契約 (Shipment Contract)，而 (II–D) 及 (II–F) 等二種 FOB 屬於目的地契約 (Destination Contract)。

又如以其使用於國內買賣抑或使用於國際買賣為區分標準，可分為：

$$
\text{FOB}
\begin{cases}
\text{Domestic Terms（國內買賣用語）}
\begin{cases}
\text{裝運地條件}
\begin{cases}
\text{(II–A)}\\
\text{(II–B)}\\
\text{(II–C)}
\end{cases}\\
\text{目的地條件}
\begin{cases}
\text{(II–D)}\\
\text{(II–E)}
\end{cases}
\end{cases}\\
\text{Foreign Terms（國際買賣用語）}
\begin{cases}
\text{目的地條件——\ (II–F)}\\
\text{裝運地條件——\ (II–E)}
\end{cases}
\end{cases}
$$

以下就各類 FOB 分別加以說明❸。

二、(II–A)FOB(named inland carrier at named inland point of departure)

㈠本條件的概念

本條件簡稱 FOB named inland carrier，係謂「國內指定起運地點的指定國內運輸工具上交貨」條件，或稱「起運地點運輸工具上交貨」條件。Carrier 一詞，可解作「運送人」，也可解作「運輸工具」，但貨物只能 on board 某種運輸工具，而不可能 on board 某運送人，所以，在這裡 Carrier 應解釋為「運輸工具」。以本條件報價時，賣方須在約定日期或期間內，在指定國內裝載地點，將貨物裝上指定國內運送人的運輸工具（包括火車、卡車、駁船、平底貨輪、飛機等）上或交給指定國內運送人，並負擔貨物的任何滅失及毀損的風險直至貨物在裝載地裝上運輸工具 (be responsible for any loss or damage, or both, until goods have been placed in, or on, conveyance at loading point)，取得運送人

---

❸　Ruel Kahler and Ronald L. Kramer, *International Marketing*, 4th ed., pp. 285–287.

簽發的清潔提單或其他運輸收據 (Transportation Receipt) 為止；買方則須負擔貨物在裝載地點裝上運輸工具以後所生的任何滅失與毀損風險，並支付一切運輸費用。至於運輸契約究竟應由買方抑由賣方負責訂立，本定義並未規定，但原則上應由買方負責。當然，實務上不如委請賣方就近締結運輸契約較為方便❹。

本條件大致相當於 Incoterms 的 FCA，但有下列三點不同：第一、本條件的運輸工具包括火車 (Railway Cars)、卡車 (Trucks)、駁船 (Lighters)、平底貨輪 (Barges)、飛機 (Aircraft) 及其他運輸工具，而 FCA 則可使用於包括複合運送在內的任何運送方式。第二、本條件的運輸是指出口國的內陸運輸，終點是在出口國國境以內，所以使用本條件交易，買方必須有分公司或代理人在運輸終點提貨，然後再辦理出口事宜，或者，另與賣方約定，由其代為協助辦理上述事宜，所以本條件屬於國內買賣條件。而在 FCA 條件下，其終點不是在出口國國境內，而是在進口國國境內。所以屬國際買賣條件。實際上，本條件多用於國內廠商之間或國內廠商與出口商 (Exporter-Buyer) 之間的交易。第三、本條件對買賣雙方義務的各項規定較簡略，當事人如有必要，可用契約補充。

依本條件報價時，在 FOB 後面須列明運輸工具種類及起運地點名稱，例如：

> We offer...10,000 cases, US$14 per case, FOB cars St. Louis, Missouri, shipment during March.
>
> （謹報價……〔某項貨物〕10,000 箱，每箱售美金 14 元，密蘇里州，聖路易火車上交貨，在 3 月間交運。）

在上述報價中的聖路易就是「指定國內起運地點」，而其中的 Cars，則為

---

❹　濱谷源藏，《貿易取引の基本問題》，p. 53；另參閱本節八「對於各類FOB條件的評註」5 (p. 318): The seller should be certain to notify the buyer of the minimum quantity required to obtain a carload, ...

Railway Cars 之略，是指火車，也就是所指定的運輸工具。假如所指定的運輸工具是卡車，則上述報價中的 Cars 就改為 Trucks。除上述二種運輸工具以外，可能指定駁船 (Lighters)、平底貨輪 (Barges) 以及飛機 (Aircraft) 等。

又以本條件交易時，買方必須有代理人或分公司在運輸終點提貨，然後再辦理出口貨運事宜。否則，應請求賣方協助辦理。

㈡本條件定義原文及其中譯

（原文）

(II) FOB (FREE ON BOARD)

Note: Seller and buyer should consider not only the definitions but also the "Comments on all FOB Terms" given at the end of this section, in order to understand fully their respective responsibilities and rights under the several classes of FOB terms.

(II–A) FOB (named inland carrier at named inland point of departure)

Under this term, the price quoted applies only at inland shipping point, and the seller arranges for loading of the goods on, or in, railway cars, trucks, lighters, barges, aircraft, or other conveyance furnishedfor transportation.

Under this quotation:

Seller must

⑴ place goods on, or in, conveyance, or deliver to inland carrier for loading;

⑵ provide clean bill of lading or other transportation receipt, freight collect;

⑶ be responsible for any loss or damage, or both, until goods have been placed in, or on, conveyance at loading point, and clean bill of lading or other transportation receipt has been furnished by the carrier;

⑷ render the buyer, at the buyer's request and expense, assistance inobtaining the documents issued in the country of origin, or of shipment,or of both, which the buyer may require either for purposes ofexportation, or of importation at destination.

Buyer must

(1) be responsible for all movement of the goods from inland point of loading, and pay all transportation costs;

(2) pay export taxes, or other fees or charges, if any, levied because of exportation;

(3) be responsible for any loss or damage, or both, incurred after loading at named inland point of departure;

(4) pay all costs and charges incurred in obtaining the documents issued in the country of origin, or of shipment, or of both, which may be required either for purposes of exportation, or of importation atdestination.

（中譯）

(II)「運輸工具上交貨」條件

注意: 賣方與買方為期充分了解所有 FOB 條件下, 雙方各自的義務與權利, 不僅須顧及本定義, 而且也應注意本節後面所列的詳註。

(II–A)「國內指定起運地點的指定國內運輸工具上交貨」條件

在本條件下, 所報出的價格僅能適用於在國內裝運地點, 由賣方安排將貨物裝上或裝入火車、卡車、駁船、平底貨輪、飛機或其他運輸用交通工具。

在本報價下:

賣方必須

(1)將貨物裝上或裝入運輸工具, 或交付國內運送人裝載。

(2)提供運費到付的清潔提單或其他運輸收據。

(3)負擔貨物的任何滅失及（或）毀損, 直至貨物在裝載地點裝入或裝上運輸工具, 並由運送人掣給清潔提單或其他運輸收據時為止。

(4)循買方要求並由其負擔費用, 協助買方取得為貨物出口或在目的地國進口可能需要而由產地國及（或）裝運國, 所簽發的單據。

買方必須

⑴負責貨物自國內裝載地點的一切搬運，並支付一切運輸費用。

　⑵支付因出口而徵收的任何出口稅或其他規費或手續費。

　⑶負責在國內指定起運地點裝載後所生的任何滅失及（或）毀損。

　⑷支付因取得為貨物出口或在目的地因進口可能需要而由產地國及（或）裝運國，所簽發單據而生的一切費用。

三、(II–B)FOB(named inland carrier at named inland point of departure) Freight Prepaid to (named point of exportation)

㈠本條件的概念

　　本條件簡稱 FOB freight prepaid，是謂「國內指定起運地點的指定國內運輸工具上交貨，運費預付至指定出口地點」條件，或稱「起運地運輸工具上交貨運費付訖」條件。較之 (II–A)FOB 多出一項運費條件。依本條件報價時，買賣雙方的義務，除賣方須負責締結運輸契約並預付運費至指定出口地點以外，其他都與 (II–A)FOB 完全相同。故賣方對貨物的風險責任仍為直至貨物裝上運輸工具取得運送人簽發的清潔提單或運輸收據時為止。例如在 (II–A)FOB 所舉例子，可改按本條件報價如下：

> We offer...10,000 cases, US$17 per case, FOB cars St. Louis, Missouri, Freight Prepaid to Philadelphia, Pennsylvania, shipment during March.
>
> 　（謹報價……〔某項貨物〕10,000 箱，每箱售美金 17 元，密蘇里州、聖路易火車上交貨，運費預付至賓州，費城，3 月間交運。）

　　本條件大致相當於 Incoterms 的 Carriage Paid To(CPT) 條件，但有下列四點不同：第一、本條件的運輸，為國內運輸，終點是在出口國國境以內。因此本條件實際上多用於國內廠商間或國內工廠與出口商 (Exporter-Buyer) 之

間的交易，而 Carriage Paid To(CPT) 的運輸跨越國境，終點是在進口國國境內。第二、本條件的運輸只限於單一式運輸 (Single Mode Transport)，而 Carriage Paid To(CPT) 的運輸，可為單一式運輸，可為複合運輸 (Multimodal Transport)。第三、在本條件下，貨物運到出口地點後，係由買方負責申報出口並繳納出口稅捐，而在 Carriage Paid To(CPT) 條件下，申請輸出許可證、繳納出口稅捐等均須由賣方負責，兩者責任範圍不同。第四、在本條件下，買方須有分公司或代理人在出口地辦理出口手續；而在 Carriage Paid To(CPT) 條件下，買方不必有分公司或代理人在出口國。第五、本條件對買賣雙方義務的規定比 Carriage Paid To(CPT) 簡略。當事人對於本條件未規定的事項，如有必要，應在買賣契約中加以訂明。

㈡本條件定義原文及其中譯

（原文）

(II–B) FOB (named inland carrier at named inland point of departure) Freight Prepaid To (named point of exportation)

Under this term, the seller quotes a price including transportation charges to the named point of exportation and prepays freight to named point of exportation, without assuming responsibility for the goods after obtaining a clean bill of lading or other transportation receiptat named inland point of departure.

Under this quotation:

Seller must

⑴ assume the same seller's obligations as under II–A, except that under ⑵ he must provide clean bill of lading or other transportation receipt, freight prepaid to named point of exportation.

Buyer must

⑴ assume the same buyer's obligation as under II–A, except that he does not pay freight from loading point to named point of exportation.

（中譯）

(II-B)「國內指定起運地點的指定國內運輸工具上交貨，運費預付至指定出口地點」條件

在本條件下，賣方所報出的價格包括至指定出口地點的運輸費用在內，並預付至指定出口地點的運費。但賣方在國內指定起運地點取得清潔提單或其他運輸收據後，對貨物即不再負責。

在本報價下：

賣方必須

⑴負擔與 II-A 所列賣方的相同義務，但第⑵項他必項提供運費預付至指定出口地點的清潔提單或其他運輸收據。

買方必須

⑴負擔與 II-A 所列買方的相同義務，但無需支付自裝載地至指定出口地點的運費。

四、(II-C) FOB (named inland carrier at named inland point of departure) Freight Allowed to (named point)

㈠本條件的概念

本條件簡稱 FOB freight allowed，是謂「國內指定起運地點的指定國內運輸工具上交貨，扣除至指定地點運費」條件，或稱「起運地點運輸工具上交貨運費扣除」條件。與 (II-A)FOB 比較多出一項運費條件。此一運費條件與 (II-B)FOB 又復不同。按本條件交易時，賣方所報價格包括起運地點至指定地點 (named point) 的運費，但在裝運時，由賣方與運送人約定，運費由買方在指定地點支付。因此，賣方在開製發票時，必須從貨價扣除上述運費。至於買賣雙方的其他義務，與 (II-A)FOB 條件相同。這裡所指「指定地點」(Named Point) 通常係指出口地點 (Point of Exportation) 或出口港 (Port of Export) 而言。

然而，為什麼賣方先將運費計入貨價中，然後又將其從貨價中扣除呢？

實際上以本條件交易者，多發生在使用商品目錄 (Catalog) 報價的場合。原來有些行業其所經營的商品項目甚多，例如有幾十項甚至幾百項，而其經營者先按 (II–B)FOB 計算售價（即包括運費，Freight Prepaid），並編成商品目錄，必要時在目錄上特別註明，以該目錄當作正式報價，然後郵寄買方。在此情形下，賣方往往在目錄上註明 "freight allowed to..." 字樣，表示扣除至某一地點的運費。於是，日後其中任何一項商品成交，賣方都可不必墊付運費。例如賣方先按前述 (II–B)FOB 編製商品目錄，某項貨物的單價是美金十七元，其中三元是聖路易至費城的運費，倘日後該項商品成交一萬箱，賣方就須在裝貨時墊付運費三萬元。此筆墊付的運費雖可當作貨價收回，但很可能是在數個月之後。假如在報價時，自售價中扣除運費，而改由買方在費城支付，則賣方在裝貨時，就不必墊付運費❺。

　　本條件畢竟是不易令人了解的條件，除上述靠商品目錄推銷的業者外，很少人使用。再者依本條件交易時，買方須有代理人或分公司在指定地點 (Named Point) 辦理出口貨運事宜。

　　茲以 (II–B)FOB 所舉例子，改按本條件報價如下：

> We offer...10,000 cases, US$17 per case FOB cars St. Louis, Missouri, Freight Allowed to Philadelphia, Pennsylvania, shipment during March.
>
> （謹報價……〔某項貨物〕10,000 箱，每箱售美金 17 元，密蘇里州、聖路易火車上交貨，扣除至賓州、費城運費，3 月間交貨。）

　　從此例子可看出 (II–B)FOB 的售價與 (II–C)FOB 的售價均為每箱十七元，但對於運費的處理，在 (II–B)FOB，是由賣方預付，然後當作貨價收回，而在 (II–C)FOB 則由買方在指定地點到付。

㈡本條件定義原文及其中譯

（原文）

---

❺　周渭泉編著，《國際貿易實務》，中華出版社，民國61年，pp. 31–32。

(II-C) FOB (named inland carrier at named inland point of departure) Freight Allowed To (named point)

Under this term, the seller quotes a price including the transportation charges to the named point, shipping freight collect and deducting the cost of transportation, without assuming responsibility for the goods after obtaining a clean bill of lading or other transportation receiptat named inland point of departure.

Under this quotation:

Seller must

⑴ assume the same seller's obligations as under II-A, but deducts from his invoice the transportation cost to named point.

Buyer must

⑴ assume the same buyer's obligation as under II-A, including payment of freight from inland loading point to named point, for which sellerhas made deduction.

（中譯）

(II-C)「國內指定起運地點的指定國內運輸工具上交貨，扣除至指定地點運費」條件

在本條件下，賣方所報出的價格包括至指定地點為止的運費在內，但運費到付，故應扣除運輸費用。賣方在國內指定起運地點取得清潔提單或其他運輸收據後，對貨物即不再負責。

在本報價下：

賣方必須

⑴負擔與 II-A 所列賣方的相同義務，但其發票應扣除至指定地點為止的運輸費用。

買方必須

⑴負擔與 II-A 所列買方的相同義務，包括支付已由賣方扣除，自國內裝載地點至指定地點為止的運費。

五、(II–D) FOB (named inland carrier at named point of exportation)

㈠本條件的概念

　　本條件簡稱 FOB named point of exportation，是謂「指定出口地點的指定國內運輸工具上交貨」條件，或稱「出口地運輸工具上交貨」條件。本條件與 (II–B)FOB 相較，從起運地點至指定出口地點的國內運輸費用均同由賣方負擔，但貨物風險負擔的分界點則不同。在 (II–B)FOB 條件下，貨物在起運地點裝載後，貨物風險與費用即由賣方移轉買方負擔；而在本條件下，賣方須負擔一切風險與費用，直至運輸工具內或之上的貨物運抵指定出口地點時為止，並在運輸工具上將貨物交付買方；買方則須自運輸工具上提貨並負擔運輸工具到達指定出口地點時起的一切費用及風險。本條件實際上也多用於國內廠商或國內工廠與出口商 (Exporter Buyer) 之間的交易。

　　(II–A)FOB、(II–B)FOB、(II–C)FOB 三條件均為裝運地交貨條件，而 (II–D)FOB 條件則為目的地交貨條件。

　　又，本條件相當於 Incoterms 1936 的 Free...(named port of shipment) —— 指定裝貨港的國內運輸工具上交貨條件，不過後者在 1953 年修訂時已刪除。

　　依本條件報價時，在 FOB 之後須加上國內運輸工具種類及出口地點名稱。例如 (II–C) 所舉的例子，改以本條件報價如下：

> 　　We offer...10,000 cases, US$17 per case FOB cars Philadelphia, for export, delivery during April.
>
> 　　（謹報價……〔某項貨物〕10,000 箱，每箱售美金 17 元，費城火車上交貨，供外銷用，4 月間交貨。）

　　上述報價中 for export 是有用意的。由於有 for export 字樣，賣方就須保證：①貨物須在輪船碼頭 (Steamer Pier) 或鐵路駁船交接地點 (Railroad

Lighterage Point) 交貨，其因此而發生的額外費用 (如果有的話) 歸賣方負擔。
②鐵路搬運費 (Rail Haul) 可適用外銷運費率 (Export Freight Rate)。此項費率
通常比國內鐵路運費率 (Domestic Rail Rate) 要低。

㈡本條件定義原文及其中譯

（原文）

(II–D) FOB (named inland carrier at named point of exportation)

Under this term, the seller quotes a price including the costs of transportation of the goods to named point of exportation, bearing any loss or damage, or both, incurred up to that point.

Under this quotation:

Seller must

(1) place goods on, or in, conveyance, or deliver to inland carrier for loading;

(2) provide clean bill of lading or other transportation receipt, paying all transportation costs from loading point to named point of exportation;

(3) be responsible for any loss or damage, or both, until goods have arrived in, or on, inland conveyance at the named point of exportation;

(4) render the buyer, at the buyer's request and expense, assistance in obtaining the documents issued in the country of origin, or of shipment, or of both, which the buyer may require either for purposes of exportation, or of importation at destination.

Buyer must

(1) be responsible for all movement of the goods from inland conveyance at named point of exportation;

(2) pay export taxes, or other fees or charges, if any, levied because of exportation;

(3) be responsible for any loss or damage, or both, incurred after goods have arrived in, or on, inland conveyance at the named point of exportation;

(4) pay all costs and charges incurred in obtaining the documents issued in the country of origin, or of shipment, or of both, which may be required either for purposes of exportation, or of importation atdestination.

（中譯）

(II–D) 「指定出口地點的指定國內運輸工具上交貨」條件

在本條件下，賣方所報出的價格包括貨物運至指定出口地點為止的運輸費用在內，並負擔至該地點為止所生的任何滅失及（或）毀損。

在本報價下：

賣方必須

⑴將貨物裝上或裝入運輸工具，或交付國內運送人裝載。

⑵提供清潔提單或其他運輸收據，支付裝載地至指定出口地點的一切運輸費用。

⑶負責貨物的任何滅失及（或）毀損，直至國內運輸工具之內或之上的貨物運抵指定出口地點為止。

⑷循買方要求並由其負擔費用，協助買方取得為貨物出口或在目的地因進口可能需要而由產地國及（或）裝運國所簽發的單據。

買方必須

⑴負責在指定出口地點將貨物自國內運輸工具上的一切搬移。

⑵支付因出口而徵收的任何出口稅或其他規費或手續費。

⑶負責自國內運輸工具之內或之上的貨物運抵指定出口地點以後，所生的任何滅失及（或）毀損。

⑷支付因取得為貨物出口或在目的地因進口可能需要而由產地國及（或）裝運國所簽發單據而生的一切費用。

六、(II–E) FOB Vessel (named port of shipment)

㈠本條件的概念

本條件是謂「指定裝貨港船上交貨」條件或稱「出口地船上交貨」條件，依此條件交易時，賣方必須於約定日期或期間內，將貨物確實裝上買方所安排船舶上，並負擔至此為止的一切風險與費用；買方則須負擔自此以後的一切風險與費用。本條件與 (II–D)FOB 條件，在表示方法上只有一字之差，(II–D)FOB 是在出口港國內運輸工具上交貨（如火車 Cars），而本條件則在出口港船上交貨，使用 Vessel 一詞。兩者比較，在本條件賣方須多付貨物從國內運輸工具卸下再裝上船舶這一段的作業費用，承擔的風險也延伸到貨物確實裝上船舶時才終止。這一段的費用與風險，在平時也許不致有大問題，但萬一碼頭工人發生罷工以致碼頭作業停頓時，賣方的風險與費用就無法估計了。

本條件與 Incoterms 的 FOB 大致相當，但有下列數點不同：第一、在本條件下，賣方所負擔的費用與風險，是於貨物在裝貨港確實裝上船舶 (actually loaded on the board vessel) 時才終止；而 Incoterms 的 FOB 則以出口港船舶的船舷 (Ship's Rail) 為買賣雙方費用及風險負擔的分界點。從航運實務而言，本條件的規定比較具有實際的意義。第二、對於出口稅捐以及有關出口規費或手續費，本條件規定由買方負擔；而 Incoterms 的 FOB 則規定由賣方負擔。在實務上以 FOB 條件交易，而未述明根據那一規則時，發生在出口國的費用通常是由買方負擔，而發生在進口國的費用則由賣方負擔。但這也只是一般情形而已。實際上，可能因買賣雙方觀點的不同，仍會發生歧見。第三、由於美國定義對於 FOB 的解釋有六種之多，所以使用「裝貨港船上交貨條件」時，須在 FOB 之後列明 vessel 一詞，以免混淆；而 Incoterms 的 FOB 其本意就是出口港船上交貨條件，因此，在 FOB 後面不必加上 vessel 一詞。否則有可能被視為美國定義下的 FOB vessel。第四、本質上，本條件具有國內買賣與國際買賣的雙重性質。但用於美國廠商向美國出口商（即買方為出口商的情形）報價時居多。所以才有出口稅捐及費用等由買方負擔的規定。而 Incoterms 的 FOB 則在本質上係用於本國出口商向國外進口商報價的場合。也就是說，本條件主要是用於國內買賣 (Domestic Sale)，而 Incoterms 的 FOB 則用於國際買賣 (International Sale)。當然如以本條件用於國際買賣時，這些出口稅捐及費用仍應依規定由買方負擔。第五、依本條件，申領輸出許可證的責任歸買方負擔，而依 Incoterms 的 FOB，此項責任歸賣方負擔（此外，在本條件下出口通關費用也須由買方負擔）❻。

　　茲將 (II-D)FOB 所舉的例子，改按本條件報價如下：

> 　　We offer...10,000 cases US$17.50 per case FOB vessel Philadelphia, ship-ment during April.
>
> 　　（謹報價……〔某項貨物〕10,000 箱，每箱售美金 17 元 5 角，費城船上交貨，4 月間交運。）

㈡本條件定義原文及其中譯

（原文）

(II-E) FOB Vessel (named port of shipment)

　　Under this term, the seller quotes a price covering all expenses up to, and including, delivery of the goods upon the overseas vessel provided by, or for, the buyer at the named port of shipment.

　　Under this quotation:

Seller must

　　⑴ pay all charges incurred in placing goods actually on board the vessel designated and provided by, or for, the buyer on the date or within the period fixed;

　　⑵ provide clean ship's receipt or on-board bill of lading;

　　⑶ be responsible for any loss or damage, or both, until goods have been placed on board the vessel on the date or within the period fixed;

---

❻　橋本英三，《外國貿易取引條件の研究》，初版，國元書房，1953，p. 102。

⑷ render the buyer, at the buyer's request and expense, assistance in obtaining the documents issued in the country of origin, or of shipment, or of both, which the buyer may require either for purposes of exportation, or of importation at destination.

Buyer must

⑴ give seller adequate notice of name, sailing date, loading berth of, and delivery time to, the vessel;

⑵ bear the additional costs incurred and all risks of the goods from the time when the seller has placed them at his disposal if the vessel named by him fails to arrive or to load within the designated time;

⑶ handle all subsequent movement of the goods to destination:

　⒜ provide and pay for insurance;

　⒝ provide and pay for ocean and other transportation;

⑷ pay export taxes, or other fees or charges, if any, levied because of exportation;

⑸ be responsible for any loss or damage, or both, after goods have been loaded on board the vessel;

⑹ pay all costs and charges incurred in obtaining the documents, other than clean ship's receipt or bill of lading, issued in the country of origin, or of shipment, or of both, which may be required either for purposes of exportation, or of importation at destination.

（中譯）

(II-E)「指定裝貨港船上交貨」條件

　　在本條件下，賣方所報出的價格，包括貨物交至指定裝船港，由買方或為買方所安排海洋船舶上為止的一切費用在內。

　　在本報價下：

賣方必須

⑴支付將貨物在規定日期或期間內實際交至由買方或為買方所指定及安排的船上而生的一切費用。

⑵提供清潔船方收據或裝船提單。

⑶負責貨物的任何滅失及（或）毀損，直至貨物在規定日期或期間內交至船上為止。

⑷循買方要求並由其負擔費用，協助買方取得為貨物出口或在目的地因進口可能需要而由產地國及（或）裝船國，所簽發的單據。

買方必須

⑴將船名、開航日、裝貨停泊處，以及向船舶交貨時間，給予適當的通知。

⑵如其指定船舶未於指定時間內抵達或裝貨時，負擔自賣方將貨物交由其處置時起所生的額外費用，以及貨物的一切風險。

⑶處理隨後至目的地的一切貨物搬運事宜：

　⒜購買保險，並支付保險費。

　⒝辦理海運或其他運輸，並支付運費。

⑷支付因出口而徵收的任何出口稅或其他規費或手續費。

⑸負責貨物裝上船舶以後的任何滅失及（或）毀損。

⑹支付因取得清潔船方收據或提單以外，為貨物出口或在目的地因進口可能需要而由產地國及（或）裝船國所簽發單據而生的一切費用。

七、(II–F) FOB (named inland point in country of importation)

㈠本條件的概念

本條件簡稱 FOB named point of importation，是謂「進口國指定國內地點（運輸工具上）交貨」條件，或稱「目的地運輸工具上交貨」條件。在本條件下，賣方須負責安排將貨物運至進口國的指定地點的運輸及保險事宜，並負擔直至運輸工具內或上的貨物運抵進口國指定地點為止的一切風險與費

用；買方則須於貨物運抵目的地時迅速自運輸工具上提貨，並負擔貨物運抵目的地以後的一切風險與費用。故係目的地交貨條件之一。此一條件，在一般國際貿易概念上，不容易令人了解。實際上本條件大致相當於 Incoterms 1936 的 Free or free delivered (named point of destination) 及 Incoterms 1990 的 Delivered Duty Paid 條件，也與歐洲大陸所使用的 Franco 或 Rendu 條件差不多。由於此條件下的賣方，其所負責任奇重，所以實務上較少採用。

又在本條件所稱 inland point 似應包括進口港在內。那麼美國賣方若以 FOB Keelung 向我方報價，則大致與 DDP Keelung 相當了。但賣方是否應支付進口稅捐呢？依本條件定義，賣方義務第⑼項規定觀之，自應由賣方負擔。

使用本條件報價時，在 FOB 之後應列明進口國國內運輸工具種類及交貨地點，例如前述 (II–E)FOB 所舉的例子，改按本條件報價如下：

> We offer...10,000 cases, US\$30 per case FOB cars Taipei, delivery during June.
>
> （謹報價……〔某項貨物〕10,000 箱，每箱售美金 30 元，臺北火車上交貨，6 月間交貨。）

鑒於依本條件交易時，賣方須負擔一切費用及風險，直至貨物運到進口國指定地點時為止，賣方須在進口國設有代理人或分公司，以便辦理進口通關，繳納進口稅捐，支付通關費用以及申請輸入許可證等事宜。

㈡本條件定義原文及其中譯

（原文）

(II–F) FOB (named inland point in country of importation)

Under this term, the seller quotes a price including the cost of the merchandise and all costs of transportation to the named inland point in the country of importation.

Under this quotation:

Seller must

　(1) provide and pay for all transportation to the named inland point in the country of importation;

　(2) pay export taxes, or other fees or charges, if any, levied because of exportation;

　(3) provide any pay for marine insurance;

　(4) provide and pay for war risk insurance, unless otherwise agreed upon between the seller and buyer;

　(5) be responsible for any loss or damage, or both, until arrival of goods on conveyance at the named inland point in the country of importation;

　(6) pay the costs of certificates of origin, consular invoices, or any other documents issued in the country of origin, or of shipment, or of both, which the buyer may require for the importation of goods into the country of destination and, where necessary, for their passage in transit through another country;

　(7) pay all costs of landing, including wharfage, landing charges, and taxes, if any;

　(8) pay all costs of customs entry in the country of importation;

　(9) pay customs duties and all taxes applicable to imports, if any, in the country of importation.

NOTE: The seller under this quotation must realize that he is accepting important responsibilities, costs, and risks, and should therefore be certain to obtain adequate insurance. On the other hand, the importer or buyer may desire such quotations to relieve him of the risks of the voyage and to assure him of his landed costs at inland point in country of importation. When competition is keen, or the buyer is accustomed to such quotations from other sellers, seller may quote such terms, being careful to protect himself in an appropriate manner.

Buyer must

⑴take prompt delivery of goods from conveyance upon arrival at destination;

⑵bear any costs and be responsible for all loss or damage, or both, after arrival at destination.

（中譯）

(II-F)「進口國指定國內地點〔運輸工具上〕交貨」條件

在本條件下，賣方所報出的價格，包括貨物成本以及運至進口國指定國內地點的一切運輸費用在內。

在本報價下：

賣方必須

⑴安排至進口國指定國內地點的一切運輸，並支付運費。

⑵支付因出口而徵收的任何出口稅或其他規費或手續費。

⑶購買海上保險，並支付保險費。

⑷除買賣雙方另有約定外，購買兵險，並支付保險費。

⑸負責貨物的任何滅失及（或）毀損，直至運輸工具上的貨物運抵進口國指定國內地點為止。

⑹支付為買方進口貨物至目的國，以及需要時，為運送途中通過其他國家，可能需要而由產地國及（或）裝船國所簽發產地證明書，領事發票或任何其他單據的費用。

⑺支付一切起岸費用，包括碼頭費、起岸費，以及稅捐。

⑻支付在進口國通關的一切費用。

⑼支付在進口國因進口貨物所需徵收的關稅及一切稅捐。

注意：在本報價下，賣方必須了解其將承受重大的責任、費用與風險。因此，應確實購買適當的保險。另一方面，進口商或買方可能希望藉此種報價以免除其他航行中的危險，並確定其在進口國國內地點的起貨成本。當競爭激烈，或買方習慣於別的賣方的這種報價時，賣方可以適當的方式留意保護其本身報出這種條件。

買方必須

    ⑴載運工具抵達目的地時，迅速提貨。

    ⑵負擔貨物運抵目的地以後的任何費用，並負責一切的滅失及（或）毀損。

八、對於各類 FOB 條件的評註

（原文）

Comments on All FOB Terms

In connection with FOB terms, the following points of caution are recommended:

1. The method of inland transportation, such as trucks, railroad cars, lighters, barges, or aircraft should be specified.

2. If any switching charges are involved during the inland transportation, it should be agreed, in advance, whether these charges are for account of the seller or the buyer.

3. The term "FOB (named port)", without designating the exact point at which the liability of the seller terminates and the liability of the buyer begins, should be avoided. The use of this term gives rise to disputes as to the liability of the seller or the buyer in the event of loss or damage arising while the goods are in port, and before delivery to or on board the ocean carrier. Misunderstandings may be avoided by naming the specific point of delivery.

4. If lighterage or trucking is required in the transfer of goods from the inland conveyance to ship's side, and there is a cost therefore, it should be understood, in advance, whether this cost is for account of the seller or the buyer.

5. The seller should be certain to notify the buyer of the minimum quantity required to obtain a carload, a truckload, or a barge-load freight rate.

6. Under FOB terms, excepting "FOB (named inland point in country of importation)", the obligation to obtain ocean freight space, and marine and war risk insurance, rests with the buyer. Despite this obligation on the part of the buyer, in

many trades the seller obtains the ocean freight space, and marine and war risk insurance, and provides for shipment on behalf of the buyer. Hence, seller and buyer must have an understanding as to whether the buyer will obtain the ocean freight space, and marine and war risk insurance as is his obligation, or whether the seller agrees to do this for the buyer.

7. For the seller's protection, he should provide in his contract of sale that marine insurance obtained by the buyer include standard warehouse to warehouse coverage.

（中譯）

對於各類 FOB 條件的評註

關於 FOB 條件，建議注意下列事項：

1.國內運輸方法，諸如卡車、鐵路貨車、駁船、平底貨輪或飛機，應予明確規定。

2.在國內運輸中，如涉及任何轉駁費用，應事先協議該項費用由賣方或買方負擔。

3. FOB（指定港口）的條件，若未指定賣方責任終止與買方責任開始的確實地點者，應避免使用。使用此條件，對於貨物在港口期間及在交付海洋運送人或裝上海洋運輸工具之前發生的滅失或毀損，其責任究竟歸賣方或買方，將引起爭執。這種誤解，得以指定交貨的特定地點而避免。

4.倘貨物從國內運輸工具搬運到船邊，需要駁船或卡車費用時，應事先了解此項費用究竟係由賣方或買方負擔。

5.賣方應將獲得一整車載量、一卡車載量或一內河貨輪載量的費率所需的最少數量，確實通知買方。

6.在各類 FOB 條件下，除「進口國指定國內地點〔運輸工具上〕交貨」條件外，洽訂海運艙位及購買海上保險與兵險的義務，均屬於買方。此項義務雖僅在買方，但在許多交易中，係由賣方代買方洽訂海運艙位，以及購買海上保險與兵險，並安排裝運事宜。因此，賣方與買方就洽訂海運艙位及購

買海上保險與兵險一事，究竟是由買方負責辦理，抑或由賣方同意代買方辦理，雙方應事先取得諒解。

　　7.賣方為保護本身，應在買賣契約中規定，由買方購買的海上保險應包括標準的倉庫至倉庫條款。

 # 第五節　運輸工具邊交貨 (FAS) 條件

一、運輸工具邊交貨條件的概念

　　美國定義下的 FAS(Free Along Side) 應譯作「運輸工具邊交貨」條件，但在實際應用時，只有「指定裝貨港船邊交貨」（FAS vessel [named port of shipment]）條件一種。故通稱為「船邊交貨」條件。依本條件報價時，賣方必須於約定日期或期間內，將貨物運至買方所指定船舶的船邊或碼頭上，並負擔至此為止的風險與費用；而買方則負擔自此以後的一切風險與費用。而且在報價時，不但須註明出口港名稱，且在 FAS 後面須加上 vessel 一字。

　　例如前例聖路易出口商改以本條件報價：

> We offer...10,000 cases, US$17.40 per case FAS vessel Philadelphia, delivery during April.
>
> 　　（謹報價……〔某項貨物〕10,000 箱，每箱售美金 17 元 4 角，費城船邊交貨，4 月間交貨。）

　　在一般交易，就費用 (Costs) 負擔而言，FAS vessel 與 FOB vessel 相當。但貨物如須在碼頭 (Pier) 等待裝船，則此項「等待」(Waiting) 可能會很昂貴，在 FOB vessel 時此項等待時間 (Waiting Time) 的費用，將由賣方負擔；而在 FAS vessel 的場合，此項等待費用，將由買方負擔。又在大宗貨物交易 (Bulk Trade) 而由買方安排船舶時，FAS vessel 的費用與 FOB vessel 的費用 (Costs) 相差可能更大。因為萬一發生船舶的延滯費用 (Vessel Demurrage)，則此項費

用不是由買方負擔就是由賣方負擔，視報價條件而定。

　　本條件雖與 Incoterms 的 FAS 相當，但仍有下列幾點不同：第一、本條件的 FAS 為 Free Along Side 三字的縮寫，而 Incoterms 的 FAS 則為 Free Alongside Ship 三字的縮寫。第二、美國定義的 FAS 條件所代表的三字 Free Along Side 因未具有「船舶」的意義在內，故使用此條件時，必須在 FAS 之後另加上 vessel 一字，才具備「船邊交貨」的意義。而 Incoterms 的 FAS 條件，本身已代表「船邊交貨」的意義，故不必在 FAS 之後再加上 vessel 一字。第三、何謂「船邊」，Incoterms 的 FAS 條件並未加定義，只能按照其導言 12. 「港口或特定行業的習慣」(customs of the port or of a particular trade) 所揭示的，依照有關港口的習慣，決定「船邊」的範圍；而本條件對於「船邊」則有明文規定，是指「船舶裝貨索具可及的範圍」(within reach of its loading tack-le) 而言。第四、對於買賣雙方的各項義務，Incoterms 的規定較為詳細。第五、風險與費用分界點不同。依本條件其風險與費用負擔分界點為船邊（船已到港時）或碼頭關棧（船未到港時），視情形而定；而 Incoterms FAS 的風險與費用負擔分界點則為船邊。因此，依 FAS vessel 條件交易時，買方所購買保險應訂明自貨物存入碼頭倉庫時起保，俾在倉庫保管中的風險也由保險公司承保。第六、Incoterms 2000 的 FAS 規定賣方須自負風險及費用，以取得任何輸出許可證及其他官方批准書，在可適用的情況下，並辦理貨物輸出所需的一切通關手續，反之，美國 FAS 則規定由買方負責。

二、本條件定義原文及其中譯

（原文）

(III) FAS (Free Along Side)

NOTE:Seller and buyer should consider not only the definitions but also the" Comments" given at the end of this section, in order to understand fully their respective responsibilities and rights under "FAS" terms.

"F.A.S. Vessel (named port of shipment)"

　　Under this term, the seller quotes a price including delivery of the goods along side overseas vessel and within reach of its loading tackle.

Under this quotation:

Seller must

(1) place goods along side vessel or on dock designated and provided by, or for, buyer on the date or within the period fixed; pay any heavy lift charges, where necessary, up to this point;

(2) provide clean dock or ship's receipt;

(3) be responsible for any loss or damage, or both, until goods have been delivered along side the vessel or on the dock;

(4) render the buyer, at the buyer's request and expense, assistance in obtaining the documents issued in the country of origin, or of shipment, or of both, which the buyer may require either for purposes of exportation, or of importation at destination.

Buyer must

(1) give seller adequate notice of name, sailing date, loading berth of, and delivery time to, the vessel;

(2) handle all subsequent movement of the goods from along side the vessel:

　(a)arrange and pay for demurrage or storage charges, or both, in warehouse or on wharf, where necessary;

　(b)provide and pay for insurance;

　(c)provide and pay for ocean and other transportation;

(3) pay export taxes, or other fees or charges, if any, levied because of exportation;

(4) be responsible for any loss or damage, or both, while the goods are on a lighter or other conveyance along side vessel within reach of its loading tackle, or on the dock awaiting loading, or until actually loaded on board the vessel, and subsequent thereto;

(5) pay all costs and charges incurred in obtaining the documents, other than

clean dock or ship's receipt, issued in the country of origin, or of shipment, or of both, which may be required either for purposes of exportation, or of importation at destination.

（中譯）

「運輸工具邊交貨」條件

注意：賣方與買方為期充分了解在 FAS 條件下，雙方各自的義務與權利，不僅須顧及本定義，而且也應注意本節後面所列的「評註」。

「指定裝貨港船邊交貨」條件

在本條件下，賣方所報出的價格，包括將貨物交至海洋船舶旁邊，在其裝貨索具可及範圍之內的費用在內。

在本報價下：

賣方必須

⑴在規定日期或期間內，將貨物交至由買方或為買方指定及安排的船舶旁邊或碼頭上；並支付至此地點為止的任何必要的起重機費用。

⑵提供清潔碼頭收據或船方收據。

⑶負責貨物的任何滅失及（或）毀損，直至貨物交至船邊或碼頭上為止。

⑷循買方要求並由其負擔費用，協助買方取得為貨物出口或在目的地因進口可能需要而由產地國及（或）裝船國所簽發的單據。

買方必須

⑴將船名、開航日、裝貨停泊處，以及向船舶交貨時間，給予賣方適當的通知。

⑵處理貨物自船邊起的一切隨後搬運：

　⒜如有需要，安排並支付在倉庫內或碼頭上的延滯費及（或）棧租。

　⒝購買保險，並支付保險費。

　⒞辦理海運或其他運輸，並支付運費。

⑶支付因出口而徵收的任何出口稅或其他規費或手續費。

⑷負責貨物在船邊其裝貨索具可及範圍的駁船上或其他運輸工具上期間

內，或在碼頭上等候裝載期間，或直至實際裝上船舶時為止，以及隨後的任何滅失及（或）毀損。

⑸支付因取得清潔碼頭收據或船方收據以外，為貨物出口或在目的地因進口可能需要而由產地國及（或）裝船國所簽發單據而生的一切費用。

三、FAS 條件的評註

FAS Comments

1. Under FAS terms, the obligation to obtain ocean freight space, and marine and war risk insurance, rests with the buyer. Despite this obligation on the part of the buyer, in many trades the seller obtains ocean freight space, and marine and war risk insurance, and provides for shipment on behalf of the buyer. In others, the buyer notifies the seller to make delivery along side a vessel designated by the buyer and the buyer provides his own marine and war risk insurance. Hence, seller and buyer must have an understanding as to whether the buyer will obtain the ocean freight space, and marine and war risk insurance, as is his obligation, or whether the seller agrees to do this for the buyer.

2. For the seller's protection, he should provide in his contract of sale that marine insurance obtained by the buyer include standard warehouse to warehouse coverage.

FAS 的評註

1. 在 FAS 條件下，洽訂海運艙位及購買海上保險與兵險，是屬買方的義務。此項義務雖落在買方，但在許多交易中，係由賣方代買方洽訂海運艙位及購買海上保險與兵險，並安排裝運事宜。在其他交易，買方通知賣方於買方指定船邊交付貨物，並由買方自行購買海上保險與兵險，因此，賣方與買方就洽訂海運艙位及購買海上保險與兵險一事，究竟由買方負責辦理，抑或由賣方同意代買方辦理，雙方應事先取得諒解。

2. 賣方為保護本身，應在買賣契約中規定，由買方購買的海上保險應包括標準的倉庫至倉庫條款。

第六節　運費在內 (CFR) 條件

一、運費在內條件的概念

CFR 為 Cost and Freight 的縮寫。以本條件報價時，賣方必須負責安排船運並支付至目的地的運費，並負擔貨物直至裝上船舶（在要求裝運提單時）或交付海上運送人（在要求備運海運提單時）收管時為止的一切風險與費用；而買方則負擔自此以後的一切風險與費用。又依本條件報價時，在 CFR 之後須註明「指定目的地點 (named point of destination)」的名稱，也即目的港名稱，例如前述聖路易出口商改以本條件報價如下：

> We offer...10,000 cases, US$22 per case, CFR Keelung, shipment during April.
>
> （謹報價……〔某項貨物〕10,000 箱，每箱售美金 22 元，至基隆運費在內，4 月間交運。）

本條件與 Incoterms 的 CFR 條件相當，但有下列三點不同：第一、本條件對於賣方所提出的「備運提單」並未硬性規定須經船公司加上已裝船的批註，如買賣契約中未要求裝船提單，則這種未加批註的備運提單，也可符合契約的規定；而 Incoterms 的 CFR 條件則硬性規定如賣方所提出的提單是備運提單，必須由船公司加上已裝船的批註，才符合契約規定。第二、關於風險負擔的移轉，Incoterms 的 CFR 條件是在貨物越過出口港船舷時，風險即轉由買方負擔；而本條件風險負擔移轉分界點則有兩種情形，一為在可以提供備運提單的場合，是在貨物交付海運運送人保管時風險即由賣方移轉買方；二為在需提供裝船提單的場合，則在貨物實際裝上船舶時，風險才由賣方移轉到買方。在實務上，通常在契約中或信用狀上規定由賣方提供裝船提單，故風險實際上係以貨物裝上船時才移轉買方。第三、Incoterms CFR 的後面為

「目的港」，American Definitions CFR 的後面為「目的地」，也即美國定義可以泛指目的港和目的地的任何內陸地點。

二、本條件定義原文及其中譯

（原文）

(IV) CFR

NOTE: Seller and buyer should consider not only the definitions but also the " CFR Comments" and the "CFR and CIF Comments", in order to understand fully their respective responsibilities and rights under "CFR" terms.

CFR (named point of destination)

Under this term, the seller quotes a price including the cost of transportation to the named point of destination.

Under this quotation:

Seller must

⑴ provide and pay for transportation to named point of destination;

⑵ pay export taxes, or other fees or charges, if any, levied because of exportation;

⑶ obtain and dispatch promptly to buyer, or his agent, clean bill of lading to named point of destination;

⑷ where received-for-shipment ocean bill of lading may be tendered, be responsible for any loss or damage, or both, until the goods have been delivered into the custody of the ocean carrier;

⑸ where on-board ocean bill of lading is required, be responsible for any loss or damage, or both, until the goods have been delivered on board the vessel;

⑹ provide, at the buyer's request and expense, certificates of origin, consular invoices, or any other documents issued in the country of origin, or of shipment, or of both, which the buyer may require for importation of goods into country of destination and where necessary, for their passage in transit through another country.

Buyer must

　(1) accept the documents when presented;

　(2) receive goods upon arrival, handle and pay for all subsequent movement of the goods, including taking delivery from vessel in accordance with bill of lading clauses and terms; pay all costs of landing, including any duties, taxes and other expenses at named point of destination;

　(3) provide and pay for insurance;

　(4) be responsible for loss of or damage to goods, or both, from time and place at which seller's obligations under (4) or (5) above have ceased;

　(5) pay the costs of certificates of origin, consular invoices, or any other documents issued in the country of origin, or of shipment, or of both, which may be required for the importation of goods into the country of destination and, where necessary, for their passage in transit through another country.

（中譯）

「運費在內」條件

注意：賣方與買方為期充分了解在 CFR 條件下，雙方各自的權利與責任，不僅須顧及本定義，而且也應注意「CFR 評註」及「CFR 與 CIF 評註」。

「指定目的地點運費在內」條件

　在本條件下，賣方所報出的價格，包括至指定目的地點的運輸費用在內。

　在本報價下：

賣方必須

　(1)安排至指定目的地點的運輸事宜，並支付運費。

　(2)支付因出口而徵收的任何出口稅或其他規費或手續費。

　(3)取得至指定目的地的清潔提單，並迅速寄交買方或其他代理人。

　(4)在可提供備運海運提單的場合，負責貨物的任何滅失及（或）毀損，直至貨物交付海運運送人收管時為止。

⑸在要求裝船海運提單的場合，負責貨物的任何滅失及（或）毀損，直至貨物交至船上為止。

⑹循買方要求並由其負擔費用，提供買方為進口貨物至目的地國，以及必要時，為貨物在運送中通過其他國家，可能需要而由產地國及（或）裝運國所簽發的產地證明書、領事發票或任何其他單據。

買方必須

⑴於單據提示時，予以接受。

⑵貨物一經運達，予以提領、處理並支付貨物的一切隨後搬運，包括依照提單條款及條件從船上提貨；支付一切卸貨費用，包括在指定目的地點的任何關稅、稅捐以及其他費用。

⑶購買保險，並支付保險費。

⑷自上述⑷或⑸項所示賣方責任終了時、地起，負責貨物的滅失及（或）毀損。

⑸支付為進口貨物至目的國，以及必要時，為貨物在運送途中通過其他國家，可能需要而由產地國及（或）裝運國所簽發產地證明書、領事發票或任何其他單據的費用。

三、CFR 條件評註

CFR Comments

1. For the seller's protection, he should provide in his contract of sale that marine insurance obtained by the buyer include standard warehouse to warehouse coverage.

2. The comments listed under the following CIF terms in many cases apply to CFR terms as well, and should be read and understood by the CFR seller and buyer.

CFR 條件評註

1.賣方為保護其本身，他應在其買賣契約中規定，由買方購買的海上保險應包括標準的倉庫至倉庫條款。

2.在後述 CIF 條件下所列的評註，在許多場合也適用於 CFR 條件，CFR 的賣方與買方應加閱讀並予以了解。

 ## 第七節　運保費在內 (CIF) 條件

一、運保費在內條件的概念

本條件 CIF 為 Cost, Insurance, Freight 的縮寫。與前節 CFR 條件比較，賣方須多負擔海上保險費。依本條件報價時，賣方除必須負責安排船運並支付至目的地的運費外，尚須購買海上運輸險並支付保險費，以及負擔貨物直至裝上船舶（在要求裝運海運提單時）或交付海運運送人（在要求備運海運提單時）收管時為止的一切風險與費用；買方則負擔自此以後的風險與費用。又依本條件報價時，在 CIF 後面須註明「指定目的地點」(named point of destination) 的名稱，也即目的港的名稱。例如前述聖路易出口商以本條件報價如下：

> We offer...10,000 cases, US$23 per case, CIF Keelung, shipment during April.
>
> （謹報價……〔某項貨物〕10,000 箱，每箱售美金 23 元，至基隆運保費在內，4 月間交運。）

本條件與 Incoterms 的 CIF 相當，但有下列幾點不同。第一、本條件下賣方所提供的備運提單，未硬性規定須經船公司批註已裝上船，而 Incoterms 的 CIF 條件則規定如賣方所提供的為備運提單，則須經船公司批註已裝上船，並註明裝船日期。第二、Incoterms 的 CIF 條件，買賣雙方風險的移轉是以貨物越過出口港船舷為分界點；而本條件則有兩種情形，如可提供備運提單的場合，是在貨物交與海運運送人保管時，即由賣方移轉於買方，如需提供裝船提單時，則在貨物裝上船舶時，才由賣方移轉於買方。第三、在買賣契約

中未規定保險種類時，依 Incoterms CIF 條件的規定，賣方只須購買協會貨物條款（倫敦保險人協會）或類似條款的最低承保條件，即平安險 (FPA) 或 ICC (C)即可，而本條件則無規定。第四、在買賣契約中未規定保險金額及保險幣別時，依 Incoterms CIF 條件的規定，應以 CIF 價款加百分之十作為保險金額，並應以買賣契約所載的貨幣作為保險幣別；而本條件對於保險金額及保險幣別均無特別的規定，只於評註中另加說明。第五、有關於兵險部分，依照 Incoterms CIF 條件的規定，只有在買方提出要求時，賣方才有義務代為購買；而依本條件規定，除雙方已約定由買方購買兵險外，賣方就有義務代為購買兵險。但兩者對於兵險的保險費，均規定由買方負擔。第六、Incoterms CIF 後面添加的是「目的港」，美國 CIF 後面添加的是「目的地」。

二、本條件定義原文及其中譯

（原文）

(V) CIF (Cost, Insurance, Freight)

NOTE: Seller and buyer should consider not only the definitions but also the "Comments" at the end of this section, in order to understand fully their respective responsibilities and rights under "CIF" terms.

CIF (named point of destination)

　　Under this term, the seller quotes a price including the cost of the goods, the marine insurance, and all transportation charges to the named point of destination.

　　Under this quotation:

Seller must

　　(1) provide and pay for transportation to named point of destination;

　　(2) pay export taxes, or other fees or charges, if any, levied because of exportation;

　　(3) provide and pay for marine insurance;

　　(4) provide war risk insurance as obtainable in seller's market at time of shipment at buyer's expense, unless seller has agreed that buyer provide for war risk

coverage [See Comment 10 (c)];

(5) obtain and dispatch promptly to buyer, or his agent, clean bill of lading to named point of destination, and also insurance policy or negotiable insurance certificate;

(6) where received-for-shipment ocean bill of lading may be tendered, be responsible for any loss or damage, or both, until the goods have been delivered into the custody of the ocean carrier;

(7) where on-board ocean bill of lading is required, be responsible for any loss or damage, or both, until the goods have been delivered on board the vessel;

(8) provide, at the buyer's request and expense, certificates of origin, consular invoices, or any other documents issued in the country of origin, or of shipment, or both, which the buyer may require for importation of goods into country of destination and, where necessary, for their passage in transit through another country.

Buyer must

(1) accept the documents when presented;

(2) receive the goods upon arrival, handle and pay for all subsequent movement of the goods, including taking delivery from vessel in accordance with bill of lading clauses and terms; pay all costs of landing, including any duties, taxes, and other expenses at named point of destination;

(3) pay for war risk insurance provided by seller;

(4) be responsible for loss of or damage to goods, or both, from time and place at which seller's obligations under (6) or (7) above have ceased;

(5) pay the cost of certificates of origin, consular invoices, or any other documents issued in the country of origin, or of shipment, or both, which may be required for importation of the goods into the country of destination and, where necessary, for their passage in transit through another country.

(中譯)

「運保費在內」條件

注意：賣方與買方為期充分了解在 CIF 條件下，雙方各自的權利與責任，不僅須顧及本定義，而且尚應注意本節後面的「評註」。

「指定目的地點運保費在內」條件

在本條件，賣方所報出的價格，包括貨物的成本、海上保險費以及至指定目的地點為止的一切運輸費用在內。在本報價下：

賣方必須

⑴辦理至指定目的地點為止的運輸，並支付運費。

⑵支付因出口而徵收的任何出口稅或其他規費或手續費。

⑶購買海上保險，並支付保險費。

⑷除非已同意由買方購買兵險外，賣方負責購買於裝船時可在賣方市場購得的兵險，費用由買方負擔（見評註 10⑽）。

⑸取得至指定目的地點的清潔提單，以及保險單或可轉讓的保險證明書，並迅速寄交買方或其代理人。

⑹在可提供備運海運提單的場合，負責貨物的任何滅失及（或）毀損，直至貨物交付海運運送人收管時為止。

⑺在要求裝船海運提單的場合，負責貨物的任何滅失及（或）毀損，直至貨物交到船上為止。

⑻循買方要求，並由其負擔費用，提供買方為進口貨物至目的國，以及必要時，為貨物在運送途中通過其他國家，可能需要而由產地國及（或）裝運國所簽發的產地證明書、領事發票或任何其他單據。

買方必須

⑴於單據提示時，予以接受。

⑵貨物一經運達，予以提領、處理並支付貨物的一切隨後搬運，包括依照提單條款及條件，從船上提貨；支付一切起岸費用，包括在指定目的地點的任何稅捐，以及其他費用。

⑶支付由賣方購買的兵險費。

⑷自上述⑹或⑺項所示賣方責任終了時、地起，負責貨物的滅失及（或）

毀損。

　　(5)支付為進口貨物至目的國，以及必要時，為貨物在運送途中通過其他國家，可能需要而由產地國及（或）裝運國所簽發產地證明書、領事發票或任何其他單據的費用。

三、CFR 與 CIF 條件評註

（原文）

CFR and CIF Comments

　　Under CFR and CIF contracts there are the following points on which the seller and the buyer should be in complete agreement at the time that the contract is concluded:

　　1. It should be agreed upon, in advance, who is to pay for miscellaneous expenses, such as weighing or inspection charges.

　　2. The quantity to be shipped on any one vessel should be agreed upon, in advance, with a view to the buyer's capacity to take delivery upon arrival and discharge of the vessel; within the free time allowed at the port of importation.

　　3. Although the terms CFR and CIF are generally interpreted to provide that charges for consular invoices and certificates of origin are for the account of the buyer, and are charged separately, in many trades these charges are included by the seller in his price. Hence, seller and buyer should agree, in advance, whether these charges are part of the selling price, or will be invoiced separately.

　　4. The point of final destination should be definitely known in the event the vessel discharges at a port other than the actual destination of the goods.

　　5. When ocean freight space is difficult to obtain, or forward freight contracts cannot be made at firm rates, it is advisable that sales contracts, as an exception to regular CFR or CIF terms, should provide that shipment within the contract period be subject to ocean freight space being available to the seller, and should also provide that changes in the cost of ocean transportation between the time of

sale and the time of shipment be for account of the buyer.

6. Normally, the seller is obligated to prepay the ocean freight. In some instances, shipments are made freight collect and the amount of the freight is deducted from the invoice rendered by the seller. It is necessary to be in agreement on this, in advance, in order to avoid misunderstanding which arises from foreign exchange fluctuations which might affect the actual cost of transportation, and from interest charges which might accrue under letter of credit financing. Hence, the seller should always prepay the ocean freight unless he has a specific agreement with the buyer, in advance, that goods can be shipped freight collect.

7. The buyer should recognize that he does not have the right to insist on inspection of goods prior to accepting the documents. The buyer should not refuse to take delivery of goods on account of delay in the receipt of documents, provided the seller has used due diligence in their dispatch through the regular channels.

8. Sellers and buyers are advised against including in a CIF contract any indefinite clause at variance with the obligations of a CIF contract as specified in these Definitions. There have been numerous court decisions in the United States and other countries invalidating CIF contracts because of the inclusion of indefinite clauses.

9. Interest charges should be included in cost computations and should not be charged as a separate item in CIF contracts, unless otherwise agreed upon, in advance, between the seller and buyer; in which case, however, the term CIF and I (Cost, Insurance, Freight, and Interest) should be used.

10. In connection with insurance under CIF sales, it is necessary that seller and buyer be definitely in accord upon the following points:

(a) The character of the marine insurance should be agreed upon in so far as being WA (With Average) or FPA (Free of Particular Average), as well as any other special risks that are covered in specific trades, or against which the buyer may wish individual protection. Among the special risks that should be considered and agreed upon between seller and buyer are theft, pilferage, leakage, breakage, sweat, contact with other cargoes, and others peculiar to any particular trade. It is important that contingent or collect freight and customs duty should be insured to cover Particular Average losses, as well as total loss after arrival and entry but before delivery.

(b) The seller is obligated to exercise ordinary care and diligence in selecting an underwriter that is in good financial standing. However, the risk of obtaining settlement of insurance claims rests with the buyer.

(c) War risk insurance under this term is to be obtained by the seller at the expense and risk of the buyer. It is important that the seller be in definite accord with the buyer on this point, particularly as to the cost. It is desirable that the goods be insured against both marine and war risk with the same underwriter, so that there can be no difficulty arising from the determination of the clause of the loss.

(d) Seller should make certain that in his marine or war risk insurance, there be included the standard protection against strikes, riots and civil commotions.

(e) Seller and buyer should be in accord as to the insured valuation, bearing in mind that merchandise contributes in General Average on certain bases of valuation which differ in various trades. It is desirable that a competent insurance broker be consulted, in order that full value be covered and trouble avoided.

（中譯）

CFR 與 CIF 條件評註

在 CFR 與 CIF 契約下，買賣雙方在簽約時對於下列各點應取得協議：

1.對於雜項費用，諸如過磅或檢驗費用，應事先協議究應由何方支付。

2.應衡量船舶到達和卸貨時，買方在進口港免費保管期間內所能提貨的能力，事先協議船舶裝運數量。

3.在 CFR 與 CIF 條件下，雖一般解釋規定領事發票及產地證明書費用由買方負擔，並分別計收，但在許多交易中，這些費用已由賣方包括在其貨價

中。因此，買賣雙方應事先協議這些費用究為售價的一部分，抑或將另行計收。

4.如船舶係在貨物實際目的地以外的港口卸貨，則其最後目的地應確切加以指明。

5.倘海運艙位取得困難或運送契約無法以確定運價訂定時，買賣契約宜規定在約定期間內裝運須以賣方可獲得海運艙位為條件，並應規定自出售時至裝船時之間，海運運費的變動，歸由買方負擔。

6.在正常情形下，賣方有義務預付海運運費。但在某些情形，係以運費到付方式裝船，而由賣方在所掣給的發票上扣除該項運費金額。對於此，必須事先加以協議，以避免因匯率波動而可能影響實際運費，以及憑信用狀融資時可能發生利息所引起的誤會。因此，除了賣方事先已與買方特別約定貨物得以運費到付方式裝船者外，賣方總是應預付海運運費。

7.買方應了解其在接受單據之前並無權堅持先行驗貨。如賣方已盡相當的努力以正常的途徑寄送該等單據，買方不得因遲延收到單據而拒絕提貨。

8.奉勸買賣雙方，不可將任何與本定義所規定的 CIF 契約義務相牴觸的不確定的條款列入 CIF 契約中。在美國及其他國家的法院，曾多次判決 CIF 契約因列有不確定的條款而告無效。

9.利息應包括在貨價的計算中，而不應在 CIF 契約中另列利息項目，除非買賣雙方事先已另有協議。但此場合，應使用 CIF and I（運費、保費、利息在內）條件。

10.關於 CIF 交易項下的保險，買賣雙方對於下列各點必須要有確切的協議。

(a)海上保險的性質應加以協議，究竟係 W.A.（水漬險）抑或 F.P.A.（平安險），以及任何其他在特定交易中應投保的特別風險，或買方為其個別保障所期望投保的特別風險。在這些特別風險中，買賣雙方應加考慮及協議的是偷竊、拔竊、漏損、破損、潮濕損、為其他貨物污損，以及對任何特定交易所特有的其他風險。對於或有的或到付運費，以及關稅等均應加保險，以彌補單獨海損，以及貨到通關後，提貨前所發生的全損。這點極為重要。

(b)賣方有義務盡其通常的注意及努力，選擇財務狀況良好的保險人。但獲致解決保險索賠的風險，仍歸買方負擔。

(c)在本條件下，兵險係由賣方以買方的費用與風險予以投保。賣方應就此點與買方確切協議，尤其是有關保險費負擔的問題。這點極為重要。貨物投保海上保險與兵險，最好由同一保險人承保，這樣對於損失原因的認定才不致引起爭議。

(d)賣方應確切查明其海上保險或兵險，含有標準的罷工、暴動及內亂險條款。

(e)買賣雙方對於保險價額的估算應加以協議，並記住貨物在共同海損的分擔中，係根據某些估算標準計算，而這些估算標準隨各種交易而異。因此，最好就教於有資格的保險經紀人，以期投保足額並避免糾紛。

 # 第八節 碼頭交貨 (DEQ) 條件

一、碼頭交貨條件的概念

本條件中所稱 DEQ（碼頭）係指進口港碼頭而言。因此，本條件係目的地交貨條件之一。使用本條件報價時，賣方須負擔一切風險與費用，將貨物運至指定進口港碼頭上，於付訖進口稅捐後交付買方；而買方則負擔自貨物在進口港碼頭上容許免費期間屆滿後的一切風險與費用。又依此條件交易時，須在 DEQ 後面加上進口港名稱。例如上述聖路易出口商以本條件報價如下：

> We offer...10,000 cases, US\$29 per case DEQ (Duty paid) Keelung, delivery during June.
>
> （謹報價……〔某項貨物〕10,000 箱，每箱售美金 29 元，基隆碼頭交貨，6 月間交貨。）

本條件大致相當於 Incoterms 的 DEQ 條件，但有下列兩點不同：

第一、Incoterms DEQ 後面不註明 "duty paid" 字樣，因此輸入通關手續、稅捐等均由買方負責，而 American DEQ 則在其後面附加 "duty paid" 字樣，因此輸入通關手續、稅捐等均由賣方負責。又本節所舉報價例是美國出口報價，實際上本條件主要用於美國進口貿易中，在出口貿易甚少採用本條件報價，上舉例子不過便於說明而已。第二、根據 Incoterms 的 DEQ 條件的規定，賣方在貨物於約定時間放置進口港的碼頭上時，即將貨物的風險移轉由買方負擔；而根據美國定義的 DEQ 條件，則以指定進口港碼頭容許的免費期間屆滿時 (the expiration of the free time allowed on the dock at the named port of importation) 為雙方責任的分界點，此前由賣方負責，此後歸由買方負責。

二、本條件定義原文及其中譯

（原文）

(VI) Delivered Ex Quay (duty paid) DEQ

NOTE: Seller and buyer should consider not only the definitions but also the " DEQ Comments" at the end of this section, in order to understand fully their respective responsibilities and rights under "DEQ" terms.

DEQ (duty paid) ...named port of importation

Under this term, seller quotes a price including the cost of the goods and all additional costs necessary to place the goods on the dock at the named port of importation, duty paid, if any.

Under this quotation:

Seller must

⑴ provide and pay for transportation to named port of importation;

⑵ pay export taxes, or other fees or charges, if any, levied because of exportation;

⑶ provide and pay for marine insurance;

⑷ provide and pay for war risk insurance, unless otherwise agreed upon between the buyer and seller;

(5) be responsible for any loss or damage, or both, until the expiration of the free time allowed on the dock at the named port of importation;

(6) pay the costs of certificates of origin, consular invoices, legalization of bill of lading, or any other documents issued in the country of origin, or of shipment, or of both, which the buyer may require for the importation of goods into the country of destination and, where necessary, for their passage in transit through another country;

(7) pay all costs of landing, including wharfage, landing charges, and taxes, if any;

(8) pay all costs of customs entry in the country of importation;

(9) pay customs duties and all taxes applicable to imports, if any, in the country of importation, unless otherwise agreed upon.

Buyer must

(1) take delivery of the goods on the dock at the named port of importation-within the free time allowed;

(2) bear the cost and risk of the goods if delivery is not taken within the free time allowed.

(中譯)

「碼頭交貨（稅訖）」條件

注意：賣方與買方為期充分了解在 DEQ 條件下，雙方各自的權利與責任，不僅須顧及本定義，而且尚應注意本節後面的「DEQ 評註」。

「指定進口港碼頭交貨（稅訖）」條件

在本條件下，賣方所報出的價格，包括貨物的成本，及將貨物放置於指定進口港碼頭上所需的一切額外費用在內，並付清稅捐。

在本報價下：

賣方必須

(1)辦理至指定進口港的運輸，並支付運費。

⑵支付因出口而徵收的任何出口稅或其他規費或手續費。

⑶購買海上保險，並支付保險費。

⑷除買賣雙方另有協議外，購買兵險並支付保險費。

⑸負責貨物的任何滅失及（或）毀損，直至指定進口港碼頭免費保管期間屆滿時為止。

⑹支付買方為進口貨物至目的國，以及必要時，為貨物在運送途中通過其他國家，可能需要而由產地國及（或）裝船國所簽發產地證明書、領事發票、提單認可書或其他單據的費用。

⑺支付一切卸貨費用，包括碼頭費、起岸費，以及稅捐。

⑻支付在進口國通關的一切費用。

⑼除另有協議者外，支付在進口國的關稅及對進口貨物所課徵的一切稅捐。

買方必須

⑴在指定進口港碼頭上，於免費保管期間內提貨。

⑵如果未在免費保管期間內提貨，負擔該貨物的費用與風險。

三、DEQ 條件評註

DEQ Comments

This term is used principally in United States import trade. It has various modifications, such as "Ex Quay", "Ex Pier", etc., but it is seldom, if ever, used in American export practice. Its use in quotations for export is not recommended.

DEQ 評註

本條件在美國主要係使用於進口貿易。它有種種變型，例如 Ex Quay, Ex Pier 等等。但在美國出口實務中，罕有使用此條件者。建議出口報價不宜使用此條件。

第九節　各種貿易條件下買賣雙方責任與費用劃分表

"REVISED AMERICAN FOREIGN TRADE DEFINITIONS —— 1990" WITH CERTAIN PRACTICAL ADDITIONS
BREAKDOWN DIVIDING RESPONSIBILITY AND CHARGES BETWEEN BUYER AND SELLER, AS PERTAINING TO THE
AMERICAN EXPORT TRADE ON THE COMMONLY USED SERVICES

Service	EXW Named Place		FOB Named Inland Carrier Named Inland Point of Departure		FOB Named Inland Carrier Named Inland Point Freight Pre-paid to Named Point of Exportation		FOB Named Inland Carrier Named Inland Point Freight Al-lowed to Point of Exportation		FOB Named Inland Carrier Named Point of Exportation		FOB Vessel Named Point of Shipment		FOB Named Inland Point in Country of Importation		FAS vessel Named Port of Shipment		CFR Named Point of Destination		CIF Named Point of Destination	
	Resp.	Chg.	Resp.	Chg.	Resp.	Chg.	Resp.	Chg.	Resp.	Chg.	Resp.	Chg.	Resp.	Chg.	Resp.	Chg.	Resp.	Chg.	Resp.	Chg.
Warehouse storage charges	S	S	S	S	S	S	S	S	S	S	S	S	S	S	S	S	S	S	S	S
Warehouse labor charges	S	S	S	S	S	S	S	S	S	S	S	S	S	S	S	S	S	S	S	S
Export packing	*	*	*	*	*	*	*	*	*	*	*	*	*	*	*	*	*	*	*	*
Loading at origin	B	B	S	S	S	S	S	S	S	S	S	S	S	S	S	S	S	S	S	S
Inland freight	B	B	B	B	B	S	B	**	S	S	S	S	S	S	S	S	S	S	S	S
Transportation at port	B	B	B	B	B	B	B	B	B	B	S	S	S	S	S	****S	S	S	S	S
Storage at port	B	B	B	B	B	B	B	B	B	B	S	S	S	S	S	****S	S	S	S	S
Forwarder's fee	B	B	B	B	B	B	B	B	B	B	S	S	S	S	B	B	S	S	S	S
Consular fee*	B	B	B	B	B	B	B	B	B	B	B	B	S	S	B	B	S	B	S	B
Loading on ocean carrier	B	B	B	B	B	B	B	B	B	B	S	S	S	S	B	B	S	S	S	S
Ocean freight	B	B	B	B	B	B	B	B	B	B	B	B	S	S	B	B	S	S	S	S
Marine insurance*	B	B	B	B	B	B	B	B	B	B	B	B	S	S	B	B	B	B	S	S
Charges in foreign port	B	B	B	B	B	B	B	B	B	B	B	B	S	S	B	B	B	B	B	B
Customs duties & taxes abroad	B	B	B	B	B	B	B	B	B	B	B	B	S	***S	B	B	B	B	B	B

*Export packing, war risk insurance, and consular fees are sometimes controversial, depending on the contract of sale.
**Shipped "Collect" and deducted from the invoice amount.
***Seller is also responsible for foreign inland freight.
****Prior to delivery on dock subsequent charges for account of buyer.

ABBREVIATIONS
Resp......Responsibility
Chg.......Charges
S..........Seller
B..........Buyer

第十節　各種運輸工具上交貨 (FOB) 條件的比較

Revised American Foreign Trade Definitions, 1990

契約條件 種類	裝運地契約			FOB Vessel named point of shipment (4)	FOB named inland carrier at named point of exportation (5)	FOB named inland point in country of importation (6)
	FOB named inland carrier at named inland point of departure					
	(1)	Freight prepaid to named point of exportation (2)	Freight allowed to named point (3)			
內陸運費	○	×	●	×	×	×
通關、駁船費	○	○	○	×	○	×
裝船費用	○	○	○	×	○	×
出口稅捐	○	○	○	○	○	×
出口簽證費	○	○	○	○	○	×
領事簽證費	○	○	○	○	○	×
海運費	○	○	○	○	○	×
水險費	○	○	○	○	○	×
目的港費用	○	○	○	○	○	×
進口稅捐	○	○	○	○	○	×
進口國內運費	○	○	○	○	○	×

×：賣方負擔　　○：買方負擔　　●：雖由賣方負擔，但以運費到付方式裝運，並從發票金額中扣除運費

第四章

華沙、牛津規則解說

第一節　W-O Rules 的制定經過

國際法協會 (International Law Association) 與國際商會同為覺察國際貿易業者所使用的貿易條件 (trade terms) 過於紊亂，認為必須加以劃一的國際性機構。該協會於 1926 年在維也納開會時，決定對國際貿易使用最廣的 CIF 條件加以整理。經過二年的努力，參照英國的貿易習慣及先例判決，就 CIF 條件下買賣雙方的權利與義務訂下二十二條規則，於 1928 年在波蘭首都華沙會議中提出討論通過，稱為「華沙規則」(Warsaw Rules, 1928)。其後二、三年間，獲得國際商會協助，重予修訂，改為二十一條規則，於 1932 年英國牛津 (Oxford) 會議中討論通過，改名為「華沙、牛津 CIF 契約規則」(Warsaw-Oxford Rules for CIF Contracts, 1932)，簡稱「華沙、牛津規則」(Warsaw-Oxford Rules, W-O Rules)❶。

本規則全文共二十一條，對 CIF 條件下買賣雙方義務與權利的規定，其詳細程度，遠超過「國際商會貿易條件解釋規則」(Incoterms) 以及「修訂美國對外貿易定義」(Revised American Foreign Trade Definitions)。但從另一角度觀之，在上述三種解釋規則中，也可說華沙、牛津規則最嫌瑣碎，而使買賣雙方都感到不便。實際上在採用本規則時，往往會有若干事項，與當事人意思不符，而必須在買賣契約中另行約定。

本規則自 1932 年修訂以來，已逾七十年，迄未再修訂，以致其中若干規定，已難配合事實的需要，且幾乎已無人採用本規則。但其中一些規定，仍甚具意義，在實務上可供參考。茲列述於下：

(一)關於不可抗力的規定

規則 4 規定因不可抗力或賣方不能預見或避免的非常事由、意外事故或阻礙，或因其後果，致買賣貨物的全部或一部分遲延或不能裝船或交付運送人收管備運者，賣方可不負責任。在此場合，賣方應通知買方，將契約約定

---

❶　橋本英三，《外國貿易取引條件の研究》，pp. 48–50；上坂酉三，《統一國際賣買規則の研究》，初版，1926，pp. 1–16。

的裝船期限，展延至上述不可抗力等事件的影響消滅之時。但是，倘契約約定的裝船期限屆滿已逾十四日，而不可抗力等事件的影響依然存在，則契約的全部或剩餘部分是否有效，由當事人的一方選擇決定。此一決定及其通知，應於上述十四日期限屆滿後七日內為之，而且任何一方，都不得因此向對方請求賠償。例如：

8/25–	出口港發生碼頭工人罷工
8/31–	約定的裝船期限
9/14–	倘本日罷工的影響依然存在，則契約是否有效，應於七天內通知對方（即 9 月 21 日以前）

㈡關於所有權的移轉

關於貨物所有權的移轉時期，Incoterms、American Definitions 均無規定，本規則的規則 6 規定貨物的所有權，自賣方將單據（主要指提單）交由買方占有時，移轉至買方，但依規則 20 (II) 的規定，並不妨礙賣方依法得對買賣契約貨物實施的留置權或扣留權或停止運送權。

㈢檢查貨物的時期

依規則 19 的規定，除另有特定行業習慣外，除非買方能獲得合理的機會及時間檢查其所購的貨物，不能認為買方已接受其貨物。檢查貨物或在貨物運抵目的地時進行，或在裝船前辦理，不論檢查地點是在裝船港或卸貨港，也不論是單獨檢查或會同檢查，買方應於檢查完畢後三天內，將不符契約的事實通知賣方，倘買方怠於此項通知時，不得拒絕所交的貨物。但因隱藏瑕疵或因有瑕疵所致的滅失或毀損，買方所享有的任何救濟的權利，不受此影響。

㈣索賠救濟

依規則 20 規定，在發生違約或請求賠償的場合，應於貨物運抵目的地後十二個月以內提起訴訟或交付仲裁；如貨物未運抵時，則按通常情形下原可運抵之日起十二個月以內進行訴訟或交付仲裁，否則如逾期，則違約的一方解除責任。

第二節　W-O Rules for CIF Contracts

——中英文對照——

Rules for CIF Contracts (Warsaw-Oxford Rules. 1932)

Preamble

These Rules are intended to offer to these interested in the sale and purchase of goods on CIF terms who have at present no standard form of contract or general conditions available a means of voluntarily and readily adopting in their CIF contracts a set of uniform rules.

In the absence of any express adoption of these Rules in the manner hereinafter appearing, they shall in no case be deemed to govern the rights and obligations of the parties to a sale of goods on CIF terms.

Rule 1.　　　　　　　　　　　Scheme of Rules

These Rules shall be known as the "Warsaw-Oxford Rules," and their adoption as herein provided shall be conclusive evidence that the parties intend their contract to be a CIF contract.

Any of these Rules may be varied, or amended, or other terms inserted in the CIF contract, but such variation, amendment or insertion may only be made by express agreement of the parties to the contract. In the absence of any such express agreement these Rules shall apply without qualification to any sale of goods involving either wholly or in part transit by sea, in connection with which they are expressly adopted by a reference to the term "Warsaw-Oxford Rules," and the rights and obligations of the parties shall be construed in accordance with the provisions of these Rules.

1932 年 CIF 契約華沙、牛津規則

序　言

本規則是為了對那些有意以 CIF 條件從事貨物買賣但目前尚無標準契約格式或一般條件可資應用者，提供一套可在 CIF 契約中任意、隨時採用的統一規則。

未明示依照下述方式採用本規則者，絕不可將本規則視為適用於以 CIF 條件進行買賣的當事人權義。

規則 1.　　　　　　　　　　　　總　則

本規則定名為「華沙、牛津規則」，如在契約中一經採用，即視為當事人所訂的契約為 CIF 契約的決定性證據。

在 CIF 契約中，本規則的任何一條都得予變更、修改或增列其他條件，但該項變更、修改或增列的條件，須經契約當事人明示的合意。若無此項明示的合意，則一切涉及全部或部分海上運送貨物的買賣，凡明示採用「華沙牛津規則」者，契約當事人的權利和義務均應援用本規則的規定辦理。

In case of a conflict between the Rules and a contract the latter shall govern. Reference to the Rules shall cover all other provisions on which the contract itself is silent.

The expression "usage of the particular trade" as employed in these Rules means a settled custom so general in the particular trade that the parties to the contract of sale must be held to know of the existence of such a custom and to have contracted with reference thereto.

Rule 2.   Duties of the Seller as to Shipment

(I) The seller must provide goods of the contractual description and, subject to the provisions of the next succeeding paragraph and to those of Rule 7 (III) and (IV), have them loaded on board the vessel at the port of shipment in the manner customary at the port.

(II) Where the goods contracted to be sold are already afloat, or have already been delivered into the custody of the carrier in the manner provided in Rule 7 (III) and (IV), at the time the sale is made, or where the seller is entitled to purchase goods of the contractual description afloat in order to fulfil his contract, the seller shall have merely to appropriate these goods to the contract of sale. Such appropriation need not take place till the documents are tendered to the buyer and such tender shall imply the appropriation of the goods to the contract of sale.

Rule 3.   Time of Shipment and Evidence of Date

(I) The whole quantity of the goods contracted to be sold must be shipped or delivered into the custody of the carrier, as the case may be, at the time or within the period, if any, specified in the contract of sale or, if no such time or period has been specified in the contract, within a reasonable time.

(II) The date of shipment or of delivery into the custody of the carrier, as the case may be, mentioned in the bill of lading or other document validly tendered as evidencing the contract of carriage, shall be prima facie evidence of the actual shipment or of the actual delivery, as the case may be, on that date without prejudice to the right of the buyer to prove the contrary.

本規則與契約規定牴觸時，適用契約的規定。契約未規定者，適用本規則的規定。

本規則所稱「特定行業習慣」，意指在該特定行業中已形成的且已相當通行的習慣從而被視為買賣契約當事人均知悉這一習慣的存在，並據以訂約者而言。

規則 2.　　　　　　　　　　賣方的裝船責任

(I) 除次項及規則 7 第 (III) 項、第 (IV) 項所規定者外，賣方須供給契約所定的貨物，依照裝船港習慣方法，在裝船港將貨物裝於船上。

(II) 於買賣契約成立時，契約貨物已在航行中船上，或依規則 7 第 (III) 項、第 (IV) 項所規定方法已經交付運送人收管，或賣方有權購買運送中貨物以履行契約者，賣方只須將該貨物指撥於買賣契約即可（註：即將買賣契約部分的貨物予以特定）。在該項貨物的貨運單據未向買方提供之前，尚無需作此項指撥，而此項單據的提供，即表示以該貨物指撥於該買賣契約（註：即該貨物已特定）。

規則 3.　　　　　　　　裝船時期及裝船日期的證明

(I) 契約貨物的全部必須在約定日期或期間內，無約定者，則須於相當期間內，裝船或交付運送人備運。

(II) 用以證明運送契約而有效提出的提單或其他單據，其所載的裝船日期或交付運送人收管的日期，乃為貨物於該日期實際裝船或交付的表見證據。但不影響買方提出反證的權利。

Rule 4.   Exceptions

The seller shall not be responsible for delays or failure to ship the goods contracted to be sold or any part thereof or to deliver such goods or any part thereof into the custody of the carrier, as the case may be, arising from force majeure, or from any extraordinary causes, accidents or hindrances of what kind soever or wheresoever or the consequences thereof which it was impossible in the circumstances for the seller to have foreseen or averted.

In the event of any of the said causes, accidents or hindrances preventing, hindering or impeding the production, the manufacture, the delivery to the seller, or the shipment of the goods contracted to be sold or any part thereof or the chartering of any vessel or part of vessel, notice thereof shall be given to the buyer by the seller, and on such notice being given the time for shipment or delivery into the custody of the carrier, as the case may be, shall be extended until the operation of the cause, accident or hindrance preventing, hindering or impeding the production, the manufacture, the delivery to the seller or the shipment of the said goods or any part thereof or the chartering of any vessel or part of vessel has ceased. But if any of these causes, accidents or hindrances continues for more than fourteen days from the time or from the expiration of the period, if any, specified in the contract of sale for the shipment of the goods or their delivery into the custody of the carrier, as the case may be, or, if no such time or period has been specified in the contract then from the expiration of the reasonable time contemplated in Rule 3, the whole contract of sale or such part thereof as shall remain to be fulfilled by the seller may, at the option of either party, be determined; such option shall be exercised and notice to that effect shall be given by either party to the other party at any time during the seven days next succeeding the period of fourteen days hereinbefore mentioned but not thereafter. And on such notice being given neither party shall have any claim against the other party in respect of such determination.

Rule 5.   Risk

規則 4.　　　　　　　　　　賣方裝船義務的例外規定

　　因不可抗力或賣方不能預見或避免的任何非常事由、意外事故或阻礙(不拘種類與地方)，或因其後果，致買賣貨物的全部或一部分遲延裝船或不能裝船或不能交付運送人收管備運者，賣方免負其責。

　　若因前述事由、意外事故或阻礙，致契約貨物的生產、製造、向賣方的交貨，或契約貨物全部或一部分的裝船，或船舶全部或一部分的租傭受到阻礙或妨礙時，賣方應將其事由通知買方。一經通知，裝船或交付運送人收管備運的時間，即延後至阻止或妨礙契約貨物的生產、製造、或向賣方交貨、裝船或傭船的事由、意外事故或阻礙終止之時。但若前述事由、意外事故或阻礙，自約定裝船或交付運送人收管備運的日期或期間屆止時起，如未約定日期或期間者，則於規則 3 所定相當期間屆止時起，續延十四天以上者，對於買賣契約的全部或賣方尚未履行的殘存部分，得依當事人一方的任意選擇，終止契約。此項選擇應於前述十四天之後的（註：自第十五天起）七日內通知他方當事人，不得在其後為之。一經通知，任何一方當事人不得就此項契約的終止，向他方當事人請求損害賠償。

規則 5.　　　　　　　　　　風險負擔

The risk shall be transferred to the buyer from the moment the goods are loaded on board the vessel in accordance with the provisions of Rule 2 or, should the seller be entitled in accordance with the provisions Rule7 (III) and (IV) in lieu of loading the goods on board the vessel to deliver the goods into the custody of the carrier, from the time such delivery has effectively taken place.

Rule 6.   Property

Subject to the provisions of Rule 20 (II), the time of the passing of the property in the goods shall be the moment when the seller delivers the documents into the possession of the buyer.

Rule 7.   Duties of Seller as to Bill of Lading

(I) It shall be the duty of the seller to procure, at his own cost, a contract of carriage that is reasonable having regard to the nature of the goods and the terms current on the contemplated route or in the particular trade. The said contract of carriage must, subject to the usual or customary exceptions therein contained, provide for the delivery of the goods at the contractual destination. Moreover, the said contract of carriage must, except as hereinafter provided, be evidenced by a "shipped" bill of lading, in good merchantable order, issued by the shipowner or his official agent or pursuant to a charter-party, duly dated and bearing the name of the ship.

(II) Where the contract of sale or the usage of the particular trade so allows, the contract of carriage may, subject to the provisions and qualifications hereinafter contained, be evidenced by a "received for shipment" bill of lading or similar document, as the case may be, in good merchantable order issued by the shipowner or his official agent, or pursuant to a charter-party, and in such circumstances such "received for shipment" bill of lading or similar document shall for all purposes be deemed to be a valid bill of lading, and may be tendered by the seller accordingly. Moreover, in all cases where such a document has been duly noted with the name of the ship and the date of shipment, it shall be deemed in all respects equivalent to a "shipped" bill of lading.

依規則 2 規定，自貨物裝上船時起，風險負擔即移轉買方。若賣方依規則 7 第 (III) 項、第 (IV) 項規定，得將貨物交付運送人收管備運以代替將貨物裝船者，則自有效交付運送人之時起，移轉買方。

規則 6.　　　　　　　　　　　所有權的移轉

除規則 20 第 (II) 項所規定者外，賣方將單據交付買方占有時，即為貨物所有權移轉之時。

規則 7.　　　　　　　　　　　賣方關於提單的責任

(I) 賣方應自行負擔費用，並考慮貨物的性質，依預定航線或該特定行業中通用的條件，訂定合理的運送契約。此項契約中，除通常或習慣的例外規定外，須規定於約定目的地交付貨物。再者，此項運送契約，除下列例外規定外，須以船舶所有人或其正式代理人或依照備船契約所發行，具有良好交易性，並載有日期及船名的「裝船」提單作為證明。

(II) 倘買賣契約中規定，或為該特定行業習慣所允許時，運送契約得在下述規定及限制範圍內，以船舶所有人或其正式代理人或依備船契約所發行，具有良好交易性的「備運」提單或類似單據作為證明。在此場合，此一「備運」提單或類似單據，視為有效的提單，賣方可將其有效交付買方。再者，此種單據如經正式記載船名及裝船日期，則在任何情形下，均視為與「裝船」提單具相同效力。

(III) When the seller is entitled to tender a "received for shipment" bill of lading, he must, subject to the provisions of Rule 2 (II), provide and have goods of the contractual description effectively delivered into the custody of the carrier at the port of shipment for transportation to the buyer with all reasonable dispatch.

(IV) When the seller is entitled by the terms of the contract of sale or by the usage of the particular trade to tender a "through" bill of lading, and such document involves part land and part sea transit, and should the carrier who issues the "through" bill of lading be a land carrier, the seller must, subject to the provisions of Rule 2 (II), provide and have goods of the contractual description effectively delivered into the custody of the said carrier for transportation to the buyer with all reasonable dispatch.

Goods shall not be transmitted by inland waterways unless the seller is entitled by terms of the contract of sale or by the usage of the particular trade to employ that means of transportation.

The seller shall not be entitled to tender a "through" bill of lading providing for part land and part sea transit where the contract of sale calls for sea transit only.

(V) When the goods are carried under a "through" bill of lading this document must provide for the full and continuous protection of the buyer from the moment the risk is transferred to the buyer in accordance with the provisions of Rule 5 throughout the whole of the transit, in respect of any legal remedy to which the buyer may be entitled against each and any of the carriers who shall have participated in the carriage of the goods to the point of destination.

(VI) If a particular route is stipulated by the contract of sale, the bill of lading or other document validly tendered as evidencing the contract of carriage must provide for the carriage of the goods by that route, or if no route has been stipulated in the contract of sale, then by a route followed by the usage of the particular trade.

(VII) The bill of lading or other document validly tendered as evidencing the

(III) 賣方有權提供「備運」提單者，須依規則 2 第 (II) 項規定，提供符合契約說明的貨物，並將其交付在裝船港的運送人收管，俾以合理的迅速將其運交買方。

(IV) 倘賣方依買賣契約規定，或依該特定行業習慣，有權交付「聯運」提單，而該提單包括陸運與海運，而且係由陸上運送人發行者，賣方依規則 2 第 (II) 項規定，須提供符合契約說明的貨物，並將其有效交付該運送人收管，俾以合理的迅速將其運交買方。

除買賣契約規定或依該特定行業習慣，賣方有權利用內河運送方法者外，不得以內河運送貨物。

買賣契約僅准海上運送時，賣方無權提供海、陸聯運的「聯運」提單。

(V) 以「聯運」提單運送貨物時，自規則 5 風險負擔移轉時起，至目的地為止，就買方得向參與的各運送人或任一運送人請求任何法律上救濟的權利，該單據須提供買方完全且連續的保障。

(VI) 若買賣契約規定有特別航線，則用以證明運送契約而有效提供的提單或其他單據，也須規定以該航線運送貨物。若買賣契約無航線的規定，則須依該特定行業習慣的航線運送貨物。

(VII) 為證明運送契約而有效提出的提單或其他單據，僅可記載約定的買

contract of carriage shall deal, and deal only, with the goods contracted to be sold.

(VIII) The seller shall not be entitled to tender a delivery order or a ship's release in lieu of a bill of lading unless the contract of sale so provides.

Rule 8.   Specific Vessel — Kind of Vessel

(I) Should the contract of sale call for shipment by a specific vessel, or generally where the seller shall have chartered a vessel or part of vessel, and undertaken to ship the goods accordingly, the seller shall not be at liberty to provide a substitute unless and until the buyer shall have given his consent thereto. Such consent shall not be unreasonably withheld.

(II) Where the contract of sale calls for shipment by steamer (unnamed) the seller may transmit the goods to the buyer either by steamer or by motor vessel, all other conditions being equal.

(III) If there is no provision made in the contract of sale as to the kind of vessel to be employed, or if a neutral term such as "vessel" is used therein, the seller shall be entitled, subject to any usage of the particular trade, to ship the goods on the kind of vessel by which similar goods are in practice shipped on the contemplated route.

Rule 9.   Freight Payable at Destination

On arrival of the goods at the point where they are finally discharged for delivery to the buyer, the buyer is bound to pay any unpaid freight which may be due to the carrier. The buyer shall be entitled to deduct the amount of any such payment which he may be called upon to make from the amount he has contracted to pay for the goods, unless the seller shall already have made proper allowance in respect of such unpaid freight in the invoice tendered to the buyer.

If the seller should have to pay any unpaid freight which may be due to the carrier, because tender of the documents is unavoidably made after the arrival of the goods, he may recover the amount thereof from the buyer.

Subject to the provisions of Rule 10, the buyer shall in no case be called upon

賣貨物。

(VIII) 除買賣契約另有規定外，賣方不得以提貨單或船方交貨單代替提單而為交付。

規則 8.　　　　　　　　船舶的特定與船舶種類

(I) 倘買賣契約規定以特定船舶裝運，或由賣方租傭船舶的全部或一部分以供裝運時，除非徵得買方同意，賣方不得任意以他船舶代替，此種同意不得無理保留。

(II) 買賣契約規定以（船名未定的）蒸汽船 (steamer) 裝運者，只要其他一切條件相同，賣方得將貨物以蒸汽船或機動船運交買方。

(III) 如買賣契約未約定以何種船舶裝運，或僅以「船舶」表示者。除有特定行業習慣外，賣方有權以在該預定航線實務上用來運送同類貨物的船舶裝運貨物。

規則 9.　　　　　　　　目的地支付運費

貨物運抵最後卸載港交付買方時，買方應向運送人支付任何未付的運費。買方可自約定價款中扣除此款項，但賣方已於交付的發票中扣除未付運費者，不在此限。

倘因無法避免的原因，於貨物運抵之後才能提供單據，致賣方須向運送人支付任何未付運費者，賣方得向買方請求償還。

除規則 10 所規定者外，無論如何，不得要求買方支付超過契約所定應付

to pay a larger sum in respect of unpaid freight than will make up the amount which he has contracted to pay for the goods.

Rule 10.   Import Duties, etc.

The payment of customs duties and charges payable for the goods or of expenses incurred in respect of such goods during the course of transit to or after their arrival at the port of destination forms no part of the obligations of the seller, unless such expenses shall be included in the freight. If the seller should have to pay such duties and charges and/or any expenses not included in the freight, because tender of the documents is unavoidably made after arrival of the goods, he may recover the amount thereof from the buyer.

Rule 11.   Duties of the Seller as to Condition of Goods

(I) The goods contracted to be sold must be shipped or delivered into the custody of the carrier, as the case may be, in such a condition as, subject to risk of deterioration, leakage or wastage in bulk or weight inherent in the goods (and not consequent upon the goods having been defective at the time of shipment or of delivery into the custody of the carrier, as the case may be, or incident to loading or transit) would enable them to arrive at their contractual destination on a normal journey, and under normal conditions in merchantable condition. In allowing for ordinary deterioration, leakage, or inherent wastage in bulk or weight, due regard shall be had to any usage of the particular trade.

(II) Where the goods contracted to be sold are already afloat or have been delivered into the custody of the carrier, as the case may be, at the time the sale is made, or where the seller in the exercise of any right to which he may be entitled to that effect purchases goods of the contractual description afloat in order to fulfil his contract, it is an implied condition in the contract of sale that the goods have been shipped or delivered into the custody of the carrier, as the case may be, in accordance with the provisions of the preceding paragraph.

(III) Should any dispute arise as to the condition of the goods at the time of

貨價以外的未付運費。

規則 10.　　　　　　　　　　進口稅捐等

　　貨物運送途中或運抵目的地港後所生的關稅、費用或支出，除非該等費用應包含在運費外，非屬賣方支付的義務。若因不可避免的原因，單據於貨物到達後才能提供，致賣方須支付此等稅捐、費用或支出時（運費除外），賣方得向買方請求償還。

規則 11.　　　　　　　　賣方關於貨物狀況的責任

　　(I) 契約貨物裝船或交付運送人收管時，其狀況需足以使其經過正常航行抵達約定目的港時，除因本質上變質、漏損、體積或重量耗損外（非因貨物裝船時或交付運送人收管時，已存在的瑕疵所致，或裝載或運送中的事故所致者），仍保持適銷狀態，對於通常本質上的變質、漏損、體積或重量耗損寬容率，應就該特定行業習慣，予以訂定。

　　(II) 在契約成立時，契約貨物已在海上運送中，或已交付運送人收管，或賣方有權購買符合契約說明的運送中貨物以履行契約者，該買賣契約含有貨物已依前項規定裝船或交付運送人收管的默示條件在內。

　　(III) 若對於貨物裝船時或交付運送人收管時的狀況，有任何爭執，而無

shipment or delivery into the custody of the carrier, as the case may be, and in the absence of any certificate issued in accordance with the terms of the contract of sale, with the usage of the particular trade, or with the provisions of Rule 15, the quality, the description and state, and/or the weight or quantity of the goods shall be determined according to their condition at the time they were loaded on board the vessel, or, should the seller be entitled in accordance with the provisions of Rule 7 (III) and (IV) in lieu of shipment to deliver the goods into the custody of the carrier, at the time such delivery has effectively taken place.

Rule 12.   Duties of the Seller as to Insurance

(I) It shall be the duty of the seller to procure at his own cost from an underwriter or insurance company of good repute a policy of marine insurance, evidencing a valid and subsisting contract, which shall be available for the benefit of the buyer, covering the goods during the whole of the course of transit contemplated in the contract of sale, including customary transhipment, if any. Subject to the next succeeding paragraph and to any special provision in the contract of sale, the policy must afford the holder thereof complete and continuous contractual protection against all those risks that are by the usage of the particular trade or on the contemplated route insured against at the time of the shipment of the goods or their delivery into the custody of the carrier, as the case may be.

The seller shall not be bound to procure a policy covering war risks unless (a) special provision to this effect shall have been made in the contract of sale, or (b) the seller shall have received prior to the shipment of the goods or their delivery into the custody of the carrier, as the case may be, notice from the buyer to procure a policy covering such risks. Unless such special provision shall have been made in the contract of sale, any additional cost of procuring a policy covering war risks shall be borne by the buyer.

(II) Should the policy not be available when the documents are tendered a Certificate of Insurance issued by an underwriter or insurance company of good

依買賣契約的條款、該特定行業習慣或本規則 15 規定所發行的任何證明書時，該貨物的品質、說明、狀況及（或）重量或數量應依貨物裝上船舶時的情況，或賣方依規則 7 第 (III) 項、第 (IV) 項規定有權將貨物交付運送人收管者，以有效交付時的狀況決定。

規則 12.　　　　　　　　　賣方關於保險的責任

(I) 賣方應自行負擔費用，為買方向信譽良好的保險人或保險公司取得海上保險單，作為有效且確實存在的保險契約的證明，並載明承保貨物在買賣契約中所定全部運送過程中及習慣上的轉船風險。除下列及買賣契約中另有特別規定者外，該保險單對貨物裝船時或交付運送人收管時，依該特定行業習慣，及預定航線應付保的一切風險，須能提供持單人完全而且繼續的契約上保障。

除下列規定外，賣方無取得承保兵險的保險單的義務。⒜買賣契約有特別約定，⒝賣方於貨物裝船或交付運送人收管前，接到買方通知，指示其須取得承保兵險的保險單。除買賣契約中有特別約定外，取得兵險的保險單而增加的費用，歸買方負擔。

(II) 若於提供單據時，無法取得保險單時，以信譽良好的保險人或保險公司發行的保險證明書代替前項所規定的保險單，買方應予接受。該項保險證

repute in relation to a policy of insurance as above defined, which reproduces the essential terms and conditions of the policy in so far as they concern the goods mentioned in the bill(s) of lading and invoice(s) and conveys to the holder thereof all the rights under the policy, shall be accepted by the buyer in lieu thereof, and shall be deemed to be proof of marine insurance and to represent a policy of insurance within the meaning of these Rules. In such event the seller shall be deemed to guarantee that he will on the demand of the buyer, and with all due dispatch, produce or procure the production of the policy referred to in the Certificate.

(III) Unless it is the usage of the particular trade for the seller to tender to the buyer an Insurance Broker's Cover Note in lieu of a policy of insurance, such a Cover Note shall not be deemed to represent a policy of insurance within the meaning of these Rules.

(IV) The value of the goods for insurance purposes shall be fixed in accordance with the usage of the particular trade, but in the absence of any such usage it shall be the invoice CIF value of the goods to the buyer, less freight payable, if any, on arrival, and plus a marginal profit of 10 per cent of the said invoice CIF value, after deduction of the amount of freight, if any, payable on arrival.

Rule 13.　　　　　　　　　　　Notice of Shipment

In order to give the buyer an opportunity of taking out at his own cost additional insurance either to cover risks not covered by "all those risks" contemplated in the first paragraph in Rule 12 (I), or to cover increased value, the seller shall give notice to the buyer that the goods have been shipped, or delivered into the custody of the carrier, as the case may be, stating the name of the vessel, if possible, the marks and full particulars. The cost of giving such notice shall be borne by the buyer.

The non-receipt of such notice by, or the accidental omission to give any such notice to, the buyer shall not entitle the buyer to reject the documents tendered by the seller.

明書，應將承保提單及發票所載貨物的保險單上的主要條件予以轉錄，且須將保險單上的權利移轉該保險證明書持有人。且依本規則的規定，視為海上保險的證據，並以其代表保險單。在此情形下，視為賣方保證：於買方要求時，將盡速提出或取得保險證明書所記載的保險單。

(III) 除非特定行業習慣允許賣方向買方提供保險經紀人投保通知單以代替保險單者外，依本規則的規定，此種投保通知單不能作為代表本規定意義內的保險單。

(IV) 貨物保險金額，應依該特定行業習慣定之，但如無該項習慣者，應依掣給買方的 CIF 發票金額（扣除於貨物運抵時須支付的運費）另加百分之十的預期利潤投保。

規則 13.　　　　　　　　　　裝船通知

為使買方有機會自行負擔費用加保不包括於規則12第(I)項前段所定「一切的風險」的風險或貨物增值，賣方應通知買方貨物已經裝船，或已交付運送人收管，如可能的話，並說明船名、標誌及明細。

買方未收到此項通知，或賣方因意外疏漏未通知買方，買方均不得以此為理由拒收賣方所提出的單據。

Rule 14.   Import and Export Licences, Certificates of Origin, etc.

(I) Should an export licence be required in order to ship goods of the contractual description, it shall be the duty of the seller at his own expense to apply for the licence and to use due diligence to obtain the grant of such licence.

(II) Nothing contained in these Rules shall entitle the buyer to demand the tender by the seller of a certificate of origin or consular invoice in respect of the goods contracted to be sold unless (a) it is the usage of the particular trade for either or both of these documents to be obtained, or (b) the seller shall have been expressly instructed by the buyer, prior to the shipment of the goods or their delivery into the custody of the carrier, as the case may be, to obtain such certificates and/or such invoices. The cost of procuring these documents shall be borne by the buyer.

Should an import licence be required by the country of destination for goods of the contractual description, it shall be the duty of the buyer to procure the same at his own expense and to notify the seller that such licence has been obtained prior to the time for shipment of the goods.

Rule 15.   Certificate of Quality, etc.

Where the contract of sale provides that a certificate of quality and/or weight or quantity shall be furnished by the seller, without specifying the person or body by whom this certificate is to be issued, or where the usage of the particular trade so allows, the seller shall furnish certificates issued by the appropriate public authority (if any) or a duly qualified independent inspector setting out the quality, description and state, and/or the weight or quantity of the goods at the time and place of shipment, or of delivery into the custody of the carrier, as the case may be. The cost (including legalisation charges if such a formality be necessary) of obtaining such certificates shall be borne according to the usage of the particular trade or, if none, equally in all cases by the seller and the buyer.

In the circumstances contemplated in the preceding paragraph of this Rule,

規則 14.　　　　　　　　輸出入許可證、產地證明書等

(I) 如裝運契約貨物需要輸出許可證，賣方應自行負擔費用負責申請該許可證，並須盡相當努力以取得該項許可證。

(II) 本規則的任何規定並未賦予買方有權要求賣方提供契約貨物的產地證明書或領事發票，除非⒜依該特定行業習慣，應取得此等單據之一或兩者，或⒝在裝船前，或交付運送人收管前，買方曾明白指示賣方取得此項證明書及（或）發票。為取得此項單據所需的費用，歸買方負擔。

倘在目的國需要契約貨物的輸入許可證，買方應自己負擔費用負責取得，且須在裝船之前，通知賣方已取得該項許可證。

規則 15.　　　　　　　　品質證明書等

若買賣契約規定賣方須提供品質證明書及（或）重量或數量證明書，而未訂有發行的人或機關者；或依該特定行業習慣，須提供此項證明書者，賣方應提供適當公家機關或合格獨立檢驗人所發行載有貨物在裝船時、地，或交付運送人收管時、地的品質、說明、狀況及（或）重量或數量的證明書。取得此項證明書的費用（包括簽認費用，如需要的話）依該特定行業習慣定其負擔，如無此項習慣，則由買賣雙方平均負擔。

依本條前段情形，該證明書視為賣方與買方間關於貨物在發行證明書時

such certificates shall be prima facie evidence as between buyer and seller of the quality, description and state, and/or of the weight or quantity of the goods at the time the certificate was issued, and as delivered under the contract of sale.

Rule 16.   Tender of Documents

(I) The seller must exercise all due diligence to send forward the documents, and it shall be his duty to tender them, or cause them to be tendered, with all due dispatch to the buyer. The documents shall not be forwarded by air route unless the contract of sale so provides.

By the term "documents" is meant the bill of lading, invoice and policy of insurance, or other documents validly tendered in lieu thereof in accordance with the provisions of these Rules, together with such other documents, if any, as the seller may by the terms of the contract of sale be obliged to procure and tender to the buyer. In the case of instalment deliveries, the invoice may be a pro forma invoice in respect of each instalment except the final instalment.

(II) The documents tendered to the buyer must be complete, valid and effective at the time of the tender, and drawn in accordance with the provisions of these Rules. Where the bill of lading or other document validly tendered in lieu thereof is drawn in a set and is made out in favour of the buyer, his agent or representative as consignee, the seller shall not be obliged to tender more than one of the set. In all other circumstances, the full set of bills or other documents validly tendered in lieu thereof must be tendered unless the seller shall provide, to the reasonable satisfaction of the buyer, an indemnity issued by a bank of good repute in respect of the bills or other documents as aforesaid which are not presented.

(III) Should any of the documents which the seller has to procure and tender to the buyer be at variance upon some material point with the conditions stipulated by the contract of sale. The buyer shall be entitled to reject the tender of the documents.

Rule 17.   Loss or Damage after Shipment

品質、說明、狀況及（或）重量或數量的表見證據，並視為已依買賣契約交付。

規則 16.　　　　　　　　　　　單據的提供

(I) 賣方應盡一切適當努力，將單據交付買方，且有義務盡速向買方提供或予以提供此項單據。除非買賣契約有規定，單據不必以航空寄送。

所稱單據乃指提單、發票及保險單，或依本規則各項規定可有效替代的其他單據以及依買賣契約賣方應取得並提供的其他單據而言。在分期交貨時，除最後一期外，各期貨物的發票，得以預期發票代替。

(II) 向買方提供的單據，於提供時必須完整且有效，且須依本規則規定製作。在提單或有效替代提單的其他單據，係製成一套且以買方或其代理人或代表人為受貨人者，賣方無須提供全套中之一份以上。在其他情況，則須提供全套提單，或得有效替代提單的其他單據，但賣方對於未提出的提單或有效替代提單的其他單據，能提供信用良好的銀行所簽發的認賠書，並令買方滿意者，不在此限。

(III) 若賣方須取得並向買方提供的任何單據中，有某些重要事項與買賣契約規定不符時，買方有權拒收。

規則 17.　　　　　　　　　　裝船後的滅失或毀損

If goods of the contractual description have been shipped or have been delivered into the custody of the carrier, as the case may be, and proper documents have been obtained, the seller may validly tender such documents, even though at the time of such tender the goods may have been lost or damaged, unless the seller knew of such loss or damage at the time of entering into the contract of sale.

Rule 18.   Duties of the Buyer as to Payment of Price

(I) When the proper documents are tendered it shall be the duty of the buyer to accept such documents and to pay the price in accordance with the terms of the contract of sale. The buyer shall be entitled to a reasonable opportunity of examining the documents and to a reasonable time in which to make such examination.

(II) The buyer, however, shall not be entitled when the proper documents are tendered to refuse to accept such documents or to refuse to pay the price in accordance with the terms of the contract of sale, on the plea only that he has had no opportunity of inspecting the goods.

Rule 19.   Rights of Buyer as to Inspection of Goods

Subject to the provisions of Rules 15 and 18, and to any usage of the particular trade, the buyer shall not be deemed to have accepted the goods unless and until he shall have been given a reasonable opportunity of inspecting them, either on arrival at the point of destination contemplated in the contract of sale or prior to shipment, as the buyer may in his sole discretion decide, and a reasonable time in which to make such inspection. The buyer shall, within three days from the completion of such inspection, even though this has been a joint inspection, give notice to the seller of any matter or thing by reason whereof he may allege that the goods are not in accordance with the contract of sale. If the buyer shall fail to give such notice, he may no longer exercise his right of rejection of the goods. Nothing in this Rule shall affect any remedy to which the buyer may be entitled for any loss or damage arising from latent defect, or inherent quality or vice of the goods.

Rule 20.   Rights and Remedies under Contract of Sale

若契約貨物已經裝船或已交付運送人收管，且已取得適當單據，則縱使於提供該項單據時，貨物已滅失或毀損，除賣方於成立買賣契約時已知悉其滅失或毀損者外，此項單據的提供仍屬有效。

規則 18.　　　　　　　　買方關於支付貨款的責任

(I) 一經提供適當單據，買方即有責任予以接受，並按買賣契約條件支付貨款。買方享有合理機會於相當時間內檢查單據之權。

(II) 但適當單據提供時，買方不得以其無機會檢查貨物為理由，而拒收賣方所提供的單據，或拒絕依買賣契約條件支付貨款。

規則 19.　　　　　　　　買方關於貨物檢查的權利

除依規則 15 及規則 18 的規定及其他特定行業習慣之外，買方得到檢查貨物的合理機會及相當的檢查期間前，不得視為已接受貨物。檢查貨物或在貨物運抵買賣契約所定目的地時為之，或在裝船前為之，任由買方自由決定。縱使該項檢查是與賣方會同檢查，買方如擬主張貨物與買賣契約不符，應於檢查完畢後三日內，將不符契約的事實通知賣方。若買方怠於此項通知時，即喪失其拒絕接受該貨物的權利，但因該貨物隱藏缺陷或固有瑕疵所致的滅失或毀損，買方所享有的任何救濟的權利，不受本規則的影響。

規則 20.　　　　　　　　買賣契約下的權利與救濟

(I) Subject to any variation or amendment or insertion of other terms in the contract of sale, made in accordance with the provisions of Rule 1, the liabilities of the parties under these Rules shall be at an end when they shall have discharged their obligations as enunciated in these Rules.

(II) Nothing contained in these Rules shall affect any right of lien or retention or stoppage in transitu to which the seller may by law be entitled in respect of the goods contracted to be sold.

(III) In the case of a breach of contract, notwithstanding any other remedy to which the parties may be entitled, either party shall have the right to sell or buy against the other party and to charge him with the loss sustained thereby.

(IV) Nothing contained in these Rules shall affect any remedies whatsoever to which the buyer or the seller may be entitled for breach of contract and/or other claim arising out of the contract of sale.

Nevertheless, the seller and the buyer shall be respectively discharged from all liability in respect of any breach of contract and/or other claim arising out of the contract of sale unless formal application that the dispute shall be referred to arbitration is made or suit is brought within twelve calendar months after arrival of the goods at the point of destination contemplated by the contract of sale or, where the goods do not arrive, within twelve months of the date when the goods would in the ordinary course have arrived at the said destination.

Rule 21.   Notices

Any notice required or authorised to be given by either party under these Rules to the other party shall be served either in a prepaid telegram, radiogram or cablegram sent to the last known place of business of the other party, or through the post in a prepaid registered letter sent as aforesaid if such letter would in the ordinary course of events be delivered to the addressee within twenty-four hours from the time of the handing of such letter into the custody of the postal authorities.

(I) 除依規則 1 規定，將買賣契約加以變更、修改或增列其他條件者外，當事人於履行本規則所定各項義務後，本規則所規定當事人責任即告終止。

(II) 本規則的任何規定，均不影響賣方依法得對買賣契約貨物實施的留置權或扣留權或停止運送權。

(III) 若有違約時，受害當事人縱使享有其他救濟的權利，受害的賣方或買方有違背對方的意思而另行轉售或補進的權利，且其因而蒙受的損失，得向對方請求。

(IV) 本規則的任何規定，均不影響賣方或買方對於因違約或因買賣契約而生的其他索賠所享有的任何救濟權利。

當事人就違約或因買賣契約而生的其他索賠，未於貨物運抵買賣契約所預定目的地時起十二個月內，將其糾紛正式提付仲裁或起訴者，違約的當事人解除責任；若貨物未運抵時，未於依通常情形應運抵目的地之日起十二個月內提付仲裁或起訴者，亦同。

規則 21.　　　　　　　　　通知方法

依本規則的規定，須向他方當事人為通知時，應以納費電報、無線電報或海底電纜電報，向他方當事人最後營業處所發出通知，若按通常情形，自郵件交付郵局起二十四小時內即可送達受信人者，則得以預付郵資掛號信發送。

第五章

非定型貿易條件與美國
統一商法貿易條件

第一節　非定型貿易條件

本節所述各種非定型貿易條件，為現行 Incoterms、American Definitions 及 W-O Rules 等解釋規則所無，但實務上卻偶爾被使用者，例如 C&I, FOB&C, CIF&E 等等是。由於這些貿易條件並非定型者，有關買賣雙方應負的義務、費用及風險負擔的劃分，並無公認的解釋標準。因此，稍不注意就可能引起誤會，甚至導致無謂的糾紛。Incoterms 1980 在其序言中特別提醒：「業者在買賣契約中若使用此類條件（指變型 CIF, C&F）時，須特別注意。因為在 CIF 或 C&F 條件中，添加一字或一語，有時會造成意料不到的後果，而變更契約原有的本質，而將被法院拒絕承認為 CIF 或 C&F 契約。因此，在使用這種變型條件時，在契約中訂明各方當事人應負的義務與費用，總是比較安全。」

準此，業者使用以下所述各種非定型貿易條件時，應銘記：「因其並無任何規則可資解釋買賣雙方的權義，故在契約中應將買賣雙方的權義、風險負擔界限，作必要的約定。」

1. C&I

本條件是謂「保費在內」條件。此條件雖類似 C&F 或 CFR 條件，但兩者性質有異。C&F 或 CFR 是屬於 CIF 系統的定型貿易條件，Incoterms 及 American Definitions 均有規定；而 C&I 條件則為非定型貿易條件。一般學術上多不予承認。但在實務上，尤其在託收 D/A、D/P 交易，以此條件作為交易條件的情形卻常見。最常見的情形是買賣雙方以 FOB 條件訂約，但規定由賣方負責購買保險（產生這種情形的原因有三，第一是有些國家為扶持本國保險事業而硬性規定凡進出口貨物的保險均應由本國保險公司承保，如輸出契約未能以 CIF 條件訂立，自不得不採用 C&I 條件。第二是買賣雙方以 FOB 條件訂約，但由於貨物性質特殊，買方無法從進口國家的保險公司購買到所要投保的險類，因此不得不請求賣方代為投保。第三是輸出入兩國保險公司的保險費率不一，買方為求減輕保險費負擔，而要求賣方代為投保）。在這種情形下，賣方所製作的發票，通常先列明 FOB 價格，然後再加上實際支付的

保險費，而構成 C&I 價格。而買方則以 FOB 金額作為信用狀金額，但信用狀另規定賣方須提供保險單（並規定保險費可計入押匯金額），賣方即以 FOB 金額加上保險費簽發匯票辦理押匯。

除上述情形外，買賣雙方有時雖以 CIF 條件訂約，但因買方與運費同盟訂有契約費率可獲得運費優待，於是與賣方約定由買方指定船舶，運費則由其在進口地支付。在這種情形下，賣方在其發票上先列明 CIF 價格，然後扣除其所定的運費，而成 C&I 價格，賣方即以這金額作為押匯金額。

以 C&I 報價時，附在其後面的港埠名稱，究竟是裝船港抑是目的港呢？有的人以為既然是 FOB 類型者加上 I，則 C&I 後面應附列裝貨港名稱；但從賣方負擔保險費至目的港為止的觀點而言，其情形猶如 C&F 的 F，故在 C&I 的後面以附列目的港名稱較妥❶。又，在 C&I 場合的保險金額 (Insured Amount) 究應以 C&I 為準抑應以 CIF 為準呢？賣方的投保，其最終目的乃是為買方利益打算，假如貨物在途中滅失，鑒於一經裝上船即有支付運費義務，則其滅失的經濟損失，實際上包括運費在內。因此除非另有約定，應以 CIF 金額為準，另加 10％作為保險金額❷。

2. FOB&S; FOB&T; FOB&ST

FOB&S 又寫成 FOB Stowed 或 FOBS，姑譯為「積載費用在內船上交貨」條件。在 FOB 條件下，賣方所負擔的費用，是到貨物裝上船舶為止。貨物從船邊吊上船舶的裝貨費用 (Loading Charge)，以及貨物在船艙內堆積 (Stow) 的堆積費用 (Stowage)，在定期船 (Liner) 的雜貨運輸下，是包括在運費內而由負擔運費的買方負擔。但在不定期船 (Tramper) 的大宗貨物運輸下，運費多不包括裝貨費用及堆積費用在內，因此，在利用不定期船裝載貨物的交易，如貿易條件為 FOB&S（或 FOB Stowed），即表示賣方須負擔堆積費用（FOB 條件裝貨費用應由賣方負擔，自不待言）。

FOB&S 條件是用於包裝貨 (Packed Cargo) 的場合。如屬散裝貨 (Bulk Cargo) 則貨物在船艙內的平艙費用 (Trimming) 也發生同樣的問題。換言之，

---

❶　濱谷源藏，《貿易賣買の研究》，1964，p. 131–136。

❷　濱谷源藏，《貿易實務誌》，1940，pp. 24–26。

如以 FOB&T（或 FOB Trimmed 或 FOBT）條件交易，則表示賣方須負擔平艙費用。如一部分係包裝貨，一部分係散裝貨，則以 FOB&ST 或 FOB Stowed and Trimmed 表示。

由於 FOB 後面加上 Stowed 一詞之後，貨物滅失或毀損的風險是否也由船舷 (ship's rail) 轉移到船艙，並無定論。因此，當事人若無意改變貨物風險的分界點，則最好以 Stowage costs for seller's account 替代 Stowed 一詞❸。

3. FOB FI; C&F（或 CIF）FO; C&F（或 CIF）FIO; C&F（或 CIF）FIOST

FOB FI 條件姑譯為「裝貨費用除外船上交貨」條件；C&F FO 條件姑譯為「運費在內但卸貨費用除外」條件；CIF FO 條件姑譯為「運費、保費在內但卸貨費用除外」條件；C&F FIO 條件姑譯為「運費在內但裝卸費用除外」條件；CIF FIO 條件姑譯為「運費、保費在內但裝卸費用除外」條件；C&F FIOST 姑譯為「運費在內但裝卸積載平艙費用除外」條件；CIF FIOST 姑譯為「運費、保費在內但裝卸積載平艙費用除外」條件。FI、FO、FIO 及 FIOST 等為船方與貨主間約定的裝卸條件，在大宗貨物交易，賣方以 FOBFI 條件報價（即買方以 linerterm 訂立運送契約），即表示賣方不負擔裝貨費用，而由買方負擔裝貨費用，但貨物風險的移轉，仍與 FOB 條件相同，即貨物越過船舷時，風險即轉由買方負擔。至於 C&F（或 CIF）FO、C&F（或 CIF）FIO 及 C&F（或 CIF）FIOST 等條件，各表示賣方雖負擔運費，但不包括卸貨費用 (FO)，裝貨及卸貨費用 (FIO)，或裝貨、卸貨、堆積及平艙等費用 (FIOST)，各該項費用均由買方負擔，至於買賣雙方的其他義務則與定型的 C&F 與 CIF 條件相同。

倘貨物為包裝貨時，C&F（或 CIF）FIOST 宜改為 C&F（或 CIF）FIOS；反之，倘貨物為散裝貨時，宜改為 C&F（或 CIF）FIOT，只有部分是包裝貨，部分是散裝貨時才使用 C&F（或 CIF）FIOST。

以上所作解釋各界尚有爭議，業者最好不使用這些貿易條件。

4. FOB Ex Chute; FOB Ex Spout

❸　*Guide to Incoterms*, ICC Publication, No. 354, p. 46.

　　散裝穀物以 FOB 條件交易，而利用電動斜槽或噴吸管裝船的場合，賣方的交貨責任以裝船斜槽 (Chute) 末端或噴吸管 (Spout) 口為界限，而由斜槽末端流入或噴吸管口噴布艙內以後的平艙費用 (Trimming) 等一切費用與風險，則歸買方負擔。為表示此責任的界限，即可以 FOB Ex Chute 或 FOB Ex Spout 條件表示。實務上也有以 FOB Ex Spout Unstowed/Untrimmed 或 FOB Ex Chute Unstowed/Untrimmed 表示者，但既然是散裝，且利用斜槽或噴吸管裝船，不應該有 Stow 的問題，所以 Unstowed 一詞似屬贅詞。

5. FOB&C; C&F&C; CIF&C

　　FOB&C 可譯為「含傭船上交貨」條件，也可寫成 FOBC；C&F&C 可譯為「運費、傭金在內」條件，也可寫成 C&FC；CIF&C 可譯為「運費、保費、傭金在內」條件，也可寫成 CIFC，實際上就是 FOB（或 C&F 或 CIF）加上傭金 (Commission) 之意。此項傭金可能是銷貨傭金 (Selling Commission) 或回傭 (Return Commission)，但也可能是購貨傭金 (Buying Commission)。

　　例如本國出口廠商委託國外代理商銷貨的場合，例須支付銷貨傭金。倘出口廠商向國外代理商以 FOBC 5 條件報價，即表示該價格中已包含代理商應得銷貨傭金 5%，代理商出售貨物時，不必再加傭金。

　　反之，出口商（即採購代理商）受國外顧客的委託在本國採購貨物的場合，出口商例須賺取購貨（採購）傭金。例如出口商以 CIFC 5 報價，即表示價格中已包括出口商應得的購貨傭金 5%，顧客不必另付傭金。

　　又，中東、非洲、南美等地區的進口商往往是傭金代理商 (Commission Merchant)，即使出口商未委託其在當地銷貨，也依慣例在購貨後向出口商索求「傭金」，而出口商在報價時，也多將「傭金」計入售價中。倘出口商所報的價格為 CIFC 5（或 CIF&C 5 或 CIFC 5%），即表示售價中已含對方傭金 5%，出口商在事後即應支付傭金 5%給對方。這種傭金多由出口商在事後匯付進口商，通常稱為「回傭」。實際上這種回傭既非委託銷貨的報酬，也非受委託購貨的報酬，而只是出口商按照慣例，給付進口商（即傭金代理商）的回扣而已❹。

---

❹　周渭泉，《國際貿易實務》，初版，中華出版社，民國61年，p. 41。

至於所稱佣金若干百分率，其計算基礎究以 FOB、C&F、CIF 值，抑以 FOBC、C&FC、CIFC 值為準，難免發生爭執。故，在報價時，不管是採用何種貿易條件，如須包括佣金，最好另以文字說明。例如「上述價格內含貴方佣金 5%，以 FOB 值計算。」(The above price includes your commission 5% on FOB basis.)

實務上，在委託銷售或委託採購的場合，此項佣金多在契約中約定一方給予他方的銷售佣金或購貨佣金，因此逕以 FOB 或 CIF 條件報價。只有在給付回佣的場合才以 FOBC 或 CIFC 等條件報價。

6. CAF

本條件通常是謂「運保費在內」條件，為 Cost, Assurance, Freight 三字的縮寫，與 CIF 同義。在英國及歐洲大陸，保險常以 Assurance 代替 Insurance，故有 CAF 的用語。但也有人認為係 C&F 的縮寫，為避免混淆，不宜使用此用語。

7. CIF&E

本條件是 CIF 加上 "E"，以 "E" 代表 Exchange。一般對於本條件內的 "E" 有兩種解釋。第一種解釋是指「銀行手續費或費用」(Banker's Commission or charge) 而言，賣方使用這種條件交易，即表示貨款中已包括賣方銀行費用（包括押匯手續費、郵電費及雜費等）。買方可不必支付。

另一種解釋是指「匯兌風險」(Exchange Risks) 而言，也即貨款因匯率變動而發生的風險。倘報價條件是 CIF&E，即表示匯兌風險歸賣方負擔。

本條件的涵義既不明確，又無依據，故宜避免使用。貿易商最好按 CIF 或 FOB 等定型貿易條件交易，再另約定銀行費用由何方，或匯兌風險由何方負擔，例如約定 Banking charges outside of exporting countries are for buyer's account 或 Exchange risks, if any, for seller's account 等是。

8. CIF&I

本條件是 CIF 加上 "I"，"I" 代表 interest，即利息之意。倘賣方以 CIF&I 報價，即表示利息已計算在價格中，買方不必另行支付。此項利息通常係從匯票發票日起算，計算到收到票款時為止。但是，實務上，以 CIF&I 報價的

情形，並不多見。

在採用外幣即期信用狀交易的場合，賣方於貨物出口後開發即期匯票向出口地外匯銀行押匯取得國幣，押匯銀行即扣除從墊付資金之日起至收回票款時這一段期間的利息。這項利息事實上是由賣方負擔，所以在以即期信用狀為付款條件的交易中，並無採用 CIF&I 的必要。在採用外幣遠期信用狀交易的場合，如契約未訂明利息條款，信用狀也未列有貼現息條款，則賣方將遠期匯票請求外匯銀行予以貼現時，貼現息將歸由賣方負擔，而賣方通常已將這項貼現息列入 CIF 價款中，所以實際上亦無採用 CIF&I 條件的必要。如契約約定或信用狀條款規定貼現息由賣方負擔，自無產生 CIF&I 條件可言，因在這種情況下，貼現銀行所收的貼現息也仍歸由賣方負擔。所以 CIF&I 這種條件在實務上甚為罕見。

然而，以託收 D/P、D/A 或延期付款方式交易時，買賣雙方也可能特別約定利息由買方負擔。在此情形，賣方將開出附息匯票 (Interest Bill)，令買方於支付票款時，一併支付利息。倘賣方以 CIF&I 報價，則表示利息已計入售價中而由賣方支付，日後出口商開製匯票時，將不附帶利息。

9. CIF&CI（或 CIFC&I）

本條件是 CIF 加上 "C" 及 "I"，"C" 為 Commission（佣金），"I" 為 Interest（利息）之意，故可譯為「運費、保費、佣金、利息在內」條件。至於 Commission 與 Interest 的解釋，與上面 5 及 8 兩項所述相同。為避免不必要的誤會，這種貿易條件應避免使用，而宜採用定型的 CIF 或 FOB 等條件交易，對於佣金、利息等條件則另外以文字約定。

10. CIF cleared

本條件是謂「運費、保費、通關費在內」條件，為變體 CIF 之一。以本條件交易，賣方負擔的義務除定型的 CIF 條件所示者外，尚須負擔貨物在進口國的通關費用 (Customs Clearance Fees)，包括進口關稅、其他稅捐（例如內地稅 [Interior Taxes]、消費稅 [Excise Duties]、統計稅 [Statistical Taxes] 等附加稅捐）及報關費等在內。因此本應由買方負擔的產地證明書費、領事簽證費及其他進口通關所需單據的費用等均應由賣方負擔（因為這些單據均為進口

通關所需者)。在本條件下,賣方除須多負擔通關費用外,其所負擔風險與 CIF 條件一樣, 以裝船港船舷為界限。

11. CIF customs duty paid

本條件是謂「運費、保費、關稅在內」條件。與 CIF 條件比較,賣方須多負擔貨物在進口國的進口關稅,與 CIF cleared 條件比較,賣方不負擔進口關稅以外的其他通關費用 (例如其他稅捐及報關費等),也有以 CIF duty paid 表示者,但其中 "duty" 一詞是否僅指 customs duty 並無定論。

在 American Commerce Co. Ltd. v. Frederick Boehm Ltd. (1919) 訟案中,關於糖精的買賣係依 to be shipped from New York to a British port at the price of 220 s. per lb. CIF "duty paid" 條件交易。但自買賣契約訂立後至提供運送單據時, 糖精輸入英國的進口稅提高, 賣方因而支付比訂約時所預定更多的進口稅。賣方乃就增加的進口稅部分向買方請求償還。Bray 法官判決說: "duty paid" 一詞並不包括訂約後增加部分的 duty, 且當事人的此種約定與英國 1901 年 Finance Act 第 10 條第 1 項「當事人另有約定 (An agreement to the contrary)」的規定相符,故賣方得依本規定向買方請求返還買賣契約訂立後增加部分的進口稅❺。

12. CIF landed

本條件是謂「運費、保費、起岸費用在內」條件。依照 Incoterms 1990 序言解釋❻, 貨物在目的港的卸貨費用,除非已包含於運費內或交運時已由船公司向賣方收訖者外,均歸由買方負擔。但如以 CIF Landed 條件交易,則表示此項卸貨費用,包括駁船費及碼頭費,歸由賣方負擔。但賣方僅多負擔此項費用而已,貨物危險的移轉分界點及其他買賣雙方義務與 CIF 同,故不可與 Landed Term (岸上交貨條件) 混淆。

13. Duty Unpaid

本條件是謂「稅前交貨」條件,相當於 In Bond,詳本節 24 項說明。

14. Duty Paid

---

❺　David M. Sassoon and H. Orren Merren, op. cit., p. 212.

❻　參閱Incoterms 1990序言。

本條件是謂「進口稅捐付訖」條件，依本條件交易，賣方須將貨物運至進口國，向海關辦妥進口報關手續，繳清進口稅捐後，在海關區域 (Customs Compounds) 內交予買方，是卸貨地交貨條件之一。與 DEQ(duty paid) 及 Ex Customs Compounds 條件相當。其表示方法，如：Duty Paid Keelung 是。

15. Ex Customs Compounds

本條件是謂「稅訖海關區域交貨」條件，相當於 Duty Paid 或 DEQ(duty paid)。嚴格言，用作交貨條件時，應用 Ex Customs Compounds，而用作價格條件時，應使用 Duty Paid❼。

16. Ex Quay(named port)

本條件是謂「指定港碼頭交貨」條件。所謂「指定港」實際上係指進口港而言。依本條件交易時，賣方須自行負擔費用與風險將貨物運至目的港的碼頭上交貨。本條件原為 Incoterms 1936 的一貿易條件，於 1953 修訂時，將本條件改為 Ex Quay(duty paid) ... (named port)，新舊兩條件雖均指進口港碼頭交貨，但新條件已明示進口稅捐由賣方負擔，而舊條件則未予規定。雖然一般認為本條件既未指明「稅捐付訖」(Duty Paid)，則進口稅捐應由買方負擔，但這種解釋並無絕對的根據。因易引起爭執，故宜避免使用本條件。

17. Ex Wharf; Ex Pier

均指「進口港碼頭交貨」條件，與 DEQ 同義。

18. Franco

本條件 Franco 為法文，又稱 Franco Rendu 或 Rendu(=Delivered)，是謂「進口國指定目的地交貨」條件或稱「全部費用在內」條件，相當於 Incoterms 1936 的 Free or Free Delivered... (named point of destination)，或 Free Destination，或 Incoterms 2000 的 Delivered Duty Paid 或 American Definitions 的 (II–F)FOB 條件。依本條件交易時，賣方須負擔一切風險與費用，將貨物運至進口國買方指定目的地交付買方。因此，除 CIF 條件下的各項費用外，在進口港的一切費用，包括卸貨費、進口稅捐、報關費用，乃至運至指定目的地內陸搬運費等，均須由賣方負擔。對賣方而言，除非在進口地設有分公司或代理人代

---

❼　來住哲二、中村弘，《貿易實務小事典》，1974，p. 132。

辦一切進口手續，否則不宜以此條件交易。

19. Free Delivered

本條件與上述 Franco 條件相同，也是指「進口國指定目的地交貨」條件，所不同的，只是使用英文而已。但是應注意者有三點：第一、本條件在使用時，常略作 Free... (named point of destination)。第二、本條件依德國的解釋，價格中不包括進口稅、進口報關費用及附加稅捐，荷蘭則恰恰相反。第三、Incoterms 1936 曾列有本條件，但對於進口稅捐及費用的負擔是採折衷規定，以致與各國實際情形都不同，國際商會有鑒於此，乃將其自 Incoterms 1953 中剔除❽。但在 1980 年又以 Delivered Duty Paid 的形式出現。

20. Free Destination

本條件與上述 Free Delivered 條件相當。

21. Free Godown; Free Warehouse

本條件為在買方所在地的買方「倉庫交貨」條件，與 Franco 或 Free Delivered 相當。而與 Ex Godown 或 Ex Warehouse 正相反。唯為避免誤會，實際上以 Free Buyer's Godown(or Warehouse) 表示。

22. Ex Godown

本條件是謂「倉庫交貨」條件，而所稱 Godown 乃指營業倉庫而言。故本條件是以約定營業倉庫為交貨地點的交易條件。如以賣方倉庫交貨 (Ex Seller's Godown) 為條件者，則應屬於現場交貨 (Ex Works, Ex Factory...) 條件。約定以營業倉庫為交貨條件時，因涉及與倉庫業者訂立寄託契約、倉單的發行、寄託物的風險負擔、保管費、貨物搬進搬出倉庫費用的負擔等許多問題，致有關貨物的交付在法律上將變成很複雜。因此，對於此等問題，均應有所約定。又 Godown 與 Warehouse 雖均是「倉庫」，但依國際習慣，Godown 是指在出口地點的倉庫而言。因此，如當事人擬以買方倉庫為交貨地點者，應以 Ex Buyer's Godown 表示，以免發生誤會。

23. FIS

本條件為 Free Into Store 的縮寫，依此條件交易，賣方須負擔一切風險責

---

❽　周渭泉，《國際貿易實務》，初版，中華出版社，民國61年，p. 44。

任及費用，直至貨物送到買方的儲藏庫。因此與上述 Free Godown 或 Free Warehouse 相當，本條件近年流行於澳洲與紐西蘭一帶，為一種尚未定型的貿易條件。

24. In Bond

本條件是謂「保稅倉庫交貨」條件，又稱「關棧中交貨」條件，或 Duty Unpaid（稅前交貨條件）。係以尚未完納進口稅的貨物，在進口地保稅倉庫交貨的貿易條件。依本條件交易時，賣方須自行負擔費用與風險，將貨物運到進口地辦妥保稅手續後寄存 (In Bond) 在保稅倉庫 (Bonded Warehouse)，並須負擔交貨日期交貨完竣為止的一切費用（包括運到保稅倉庫的搬運費、進倉費用，及到交貨日為止的倉租及保險費）及風險；買方則須在約定交貨日接受貨物，向海關辦理進口手續，繳納進口稅，並負擔交貨以後的倉租以及提貨時的搬運費。具體的交貨方法是由賣方將倉單交付買方，所有權則於交付倉單時移轉買方。如不擬運入本國，也可依再裝運 (Re-shipment) 的手續，將貨物重新運到外國。因此，本條件可應用於出口商先將貨物運至進口地待售的場合（即寄售），也可用於進口商將貨物先運至進口地存入保稅倉庫伺機轉售他國的場合（例如三角貿易）。在報價時，其表示方法類如：US$5 per kg. In Bond Keelung（基隆保稅倉庫交貨每公斤美金 5 元）。

25. LDP

本條件為 Landed Duty Paid 的縮寫，依此條件交易，賣方應負責將貨物安全送達目的港起岸並繳清進口稅捐後，交予買方，其責任方告終了。其性質類似 Ex Dock 及 DEQ(duty paid)。

26. Landed Term

本條件是謂「岸上交貨」條件，是以貨物起岸為停止條件的買賣條件。依本條件交易時，賣方須負擔一切費用與風險，將貨物運至約定目的港起卸於岸上交付買方。倘貨物因故未能起岸，則買賣不成立，為中世紀帆船貿易時代的遺物。其表示方式，如：US$12 per dozen landed Houston。如應用於現代貿易，可與 D 類型條件連用，而以 Delivered Ex Ship Landed Term 或 Delivered Ex Quay (or Wharf) Landed Term 等方式表示。Delivered Ex Ship Landed

Term 的賣方比 Delivered Ex Ship 的賣方須多負擔卸貨費用及風險，至於進口通關手續及進口稅捐則由買方負擔，故與 Delivered Ex Quay(duty unpaid) 實際上並無差異。

27. Loco Term

本條件是謂「現場交貨」或「原地交貨」條件。Loco 一詞源自拉丁語，即「現場」或「原地」之意。相當於英國的 On Spot, At the Place 或美國的 Point of Origin。係在出口國的存貨地點交貨的條件，賣方報價時只需包括貨物的成本及利潤。依此條件交易，買方必須自備運輸工具至約定地點提貨；貨物搬離倉庫後的一切風險責任及費用均由買方負擔。Incoterms 中的 Ex Works, Ex Factory, Ex Mill, Ex Plantation, Ex Warehouse 均屬此條件。報價表示方法例如：US$6,000 per M/T Loco Taichung。

28. Ex Customs term

本條件是謂「通關交貨」條件，相當於前述 Duty Paid, Ex Customs Compounds 或 Ex Quay(duty paid) 等。

29. At (named) Station

本條件是謂「火車站交貨」條件，乃以貨物在約定火車站交付為條件者。依本條件交易時，賣方須負擔將貨物運至火車站交給站方收管為止的一切費用與風險。貨物一經交付站方，其後的一切費用與風險即歸買方負擔。本條件在美國主要用於 LCL（Less than Carload Lot，零擔貨）的貨物買賣。其表示方式如：US$50 per dozen at Chicago Station。

30. Free Overside (named port of destination)

本條件是謂「目的港船上交貨」條件，相當於 Incoterms 的 DES，又稱為 Free Overboard。但有些人則認為本條件係「目的港船邊交貨」條件，其風險與費用的分擔以目的港船邊碼頭或駁船上為分界點，而非如 Incoterms 的 DES 以目的港船上為風險與費用的分界點❾。

31. Franco Quay (named port of destination)

---

❾　東京銀行調查部編，《新貿易為替辭典》，1977，p. 47；濱谷源藏，《貿易賣買研究》，1964，p. 79。

5

本條件是謂「指定目的港碼頭交貨」條件，依本條件交易時，賣方須負擔一切費用及風險，將貨物運至目的港卸下碼頭交付買方，並須支付進口稅捐及卸貨費用（包括駁船費、碼頭費及搬運費等），與 Delivered Ex Quay(duty paid) 相當。

32. Delivered Ex Quay (duty unpaid)

本條件是謂「目的港碼頭交貨（稅前）」條件，請參閱第二章第十二節 (p. 248) 說明，與 In Bond 相當。

33. FOB origin

本條件是謂「現場運輸工具上交貨」條件，或稱「原地運輸工具上交貨」條件。origin 為 point of origin 之意，與美國定義的 (II–A)FOB 相似。依本條件交易時，賣方須負擔一切費用與風險，在契約貨物所在地，將貨物裝上或裝入運輸工具，並交由運送人收管；買方則須負擔自運送人收管貨物後的一切費用與風險。因貨物所在地的不同，本條件有 FOB factory, FOB works, FOB mill, FOB mine, FOB plantation 等多種。根據美國的先例判決，FOB factory 是 FOB railroad cars at the factory 之意❿。但運輸工具不應限於 railroad cars，實際上，卡車 (truck) 或貨櫃車也包括在內。本條件與 Ex Works(factory, mill, mine, plantation) 很相似，只是依本條件交易時，賣方須負擔「裝上運輸工具的費用與風險」而已。目前貨櫃運輸盛行，貨櫃車開到工廠，由賣方將貨物裝上貨櫃車的場合，即可使用本條件。但因本條件並非定型貿易條件，且 Incoterms 1990 已有 Free Carrier 條件，所以還是使用 Free Carrier 此一條件較妥。又使用本條件時，其表示方式，如：US$100 per set FOB seller's factory at 60 Broad Street, Newark, N. J. 又，在 FOB origin 條件下，即使附有 Ship to...(named destination) 或 Send to...(named destination) 的字樣，並不表示賣方須負擔費用與風險，將貨物運至指定目的地，這種字樣只不過表示貨物運送目的地而已。換言之，在 FOB origin 條件下，即使附有此類字樣，並不因此而變成目的地交貨條件⓫。

---

❿　Richter v. Zoccoli, 8 N. J. Misc. Rep. 289; Berkshine Cotton Mfg. Co. v. Cohn, 204 App. Div. 397, 198 N. Y. S. 240.

34. FOB destination

本條件是謂「目的地運輸工具上交貨」條件，係屬於目的地交貨條件，與 American Definitions 的 (II-F)FOB 相當。依此條件交易時，賣方須負擔一切費用與風險，將貨物運至買方的工廠、營業處所或其他目的地交予買方；買方則須負擔自此以後的一切費用與風險。因此，從起運地點至目的地的運輸費用、運輸責任均歸賣方負責。

35. C&F cleared

本條件是謂「運費通關費在內」條件，為變型 C&F 之一。以本條件交易時，賣方須負擔的義務除定型的 C&F 條件所示者外，尚須負擔貨物在進口國的通關費用，包括進口關稅，其他稅捐（例如國內消費稅、統計稅等附加稅捐）以及報關費等在內，因此本應由買方負擔的產地證明書費及領事發票簽證費等均應由賣方負擔。在本條件下，賣方除須多負擔通關費用外，其所負擔風險與 C&F 一樣，以裝船港船舷為界限。

36. C&F customs duty paid

本條件是謂「運費關稅在內」條件。與 C&F 條件比較，賣方須多負擔貨物在進口國的進口關稅，與 C&F cleared 比較，賣方免負擔進口關稅以外的其他通關費用（例如其他稅捐及報關費等）。也有以 C&F duty paid 表示者，但其中 duty 一詞是否僅指 customs duty，並無定論。

37. FOB aircraft

本條件是謂「機上交貨」條件，又寫成 FOB airplane 或 FOB plane（簡稱FOP）。

38. Free to Docks (named port of shipment)

本條件是謂「裝船港碼頭交貨」條件，又稱 Delivery to Docks(named port of shipment)，與 FAS 條件大致相當，不同的是，在本條件下，dock dues, wharfage, porterage, lighterage 及類似費用，歸買方負擔❷。

39. Free to Docks (named port of destination)

---

❶　同❿。

❷　C. M. Schmitthoff, *Export Trade*, 7th ed., pp. 15, 43.

本條件是謂「目的港碼頭交貨」條件，相當於 Franco Quay(named port of destination), DEQ(duty paid)，及 Ex Dock❸。

40. Franco Domicile

本條件相當於 Franco, Free Delivered 及 Incoterms 的 Delivered Duty Paid，但並非定型貿易條件。

41. Franco Frontier

本條件是謂「邊境交貨」條件，相當於 Incoterms 的 Delivered at Frontier，但本條件並非定型貿易條件。

42. Arrival

本條件是謂「到達目的港交貨」條件，相當於 Incoterms 的 Delivered Ex Ship 條件❹。

43. Ex Lighter

是謂「目的港駁船上交貨」條件，即海輪將貨物運至目的港後，將貨物卸入駁船，然後由駁船駛至指定水域，在駁船上交貨的條件，與 Delivered Ex Ship 同屬目的地交貨條件。

44. Free on Lighter

是謂「裝船港駁船上交貨」條件，即在裝船港，將貨物在駁船上交貨的條件。貨物一經裝上駁船，賣方的責任即終止。至於貨物裝上駁船並駛至海船裝上海船的一切費用與風險均歸買方負擔。

45. FOP

本條件為 Free on Plane 的縮寫，意謂「機上交貨」條件，相當於 FOB air-craft。參閱本節第 37 項。

46. C&F Airport (named airport of destination)

本條件姑譯為「空運費在內」條件。航空提單並非物權證券 (document of title)，因此在理論上，使用航空提單的航空貨物運送不適用以單據交付替代貨物交付為前提的 C&F 契約。然而，利用航空運送的貨物買賣契約，實際上

---

❸　朝岡良平，《貿易賣買と商慣習》，初版，1976，p. 323。

❹　同❷，pp. 42–43。

也常有使用 C&F 條件者。在此場合，這種 C&F 與其說是貿易條件 (Trade Term)，還不如說是價格條件 (Price Term)❶。

47. CIF Airport (named airport of destination)

本條件姑譯為「空運費、保費在內」條件。說明請參閱本節第 46 項。

48. FIT

為 Free in Truck 的縮寫，相當於 Incoterms 1980 的 FOT(=free on truck) 或 FOR。

49. FIW

為 Free in Wagon 的縮寫，相當於 Incoterms 1980 的 FOT(=free on truck) 或 FOR。

50. Free at Quay (port of arrival)

本條件是謂「目的港碼頭交貨」條件，為美國用語，相當於 American Definitions 的 Ex Dock(named port of destination)。

51. FOS

為 Free Overside the Ship 的縮寫，姑譯為「目的港船邊交貨」條件，本條件與 Incoterms 的 Delivered Ex Ship 大致相同。所不同者，本條件的風險與費用負擔，以目的港船邊碼頭或駁船上為分界點，而 Incoterms 的 Delivered Ex Ship 則以目的港船上為費用與風險的分界點。因此，在本條件下，卸貨費用將歸賣方負擔❶。

 ## 第二節　美國統一商法中的貿易條件

美國是將 FOB、CIF 等條件予以法典化的少數國家之一❶。美國統一商法，於 §2–319 就 FOB、FAS，於 §2–320,§2–321 就 C&F、CIF，於

---

❶　中村弘,《貿易契約の基礎》，初版，1983，p. 68。

❶　Edward F. Stevens, *Dictionary of Shipping Terms and Phrases*, p. 40.

❶　北歐三國（瑞典、丹麥、挪威）在其共通買賣法（稱為Scandinavian Sales Act）中，就FOB與CIF條件有簡單的規定。

§ 2-322 就 Ex Ship 條件詳加規定買賣雙方的義務。該法規定這些條件除另有約定外，即使僅使用於有關記載價格 (Stated Price) 的場合，仍為交貨條件 (Delivery Term)。

如前所述 Incoterms、American Definitions 是任意規則，必須在契約中約定適用此等規則時，才對買賣雙方具有拘束力，而美國統一商法中所規定的 FOB、FAS、C&F、CIF 及 Ex Ship 等條件則為習慣法或任意法。在美國，買賣雙方若未明文約定，或在交易過程中未有約定或無交易習慣時，即適用統一商法的這些規定。這是與上述 Incoterms 等規則不同的地方。以下就美國統一商法中有關貿易條件（該法稱為交貨條件）的原文及中譯列於下：

一、FOB 及 FAS 條件

§ 2-319. FOB and FAS Terms

(1) Unless otherwise agreed the term FOB (which means "free on board") at a named place, even though used only in connection with the stated price, is a delivery term under which

(a) when the term is FOB the place of shipment, the seller must at that place ship the goods in the manner provided in this Article (Section 2-504) and bear the expense and risk of putting them into the possession of the carrier; or

(b) when the term is FOB the place of destination, the seller must at his own expense and risk transport the goods to that place and there tender delivery of them in the manner provided in this Article (Section 2-503);

(c) when under either (a) or (b) the term is also FOB vessel, car or other vehicle, the seller must in addition at his own expense and risk load the goods on board. If the term is FOB vessel the buyer must name the vessel and in an appropriate case the seller must comply with the provisions of this Article on the form of bill of lading (Section 2-323).

(2) Unless otherwise agreed the term FAS vessel (which means "free alongside") at a named port, even though used only in connection with the stated

price, is a delivery term under which the seller must

(a) at his own expense and risk deliver the goods alongside the vessel in the manner usual in that port or on a dock designated and provided by the buyer; and

(b) obtain and tender a receipt for the goods in exchange for which the carrier is under a duty to issue a bill of lading.

(3) Unless otherwise agreed in any case falling within subsection (1)(a) or (c) or subsection (2) the buyer must seasonably give any needed instructions for making delivery, including when the term is FAS or FOB the loading berth of the vessel and in an appropriate case its name and sailing date. The seller may treat the failure of needed instructions as a failure of cooperation under this Article (Section 2–311). He may also at his option move the goods in any reasonable manner preparatory to delivery or shipment.

(4) Under the term FOB vessel or FAS unless otherwise agreed the buyer must make payment against tender of the required documents and the seller may not tender nor the buyer demand delivery of the goods in substitution for the documents.

第 2–319 條　運輸工具上交貨條件與運輸工具邊交貨條件

⑴除另有約定外,「FOB 指定地」一詞,縱使僅用於有關記載價格的場合,仍為一交貨條件,於此:

(a)如該條件為「FOB 裝運地」時,賣方須在該地,依本編（第 2–504 條）所定方法裝運貨物,並負擔將貨物交由運送人占有的費用及風險。

(b)如該條件為「FOB 目的地」時,賣方須自行負擔費用及風險,將貨物運至該地,並依本編（第 2–503 條）所定方法交貨。

(c)在本項(a)或(b)款,如條件也是「FOB 船舶、車輛或其他運輸工具」時,賣方尚須自行負擔費用及風險,將貨物裝載於該運輸工具上,如該條件為「FOB 船舶」時,買方須指定船舶,而在適當情形下,賣方須遵循本編（第 2–323 條）有關提單格式的規定。

⑵除另有約定外,「FAS 船舶」一詞,縱使僅用於有關記載價格的場合,

仍為一交貨條件，依本條件賣方須:

　　⑷自行負擔費用及風險，依該港口的通常方法，將貨物置於該船邊或置於買方所指定及準備的碼頭上，且

　　⒝取得並提供運送人有責任憑以換發提單的貨物收據。

　　⑶除另有約定外，在本條第⑴項⒜或⒝款或第⑵項的情形，買方須適時提供任何必須的交貨指示，如該條件係 FAS 或 FOB，該項指示應包括該船舶的裝貨船席，及在特定情形下，尚須指定船名及開航日期。賣方得將買方怠於提供必要指示的事實視為未依本編（第 2-311 條）規定合作。賣方也得依其選擇，將貨物以合理的方式予以搬動，以備交貨或裝運。

　　⑷除另有約定外，在「FOB 船舶」或 "FAS" 條件下，買方須憑規定單據的提出而付款，賣方不得以提出貨物代替單據的提供，買方也不得要求以交付貨物代替單據的提供。

　　美國統一商法中的 FOB 或 FAS，不僅適用於對外貿易且適用於國內交易。再者，統一商法中所指的 Shipment 一詞除指「裝上船舶」之外，尚包括「裝上（船舶以外的）運輸工具」或「交給運送人占有」之意[18]。

　　統一商法中所規定的 FOB，可分為三種類型，即:

　　⑴ FOB place of shipment

　　⑵ FOB place of destination

　　⑶ FOB vessel, car or other vehicle

⑴與⑶的不同處在於⑴的場合，賣方須負擔費用與風險直至將貨物在發貨地交給運送人占有時為止，自此以後的費用與風險則歸買方負擔，而在⑶的場合，賣方須負擔費用與風險直至將貨物裝上運輸工具時為止，自此以後的費用與風險才歸買方負擔。在⑵的場合，賣方須負擔一切費用與風險將貨物運至指定目的地，並在運輸工具上交貨。如將 1990 年修訂美國對外貿易定義的六種 FOB 予以歸入上述三類，可得如下[19]:

　　⑴ FOB place of shipment: (II–A)

---

[18]　大崎正瑠，《FOB條件とCIF條件》，p. 84。

[19]　同[16]，p. 88。

⑵ FOB place of destination: (II−F)、(II−D)

⑶ FOB vessel, car or other vehicle: (II−A)、(II−B)、(II−C)、(II−E)

二、CIF 及 C&F 條件

§ 2−320.　CIF and C&F Terms

⑴ The term CIF means that the price includes in a lump sum the cost of the goods and the insurance and freight to the named destination. The term C&F or CF means that the price so includes cost and freight to the named destination.

⑵ Unless otherwise agreed and even though used only in connection with the stated price and destination, the term CIF destination or its equivalent requires the seller at his own expense and risk to

(a) put the goods into the possession of a carrier at the port for shipment and obtain a negotiable bill or bills of lading covering the entire transportation to the named destination; and

(b) load the goods and obtain a receipt from the carrier (which may be contained in the bill of lading) showing that the freight has been paid or provided for; and

(c) obtain a policy or certificate of insurance, including any war risk insurance, of a kind and on terms then current at the port of shipment in the usual amount, in the currency of the contract, shown to cover the same goods covered by the bill of lading and providing for payment of loss to the order of the buyer or for the account of whom it may concern; but the seller may add to the price the amount of the premium for any such war risk insurance; and

(d) prepare an invoice of the goods and procure any other documents required to effect shipment or to comply with the contract; and

(e) forward and tender with commercial promptness all the documents in due form and with any indorsement necessary to perfect the buyer's rights.

⑶ Unless otherwise agreed the term C&F or its equivalent has the same effect and imposes upon the seller the same obligations and risks as a CIF term except the obligation as to insurance.

⑷ Under the term CIF or C&F unless otherwise agreed the buyer must make payment against tender of the required documents and the seller may not tender nor the buyer demand delivery of the goods in substitution for the documents.

第 2–320 條　運保費在內條件與運費在內條件

⑴ CIF 條件係指包含貨物成本，保險費及至目的地運費在內總金額的價格。C&F 或 CF 係指包含貨物成本及至目的地運費在內的價格。

⑵除另有約定外，縱使僅用於有關價格及目的地，在「CIF 目的地」或其相當的條件下，賣方須自行負擔費用及風險：

⒜將貨物在裝船港交由運送人占有，並取得一份或數份涵蓋至指定目的地全程運輸的可轉讓提單。

⒝將貨物裝船並自運送人取得載明運費已付訖或業已備付（可記載於提單中）的收據。

⒞取得在裝船港現行且包含兵險條件的保險單或保險證明書。其保險金額應為一與買賣契約所使用貨幣相同的通常金額，並顯示所承保貨物與提單所載者相同，且載明遇險時，將由保險人將保險金給付與買方所指定的人或其關係人；但賣方得將兵險部分的保險費加入價格中計算。

⒟繕製貨物發票並取得裝船所需或依契約所必需的單據。

⒠以商業上的快捷速度，將所有形式適當並包含為使買方取得完整權利經作成背書的單據向買方遞送並提出。

⑶除另有約定外，C&F 或其相當的條件，與 CIF 條件具有相同效果，賣方除無保險義務外，負擔與 CIF 條件下賣方相同的義務與風險。

⑷除另有約定外，依 CIF 或 C&F 條件，買方須於所需單據提出時付款，賣方不得以提出貨物代替單據的提出，買方也不得要求以交付貨物代替交付單據。

§ 2–321.　CIF or C&F: "Net Landed Weights"; "Payment on Arrival"; Warranty of Condition on Arrival

Under a contract containing a term CIF or C&F

(1) Where the price is based on or is to be adjusted according to "net landed weights", "delivered weights", "out turn" quantity or quality or the like, unless otherwise agreed the seller must reasonably estimate the price. The payment due on tender of the documents called for by the contract is the amount so estimated, but after final adjustment of the price a settlement must be made with commercial promptness.

(2) An agreement described in subsection (1) or any warranty of quality or condition of the goods on arrival places upon the seller the risk of ordinary deterioration, shrinkage and the like in transportation but has no effect on the place or time of identification to the contract for sale or delivery or on the passing of the risk of loss.

(3) Unless otherwise agreed where the contract provides for payment on or after arrival of the goods the seller must before payment allow such preliminary inspection as is feasible; but if the goods are lost delivery of the documents and payment are due when the goods should have arrived.

第 2-321 條　運保費在內或運費在內：起岸淨重；到貨付款；到貨狀況擔保

在含有 CIF 或 C&F 條件的契約下：

⑴倘價格係以「起岸淨重」、「交貨重量」、「卸貨」數量或品質或其他方式為基礎而計算或調整時，除另有約定外，賣方須以合理方式估算其價格。因此而算定的價格，即為於契約所需單據提出時應支付的金額。但價格經最後調整後，須以商業上快捷速度結算。

⑵當賣方依第⑴項合意或其他任何以貨物到達時的品質或狀況為擔保條件時，運送途中貨物的通常惡化，縮水或類似風險，雖將歸由賣方負擔，但對於指撥於買賣契約項下、交貨或風險負擔的移轉時、地，不受影響。

⑶除另有約定外，倘契約規定於貨物抵達時或抵達後付款，則賣方於付款前須在可能範圍內允許買方對貨物作初步檢查；但貨物如已滅失，則於貨

物應抵達之時，交付單據與付款。

在國際貿易中，關於品質、數量的確定時、地，可分為 Shipped Quality /Weight Final Terms 與 Landed Quality/Weight Final Terms 兩種。而 UCC §2-321⑴所規定以 Net Landed Weights, Delivered Weights 或 Outturn Quantity 計算或調整價格的方式，實際上即指 Landed Weight Final Terms 而言；又 UCC §2-321⑴所規定以 Outturn Quality 計算或調整價格的方式，以及 UCC §2-321⑵所規定以 Warranty Of Quality or Condition on Arrival，實際上即指 Landed Quality Final Terms 而言。

茲就 Landed Quality/Weight Final Terms 作進一步的分析：

就所買賣貨物而言，買方收到貨物，經檢查後，如發現與契約不符，買方當然可拒絕接受。但這種檢查，原則上應於交貨時舉行。假如以 DEQ 條件交易，則因係於起岸後交貨，故當然是屬於 Landed Quality/Weight Final Terms。另，DES 條件也差不多一樣。但以 C&F 或 CIF 條件交易，則其交付時、地為裝船時的裝船港。因此，理論上，其貨物檢查應在裝船時的裝船港舉行。換言之，在 C&F 或 CIF 條件下，其品質、數量的確定時、地，以 Shipped Quality/ Weight Final Terms 為原則。

然而，在 C&F, CIF 契約下，實際上買方幾乎不可能於裝船時舉行品質、數量的檢查。因此，乃有 C&F 或 CIF Landed Quality/ Weight Final Terms 的產生。

按貨物在運送中發生毀損或滅失的情形，約可分為四種：①通常不會發生，但運送中因某種事故，致發生者。這種情形完全是屬於偶然者，②在運送中，因外在原因 (External Cause) 而發生，且這種毀損或滅失時常發生者，③雖起因於外在原因，但這種情形，殆無法避免者 (Inevitable)，④起因於貨物固有瑕疵或性質 (Inherent Vice or Nature) 者。起因於①的偶然性毀損或滅失，即使約定 Landed Quality/Weight Final，其毀損或滅失仍應歸買方負擔，但買方可憑保險向保險公司索賠。起因於④的貨物固有瑕疵或性質的毀損或滅失，通常無法自保險公司獲得補償，在此場合，起因於貨物固有瑕疵者，固然應由賣方負擔，但起因於貨物固有性質 (Inherent Nature) 的毀損與滅失

——雖非起因於外在事故，但因溫度、自然蒸發、時間的經過等，在通常運送中無法避免的變質 (Deterioration) 或減量 (Shortage) ——在 C&F 或 CIF 條件下，應歸買方負擔。②的情形，也應歸買方負擔，但可藉保險，而自保險公司獲得補償。至於③的情形，例如玻璃板、陶瓷器等，在運送中，難免會發生若干破損，這種情形，雖起因於某種外在原因，但係屬於通常破損 (Ordinary Breakage)，與液體貨物的通常漏損 (Ordinary Leakage) 一樣，統屬於通常滅失 (Ordinary Loss)。這種通常滅失，因缺乏偶然性，所以原則上無法憑保險自保險公司獲得補償。這種 loss 在 C&F 或 CIF 條件下，也應歸買方負擔。因此，買方於計算其成本時，應將此項損失予以列計。

由上述可知，在 C&F 或 CIF 條件下，應歸買方負擔的運送中風險，而無法藉通常的保險獲得補償者，共有兩種：

(1)因貨物固有性質而變質或減量。

(2)因外在原因而發生，且無法避免的通常變質或減量。

假如將上述兩種風險以特約方式規定由賣方負擔者，即為 Landed Quality/Weight Final Terms。就實務而言，上述風險，在某種條件下，保險公司也可以特約予以承保。所以，以 C&F 或 CIF Landed Quality/Weight Final Terms（也即以 C&F〔或 CIF〕Net Landed Weights, Delivered Weights, Outturn Quality/Quantity 或 Warranty of Quality or Condition on Arrival 條件）交易時，賣方自宜設法將這種風險付保，以便將其轉嫁出去。

茲將上述，列表說明於下：

shipped final terms 與 landed final terms 下風險負擔的區別[20]

損害的性質	損害的種類		能否獲得保險補償	在 C&F、CIF 條件下損害負擔者	
	變質	減量		shipped final 時	landed final 時
1. 起因於外在原因					
(1)通常不會發生	因海難而生	裝卸貨時落	能	買　方	買　方

[20]　濱谷源藏，《貿易賣買の研究》，1964，pp. 67–73。

	的潮濕	海			
(2)有時會發生	鉤　損	竊　盜	能	買　方	買　方
(3)無法避免發生	玻璃板的通 常破損	粉裝物從袋 中外洩的通 常減量	不　　能	買　方 →	賣方
2.起因於內在原因 (1)貨物固有瑕疵	因蛀蟲而蝕 壞	短　裝	不　　能	賣　方	賣　方
(2)貨物固有性質	自然變色	液體物的自 然蒸發	不　　能	買　方 →	賣方

三、Ex Ship 條件

§2–322.　Delivery "Ex-Ship"

(1) Unless otherwise agreed a term for delivery of goods "ex-ship" (which means from the carrying vessel) or in equivalent language is not restricted to a particular ship and requires delivery from a ship which has reached a place at the named port of destination where goods of the kind are usually discharged.

(2) Under such a term unless otherwise agreed:

(a) the seller must discharge all liens arising out of the carriage and furnish the buyer with a direction which puts the carrier under a duty to deliver the goods; and

(b) the risk of loss does not pass to the buyer until the goods leave the ship's tackle or are otherwise properly unloaded.

第 2–322 條　目的港船上交貨

(1)除另有約定外,「目的港船上」交貨(意指從載貨船舶)條件一詞或其相當的條件,並不限於僅指一特定的船舶,而係指從一艘已抵達指定目的港的船上交貨,此目的港係該類貨物通常起卸之處。

(2)除另有約定外,依此條件:

⒜賣方須排除所有因運送而生的留置權，並提供指示予買方，表明運送人有義務將貨物交付的事實。

⒝貨物脫離船舶索具或以其他方式適當卸載之前，風險負擔不移轉於買方。

由上述規定，可知 UCC 的 Ex Ship 與 Incoterms 的 Delivered Ex Ship 有如下的差異：

Incoterms 的 Delivered Ex Ship，賣方在目的港船上將貨物另行放置或標明妥當，得供買方處置時，風險就移轉買方。UCC 的 Ex Ship 則於貨物脫離船舶索具或以其他方式適當卸載 (Properly Unloaded) 時，風險才移轉買方。

第六章

PAL空運貿易條件規則

英國國際貿易法學者 Dr. Leslie T. Pal 鑒於援用海運貿易條件的空運貿易條件 (air trade terms)，名目雜亂，涵義不清，當事人權義不明，容易引起爭議，乃於 1973 年特別草擬了一套空運貿易專用的貿易條件規則，稱為 Airterms，共有 AIRPACK、FAIRPORT、FOBAIR、FORINAIR、PORTAIR、CIFAIR、AIRBOND 及 DOMICAIR 等八個貿易條件。Dr. Pal 雖曾努力推廣，惜迄仍未受重視。茲將其所草擬貿易條件轉錄於下，以供有心人參考❶。

THE "PAL" AIRTERMS

Airpack

A: Under these terms the seller must:

1 Supply goods which satisfy the requirements expressed (specified, quantified) or reasonably implied in the contract of sale.

2 Pack the goods compactly in light—weight protective materials suited to their despatch by air and bear the cost of such airbound packaging.

3 Observe the package size and weight limits set by major airlines at the nearest airport unless otherwise agreed with the buyer.

4 Address and identify the packages clearly with appropriate marks, numbers, directions and labels on the outside wrappers.

5 Promptly send or hand to the buyer his (seller's) signed invoice recording the accurate description, quantity, origin, price and conformity of the goods contracted for, invoiced and actually supplied(Rule A.1).

6 Enumerate in his invoice the identification data (Rule A.4), contents, measurements and gross and net weights of the packages.

7 Hold and put the addressed and identified packages at the disposal of the buyer:

　(a) at the place and time of delivery fixed in the contract of sale or, if the place and/or time of delivery were not fixed in the contract,

　(b) at a place and/or time reasonably fixed by the seller who must give the buyer

---

❶　Leslie T. Pal, "Air Terms", *The Journal of Business Law*, Jan. 1973, p. 9.

adequate notice, time and opportunity to call for and collect the packages.

8　Bear the risks and costs of the goods until they have been packed(Rule A.2) and packages addressed and identified (Rule A.4).

9　Bear the risks and costs of the packed, addressed and identified goods:

　(a) until the buyer or his (buyer's) nominee receives the packages (Rule B.1), or

　(b) until the fixed delivery time expires (Rule A.7) whichever event occurs first.

B: On the other hand the buyer must:

1　Call for and receive the packages at the time and place fixed in the contract or in accordance with Rule A.7 (b) whichever applies.

2　Carry out in due time his financial obligations under the contract and pay the price of the invoiced goods at the time and by the method, fixed or implied in the contract.

3　Give the seller prompt notice of any numerical or qualitative difference between the goods contracted for, invoiced and actually received.

4　Bear the risks and costs of the packed, addressed and identified goods:

　(a) from the time at which he or his (buyer's) nominee receives the packages, or

　(b) from the expiry of the fixed delivery time (Rule A.7), whichever event occurs first.

NOTE: Seller's established place of business (ex works, ex warehouse) is a reasonable place of delivery under Rule A.7 (b) .

Fairport

C: Seller and buyer must:

1　Agree and fix in the contract or in reasonable time a transit warehouse at, or near, a named airport, briefly: an " airport depot" into which the seller must deliver the goods supplied under the contract.

2　Deliver and receive the contract goods in accordance with Airpack Rules A.7 (b) and B 1 if the goods cannot be put in due time into an agreed airport depot.

3　Comply with the following Rules D.1−6 and E.1−4 if the contract goods can be put in due time into an agreed airport depot.

D: Seller must:

1 Supply, pack, address, identify and invoice the goods in accordance with Air-pack Rules A.1 to A.6.

2 Deliver the goods into the airport depot (Rule C.1) at the time fixed or implied in the contract and give the buyer prompt notice of such delivery.

3 Instruct the operator of the airport depot to hold and put the packages at the disposal of the buyer unconditionally or on the conditions (if any) specified in the contract, whichever applies.

4 Bear the risks and costs of the goods until their delivery into the airport depot.

5 Bear the risks and costs arising from the unduly early, or unduly late, delivery of the goods into the airport depot.

6 Bear the risks and costs airsing from his (seller's) failure to give the buyer prompt notice of the delivery of the goods into the airport depot (Rule D.2).

E: Buyer must:

1 Accept the packages in and from the airport depot when put at his disposal in accordance with the contract.

2 Carry out in due time his financial obligations under the contract and pay the price of the invoiced goods at the time and by the method fixed or implied in the contract.

3 Give the seller prompt notice of any numerical or qualitative difference between the goods contracted for, invoiced and actually received.

4 Bear the risks and costs of the goods delivered in the airport depot, except the risks and costs defined in Rules D.5 and D.6.

NOTE: The operator of the airport depot (Rules C.1 and D.3) may be a warehousing firm, merchant house, forwarding agency, air carrier(airline), air cargo consolidator (groupage in containers or other unit loads), airport authority (air cargo centre) or a bank-cum-forwarder-cum-warehouse consortium established for cash-on-delivery business (Rules. D.2 and E.2).

Air despatch terms (flight terms): FOBAIR, FOBINAIR, PORTAIR, CIFAIR

F: Seller on Fobair, Fobinair, Portair and Cifair terms must:

1 Supply, pack, address, identify and invoice the goods in accordance with Airpack Rules A.1 to A.6.

2 Despatch (send, forward) the packages at the time fixed or implied in the contract by fast and reliable transport to the departure airport and thence, by aircraft, to the destination airport.

3 Choose the air carrier and the air route with reasonable care if he cannot use a carrier, route or flight fixed or approved by the buyer.

4 Bear the costs of the packing, cartage, handling, checking and documentary procedures which are necessary to emplane the goods at the departure airport.

5 Bear the administrative and fiscal charges (if any) arising from the outward despatch (exportation) of the goods.

6 Bear the risks of the goods until duly emplaned at the departure airport.

7 Seller on Fobair and Portair terms must promptly telegraph to the buyer the identification data (Airpack Rule A.4), total weight and value of the goods prepared for despatch and bear the risks of the goods in transit by air and on the ground if he (seller) fails to give such prompt advance notice.

8 Seller on Fobinair and Cifair terms must cover at his own expense the all-risk air cargo insurance of the goods and bear their risks in transit by air and on the ground if he (seller) fails to effect such insurance.

9 Seller on Portair and Cifair terms must bear and pay the air freight due for the carriage of the goods from the departure airport to the destination airport.

G: Buyer on Fobair, Fobinair, Portair and Cifair terms must:

1 Arrange at his own expense the reception, storage, release and removal of the packages landed at the destination airport.

2 Carry out in due time his financial obligations under the contract and pay the price of the invoiced goods at the time and by the method, fixed or implied in the contract.

3 Give the seller prompt notice of any numerical or qualitative difference between the goods contracted for, invoiced and actually received.

4 Bear the risks of the goods in the events not covered by Rules F.6, 7 or 8.

5 Buyer on Fobair and Fobinair terms must bear and pay the air freight due for the carriage of the goods from the departure airport to the destination airport.

NOTE: FOBAIR=FOrward By AIR=Free on Board Aircraft (Rules F.1–7, G.1–5).

FOBINAIR=FOBAIR+air insurance by seller (Rules F.1–6, F.8, G.1–5).

PORTAIR=FOBAIR+air freight paid by seller (Rules F.1–7, F.9, G.1–4).

CIFAIR=PORTAIR+air insurance by seller (Rules F.1–6, F.8–9, G.1–4).

AIRBOND

H: Seller must:

1 Supply, pack, address, identify and invoice the goods in accordance with Air-pack Rules A.1 to A.6.

2 Ensure that during the storage period agreed with the buyer the goods be adequately stored in a bonded warehouse at, or near, an airport named in the contract.

3 Instruct the concessionaire-operator of the bonded warehouse to hold and put the stored goods at the disposal of the buyer subject to local Customs and other official regulations at the time and on the conditions(if any) specified in the contract.

4 Notify the buyer as soon as the goods are available in the bonded warehouse.

5 Bear the costs of the goods before and during their storage in the bonded warehouse.

6 Bear the risks of the goods until their removal at buyer's instruction and expense from the bonded warehouse.

J: Buyer must:

1　Arrange at his own expense the release and removal of the goods from the bonded warehouse during the agreed storage period in one or several lots (instalments) consistent with the nature of the goods and with the contract.

2　Carry out in due time his financial obligations under the contract and pay the price of the invoiced goods at the time and by the method fixed or implied in the contract.

3　Give the seller prompt notice of any numerical or qualitative difference between the goods contracted for, invoiced and actually received.

4　Bear the risks of the goods after their removal at his (buyer's) instruction and expense from the bonded warehouse.

5　Indemnify the seller for any reasonable expense (such as additional storage, maintainance, insurance and transport) caused by his (buyer's) failure to remove the goods during the agreed and notified storage period from the bonded warehouse.

NOTE: " Release and removal of the goods from the bonded warehouse" (Rule J.1) may take place:

　(a) by Customs clearance and duty-paid or duty-free importation into the country ("hinterland") served by the airport (Rule H.2);

　(b) by entry in drawback procedure or under Customs bond;

　(c) by re-despatch from the airport (Rule H.2) to a third-country destination (entrepôt function).

DOMICAIR

K: Seller must:

1　Supply, pack, address, identify and invoice the goods in accordance with Airpack Rules A.1 to A.6.

2　Deliver the goods, free of export, transport and import charges, at the time fixed or implied in the contract:

　(a) at the address of destination agreed with the buyer or, if no such address of destination is fixed in reasonable time,

（b）)at the address (warehouse, works, domicile) of the buyer in the country of destination as ascertained from the contract or from other reliable source.

3 Combine and use fast and reliable surface and air transport with adequate forwarding and administrative facilities for the despatch, through-carriage, Customs clearance, importation and delivery of the goods.

4 Bear the risks and costs of the goods until their arrival and delivery at the address defined in Rule K.2 including:

（a）the risks and costs of the successive stages of combined air and surface transport, and

（b）the incidence of Customs duties and clearance charges at the points of transit through which the goods pass.

L: Buyer must:

1 Accept and receive the goods on their arrival and delivery at the time and address defined in Rule K.2.

2 Carry out in due time his financial obligations under the contract and pay the price of the invoiced goods at the time and by the method fixed or implied in the contract.

3 Give the seller prompt notice of any numerical or qualitative difference between the goods contracted for, invoiced and actually received.

4 Bear the risks and costs of the goods from the time of their arrival and delivery at the address defined in Rule K.2 and also bear the incidence of inland taxes in the country of destination.

5 Indemnify the seller for any reasonable (such as additional transport, storage maintenance and insurance) caused by his (buyer's) failure to accept and receive the goods on their arrival at the time and address defined in Rule K.2.

TASK AND COST CHART OF AIRTERMS: WHOSE JOB AND EXPENSE?

Tasks and costs	AIR-PACK	FAIR-PORT	FO-BAIR	FOBI-NAIR	POR-TAIR	CIFAIR	AIR-BOND	DOMI-CAIR
1. Prepare goods	S	S	S	S	S	S	S	S
2. Pack for flight	S	S	S	S	S	S	S	S
3. Measure package	S	S	S	S	S	S	S	S
4. Weigh package	S	S	S	S	S	S	S	S
5. Address package	S	S	S	S	S	S	S	S
6. Prepare invoice	S	S	S	S	S	S	S	S
7. Send invoice	S	S	S	S	S	S	S	S
8. Notify buyer	S	S	S	—	S	—	S	—
9. Cart to airport	B	S	S	S	S	S	S	S
10. Pay airport dues	B	B	S	S	S	S	S	S
11. Document cargo	B	B	S	S	S	S	S	S
12. Check in cargo	B	B	S	S	S	S	S	S
13. Process to plane	B	B	S	S	S	S	S	S
14. Emplane cargo	B	B	S	S	S	S	S	S
15. Forward by air	B	B	S	S	S	S	S	S
16. Pay export dues	B	B	S	S	S	S	S	S
17. Insure air risk	B	B	B	S	B	S	S	S
18. Pay air freight	B	B	B	B	S	S	S	S
19. Landed: receive	B	B	B	B	B	B	S	S
20. Landed: store	B	B	B	B	B	B	S	—
21. Pay import duty	B	B	B	B	B	B	B	S
22. Clear Customs	B	B	B	B	B	B	B	S
23. Cart inward	B	B	B	B	B	B	B	S
24. Arrived: receive	B	B	B	B	B	B	B	B
25. Arrived: examine	B	B	B	B	B	B	B	B
26. Notify seller	B	B	B	B	B	B	B	B
27. Pay invoice	B	B	B	B	B	B	B	B
28. Pay inland tax	B	B	B	B	B	B	B	B

第七章

國內貿易條件的研究

本章擬就國內貨物買賣可使用的貿易條件 (Domestic Trade Terms) 用語以及各條件下買賣雙方的義務、風險、費用的負擔問題加以探討。

　　為便於說明，本文將從貿易商的立場試論其從國內工廠買進貨物轉售國外，及從國外進口貨物轉售國內工廠時可使用的各種貿易條件。

　　如前所述，貿易商從事進出口所使用的 FOB、CIF 等對外貿易條件 (Foreign Trade Terms) 已有國際性的定型用語（即 Incoterms, American Definitions 等）規定買賣雙方的義務。但是對於本國貿易商與本國廠商之間的貿易條件，迄今尚無公認的定型用語，以致常因使用不當的貿易條件用語而引起糾紛。以下試就國內可使用的貿易條件加以探討，以供業者參考。

 # 第一節　出口商與工廠間的貿易條件

　　在討論各種國內貿易條件之前，先在這裡提醒讀者，在出口商（買方）與工廠（賣方）所訂立的買賣契約中，除訂明一般應有的交易條件（品質、規格、數量、價格、包裝、交貨時間、地點、付款等條件）外，宜就下列事項特別約定。

1. 有關費用的負擔

　　出口商品檢驗費（付給標準檢驗局）、貿易推廣服務費、報關費、配額費等與出口有關的費用，以國內買賣條件交易時，除非另有約定，理應由出口商負擔。但以 FOB（出口港）、C&F（國外目的港）、CIF（國外目的港）條件交易時，上述費用究應由何方負擔，常發生爭執，為杜絕日後糾紛，宜在契約約定由何方負擔。

　　2. 工廠（賣方）應交付出口商（買方）的單據，除另有約定外，至少包括：

　　⑴統一發票。⑵裝箱單。⑶證明交運的單據（限於裝運地交貨條件）。

　　3. 出口商（買方）應交付工廠（賣方）的單據，除另有約定外，包括：

　　⑴出口證明書（供申請減免營業稅等之用）。⑵出口副報單（供申請沖退

進口稅捐及／或貨物稅之用）。

上述單據，出口商應於貨物出口後，迅速（最好約定於貨物出口後若干日內）向工廠提供。若因逾時致工廠於申請時發生滯納費或補稅及其他損失者，出口商應負賠償之責。

4.出口實績分配

出口實績應由何方享有，應予以約定，如歸工廠享有，出口商應將出口實績劃撥予工廠在中央銀行的分戶帳號，並將實績聯或影印本交付工廠。

一、賣方所在地交貨條件

所謂「賣方所在地交貨條件」係指以工廠所在地為中心的交貨條件，包括出口商（即買方）以卡車、火車及駁船運送等三種情形。

㈠買方（出口商）以卡車運送時使用的貿易條件

買方安排卡車駛往賣方（即工廠）所在地提貨時使用的貿易條件，約可分為三種：

1.賣方倉庫（工廠）交貨條件

　　Ex seller's godown

　　Ex seller's factory

此條件是指買賣當事人約定以賣方工廠、倉庫為交貨地點的貿易條件。依此條件交易時，賣方須於約定時間內，在其工廠保管貨物場所，於卡車所能到達的地方 (within reach of buyer's conveyance)，將約定貨物交由買方處置；買方則須自行安排卡車、搬運設備及裝貨工人，於約定時間內前往上述地點提貨。為配合提貨與交貨，買方應事先將其提貨的時間通知賣方，俾賣方能於卡車抵達時即可交貨。賣方依上述規定將貨物置於買方自由處置時起，貨物的一切風險、費用及所有權（原則上）即移轉於買方。本條件相當於 Incoterms 的 Ex Works 條件。

2.賣方倉庫（工廠）交貨裝貨費用在內條件

> Ex seller's godown (factory), (truck, container) loading charges included

　　在上述 1 條件下，買方須自備搬運設備及裝貨工人，在工廠（倉庫）交貨地點負責裝貨事宜。這種情形，對買方而言，甚為不便。於是買賣雙方可約定，裝貨工作由賣方負責，而以本條件交易。依本條件，裝貨工作及費用歸賣方負擔，但除此以外，其他責任、貨物風險的負擔、所有權的移轉時期等，仍與上述 1 的條件相同。

　　3. 賣方倉庫（工廠）運輸工具上交貨條件

> Ex seller's godown (factory), (truck, container) loading risks and charges included
>
> Free on truck, the seller's godown (factory)
>
> Free in container, the seller's godown (factory)

　　在賣方倉庫（工廠）交貨條件下，如約定由賣方負擔裝貨費用及風險，換言之，如約定以卡車上為交貨地點，則可使用 Ex seller's godown (factory), (truck, container) loading risks and charges included 或 Free on truck, the seller's godown (factory)，或 Free in container, the seller's godown (factory) 等條件。在此條件下，賣方須負擔一切風險與費用，將貨物在工廠（或倉庫）裝上買方所安排的卡車上，買方則負擔自此以後的一切風險與費用。貨物所有權原則上也於貨物裝上卡車時移轉買方。

　　須特別注意的是：本條件中所稱 truck 一詞是指卡車而言，與 Incoterms 1980 的 Free on Truck (FOT) 中的 truck 是指鐵路貨車者，涵義不同。

　　我國業者常以 FOR (seller's factory) 條件代替本條件，但因涵義不明，買賣雙方義務劃分不清，以致常發生糾紛❶。

---

　❶　依我國內工廠與出口商之間以FOR條件交易的情形甚為混亂，有的以FOR (seller's factory)交易，有的以FOR (buyer's premises)交易，有的則以FOR (named CFS)交易，更有以FOR或FOR net條件交易，而未言明交貨地點，以致常發生糾

在上述 1–3 的條件下，除非另有約定，關於貨物的包裝，賣方只負責備辦買方提貨所必需的包裝。換言之，並不包括出口所需的耐航包裝 (Seaworthy Packing)，因此：

(1)買方如希望由賣方負責備辦出口包裝，則在契約中應特別約定。例如：

> Ex seller's godown (factory), with export packing（或 including export packing）

(2)買方如不要求賣方備辦出口包裝，則可在契約中約定如下：

> Ex seller's godown (factory), without export packing（或 excluding export-packing）

(二)以火車運送時使用的貿易條件

倘若買賣雙方約定以火車作為貨物運輸工具，而約定在鐵路車站或貨車上交貨時，可分為兩種情形，一為在鐵路車站或貨車上交貨，二為利用賣方自設鐵軌，在工廠內貨車上交貨。

1.賣方所在地鐵路交貨條件

> FOR (free on rail) ... (named departure station)

例：FOR Huashan station

　　（華山鐵路交貨）

依此條件交易時，買賣雙方的義務與 Incoterms 1980 的 FOR 條件相當，即賣方須於約定時間，在指定發貨站，將貨物交付站方收管（在 Less Than

---

紛。著者建議使用這些條件交易時，最好將買賣雙方的義務、費用及風險負擔詳加約定。

Carload Lot 時），或裝上貨車上（在 Carload Lot 時）並負擔將裝有貨物的貨車交給站方收管時為止的一切風險與費用；至於安排貨車運送，訂立運輸契約事宜，原則上固然歸買方負責，但實際上多由賣方負責安排。又，賣方這種行為應解釋為：係賣方代買方安排。在此情形下，賣方應視貨物的性質及其他情形，與鐵路局締結合理的運輸契約，否則買方得拒絕收受貨物，或得向賣方索賠❷。同時，賣方應將貨物已交付運送人收管或已裝上貨車並交付站方收管一事，迅速通知買方❸。

　　2.賣方工廠專用線貨車上交貨條件

FOR, the seller's private railway line

FOR, on the seller's premises

FOR, [on the premises of] the seller's factory

　　倘若賣方工廠與鐵路局車站之間設有專用鐵軌時，賣方不必將貨物運至車站交貨，而改在工廠貨車上交貨。這種情形又可分為兩種，一為純粹在賣方工廠貨車上交貨，其費用與風險的負擔，以貨物裝上貨車時為分界點。二為賣方將貨物裝上貨車後，負責將貨車送至鐵路局車站交付站方收管。後者又可分為二，其一為賣方只負擔工廠至車站的運送費用，風險負擔以貨物裝上貨車時為分界點，其二為賣方不但須負擔工廠至車站的運送費用，而且尚須負擔工廠至車站的風險。在後一場合，與上述 1 的鐵路交貨條件相當。

　　3.賣方所在地鐵路交貨包含至另一車站運費在內條件

FOR X station, freight paid to Y station

　　倘若擬以貨物在賣方所在地鐵路交貨，但約定由賣方支付至另一火車站的運費時，可以 FOR... (named departure station) freight paid to... (named station

---

❷　　參閱SGA§32②.

❸　　參閱Incoterms 1980, FOR A.7.

atdestination) 條件交易。依此條件，除賣方須負責支付至另一火車站的運費外，買賣雙方的義務與風險與上述 1「賣方所在地鐵路交貨」(FOR... [named departure station]) 條件相同。

㈢以駁船運送時使用的貿易條件

由買方安排駁船 (Lighter, Barge) 駛往賣方工廠提貨時，可約定以買方所安排的駁船上或駁船邊為交貨地點。即：

1.駁船上交貨條件

Free on barge, at seller's wharf

在此條件下，賣方須負擔一切風險與費用，將貨物裝上買方所安排駛抵賣方工廠碼頭的駁船上 (Barge loading risks and charges are for account of theseller)。

2.駁船邊交貨條件

Free alongside barge at seller's wharf

在此條件下，賣方須負一切風險與費用將貨物運至買方所安排駛抵賣方工廠碼頭駁船邊交貨。至於裝上駁船的風險與費用歸買方負擔。

二、出口港交貨條件

出口港交貨條件可分為陸上交貨與海上交貨兩大類。前者又可分為⑴以卡車運至出口港交貨，⑵以火車運至出口港交貨，⑶在出口港倉庫交貨等三種情形；後者則分為：⑴出口港船邊交貨及⑵出口港船上交貨等二種情形。

二之 A　陸上交貨條件

㈠賣方以卡車將貨物運至出口港時使用的貿易條件

1.出口港指定倉庫交貨條件

> Free to... (named warehouse at named port of exportation)

例：Free to Chungben warehouse, No. 18 pier, Keelung

以此條件交易時，賣方須負擔一切風險與費用，以卡車將貨物運至指定裝船港，在約定倉庫交由買方處置；買方則須負擔自此以後的一切風險與費用。至於貨物由卡車卸下及搬入倉庫的費用 (Storing Charges)，則須由買方負擔。假如在訂約時，尚未確定交貨倉庫時，可約定於日後由買方指定。例如：

> Free to warehouse, Keelung, to be nominated later by the buyer

俟確定交貨倉庫時，買方應將倉庫名稱，地址通知買方。國內業者常以 FOR... (named warehouse at named port of destination) 代替本條件，但因涵義不明，買賣雙方義務劃分不清，以致常發生糾紛。

2.出口港指定倉庫交貨，卸貨費用在內條件

> Free to... (named warehouse at named port of exportation) including unloading charges

在此條件下，賣方須負擔一切風險與費用，以卡車將貨物運至裝船港，在約定倉庫將貨物自卡車卸下交由買方處置，但貨物風險的分界點仍與上述 1 的條件相同。換言之，卸貨費用雖由賣方負擔，但卸貨風險則須由買方負擔。

3.出口港指定倉庫交貨，卸貨風險與費用在內條件

> Free to... (named warehouse at named port of exportation) including un-
> loading risks and charges

在此條件下，賣方須負擔一切風險與費用，以卡車將貨物運至裝船港，在約定倉庫將貨物自卡車卸下交由買方處置。卸貨費用與風險均歸賣方負擔。

4.搬入出口港指定倉庫內交貨條件

> Free to... (named warehouse at named port of exportation) including risks
> and charges for unloading and storing

在此條件下，賣方須負擔一切風險與費用，以卡車將貨物運至出口港指定倉庫，自車上卸下並搬入倉庫內；買方則須負擔自此以後的一切風險與費用。

上述四種中，以 2、3、4 的條件交易者，可說絕無僅有。

(二)以火車將貨物運至出口港時使用的條件

1.出口港指定火車站交貨條件

> Free to... (named station at named port of exportation)

例：Free to Keelung railway station

在本條件下，賣方須負擔一切風險與費用，將貨物運至指定出口港的指定火車站，在貨車上交由買方處置；而買方則須負擔一切風險與費用，將貨物自貨車卸下。

本條件相當於 American Definitions (II–D) FOB... (named inland carrier at named point of exportation)，將 named inland carrier at named point of exportation 當做指定出口港的指定火車站就是了。

2.出口港指定火車站交貨，卸貨費用在內條件

> Free to... (named station at named port of exportation), unloading charges included

在本條件下，在指定出口港指定火車站，由貨車卸下貨物的費用，將歸賣方負擔。至於買賣雙方其他義務與 1 的條件相同。

3.出口港指定火車站交貨，卸貨風險及費用在內條件

> Free to... (named station at named port of exportation), unloading risks and charges included

在本條件下，賣方須負擔一切風險與費用，將貨物運至指定出口港的指定火車站，並將貨物自車上卸下交由買方處置；買方則負擔自此以後的一切風險與費用。

㈢由出口港倉庫交貨時使用的貿易條件

倘若約定由出口港倉庫交貨時，賣方首先須將貨物運入倉庫，然後於約定時間將貨物由倉庫搬出交由買方處置。這種情形與上述賣方利用卡車將貨物運至出口港指定倉庫交貨者頗為類似。但兩者性質不同。前者（即本條件）係將存於倉庫內的貨物在倉庫交貨，係屬於 E 類型的交貨條件，而後者則將貨物運至指定倉庫在運輸工具上交貨，係屬於 F 類型的交貨條件。兩者在費用及一般觀念上雖無差異，但就權利、義務及交貨方式而言，卻不同。

由出口港倉庫交貨的情形，可分為：⑴由賣方自設倉庫交貨 (Ex Seller's Warehouse) 及⑵由營業倉庫交貨 (Ex Bailee's Warehouse) 兩種。無論屬於那一種，賣方均應負擔一切費用與風險，將貨物存入倉庫，並以交付倉單（在存入營業倉庫的場合）或提貨單 (Delivery Order) 給買方的方式代替貨物的實際交付 (Actual Delivery)，買方則憑倉單或提貨單，於約定時間前往指定倉庫提貨，並辦理出口裝運手續。因此，在約定交貨時間以前的保管責任及費用，歸賣方

負擔，同時，由倉庫搬出的費用 (Unstoring Charges) 及其風險也歸賣方負擔。至於裝上運輸工具的費用及風險歸何方負擔，則依約定而定。茲分述如下：

　　1.出口港指定營業倉庫交貨條件

> Ex warehouse... (named commercial warehouse at named port of exportation)

　　例：Ex Lien-Hua Warehouse, No. 18 pier, Keelung

　　　　（基隆港第 18 號碼頭聯華倉庫交貨）

　　2.出口港指定營業倉庫交貨，裝貨費用在內條件

> Ex warehouse... (named commercial warehouse at named port of exportation) including loading charges

　　3.出口港指定營業倉庫交貨，裝貨風險及費用在內條件

> Ex warehouse... (named commercial warehouse at named port of exportation) including loading risks and charges
>
> Free on Truck... (named commercial warehouse at named port ofexportation)

　　在 1 的場合，倉租及出倉費歸賣方負擔，裝貨費用歸買方負擔；在 2、3 的場合，倉租、出倉費及裝貨費用歸賣方負擔；但在 1、2 的場合，貨物搬出倉庫，放在倉庫前時，風險即移轉買方，而在 3 的場合，貨物搬出倉庫，裝上運輸工具時，風險才移轉買方。

二之 B　海上交貨條件

　　這裡所謂海上交貨條件係指賣方負擔一切風險與費用，將貨物運至指定

出口港船邊的 FAS (Free Alongside Ship) 及將貨物運至指定出口港裝載於船上的 FOB (Free On Board) 兩種條件而言。此兩種條件固然主要係用於國際貿易，但也常用於國內交易。例如在出口的場合，出口商即常以 FOB 或 FAS 條件從國內工廠買進，然後再以 FOB, C&F 或 CIF 等條件轉售國外。其中尤其以 FOB 條件從國內工廠買進轉售國外的情形最多。

貿易商以 FOB 條件從國內工廠買進的場合，通稱為 Internal FOB（國內 FOB）。依此條件交易時，國內工廠須自行負擔一切風險與費用，於約定日期，將貨物運至指定出口港，裝上出口商（買方）所指定的船舶，取得裝船證據（通常為 M/R）交付出口商，以履行交貨義務（在 FAS 的場合，則將貨物運至出口商所指定船邊即可）。因係國內 FOB 條件，故有關輸出許可證的取得、出口通關手續、及因此而生的各項費用及稅捐，除非另有約定，均應由出口商負擔（固有的 FOB）。

至於出口商，從國內工廠以 FOB（或 FAS）買進的貨物，可以 FOB、C&F 或 CIF 等條件轉售國外。但在此場合的 FOB 是屬於 External FOB（出口 FOB），與上述的 Internal FOB，在性質上迥然不同，不可不注意。在 External FOB 的場合，出口商須負擔 Internal FOB 所沒有的額外責任 (Additional Duties)，例如須自行負擔風險與費用、取得輸出許可證、辦理通關手續；循買方（指國外進口商）要求，並由買方負擔風險與費用，協助取得買方為將貨物輸入目的國（及必要時，在運送中通過其他國家）所需，而由裝船國及（或）產地國所發行的各種單據 (Incoterms FOB A.9) 等是。再者，因實際上多係以押匯方式收回貨款，故尚須負責向買方提供提單。

只是在上述「以 FOB 買進，再以 FOB 轉售」情形下，貨物風險於國內工廠將貨物裝上船移轉出口商之同時，又由出口商移轉國外買方，故出口商不必購買保險。但國內工廠則須投保自工廠至裝上出口港船舶為止這一段期間的運輸保險。倘若出口商從國內工廠以 FAS 條件買進，再以 FOB 等條件轉售國外，則出口商應就貨物從船邊吊上船舶這一段期間的風險，購買適當的保險。

最後，出口商與國內工廠之間，以上述 FOB 或 FAS 條件交易時，為期

對於出口手續的責任，有更明確的劃分起見，最好在上述兩條件之後，加上「出口手續及費用歸買方（出口商）負擔」(All expenses, fees and charges of export formalities are for buyer's account) 等字樣。

 # 第二節　進口商與工廠間的貿易條件

進口貨物原則上必須先運入海關倉庫，完成進口通關手續後才能提貨。故進口商將進口貨物轉售國內工廠，通常係於完成進口通關手續後，視契約條件或在進口港將貨物交付買方（國內工廠），或將貨物運至買方工廠交付買方。

一、進口港交貨條件

(一)買方以卡車提貨時使用的貿易條件

> Ex warehouse... (named commercial warehouse at named port of importa-tion)
>
> 　　（進口港營業倉庫交貨條件）

在進口港營業倉庫交貨時，進口商可將提貨單 (Delivery Order) 交付買方，然後由買方前往倉庫提貨。在此場合，倉租、出倉費及裝貨費用究應由何方負擔是一個關鍵。為此，買賣雙方可約定在某月某日以前的倉租歸賣方負擔，出倉費歸買方負擔。

但是在進口港營業倉庫交貨的場合，可分為(1)訂約時貨物已存入營業倉庫的場合及(2)訂約時貨物尚未進口，將來將存入那一倉庫尚未能確定的場合兩種情形。在後一種情形，可以「某某港營業倉庫交貨，倉庫名稱、地址確定後另行通知」方式約定。

㈠之 A　訂約時已確定交貨倉庫者

1.在進口港指定營業倉庫交貨的場合

在此情形，出倉費及倉租雖歸賣方（進口商）負擔，但視裝車費及其風險負擔的不同，可分為下列三種：

⑴指定進口港指定營業倉庫交貨條件

> Ex warehouse... (named commercial warehouse at named port of importa-tion)

例： Ex Lien-Hua Warehouse, Keelung
　　（基隆港聯華倉庫交貨）

⑵指定進口港指定營業倉庫交貨，裝貨費用在內條件

> Ex warehouse... (named commercial warehouse at named port of importa-tion), including loading charges

在此條件下，賣方除負擔倉租、出倉費用之外，尚須負擔裝上卡車的費用，但裝車的風險仍由買方負擔。

⑶指定進口港指定營業倉庫交貨，裝貨風險及費用在內條件

> Ex warehouse... (named commercial warehouse at named port of importa-tion), including loading risks and charges

在此條件下，賣方除負擔倉租、出倉費用之外，尚須負擔裝上卡車的風險及費用。

2.在進口港指定營業倉庫內交貨的場合

「指定進口港指定營業倉庫內現場交貨」條件

Ex warehouse... (named commercial warehouse at named port of importation), excluding unstoring risks and charges

在此條件下，出倉、裝貨的風險與費用均歸買方負擔。至於倉租的負擔應以契約訂明，例如約定：「在某月某日以前的倉租歸賣方負擔，自此以後則歸買方負擔」。

㈠之 B　訂約時尚未確定交貨倉庫者

例：Ex warehouse, Keelung, to be nominated later by the seller

（基隆港營業倉庫交貨，但倉庫名址由賣方日後另行通知）

在此場合，日後交付提貨單時，也可分為下列二種情形：

1. 指定進口港指定營業倉庫交貨
2. 指定進口港指定營業倉庫內交貨

至於出倉費、裝車費、倉租負擔的約定，可參閱㈠之 A。

㈡賣方在進口港鐵路交貨時使用的貿易條件

Free on Rail X station (named station at named port of importation)

（進口港鐵路交貨條件）

在本條件下，賣方須負擔一切風險與費用，將貨物裝上鐵路貨車，並交給站方收管，買方則負擔自此以後的一切風險與費用。鐵路運送雖須由賣方安排，但鐵路運費則須由買方負擔。詳請參閱本章第一節一之㈡。

⑴如保管貨物的營業倉庫與車站之間設有鐵軌，而擬在營業倉庫裝上鐵路貨車，則約定以「指定營業倉庫鐵路貨車上交貨」條件交易。即：

> FOR (on the premises of) X warehouse (named commercial warehouse at named port of importation)

實務上，可將 "on the premises of" 刪除。

⑵如擬由賣方負擔由發貨站至買方所在地車站的鐵路運費，但貨物風險仍以發貨站裝上貨車，並交給站方收管時為分界點，則可約定如下：

> FOR, X station, freight paid to Y station (named station at destination)

(三)買方以駁船提貨時使用的貿易條件

> Free on barge (named commercial warehouse at named port of importation)
>
> 　　　　（進口港指定營業倉庫碼頭駁船上交貨條件）

此即由買方安排駁船駛往進口港指定倉庫碼頭提領通關後的貨物時所採用的條件。在此條件下，賣方須負擔貨物裝上駁船為止的一切風險與費用，而買方則負擔自此以後的一切風險與費用。

(三)之 A　訂約時交貨倉庫已確定者

例：　①Free on barge wharfed (or moored to) Chunghua Warehouse, No. 18
　　　　pier, Keelung

　　　②Free on barge, Chunghua Warehouse, No. 18 pier, Keelung
　　　　（基隆港中華倉庫第 18 號碼頭駁船上交貨條件）

㈢之 B　訂約時尚未確定交貨倉庫者

因為訂約時尚未確定將在那一營業倉庫碼頭交貨，故宜約定日後由賣方另行通知。

例：Free on barge wharfed warehouse, Keelung, to be nominated later bythe seller

（基隆港倉庫碼頭駁船上交貨，倉庫名址由賣方日後另行通知）

以上㈢之 A、㈢之 B 所述係指進口貨物先搬入港口營業倉庫，經通關後再由營業倉庫搬出，裝上駁船交貨的情形。然而，實際上在多數場合，係將貨物由承運進口貨的海洋大船直接卸入賣方所安排的駁船，經海關檢查後直駛買方工廠的倉庫碼頭交付買方，然後在買方的倉庫辦理通關手續。這即屬於下述「買方所在地交貨條件」㈢的情形。

二、買方所在地交貨條件

㈠賣方以卡車將貨物運至買方工廠倉庫交貨時使用的貿易條件

在此條件下，賣方須自行安排卡車並負擔一切風險與費用，將貨物自進口港倉庫運至指定買方工廠倉庫交貨，買方則負擔自此以後的一切風險與費用。至於自卡車卸下貨物的風險與費用究應由何方負擔，應在契約中訂明。

1. 買方倉庫卡車上交貨條件

Free to the buyer's warehouse

在此條件下，卸貨費用與風險歸買方負擔。至於買方倉庫的地點，當然也須事先約定，尤其買方有多處倉庫時為然。

2. 買方倉庫交貨，卸貨費用在內條件

> Free to the buyer's warehouse, unloading charges included

在此條件下，卸貨費用歸賣方負擔。實際上以此條件交易者，大概很少。

3.買方倉庫存倉交貨條件

> Free to the buyer's warehouse, including risks and charges for warehousing

存倉 (Warehousing, Storing) 一詞，是指卸下貨物並存入倉庫而言，故以 warehousing 表示即可，不必以 (truck) unloading and warehousing 表示。

上述三種條件中，以第 1 種條件對賣方比較方便。因為在第 2、3 兩種條件下，賣方須另雇工人前往工廠倉庫辦理卸貨或存倉工作，較為不方便。如一定要按第 3 種條件交易，則在契約中宜以「買方倉庫指定地點存倉交貨，但指定地點以卡車能駛進者為限」條件約定。

(二)以鐵路貨車將貨物運至買方所在地時使用的貿易條件

即由賣方自行負擔風險與費用，將貨物交由鐵路局運至買方所在地交付的條件。以此條件交易時，其交貨地點可分為三種：⑴在約定目的地車站，⑵在最靠近買方所在地車站，⑶車站與買方工廠之間，設有專用線路時，在買方工廠。

1.買方所在地指定火車站交貨條件

> Free to X station (named station at the buyer's place of residence)

例：Free to Miao-li station

（苗栗火車站交貨）

2.最靠近買方火車站交貨條件

```
Free to station nearest the buyer
```

3.買方工廠專用線路火車交貨條件

```
Ex rail, (on the premises of) the buyer's factory
```

在上述 1、2 及 3 條件，均須由賣方負責安排鐵路貨車，並支付鐵路運費，但卸貨費用與風險均由買方負擔。假如卸貨風險與費用歸賣方負擔，則應加上 "unloading risks and charges included"（卸貨風險及費用在內）等字樣。又在 1 及 2 的場合，如包含至買方倉庫的送達費用 (Delivery Charges) 在內，則應加上 "unloading and delivery charges included"（卸貨費用及送達費用在內）等字樣。

㈢賣方以駁船將貨物運至買方工廠碼頭時使用的貿易條件

進口商以駁船將貨物運至買方工廠倉庫的情形，可分為兩種：⑴進口貨物在進口港起岸後，完成通關手續，然後再安排駁船運送，⑵自承運進口貨的海洋大船直接卸入駁船，在駁船上接受海關檢查，或駁運至買方工廠倉庫，然後在倉庫接受海關檢查，完成通關手續。第⑴種情形將增加費用與手續，故通常採取第⑵種方式者居多。

1.買方碼頭駁船上交貨條件

```
Ex barge moored to (or berthed alongside) the buyer's wharf
```

依此條件，賣方須負擔一切風險與費用，自行安排駁船，將貨物運至買方工廠碼頭邊，在駁船上交貨；而買方則須自行負擔一切風險與費用，自駁船將貨物卸下碼頭 (Discharging on Wharf)，並搬入工廠倉庫。

2.買方碼頭卸下駁船交貨條件

> Free overside barge moored to the buyer's wharf 或
>
> Free on the buyer's wharf

　　依此條件，賣方須負擔一切風險與費用，自行安排駁船將貨物運至買方工廠碼頭，並將貨物卸下碼頭交付買方。換言之，從駁船卸下碼頭的風險與費用 (Bargeunloading Risks and Charges) 須由賣方負擔。以這種條件交易的可能性，諒不大。

三、賣提單條件

　　在礦砂、粗糖等以整船載運的大宗物資交易，進口商通常多以國際貿易通用的 CIF、C&F 或 FOB 條件將進口貨物轉售國內買方，即煉鐵公司或煉糖公司等（但以 FOB 條件轉售時，由進口商〔賣方〕安排船運，運費則由國內買方負擔）。依此條件交易時，由進口商將提單 (Bill of Lading) 背書後交付買方。至於卸貨、通關、提貨等作業均由國內買方負責辦理。這種交易方式，俗稱「賣提單」，但實際上係屬 CIF、C&F 或 FOB 買賣。

　　在 DES 契約下，居於賣方地位的進口商，本應將提單換成 D/O (Delivery Order) 後，交付買方提貨，但實務上，多由賣方將提單背書後交付買方提貨。就此而言，「賣提單」條件與 DES 契約，在觀念上很相似，但是在「賣提單」條件下，進口商既然以 CIF、C&F 或 FOB 條件將貨物轉售國內買方，則貨物的風險於國外出口港裝上船時，即由進口商（賣方）移轉國內買方。故就此而言，「賣提單」卻與以卸貨地實際交付為條件的 DES 契約，有本質上的差異。

　　雖然，進口商以 DES 條件轉售國內買方時，有時也被稱為「賣提單」條件，但這種稱法並不妥當。因為 DES 條件，本質上係屬於實際交付 (Physical Delivery)，故所謂「賣提單」條件，應限於以交付提單履行交貨的 CIF、C&F 或 FOB with additional service 等買賣契約的情形。

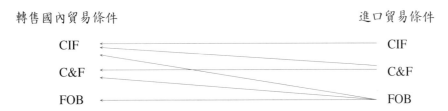

茲進一步說明「賣提單」條件的交易。以 CIF、C&F 或 FOB 條件賣提單時，進口商從國外進口時所用的貿易條件與進口商轉售國內買方時所用的貿易條件，未必相同。若加以組合，可圖示如上。

(一)進口商以 C&F 或 FOB 條件轉售國內買方時

在此情形，進口商將以 C&F 或 FOB 條件從國外買進（非以 CIF 條件買進），貨物的風險雖於國外出口港裝船時移轉進口商，但也同時移轉國內買方。故在理論上，應由國內買方以自己為被保險人自行負責購買保險，並支付保險費。但實際上是：⑴由國內買方購買保險，但以進口商為被保險人，或⑵由進口商以自己為被保險人購買保險，但保險費歸國內買方負擔。通常多採第⑵種方式，在此場合，保險單本應採可轉讓形式，但實際上不一定需要採此形式。再者，進口商安排保險時，通常都由其保存保險單，如發生保險事故，則由進口商進行索賠事宜。

不管理論如何，在實務上，進口商都希望採取第⑵種方式。因為在國內買方未支付貨款之前，進口商仍應負擔貨物的風險。若保險單交由國內買方持有，萬一國內買方不支付貨款或發生其他糾紛時，進口商能否從國內買方取回保險單，憑以請求保險理賠，不無疑問。尤其在發生共同海損的場合，向船公司提出的有關文件均須以進口商的名義辦理。基於此，宜由進口商以自己名義投保，並保有保險單較妥。

(二)進口商以 CIF 條件轉售國內買方時

在此情形，進口商須負責購買保險，但因進口商也以 CIF 條件從國外買進，故不必購買保險。屆時進口商可將國外出口商轉來的保險單背書後交付國內買方即可。在此條件下，發生保險事故時雖然應由國內買方進行保險索

賠，但實務上，保險單多不交付國內買方，而由進口商持有，萬一發生保險事故，即由進口商辦理保險索賠事宜。

若進口商以 C&F 或 FOB 條件從國外買進，而以 CIF 條件轉售國內，則進口商應以自己的費用，並以自己為被保險人，購買保險。在此場合，理論上，進口商也應將保險單背書後交付國內買方，如發生保險事故，並由買方自行辦理保險索賠事宜，但實務上，如同上述，通常多由進口商保有保險單，如發生保險事故則由其進行保險索賠事宜。

茲為便於了解，從進口商立場，將上述說明列表於下：

從進口商立場觀察的保險關係

進口條件	轉售國內條件	投保事宜	保險單持有人		保險索賠人
C&F	CIF	由進口商支付保險費，並以自己名義投保	①國內買方（背書轉讓）		國內買方
			②進口商		進口商
	C&F	①由國內買方支付保險費，以自己名義或進口商名義投保	國內買方		國內買方
FOB	FOB	②由進口商以自己名義投保，保險費歸國內買方負擔	①國內買方（背書轉讓）		國內買方
	C&F		②進口商		進口商
	CIF	由進口商支付保險費，以自己名義投保	①國內買方（背書轉讓）		國內買方
CIF	CIF	由國外出口商以自己名義投保並支付保險費	②進口商		進口商

第三節　結　語

以上係從進出口商立場，就國內交易可使用的貿易條件加以試論。正如本章開頭所說，有關國內貿易條件的研究，迄今尚不多見，實務界所使用的用語不僅紛歧，且關於裝卸費用、進、出倉費、倉租、風險與費用負擔的劃

分，也幾乎未作深入的探討。故本文的研究只不過是一種拋磚引玉的性質，期望能因而引起更多的人注意，並作進一步的研究❹。

---

❹　本章主要取材自濱谷源藏著下列二書：

⑴《貿易取引の基本問題》，1977，pp. 235–258。

⑵《貿易賣買の研究》，1964，pp. 121–129。

第八章

Combiterms 2000

Incoterms 雖然就各種貿易條件下買賣雙方各自應負擔的費用加以規定，不過，實際上關於費用分擔的問題，還存在著許多不確定性。例如在 FOB 條件下，裝貨 (Loading) 及卸貨 (Unloading) 通常都由第三者——碼頭工人——進行，但碼頭工人總不會依照 Incoterms FOB 的規定，以船舷為基準，將貨物越過船舷之前的裝貨費用，向賣方收取，而越過船舷後的裝貨費用則向買方收取。此外，貨物輸出入時被課徵的半官方費用 (Semi-official Charges)、因不可預料事故而生的額外費用等等，究竟應由何方負擔，Incoterms 並未規定。因此，對於 Incoterms 未規定的一些費用，究竟應由哪一方負擔，買賣雙方最好在買賣契約中予以明確的約定，以杜發生爭執。

為了更詳細劃分各種貿易條件下買賣雙方各應負擔的費用項目，在斯堪地那維亞國家 (Scandinavian Countries) 有一套所謂的 Combiterms 制度。該制度以 Incoterms 2000 為基礎，將各種貿易條件下買賣雙方各自應負擔的費用項目詳加列出，非常實用。Combiterms 雖主要通行於斯堪地那維亞國家貿易商之間的交易，但為了避免費用分擔的不確定性及糾紛，關於費用分擔方面，業者也可約定適用 Combiterms 的規定。茲將 Combiterms 2000 轉載於下面，以供讀者參閱。

COMBITERMS 2000

Cost distribution between seller and buyer according to Incoterms 2000 in summary

sea transport only

Trade terms[1]

003	**FAS**	Free Alongside Ship (named port of shipment)	003
004	**FOB**	Free On Board (named port of shipment)	004
008	**CFR**	Cost and Freight (named port of destination)	008
009	**CIF**	Cost, Insurance and Freight (named port of destination)	009
016	**DES**	Delivered Ex Ship (named port of destination)	016
017	**DEQ**	Delivered Ex Quay (named port of destination)	017

Cost headings

		FAS	FOB	CFR	CIF	DES	DEQ
100	Loading at seller's premises	S	S	S	S	S	S
150	Domestic precarriage/Local cartage	S	S	S	S	S	S
200	Contract of carriage and dispatch	S	S	S	S	S	B
250	Trade documentation in country of exportation	S	S	S	S	S	S
300	Customs clearance in country of exportation	S	S	S	S	S	S
350	Export charges	S	S	S	S	S	S
400	Transshipment at carrier's terminal[2]	S	S	S	S	B	B
450	Transportation equipment and accessories	S	S	S	S	B	B
500	Transport (Cargo) insurance				S		
550	International main carriage	S	S	S	S	B	B
600	Transshipment at terminal[2]	S	B	S	S	B	B
650	Trade documentation in country of transit/importation	B	B	B	B	B	B
700	Customs clearance in country of importation	B	B	B	B	B	B
750	Import charges	B	B	B	B	B	B
800	Local cartage/Domestic on-carriage	B	B	B	B	B	B
850	Unloading at buyer's premises	B	B	B	B	B	B
900	Other costs Cost distribution according to party agreement not regulated in Incoterms.						

S=Seller pays B=Buyer pays

At certain cost headings there may be divergences to be observed from the cost distribution stated above. See remarks in Combiterms 2000 under the detailed description of each trade term.

Remarks

1The terms FOB, CFR or CIF should be used only when the distribution of costs and/or risks between seller and buyer has been fixed at such time as the goods have passed the ship's rail in the named port of shipment. In other cases one of the corresponding terms FCA, CPT or CIP is more appropriate to use (see next page).

2"Terminal" stands for quay wharf/port warehouse.

COMBITERMS 2000

Cost distribution between seller and buyer according to Incoterms 2000 in summary all modes of transport
Trade terms (main terms and certain common sub-variants)

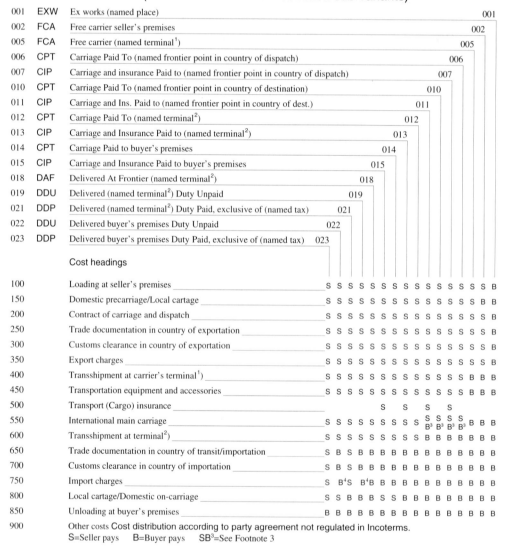

001	EXW	Ex works (named place)	001
002	FCA	Free carrier seller's premises	002
005	FCA	Free carrier (named terminal[1])	005
006	CPT	Carriage Paid To (named frontier point in country of dispatch)	006
007	CIP	Carriage and insurance Paid to (named frontier point in country of dispatch)	007
010	CPT	Carriage Paid To (named frontier point in country of destination)	010
011	CIP	Carriage and Ins. Paid to (named frontier point in country of dest.)	011
012	CPT	Carriage Paid To (named terminal[2])	012
013	CIP	Carriage and Insurance Paid to (named terminal[2])	013
014	CPT	Carriage Paid to buyer's premises	014
015	CIP	Carriage and Insurance Paid to buyer's premises	015
018	DAF	Delivered At Frontier (named terminal[2])	018
019	DDU	Delivered (named terminal[2]) Duty Unpaid	019
021	DDP	Delivered (named terminal[2]) Duty Paid, exclusive of (named tax)	021
022	DDU	Delivered buyer's premises Duty Unpaid	022
023	DDP	Delivered buyer's premises Duty Paid, exclusive of (named tax)	023

Cost headings

		001	002	005	006	007	010	011	012	013	014	015	018	019	021	022	023
100	Loading at seller's premises	S	S	S	S	S	S	S	S	S	S	S	S	S	S	S	B
150	Domestic precarriage/Local cartage	S	S	S	S	S	S	S	S	S	S	S	S	S	S	B	B
200	Contract of carriage and dispatch	S	S	S	S	S	S	S	S	S	S	S	S	S	S	S	B
250	Trade documentation in country of exportation	S	S	S	S	S	S	S	S	S	S	S	S	S	S	S	B
300	Customs clearance in country of exportation	S	S	S	S	S	S	S	S	S	S	S	S	S	S	S	B
350	Export charges	S	S	S	S	S	S	S	S	S	S	S	S	S	S	S	B
400	Transshipment at carrier's terminal[1]	S	S	S	S	S	S	S	S	S	S	S	S	S	B	B	B
450	Transportation equipment and accessories	S	S	S	S	S	S	S	S	S	S	S	S	S	B	B	B
500	Transport (Cargo) insurance					S		S		S		S					
550	International main carriage	S	S	S	S	S	S	S	S	S	S/B3	S/B3	S/B3	S/B3	B	B	B
600	Transshipment at terminal[2]	S	S	S	S	S	S	S	S	S	B	B	B	B	B	B	B
650	Trade documentation in country of transit/importation	S	B	S	B	B	B	B	B	B	B	B	B	B	B	B	B
700	Customs clearance in country of importation	S	B	S	B	B	B	B	B	B	B	B	B	B	B	B	B
750	Import charges	S	B[4]S	B[4]B	B	B	B	B	B	B	B	B	B	B	B	B	B
800	Local cartage/Domestic on-carriage	S	S	B	B	B	S	S	B	B	B	B	B	B	B	B	B
850	Unloading at buyer's premises	B	B	B	B	B	B	B	B	B	B	B	B	B	B	B	B

900　Other costs Cost distribution according to party agreement not regulated in Incoterms.
S=Seller pays　　B=Buyer pays　　SB[3]=See Footnote 3

At certain cost headings there may be divergences to be observed from the cost distribution stated above.

See remarks in Combiterms 2000 under the detailed description of each trade term.

Remarks

1 "Terminal" is equal to cargo terminal, railway station, quay wharf/port warehouse and airport. Here it normally means a terminal at an inland or frontier location in the country of exportation.

2 "Terminal" is equal to cargo terminal, railway station, quay wharf/port warehouse and airport. Here it normally means a terminal with customs facilities (e.g. customs warehouse) in the country of importation.

3 The point stated after "Carriage...Paid To..." determines how to distribute the cost. The seller pays the cost to the named frontier point. The buyer pays the cost from the named frontier point.

附錄一

我國法院有關貿易條件判決

（本附錄資料蒙葉永芳律師同意轉錄自其所編纂《海商貿易判決資料彙編》）

FAS 貿易條件下，貨物裝船後之危險由誰負擔？

【判決要旨】

按國際貿易慣例所謂船邊交貨，當指起運口岸船邊交貨 (FAS) 而言，船邊交貨之貨物，如經輸出港口公證裝船者，按一般慣例發貨人及受託採購之進口商，通常不負裝船後發生之責任。

【關係法條、慣例】

民法第三百七十三條

買賣標的物之利益及危險，自交付時起，均由買受人承受負擔。但契約另有訂定者，不在此限。

國際商會一九五三年貿易條件 (Incoterms 1953)FAS(free alongside ship)

賣方必須負擔貨物的一切費用及風險，直到貨物已經有效地交運到指定裝貨港的船邊時為止，包括賣方為使貨物交運到船邊而必須完成的經濟手續的費用（A 項第四款）。

---●---

最高法院民事判決　六十年度臺上字第二二六九號

上　訴　人　華光企業有限公司

法定代理人　林通宏

訴訟代理人　胡顯謨律師

被 上 訴 人　郭金造（即萬盈飼料工業廠）

右當事人間請求損害賠償事件，上訴人對於中華民國六十年三月十七日臺灣高等法院第二審判決提起上訴，本院判決如左：

---●---

主　文

原判決所命上訴人給付超過新臺幣三十八萬三千一百十元及其利息暨訴訟費用之部分廢棄發回臺灣高等法院。

理　由

本件被上訴人主張於五十七年九月十七日向上訴人訂購泰國玉米二千公噸，約定每公噸價格二千三百三十元，同年十一月份及十二月份各交一千公噸，貨款先付二成，任何一方違約，即應依照先付成數互相賠償對方損失，被上訴人先後交付四十六萬六千元

及一百八十萬元作為第一次一千公噸貨款，嗣後又交付四十六萬六千元預付第二次一千公噸之二成貨款，詎上訴人僅於十一月份進口一千公噸實重九七三、五三九公斤外，未再交貨，祗退還四十萬二千八百九十元，除應返還六萬三千一百十元外，並應按預付之金額即四十六萬六千元賠償被上訴人之損害云云，求為命給付新臺幣五十萬九千二百十元及法定利息之判決。上訴人則以兩造契約係船邊交貨，依國際貿易慣例，在外國進口貨物，應在進口地過磅、公證、品質、數量相符，始交付信用狀，上訴人不負短少責任，被上訴人亦從未主張交貨不足之情事，被上訴人先後交付四十六萬六千元及一百八十萬元共二百二十六萬六千元抵付一千公噸玉米價額，尚不足六萬四千元，其後預付之四十六萬六千元，扣除前欠六四、〇〇〇元，餘存四〇二、〇〇〇元，上訴人退回四二〇、八九〇元，尚多退一萬八千八百九十元等語，資為抗辯。原審維持第一審關於命上訴人給付被上訴人新臺幣五十萬八千七百六十四元一角三分並法定利息部分之判決，無非以「上訴人雖主張已交付之一千公噸部分，被上訴人尚欠價款六萬四千元，但據被上訴人稱該一千公噸，實際上僅為九十七萬三千五百卅九公斤，提出千美公證行有限公司之公證書為證，上訴人雖未在謂泰國裝船時業經公證數量無誤，不應再由上訴人負責，並經臺北市進出口商業同業公會函稱：船邊交貨之貨物，如經輸出港口公證裝船者，按一般國際貿易慣例，發貨人及受託採購之進口商通常不負裝船後發生之一切責任，如貨物抵達收貨口岸而發現短少，其過磅在船邊者，船公司應負一切責任云云，但兩造合約書訂明在基隆港船邊提貨，其數量自應以貨物到達基隆由被上訴人提貨時為準，如有短少應由船公司負責者，亦應由上訴人自行與之交涉，被上訴人與船公司無託運契約存在，何能向其追究，被上訴人實際收到玉米九七三、五三九公斤，應付價款為二百二十六萬八千三百四十五元八角七分，除已付二百二十六萬六千元外，尚欠二千三百四十五元八角七分而已，故上訴人應付被上訴人違約金四十六萬六千元，並應返還第二次預付款四十六萬六千元，共計九十三萬二千元，扣除已經返還之四十二萬零八百九十元及前欠二千三百四十五元八角七分，尚應給付五十萬八千七百六十四元一角三分」為其論據。按國際貿易慣例所謂船邊交貨，當指起運口岸船邊交貨 (FAS) 而言，船邊交貨之貨物，如經輸出港口公證裝船者，按一般慣例發貨人及受託採購之進口商，通常不負裝船後發生之責任，兩造所訂契約書第二條所謂「議明基隆港船邊提貨」其真意是否仍指起運口岸船邊交貨 (FAS) 即運送目的地則為基隆尚有再行調查之必要，又系爭玉米之短少，如應由船公司負賠償責任者，被上訴人為提單之收貨人，能否謂無請求權，亦非無研究之餘地。原審對於國際貿易慣例一點，即不採取臺北市進出口商業同業公會所述之意見，對於兩造之契約內容，亦未深加研討，遽以兩造契約既約定在基隆提貨，即應按提貨時實收數量計算貨款，尚嫌率斷。上訴論旨，謂被上訴人對第一期玉米一千公噸（每公噸二千三百三十元）僅支付二百二十六萬六千元，尚欠六萬四千元。預付第二期玉米款二成四十

六萬六千元，自應先行扣抵第一期所欠六萬四千元，其餘四十萬二千元始為第二期預付款，應按此數為賠償之額，惟上訴人已退還四十二萬零八百九十元，溢出一萬八千八百九十元，應由賠償金額內扣回，上訴人衹應給付被上訴人三十八萬三千一百十元，請求就原判決所命給付超過此數額部分廢棄尚難謂無理由。至於原判決所命給付三十八萬三千一百十元本息部分未據上訴人上訴，即屬業已確定。

　　據上論結，本件上訴為有理由，依民事訴訟法第四百七十七條第一項，第四百七十八條第一項，判決如主文。

FOB 買賣，可否特約約定以國外目的港為確定貨物品質、數量之地點？

【判決要旨】

　　上訴人於原審曾依契約附註欄 A 項「如果實際才數與發票或簽約之才數不符，超過或不足，買賣雙方同意於船抵高雄港三十天後以等值折換新臺幣在臺灣結清」之規定，主張本省高雄港乃為確定貨物品質及數量是否與買賣內容相同之地點，FOB 不過為計算價格之標準而已……參以經濟部國際貿易局上開釋覆第二點【本案所詢買賣木材之品質數量，應以出口之菲港交貨時為準，抑以進口高雄港卸貨為準一節，查國際貿易對數量品質等節之規定，端視雙方對上述各節所訂約內容為準，依來函所附本案交易契約第十一條第一款及同條第四款雙方對貨物抵運，如實際數量與原約不符情事，解決辦法均已有所約定，自當依上該契約條款之規定辦理之說明，是否正當可取，亦似不無調查斟酌之餘地。】

【關係慣例】

　　國際商會一九五三年國貿條規

　　FOB 離岸船上交貨價 A.賣方須 4 除以下 B.3 及 B.4 條之規定外，負擔一切成本及風險直至貨物在指定裝船口岸實際上越過船欄為止，包括為貨物出口而徵收之任何稅捐、費用、或為裝貨上船所應完成之任何手續費用在內。B.買方須 2 自貨物在指定裝船口岸實際上越過船欄時起負擔貨物之一切費用及風險，並依契約規定之價格付款。（編者註：1953 年國際商會國貿條規只在當事人無特別約定時具有補充規範之效力，當事人自得於契約內以明文規定加以變更之。）

最高法院民事判決　六十一年度臺上字第二〇五八號

上　訴　人　楊慶章（即金政吉木材廠）

被 上 訴 人　民泰有限公司

法定代理人　康德欽

右當事人間請求返還不當得利事件，上訴人對於中華民國六十一年二月二十八日臺灣高等法院第二審判決（六十年度上字第一二二三號）提起上訴，本院判決如左：

主　文

原判決除假執行部分外廢棄，發回臺灣高等法院。

理　由

本件被上訴人前將菲律賓馬尼拉 RCC 木業公司進口之柳安木三、○○○／三、五○○立方公尺出售上訴人，關於交貨地點，契約價格欄，載有每立方公尺 FOB Casiquran 美金二十二元五角，菲律賓奎松省所謂 FOB 依臺北市進出口商業同業公會及經濟部國際貿易局於原審釋覆係指貨物有效越過指定發貨港口船舶欄杆以前，由售貨人承擔貨物費用及風險，以後費用及風險則由購貨人負擔而言，本件被上訴人出售之柳安木係自菲律賓馬尼拉裝由上訴人租用之萬壽輪運來，雖非不可認在菲律賓之馬尼拉，但上訴人於原審曾依契約附註欄 A 項「如果實際才數與發票或簽約之才數不符，超過或不足，買賣雙方同意於船抵高雄港三十天後以等值折換新臺幣在臺灣結清」之規定，主張本省高雄港乃為確定貨物品質及數量是否與買賣內容相同之地點，FOB 不過為計算價格之標準而已，而對上訴人此項主張，被上訴人於第一審從未爭執，祇以上訴人未依約定期間請求損害賠償等語為辯（見第一審卷第二九頁），參以經濟部國際貿易局上開釋覆第二點「本案所詢買賣木材之品質數量，應以出品之菲港交貨時為準，抑以進口高雄港卸貨為準」一節，查國際貿易對數量品質等節之規定，端視雙方對上述各節所訂契約內容為準，依來函所附本案交易契約第十一條第一款及同條第四款雙方對貨物抵運，「如實際數量與原約不符情事，解決辦法均已有所約定，自當依上該契約條款之規定辦理」之說明，是否正當可取，亦似不無調查斟酌之餘地，原審尚未就此推闡明晰，即以馬尼拉裝船時之貨物情況，據為認定被上訴人有無瑕疵擔保責任之根據，遽將第一審所為被上訴人應給付上訴人新臺幣五十七萬一千三百九十九元及其利息之判決廢棄改判，而對契約附註 A 項約定何以不應發生效力，亦不將其意見詳予說明，於法要有不合，上訴論旨，執以指摘，聲明廢棄原判決，非無理由。

據上論結，本件上訴為有理由，依民事訴訟法第四百七十七條第一項，第四百七十八條第一項，判決如主文。

中華民國六十一年八月十一日

國內 FOB 買賣，船舶遲延所引起貨物滯倉費用，應由誰負擔？

【判決要旨】

　　至於裝船，因湖北輪不停靠高雄港，致延滯裝船日期四十天，被上訴人因此支付倉庫堆棧費新臺幣一萬七千零二十四元，應否由上訴人賠償，應以該貨物裝載湖北輪，是否為上訴人之指示為斷。

最高法院民事判決　　六十二年度臺上字第二二六五號
　　上　訴　人　　恆裕企業有限公司
　　法定代理人　　鄭孝濤
　　訴訟代理人　　吳立榮律師
　　被 上 訴 人　　永泰鋼鐵股份有限公司
　　法定代理人　　黃滄海
右當事人間，請求損害賠償事件，上訴人對於中華民國六十二年六月十一日，臺灣高等法院第二審判決（六十一年上字第二八四號）提起上訴，本院判決如左：

◎ 主　文 ◎

上訴駁回。
第三審訴訟費用由上訴人負擔。

◎ 理　由 ◎

　　本件被上訴人起訴主張：上訴人於六十一年四月十三日，向被上訴人訂購圓鐵一百六十噸，價格為高雄岸邊交貨美金一萬六千一百十七元二角（訂購單載一、六二八元，此為扣除佣金後之數字），詎上訴人於給付貨款時，以英鎊之信用狀支付，依結匯率短少新臺幣（以下同）四萬三千七百二十元三角六分，屢經被上訴人催要，僅付二萬三千元，尚欠二萬零七百二十元三角六分，拒不給付，又上訴人要求被上訴人將貨物交裝同年六月十四日高雄港結關之湖北輪，被上訴人即將貨物於同年六月十三日進堆高雄倉庫，詎湖北輪因高雄港太擁擠，無法靠岸。臨時取消停靠高雄港，致該貨物寄放高雄倉庫四十天後，再裝載上訴人指定之另一「士達可倫坡」輪船，被上訴人受支付棧租一萬

七千零二十四元之損失，應由上訴人賠償，等情，求為命上訴人給付三萬七千七百四十四元三角六分，並自六十一年八月十八日起，至清償日止，按中央銀行核定放款日拆二分之一，計算利息之判決，上訴人則謂：其公司向被上訴人所購本件圓鐵，為船上交貨 (FOB) 與裝船公司簽約，亦係被上訴人委託代其報關之協大通運報關行所為，然後該報關行通知被上訴人，將貨送至高雄港結關，準備裝船，或遲或早，為被上訴人與該報關行間之事，與上訴人無關，其棧租損失，當然由被上訴人自行負責，何能向上訴人請求賠償，至於貨款，依兩造所簽訂購單，即買賣契約，固係以美金支付，但因上訴人向國外廠商所收者，為英鎊信用狀，乃與被上訴人洽商，經其同意，以英鎊信用狀折價支付，即按六十一年五月十八日之外幣報價，以美金與英鎊一：○‧三八三之比例計算，價款美金一六、一一七‧二○元，為英鎊六、一七二‧○○鎊，連同國外代理商佣金英鎊二百四十鎊，運費英鎊一千零五十七鎊六，共計英鎊七千四百六十九鎊六，全數付清，即履行給付買賣價金完畢，被上訴人不能以其押匯時，該英鎊所得新臺幣較美元為少，而要求補貼，至上訴人有補貼其二萬三千元，乃因雙方有經濟往來，勉予同意之故，僅止於此，被上訴人得寸進尺，要求補足全數，殊屬無理等語，資為抗辯，本案法院斟酌調查證據為辯論之結果認為以上訴人對於向被上訴人購買圓鐵，訂立訂購單，價金約定為美金一萬六千二百八十元，並訂明：「以經認定及不可撤銷之信用狀」為給付方法，而上訴人給付信用狀英鎊六千一百七十二鎊，當日結匯為新臺幣六十萬九百六十七元六角四分，較之美元一萬六千二百八十元，扣除佣金為美金一萬六千一百一十七元二角，結匯為新臺幣六十四萬四千六百八十八元，短少四萬三千七百二十元三角六分之事實不爭執，上訴人雖對於被上訴人所謂：當時為獲得價金，接受英鎊，上訴人允予補足美元與英鎊匯率差額之說，予以否認，但既承認以後補貼被上訴人新臺幣二萬三千元，何能謂此係基於彼此商業上往來之情感，被上訴人謂上訴人同意補貼差額之主張，當屬可信，而上訴人則無僅補貼一部二萬三千元為止之證明，是差額中之新臺幣二萬零七百二十元三角六分，亦屬價金之一部，被上訴人請求給付為正當，至於裝船，因湖北輪不停靠高雄港，致延滯裝船日期四十天，被上訴人因此支付倉庫堆棧費新臺幣一萬七千零二十四元，應否由上訴人賠償應以該貨物裝載湖北輪，是否為上訴人之指示為斷，詢據證人鄭文榮（協大通運報關行事務員）結證稱：被上訴人委託協大通運報關行報關，而委託其訂船則為上訴人，六月有一條湖北輪，經輪船公司通知海關船來結關，我們就通知被上訴人將貨送到碼頭，因高雄碼頭擁擠，湖北輪取消載貨，到七月廿日，才由同一輪船公司之另一條船「士達可倫坡」運走，云云，並有協大通運報關行出具之證明書附卷可稽，關於 FOB 之貿易，固屬船上交貨，但「船隻之訂定，當係由買方負責，運費由買方清償，與賣方無涉」，有中國鋼鐵貿易股份有限公司 (61) 中鋼業字第三一八二號函予以證明，又兩造訂立之訂購單，亦約定運費由買方即上訴人負擔，上訴人曾通知上海商業儲

蓄銀行，自應付與被上訴人之貨款中，扣除運費新臺幣十萬二千九百七十八元五角一分，轉入上訴人帳戶中，僅給付被上訴人五十九萬一千四百卅一元，則有該銀行「出口結匯證實書」附卷可稽，則上訴人謂：（被上訴人）所開統一發票，包括運費在內，訂定貨輪，非上訴人指定，顯非實在，是遲延裝船之責任在上訴人，被上訴人受上訴人之指示，於訂定湖北輪船後，將貨運至高雄倉庫，準備裝載，而湖北輪不停靠高雄港，致被上訴人受有堆棧費一萬七千零廿四元之損失，自應由上訴人賠償等詞，將第一審所為如被上訴人聲明之判決，予以維持，而駁回上訴人之上訴，於法並無違背，上訴論旨仍執被上訴人既已開發統一發票，所列總價為英鎊，其給付價款之債務即已清結，被上訴人受報關行通知，將貨送至高雄港結關，準備裝船，為其依 FOB 方式應行辦理之事，遲早與上訴人無關等陳詞，任意指摘，聲明廢棄原判決，非有理由。

　　據上論結，本件上訴為無理由，依民事訴訟法第四百八十一條，第四百四十九條第一項，第七十八條，判決如主文。

　　中華民國六十二年九月十四日

在 FOB 條件下，工廠委託出口商代辦貨物出口檢驗，如因此致有錯誤而遲延核准，則交貨遲延責任由誰負擔？

【判決要旨】

　　向檢驗局申請專案檢驗為出賣人（即生產者）之義務，業據張義明結證明確（見第一審卷四八頁），上訴人竟託被上訴人代辦，致有錯誤，而延至六十一年八月十日始核准，亦不能歸責於被上訴人，且亦不致影響九月間裝船，上訴人以此推卸責任亦非有理。

最高法院民事判決　六十四年度臺上字第八七九號

　　上　訴　人　貴琅食品股份有限公司
　　法定代理人　童春華
　　被 上 訴 人　宏臺貿易股份有限公司
　　法定代理人　陳照娥

右當事人間請求損害賠償事件，上訴人對於中華民國六十三年十二月二十三日臺灣高等法院臺南分院第二審判決（六十三年度上字第一〇五八號），提起上訴，本院判決如左：

主　文

上訴駁回。

第三審訴訟費用由上訴人負擔。

理　由

本件被上訴人主張：伊於民國六十一年六月二十四日，與上訴人訂立合約，由上訴人出賣每罐固型量一六五公克之蟹肉罐頭一千箱與被上訴人，約定每箱 FOB 價格美金十九元，於同年七月裝船，詎上訴人因當時並非蟹肉生產期，乃於寄回合約書與被上訴人時，改為同年七月及九月各裝五百箱，被上訴人只好轉告國外客戶自由金水果公司 (Liberty Gold Fruit Co.) 得其同意後，於同年七月十一日通知上訴人七月裝船五百箱之紙箱、嘜頭、牌子、標紙印刷廠，並於同月十七日寄交該批之信用狀，第二批五百箱之信用狀亦於同年八月三十一日寄交上訴人，乃上訴人竟因蟹肉漲價，企圖毀約，延不交貨，致被上訴人遭受自由金水果公司索賠美金八千元，並已交付等情，求為命上訴人以美金八千元按中央銀行公告外匯買賣價格折算之新臺幣及貨品優良經外銷檢驗合格每箱四八罐，每罐固型量一六五公克之蟹肉罐頭一千箱之判決。上訴人則以：兩造買賣之一千箱蟹肉罐頭，係約定於六十一年七月間裝船，由被上訴人供應商標紙，於裝運前將信用狀交付上訴人，依例於罐頭裝上船時，由上訴人用信用狀領款，詎被上訴人之商標紙於同年八月二十一日始寄來，而該月前往法國目的港之船隻，因於該日結關，上訴人如何趕工亦無法將貨品裝船，致上訴人未能按照預定計劃領到一千箱罐頭之價金，被上訴人為逃避遲延責任，竟將合約書內容變造，加填「七月裝五百箱、九月裝五百箱」文句，要求九月間交付五百箱裝運，但上訴人以無此約定加以拒絕，發生糾紛，嗣經國貿局調解於六十一年十一月（應為十二月）十八日成立和解，其內容要點為：被上訴人承認商標紙交付遲延，上訴人可免交付七月裝船之五百箱，至被上訴人所謂之九月裝船五百箱，雙方應於一週內將合約書原本送交國貿局鑑定，若合約書上有被上訴人主張之加填文句，上訴人應按原合約價格補交五百箱，否則一切責任由被上訴人負責，兩造僅能按照上述和解內容要求對造履行，被上訴人不得再以原合約為請求依據等語，資為抗辯。原審審理結果，以被上訴人於本件合約發生糾紛後之六十一年十一月二十一日，致函國貿局申請命上訴人依約交貨或予以停業處分，國貿局乃於同年十二月十八日，為兩造協調，結論為：兩造應於一週內將原合約書送國貿局憑核，若合約書已加分七、九（月）各交五百箱，上訴人應按原約定價格補交五百箱，否則一切責任，由被上訴人負責，然兩造將合約書送國貿局後，該局以無法作明確之鑑定為由，於六十二年一月五日，以貿（六二）伍發字第八二一號函指示被上訴人，逕洽上訴人協商解決或將有關文件另送有關機關鑑定辦理，有第一審調取之國貿局卷宗可稽，國貿局既作如上表示，兩造即無再依前述六十一年十二月十八日協調結論，請求對方履行之可能，以後用何方法進行解決，亦

不受國貿局函指示之拘束，上訴人所辯只能依國貿局上述協調結論為依據，請求履行，並將合約書送鑑定以明加填文字是否為上訴人方面之筆跡，以憑辦理，不得提起本件訴訟等語，自不足採。查兩造之合約書，用打字表示之裝船時間，雖為七月間，但代表上訴人與被上訴人簽約之上訴人公司廠長張義明，於六十一年六月十八日（在訂約之前）致被上訴人函：「有關蟹肉罐頭一事，因為您的回報單上寫即刻裝船，這樣我廠可能無法供應，因寄到貴公司之報價單，亦是希望九月或十月裝船，因為那時候產量大……」，於同年八月三日致被上訴人函：「貴公司所訂購之五百箱蟹肉，本預計七月裝船，但至今已八月三日，尚未見寄標紙來，又專案申請是向檢驗局，不是向國貿局申請，……第二批之五百箱，等第一批出貨後再接受……」，有上訴人亦認為真正之原函件附卷足憑，被上訴人主張兩造所訂合約，實際上有分於七、九月，各交五百箱裝船之合意，至堪認為真正，被上訴人合約書上加填文句，是否為上訴人方面筆跡，已無鑑定之必要，上訴人所辯，兩造合約應於七月間一次裝船完畢，自非實在。關於外銷罐頭之商標紙，因罐頭大小不同，應由出賣人與印刷商連絡，於本件係由被上訴人指定印刷廠經上訴人同意，被上訴人於六十一年七月十七日向臺中工商美術印刷廠訂製後，上訴人一直未與該印刷廠連絡，至八月初印刷廠按一般規格印製，於八月九日送出，上訴人於同月十日收到商標紙，但延至同月十九日始通知印刷廠不合規格，印刷廠於當晚趕印再送出，上訴人於同月二十一日收到商標紙，以上經過，有張義明及工商美術印刷廠負責人傅正雄之證言（見第一審卷四八至五〇頁及五八頁）足稽，且依張義明就所問：「商標紙於（八月）十日收到，為何事隔太久才通知」，答稱：「八月二十日出貨，在十幾號才打開，發覺不合規格」（見第一審卷五〇頁）之內容，商標紙如有延誤，上訴人自應負其責任，上訴人謂，被上訴人交付商標紙遲延，顯不足採。商標紙印刷之延誤，責在上訴人，已如上述，因此遲誤船期，亦應由上訴人負其責任，因而上訴人謂：六十一年八月二十一日始收到商標紙，該月前往法國目的港之船隻，於同日結關，無論如何趕工，仍無法將貨裝船之抗辯，亦無可取。至被上訴人已於六十一年七月十七日將第一批五百箱貨之信用狀寄交上訴人，有被上訴人信函存底及掛號函件執據可證，上訴人可依信用狀貸款契約借得款項，有臺灣銀行臺南分行覆函（見第一審卷七一頁）可按，上訴人未將貨裝船，仍可利用信用狀貸款，當不致影響資金之週轉。上訴人以因被上訴人商標紙之延誤，遲誤船期，影響上訴人資金之週轉與工作進行之抗辯，更無憑依。又向檢驗局申請專案檢驗為出賣人（即生產者）之義務，業據張義明結證明確（見第一審卷四八頁），上訴人竟託被上訴人代辦，致有錯誤，而延至六十一年八月十日始核准，亦不能歸責於被上訴人，且亦不致影響九月間裝船，上訴人以此推卸責任，亦非有理，因上訴人未如約定於六十一年七月間及九月間，各交付五百箱蟹肉罐頭裝船，致被上訴人遭受國外客戶自由金水果公司索賠美金八千元，已由被上訴人如數賠償，此有經我國駐金山總領事館簽證之被

上訴人公司賬單、交通部國際電信局製發被上訴人公司收據抄件為證，被上訴人訴求上訴人賠償，自屬正當，又買賣契約尚有效存在，上訴人仍有依約交貨之義務，不因其遲延而得免除，爰維持第一審所為之判決，將上訴人第二審之上訴駁回，並無不合。上訴論旨，對原審取捨證據及認定事實之職權行使，任意指摘，聲明廢棄原判決，非有理由。

據上論結，本件上訴為無理由，依民事訴訟法第四百八十一條，第四百四十九條第一項，第七十八條，判決如主文。

中華民國六十四年四月十八日

在 FOB 條件下，標的物尚未交付之前，其危險應由何人負擔？

【判決要旨】

本件原木買賣，係以 FOB(FREE ON BOARD) 之價格成交，即為船邊交貨（按：實係船上交貨），在尚未將本件標的物原木裝船交付之前，危險負擔自仍在上訴人，如有滅失，即不能指為給付不能，上訴人不同時履行出賣交付標的物之義務，而依買賣關係訴請被上訴人給付價款美金五萬元，於法難謂有據。

【關係法條、慣例】

民法第三百七十三條規定

買賣標的物之利益及危險，自交付時起，均由買受人承受負擔，但契約另有訂定者，不在此限。

國際商會一九五三年國貿條規 FOB 買方須

4.於買方未及時指定船隻，或買方保留有在某一限期內提取貨物及／或選擇裝船上岸之權利，而未及時給予詳細指示時，負擔因此所承擔之任何額外費用及貨物自規定交貨限期屆滿時起之一切風險，但以貨物經正式撥定屬於契約，意謂經明確分置或得以其他方式認定其為契約貨物者為限。

最高法院民事判決　六十四年度臺上字第一九二九號

上　訴　人　彌沙彌斯木業有限公司 (ADARNE ENTERPRISES MISAMIS LOGGING ASSOCIATES INC)

法定代理人　喬治阿達尼 (GEORGE ADARNE)

訴訟代理人　張自真律師

被 上 訴 人　裕國合板股份有限公司

法定代理人　許炳輝

右當事人間請求給付價款事件，上訴人對於中華民國六十四年五月十二日臺灣高等法院
第二審判決（六十三年上字第一三七三號），提起上訴，本院判決如左：

主　文

上訴駁回。
第三審訴訟費用由上訴人負擔。

理　由

　　本件上訴人訴請被上訴人給付價款美金五萬元及其遲延法定利息者，係以被上訴人
曾於一九七二年（即民國六十一年）六月以電報向其購買占姆安加原木二千立方米，每
立方米美金廿五元，上訴人於承諾出賣後，即將原木八九〇支二，〇五一・八〇立方米，
運至蓄木池，以備隨時出口，交付被上訴人，並先後於同年七月卅一日、八月十六日以
電報通知被上訴人指定船期，已完成交付標的物之必要行為，詎被上訴人既不指定船期，
亦不付價款，至次年二月間為被上訴人所儲存之原木被水蟲浸食，全部變質而損壞，不
適於外銷或內銷，係可歸責於被上訴人之事由，致上訴人給付不能，應免除給付義務，
本於買賣關係請求被上訴人給付價款等情事，為其原因與事實，原審以上訴人於六十一
年六月二日致被上訴人之電報記載，原要約單價為美金廿六元，六月底交貨（見第一審
卷 32 頁），被上訴人於同月五日回電還價廿五元（見原證一號），上訴人於同月六日去
電稱：請開每立方米美金廿四元之信用狀（見同卷 34 頁），嗣又電請被上訴人指定裝船
期及船舶，被上訴人於同月復上訴人電報載：「因日本海員罷工，租船極困難，現努力
中，當即於指定時奉告謝謝」（見同卷 53 頁原文及譯文），上訴人除於同年七月卅一日
及八月十六日電詢被上訴人關於占姆安加原木二千立方米大約船期（見原證三四號）外，
並未言明已將預購原木總數砍伐存入蓄木池，被上訴人亦未回電裝船交貨，依國際間貿
易之買賣，上訴人既請被上訴人開立方米美金廿四元之「信用狀」，在未接到「信用狀」
前，自無交付原木之義務更無於六月六日先行砍伐原木運存蓄木池之理。至一九七三年
（即民國六十二年）二月二日菲律賓林務局證明書所載內容，僅能證明上訴人有準備原
木二、〇五一・〇八立方米運往蓄木池，不能證明係於何時放置於蓄木池及丟棄海邊，
更無法證明該原木係被上訴人所訂購，參諸兩造往返電報中，被上訴人僅訂購原木二千
立方米，認該證明書所載原木二、〇五一・〇八立方米非被上訴人所訂購之物，上訴人
所為防止原木乾燥縮小材積，多準備五一・〇八立方米為應有措施，未據先期通知被上
訴人，至起訴後始作此主張，不足憑信，被上訴人所為該菲律賓林務局之證明書不能為

上訴人有利之證據之抗辯可採，上訴人以出售原木為專業，縱將二、○五一・○八立方米原木長期放置蓄木池為水蟲浸食，乃其措施失當所致，要與被上訴人無關，在尚未完成交付行為前，上訴人得任意以同種類之原木為交付，上訴人謂交付標的物之必要行為已完成，已由種類之債變為特定之債，該特定物因不可歸責於上訴人之事由（意即可歸責於被上訴人之事由如前述）而滅失，發生給付不能，仍得請求被上訴人給付價金，為非可取，況本件原木買賣，係以 FOB (FREE ON BOARD) 之價格成交（上訴人自認），即為船邊交貨（見第一審卷 61 頁），在尚未將本件標的物原木裝船交付之前，危險負擔自仍在上訴人，如有滅失，即不能指為給付不能，上訴人不同時履行出賣人交付標的物之義務，而依買賣關係訴請被上訴人給付價款美金五萬元，於法難謂有據，更無受領遲延之可言，爰將第一審所為上訴人勝訴之判決廢棄，改為駁回上訴人之訴之判決，於法尚無違背。上訴論旨，固執陳詞，仍謂其放置蓄木池原木二、○五一・○八立方米，係為應被上訴人通知裝船期及指定船舶時，隨時出口交付被上訴人，有菲律賓林務局證明書……上訴人以準備給付之情事通知被上訴人，即為提出，上訴人既一再通知被上訴人指定裝船期，以便裝船交貨，即已完成提出，一經提出，即由種類之債變為特定之債，而可發生給付不能問題，上訴人於被上訴人未開發信用狀前，願先交付標的物，並無不可，不能因被上訴人違約未開信用狀，反為上訴人不利之認定……菲律賓之水蟲乃水中天然之物，殺不勝殺，隨時滋生，無從防備，亦無人加以防備，故不能因此認為上訴人有何重大過失，從而本件原木之變質損壞，純因被上訴人遲延受領所致，顯係可歸責於被上訴人之事由，致給付不能，依法上訴人免為給付仍得請求被上訴人交付價金等詞，指摘原審予以敗訴判決。認事用法均有違誤，聲明廢棄原判決為無理由。

　　據上論結，本件上訴為無理由，依民事訴訟法第四百八十一條，第四百四十九條第一項，第七十八條，判決如主文。

在 FOB 條件下，出賣人是否須就貨物運送中之危險負責？

【判決要旨】

　　三菱公司雖為系爭貨物之出賣人，負有交付該貨物與上訴人之義務，惟本件交易雙方約定係以船上交貨價格 (FOB) 之交貨條件為之，為上訴人所是認，三菱公司將上訴人訂購之系爭貨物全部交由晴海汽船株式會社之神佑一號輪船運送，有該輪大副簽發之載貨證券可證，則三菱公司已盡交貨之義務，此後貨物之喪失及毀損，乃屬運送人之責，與出賣人無關，三菱公司臺北分公司及泉盛公司殊無賠償責任之可言。

【關係法條、慣例】

民法第三百七十三條規定

買賣標的物之利益及危險，自交付時起，均由買受人承受負擔，但契約另有訂定者，不在此限。

國際商會一九五三年國貿條規 FOB (B)

買方須自貨物在指定裝船口岸實際上越過船欄時起負擔貨物之一切費用及規定之價格付款。

最高法院民事判決　六十四年度臺上字第二五七一號

上　訴　人　協良貿易股份有限公司

法定代理人　張守墨

被 上 訴 人　宏吉企業有限公司

法定代理人　陳 劉 春 嬌

被 上 訴 人　泉盛股份有限公司

法定代理人　林樹枝

被 上 訴 人　日商三菱商事股份有限公司臺北分公司

法定代理人　清野潤太郎

右當事人間請求損害賠償事件，上訴人對於中華民國六十四年八月四日臺灣高等法院第二審判決（六十四年度上字第八五九號），提起上訴，本院判決如左：

主　文

上訴駁回。

第三審訴訟費用由上訴人負擔。

理　由

本件上訴人訴請被上訴人連帶給付其美金一千一百廿元折合新臺幣四萬二千五百六十元，並自民國（下同）六十二年度三月六日起至清償日止按中央銀行核定放款日拆二分之一計算利息者，係以其於六十一年十二月十九日曾向被上訴人日商三菱商事股份有限公司（下簡稱三菱公司）之代理商即被上訴人泉盛股份有限公司（下簡稱泉盛公司）訂購人造膠計一七七八號五百包，一五〇二號、一五〇〇號各一百包，總價美金六千六

百十五元，六十二年二月由三菱公司在日本交由被上訴人宏吉企業有限公司（以下簡稱宏吉公司）所代理之晴海汽船株式會社所屬之神佑一號輪船運送來臺，於同年三月三日船抵基隆港，上訴人於同月六日（第一審判決載為五日）將運費交付宏吉公司收受，但經報關繳稅提貨時發覺其中短少人造膠一五〇二號一百包，價值美金一千一百廿元分向被上訴人追查迄無結果，為被上訴人不爭之事實，應負連帶賠償責任等情，為其原因與事實。原審以三菱公司雖為系爭貨物之出賣人，負有交付該貨物與上訴人之義務，惟本件交易雙方約定係以船上交貨價格 (FOB) 之交貨條件為之，為上訴人所是認，三菱公司將上訴人訂購之系爭貨物全部交由晴海汽船株式會社所屬之神佑一號輪船運送，有該輪大副簽發之載貨證券可證，則三菱公司已盡交貨之義務，此後貨物之喪失及毀損，乃屬運送人之責，與出賣人無關，三菱公司臺北分公司及泉盛公司殊無賠償責任之可言，宏吉公司並非本件運送契約之當事人，不過在臺灣地區受商號即晴海汽船株式會社之委託辦理其運送之招攬及運金之代收義務，而對該商號抽取佣金而已，此由其於六十二年三月五日開發與上訴人之統一發票載明：「SS 神佑一號代收運費」字樣以觀甚明，上訴人對其訴請連帶賠償損害，亦非正當，爰予維持第一審所為不利於上訴人之判決。於法尚無不合。上訴論旨，置上開國際貿易約定之交貨條件於不顧，仍依民法上關於一般買賣之規定，主張出賣人三菱公司應負使買受人取得權利或一定之物之義務，且將貨裝載於神佑輪係三菱公司所指定，而非上訴人託運，又宏吉公司收取上訴人之運費，具有運送人身分，應負賠償之責……等語，指摘原判決，聲明廢棄，難謂有理。

　　據上論結，本件上訴為無理由，依民事訴訟法第四百八十一條，第四百四十九條第一項，第七十八條，判決如主文。

在 FOB 條件下，出口報關費用，究應由貿易商負擔？或是工廠負擔？

【判決要旨】

　　經濟部國際貿易局，以貿（六四）五發字第六六一三號函復謂：「出口報關費用，究應由廠商抑由貿易商負擔，端視國外開來信用狀上受益人為誰而定，與價格條件無關，至於報關行代理客戶報關出口，客戶理應出具委託書，惟慣例上亦得以口頭方式委託辦理，至如客戶已簽章由報關行申報出口者，亦應認定係以默示意思表示方式委託者。」

最高法院民事判決　六十五年度臺上字第二〇六七號

上　訴　人　萬業貿易股份有限公司
法定代理人　王美秀
訴訟代理人　於泰峰律師
被　上　訴　人　聯友報關股份有限公司
法定代理人　林錦霞

右當事人間請求給付報關費等事件，上訴人對於中華民國六十五年四月廿六日臺灣高等法院第二審判決（六十四年上字第四八六號），提起上訴，本院判決如左：

主　文

上訴駁回。
第三審訴訟費用由上訴人負擔。

理　由

本件被上訴人主張：上訴人為外銷聖誕燈串，自民國六十二年八月二十日起至同年十月廿九日止，曾託伊辦理五十六批之出口報關手續，伊共代上訴人墊付海關規費及檢驗費酬金等，合計新臺幣（下同）十二萬三千二百七十四元三角，上訴人業經核對有關單據無訛，求為命上訴人給付十二萬三千二百七十四元三角並加給利息之判決。

上訴人則以：伊為貿易商，從未委託被上訴人辦理報關，不能因伊在出口文件上蓋章，遂謂伊應給付報關費，且在 FOB 價格條件下，應由廠商給付報關費，又被上訴人主張之報關費，伊承諾給付三萬零四十九元四角，但實非伊所應給付，而報關費中之一至四項，伊已給付清楚。此外，證人林美美為訴外人萬邦公司職員，不能因其與伊公司職員李健齡核對帳單上之金額，遂謂林美美已代表伊承諾給付報關費，因此請求駁回被上訴人之訴。

原審以：上訴人雖一再諉稱，系爭報關費用，應由廠商萬邦公司擔負，徵諸證人林美美證稱：「……關於報關事宜，廠商未與報關行發生直接關係，是貿易公司委託報關行辦出口」，「一般均無訂立書面契約，每家都是用口頭委託辦理……」。經濟部國際貿易局，以貿（六四）五發字第六六一三號函復謂：「出口報關費用，究應由廠商抑由貿易商負擔，端視國外開來信用狀上受益人為誰而定，與價格條件無關，至於報關行代理客戶報關出口，客戶理應出具委託書，惟慣例上亦得以口頭方式委託辦理，至如客戶已簽章由報關行申報出口者，亦應認定係以默示意思表示方式委託者」等語。矧上訴人委託被上訴人代為辦理出口報關，不特已在出口文件上簽名蓋章，實際上並已交付被上訴人憑辦，上訴人復承認被上訴人代辦之各筆出口，係其公司名義，以前亦有被上訴人代

辦及付與被上訴人報關費情事。對於被上訴人請求之三萬零四十九元四角，上訴人又已承諾給付。在在均足證明被上訴人係受上訴人之委託而辦理報關。況上訴人所辯系爭報關費業已清償，未據舉證以為證明，尤與上訴人承諾給付被上訴人三萬零四十九元四角報關費，互相矛盾。被上訴人訴求上訴人給付報關費十二萬三千二百七十四元三角及其利息，應予准許云云，為得心證之理由，爰予維持第一審所為上訴人敗訴之判決，駁回其上訴，於法洵無違背。上訴論旨，徒就原審取捨證據認定事實之職權行使，任意指摘，求予廢棄，難謂有理。

　　據上論結，本件上訴為無理由，依民事訴訟法第四百八十一條，第四百四十九條第一項，第七十八條，判決如主文。

　　中華民國六十五年八月廿六日

約定在基隆交貨，嗣因船舶遭難致貨物滅失，該損害由誰負擔？

【判決要旨】

　　一、惟查兩造所訂合約書係載明在基隆交貨，終因託運輪船於馬尼拉外海發生海難，嗣後既經施文澤定期催告，則上訴人自應另行設法交付。茲上訴人竟不履行交付，自應負遲延責任。

　　二、本院按買受人因物有瑕疵而得解除契約或請求減少價金者，其解除權或請求權，於物之交付後六月間，不行使而消滅。民法第三百六十五條第一項定有明文。查本件被上訴人陳施妙玉與上訴人公司所訂立之訂貨合約書，其訂立日期為六十二年十一月卅日迄至六十四年三月二十八日通知解約時止，早已逾一年之時間。究竟該項冷凍機係於何時交付買受人，對於被上訴人陳施妙玉能否行使解除權至有關係。如其貨物交付後已逾六個月期間，依法即不得行使解除權。

【關係法條】

　　民法第三百五十九條

　　買賣因物有瑕疵，而出賣人依前五條之規定，應負擔保之責者，買受人得解除其契約，或請求減少其價金。但依情形，解除契約顯失公平者，買受人僅得請求減少價金。

　　民法第三百七十三條

　　買賣標的物之利益及危險，自交付時起，均由買受人承受負擔。但契約另有訂定者，不在此限。

　　民法第三百六十五條

買受人因物有瑕疵，而得解除契約或請求減少價金者，其解除權或請求權，於物之交付後六個月間，不行使而消滅。前項規定，於出賣人故意不告知瑕疵者，不適用之。

民法第二百五十四條

契約當事人之一方遲延給付者，他方當事人得定相當期限，催告其履行，如於期限內不履行時，得解除其契約。

最高法院民事判決　六十六年度臺上字第四二八號

上　訴　人　森美工程股份有限公司

法定代理人　劉奎斗

訴訟代理人　朱　仁律師

被　上　訴　人　陳施妙玉

　　　　　　施文澤

右當事人間請求返還價金事件，上訴人對於中華民國六十五年八月廿三日臺灣高等法院第二審判決（六十四年上字第二三九四號），提起上訴，本院判決如左：

主　文

原判決關於駁回上訴人對被上訴人陳施妙玉之上訴暨該部分訴訟費用之裁判廢棄，發回臺灣高等法院。

其他上訴駁回。

第三審訴訟費用除發回部分外，由上訴人負擔。

理　由

本件被上訴人起訴主張：㈠被上訴人陳施妙玉於民國六十二年十一月底向上訴人公司購買美國 SFT 牌一〇七 E 型漁船用冷凍機一臺，冷凍力為四五・〇〇〇 BTU，上訴人負責保證於開動後四小時內達到華氏（以下同）零下二十度，價款六十一萬八千八百廿一元二角四分，業已付清。詎上訴人所交付之冷凍機，經使用結果，不合漁船用冷凍機冷度之標準，其冷凍力最多只能達到零下二度，以致不堪使用。經依法通知解除契約後，自得請求上訴人返還已付之價金及賠償所受之損失。求為命上訴人應給付陳施妙玉新臺幣（下同）一百七十一萬七千八百四十九元二角四分，其中六十一萬八千八百廿一元二角四分並自六十四年三月廿八日起至清償日止按中央銀行核定放款日拆二分之一

計付利息之判決。㈡被上訴人施文澤於民國六十三年一月九日向上訴人公司訂購美國 SFT 牌一〇七 E 型漁船用冷凍機一臺，已給付價款十五萬八千元，約定應於九十天內自美國港口運出並在基隆交貨。詎料迄至六十四年一月二十五日止，為時一年有餘，上訴人尚未交貨。被上訴人施文澤乃委請律師定期催告上訴人履行，否則原訂合約即告解除，截至六十四年二月八日催告期間屆滿，上訴人仍不履行，業已發生解除之效果，求為命上訴人應返還施文澤價款十五萬八千元及自六十四年二月八日起至清償日止按中央銀行核定放款日拆二分之一計算利息之判決。上訴人公司則以伊公司係介紹被上訴人與美國廠商訂約買賣，屬於居間性質，被上訴人請求伊公司負出賣人之責任。顯有誤會。況且被上訴人陳施妙玉於六十三年十一月底所購買之冷凍機一臺，其冷凍力量，原屬正常，一再出海作業，亦無不良報告。直至六十三年九月廿五日其漁船返基隆港後始以魚艙溫度下降時間稍長，要求改善。經上訴人徵得美國廠商同意後，耗資十九萬元，委託萬怡機械公司加以修改，工程完成後在四小時將魚艙溫度，在空艙情形下降至華氏二十度，被上訴人陳施妙玉亦認為滿意。在六十四年二月二十三日該漁船元亨十一號出海作業，上訴人公司或萬怡機械公司均未接獲有任何不良情形之通知，可見該冷凍機已無缺陷存在。茲該陳施妙玉於經過數個月後始藉口該冷凍機在滿藏漁獲物之下溫度僅降至華氏零下二度，而要求解約，顯失公平云云，資為抗辯。原審雖以上訴人公司曾出具保證書載明：「改裝後在三個航次內如發生⑴冷量不夠⑵正常操作下機器經常發生故障，本公司願取回機器，付還價款，並保證於開動四小時內達到零下二十度，如不能達到此能量，亦願取回機器付還價款」云云。茲經基隆市政府會同臺灣省漁業局、臺灣省水產試驗所、基隆市漁會鑑驗結果，咸認系爭冷凍機除霜性能不良，無法冷凍漁獲物，冷凍溫度僅達攝氏零下二度，是則被上訴人以買賣之冷凍機無法達到預定之效果而解除契約，應無不合，又被上訴人施文澤所主張之事實，業據提出原訂合約書及限期催告解除契約通知書影本可稽。上訴人公司雖以該冷凍機因在途中發生海難，一時無法交付，係因不可歸責與上訴人之事由，同時施文澤已另提取鹽水箱一臺，價值已超過十五萬八千元，亦得予以抵銷等語為辯。惟查兩造所訂合約書係載明在基隆交貨，終因託運輪船於馬尼拉外海發生海難，嗣後既經施文澤定期催告，則上訴人自應另行設法交付。茲上訴人竟不履行交付，自應負遲延責任，得由施文澤解除契約，請求返還已付之價金暨法定遲延利息。至上訴人公司主張抵銷一節，雖據其提出美國大通銀行結匯單影本一件為證，但此係證明其有向國外購進冷凍機之結匯並不能證明施文澤確有提取收受鹽水箱之事實。況查兩造所立之合約書並無訂購鹽水箱之記載，上訴人公司焉有將鹽水箱交付與施文澤之可能，既為施文澤所否認，其所為抗辯，既不足採。爰認第一審判命上訴人應給付被上訴人陳施妙玉七十三萬一千八百四十九元二角四分，其中六十一萬八千八百二十一元二角四分並自六十四年三月廿八日起至清償日止按中央銀行核定放款日拆二分之一算付利

息，另給付被上訴人施文澤十五萬八千元及自六十四年二月八日起至清償日止按中央銀行核定放款日拆二分之一算付利息，並駁回被上訴人陳施妙玉其餘之訴，尚無不合等情，為其駁回兩造上訴之論據。本院按買受人因物有瑕疵而得解除契約或請求減少價金者，其解除權或請求權，於物之交付後六個月間，不行使而消滅。民法第三百六十五條第一項定有明文。查本件被上訴人陳施妙玉與上訴人公司所訂立之訂貨合約書，其訂立日期為六十二年十一月卅日迄至六十四年三月廿八日通知解約時止，早已逾一年之時間。究竟該項冷凍機係於何時交付買受人，對於被上訴人陳施妙玉能否行使解除權至有關係。如其貨物交付後已逾六個月期間，依法即不得行使解除權。是關於陳施妙玉請求部分仍待調查確實以憑核判，上訴人對此部分之上訴，為有理由。至於施文澤請求部分，原審判令上訴人應返還施文澤十五萬八千元暨其法定遲延之利息，尚無不合，應予維持，上訴人猶對之不服，提起上訴，非有理由。

　　據上論結，本件上訴為一部有理由，一部無理由，依民事訴訟法第四百七十七條第一項，第四百七十八條第一項，第四百八十一條，第四百四十九條第一項，第七十八條，判決如主文。

　　中華民國六十六年二月十五日

在 FOB 條件下，受貨人授權託運人與運送人約定「運費到付」，受貨人是否對運費須負責？

【判決要旨】

　　查上訴人對其向中興公司購買鋼管，委託華南商業銀行高雄分行開立不可撤銷之信用狀，載明離岸價格，裝船日期……，及運費到付條款，顯係表示授權中興公司指定船舶運送貨物，而願負擔運費，於此情形，依國際貿易慣例，實應由上訴人負擔運費。

【關係法條】

　　民法第一百零三條第一項

　　代理人於代理權限內，以本人名義所為之意思表示，直接對本人發生效力。

———————————●———————————

最高法院民事判決　六十六年度臺上字第一二五四號

　　上　訴　人　許馮月香
　　被 上 訴 人　日本東和海運株式會社　設日本京都
　　法定代理人　陳井澄海

右當事人間請求給付運費事件，上訴人對於中華民國六十五年十二月十四日臺灣高等法院臺南分院第二審判決（六十四年上字第一五六七號），提起上訴，本院判決如左：

主　文

上訴駁回。
第三審訴訟費用由上訴人負擔。

理　由

　　本件被上訴人主張上訴人為豐享行店東，於民國六十三年二月間，向設於日本之中國興業公司（下稱中興公司）購買鋼管七十二枝，重二十八萬三千零四十一公斤，由被上訴人為之運送，於同年三月十日運達高雄港，而於該日之前一日（九日）即通知上訴人準備提貨，又於其後四日（十四日）催告繳付運費新臺幣（下同）三十八萬七千四百四十四元二角，詎其竟以鋼管跌價，不願領取貨物，而拒付運費，然㈠上訴人與中興公司所訂買賣契約係約定離岸價格（在指定之裝貨港口大船上交貨價格 FOB），故其運費應由上訴人向被上訴人給付，㈡上訴人託請銀行開出之信用狀，訂定運費由上訴人向運送人給付，㈢本件運送契約雖由中興公司出面與被上訴人洽訂，實係中興公司受上訴人之委任而訂立，設上訴人未委任中興公司交被上訴人運送，但於交運貨物時，上訴人不為反對之意思表示，亦應負授權人之責任，㈣載貨證券載明運費由上訴人負擔，依法上訴人應受其拘束，㈤被上訴人已為上訴人完成運送，上訴人即不得藉口運送之船舶非其親自指定，而拒付運費，否則，即有背於誠信原則等情，求為命上訴人如數給付運費及其法定利息之判決。上訴人則以被上訴人為外國公司，未經我國認許其成立，並經辦理設立登記，其在我國亦未設有代表人或管理人，應無當事人能力，且上訴人亦未委託被上訴人運送鋼管，何得請求給付運費云云，資為抗辯。原審以未經認許其成立之外國法人，雖不能認其為法人，然仍不失為非法人團體，其設有代表人或管理人者，依民事訴訟法第四十條第三項規定，自有當事人能力。本件被上訴人固係未經認許之日本國法人，惟其既設有代表人（即法定代理人陳井澄海），有日本國東京法務局港出張所發給，經我國亞東關係協會東京辦事處簽證之證書（即登記簿謄本）可考，被上訴人提起本件訴訟，自屬有當事人能力，上訴人就此所為之指摘，要無足取。次查上訴人對其向中興公司購買鋼管，委託華南商業銀行高雄分行開立不可撤銷之信用狀，載明離岸價格，裝船日期不得逾民國六十三年五月五日，及「運費到付」等條款，顯係表示授權中興公司指定船舶運送貨物，而願負擔運費，於此情形，依國際貿易慣例，實應由上訴人負擔運費（見證人張春木之證言及臺北市銀行商業同業公會函），被上訴人因中興公司代理上訴

人託運，並出示信用狀，而信賴不疑，故接受鋼管之運送，於貨抵高雄港後，上訴人又無異言，經證人黃文雄證明，鋼管之價款業經上訴人給付開狀銀行清楚，其中未含運費在內，復為上訴人所是認，自不能因貨物發票及載貨證券記載「託運人中興公司」，而謂上訴人不應負授權人之責。再海商法第八十二條規定「以船舶之全部或一部供運送為目的」之運送契約，應以書面為之，係指傭船（包船）契約之訂立應以書面為之而言，本件鋼管為件貨之運送，自與之有別，雖被上訴人未提出書面運送契約，亦不容上訴人據以拒付運費。未查被上訴人主張本件運費為三十八萬七千四百四十四元二角，既為上訴人所不爭，請求上訴人如數給付及加計法定利息，即無不洽，爰將第一審所為被上訴人敗訴之判決，廢棄改判，於法並無違背。上訴論旨，指摘原判決不當，聲明廢棄，非有理由。

據上論結，本件上訴為無理由，依民事訴訟法第四百八十一條，第四百四十九條第一項，第七十八條，判決如主文。

中華民國六十六年五月六日

在 FOB 條件下，如受貨人不為給付運費，運送人得否不主張留置權而逕向託運人請求運費？

【判決要旨】

本件因兩造特別約定，於該貨物抵達印尼泗水港時，由收貨人給付運費，依被上訴人主張此為由第三人為給付之契約，故上訴人應擔保第三人須為給付，但第三人究為給付與否，則不受此契約之拘束，如第三人不為給付，上訴人所擔保者未能達到結果，即應負債務不履行之責任，被上訴人依民法第二百六十八條請求上訴人賠償其損害，自屬正當。依民法第六百四十七條第一項運送人為保全其運費，對於運送物固有留置權，但被上訴人不行使此項留置權，而選擇請求上訴人賠償其運費之損失，當為法之所許。

【關係法條】

民法第二百六十八條

契約當事人之一方，約定由第三人對於他方為給付者，於第三人不為給付時，應負損害賠償責任。

民法第六百四十七條第一項

運送人為保全其運費及其他費用，得受清償之必要，按其比例，對於運送物，有留置權。

最高法院民事判決　六十六年度臺上字第一三八六號

　　上　訴　人　瑞東實業股份有限公司

　　法定代理人　林全福

　　訴訟代理人　王成彬律師

　　被上訴人　　文山航業股份有限公司

　　法定代理人　張文彥

右當事人間請求損害賠償事件，上訴人對於中華民國六十六年二月十五日臺灣高等法院臺南分院第二審判決（六十六年上字第四三號），提起上訴，本院判決如左：

◎ 主　文 ◎

上訴駁回。

第三審訴訟費用由上訴人負擔。

◎ 理　由 ◎

　　本件被上訴人起訴主張，上訴人於民國六十四年十二月廿七日將其製造出口之載客用三輪車配件及附件共八〇五箱，託交被上訴人所有之魯城輪由高雄運至印尼泗水港，約定運費美金一萬三千七百十五元六角，於抵達目的港時，向受貨人收取。經被上訴人於六十五年二月中旬將該貨物運至印尼泗水港，完成卸貨，依提單記載受貨人為託運人之指定人，但迄今並無受貨人持單前來提貨，故亦無法向之收取運費。本於雙方所訂由第三人為給付之契約，上訴人應負擔保之責，第三人不為給付，自得請求上訴人賠償其損害，求為判命上訴人賠償新臺幣五十二萬零五百零七元零二分，及自訴狀送達翌日起算之遲延利息。上訴人則以如受貨人拒付運費，被上訴人依民法第六百四十七條第一項對於運送物有留置權，不得請求上訴人損害賠償。況受貨人怠於受領貨物，依海商法第九十四條第一項規定應將貨物寄存於港埠管理機關或合法經營之倉庫，被上訴人既未依此規定辦理，請求運費仍嫌過早，自無損害賠償之可言等語，資為抗辯。原審經審理結果，以被上訴人主張之事實，業據其提出提單、收貨單及兩造與印尼泗水港代理行往來之函件為證，通常運送契約於運送人將貨物運到目的地後，託運人本有支付運費之義務，惟本件因兩造特別約定，於該貨物抵達印尼泗水港時，由收貨人給付運費，依被上訴人主張此為由第三人為給付之契約，故上訴人應擔保第三人須為給付，但第三人究為給付與否，則不受此契約之拘束，如第三人不為給付，上訴人所擔保者未能達到結果，即應負債務不履行之責任，被上訴人依民法第二百六十八條請求上訴人賠償其損害，自屬正

當。依民法第六百四十七條第一項運送人為保全其運費，對於運送物固有留置權，但被上訴人不行使此項留置權，而選擇請求上訴人賠償其運費之損失，當為法之所許。至海商法第九十四條第一項係對受貨人怠於受領貨物所為處置之規定，與被上訴人請求損害賠償，不生影響。上訴人上各抗辯，無可採取。因認第一審依被上訴人按照運費損失折合新臺幣請求賠償判予准許，尚無不合，爰予維持其判決，駁回上訴人之上訴，於法並無違背。上訴意旨，對原審所為法律上之判斷，指摘其為不當，求予廢棄原判決，非有理由。

　　據上論結，本件上訴為無理由，依民事訴訟法第四百八十一條，第四百四十九條第一項，第七十八條，判決如主文。

　　中華民國六十六年五月十九日

在 FOB 條件下，如無特約，出口商可否以國外轉買商之檢驗報告對工廠主張瑕疵？

【判決要旨】

　　第按買受人檢查其所受領之物，通常應於受領之處所為之，本件兩造所訂錳鐵售貨認定書四紙似無在美國轉買商之營業所在地檢查之特約，上訴人復係在基隆港將所賣之錳鐵二百五十噸交付被上訴人收受（FOB 重在說明貨物價格之結構），被上訴人又於六十四年四月三十日函知上訴人公證檢驗出口，被上訴人押匯申請書亦有附件檢驗報告之記載，上訴人更指被上訴人已選任公證人作檢查公證，認為合格後始行出口，被上訴人是否未為化學分析檢查，固屬可疑，而其又何以不為化學分析檢查（我國有無作此化學分析檢查之機構？），用以確定所受領之錳鐵含錳之成分是否達於約定標準，並使上訴人有充分明瞭檢查程序及其結果之機會，原審又未詳查明確，用資判斷被上訴人得否於其檢查受領錳鐵後，再據美國金屬化驗服務處檢驗報告公證書，拒絕受領其餘錳鐵之給付，亦有未合。再者，上訴人對於美國金屬化驗服務處之檢驗報告公證書既諸多質疑，則該服務處之是否從事公證業務，暨其具否關於商事及商品之知識，即不可不予究明。

最高法院民事判決　六十六年度臺上字第一八四五號

　　上　訴　人　臺灣製鋼礦業股份有限公司
　　法定代理人　甘建福
　　被 上 訴 人　藍葉有限公司

　　　法定代理人　藍葉紀美

右當事人間請求損害賠償事件，上訴人對於中華民國六十六年三月二十三日臺灣高等法院第二審判決（六十五年上更一字第四八八號），提起上訴，本院判決如左：

主　文

原判決除假執行部分外廢棄，發回臺灣高等法院。

理　由

　　本件上訴人主張被上訴人於民國六十四年四月二日向上訴人定購錳鐵四批，計一千一百公噸，除已提貨二百五十公噸外，餘八百五十公噸依約應於同年六月底以前提清，詎被上訴人竟因國際錳鐵價格下跌，而拒絕提貨，更不給付價金美金二十七萬七千二百二十五元（折合新臺幣一千零五十三萬五千五百元），經於同年七月十二日、八月一日催告，並限期提貨付款，均無效果，乃於同年九月十三日向被上訴人為解除契約之表示，而將錳鐵八百五十公噸另售與訴外人萬宇企業股份有限公司等，差價美金折合新臺幣一百七十七萬六千五百元等情，求為命被上訴人賠償新臺幣一百六十一萬五千元及法定遲延利息之判決（上訴人請求逾此部分，前經判決上訴人敗訴確定）。

　　被上訴人則以其係居間介紹上訴人外銷錳鐵，每公噸佣金美金五元，非為錳鐵之買受人。上訴人前交運之錳鐵二百五十公噸，品質惡劣，未達規格，致外國客戶要求賠償，拒開信用狀，經通知上訴人提出化驗表，會同鑑定，為之不理，是其錳鐵有瑕疵，請求被上訴人賠償，實有違背誠信原則云云，資為抗辯。

　　原審以依售貨認定書，經濟部國際貿易局函，協調糾紛紀錄及被上訴人六十四年六月二十六日函之記載，暨證人賴永松、陳世雄之證言，固足認定被上訴人為錳鐵之買受人，而非居間，然查售貨認定書記載錳鐵之成分，含錳量應為百分之七十三至百分之七十八，被上訴人提出之美國金屬化驗服務處檢驗報告公證書影本記載檢驗結果，其錳含量為百分之六十七點七一至百分之七十點三四，該公證書影本又記明信用狀四七九號，於六十四年五月十九日在基隆港裝貨，託由維明輪載運，錳鐵重二百五十公噸，運往美國查爾斯頓交貨，核與被上訴人提出之利豐報關行致上訴人之函件，收費通知單，上訴人簽認之結算書，錳鐵押匯申請書等件記載者相符，而該公證書影本既經美國阿拉巴馬州第十巡迴法庭及州務院證明，並經我國駐美國亞特蘭達總領事館簽證，自應認為真正。次查本件錳鐵之交貨處所為基隆港碼頭邊，被上訴人於六十四年四月三十日函知上訴人公證檢驗出口，固有該函為證（見外放證物原告提出證物卷），美國花旗銀行臺北分行函送錳鐵押匯申請書雖記載「檢驗報告五紙」，惟錳鐵之成分非肉眼所能識別，必須化

驗始能查知，故為被上訴人出具化學分析證明之國王公證公司未經化驗，祇查對製造者即上訴人品質化驗表，即為分析證明（見該公司函）。上訴人工廠品質報告記載錳成分為百分之七四點三二，七四點六八，七四點六九，七四點五四，七四點九五，七四點三五，被上訴人於接獲前開公證書後，即於六十四年七月十四日致函上訴人，謂「二百五十公噸錳鐵之品質塊狀不合美方要求」，當係「立即」通知，上訴人之職員賴永松曾在該函內簽名，而有承認其品質不符約定之意。上訴人出售錳鐵既附具製造者品質化驗表，供公證人為計算，依民法第三百五十四條規定，即應擔保其契約保證之品質，其交付之錳鐵確有瑕疵，有如前述，顯係未依債之本旨履行，此後，被上訴人拒絕受領上訴人給付之同類貨物，尚難謂之違約。上訴人稱被上訴人曾就本件買賣糾紛申請經濟部國際貿易局調解，嗣又撤回，雖屬真實，但究不能據此而謂上訴人交付之錳鐵無有瑕疵。美國客戶（即購買本件錳鐵二百五十公噸者）後復電請上訴人就錳鐵開價，亦不能採為有利於上訴人之證據。是上訴人以被上訴人違約，而解除錳鐵買賣契約，並請求賠償損害新臺幣一百六十一萬五千元之本息，要非正當，為其將第一審就此所為准如上訴人聲明之判決，廢棄改判之判斷基礎。第按買受人檢查其所受領之物，通常應於受領之處所為之，本件兩造所訂錳鐵售貨認定書四紙似無在美國轉買商之營業所在地檢查之特約，上訴人復係在基隆港將所賣之錳鐵二百五十公噸交付被上訴人收受（FOB 重在說明貨物價格之結構），被上訴人又於六十四年四月三十日函知上訴人公證檢驗出口，被上訴人押匯申請書亦有附件檢驗報告之記載，上訴人更指被上訴人已選任公證人作檢查公證，認為合格後始行出口（見一審卷十四之一頁、八九頁、九八頁，原審更字卷七一頁、九七頁、一二三頁、一五九頁、一七六頁、一七九頁，本院六十五年臺上字第二四九七號卷二二頁），被上訴人是否未為化學分析檢查，固屬可疑，而其又何以不為化學分析檢查（我國有無作此化學分析檢查之機構？），用以確定所受領之錳鐵含錳之成分是否達於約定標準，並使上訴人有充分明瞭檢查程序及其結果之機會，原審又未詳查明確，用資判斷被上訴人得否於其檢查受領錳鐵後，再據美國金屬化驗服務處檢驗報告公證書，拒絕受領其餘錳鐵之給付，亦有未合。再者，上訴人對於美國金屬化驗服務處之檢驗報告公證書既諸多質疑（見一審卷九〇頁，原審更字卷一二二頁、一七六頁、一七九頁），則該服務處之是否從事公證業務，暨其具否關於商事及商品之知識，即不可不予究明，原審未注意及此，更屬疏略。上訴論旨，指摘原判決不當，聲明廢棄，非無理由。

　　據上論結，本件上訴為有理由，依民事訴訟法第四百七十七條第一項，第四百七十八條第一項，判決如主文。

　　中華民國六十六年六月二十四日

在 FOB 條件下，工廠交貨後允諾負擔額外費用，則事後可否抗辯出口商應承擔危險？

【判決要旨】

惟查上訴人係主張，被上訴人所交之火柴品質不良，而須以全貨櫃裝運，經通知後，被上訴人表示願負擔一切責任及費用，並委請伊處理，伊因而代墊增加之運費及報關費共五萬一千二百八十六元而請求被上訴人償還該項墊款及其利息，並非主張被上訴人債務不履行或侵權行為，而請求損害賠償。

最高法院民事判決　六十七年度臺上字第四二號

上　訴　人　中村企業股份有限公司

法定代理人　張世雄

被上訴人　永安火柴有限公司

法定代理人　陳仁澤

右當事人間請求清償貨款事件，上訴人對於中華民國六十六年九月十四日臺灣高等法院第二審判決（六十六年度上字第一二五二號），提起上訴，本院判決如左：

◢ 主　文 ◣

原判決除假執行部分外廢棄，發回臺灣高等法院。

◢ 理　由 ◣

本件被上訴人起訴主張，上訴人於民國六十五年八月二日，向伊訂購長枝外銷火柴一百萬枝，貨款新臺幣（以下同）十二萬一千四百四十元，除同日付定金一萬元外，餘款約定於交貨時付清。詎交貨後尚欠一萬一千四百四十元，任催不付等情，求為命上訴人給付一萬一千四百四十元及其遲延利息之判決。

上訴人則以依約被上訴人應於六十五年九月三十日交貨，乃被上訴人遲至同年十月四日始交貨，且因品質不良，其中一箱發火自燃，致其他貨主不願與之合裝同一貨櫃，而須以全貨櫃裝運，經船公司、報關行及伊分別通知被上訴人後，被上訴人表示願負擔一切責任及費用，並委請伊代為處理，所墊費用待後結算。伊因而代墊運費（因全貨櫃裝運所增加部分）及報關費共五萬一千二百八十六元，以此代墊款與伊應付之貨款一萬

一千四百四十元互相抵銷後，被上訴人尚欠伊三萬九千八百四十六元等語，提起反訴求為命被上訴人給付三萬九千八百四十六元及其利息之判決。

原審將第一審所為上訴人有利之判決，廢棄改判，不外以被上訴人於六十五年十月四日交貨時，上訴人並無任何異議，足見被上訴人未遲延給付。交貨後其中一箱發火自燃一節，就令實在，依民法第三百七十三條規定，亦應由上訴人負擔此項危險。又出口運費應由上訴人負擔，為其所是認。上訴人辯稱，訂單內有 FOB 之記載，被上訴人未將貨物運至船艙內，不能謂已交付，及以全貨櫃裝運所增加之運費，應由被上訴人負擔各節，均不足採。被上訴人既無債務不履行，或侵權行為情事，致上訴人受損害，上訴人以所增加之運費及報關費共五萬一千二百八十六元，與應付之貨款一萬一千四百四十元抵銷，並提起反訴請求被上訴人給付三萬九千八百四十六元及其利息，要非有據。被上訴人請求上訴人給付貨款一萬一千四百四十元及其遲延利息，尚無不合。第一審遽為被上訴人敗訴之判決，殊有欠當云云，為其論據。

惟查上訴人係主張，被上訴人所交之火柴品質不良，而須以全貨櫃裝運，經通知後被上訴人表示願負擔一切責任及費用，並委請伊處理，伊因而代墊增加之運費及報關費共五萬一千二百八十六元，而請求被上訴人償還該項墊款及其利息；並非主張被上訴人債務不履行或侵權行為，而請求損害賠償（見第一審卷第四十一頁，及原審卷第二十七頁）。原審未就上訴人主張之前開事實是否實在，及其法律關係如何，詳予調查審認，徒憑上述理由遽為上訴人不利之判決，自欠允洽。上訴論旨，指摘原判決不當，聲明廢棄，非無理由。

據上論結，本件上訴為有理由，依民事訴訟法第四百七十七條第一項及第四百七十八條第一項，判決如主文。

中華民國六十七年元月十八日

FOB 買賣，賣方有無申請艙位及裝載之義務？

【判決要旨】

而上訴人主張國際貿易買賣契約，以 FOB 為價格條件，賣方須負擔將貨物裝進船上為止之一切費用及此期間之風險，依一般慣例，對輪船公司申請艙位及裝載為賣方之義務，被上訴人則主張上訴人一向代工廠簽訂船位，可向聯合船務公司調查。原審就此爭執之點，未予查明，遽依被上訴人片面製作之存證函，認定上訴人違約不預訂船位，亦有違誤。

【關係慣例】

　　一九五三年國貿條規 FOB 賣方義務

───────────────●───────────────

最高法院民事判決　六十八年度臺上字第一二二四號

　　上　訴　人　香港商克萊美有限公司臺灣聯絡處

　　法定代理人　曲納里

　　訴訟代理人　黃柏夫律師

　　被 上 訴 人　林頓企業有限公司

　　法定代理人　宋濟民

右當事人間請求清償票款事件，上訴人對於中華民國六十八年一月三十一日臺灣高等法院第二審判決（六十七年上字第二九四六號），提起上訴，本院判決如左：

───────────────●───────────────

◢ 主　文 ◣

原判決假執行部分外廢棄，發回臺灣高等法院。

◢ 理　由 ◣

　　本件被上訴人以其執有上訴人簽發以交通銀行臺北市城中分行為付款人，民國六十六年八月三十日票額新臺幣（以下同）二十萬元之支票一紙，於同年九月二日提示，未獲兌現等情，求為命上訴人給付訟爭票款並自提示日起算付利息之判決，原審維持第一審所為上訴人敗訴之判決，駁回其上訴，無非以上訴人之總公司經核准來臺營業，設有營業所，並在付款銀行開設帳戶。嗣將臺灣分公司更改為臺灣聯絡處，經向付款銀行查明屬實。則上訴人與總公司臺灣分公司為同一團體，已設有代表人，有固定之營業所，以在臺灣採購商品為目的，雖未經認許，仍不失為非法人團體，有當事人能力。而被上訴人主張之事實，已據提出為上訴人不爭之支票及退票理由單證明屬實。上訴人雖以其向被上訴人訂購貨物，簽發訟爭支票為貨款之保證，約定被上訴人須出貨，否則不能提示，被上訴人既尚未交付貨物；不得請求給付訟爭票款為抗辯。惟兩造訂立買賣契約後，因未預訂船位致未能裝船，為雙方所不爭。對預訂船位之責任誰屬，則有所爭議，依被上訴人於六十六年九月十三日以存證函第三五九號致上訴人說明上訴人代訂貨櫃後，於輪船結關前，又將該貨櫃取銷，轉讓他人使用，致其受有損失等情。有該函件可稽。上訴人對此函件亦不爭執。應以被上訴人主張係上訴人違約不預訂貨櫃致被上訴人不能如

期履行契約為可採。被上訴人自得請求訟爭票款及遲延利息為其判斷之論據。第查被上訴人起訴時，固請求命上訴人給付訟爭票款及自六十六年八月三十日起支付遲延利息，惟於第一審言詞辯論時已將利息部分減縮自同年九月二日起算（見第一審卷宗第一五頁），第一審判決所命上訴人給付同年八月三十日至同年九月一日之利息部分，顯屬訴外裁判，原審疏未糾正，已有欠合。依卷附兩造於六十六年八月四日所訂之買賣契約，係由上訴人向被上訴人購買成衣一五六〇打，每打價款美金五一、九四八元 (FOB)，於同年八、九月交貨，以信用狀方式付款，而上訴人提出被上訴人之保證書內記明，保證於同年八月二十二日出貨五二〇打，否則不得提示訟爭支票。似並未約定由被上訴人負責代訂船位。而上訴人主張國際貿易買賣契約，以 FOB 為價格條件，賣方須負擔將貨物裝進船上為止之一切費用及此期間之風險，依一般慣例，對輪船公司申請艙位及裝載為賣方之義務（見原審卷宗第二〇頁），被上訴人則主張上訴人一向代工廠簽訂船位，可向聯合船務公司調查（見同上卷宗第四五頁）。原審就此爭執之點，未予查明，遽依被上訴人片面製作之存證函，認定上訴人違約不預訂船位，亦有違誤（按上訴人就存證函之內容並未承認為真正），況既認定訟爭支票以為交易之擔保，究竟係擔保如何債務，尚欠明瞭。倘屬貨款擔保，被上訴人既尚未履行交貨之義務（依存證函記載貨物已由被上訴人以低價出售他人），何能向上訴人請求給付貨款？倘屬上訴人違約之擔保，依存證函記載，被上訴人因上訴人違約所受之損失僅為十一萬三千三百九十元四角，亦祇能於此限度內而為請求，又何能請求全部票款？均不無研求之餘地。此係兩造所存之直接對抗事由，上訴人自得資為抗辯，原審未能深究，遽為上訴人敗訴之判決，殊嫌率斷，上訴意旨，執是指摘原判決不當，求予廢棄，非無理由。

據上論結，本件上訴為有理由，依民事訴訟法第四百七十七條第一項，第四百七十八條第一項，判決如主文。

中華民國六十八年四月廿七日

國內 FOB 買賣，貨物因故無法裝船，則工廠是否已盡其交貨責任？

【判決要旨】

查該批塑膠鞋經上訴人（出口商）同意由寶塔公司檢驗合格後，被上訴人（製造廠商）即將其運往基隆港，交由上訴人委託之聯福報關公司（原判決誤為永安報關行）辦理報關手續，並領得輸出許可證等件，有如前述，則被上訴人已依約履行交貨義務，亦

堪以認定。嗣後上訴人委託之聯福報關公司辦理退關手續，致該批貨物未裝船啟運，即係以不正當行為阻止船邊交貨（即 FOB）條件之成就，依民法第一百零一條第一項規定，應視為條件已成就，亦即被上訴人已履行船邊交貨之給付行為，是被上訴人依買賣關係自得請求上訴人給付貨款。

【關係法條】

　　民法第一百零一條第一項

　　因條件成就而受不利益之當事人，如以不正當行為阻其條件之成就者，視為條件已成就。

最高法院民事判決　六十八年度臺上字第三四二六號

　　上　訴　人　臺麒工業股份有限公司

　　法定代理人　王茂森

　　被 上 訴 人　七鴻工業股份有限公司

　　法定代理人　郭啟明

右當事人間請求給付貨款事件，上訴人對於中華民國六十八年六月十八日臺灣高等法院臺中分院第二審判決（六十八年上字第三三號），提起上訴，本院判決如左：

◉ 主　文 ◉

上訴駁回。

第三審訴訟費用由上訴人負擔。

◉ 理　由 ◉

　　本件被上訴人主張，第一審共同被告寶塔國際有限公司（以下簡稱寶塔公司）於民國六十五年四月間，向上訴人訂購塑膠鞋一批，共八五五箱，一五、三九○雙，價款為每雙美金二‧九三元，計美金四五、○九二‧七○元，折合新臺幣一、七一三、五二二‧六○元。上訴人即轉向伊購買，除價格變更為每雙美金二‧四○元外，其餘規格、品質、數量及交貨期限、地點，悉依寶塔公司與上訴人所訂，上訴人乃將寶塔公司之訂單轉交與伊，由伊依約製造完成，並經寶塔公司派員檢驗合格，將貨運交上訴人委託之聯福報關股份有限公司（以下簡稱聯福報關公司），以上訴人公司名義辦理報關裝船手續，經海關准予放行後，聯福報關公司又聲請辦理退關手續，致該批貨物現尚滯放於美商海

陸運輸公司臺灣分公司五堵集散場。惟伊既依約交付買賣標的物完畢，上訴人即有給付價金之義務，乃竟經伊於六十五年八月卅日及六十七年五月十五日，以存證信函催告後，始終置之不理。查買賣之塑膠鞋約定價款為每雙美金二‧四〇元，一五、三九〇雙，計價款美金三六、九三六元，按美金一元折合新臺幣三七‧九五元計算，價款總額為新臺幣（下同）一、四〇一、七二一‧二〇元，爰求為命上訴人附加自六十七年五月十五日起之法定遲延利息，如數清償之判決。

上訴人則以，該批塑膠鞋之買賣當事人為寶塔公司與被上訴人，伊僅係介紹人，居中賺取介紹費而已，被上訴人依買賣關係，請求伊清償價金，顯有不合等語，資為抗辯。

原審斟酌全辯論意旨及調查證據之結果，以寶塔公司向上訴人訂購塑膠鞋，在訂單上已標明製造廠商為T、C即上訴人公司，上訴人轉向被上訴人訂購，除每雙單價由美金二‧九三元減為二‧四〇元外，其餘規格、品質、數量及交貨期限、地點等，均與原訂單同。嗣後被上訴人製造完成，經寶塔公司派員檢驗合格，將貨運交上訴人委託之聯福報關公司，以上訴人名義辦理報關手續，並領得出口廠商為上訴人名義之輸出許可證、驗貨證明書等情，有該訂單、輸出許可證、驗貨證明書等件，在卷可證。則該批塑膠鞋之買賣關係係存於寶塔公司與上訴人間（每雙美金二‧九三元），及上訴人與被上訴人間（每雙二‧四〇元），堪以認定，上訴人以伊僅係介紹人云云置辯，殊無可採。查該批塑膠鞋經上訴人（出口商）同意由寶塔公司檢驗合格後，被上訴人（製造廠商）即將其運往基隆港，交由上訴人委託之聯福報關公司（原判決誤為永安報關行）辦理報關手續，並領得輸出許可證等件，有如前述，則被上訴人已依約履行交貨義務，亦堪以認定。嗣後上訴人委託之聯福報關公司辦理退關手續，致該批貨物未裝船啟運，即係以不正當行為阻止船邊交貨（即FOB）條件之成就，依民法第一百零一條第一項規定，應視為條件已成就，亦即被上訴人已履行船邊交貨之給付行為，是被上訴人依買賣關係自得請求上訴人給付貨款。復查兩造間約定之買賣價格為每雙美金二‧四〇元，一五、三九〇雙，計美金三六、九三六元，依六十五年六月十日退關當時中國農民銀行美元兌換標準美金一元買進價格新臺幣三七‧九五元計算，合新臺幣一、四〇一、七二一‧二〇元，從而被上訴人請求上訴人給付此數額之價款及自六十七年五月十五日起之法定遲延利息，即屬正當。爰將第一審所為被上訴人全部敗訴之判決，於此範圍內，予以廢棄改判命上訴人給付，於法並無違背。上訴論旨，雖仍謂伊僅係介紹人云云。第以輸出許可證所載出口廠商為上訴人，驗貨證明書所載工廠名稱亦為上訴人（即T、C），聯福報關公司亦係受上訴人之委託而辦理報關手續，為上訴人所不爭執，則原審認上訴人此項辯解為不足採信，洵非無據。至於退關手續，縱非上訴人囑託聯福報關公司辦理，而係該報關公司依寶塔公司業務主任潘竹蘭之電示，以受上訴人之委託名義申請退關屬實（見第一審卷三七、八三、九一各頁，及原審卷八〇頁），亦因上訴人不得執此項伊與聯福報關公司

及寶塔公司間所存抗辯之事由，對抗被上訴人，對於原審船邊交貨條件，業已成就之認定，不生影響。上訴人以伊未曾囑託辦理退關手續等語，指摘原判決關於伊敗訴部分失當，求予廢棄，亦難認為有理由。

　　據上論結，本件上訴為無理由，依民事訴訟法第四百八十一條，第四百四十九條第一項、第二項，第七十八條，判決如主文。

　　中華民國六十八年十一月十六日

> **1.** "FOB TAIWAN" 外銷，定單載明目的港阿根廷首都，則交貨地點是否在臺灣？
> **2.** 買方有無盡及時檢查通知之義務，應如何認定？

【判決要旨】

　　惟查上訴人在原審主張被上訴人應於阿根廷交貨，核與定單所載目的港為阿根廷布宜諾斯艾利斯 (DESTINATION BUENOS AIRES ARGENTINA) 相符，雖同定單載有 FOB TAIWAN 字樣，上訴人主張此項記載為計價方式，並非交貨地點，被上訴人亦自認此項記載為計價方式，惟仍謂交貨地點亦在臺灣。兩造對於本件買賣之交貨地點既有爭執，原審就上訴人主張交貨地點係在阿根廷及定單載明目的港為阿根廷之事實恝置不論，遽行認定本件交貨地點係在臺灣，已有未合。且查本件買賣標的物為汽車用燈泡，其數量高達一百六十三萬九千隻，如係密封包裝，啟封檢查，勢將無法銷售，事實上似無從自外部為通常之檢查，原審就被上訴人所出賣燈泡之包裝方式如何未予調查，僅以燈泡之瑕疵係接頭處不牢固，可以用手扭開，並非依通常檢查不能發見等詞，進而認定被上訴人不負瑕疵擔保責任，亦嫌速斷。

【關係法條】

　　民法第三百五十六條

　　買受人應按物之性質，依通常程序從速檢查其所受領之物。如發見有應由出賣人負擔保責任之瑕疵時，應即通知出賣人。買受人怠於為前項之通知者，除依通常之檢查不能發見之瑕疵外，視為承認其所受領之物。不能即知之瑕疵，至日後發見者，應即通知出賣人，怠於為通知者，視為承認其所受領之物。

【關係慣例】

　　一九五三年國際商會國貿條規 FOB 賣方項

　　1. 供給與買賣契約符合之貨物並檢附契約所需之符合證據。

2. 於規定日期或限期內在指定裝船口岸依該口岸之習慣方式將貨物裝上買方指定
之船隻，並毫不遲延通知買方貨物已交至船上。

3. 除以下 B.3 條及 B.4 條之規定外，負擔一切成本及風險直至貨物在指定裝船口岸
實際上越過船欄為止，包括為貨物出口而徵收之任何稅捐、費用，或為裝貨上船
所應完成之任何手續費用在內。

最高法院民事判決　七十一年度臺上字第四一〇六號

　　上　　訴　人　　日商日製產物股份有限公司臺北分公司
　　法定代理人　　平山裕史
　　訴訟代理人　　陳繼盛律師
　　被上訴人　　　神光電子工業股份有限公司
　　法定代理人　　彭文秀

右當事人間請求損害賠償事件，上訴人對於中華民國七十一年四月十九日臺灣高等法院
第二審判決（七十年度上字第一六九七號），提起上訴，本院判決如左：

主　文

原判決廢棄，發回臺灣高等法院。

理　由

　　本件上訴人起訴主張：伊於民國六十八年六月五日向被上訴人訂購汽車用燈泡一百
六十三萬九千隻，約定總價美金十三萬一千一百六十六元九分，先後於六十八年七月十
三日及同年八月二十五日分兩批出口，並分別於同年九月十三日及同年十月六日運抵阿
根廷布宜諾斯艾利斯港，該二批貨物經上訴人客戶提貨後，表示被上訴人所運交之貨物
品質不良，以致上訴人受有下列損害：㈠全部貨物中有百分之六一‧〇三為不良貨物，
使上訴人損失美金八萬零四十三點九五元。㈡上訴人負擔全部貨物海運費美金一萬四千
八百二十八點四一元，其中不良貨物之運費為美金九千零四十九點七八元。㈢上訴人支
出全部貨物之進口稅及報關等費用美金二十萬零三千七百九十三點八元，其中不良貨物
部分之費用為美金十二萬四千三百七十五點三五元。以上三項，上訴人共損失美金二十
一萬三千四百六十九點零八元，應由被上訴人負責賠償等情，求為命被上訴人如數賠償，
並加給法定利息，按給付時外匯交易中心公告美金匯率折付新臺幣之判決。

被上訴人則以：本件燈泡係被上訴人出賣與阿根廷 EL ENCENDIND 公司，且上訴人無權利能力，自無當事人能力，況上訴人縱為買受人，既未於相當期間將貨物之瑕疵通知被上訴人，依法亦應視為承認所受領之物等語，資為抗辯。

原審維持第一審所為上訴人敗訴之判決，無非以：查上訴人日商日製產物股份有限公司臺北分公司係於民國五十九年即已申請營利事業登記，此有卷附臺北市政府營利事業登記證影本足據，依公司法第四百三十六條、第三百七十一條規定未經設立登記，並領有公司執照者，不得在中國境內營業，足證其已請准公司設立登記，應認上訴人有當事人能力，況查上訴人主張其於六十八年六月五日向被上訴人訂購汽車用燈泡一批，業據提出訂購契約及被上訴人所出具以上訴人為買受人之統一發票為證，被上訴人辯稱：伊與上訴人間並無買賣關係云云，亦無可取。按買受人應按物之性質，依通常程序，從速檢查其所受領之物，如發見有應由出賣人負擔保責任之瑕疵時，應即通知出賣人，買受人怠於為此項通知者，除依通常之檢查不能發見之瑕疵外，視為承認其所受領之物。不能即知之瑕疵，至日後發見者，應即通知出賣人，怠於為通知者，視為承認其所受領之物，民法第三百五十六條定有明文。查本件買賣約定交貨地點為臺灣港口，並由上訴人負責辦理出口手續，上訴人訂購之貨物，於六十八年七月十三日及八月二十五日分兩批出口，分別於同年九月十三日、十月六日運抵阿根廷布宜諾斯艾利斯港，由阿根廷客戶領取後，轉給大盤商，再交中盤商，而後轉給零售商銷售，始發見有不良貨品，迨六十九年二月二十六日始由上訴人阿根廷分公司電報通知上訴人。依上訴人主張，本件貨物之瑕疵，係燈泡接頭處不牢固，可以用手扭開，自非依通常檢查不能發見，亦非不能即知之瑕疵，如前所述，上訴人於貨物運抵阿根廷，交由阿根廷客戶領取後，輾轉經大盤商、中盤商、零售商出售消費者後，始主張貨物有瑕疵，顯未盡其檢查通知義務，殊難令被上訴人負瑕疵擔保損害賠償之責，為其判斷之基礎。

惟查上訴人在原審主張被上訴人應於阿根廷交貨，核與定單所載目的港為阿根廷布宜諾斯艾利斯 (DESTINATION BUENOS AIRES ARGENTINA) 相符，雖同定單載有 FOB TAIWAN 字樣，上訴人主張此項記載為計價方式，並非交貨地點，被上訴人亦自認此項記載為計價方式，惟仍謂交貨地點亦在臺灣（見原審卷五五、五六頁）。兩造對於本件買賣之交貨地點既有爭執，原審就上訴人主張交貨地點係在阿根廷及定單載明目的港為阿根廷之事實恝置不論，遽行認定本件交貨地點係在臺灣，已有未合。且查本件買賣標的物汽車用燈泡，其數量高達一百六十三萬九千隻，如係密封包裝，啟封檢查，勢將無法銷售，事實上似無從自外部為通常之檢查，原審就被上訴人所出賣燈泡之包裝方式如何未予調查，僅以燈泡之瑕疵係接頭處不牢固，可以用手扭開，並非依通常檢查不能發見等詞，進而認定被上訴人不負瑕疵擔保責任，亦嫌速斷。

上訴論旨，執以指摘原判決不當，聲明廢棄，非無理由。

據上論結，本件上訴為有理由，依民事訴訟法第四百七十七條第一項，第四百七十八條第一項，判決如主文。

> 1. 約定國內 FOB 基隆、高雄交貨，則賣方交貨義務是否有待買方指定交貨地點後始發生？
> 2. 如德國貿易控制局係德國政府機關，則該局之函件是否為私文書？

【判決要旨】

　　按債務人之給付兼需債權人之行為，債務人得以準備給付之事情，通知債權人，以代提出，民法第二百三十五條但書規定甚明。本件兩造所訂「訂貨協議書」，交貨地點，依約定為「FOB（岸邊交貨）基隆、高雄」。可知被上訴人為交付時，尚須上訴人指定交貨地點，始能確定被上訴人應在基隆或高雄岸邊交貨。被上訴人既已於約定之四月九日將準備給付之事情通知上訴人，被上訴人自不負遲延責任。關於請求二百萬元違約金本息部分：查上訴人主張：被上訴人未得伊之同意，擅用 TUV 合格證明，私將一貨櫃千斤頂，以仲春企業有限公司名義出口銷售德國違反約定，應付違約金云云。提出德國貿易控制局函為證，且據上訴人主張德國貿易控制局係德國之政府機關。如果屬實，則該局之函件，其真偽自應由法院審酌情形斷定之（參照民事訴訟法第三百五十六條前段）。原審未注意及此，謂其為私文書，又未說明其認定之理由，遽為上訴人不利之判斷，自有未合。

【關係法條】

　　民法第二百三十五條

　　債務人非依債務本旨實行提出給付者，不生提出之效力。但債權人預示拒絕受領之意思，或給付兼需債權人之行為者，債務人得以準備給付之事情，通知債權人，以代提出。

最高法院民事判決　七十三年度臺上字第三八二六號

　　上　訴　人　國湘企業有限公司
　　法定代理人　孫國憲
　　訴訟代理人　王存淦律師
　　被　上　訴　人　洪元企業股份有限公司

法定代理人　董洪元

右當事人間請求損害賠償事件，上訴人對於中華民國七十三年五月十四日臺灣高等法院第二審判決（七十二年上字第四〇一二號），提起上訴，本院判決如左：

主　文

原判決除駁回上訴人新臺幣伍拾玖萬貳仟零肆拾陸元本息之訴，及其訴訟費用部分外廢棄，發回臺灣高等法院。

其他上訴駁回。

第三審訴訟費用，關於上訴駁回部分，由上訴人負擔。

理　由

　　本件上訴人起訴主張：伊承攬德國 Liedtke 公司之訂單，貨櫃第三九號金額美金一萬六千六百八十二元五角，內有被上訴人之千斤頂二百件及其他廠商之貨物，合裝於整個貨櫃。被上訴人依約應於民國七十二年四月九日以前出貨，但竟延遲至四月十一日始送貨，致誤船期，客戶拒絕接受，伊損失整個貨櫃新臺幣（以下同）五十三萬元及延滯費六萬二千零四十六元。此項損失，共計五十九萬零四十六元，自應由被上訴人賠償。又兩造於七十二年四月間，另簽訂貨物協議書五件，約定被上訴人應於七十二年四月三十日出貨。詎被上訴人臨時毀約未出貨，致伊應得之佣金及商譽損害達數十萬美元，依訂貨協議書第二條約定，被上訴人每筆訂單應賠償三十萬元，五筆共計一百五十萬元。再被上訴人公司法定代理人董洪元之子董全生代理被上訴人所有外銷業務招攬，伊所有訂單自七十一年五月二十八日起至七十二年四月十八日止，均由董全生連帶簽字出貨。詎被上訴人於七十二年四月二十一日竟利用知情之訴外人仲春企業有限公司名義，未得伊之同意，以德國 TUV 執照，私自出口千斤頂一貨櫃，售與德國客戶。依約，被上訴人應付伊二百萬元之違約金。以上諸筆應付款，扣除上訴人已付貨款一百零一萬八千元，及德國科隆展補助費十萬元，被上訴人尚應付伊二百九十七萬四千零四十六元。因求為命被上訴人如數給付並加付利息之判決。

　　被上訴人則以：伊所以至七十二年四月十一日始行出貨，係因上訴人於該日始通知伊送貨地點，伊自不負遲延責任。縱有遲延，亦因上訴人之受領而免其遲延責任。又上訴人積欠三批貨款，且德國 TUV 合格證明，上訴人已於七十二年四月二十日登報聲明作廢棄，故伊未出貨，應無責任可言。至上訴人稱：伊違約售與仲春企業公司千斤頂出貨一節，更屬無稽，並非事實云云，資為抗辯。

　　原審斟酌調查證據而為辯論之結果，以㈠關於上訴人請求五十九萬二千零四十六元

本息之賠償部分：查兩造於七十二年四月一日所訂「訂貨協議書」，固約定交貨期為同年四月九日。但所約定之交貨港口，則為 FOB 基隆、高雄。足見交貨地點尚有待於上訴人之指定，被上訴人始能完成交貨。本件被上訴人於約定之四月九日已完成貨品，通知上訴人指定交貨地點，上訴人於四月十一日始行指定。被上訴人即日即依指定交貨之事實，已據證人林浩然供證綦詳，被上訴人自不負債務遲延之責任。從而上訴人以被上訴人遲延給付為由，請求損害賠償，自非有據。爰將第一審就此部分所為有利於上訴人之判決廢棄，改判駁回上訴人在第一審之訴。㈡關於上訴人請求一百五十萬元違約金本息部分：查兩造間曾於七十二年四月間另訂立「訂貨協議書」五件，約定應於同月三十日出貨，固為被上訴人所不爭。惟查上訴人於七十二年四月二十日登報聲明「三月以前 TUV 合格證明不再有效」又不能證明其已換取有效之合格證明。被上訴人主張：伊為免遭不測之損失，拒絕產製其餘訂單之貨品，而未交貨，自無違約可言。第一審命被上訴人如數給付違約金，亦有未合，遂判予廢棄，並駁回上訴人對於此部分在第一審之訴。㈢關於請求二百萬元違約金本息部分：查上訴人主張被上訴人未得伊之同意，私擅以知情之仲春企業有限公司名義，使用德國 TUV 執照出口千斤頂一貨櫃，售與德國客戶之事實，雖提出德國貿易控制局函，及中華工具貿易公司董事長出具之證明書為證。但此項私文書，為被上訴人所否認，上訴人又未證明其真正，自不足採。財政部高雄關函，亦未載有千斤頂貼用 TUV 標籤之事實。檢察官起訴書，亦未認定被上訴人所出售之千斤頂，已貼有 TUV 商標，即不合被上訴人所立保證書之保證條件。第一審就此部分，駁回上訴人之請求，並無不合，爰予維持，判決駁回上訴人之上訴。經核關於：㈠上訴人請求賠償五十九萬二千零四十六元本息部分：按債務人之給付兼需債權人之行為，債務人得以準備給付之事情，通知債權人，以代提出，民法第二百三十五條但書規定甚明。本件兩造所訂「訂貨協議書」，交貨地點，依約定為「FOB（岸邊交貨）基隆、高雄」。可知被上訴人為交付時，尚須上訴人指定交貨地點，始能確定被上訴人應在基隆或高雄岸邊交貨。被上訴人既已於約定之四月九日將準備給付之事情通知上訴人，被上訴人自不負遲延責任。

原審就此部分為上訴人不利之判決，洵無不合。上訴論旨，任意指摘，聲明廢棄此不利於己部分之原判決，非有理由。㈡關於上訴人請求一百五十萬元違約金本息部分：查上訴人固於七十二年四月二十日登報聲明：「國湘企業有限公司所擁有，由洪元企業有限公司生產之四輪千斤頂，及立式千斤頂之德國 TUV 合格證明，特此聲明洪元公司無權私自銷售各該類 TUV 產品。為禁止干擾德國市場品質之管制，本公司已申請新的合格證明，於本年三月以前之合格證明不再有效，凡曾與洪元公司採購該產品或正在出貨者，請與本公司立即連繫，本公司將盡力協助及保護德國市場之銷售，否則本公司與德國 TUV 當局將依法追究刑責。」核其聲明之內容，似在防止被上訴人擅用上訴人 TUV

合格證明生產千斤頂銷售德國。不論上訴人是否另已申請新合格證明及原合格證明是否業已失效？僅屬上訴人受領被上訴人交付之此項製品後，能否順利外銷，上訴人應自負此項危險責任而已。尚與被上訴人之履行「訂貨協議書」所定給付義務無關。在兩造原買賣契約解除以前，被上訴人尚不得據此而免除自己應為之給付。原判決謂：被上訴人得拒絕產製買賣標的物，自嫌速斷。上訴論旨，指摘此部分原判決違法，聲明廢棄，非無理由。㈢關於請求二百萬元違約金本息部分：查上訴人主張：被上訴人未得伊之同意，擅用 TUV 合格證明，私將一貨櫃千斤頂，以仲春企業有限公司名義出口銷售德國違反約定，應付違約金云云。提出德國貿易控制局函為證，且據上訴人主張德國貿易控制局係德國之政府機關。如果屬實，則該局之函件，其真偽自應由法院審酌情形斷定之（參照民事訴訟法第三百五十六條前段）。原審未注意及此，謂其為私文書，又未說明其認定之理由，遽為上訴人不利之判斷，自有未合。

綜上㈡㈢兩項其金額共計三百五十萬元，惟減去上訴人自己主張應扣除之一百十一萬八千元，其所餘金額為二百三十八萬二千元，原判決將上訴人此部分本息請求之上訴駁回。上訴論旨，指此部分之原判決違法，聲明廢棄，難謂無理。

據上論結，本件上訴為一部有理由，一部無理由，依民事訴訟法第四百七十七條第一項，第四百七十八條第一項，第四百八十一條，第四百四十九條第一項，第七十八條，判決如主文。

國內出口商與廠商約定 "FOB TAIWAN PORTS" 則對交貨地點是否已有明確之約定？

【判決要旨】

查本件訂單上載有 "FOB TAIWAN PORTS" 之約定，而所謂 "FOB"(FREE ON BOARD) 即約定以船上交貨價格之交貨條件，既為原審所認定之事實，乃原審嗣竟以本件買賣並未明確約定交貨地點，遽為不利於上訴人之認定，已有矛盾。

【關係慣例】

一九五三年國貿條規 FOB 項

（註：本件為國內買賣 FOB，上引國貿條規僅供參考，並非當然適用。）

最高法院民事判決　七十三年度臺上字第四○七六號

上　訴　人　懷寧有限公司

法定代理人　陳　鶚
被 上 訴 人　高峰製衣廠有限公司
法定代理人　高清腦

右當事人間請求損害賠償事件，上訴人對於中華民國七十三年六月十四日臺灣高等法院第二審更審判決（七十二年上更㈠字第七四五號），提起上訴，本院判決如左：

◉ 主　文 ◉

原判決除假執行部分外廢棄，發回臺灣高等法院。

◉ 理　由 ◉

本件上訴人主張，伊於七十年六月十九日向被上訴人訂購銷往英國之男用板球長褲五千條，價款美金共二萬七千五百元（訂單八一〇六六號），又於七十年六月廿六日向被上訴人訂購白色男用網球短褲五千條銷往英國，價款美金共一萬五千七百五十元（訂單八一〇六九號），均以信用狀付款為條件，交貨日期皆為七十年十月卅一日以前。上訴人業於七十年七月廿九日寄送兩件訂單貨款之信用狀與被上訴人簽收，並另由上訴人給付被上訴人配額費用新臺幣十五萬六千零廿九元。惟被上訴人未如期交貨，經上訴人兩次催告，被上訴人竟就八一〇六六號訂單部分要求延長交貨期限，上訴人於七十年十月廿九日及三十日前往檢驗出貨準備出口，復為被上訴人拒絕，乃於七十年十月卅一日函被上訴人為解除契約之意思表示，契約既經解除，被上訴人自應返還配額費用新臺幣十五萬六千零廿九元，又因被上訴人不履行交貨，上訴人另向華鐘製衣股份有限公司購買長褲五千條出口，購入價款，與兩造買賣價款相差美金一千元，折合新臺幣三萬八千元，上訴人並因而支出電報費新臺幣六千五百廿七元四角，派駐被上訴人製衣廠人員薪資及差旅費合計新臺幣四萬七千四百卅一元一角二分，開發信用狀手續費新臺幣一千九百六十一元，均應由被上訴人賠償，因求為命被上訴人給付上訴人新臺幣廿四萬九千九百四十七元五角二分及其法定利息之判決。

被上訴人則以，兩造訂約後，被上訴人即購料製成貨品，經上訴人檢驗粘貼其專用之標籤表示合格，詎屆期上訴人拒不受領，致被上訴人受損，嗣經於七十年十一月十九日經雙方同意書立解除契約書，無條件解除契約，上訴人已不得向被上訴人為任何請求，又上訴人在約定交貨期限前通知解除契約，亦不合法，不生解除效力云云為抗辯。

原審將第一審所為上訴人勝訴部分判決廢棄駁回其訴；將第一審所為上訴人敗訴部分判決維持，駁回其附帶上訴。無非以兩造買賣契約，業於七十年十一月十九日由雙方合意無條件解除，有合意解除契約書可按，被上訴人有意將貨直接售與英商賴山公司，

係在兩造解除契約後，並不影響兩造合意解除契約之成立。又上訴人雖先後就上開訂單致函被上訴人，謂有尺寸不符、不清潔及商標誤置等缺失請求改進及迅速完工。惟上訴人在貨品生產期間，經派員長駐被上訴人之工廠現場檢驗，監督甚嚴，直至七十年十月廿四日後，始未再派人駐廠檢驗，可見被上訴人致函上訴人所述兩批訂單之貨品均已完成交貨之準備，應可採信。兩造買賣之訂單上 "FOB TAIWAN PORTS" 之約定，乃是關於價格之約定，對於交貨地點，並未明確約定，依上訴人委託臺灣銀行開發國內信用狀規定商業發票必須上訴人簽名為付款人之條件，必上訴人出面檢驗貨物合格、通知及許可出貨，交貨地點亦因而始能確定，被上訴人既將各訂單貨物生產完畢準備交貨，而此項給付，上訴人不於所定七十年十月卅一日之前相當時間作最後檢驗及通知許可出貨，以接受被上訴人之交貨，即不能指被上訴人遲延履行，上訴人以被上訴人履行遲延解除契約為無據。又上訴人未有出口配額，其為自己出口所需購買配額之款項新臺幣十五萬六千零廿九元由被上訴人經手交付他人，並非被上訴人所得，上訴人請求返還，亦無依據，為其判斷之基礎。

　　查本件訂單上載有 "FOB TAIWAN PORTS" 之約定，而所謂 "FOB"(FREE ON BOARD) 即約定以船上交貨價格之交貨條件，既為原審所認定之事實，乃原審嗣竟以本件買賣並未明確約定交貨地點，遽為不利於上訴人之認定，已有矛盾。況查上訴人主張，本件買賣約定以國內信用狀方式付款，並載明須憑商業發票，七十年十月卅一日以前出具之載貨證券 (B/L)、產地證明等向臺灣銀行押匯付款（見原審卷廿一頁），如果屬實，且被上訴人不能「充分證明」其業已將貨物於七十年十月卅一日以前提出給付，何能謂已完成交貨之準備？原審就此未予究明，遽為不利於上訴人之判決，亦難昭折服，上訴意旨，指摘原判決不當，聲明廢棄，為有理由。

　　據上論結，本件上訴為有理由，依民事訴訟法第四百七十七條第一項，第四百七十八條第一項，判決如主文。

　　中華民國七十三年十月五日

C&F 貿易條件下，確定貨物品質，重量之地點為何？

【判決要旨】

　　兩造所訂合約，並無交貨地點之約定，而 C&F 交易之交貨，在理論上仍在輸出港大船甲板上，或輸出港埠其他種類交通工具上，以交付「清潔提單」為盡責。

【關係法條、慣例】

民法第三百七十三條

買賣標的物之利益及危險，自交付時起，均由買受人承受負擔。但契約另有訂定者，不在此限。

國際商會一九五三年貿易條件 (Incoterms 1953)

C&F (Cost and freight)：賣方必須負擔貨物的一切風險，直到貨物在裝貨港有效地越過船舶的船舷欄杆時為止（A項第六款）。

最高法院民事判決　六十四年度臺上字第七五三號

　　上　訴　人　銘泰有限公司

　　法定代理人　曲　銘

　　被 上 訴 人　瑞豐冷凍實業股份有限公司

　　法定代理人　江清雲

右當事人間請求返還貨款事件，上訴人對於中華民國六十三年十二月二日臺灣高等法院臺南分院第二審判決（六十三年上字第八九三號），提起上訴，本院判決如左：

主　文

上訴駁回。

第三審訴訟費用由上訴人負擔。

理　由

　　本件上訴人以被上訴人於六十二年五月二十一日及同年六月十二日分別售伊魚貨（冰凍黃肌魚體）各六〇短噸，價款每一短噸第一批為美金八三〇元 (C&F)，第二批為美金八三五元 (C&F)，伊依載貨證券記載重量，及按百分之九五計付價款。詎扣減退貨量後，被上訴人竟超收兩批貨款共美金四、一五二‧一〇五元，後由被上訴人償還新臺幣四〇、〇〇〇元後，尚欠新臺幣一一八、一九五‧二元未還等情，求為命被上訴人如數償還及自支付命令送達翌日起計付遲延付息之判決。被上訴人則以兩批魚貨均已依約交清，亦無超收貨款情事，交付上訴人四萬元支票，乃作另筆交易保證之用，並非償還退貨款，上訴人提出之重量證明及退貨證明皆外國文書，不能認為真正等詞，資為抗辯。原審依審理結果，以兩造所訂合約，並無交貨地點之約定，而 C&F 交易之交貨，在理論上仍在輸出港大船甲板上，或輸出埠其他種類交通工具上，以交付「清潔提單」為盡

責。本件魚貨係於高雄港在公平報關行人員及上訴人所派人員會同下將每條魚體過磅後裝上貨櫃，業據當時在場之王明祥、吳德紅結證無異。且上訴人對於載貨證券共載重量二四〇、〇〇〇磅合一二〇短噸，被上訴人過磅魚體裝櫃時曾有派人在場之情形，均不爭執。至上訴人提出之重量證明書，及退貨證明書，前者要屬私文書，後者雖屬外國公文書，雖未經我國駐美使領館證明，尚難推定其為真正，關於上訴人主張兩造訂約時，曾有交貨地點為洛杉磯，並以美國方面之重量證明為準之基本認識與默契乙節，並無任何事證足供斟酌，自無可採。又本件所謂請求退還貨款，察其性質，仍係主張被上訴人之瑕疵擔保責任而請求減少價金，然上開退貨證明書乃六十二年九月二十七日所製作，計至上訴人於六十三年四月二十四日聲請發支付命令時，早逾六個月之瑕疵擔保請求權時效。即使依兩造合約第五條之約定，無瑕疵擔保之適用。然上訴人已付被上訴人之貨款第一批為美金四七、三一〇元，被上訴人已不爭執。第二批貨款被上訴人抗辯收到美金四五、五〇五元，依被上訴人提出而為上訴人所不爭執之統一發票收執聯、第一勸業銀行臺北分行傳票、預繳出口外匯證明書等之記載，堪認實在。上訴人主張已付美金四七、五九五元，則未據提出任何證據，以實其說。是上訴人所交兩批貨款，應認合共美金九二、八一五元。又依兩批各六〇短噸魚貨計算，上訴人應交付被上訴人之貨款共為美金九九、九〇〇元。扣減上訴人已付之美金九二、八一五元後，尚差美金七、〇八五元。上訴人主張退貨部分，第一批為美金四、二二七‧一九元，第二批為美金一、〇一三‧六九元，兩批合計為美金五、二四〇‧八八元，較之上訴人所差被上訴人貨款七、〇八五元猶少，上訴人顯不得再對被上訴人有所請求。被上訴人簽發之支票，乃無因證券，殊無從憑以認定為被上訴人交付之退貨款。第一審未察，遽准上訴人之請求，自有未洽云云，爰將第一審判決廢棄，而將上訴人在第一審之訴駁回，於法洵無違背。上訴論旨，徒就原審取捨證據及合法認定事實之職權行使任意指摘，聲明廢棄原判決，不能謂有理由。上訴人在本院提出之上訴理由狀主張第二批已付貨款四五、五〇五元，未包括佣金百分之一及每一萬元捐繳外貿推廣基金一三七元在內乙節，在事實審法院既未據提出主張，本院自無從斟酌，合併說明。

　　據上論結，本件上訴為無理由，依民事訴訟法第四百八十一條，第四百四十九條第一項，第七十八條，判決如主文。

C&F 基隆之條件下，出賣人對到貨數量短少是否須負責任？

【判決要旨】

原審准中華民國國際貿易協會函復，略以：「承詢 C&F 基隆貨品，已完全符合合約之公證報告，經驗收發現數量缺少，是否可認為已完成履約責任一案？……首須視買賣雙方之約定，如買賣契約中規定數量，以出口裝貨之情形為準，則來文所述情形，賣方已完成履約責任」等語，原審就此項防禦方法及有利於中希公司之證據，未於判決理由項下，記載何以不足採取之意見，遽為中希公司不利之認定，已有判決不備理由之違法。

【關係慣例】

國際商會一九五三年國貿條規

C&F 運費在內價賣方須 5. 除以下 B.4 條之規定外，負擔貨物之一切風險直至貨物在裝船口岸實際上越過船欄時為止。

最高法院民事判決　六十五年度臺上字第六三二號

上　訴　人　中央信託局

法定代理人　孫義宜

訴訟代理人　劉樹錚律師

上　訴　人　中希貿易有限公司

法定代理人　徐舜華

訴訟代理人　汪　峻律師

右當事人間請求損害賠償事件，兩造對於中華民國六十四年十月二日臺灣高等法院更審判決（六十三年度上更㈠字第三六一號），各自提起上訴，本院判決如左：

◢ 主　文 ◣

原判決除關於假執行部分外廢棄，發回臺灣高等法院。

◢ 理　由 ◣

本件上訴人中央信託局起訴主張：伊受中國石油公司之託，於民國六十年四月二十六日，向上訴人中希貿易有限公司（以下簡稱中希公司）訂購重晶石粉二千公噸，約定以中央信託局為受貨人，總價金共美金八萬二千七百元（包括海運費在內），中希公司應負責由定期班輪載運基隆交貨，並於合約附款訂明：「所列貨品無論已否通過裝船之檢驗，交貨時其工料無瑕疵，且與合約規定相符。」詎中希公司概以香島船務公司非定期班輪「鹿州丸」及「峨嵋洲」兩輪裝載，貨抵基隆，竟發現嚴重破包，除短少貨價美

金四千一百四十七元四角外，並因此使中央信託局損失船上改裝費六萬二千三百九十五元（新臺幣下同）、改裝過篩費二十一萬五千五百五十八元三角、公證費七千五百九十八元八角、倉庫棧租規費九十五萬零八百十二元，合計一百二十三萬六千三百六十四元一角，依法應由中希公司賠償等情，求為命中希公司如數賠償及加給法定利息之判決。

上訴人中希公司則以：負責載運之「鹿州」「峨嵋」兩輪，皆係定期班輪，合約附款第十九條所定，限於品質瑕疵，不及於數量短少，交運貨品經公證公司公證完整無瑕，並由輪船公司發給清潔提單，包裝用紙係依契約所定，縱有損失，亦非伊之責任，況損失發生情形載於輪船事故證明單，足見屬於輪船事故，倉租係因中央信託局遲延受領所致等語，資為抗辯。原審將第一審所為中希公司敗訴之判決，分別維持改判無非以：就兩造所訂合約附款第十九條之內容加以解釋，實應包括數量短少之瑕疵在內，而因破包所受之各項損害，亦有香島船務公司函、中國石油公司函、支出單據、事故證明單、華商公證公司公證文件足據，非中希公司所得空言否認，又中國石油公司採購重晶石粉所指定之包裝方式及規格，為國際間運送重晶石粉普遍採用之標準規格，中央信託局所指定之包裝紙袋並無估計錯誤，縱令破包係由於運送人之未盡注意義務所致，事屬託運人得向運送人請求賠償與否之問題，不影響中希公司所應負之違約責任。中希公司交貨既有短少，與契約不符，除短少貨價美金四千一百四十七元四角應由其負責賠償外，其餘因此使中央信託局損失船上改裝費六萬二千三百九十五元、改裝過篩費二十一萬五千五百五十八元三角、公證費七千五百九十八元八角、倉庫監視費二十四萬八千五百零四元八角，均應一併命中希公司賠償及加給法定利息。次查本件貨物由香島船務公司之鹿州及峨嵋兩輪先後於六十一年一月四日及同月二十九日運抵基隆後，中希公司曾於同月二十九日通知中央信託局購料處，香島船務公司亦曾於六十一年二月二十二日通知收貨人前來辦理提貨。嗣因發生破包甚多，倉庫拒收，由香島船務公司會同中希公司雇用工人在船內改裝，再於六十一年三月四日通知中國石油公司，副本抄送中央信託局購料處，中央信託局仍不理睬，直至同年五月十六日遲延四個月後，方始陸續提清，是倉租部分之累積增加，純係由於中央信託局單方面之稽延所致，不得請求中希公司賠償此項費用，為其判斷之基礎。

惟查中希公司在原審辯稱：兩造所訂契約附款第十九條之全文，其中並無「短少」(shortage) 字樣，中央信託局就此提出之譯本，係就該局一九七二年（民國六十一年）一月一日之修正契約範本所翻譯，本件契約係一九七一年一月十三日訂立，何能就此翻譯，以為矇混，因雙方解釋文義既有爭執，聲請囑託中華民國貿易發展協會鑑定，以為公正之解釋云云（見原審卷一一〇、四二、二〇頁），又原審准中華民國國際貿易協會函復，略以：「承詢 C&F 基隆貨品，已完成符合合約之公證報告，經驗收發現數量缺少，是否可認為已完成履約責任一案？……首須視買賣雙方之約定，如買賣契約中規定數量，以

出口裝貨之情形為準，則來文所敘情形，賣方已完成履約責任」等語（見原審卷六九頁），原審就此項防禦方法及有利於中希公司之證據，未於判決理由項下，記載何以不足採取之意見，遽為中希公司不利之認定，已有判決不備理由之違法。且查中希公司主張：本件託運貨品，係由中央信託局自辦保險手續，並聲請命其提出保險單（保險契約）以證明如發生破損或短少，均屬於保險賠償之範圍云云（見一審卷三二頁），原審未依聲請命中央信託局提出保險單，以明究竟，亦難謂已盡調查之能事，如運送中之貨物，確由中央信託局投保，何以仍須中希公司就該貨物之損失負損害賠償責任，即非無疑。再查香島船務公司雖曾於三月四日函催中國石油公司辦理提貨手續，但查該函件附有先行付清打包費六萬二千三百九十五元之條件，且非以兩造約定之受貨人中央信託局為其通知之對象，不生提出給付之效力，原審以此認定中央信託局應負受領遲延之責任，於法尤有違背。

兩造上訴論旨，各指摘原判決不當，聲明廢棄，非無理由。

據上論結，本件兩造上訴均有理由，依民事訴訟法第四百七十七條第一項，第四百七十八條第一項，判決如主文。

中華民國六十五年三月十九日

1. C&F 買賣，約定 SHIPPED QUALITY FINAL，受貨人可否以目的港之檢驗推翻裝船公證報告之效力而對抗賣方？
2. 本國代理商得標售物予物資局，以美金為價款約定，並簽發信用狀予國外供應商，則該買賣為國內買賣，抑或國際買賣？

【判決要旨】

況本件長鐘麻之買賣，係在臺灣成立買賣，買賣當事人又非外國人，何能以美金為價款之約定，並簽發信用狀予國外供應人或裝貨人（見原證一，購貨合約），則上訴人辯謂伊僅為泰國永和公司代理商，代理泰國永和公司進口系爭長鐘麻，是否全無足採，尚非無研究餘地。又被上訴人主張本件兩造間長鐘麻買賣係依 C&F 交貨，且約定「貨物之品質及數量以上述公證報告為最後之依據」(Quality/quantity of the above mentioned commodity certified by above reports/certificates shall be considered as final)，則依國際貿易慣例此項買賣似係約定船邊交貨，關於品質條件為以裝船品質 (Shipped quality final) 為準，果爾，則如於裝船時已公證，品質相符，受貨人能否再對出賣人主張瑕疵擔保？以及本件貨物係由泰國裝船運抵高雄港由被上訴人公證提貨，上訴人是否確知泰國裝貨有瑕疵，

並進而故不告知被上訴人？亦待澄清。

【關係慣例】

一九五三年國際商會貿易條規C&F項賣方義務

最高法院民事判決　六十九年度臺上字第六三七號

上　訴　人　臺麻紡織股份有限公司
法定代理人　侯彧華
訴訟代理人　唐　豪律師
被 上 訴 人　臺灣省物資局
法定代理人　羊禹九
訴訟代理人　李瑞祥律師

右當事人間請求損害賠償事件，上訴人對於中華民國六十八年九月二十四日臺灣高等法院第二審判決（六十八年度上字第一八九〇號），提起上訴，本院判決如左：

◎ 主 文 ◎

原判決關於命上訴人給付被上訴人新臺幣七十二萬六千六百八十四元五角及其訴訟費用部分廢棄，發回臺灣高等法院。

◎ 理 由 ◎

本件被上訴人起訴主張，伊因訴外人臺灣糖業公司之需要，於六十二年一月十日標購泰國 A 級長鐘麻四、二〇〇公噸，經由上訴人以 C&F 交貨，但高雄港卸貨費用由被上訴人負擔為條件，每公噸美金二五九元得標，依約應於同年二月十五日以前裝船交貨，詎貨抵高雄港後，經被上訴人指定華福公司前往碼頭辦理進口公證，結果其中破損顯著者計五八、四一二公斤，其餘從外表無法看出破損者中，二、〇七四、九八七·九七公斤運往新生製麻公司被上訴人租用倉庫，以待加工製袋。嗣據新生製麻公司強制管理人臺灣第一商業銀行函稱進倉之長鐘麻品質甚差，影響生產率及麻袋品質，且用麻量甚高，乃通知上訴人會同新生製麻公司、遠東公證公司、華福公證公司進行抽驗工作，發現 A 級品祇佔百分之六三·六四、B 級品百分之二二·〇二、C 級品百分之三·四六、腐爛者百分之五·五四、硬頭百分之五·三四，水分十四度以下者五百四十包、十四度至二十五度間者四十包，並經開包檢驗所含水份均為淡水，共計損失新臺幣（以下同）一百

九十七萬六千五百六十六元二角五分，被上訴人並因而用去公證費七萬八千三百八十四元五角，屢經被上訴人索賠，旋於六十三年二月四日由兩造及新生製麻公司、台灣糖業公司會議協商，決定由新生製麻公司挑選捆包良好之貨品九九九、九六二‧八公斤加工製袋，但因品質不良由新生製麻公司訴請被上訴人賠償六十四萬八千三百元及其利息（共計七十七萬五千九百三十四元）判決確定，並由被上訴人負擔其訴訟費用二萬零四百四十九元五角。按出賣人應負物之瑕疵擔保責任，被上訴人自得依民法第三百六十條規定訴請賠償，因求為命上訴人賠償一百九十七萬六千五百六十六元二角五分並加付利息，及賠償所支出公證費用七萬八千三百八十四元五角及訴訟費用二萬零四百四十九元五角並加付利息之判決（經原審改判命賠償七十二萬六千六百八十四元五角及其利息，其餘部分駁回被上訴人之上訴，被上訴人就此部分未上訴）。上訴人則以本件長鐘麻之出賣人係設於泰國之永和公司，伊僅係該公司之代理人。且依雙方合約，約定標的物之品質、數量及包裝等，均以設於泰國曼谷之遠東公證公司所出具出口公證證明書作最後依據，被上訴人既認本件貨品之品質、數量等依泰國遠東公證公司之出口公證報告符合規格，且與提單所載數量相符，上訴人所應盡之義務業已履行完畢，至被上訴人與新生製麻公司間之訴訟，係因被上訴人擅自承諾補貼，其敗訴與上訴人無關，且被上訴人之請求權亦已因罹於時效而消滅等語，資為抗辯。

原審審理結果以本件買賣之出賣人為上訴人，此有買賣合約可接，協調記錄雖稱上訴人為「代理商」，但此所謂「代理商」與代理人不同，上訴人主張其為貿易上出賣人之俗稱，應可採信，又履行保證金之保證書雖由泰國永和公司提供，但此係經雙方約定而為，又關於付款之方式，亦係由於雙方同意而來，並不影響兩造間之買賣關係。系爭長鐘麻雖經泰國遠東公證公司公證，但既與事實不符，而本件購貨合約，對於品質復有特別約定，上訴人於貨物到達後未將瑕疵告知被上訴人，為其所不爭，又於貨物到達後，辦理公證結果，發現有 B 級及 C 級品暨硬頭，與合約所載 A 級不符，其不告知瑕疵，顯出故意，不生請求權消滅時效問題，而被上訴人補貼新生製麻公司係經上訴人參與協調決定，公證費用又係因上訴人出賣之物有瑕疵所致，從而被上訴人請求賠償六十四萬八千三百元及公證費七萬八千三百八十四元五角自屬有據，因將第一審所為不利於被上訴人之判決，在此範圍內予以廢棄，改判命上訴人給付被上訴人七十二萬六千六百八十四元五角並加付利息，駁回被上訴人其餘上訴（此部分業已確定），固非無見。惟查協調會議之結論為：「本批進口泰麻調運新生製麻公司部分發生品質問題，為免影響臺糖公司使用糖袋起見，經與會人士一再協調，請臺麻公司以承製商兼及代理商雙重關係多予協助，並為顧全大局計請新生製麻公司協助同意承製一百公斤裝糖袋，並照下列方式辦理……」（見原證七號），果如被上訴人所稱上訴人為本件長鐘麻買賣之出賣人，則兩造及臺灣糖業公司、新生製麻公司就系爭長鐘麻不合品質而為會商協議時，衡情上訴人

自必備受非難，並責由上訴人承諾理賠，然遍查會議記錄，既無此類記載，反請求上訴人「以承製商兼及代理商雙重關係多予協助」已屬費解。況本件長鐘麻之買賣，係在臺灣成立買賣，買賣當事人又非外國人，何能以美金為價款之約定，並簽發信用狀予國外供應人或裝貨人（見原證一，購貨合約），則上訴人辯謂伊僅為泰國永和公司代理商，代理泰國永和公司進口系爭長鐘麻，是否全無足採，尚非無研究餘地。又被上訴人主張本件兩造間長鐘麻買賣係依 C&F 交貨，且約定「貨物之品質及數量以上述公證報告為最後之依據」(Quality/quantity of the above mentioned commodity certified by above reports/certificates shall be considered as final)，則依國際貿易慣例此項買賣似係約定船邊交貨，關於品質條件為以裝船品質 (Shipped quality final) 為準，果爾，則如於裝船時已公證，品質相符，受貨人能否再對出賣人主張瑕疵擔保？以及本件貨物係由泰國裝船運抵高雄港由被上訴人公證提貨，上訴人是否確知泰國裝貨有瑕疵，並進而故不告知被上訴人？亦待澄清。上訴論旨，指摘原判決關於上訴人敗訴部分為不當，聲明廢棄，非無理由。

　　據以論結，本件上訴為有理由，依民事訴訟法第四百七十七條第一項，第四百七十八條第一項，判決如主文。

出口商與供應商間 C&F 日本之買賣，約定「供應人保證品質及包裝優良……否則當負應有之責任，並賠償客戶之損失」，此一約定有無變更或排除 C&F 國際貿易慣例之適用？

【判決要旨】

　　第查上訴人在原審一再主張泉裕公司等出具之覺書，僅為數量短少十六公噸所為之和解。至於貨物腐爛所受之損害部分，仍應依照兩造所訂契約負責賠償，並提出「訂貨紀要」為證。經核該項訂貨紀要（即訂單），除記載上開單價之付款條件外，並另行載明：「供應人保證品質及包裝優良……否則當負應有之責任，並賠償客戶之一切損失」等字樣，此項契約內容，有無民法第三百六十條之適用？殊非無疑。原判決僅依國際貿易慣例，判斷法律上之效果。而對兩造約定之其他內容置而不論，自有判決不備理由之違法情形。

【關係法條】

　　民法第三百六十條

　　買賣之物，缺少出賣人所保證之品質者，買受人得不解除契約或請求減少價金，而請求不履行之損害賠償。出賣人故意不告知物之瑕疵者，亦同。

國際商會國貿條規 C&F 賣方義務

最高法院民事判決　七十一年度臺上字第一二二二號
　　上　訴　人　冠聯貿易股份有限公司
　　法定代理人　宋盛豪
　　被 上 訴 人　泉裕產業股份有限公司
　　法定代理人　宋金鍊
　　被 上 訴 人　鄭　雄
右當事人間請求損害賠償事件，上訴人對於中華民國七十年九月二日臺灣高等法院第二審更審判決（七十年上更㈠字第三六七號），提起上訴，本院判決如左：

主　文

原判決關於駁回上訴人請求被上訴人泉裕產業股份有限公司給付損害金之上訴及其訴訟費用之部分廢棄，發回臺灣高等法院。
其他上訴駁回。
第三審訴訟費用，關於駁回其他上訴部分，由上訴人負擔。

理　由

　　本件上訴人主張：訴外人日商大和宣廣株式會社（以下簡稱大和會社）向伊訂購甘蔗尾一百公噸，經伊轉向被上訴人泉裕產業股份有限公司（以下簡稱泉裕公司）購買後，由泉裕公司裝船運往日本，嗣接獲大和會社通知，該批貨物不僅短少十六公噸，且均已腐壞，業予拋棄。大和公司向經濟部國際貿易局陳情，經該局調處結果，由伊賠償大和公司美金六千二百五十元。此項損害，自應由被上訴人泉裕公司負責賠償。又被上訴人鄭雄曾對伊出具覺書，表示願就泉裕公司之賠償金額內就美金二千六百元部分負連帶保證責任等情。求為命被上訴人泉裕公司給付美金六千二百五十元，依給付時中央銀行外匯牌價折付新臺幣。其中美金二千六百元部分，應由被上訴人鄭雄連帶給付與伊之判決。
　　被上訴人則以：本件甘蔗尾於交運以前，曾經經濟部商品檢驗局檢驗結果，並無霉變情形。上訴人所稱之腐壞，縱令屬實，亦係海上運送中所發生，不應由泉裕公司負責。至於鄭雄出具之覺書，僅係對泉裕公司再行出賣甘蔗尾五十公噸之契約負連帶保證責任，故與本件訟爭無關等語，資為抗辯。

本件茲分兩部分說明之：

㈠關於被上訴人泉裕公司部分：

原審維持第一審所為駁回上訴人請求被上訴人泉裕公司給付損害金部分之判決，駁回其在第二審之上訴，無非以泉裕公司於裝船前，經經濟部商品檢驗局檢驗結果，認為數量並無短少，亦未發現霉爛劣變及危險病蟲害，故判定合格。上訴人主張兩造訂單記載單價為 C&F NAGOYA 乃 COST AND FREIGHT 之付款條件。依照國際貿易慣例，在此條件下，賣方僅負擔貨物至目的地之運費及貨物裝上大船為止之風險，此後之一切毀損，滅失等風險，均由買方負擔。泉裕公司交付之甘蔗尾在出口港裝船前既無瑕疵，則上訴人主張之腐爛及短少不論是否真實，均不應由泉裕公司負責。至於泉裕公司與鄭雄雖曾出具覺書，承認貨物運至日本後，發現數量不足十六公噸，同意分擔損失，亦僅得為上訴人另行對泉裕公司請求履行之依據，不足以證明泉裕公司應負貨物腐爛之損害賠償責任等詞，為其判決論據。第查上訴人在原審一再主張泉裕公司等出具之覺書，僅為數量短少十六公噸所為之和解。至於貨物腐爛所受之損害部分，仍應依照兩造所訂契約負責賠償，並提出「訂貨紀要」為證。經核該項訂貨紀要（即訂單），除記載上開單價之付款條件外，並另行載明：「供應人保證品質及包裝優良……否則當負應有之責任，並賠償客戶之一切損失」等字樣，此項契約內容，有無民法第三百六十條之適用？殊非無疑。原判決僅依國際貿易慣例，判斷法律上之效果。而對兩造約定之其他內容置而不論，自有判決不備理由之違法情形。上訴論旨，執以指摘原審就其請求被上訴人泉裕公司給付而受敗訴之判決部分違背法令，求予廢棄，非無理由。

㈡關於被上訴人鄭雄部分：

原審以：上訴人提出之覺書，核其內容為泉裕公司出售與上訴人之甘蔗尾，運抵日本後發現數量不足十六公噸，及泉裕公司另應分擔運費等項，共計美金二千六百元。泉裕公司願再出賣甘蔗尾五十公噸與上訴人，應付價款可予扣除上開不足之十六公噸，及其他分擔金。被上訴人鄭雄在覺書內簽名，係保證泉裕公司依照覺書內容履行交貨，上訴人竟請求鄭雄與泉裕公司連帶給付美金二千六百元，自屬不應准許云云，為得心證理由，爰予維持第一審所為駁回上訴人對於被上訴人鄭雄請求給付部分之判決，核無違誤。上訴論旨，任意指摘原判決就此部分認事採證違法，求予廢棄，非有理由。

據上論結，本件上訴為一部有理由，一部無理由，依民事訴訟法第四百七十七條第一項，第四百七十八條第一項，第四百八十一條，第四百四十九條第一項，第七十八條，判決如主文。

1. 整廠輸出（含安裝、試車）契約之性質為買賣抑或買賣與承攬之混合契約？
2. 整廠輸出契約，交易條件為 C&F，則賣方是否須負運輸途中之風險？
3. 載貨證券之記載可否排除海商法第一百條規定之適用？
4. 貨主於貨物轉運內陸後發現毀損，應如何舉證始可向運送人請求賠償？

【判決要旨】

第查上訴人姜子公司主張：其出賣竹南製瓶廠所需機器與公賣局，並約定應負責機器之安裝與試車，前者為買賣，後者為承攬，為買賣與承攬之混合契約。買賣部分約定為「C&F 基隆」方式交易，於出貨港經公賣局所指定之 ROBERT WHUNT CO. 公證公司檢驗合格，伊已盡出賣人之義務云云。而上訴人公賣局亦承認上開契約關於「安裝」及試車為承攬性質，機器之本身則為買賣。則訂約雙方當事人對該契約為買賣與承攬之混合性質，已無所爭執。原判決竟遽予否定為買賣與承攬之混合契約，已有欠當。更未就契約條款孰為買賣之約定，孰為承攬之約定，而為判斷。對姜子公司主張：「C&F 方式之買賣，依國際商會一九五三年貿易條件，賣方必須負擔貨物之一切風險直到貨物在裝貨港有效地越過船舶之船舷欄干為止。訟爭製瓶機於裝運港曾經公賣局指定之公證公司檢驗合格，出具公證報告，認為百分之百全新完好無瑕，且其規格、品質、數量、包裝、嘜頭均完全符合要求，並取得清潔提單交付與公賣局，與現實交付有同一之效力。則訟爭機器之危險，自交付時起均由公賣局即買受人承受負擔」云云。及長榮公司主張：「載貨證券所附記條款文字，並非雙方當事人之契約，不能依其第十七條之記載而排除海商法第一百條規定之適用。又大西洋公證有限公司未派具有公證人資格者為檢驗，其公證報告無證據力。況訟爭機器經公賣局提領後，交由鐵路貨運所運送，再轉委華南汽車貨運公司負責內陸運輸，於檢驗時已放置於竹南製瓶廠達三、四十日之久，公證報告並未說明損壞係發生於裝櫃前、卸貨時或卸貨後。無從證明為長榮公司之行為所造成，為證明於交付內陸運輸時，仍屬完好，請求命公賣局提出鐵路貨運所及華南汽車貨運公司之託運單及提貨單以為證明」云云。又謂依公證報告記載，訟爭機器高為九八・五英吋，而裝載之貨櫃為標準型高一〇二英吋，該機器置於貨櫃內，扣除底部之厚度，尚不致高

出整個貨櫃外框之高度，不應受壓云云等重要防禦方法，何以不足採取，並未說明其意見，即有調查未盡及判決不備理由之違誤。

【關係法條】

海商法第一百條

一、貨物一經有受領權利人受領，視為運送人已依照載貨證券之記載，交清貨物。但有左列情事之一者，不在此限：

1.提貨前或當時，受領權利人已將毀損滅失情形，以書面通知運送人者。

2.毀損滅失不顯著而於提貨後三日內，以書面通知運送人者。

3.在收貨證件上註明毀損或滅失者。

二、受領權利人之損害賠償請求權，自貨物受領之日或自應受領之日起一年內，不行使而消滅。

民法第二百零三條

應付利息之債務，其利率未經約定，亦無法律可據者，週年利率為百分之五。

利率管理條例第六條

應付利息之金錢債務，其利率未經約定者，債權人得請求按照當地中央銀行核定之放款日拆二分之一計算。

【關係慣例】

一九五三年國貿條款 C&F 賣方義務

最高法院民事判決　七十三年度臺上字第四一七一號

上　訴　人　臺灣省菸酒公賣局

法定代理人　伍曰葛

訴訟代理人　林昇格律師

上　訴　人　姜子有限公司

法定代理人　陳　斌

訴訟代理人　葉永芳律師

上　訴　人　長榮海運股份有限公司

法定代理人　張榮發

訴訟代理人　陳水扁律師

右當事人間請求損害賠償事件，兩造對於中華民國七十三年五月三十日臺灣高等法院第二審更審判決（七十三年上更㈠字第六四號），各自提起上訴，本院判決如左：

◉ 主 文 ◉

原判決除假執行部分外廢棄，發回臺灣高等法院。

◉ 理 由 ◉

本件上訴人臺灣省菸酒公賣局（以下簡稱公賣局）主張：對造上訴人姜子有限公司（以下簡稱姜子公司）於六十八年一月二十二日與公賣局之代理人中央信託局訂約，出售竹南製瓶廠全套設備，約定姜子公司應負責安裝、試車及達到一定之產量，並保證所交之貨物為全新，無瑕疵、短缺或損壞。關於貨物之包裝，須足以抵擋海運之危險，有合約書可稽。買賣標的物經分別裝船交付，其中第六批由姜子公司在美國供應商裝於六個貨櫃，內有八段 1-S 製瓶機，因高達一〇六英吋，由對造上訴人長榮海運股份有限公司（以下簡稱長榮公司）提供開頂貨櫃裝載，交由該公司之「榮恆輪」承運來臺，並由該公司簽發載貨證券。姜子公司對該裝瓶機率以開頂貨櫃包裝，對超過部分未作適當之保護，長榮公司明知上情，竟將該開頂貨櫃置於艙內下層，致令該製瓶機遭壓毀。經由供應商估計，其修復費用共需美金一十九萬八千元，依公賣局與姜子公司間之契約，該公司應負賠償責任。而長榮公司為運送人，對其因重大過失致運送物毀損亦應負賠償責任，其為不真正連帶債務等情。求為命姜子公司、長榮公司連帶給付美金一十九萬八千元（按給付日外匯交易中心牌示匯率折付新臺幣）並自本件起訴狀繕本送達之翌日起按中央銀行核定放款利率二分之一算付遲延利息之判決。在原審更審時，則改為請求按年息百分之五算付遲延利息，又以其嗣後支出新臺幣一百五十二萬一千六百八十三元，亦應由對造上訴人連帶賠償，乃擴張其請求，求為再命姜子公司、長榮公司連帶如數給付並支付法定遲延利息之判決。

上訴人姜子公司則以：訟爭機器之買賣合約係由訴外人中央信託局與之簽訂，公賣局並非契約當事人。伊已將貨物交付運送人並由運送人交付清潔提單，已履行出賣人之責任。該貨物嗣後發生危險，應由買受人負擔。又該製瓶機因過高而以開頂貨櫃裝載，其四週及頂部均架以粗木框，再覆以塑膠布，業經妥善為包裝，該製瓶機之壓毀，係因運送人裝卸不慎所致，伊不負賠償責任云云。上訴人長榮公司則以公賣局於六十九年七月七日提領訟爭貨物至同年八月十四日始獲其通知貨物壓毀，已逾法定三日之期限，依載貨證券之約定及海商法第一百條之規定，伊不負賠償責任。況公賣局自承訟爭貨物包裝不固而遭壓毀，依海商法第一百十三條第十二款之規定，亦可免除運送人之責任。而公賣局提出之公證報告記明該製瓶機高為九八・五英吋，並非一〇六英吋，置於高度一〇二英吋之貨櫃中，扣除底部之厚度，尚不致高出整個貨櫃外框之高度，該貨物之受毀損，究係發生於運送途中，抑在未交付運送之時，亦有可疑。又公賣局所提出之鐵路局

基隆貨運服務所出具訟爭貨物送料單及到達貨物驗收單，均載明已拆櫃卸車進艙而無任何損害，足證其毀損必非於海上運送時發生，而係於公賣局受領後發生，又本件運送為 CY → CY 方式，貨物由託運人自裝自計，未將其性質、價值於裝載前向伊聲明，亦未載明於載貨證券內，依海商法第一百十四條第二項之規定，運送人之賠償責任以不超過每件銀元三千元為限云云，資為抗辯。

原審認姜子公司、長榮公司對公賣局應賠償金額為美金十一萬八千八百元，除維持第一審所命長榮公司給付公賣局新臺幣二萬七千元及其法定遲延利息部分之判決，駁回長榮公司之上訴外，並將第一審所為公賣局敗訴部分之判決，一部廢棄改判，命長榮公司、姜子公司就美金十一萬八千八百元及自六十九年十二月五日起至清償日止按中央銀行核定放款利率二分之一算付利息折付新臺幣，為不真正連帶給付（其中長榮公司部分，則扣除第一審所命給付之金額）。並駁回公賣局其餘之上訴，無非以依合約書記明，係由中央信託局代理公賣局與姜子公司所簽訂。姜子公司以公賣局非該契約之當事人為辯，即非可採。而長榮公司已在書狀內承認為運送人，並有其所簽發之載貨證券，為公賣局所持有。嗣又以其非運送人為辯，亦非正當。依合約書約定，出賣人姜子公司除負責安裝、試車使達一定產量外，並保證所交之貨物全新而無瑕疵、短缺或損壞，無論是否通過裝船地檢驗，賣方仍須保證一年內貨物工料無瑕疵，買方對於不符合要求之貨品，可請求更換新品，或請求退還貨款，亦可請求賠償。則公賣局依債務不履行之法律關係，請求姜子公司賠償損害，即非無據，不因買賣採「C&F 基隆」方式，而可減免出賣人之責任。姜子公司主張為買賣與承攬之混合契約，即有誤會。訟爭製瓶機高達一〇六英吋，四週及頂部均架以粗木條，再覆以塑膠布，置於長榮公司所提供之開頂貨櫃裝載，其損壞之原因，係由於運送人置於底艙，其上堆積四個貨櫃共重九四餘公噸，致該製瓶機受壓毀，有貨艙單、積載圖及大西洋公證有限公司之公證報告與影片可證，堪以認定。長榮公司為運送人，對承運貨物之裝卸、搬移、堆存、保管、運送及看守，未為必要之注意及處置。對該製瓶機之受壓毀，顯有重大過失，亦不能以該貨物包裝不固而可免責。又載貨證券約款第十七條訂明：「如有受領權人未在提貨當時或三日內為貨物損壞之書面通知，則其提貨可作運送人已完好交付載貨證券之表面證據」，依契約自由之原則，即可排除海商法第一百條規定之適用。蓋所謂「表面證據」，自可以反證而推翻，相當於「推定」。公賣局既提出上開證據證明該製瓶機之受壓毀，長榮公司亦難依海商法第一百條規定主張公賣局已生失權之效果，所載運之製瓶機其價值若干，雖未在載貨證券上記明，然與長榮公司之發票，已明載價值為美金五十九萬四千零十五元，就上開裝運之情形，運送人從外表即可探悉其內容，不致遭受意外不當之超額賠償，亦難依海商法第一百十四條第二項所規定之限額，主張依此限額內為賠償。公賣局將壓毀之製瓶機送回美國原廠修復後運返臺灣。共需費用為美金一十九萬八千元，亦據提出發票為證，

惟僅支付百分之六十，計美金一十一萬八千八百元，有給付文件可考。應命姜子公司、長榮公司為賠償，其餘修復費用，既未支出，就此損害尚未發生，又公賣局擴張聲明所支出新臺幣一百五十二萬一千六百八十三元，未據證明有如何之因果關係，其請求均有未合，為判斷之論據。

　　第查上訴人姜子公司主張：其出賣竹南製瓶廠所需機器與公賣局，並約定應負責機器之安裝與試車，前者為買賣，後者為承攬，為買賣與承攬之混合契約。買賣部分約定為「C&F基隆」方式交易，於出貨港經公賣局所指定之 ROBERT WHUNT CO. 公證公司檢驗合格，伊已盡出賣人之義務云云（見原審七十年度上字第一三二二號卷宗第七二頁）。而上訴人公賣局亦承認上開契約關於「安裝」及試車為承攬性質，機器之本身則為買賣（見原審七十三年度上更㈠字第六四號卷宗第一八頁）。則訂約雙方當事人對該契約為買賣與承攬之混合性質，已無所爭執。原判決竟遽予否定為買賣與承攬之混合契約，已有欠當。更未就契約條款孰為買賣之約定，孰為承攬之約定，而為判斷。對姜子公司主張：「C&F方式之買賣，依國際商會一九五三年貿易條件，賣方必須負擔貨物之一切風險直到貨物在裝貨港有效地越過船舶之船舷欄干為止。訟爭製瓶機於裝運港曾經公賣局指定之公證公司檢驗合格，出具公證報告，認為百分之百全新完好無瑕，且其規格、品質、數量、包裝、嘜頭均完全符合契約要求，並取得清潔提單交付與公賣局，與現實交付有同一之效力。則訟爭機器之危險，自交付時起均由公賣局即買受人承受負擔」云云（見同上卷宗第三六頁）。及長榮公司主張：「載貨證券所附記條款文字，並非雙方當事人之契約，不能依其第十七條之記載而排除海商法第一百條規定之適用（見同上卷宗第六六頁）。又大西洋公證有限公司未派具有公證人資格者為檢驗，其公證報告無證據力。況訟爭機器經公賣局提領後，交由鐵路貨運所運送，再轉委華南汽車貨運公司負責內陸運輸，於檢驗時已放置於竹南製瓶廠達三、四十日之久，公證報告並未說明損壞係發生於裝櫃前、卸貨時或卸貨後。無從證明為長榮公司之行為所造成，為證明於交付內陸運輸時，仍屬完好，請求命公賣局提出鐵路貨運所及華南汽車貨運公司託運單及提貨單以為證明」云云（見同上卷宗第二四頁、第六五頁）。又謂依公證報告記載，訟爭機器高為九八‧五英吋，而裝載之貨櫃為標準型高一〇二英吋，該機器置於貨櫃內，扣除底部之厚度，尚不致高出整個貨櫃外框之高度，不應受壓云云（見同上卷宗第二二頁）等重要防禦方法，何以不足採取，並未說明其意見，即有調查未盡及判決不備理由之違誤。按利率管理條例第六條規定，應付利息之金錢債務，其利率未經約定者，債權人得請求按照當地中央銀行核定之放款日拆二分之一計算。係限於債之標的，以中華民國貨幣為給付者，始有其適用。公賣局請求給付之標的為美金，僅可依民法第二百零三條之規定，按週年利率百分之五請求利息。原判決竟准按中央銀行核定放款利率二分之一算付遲延利息，用法亦有不當。復與公賣局之聲明不符，尤為疏失。又原判決既認定訟爭

機器之修復費為美金一十九萬八千元，經公賣局送回美國原廠修復後運返臺灣，已支付百分之六十修復費美金一十一萬八千八百元，則公賣局對所餘百分之四十修復費，仍有對該美國原廠為支付之義務，有公賣局函可考（見原審七十年度上字第一三二二號卷宗第八二頁），此即為公賣局因而受有之損害，不因其尚未為支付而有不同。原判決謂此部分之損害尚未發生，即有可議。既認定公賣局所為擴張之訴為無理由，此部分既不在第一審判決之範圍，而又未於主文內明示其駁回擴張之訴之意旨，亦有欠當。兩造上訴論旨，各就其敗訴部分指摘原判決違誤，求予廢棄，非無理由。

　　據上論結，本件兩造上訴均有理由，依民事訴訟法第四百七十七條第一項，第四百七十八條第一項，判決如主文。

　　中華民國七十三年十月十二日

CIF 條件下，買賣雙方之責任與危險以何處為分界點？

【判決要旨】

　　國際貿易，應按國際慣例行之，與在本國內所為之買賣不同，無適用民法各項規定之可言。

【關係法條】

　　民法第一條

　　民事，法律所未規定者，依習慣，無習慣者，依法理。

最高法院民事判決　五十二年度臺上字第三二五六號

　　上　訴　人　萬寶紡織廠股份有限公司

　　法定代理人　李邦祥

　　被上訴人　美商惠洛股份有限公司

　　法定代理人　岩井真之助

右當事人間請求損害賠償事件，上訴人對於中華民國五十二年六月八日臺灣高等法院更審判決，提起上訴，本院判決如左：

主　文

上訴駁回。

第三審訴訟費用由上訴人負擔。

⬤　理　由　⬤

　　本件上訴人主張，伊於民國四十八年八月間，委請中國紡織印染工業貿易股份有限公司(下稱中貿公司)代向被上訴人公司巴基斯坦分公司購買三馬牌四十支棉紗三百包、金魚牌二十支棉紗二百包，價金共計 CIF 基隆美金九萬三千五百元，同年十二月間，上訴人在基隆提貨時，發覺棉紗多被污損擦破，當經承買人中貿公司委託中國檢查公證股份有限公司（下稱中國公證公司）檢查結果，損壞部分相當於美金二千九百三十二元六角八分，中貿公司雖於同年十二月間即將有關證件送交被上訴人在中華民國之代表人，請其如數賠償，但毫無結果，上訴人曾於五十年四月十四日函請中貿公司於一星期內向被上訴人請求賠償，該公司迄未向被上訴人為審判上之請求，上訴人祇得代位請求如數賠償等情，原審斟酌全辯論意旨及調查證據之結果，以國際貿易 CIF 契約係包括貨價、運費及保險費之契約 (Cost Insurance and Freight)，依此契約，賣方雖有代締保險契約之義務，其責任亦止於提出合法有效之裝貨單據，貨物裝船運出後，能否安全到達非賣方所關心，設在運輸途中耽擱、滅失或發生損害等情事，船公司應負其責者，買方應向船公司索賠，如應向保險公司索賠，亦應由買方向保險公司提出之，賣方縱能代辦，亦完全居於協助者地位，故賣方於裝船後，取具清潔提單 (Clean Bill of Lading) 及以買方為受益人之保險單交付銀行轉送買方後，其交貨責任即算完畢，此觀中央信託局覆函（附原審五二上更字第二十九頁）甚明。本件被上訴人既已依約將買賣標的物投保喀拉蚩南英保險公司後裝船，並將提貨單、保險單送交買方中貿公司，則依上開說明，被上訴人已完成其交貨之義務，縱運送途中發生破損，亦與被上訴人無涉。又以本件係屬國際貿易，應按國際慣例行之，與在本國內買賣不同，無適用民法各項規定之可言，因認上訴人之請求為非正當，並據以將第一審不利於被上訴人之判決廢棄，變更為駁回上訴人之訴之判決，已於判決理由書內說明甚詳，於法自無不合。上訴論旨，任意指摘原判決不當，非有理由。

　　據上論結，本件上訴為無理由，依民事訴訟法第四百七十八條，第四百四十六條第一項，第七十八條，判決如主文。

CIF 香港是否以香港為交貨地及貨物規格決定地？

【判決要旨】

　　第查本件水管約定在香港交貨 (CIF HONG KONG) 有兩造所訂立之契約（原證一）

可稽，則上訴人所負出賣人之義務，至交貨後始為完成，亦即本件水管是否合乎約定規格，自以抵達香港時為準，縱令被上訴人有派其職員到上訴人工廠檢查貨物，亦不能即謂已經被上訴人公司驗收，而完成其交貨之責任。

【關係慣例】

　　國際商會一九五三年國貿條規

　　CIF（運保費在內價）賣方之義務 6. 除以下 B.4 條之規定外，負擔貨物之一切風險直至貨物在裝船口岸實際上越過船欄時為止。

最高法院民事判決　六十八年度臺上字第八七一號

　　上　　訴　　人　易興實業股份有限公司

　　法 定 代 理 人　顏德炎

　　訴 訟 代 理 人　周朱枕律師

　　被 上 訴 人　欣榮橡膠工業有限公司

　　兼法定代理人　王垂堂

右當事人間請求損害賠償事件，上訴人對於中華民國六十七年十二月十八日臺灣高等法院第二審判決（六十七年度上字第二三七七號），提起上訴，本院判決如左：

主　文

上訴駁回。

第三審訴訟費用由上訴人負擔。

理　由

　　本件被上訴人欣榮橡膠工業有限公司（以下簡稱被上訴人公司）起訴主張：其公司於民國六十七年七月間，向上訴人購買紅白相間之塑膠水管一批，計 5/8 時 ×1.5 厘米 × 五十公尺者八百捲，3/4 時 ×1.5 厘米 × 五十公尺者六百九十捲，一時 ×1.8 厘米 × 三十公尺者一百二十捲，約定 CIF 香港交貨，總價港幣三七、三三一·七〇元，上訴人應於六十六年七月廿八日前裝船，並保證水管膠身柔軟，厚度均勻，不成扁狀，特約不可壓扁，而上訴人遲延於同年十月廿二日始行交運，並取得被上訴人公司給付之全部價款，詎貨到香港後，經客戶洛奇公司發現扁損，與上訴人保證之品質大異，經公證係水管充氣不足，水管兩端密封不良所致，被上訴人公司即解除契約，通知上訴人迅速處理，以免損

害擴大，上訴人乃委託被上訴人王垂堂專程赴香港全權處理此事，王垂堂到港後，除運回水管一捲以為證明外，將該批水管折價售與香港喜李貿易公司，得價款港幣一萬元，契約既經解除，上訴人應返還被上訴人公司價款港幣三七、三三一‧七〇元，又受港幣一四、六二四‧〇三元之損害（其項目為信用狀差額等如第一審判事實欄㈤(b)所列──原證十四號），兩共港幣五一、九五五‧七三元，減去港幣一萬元，上訴人應給付港幣四一、九五五‧七三元，折合新臺幣三十二萬九千八百四十一元，又王垂堂赴港，支付旅館費、機票費等共計新臺幣一二、五〇六元（項目如上判決事實欄㈥所列──原證十五號），亦應由上訴人償還王垂堂等情，求為命上訴人分別如數給付被上訴人公司及王垂堂，並分別自六十七年一月廿七日起及六十六年十二月十日起至清償日止，按中央銀行核定放款日拆二分之一計付利息之判決。上訴人則謂：伊公司已將貨品交付被上訴人公司，被上訴人公司亦付清貨款，銀貨兩訖，何能解除契約，至於本件水管，經被上訴人公司於製造期間，派其職員周宏智至上訴人工廠嚴予檢驗，經被上訴人公司驗收認無問題，上訴人始裝船運送，不負瑕疵擔保責任，被上訴人公司亦不得解除契約，至被上訴人王垂堂因事赴港，上訴人不過順便託其查看水管情形而已等語，資為抗辯。

　　原審以：上訴人拒絕賠償系爭損害金額之理由，無非以被上訴人公司於訂約向其購買系爭水管後，於六十六年十月十八日，派其職員周宏智到上訴人工廠檢驗水管之長度、厚度及通水，並將各種規格之水管各剪一節帶回交被上訴人公司後認為滿意，而於同年月廿二日通知上訴人將貨運至基隆港裝運，上訴人不再負瑕疵擔保責任云云為論據，第查本件水管約定在香港交貨 (CIF HONG KONG) 有兩造所訂立之契約（原證一）可稽，則上訴人所負出賣人之義務，至交貨後始為完成，亦即本件水管是否合乎約定規格，自以抵達香港時為準，縱令被上訴人有派其職員到上訴人工廠檢查貨物，亦不能即謂已經被上訴人公司驗收，而完成其交貨之責任，而此批水管確有：「很嚴重壓扁……這些水管的壓損是由於充氣不足，和水管兩端密封不良所致」，有公證報告及王垂堂帶回之水管樣品，呈庭勘驗屬實，自與兩造「不可壓扁」之特別約定不合（原證二、三、七、八附卷），應屬上訴人應負擔保責任之瑕疵，殊無疑義，何況被上訴人公司將此批水管不合標準之事通知上訴人後，上訴人即委託被上訴人王垂堂赴港處理，已據提出溫明燦（上訴人公司經理）委託書（原證十），並經詢據證人溫明燦結證屬實，核其委託書係委託王垂堂為上訴人公司之代表前往香港洛奇公司處理水管之「一切事務」，則本件水管有無瑕疵，應否出賣，均得由王垂堂處理，非上訴人所得否認，茲被上訴人既為解除契約之意思表示，應生解約之效力，其請求返還價款及因此賠償與洛奇公司之損害，各如上數（原證十五──上訴人對於各款數，並無爭執），即應准許，又被上訴人王垂堂赴港處理本件水管事務支出旅館、飛機票等費新臺幣一二、五〇六元，為處理事務之必要費用，王垂堂請求上訴人償還，為民法第五百四十六條第一項規定之所許等詞，將第一審

所為上訴人敗訴部分之判決（王垂堂支出旅費部分）予以維持，被上訴人公司敗訴部分（港幣四一、九五五・七三元），則廢棄改判如被上訴人公司之聲明，於法並無違背，上訴論旨，仍執陳詞，並謂：CIF 香港交貨，旨在運到香港而已，本件水管既經被上訴人檢驗，上訴人亦已交貨，無瑕疵擔保責任云云，任意指摘，聲明廢棄原判決，非有理由。

據上論結，本件上訴為無理由，依民事訴訟法第四百八十一條，第四百四十九條第一項，第七十八條，判決如主文。

中華民國六十八年三月卅日

FOB 貿易條件是否可特約排除危險負擔的時點？

最高法院民事判決　　　　　　　　　　　九十年度臺上字第七九六號

上　訴　人　中央產物保險股份有限公司
法定代理人　黃清江
訴訟代理人　劉文崇律師
被 上 訴 人　日商日製產業株式會社
法定代理人　石川昭夫
被 上 訴 人　日商西日本鐵道株式會社
法定代理人　橋本尚行
右二人共同
訴訟代理人　陳
被 上 訴 人　日商日本亞細亞航空股份有限公司
法定代理人　長谷部和也
訴訟代理人　楊國華律師
被 上 訴 人　交通部民用航空局
法定代理人　張有恆
被 上 訴 人　驊洲運通股份有限公司
法定代理人　鄭日省

右當事人間請求損害賠償事件，上訴人對於中華民國八十九年十月十七日臺灣高等法院第二審更審判決（八十八年度保險上更字第二號），提起上訴，本院判決如左：

主　文

原判決廢棄，發回臺灣高等法院。

理　由

　　本件上訴人主張：伊承保訴外人聯華電子股份有限公司（下稱聯華公司）向被上訴人日商日製產業株式會社（下稱日製會社）購買蝕刻機及其附屬設備乙套（下稱系爭貨物），委由被上訴人日商西日本鐵道株式會社（下稱西鐵會社）運送，該社將之交由被上訴人日商日本亞細亞航空股份有限公司（下稱日亞航公司）承運，貨物運抵桃園中正機場後，先寄存被上訴人交通部民用航空局（下稱民航局）所屬臺北航空貨運站之倉庫保管，再由被上訴人驊洲運通股份有限公司（下稱驊洲公司）運至聯華公司位於新竹工業園區之廠房。詎系爭貨物交付予聯華公司時，竟發現業遭撞擊損壞，已不堪使用，構成推定全損。日製會社基於物之瑕疵擔保責任，應對聯華公司負損害賠償責任。其餘被上訴人於相繼運送、保管過程中，未盡運送人、保管人注意義務，致系爭貨物發生損害，依運送契約及侵權行為法律關係，亦應負損害賠償責任，渠等所負之損害賠償責任為不真正連帶債務。伊係系爭貨物之保險人，已依保險契約賠付聯華公司新臺幣（下同）三千一百五十五萬六千元，並受讓該公司對被上訴人之損害賠償請求權等情，本於保險法第五十三條第一項及民法債權讓與之規定，求為命被上訴人各給付伊三千一百五十五萬六千元並加付法定遲延利息，如其中一人已為給付時，就該給付部分，其餘被上訴人免除給付義務之判決。

　　被上訴人日製會社則以：伊與聯華公司所訂立之買賣契約，係以 FOB 為買賣條件，該貨於日本東京機場交付予運送人時，完好無瑕，伊已脫卸出賣人責任，該貨嗣後運送所致之損害，與伊無涉。被上訴人西鐵會社、日亞航公司則以：伊與驊洲公司並非相繼運送人，伊之運送責任於系爭貨物送抵臺北航空貨運站時即已終了，而該貨物運抵上開貨運站時並無受損，故伊並無債務不履行或侵權行為之情事。被上訴人民航局則以：系爭貨物於伊保管放行時，僅發現包裝之木箱側面上方有二十七公分長三十公分寬之輕微破損，箱上之碰撞及向上指示器均顯示正常，足認該貨物毀損應非在伊保管時發生。被上訴人驊洲公司亦以：伊於承運之初，即發現其外包裝有破損，並通知聯華公司，而於運送中，聯華公司亦有派人隨車護送，未有任何異常情形，系爭貨物之損害非伊運送所致各等語，資為抗辯。

　　原審維持第一審所為上訴人敗訴之判決，駁回其上訴，係以：上訴人主張之事實，固據提出空運提單、進口貨物放行異常情形報告表、貨物運輸險賠款收據、權利轉讓書、公證報告、預約保單、買賣合約書等件為證。惟按一般常情，如訂約當事人於制式定型化約款外另有補充文字之情形，應認當事人間有以該補充文字約定優先制式定型化約款之合意，聯華公司與日製會社所訂之買賣契約背面雖記載有危險負擔之約款，但該買賣

契約正面聯華公司另以打字繕寫 "FOB JAPAN AIRPORT" 之記載，日製公司就聯華公司已變更背面制式約款予以承諾，當有排除背面制式約款之合意甚明。且參酌聯華公司委紐約銀行東京分行出具之信用狀開發書載明「東京機場 FOB」為買賣條件，與上訴人訂立之保險契約亦約定保險期間係自發貨商倉庫至聯華公司倉庫，航空運費「到付」，並自行委託驛洲公司自中正機場運送至聯華公司，可見聯華公司與日製會社間以 FOB 為買賣條件，自應優先適用。而依國際商會西元一九九○年制定國貿條規之規定，在 FOB 價格條件下，賣方承擔之風險係包括所有費用及危險直到貨物在裝貨港確實通過船舷時為止，故 FOB 不僅係單純之價格條件，尚包含危險負擔條件，日製會社之危險負擔以在日本東京機場交付系爭貨物為止。上訴人所提中信海事公證股份有限公司出具之公證報告記載：「實際貨損原因不能確定，然綜上資料之判斷，……於日本包裝過程時＼後情狀良好，貨損之因應係於航程中發生」等語，是系爭貨物損害原因於航程中發生，在日製公司交付日亞航公司前並無受任何碰撞。則日製會社就系爭貨物於其危險責任後所生之毀損，自不負瑕疵擔保、債務不履行及侵權行為責任。又系爭貨物經西鐵會社運送至東京機場交付日亞航公司，該公司未為任何瑕疵之保留，空運至中正機場時，民航局亦未為任何瑕疵之保留，上訴人又未證明西鐵會社於運送中，有任何故意過失，致系爭貨物受損。其請求西鐵會社負損害賠償責任，亦屬無據。上訴人所提之空運提單，僅能證明聯華公司與西鐵會社訂立運送契約，並不能證明有相繼運送約定之情形。上訴人主張西鐵會社、日亞航公司、驛洲公司為相繼運送人云云，為不可採。另系爭貨物運抵中正機場交民航局臺北航空貨運站進口倉庫接收時，並無異常情形，有該站填具之進口貨物接收異常報告表可稽。系爭貨物於日亞航公司運送過程中既無任何異常，且未為相繼運送人，上訴人主張日亞航公司應負侵權行為及債務不履行損害賠償責任云云，亦不足採。又臺北航空貨運站填具之進口貨物放行異常情形報告表僅記載：有一大箱正面左側離地高一百四十公分處外，木箱木板破損二十七公分長三十公分寬，箱外附有碰撞及向上指示器均正常等語，而按碰撞及向上指示器係極度靈敏，只要用手輕輕一彈，該指示器即刻變色，此經第一審當庭勘驗屬實，有勘驗筆錄可考，則於臺北航空貨運站放行時，縱如外包裝有些微破損，當不足以使系爭貨物有毀損致令不堪使用之程度。民航局辯稱上開木箱外包裝破損與系爭貨物毀損無涉云云，應可採信。至驛洲公司於收受時，對於該貨物外包裝毀損之情形，已向聯華公司為保留通知，為上訴人所不爭。而系爭貨物運抵聯華公司時，碰撞及向上指示器均正常，聯華公司於收受時，就此未為保留，復為上訴人所是認，該公司之隨車趙小姐即趙玉蓮證稱「（在押運途中，有無聽到碰撞的聲音？）不太有特殊印象。……不過我有一個印象就是有一部機器有異常」等語。是上訴人主張聯華公司之趙小姐於隨車過程中，有聽到撞擊聲云云，與事實不符，自不足取。聯華公司隨車之人員趙玉蓮既未聽見碰撞聲，且上訴人所提出台灣通商公證股份有限公司之公

證報告係於驛洲公司八十二年五月四日自臺北航空貨運站報關放行運達聯華公司後二天始作成。該公證報告上記載碰撞及向上指示器變色，應係於驛洲公司將系爭貨物交付聯華公司後始發生。驛洲公司運送中並無何故意過失行為，致系爭貨物碰撞受損，就該貨物交付聯華公司後所生之毀損，自不負損害賠償責任。綜上所述，上訴人不能證明系爭貨物損害發生於日製會社承擔危險期間或西鐵會社、日亞航公司、驛洲公司承運期間或民航局倉儲期間，其主張被上訴人應負瑕疵擔保、侵權行為及債務不履行之責任，即屬無據。從而，上訴人以其係系爭貨物之保險人，已依約理賠聯華公司之損害，並自該公司受讓其權利，依保險法第五十三條及民法有關債權讓與之規定，請求被上訴人各給付伊三千一百五十五萬六千元並加付法定遲延利息，如其中一人已為給付時，就該給付部分，其餘被上訴人免除給付義務，為無理由等詞，為其判斷基礎。

查聯華公司與被上訴人日製會社所訂立之買賣契約雖係以 FOB 為買賣條件，然上訴人主張該買賣合約書正面打字繕寫載明：「為確保本件設備（即系爭貨物）自託運人（即日製會社）處起運，經由內陸及出口運輸過程至運達聯華公司工廠，皆能保持良好情狀，出賣人（即日製會社）應詳閱下列裝載指示。1.所有木條箱皆必須特別加強以應出口運輸。倘因任何不當或拙劣之包裝所罹之損害，託運人（即日製會社）應就該損害負擔全部責任」等語，益見被上訴人日製會社確曾特約承擔系爭貨物至買受人聯華公司工廠受領貨物時止之全部危險云云（見原審更卷六五頁、二三八頁背面、二三九頁正面），此與判斷聯華公司與被上訴人日製會社就系爭買賣有關出賣人危險負擔，是否有約定排除適用 FOB 貿易條件，所關頗切，原審恝置上訴人上述之攻擊方法於不論，遽認被上訴人日製會社之危險負擔以在日本東京機場交付為止，即有可議。次查，系爭貨物運抵中正機場於臺北航空貨運站放行時，有一大箱正面左側離地高一百四十公分處外，木箱木板破損二十七公分長三十公分寬，為原審認定之事實；且證人即驛洲公司運送中隨車之聯華公司人員趙玉蓮證稱有一部機器有異常等語（見原審更卷一六七頁），況原判決先認定系爭貨物損害原因於航程中發生（見原判決第十八頁第十三、十四行），繼謂系爭貨物於被上訴人日亞航公司運送過程中無任何異常（見原判決第二十頁第十行），又稱公證報告上記載碰撞及向上指示器變色，應係於驛洲公司將系爭貨物交付聯華公司後始發生（見原判決第二十二頁第十八行至第二十三頁第一行），前後矛盾。公證報告所指之系爭貨物損害，究係於被上訴人日亞航公司航運中發生？或於被上訴人民航局臺北航空貨運站倉儲時發生？抑係於被上訴人驛洲公司運送中發生？實情如何，亦有進一步調查審認之必要。又按關於運送人之責任，只須運送物有喪失、毀損或遲到情事，經託運人或受貨人證明屬實，而運送人未能證明運送物之喪失、毀損或遲到係因不可抗力，或因運送物之性質，或因託運人或受貨人之過失所致者，則不問其喪失、毀損或遲到之原因是否為可歸責於運送人之事由，運送人均應負法律上或契約上之責任（本院四十九

年臺上字第七一三號判例參照）。查卷附被上訴人西鐵會社出具之空運提單載明系爭貨物託運人日製會社、運送人西鐵會社，起運機場：東京，至臺北，目的地機場：中正國際機場，受通知人：聯華公司（見外放證物附件二），則被上訴人日製會社與被上訴人西鐵會社所訂立運送契約，託將系爭貨物由日本機場運至桃園中正國際機場，苟系爭貨物損害係於被上訴人日亞航公司航程中發生，能否謂民航局未為任何瑕疵之保留，即認被上訴人西鐵會社不負運送人之責任？非無研求之餘地。原審未詳加推求，遽以上開理由，為上訴人不利之判斷，亦有未合。上訴論旨，指摘原判決不當，求予廢棄，為有理由。

　　據上論結，本件上訴為有理由，依民事訴訟法第四百七十七條第一項、第四百七十八條第一項，判決如主文。

　　中華民國九十年五月四日

（註：宜用 FCA 取代 FOB Japan Airport 較合適。）

FOB 海運改空運由誰負擔運費？

最高法院民事判決　九十年度臺上字第一○七○號

　　上　訴　人　葛盛企業有限公司

　　法定代理人　葛守銘

　　訴訟代理人　邱瑞忠律師

　　被 上 訴 人　竣輝實業有限公司

　　法定代理人　林勳生

　　訴訟代理人　張洪昌律師

右當事人間請求給付買賣價金事件，上訴人對於中華民國八十八年十月十九日臺灣高等法院第二審判決（八十七年度上字第一二三一號），提起上訴，本院判決如左：

主　文

原判決關於命上訴人再為給付及駁回上訴人之上訴暨該訴訟費用部分廢棄，發回臺灣高等法院。

理　由

　　本件被上訴人主張：上訴人於民國八十六年五月間，向被上訴人訂購咖啡色南亞塑

膠皮料，每碼單價新臺幣（下同）五十四元五角，被上訴人已依約定，依序分批於同年六月十三日交付八千一百十碼、同年六月十八日交付五千九百碼、同年六月二十三日交付六百四十碼、同年六月三十日交付三萬七千三百七十七碼及八千八百碼，共計交付六萬零八百二十七碼，金額共計三百三十一萬五千零七十二元。上開皮料皆依上訴人指示運往臺中縣大甲鎮交付功全工業股份有限公司，驗收完畢。惟被上訴人開立統一發票向上訴人請領貨款時，上訴人竟無端扣款二百十九萬零七百三十五元，僅支付部分貨款一百十二萬四千三百三十七元，欠款部分屢催不付等情。因而依買賣關係，求為命上訴人給付二百十九萬零七百三十五元及加計法定遲延利息之判決（第一審命上訴人給付二十六萬二千一百六十九元及加計自八十六年十一月二十六日起算之利息，駁回被上訴人其餘之請求，兩造各就其敗訴部分提起上訴。原審就被上訴人第一審敗訴其中七十九萬零一百六十元部分，廢棄改判命上訴人再給付該金額，駁回被上訴人其餘之上訴及上訴人之上訴。被上訴人就其敗訴部分未聲明不服，上訴人就其敗訴部分，提起第三審上訴）。

　　上訴人則以：被上訴人未依約定期限交付原料，致上訴人無法依限製造成品交付客戶而須以空運方式運送，因而增加支出空運費用二百十九萬零七百三十五元，此係被上訴人遲延給付所生之損害，上訴人自得以此損害賠償請求權與被上訴人之價金債權抵銷等語，資為抗辯。

　　原審命上訴人再給付上開金額及駁回上訴人之上訴，無非以：被上訴人主張上訴人於八十六年間，向被上訴人訂購咖啡色南亞塑膠皮料，每碼單價五十四元五角，被上訴人已分批於同年六月十三日交付八千一百十碼、同年六月十八日交付五千九百碼、同年六月二十三日交付六百四十碼、同年六月三十日交付三萬七千三百七十七碼及八千八百碼，共計交付六萬零八百二十七碼，金額共計三百三十一萬五千零七十二元，上開皮料皆運往上訴人指定之臺中縣大甲鎮交付功全工業股份有限公司，驗收完畢，上訴人僅給付其中一百一十二萬四千三百三十七元，尚有二百十九萬零七百三十五元未為給付之事實，為兩造所不爭，並有被上訴人提出之統一發票、交運單、支票簽回聯為證，堪信為真實。上訴人抗辯其係於八十六年四月二十九日向被上訴人訂購系爭塑膠原料，約定於同年五月二十九日前先交付一貨櫃，餘於同年六月八日前全部交付完畢一節，業據提出訂購單一紙為證，被上訴人亦自認上訴人係提出上開訂購單訂購系爭原料之事實。查上開訂購單上已載明交貨期限，苟被上訴人當時未曾同意該交貨期限，自可拒絕接受上開訂單。且證人古貴珠及上訴人法定代理人葛守銘亦到庭證述本件買賣契約係約定上開交貨日期無誤。另證人即被上訴人法定代理人之子亦即本件契約之承辦人林聰文亦證述，兩造間交易之慣例，係先口頭磋商達成共識再下訂單，以傳真交付，被上訴人會立刻以電話或傳真回傳云云。證人林聰文對於收受上訴人所傳真之訂單既不否認，又未提出對於訂單傳真修正之內容，縱然系爭買賣標的之規格經過修正，然並無任何證據證明交貨

期限經過修正。況上訴人於八十六年五月六日增加訂購數量五千碼，亦係於原來訂購單上註明，而當時被上訴人亦未表示原約定之交貨期限未經被上訴人同意。故可認定本件買賣契約之價格及標的物應已確定，且約定交付期限為八十六年五月二十九日前交付一貨櫃，餘則應於同年六月八日前全部交付完畢。惟被上訴人係遲至同年六月十三日始開始交付貨物，其給付已經遲延，上訴人抗辯被上訴人給付遲延，可以採信。按債務人遲延者，債權人得請求其賠償因遲延而生之損害。前項債務人，在遲延中，對於因不可抗力而生之損害，亦應負責。但債務人證明縱不遲延給付，而仍不免發生損害者，不在此限。民法第二百三十一條定有明文。本件被上訴人交付貨物既有遲延，依上開規定，上訴人自得請求被上訴人賠償因遲延而生之損害。查上訴人係因接受法國客戶之訂單，購買手提包成品總共有十批，乃向被上訴人及其他公司訂購原料後，將原料運至大陸或越南等海外加工工廠製成手提包成品。其中訂單號碼 8580227、8580448 及訂單號碼 8579741、8567840 四紙訂單，其貨物係原由香港啟運，改為由越南啟運，FOB 胡志明市，此有上訴人提出信用狀及其譯文各一紙，信用狀修改書及其譯文各一紙為證。且依上開信用狀及信用狀修改書及被上訴人提出由上訴人提供之「關於 70D 尼龍乳膠皮」有關資料之記載，訂單號碼 8580227 貨物型號為 5910LAC，數量為六萬五千個，應分三批出貨，第一次為八十六年六月十七日出貨五千五百個、第二次為八十六年六月二十八日出貨二萬四千個、第三次為八十六年八月二十三日出貨三萬六千個；訂單號碼 8580448 貨物型號為 5910SBC，數量為七萬五千個，應分二批出貨，第一次為八十六年六月十七日出貨五千五百個、第二次為八十六年六月二十八日出貨六萬九千五百個。而上訴人辯稱其向被上訴人訂購系爭原料係供製造上述訂單號碼 8580227、8580448 貨物之用，其中五千碼於八十六年六月十五日以空運方式運送至越南胡志明市，八千八百碼於同月二十九日以空運方式運送至越南胡志明市等情，有上訴人提出之臺灣至越南二次空運提單及其譯文各二紙為證。被上訴人就上開五千碼係以空運方式運送至胡志明市一節並為自認，而就上訴人所辯其餘八千八百碼亦係以空運方式運送一節，則未表示爭執，則上訴人辯稱系爭原料中之一萬三千八百碼係以空運方式運送一節，應認為真實。上訴人抗辯因被上訴人交付原料遲延，致上訴人製成品無法全部趕上約定船載日期出貨給法國客戶，上訴人乃以四次空運方式將其中八萬二千五百十七件之皮包成品運送至法國等情，已據上訴人提出越南至法國四次空運提單及其譯文各四紙為證，由該提單記載內容，足證上訴人確實就上開貨物以空運方式交付其法國客戶，被上訴人否認上訴人曾以空運方式運送貨物，不足採信。上訴人以空運方式二次運送原料至越南，分別支出空運費用十八萬五千一百三十五元及十萬六千二百四十八元。另以空運方式將貨物成品四次自越南運送至法國，分別支出空運費用十九萬六千六百三十元、九十萬九千九百十六元、五十五萬零二百三十七元、二十四萬二千五百七十九元，全部共計二百一十九萬零七百三十

五元，有上訴人提出之統一發票二紙及收據四紙為證。在國際貿易交易慣例，準時交貨應是最基本之要求，上訴人因被上訴人交付原料遲延而須趕工製造或以更快捷之運送方式運送，以履行其對國外客戶之義務，核係符合國際貿易之常情。且上訴人與法國客戶間之買賣契約所開立之信用狀通知書，亦載明如裝船期已過不得再以海運運送，同時如有遲延，法國同意可由空運運送。上開空運提單之真正，應足採信，上開空運費用數額亦屬相當。惟就訂單號碼 8580227 貨物型號為 5910LAC 數量為六萬五千個部分，上訴人與其法國客戶約定分三批出貨，第一次為八十六年六月十七日出貨五千五百個、第二次為八十六年六月二十八日出貨二萬四千個、第三次為八十六年八月二十三日出貨三萬六千個。而依被上訴人提出之「關於 70D 尼龍乳膠皮」有關資料之記載，上訴人就該型號貨物係於八十六年七月一日以海運方式運送五千個、七月五日以海運方式運送五千五百零四個、七月十二日以空運方式運送四千個、七月二十二日以空運方式運送一萬五千五百二十個、七月二十六日以空運方式運送四千九百九十二個、八月二十日以海運方式運送二萬九千九百八十四個。依上開資料，其中七月二十六日空運之四千九百九十二個，及七月二十二日空運之一萬五千五百零四個中之一千零二十四個 (36000−29984=4992+1024) 如以海運方式運送，亦不致違反上訴人與其法國客戶間之契約。即上訴人本得以海運方式運送，卻以空運方式運送，而依運費比例計算，該部分運費計為十三萬四千一百五十八元，該部分費用自不應由被上訴人負賠償責任。次查因被上訴人之遲延，上訴人為減少因遲延所致之損失，改變運送方式所支付之費用，固應由被上訴人支付，惟原來本應支付之海運費用，因上訴人無庸支付，亦應扣除。依據兩造所提出之信用狀通知書記載，本件原採 FOB 方式運送，運費由法國方面負擔，但關於因遲延改為空運時，費用如何分擔則無任何約定，上訴人又拒絕提出契約證明有關變換運送方法時，有關運費分擔方式，則被上訴人主張計算損失時應將無庸支出之海運運費扣除云云，為可採信。上訴人以空運方式二次運送原料至越南，分別支出空運費用十八萬五千一百三十五元及十萬六千二百四十八元，其如以海運方式運送應支出運費為七千三百零六元及一萬二千八百五十九元。另以空運方式將貨物成品四次自越南運送至法國，分別支出空運費用十九萬六千六百三十元、九十萬九千九百十六元、五十五萬零二百三十七元、二十四萬二千五百七十九元，共計二百一十九萬零七百三十五元。如以海運計算分別為二萬零三百八十四元、六萬二千二百零四元、三萬三千八百一十九元、二萬二千八百一十二元，有上訴人提出之對照表可稽，被上訴人對於該對照表亦不爭執，合計應扣除海運費用為十五萬九千二百三十四元。本件契約所製作之皮包共計十四萬零五百件，而因不及海運改以空運之皮包共八萬一千四百零三件（佔全部件數 57.9%），參照上訴人所訂購之皮料費用為三百三十一萬五千零七十二元，因被上訴人遲延以致不能交付前揭 57.9% 之皮件，該部分之價款僅為一百九十一萬九千四百二十七元 (33157072×0.579=1919426.688)，

運費卻高達二百一十九萬餘元。且證人莊明展證述，被上訴人為避免遲延交付，亦要求南亞公司儘速趕交皮料。而上訴人無需負擔任何費用，仍坐享本次交易之全部利益（參照信用狀通知書及上訴人與功全公司之訂單上每件皮包之交易價格，扣除所有成本，上訴人仍有近三百萬元之盈餘），因此認本件有關遲延所致運費增加之負擔，上訴人應負擔百分之四十，較符合公平原則。綜上所述，上訴人因被上訴人遲延交付原料所致損害為一百八十九萬七千三百四十三元 (2190735-134158-159234=1897343)，此項損害應由上訴人分攤百分之四十即七十五萬八千九百三十七元，被上訴人應分攤損失則為一百一十三萬八千四百零六元。上訴人尚有貨款二百十九萬零七百三十五元未支付，以上開損害抵銷後，尚應給付被上訴人一百零五萬二千三百二十九元。被上訴人依買賣關係請求上訴人給付七十六萬七千七百二十八元及自被上訴人以律師函催告到達（八十六年十一月十八日）起七日之翌日即八十六年十一月二十六日起至清償日止按年息百分之五計算之利息，即無不合，應予准許。第一審僅命上訴人給付二十六萬二千一百六十九元及法定遲延利息，上訴人應再給付被上訴人七十九萬零一百六十元等詞，為其判斷之基礎。

　　查原審一方面認被上訴人給付遲延，依民法第二百三十一條規定，上訴人對被上訴人得請求賠償因遲延而生之損害；一方面又認本件因遲延所生運費增加之損害，上訴人應負擔百分之四十，理由前後已有矛盾。且上訴人應負擔百分之四十比例之損害，其法律依據為何，原審未予說明，亦屬判決理由不備。次查關於訂單號碼八五八〇二二七，貨物型號五九一〇 LAC，數量六萬五千個出貨部分，何以其中於八十六年七月二十六日空運之四千九百九十二個，及八十六年七月二十二日空運之一萬五千五百零四個其中之一千零二十四個，如以海運運送，亦不致違反上訴人與其法國客戶間之契約，原審未詳細說明其理由，遽就此部分為不利於上訴人之認定，亦有未合。末查原審既認上訴人與法國客戶間其信用狀約定採 FOB 方式運送，運費（海運）由法國方面負擔，竟又認上訴人改採空運方式運送，上訴人原來應支付之海運運費因無庸支付，應予扣除，理由前後亦見矛盾。且原審於計算空運運費及海運運費時，其各項次金額實際合計數額，與原判決所載合計數額亦不相符（詳見原判決理由第十項）。又原判決理由命上訴人再為給付之金額一為七十六萬七千七百二十八元及自八十六年十一月二十六日起算之利息，另一則為七十九萬零一百六十元，判決主文亦為七十九萬零一百六十元（並無利息），其主文、理由顯有矛盾。另依被上訴人第二審上訴聲明記載，其請求之利息部分係自起訴狀繕本送達翌日起算，原判決理由則係命自律師函催告到達起七日之翌日起算，亦有未洽。上訴論旨，指摘原判決其敗訴部分不當，求予廢棄，非無理由。

　　據上論結，本件上訴，為有理由，依民事訴訟法第四百七十七條第一項、第四百七十八條第一項，判決如主文。

　　中華民國九十年六月二十二日

CIF 保單 Back date 的效力如何？

最高法院民事判決　九十年度臺上字第一七四七號

上　訴　人　喬美洋傘實業股份有限公司
法定代理人　曾茂力
訴訟代理人　周燦雄律師
被 上 訴 人　國華產物保險股份有限公司
法定代理人　王錦標
訴訟代理人　林昇格律師

右當事人間請求給付保險金事件，上訴人對於中華民國八十九年三月二十一日臺灣高等法院第二審更審判決（八十八年度保險上更字第一一號），提起上訴，本院判決如左：

主　文

上訴駁回。

第三審訴訟費用由上訴人負擔。

理　由

　　本件上訴人主張：伊於民國八十五年二月十六日就自大陸廈門出口至日本大阪之兩傘（下稱系爭貨物）向被上訴人投保貨物水險，以美建有限公司（下稱美建公司）為被保險人，約定保險金額為美金十八萬三千五百三十三元九角。嗣伊於同月二十六日輾轉得知載運系爭貨物之輪船即谷城輪 V－二四七（下稱谷城輪）於同月十九日在臺灣海峽北部遭遇天災致船舶及貨物全部滅失，伊已自美建公司受讓系爭保險金請求權，乃向被上訴人請求理賠，詎被上訴人拒不給付保險金等情，爰依保險契約求為命被上訴人給付美金十八萬三千五百三十三元九角及自八十五年六月十二日起至清償日止加付法定遲延利息之判決。

　　被上訴人則以：系爭保險契約係於八十五年二月二十四日始完成訂約手續，而系爭貨物早於同月十九日即已全部滅失，系爭保險契約應屬無效等語，資為抗辯。

　　原審以：上訴人主張，伊以系爭貨物向被上訴人投保貨物水險，並以美建公司為被保險人，約定保險金額為美金十八萬三千五百三十三元九角。又谷城輪於八十五年二月十九日在臺灣海峽北部遭遇天災致船舶及貨物全部滅失，伊已受讓美建公司系爭保險金

之請求權，而被上訴人拒絕給付保險金之事實，有信用狀、電信局通話紀錄、轉讓系爭保險金證明書可稽，並為被上訴人所不爭，自堪信為真實。查上訴人委任律師於八十五年六月五日致函被上訴人略稱：伊於八十五年二月二十一日向被上訴人投保貨物水險云云，而載運系爭貨物之谷城輪於同月十九日在臺灣海峽北部遭遇天災致船舶及貨物全部滅失，堪認上訴人係於沉船後投保。次查證人即被上訴人公司職員簡淑慧證稱：上訴人於八十五年二月二十一日要保，二十四日完成投保手續云云。另證人即上訴人公司職員張素惠雖證稱：伊係於八十五年二月十五日傳真給被上訴人要保，通常隔天就寄出保單，如果未收到保單，伊即打電話去問，因十六日為放假前很忙，忘記確認云云。惟上訴人公司自二月十七日起至二十五日為年假期間，張素惠承辦船務及保險業務多年，豈會於二月十六日忘記向被上訴人確認，是依上開證人之證言無從為上訴人有利之證明。上訴人復無法另行舉證證明系爭保險契約係於八十五年二月十五日完成傳真要保手續及於十六日成立系爭保險契約，自應以二月二十四日完成系爭保單之日為契約成立之日期。末查載運系爭貨物之谷城輪係於八十五年二月十九日在臺灣海峽北部遭遇天災致船舶及貨物全部滅失，媒體於次日幾以頭版頭條方式報導，有報紙可按，上訴人為投資大陸之臺商，且為系爭貨物之投保人，只要稍加注意，即可藉傳媒報導知悉其事。上訴人主張其於同月二十四日前不知谷城輪沉沒云云，顯與常情相違。況上訴人公司自二月十七日起至二十五日為年假期間，其員工張素惠卻在二月二十一日年假期間內仍至公司完成傳真要保行為，似此情形，上訴人謂其係於二月二十六日始輾轉得知發生保險事故云云，要難採信。綜上所述，上訴人係於八十五年二月十九日保險標的之危險發生後，始於同月二十四日完成保單，依保險法第五十一條規定，系爭保險契約為無效。上訴人既主張當事人雙方均不知保險標的之危險已發生，契約並非無效，自應由其負舉證責任。上訴人迄未舉證證明當事人雙方於訂約時均不知保險事故已發生，是其主張契約為無效，要無足取。從而上訴人依保險契約請求被上訴人給付美金十八萬三千五百三十三元九角及其法定遲延利息，為無理由，不應准許，因而維持第一審所為上訴人敗訴之判決，駁回其上訴，經核於法洵無違誤。

　　按保險法第五十一條第一項規定：保險契約訂立時，保險標的之危險已發生或已消滅者，其契約無效，但為雙方當事人所不知者，不在此限。因保險標的之危險已發生或已消滅對保險人為有利之事實，而保險標的之危險已發生或已消滅為雙方當事人所不知之事實，則為有利於要保人或被保險人之事實，依民事訴訟法第二百七十七條本文規定，前者應由保險人負舉證責任；後者應由要保人或被保險人負舉證責任。亦即主張法律關係存在之當事人僅須就該法律關係發生所須具備之特別要件負舉證責任，至於他造主張有利於己之事實，應由他造舉證證明。查本件被上訴人已舉證證明系爭貨物係於系爭保險契約訂立時已滅失，則原審謂上訴人未舉證證明當事人雙方於訂約時不知保險事故已

發生，其主張契約無效，要無足取，並無適用舉證責任分配錯誤之情事。次按上訴人於八十五年六月五日致被上訴人之律師函謂係於八十五年二月二十一日投保，並自承為各項貨物投保時所製作之商業發票，其日期援例均記載為船舶出航前之一日或二日（見二審更卷二一頁、更卷二八頁）。又被上訴人辯稱：依系爭商業發票之記載可知系爭貨物係以 CIF 價格出售，出賣人須為系爭貨物投保運輸險，並負責找船運送，為保障買受人利益，出賣人所投保之運輸險至少應涵蓋全段航程，伊收到上訴人之要保傳真及發票後，依實務作法將保單簽發日期倒填為谷城輪發航前一日，即八十五年二月十六日（見一審卷四八至四九頁），則原審認定系爭保險契約之要保日，不以系爭商業發票及保單上所載之日期為準，並無不合。上訴論旨略謂：原審適用舉證責任分配錯誤，且不以保單上所載日期為投保日期為不當等詞，指摘原判決不當，求予廢棄，非有理由。

　　據上論結，本件上訴為無理由，依民事訴訟法第四百八十一條、第四百四十九條第一項、第七十八條，判決如主文。

　　中華民國九十年十月四日

CIF 貿易條件誰有權請求保險金？

最高法院民事判決　九十一年度臺上字第八九一號
　　上　訴　人　邦達通運股份有限公司
　　法定代理人　張國璉
　　訴訟代理人　吳
　　　　　　　　謝文倩律師
　　上　訴　人　正利航業股份有限公司
　　法定代理人　周宜強
　　訴訟代理人　程學文律師
　　被　上　訴　人　台灣中國航聯產物保險股份有限公司
　　法定代理人　方敏生

右當事人間請求損害賠償事件，上訴人對於中華民國九十一年一月十六日臺灣高等法院第二審判決（九十年度海商上字第三號），提起上訴，本院判決如左：

主　文

原判決關於命上訴人連帶給付及該訴訟費用部分廢棄，發回臺灣高等法院。

◎ 理　由 ◎

　　本件被上訴人主張：訴外人臺灣大同股份有限公司（下稱大同公司）為要保人，就大同公司出售與日本東芝 (Toshiba) 公司之 900KW 型 MOTORS 兩件，一件型號為 22P 6600V 60HZ Tike-Fcatnw F2840，一件型號為 16P 6600V 60HZ Tike-Fcatnw F2440（下稱系爭貨物），與伊成立保險契約，並與上訴人邦達通運股份有限公司（下稱邦達公司）成立運送契約，邦達公司並簽發載貨證券與大同公司，邦達公司則另委由上訴人正利航業股份有限公司（下稱正利航業公司）實際運送。詎正利航業公司竟違約為甲板上裝載，貨物到達日本時發現毀損，買受人拒絕受領貨物及給付價金並退貨，大同公司受有修復費用之損害，伊業已給付保險金額於大同公司，依保險法第五十三條規定，伊自得行使代位權，大同公司亦將其對上訴人之債權轉讓與伊等情。爰對邦達公司依債務不履行法律關係、對正利航業公司依侵權行為之法律關係，求為命上訴人連帶給付新臺幣（下同）三百八十五萬四千零三十二元及依法定利率計算利息之判決（被上訴人上開請求，經第一審判決駁回後，被上訴人提起上訴，於原審減縮聲明為命上訴人連帶給付三百八十萬四千三百二十八元本息，原審判決命上訴人連帶給付三百四十四萬五千四百七十二元本息，駁回被上訴人其餘上訴，被上訴人對其敗訴部分，未聲明不服）。

　　上訴人邦達公司則以：大同公司依據 CIF 條件，無庸承擔運送中貨物之危險，縱有修繕費用之支出，亦可向買受人請求，大同公司既無受損，又非保險契約之被保險人，不具保險利益，被上訴人係向無保險請求權之人為任意給付。又系爭貨物損害係因邦達公司未盡注意義務，故意違約置放於甲板所致。縱伊應對系爭貨物受損負責，伊亦得主張修正前海商法第一百十四條第二項責任限制等語。上訴人正利航業公司則以：本件買賣雙方交易條件為 CIF，貨物越過船欄時危險移由買受人負擔，並由買受人對保險人請求理賠，伊並不須對訴外人大同公司負理賠責任。縱令大同公司對伊有損害賠償請求權，惟其未依修正前海商法第一百條第二項規定，於一年內對伊為任何賠償請求，其請求權已罹於時效。且伊亦得主張單位限制責任等語。資為抗辯。

　　原審將第一審關於駁回被上訴人請求三百四十四萬五千四百七十二元本息部分之判決廢棄，改判如被上訴人所聲明，無非以：查，大同公司出售系爭貨物與日本東芝公司，邦達公司受託安排承運系爭貨物，並簽發載貨證券，邦達公司再委由正利航業公司為實際運送人。系爭貨物在運抵目的地橫濱之中途港大阪時已發生毀損，運回大同公司修復。被上訴人為系爭貨物之保險人，已依保險契約賠付於大同公司三百八十五萬四千零三十二元，大同公司將系爭貨物之所有權利轉讓與被上訴人等情，為兩造不爭之事實。次查，本件運送物之運送條件特別約定為存放甲板下，並載明於上訴人邦達公司簽發之載貨證券上。惟上訴人正利航業公司實施本件運送時，卻違反此約定，將系爭貨物置放

於甲板上，此有船貨雙方會同於目的港橫濱所做之公證報告之記載可證。且上訴人邦達公司聲稱，該公司之總經理張國璉當日因另有要事在身，故並未到場查看系爭貨物所置放之位置及是否確實固定，而系爭貨物竟然被上訴人正利航業公司指定置放於甲板上之事實，為上訴人正利航業公司所承認，足見上訴人正利航業公司故意違約；況且上訴人正利航業公司係於系爭貨物上船之後，始由其臺北辦公室交付載貨證券之副本於上訴人邦達公司，此時上訴人邦達公司根本無從更改系爭貨物已被置放於甲板上之事實，故本件應為違法之甲板運送。按修正前海商法第一百十七條前段規定：「運送人或船長如將貨物裝載於甲板上，致生毀損或滅失時，應負賠償責任」，此所謂「應負責任」，係指絕對的賠償責任，即對於因不可抗力而生之損害，亦應負責。蓋此之「應負賠償責任」如係指普通之「過失責任」，則修正前海商法第一百十七條原即有規定運送人注意責任，在一般之運送，運送人違反其注意責任，即應負賠償責任，其於無權裝載於甲板之情形，如致貨物生損害時，當然更應負賠償責任，自毋須另於修正前海商法第一百十七條前段加以規定之必要。本件既如上所述，屬違法之甲板運送。上訴人自不得再主張單位責任限制，以免除其應負之絕對責任。且上訴人未能舉證證明，對系爭貨物在運送過程中發生毀損並無過失，自應負過失責任。又被上訴人主張，系爭貨物在運送過程中發生毀損，買受人日本 Toshiba 公司拒絕受領貨物、付款及接受載貨證券之事實，業據被上訴人提出華南商業銀行載明 Toshiba 公司就編號 620–89398 號信用狀拒絕付款（美金 286,600元），並退還所有押匯文件可證，並經證人高勝旭證述，上訴人邦達公司所簽發載貨證券正本，目前仍由大同公司持有等語，足見並無買方已受領貨物，故將提單正本交還運送人之情事，大同公司對系爭貨物仍有保險利益，被上訴人對其應負保險責任之大同公司給付賠償金，核與保險法第五十三條規定相符。次按「載貨證券填發後，運送人對於載貨證券持有人，固應依載貨證券之記載負其責任，且在載貨證券持有人行使權利期間，託運人對運送人依運送契約所得行使與之有關之權利，殆處於休止狀態，不能再予行使，……。故載貨證券如嗣因輾轉讓與而復為託運人持有時，僅得認上述休止狀態業已回復，應依運送契約之內容定託運人與運送人間之關係，而非依載貨證券之記載定其法律關係」，本件邦達公司與大同公司締結運送契約，承諾將貨物以「甲板下」之方式運送，因邦達公司之履行輔助人正利航業公司之過失將貨物裝載於甲板上致生損害，視為邦達公司之過失（民法第二二四條），託運人大同公司既仍持有載貨證券，大同公司根據運送契約請求邦達公司負損害賠償責任，洵屬有據。另被上訴人主張，正利航業公司將貨物裝載於甲板上致生損害，正利航業公司為實際執行運送之人，大同公司依侵權行為損害賠償之法律關係，請求正利航業公司負賠償責任，亦非無據。被上訴人已依保險契約賠償大同公司前述損害，此有該公司出具之代位求償收據可證，被上訴人並已受讓大同公司對上訴人因本件貨物損害所持有之所有權。是被上訴人得基於保險代位及債權轉讓

之規定，向上訴人請求賠償。再查，被上訴人於請求權時效內之八十八年十一月十八日起訴，於訴狀內並通知上訴人債權讓與之事實，即債權讓與之通知與行使債權同時為之，況且債權讓與的通知性質上為觀念通知，本無時效問題，故正利航業公司主張罹於時效部分，於法不合。復被上訴人主張之損害，已據公證人詳細審核大同公司提出之每一筆資料，且證人高勝旭證稱在卷，堪信被上訴人之主張為實在。但大同公司既然對於系爭貨物予以檢測後又予以修復，則檢測費用三十五萬八千八百五十六元（每小時八三三元乘以四三〇點八小時）應為修復成本所吸收，方屬合理。故被上訴人請求損害賠償部分應為三百四十四萬五千四百七十二元（亦即自三百八十萬四千三百二十八元扣除三十五萬八千八百五十六元），被上訴人逾此部分之請求為無理由，應予駁回。綜上所述，大同公司本於運送契約請求上訴人邦達公司負債務不履行之損害賠償責任，為有理由。被上訴人復以上訴人正利航業公司實際執行本件運送，卻違反邦達公司之託運指示導致貨物毀損，依民法第一百八十四條第一項前段及同法第一百八十八條，對大同公司應負侵權行為損害賠償責任，與邦達公司為不真正連帶之法律關係，應負連帶賠償責任，亦有理由。從而，被上訴人本於保險代位及債權讓與之法律關係，請求上訴人連帶給付三百四十四萬五千四百七十二元本息，於法有據，應予准許等詞。為其判斷基礎。

查，上訴人辯稱，本件大同公司與日方東芝公司係採 CIF 貿易條件，無論依照國際商會之「國貿條規」或「美國對外貿易定義」均規定，關於危險負擔，於貨物越過船桅時，移轉於買受人。從而，本件系爭貨物縱於海運中發生任何損害，其損失均應由買受人（東芝公司）承擔，對出賣人大同公司及其貨款請求權，毫不生影響。是被上訴人稱大同公司因本件系爭貨物受損害而遭受損失，有權請求保險金云云，實無所據等語（見原審卷第七三頁、第九八頁、第二五八頁、第二六八頁），為其重要之攻擊防禦方法，且攸關被上訴人之請求是否允當，原審恝置未論，已屬可議。又上訴人正利航業公司辯稱：本件大同公司並未依修正前海商法第一百條第二項規定，於一年短期時效內，對伊為任何賠償請求，其請求權已罹於時效，被上訴人於大同公司損害賠償請求權已罹於時效後，始以訴狀繕本，對伊為債權讓與通知，伊自得為時效抗辯等語（見原審卷第六五頁），原審僅謂被上訴人於請求權時效內之八十八年十一月十八日起訴，於訴狀內並有通知上訴人債權讓與之事實，不生罹於時效之問題云云，然未說明其所憑依據何在，即為不利於上訴人之判斷，亦屬速斷。再者，原審既謂上訴人對大同公司所應負之責任，為不真正連帶之法律關係，何以命彼等負連帶責任，其理由安在，亦未見說明，亦嫌疏略。上訴論旨，指摘原判決關於其不利部分為違背法令，求予廢棄，非無理由。

據上論結，本件上訴為有理由。依民事訴訟法第四百七十七條第一項、第四百七十八條第一項，判決如主文。

中華民國九十一年五月九日

附錄二

習題與試題

1.試根據 Incoterms 1990 的規定，比較分析 CIF 與 DES 的異同。

2.試根據 Incoterms 2000 的規定，說明在 CIF 條件下，若買賣契約中未約定應投保險類時，出口廠商（賣方）至少應投保何種險類？又如未約定投保金額時，出口廠商至少須投保多少金額？

3.試根據 Incoterms 2000 的規定，答覆下列問題：

⑴在 FOB 條件下，出口稅捐由誰負擔？

⑵在 CIF 條件下，由誰安排船運？

⑶在 EXW 條件下，由誰負責把貨物裝上運送工具？

⑷在 DES 條件下，貨物在運送中的風險由誰負擔？

⑸在 CIP 條件下，貨物風險的移轉時期為何？

（80 年全國性人員普考，國際貿易實務概要）

4.試比較分析 Incoterms 1990 的 FOB 與 Revised American Foreign Trade Definitions — 1941 的 FOB vessel 有何不同？

（80 年全國性公務人員高考，國際貿易實務）

5.在 CIF 契約，若因政府頒布禁止出口命令，致出口商無法將買賣標的物裝運出口，請問在此情形下：

⑴進口商是否仍須支付價金？為什麼？

⑵進口商是否有權要求出口商將買賣標的物改在出口國國內實際地交付給進口商？為什麼？如果有權要求，則進口商應支付的價金應為若干？

⑶出口商是否有權要求將買賣標的物改在出口國國內實際地交付進口商？為什麼？如果有權要求，則出口商可要求的價金應為若干？

⑷倘若係 FOB 契約時，其情形又如何？

6.試就費用負擔、風險移轉時點、交貨方式、付款方式及所有權移轉時期分別說明 CIF 與 DES 的差異。

7.出口商以 CIF Seattle 條件銷美國一批貨物，從高雄裝船，試根據 Incoterms 2000，答覆下列問題：

⑴出口商所負該批貨物的風險以何為界限？

⑵出口商所負擔的費用比 FOB Kaohsiung 時增加那些項目？

⑶出口商應向進口商提出那一種提單？

⑷如出口商須提出產地證明書時，此項產地證明書費用應由那一方負擔？

⑸契約未約定保險種類時，出口商至少應投保何種險類？

8.買賣契約為 CFR，賣方將貨物裝於逾齡船舶致使買方負擔意外高率保險費。請問：

⑴CFR 契約條件下，裝於逾齡船舶所增加的保險費由何方負擔？

⑵關於船舶有何慣例？

⑶如何預防此類問題之發生？

9. 出口商甲欠工廠乙新臺幣 50 萬元，乙自法院取得執行名義後，獲悉出口商甲有一批貨物銷往美國，正在高雄港裝船中，乃聲請法院強制執行。執行人員至碼頭執行時，貨物已裝上船。該貨物出口商係以 FOB Kaohsiung 條件外銷。請問執行人員可否予以查封？為什麼？

10. 甲出口商將其貨物 10,000 公噸以 "FOB Taiwan port or ports, partial shipments are not allowed" 條件外銷給日本進口商某乙。該出口商依約將該批貨物裝上進口商某乙安排的船隻，於裝到 4,000 公噸時，颱風來襲，船艙進水，以致發生若干水濡。颱風過後，又再繼續裝完剩餘的 6,000 公噸。請問：

⑴本案 4,000 公噸因颱風造成的水濡損害，應由何方負擔？從而應由那一方的保險公司負責理賠？

⑵假如本交易約定 "partial shipments are allowed" 時，本案件的處理及損害的負擔情形又將如何？

⑶裝上 4,000 公噸時，如船隻因颱風而沉沒，則此項沉沒的 4,000 公噸貨物損失，應由何方負擔？出口商抑進口商？

⑷最後，船隻因颱風沉沒時，該已裝上船的 4,000 公噸貨物損失，能否向保險公司請求賠償？

11. CIF 為國際貿易上最重要的交易條件之一，國際商會關於此條件之⑴船舶、⑵運費、⑶提單、⑷水險種類、⑸保險金額、⑹保險單方面有何規定？

（54 年中信局特考）

12. 試依據 1941 年修正美國國際貿易定義 (Revised American Foreign Trade Definitions－1941) 分別就下列五種報價條件，概括說明貨物之運輸風險及運費，在買賣雙方如何劃分？

⑴FOB (named inland carrier at named inland point of departure)

⑵FOB vessel (named port of shipment)

⑶FOB (named inland carrier at named point of exportation)

⑷FOB (named inland point in country of importation)

⑸Ex Dock (named port of importation)

（54 年中信局特考）

13. 國際貿易契約上的術語 FAS、FOB、C&F、CIF 各代表何種意義？若以 FOB 或 CIF 報價，購買人與售貨人各負擔何種義務？FOB 與 CIF 兩種報價方式各有何優劣？

（61 年高考——國貿人員——國際貿易實務）

14. 何謂 CIF? 如我國出口廠商以 CIF 紐約出口貨物，則我國廠商應負擔哪些責任或義務? 試舉其要點說明之。

（64 年普考——國貿人員——國際貿易與匯兌概要）

15. 國際貿易中的 FAS、FOB、C&F、CIF 各代表何種意義? 若以 FOB 或 CIF 報價，買方與賣方所應承擔的義務有何不同? FOB 與 CIF 兩種報價方式各有何利弊?

（65 年中國國際商銀——國際貿易及匯兌）

16. FOB、CIF 對買賣雙方之權利義務如何劃分? 又海關以 FOB、CIF 計算完稅價格，有何優劣點?

（66 年高考——國貿人員——國際貿易及國際匯兌）

17. 進口貨物報價有 FOB、FAS、C&F 與 CIF 等方式，其相互差異何在? 我國徵課進口關稅時的完稅價格，係採取何種計算方式? 形成此種計算方式的原因是什麼? 此種計算方式是否妥當?

（67 年關稅特考——乙等關務人員行政類——國際貿易）

18. 國際貿易所採用報價條件主要的有 CIF 與 FOB，在這兩種條件下買賣雙方所負擔的義務及可能遭受的危險各如何? 通常雙方各樂於採用那種條件?

（67 年高考——國貿人員——國際貿易及國際匯兌）

19. 國際貿易採用的 FOB 與 CIF 兩種價格條件各具何種意義? 買賣雙方在兩種報價方式上各負擔何種義務與風險? 試分別給予說明。

（69 年高考——國貿人員——國際貿易與國際匯兌）

20. 某外銷工廠以 CIF 及 Landed Quality Final 條件外銷一批塑膠靴，貨到目的地，發現貨品脫色，與樣品不符（運輸途中因海水灌入，貨品遭受水浸），請問在此情況下，賣方應否負責? 為什麼?

21. 進口商 A 以 CIF Landed Weight Final 進口貨物 100 M.T.，在卸貨時因遇大風浪，其卸貨的駁船一艘沉沒，結果實際卸貨數為 90 M.T.，保險條件為 W.A.。

〔討論〕

(1)賣方交貨數量為 100 M.T. 抑 90 M.T.?

(2)買方付款以 100 M.T. 為準抑以 90 M.T. 為準?

(3)保險公司是否應賠償此項損失? 為什麼?

22. 位於地中海小島上的 Sammut 公司係一專營農業產品輸出的貿易商，該島盛產番茄，並大量供應地中海沿岸國家，由於行駛該島與其他地區間的船期並不固定，因此交易條件習慣以 CFR 成交。1992 年 4 月間 Sammut 公司與 Lewis Emanual & Son 公司訂立番茄買賣契約，約定 "shipment on or before 24th April, 1992"，結果賣方因無法取得 shipping space 而爽約，經查從契約訂定到交貨日期根本無船可供載運系爭番茄，因此

賣方主張免責。法院判決認為：出賣人公司既地處海島，與其貿易勢必採用海上運輸，雙方既然以 CFR 成交，則出賣人有義務訂定海上貨物運送契約，俾取得艙位，故出賣人應負違約之責。類似 Sammut 公司的困擾，也是一般以 CFR 出口的貿易公司的困擾。試問應如何訂定貿易條件，才能避免屆時因船期不穩或船位擁擠，致無法交貨的窘境？

23. Rank the following shipping terms (1 through 6) according to the number of costs it includes. (Put a "1" next to the term that includes the fewest number of costs, a "6" next to the one that includes the greatest number of costs.)

_____ Cost and Freight

_____ Cost, Insurance, Freight

_____ Ex Dock (port of importation)

_____ Ex Factory

_____ Free Along Side Vessel

_____ Free On Board Vessel

24. The exporter quotes a price of $750.00 CFR New York.

Commercial invoice	
merchandise	
FAS Vessel, Le Havre	$685.00
ocean freight	55.00
marine insurance	10.00
	$750.00

Is this commercial invoice acceptable? If not, why not?

25. The exporter quotes a price of $800.00 CIF, Valpariso.

Commercial invoice	
merchandise	
FOB Vessel, Miami	$720.00
ocean freight	60.00
marine insurance	20.00
	$800.00

Is this commercial invoice acceptable? If not, why not?

26. 何謂 FOB (FIS) terms?（see 國際商事法務，vol. 18 No. 11 (1990)）

27. You are an exporter of timber products and your sales average 500,000 tons a year. The buyers (about 100 in number) are primarily located in four countries, A, B, C and D. Your mill is located at an inland point about 200 miles from the main sea port. The products may without difficulty be moved by rail to alongside ship in port of loading. Your country has domestic ships which are suited to carry your products to A, B, C and D and is in need of foreign currency. Also, insurance may be covered in domestic cargo insurance companies. The political situation is stable and tonnage is generally easily available. The buyers' factories are located at inland points some 200–300 miles from the respective ports of discharge. The following has been noted with respect to the conditions of the different countries:

A has a well organized port of discharge and efficient inland transportation by rail and truck on to inland points but is known for labour disturbances.

B is known for congestion at the port of discharge and waiting time of ships varies from 10 to 90 days but inland transportation is excellent.

C has no difficulties of the kind mentioned with respect to A and B but the buyers are not entirely reliable owing to the critical economic conditions in that country.

D has all the advantages and no disadvantages of the kind earlier mentioned.

What delivery term would you like to suggest for your sales contracts to buyers in

A?　　　B?　　　C?　　　D?

28. A sale contract (bagged sugar) has been made with the delivery term "FOB stowed". The charter party is a voyage charter on F.I.O. terms.

　　a) who of the seller and buyer should decide on the ship?

　　b) who arranges for loading and stowage?

　　c) who pays for loading and stowage?

　　d) how should cargo insurance be effectuated?

Let us assume that the buyer has taken out insurance on "ICC (A)— warehouse to warehouse" terms and that damage occurs to cargo and ship when during loading a bundle escapes the sling and falls into the hold. Who of seller and buyer carries the risk?

　　a) with respect to the cargo damage?

　　b) with respect to the damage to the ship?

　　Is a) or b) or both covered by the insurance?

29. A car dealer in Singapore (buyer) has imported spare parts from a French manufacturer of

trucks (seller). Urgent shipment has been requested by a telex from the buyer to the seller 1992–02–15 and the seller agrees by a telex of the same date and a confirming letter 1992–02–17 to provide the spare parts "Delivered duty paid Incoterms" Singapore at the buyer's premises not later than 1992–04–15. The confirming letter contains a refer-ence to the seller's General Conditions of trade.

The production of spare parts becomes disrupted during three months on account of failure of the seller's sub-contractors in the Federal Republic of Germany to deliver some items needed for the production.

The seller's price is based upon freight charged for shipment with containership from Marseille. However, in order to keep the delivery date, the seller sends the spare parts by air and incurs an additional freight amounting to 10,000 US$.

The delivery date still cannot be kept owing to a strike at the airport in Singapore where the spare parts arrive 1992–04–12. They can therefore not be delivered to the buyer in Singapore until 1992–05–15. The seller incurs expenses for storage during the strike in the amount of 3,000 US$.

The buyer accepts the spare parts but claims damages for losses incurred due to penalties which he has had to pay to customers for failures to meet his obligations under warranty clauses in the contracts made with them. The buyer's claim amounts to 5,000 US$.

The seller's General Conditions of trade contain the following clause: "RELIEFS

The following shall be considered as cases of relief if they intervene after the formation of the Contract and impede its performance: industrial disputes and any other circumstances (e.g. fire, mobilization, requisition, embargo, currency restrictions, insurrection, shortage of transport, general shortage of materials and restriction in the use of power) when such other circumstances are beyond the control of the parties.

The time for delivery shall be extended by the period during which the vendor's performance is impeded by a case of relief.

The party wishing to claim relief by reason of any of the said circumstances shall notify the other party in writing without delay on the intervention and on the cessation thereof.

If, by reason of any of the said circumstances, the performance of the Contract within a reasonable time becomes impossible, either party shall be entitled to terminate the Contract by notice in writing to the other party without requiring the consent of any Court."

The General Conditions of trade also contain a clause referring to Arbitration according to the Rules of the International Chamber of Commerce.

The parties make the following claims and counterclaims.

The seller claims reimbursement of the extra costs

for air transport	10,000 US$
and for storage expenses	3,000 US$
	13,000 US$

The buyer claims damages for late delivery in the amount of 5,000 US$.

The parties base their own claims and the objections to the counter-party's claims on the following grounds:

The seller: The delay was caused by an incident covered by the "reliefs" contained in the clause cited above. This being so, the seller did not have the duty to expedite the shipment at his own risk and expense. Further, "Delivered duty paid Incoterms" does not mean an unconditional obligation but only requires the seller to use due diligence to perform and does not include liability for independent sub-contractors in Germany to provide the necessary items for the production of the spare parts.

The strike at the Singapore airport is expressly mentioned as a ground for "relief" ("industrial disputes"). Further, the buyer's claim implies an unforeseeable loss which is too remote in order to be compensated, even if the seller were responsible for the event causing the loss.

The seller refers to the ICC Arbitration Clause in the Contract and maintains that French law is applicable.

The buyer: "Delivered duty paid Incoterms" does not deal with the nature of the seller's obligation, here national law applies. The buyer maintains that the law of his country applies. Under that law the seller is liable for the failure of his sub-contractors. The seller's General Conditions of trade are not applicable, since they were referred to the first time after the contract was made by the exchange of the telexes. Consequently, the clause with the "reliefs" is not applicable and, even if it is, the seller is responsible for the delay of the production, since he has not proved that the failure of the sub-contractors to provide the necessary items was influenced by a circumstance referred to in the clause containing the reliefs. Further, the seller's obligation to provide the spare parts in Singapore at the promised time was not "impeded". This is proved by the fact that the spare parts did arrive at the Singapore airport in time. It is admitted that the strike at the Singapore airport could qualify as a relief under the clause in the general conditions, but it can not be regarded as "force majeure" at law in the absence of a clause in a contract.

Even if the seller would be able to invoke the strike as "a relief" this alone is not the only cause of the delayed performance, since delivery could have been made in due time, if the goods had been sent by sea as originally contemplated.

The seller's claim against the buyer could not be founded on the "reliefs clause". This clause only extends the time for delivery but it does not give him a right of action against the buyer. A force majeure clause is a "shield and not a sword".

The buyer's loss is clearly foreseeable, since it follows from a "liquidated damages clause" of the type customarily included in warranty clauses which the buyer uses in his contracts of sale to customers:

Consider the seller's and the buyer's legal position and, in particular, the following questions:

1) Is it correct that the question whether the seller's obligation is conditional or unconditional is outside the scope of Incoterms?

2) Are the seller's General Conditions of trade incorporated in the contract?

3) If the answer is yes to 2), is there then an effective reference to ICC arbitration?

4) If the answer is yes to 2), is the seller under the "reliefs clause"
   a) entitled to an extension of the time for delivery owing to
      i) the inhibited production?
      ii) the delay caused by the strike at the airport?
   b) entitled to claim compensation for extra costs?

5) If the answer to 2) is no, is the seller at law (you may assume that the applicable law is "rather lenient" to excuse a seller on account of force majeure)
   a) entitled t an Extension of the time for delivery owing to
      i) the inhibited production?
      ii) the delay caused by the strike at the airport?
   b) entitled to claim compensation for extra costs?

6) If the answer to 5) a) i) is no and the answer to 5) a) ii) is yes, is the seller then still liable for late delivery, since timely delivery would have occurred if the production had not been inhibited?

7) Is a loss of the kind that the buyer has suffered recoverable or should it be considered too remote?

30. A department store in Manila has imported furniture from San Francisco in two 40' containers (full container loads) "CIF landed Incoterms Manila". The seller agrees to cover "all

risks" and to ship the goods not later than 1992–02–15. Payment shall be made 30 days after the date of the invoice, which is sent to the buyer together with a received for shipment bill of lading and the insurance policy to the buyer when the containers are delivered to the shipping line's terminal at San Francisco 1992–02–13.

When the containership arrives at Manila the containers are missing. Investigations are immediately initiated at San Francisco, where the containers are found still in the container terminal. The buyer has in the meantime discovered that the price for the furniture is excessive and therefore cancels the contract using late delivery as a pretext. He maintains that it follows from "CIF landed" that the goods must effectively arrive at the port of Manila before the seller has fulfilled his obligation and that the seller cannot deliver in time, since the next containership is not due to arrive until 6 weeks time.

The seller, on the other hand, maintains that he has duly performed the contract by delivering the containers to the shipping line's container terminal and that, therefore, the buyer must pay the invoice and ask the shipping line to send him the containers with the next ship. Further, the seller maintains that a delay of 6 weeks is not sufficient to give rise to a right of cancellation but only to a right to claim damages. But, since the seller from the liability to pay damages for delay, the buyer has no remedy against the seller at all. Anyway, the seller has discovered that the buyer already has made a cover sale at a cheaper price and consequently he cannot have suffered any damage.

The real reason for the cancellation, says the seller, is that the buyer wants to escape from what he thinks is a poor bargain. Thus, the cancellation has not been made in good faith and is therefore unlawful even if a delay of 6 weeks in itself would give rise to a right of cancellation.

Consider the seller's and the buyer's legal position and, in particular, the following questions:

1) Is the buyer's interpretation of the "CIF landed" term correct?

2) Is the seller's interpretation of the "CIF landed" term correct?

3) If the answer is yes to 1), has the buyer a right of cancellation?

Consider, in particular, the seller's standpoint that the cancellation was not made in "good faith".

4) If your answer is yes to 2), is there another ground for the buyer's position which you can suggest?

5) If your answer is no to 2), explain what you consider the correct interpretation to be.

6) Can anyone of the parties claim compensation from the insurer under the "all risks" terms?

7) Can the shipping line be held liable to compensate the financial loss incurred by

　　a) the seller if the buyer has a right of cancellation on account of the delay?

　　b) the buyer if he has no remedy against the seller?

31. A firm in Kuala Lumpur has bought 40 pre-fabricated houses from a factory in Sweden for a price of 500,000 US$. The buyer orders in his telex the houses "CIF Incoterms" Kuala Lumpur. In his reply the seller offers the houses "CFR Incoterms". This is repeated in the seller's confirming letter. The seller has arranged shipment from Gothenburg with a firm called "Occasion Sea Transport" who for this voyage has chartered "M/S Windmill" from the time-charterer "Fade Away Co." which is registered in an exotic tax haven. The ship belongs to a single ship cmpany registered in a state with a gcncrous policy towards shipowners.

One bill of lading is issued for 1,000 bundles of pre-fabricated houses and is signed by the agent of the time-charterer on the time-charterers' bill of lading form. The bill of lading is stamped "shipped on board" and is accepted by the Gothenburg Bank which upon the buyer's instructions has opened up a confirmed and irrevocable letter of credit in the favour of the seller.

When the ship arrives at Kuala Lumpur it is discovered that the pre-fabricated houses have been damaged by contact with heavy machinery which has come loose during the sea voyage. The ship's log evidences that the weather has been rather rough at times during the transit from Gothenburg to Kuala Lumpur (between 7–9 Beaufort). A survey report has assessed the damage to the pre-abfricated houses in the amount of 250,000 US$.

When the buyer asks the seller how this shipment has been arranged, the seller informs that he has made a booking with Occasion Sea Transport and paid a flat rate for the shipment. The seller admits that he was a little surprised to get a bill of lading on the Fade Away Co. form but he supposed that this was something which was necessary to satisfy the requirements under the letter of credit. Upon further investigation it is found that there is an agreement between Occasion Sea Transport and Fade Away Co. to the effect that all claims which may arise owing to loss of or damage to cargo should be met by the time-charterer, and that, consequently, no bills of lading should be signed for Occasion Sea Transport but that the bill of lading forms of Fade Away Co. should be used. It is further discovered that Fade Away Co. has not paid its Protection and Indemnity insurance premiums and that, therefore, the insurance has been cancelled. Bankruptcy pro-ceedings have been initiated a-gainst Fade Away Co..

The owner of "Windmill" has not been paid for the time charterparty hire and has cancelled the time charterparty. When the buyer addresses the owner with his claim, the owner main-tains that he has no contractual relationship whatsoever with the seller or the buyer, since the bill of lading has not been issued on his behalf. He also says that a carrier is not liable under the Hague Rules, since this was a "peril of the sea" and that, in any event, his liabili-ty is limited to 100 US$ per bundle under the "US Paramount Clause" in the bill of lading incorporation the Hague Rules. Further, he says, that it is hardly worthwhile for the buyer to arrest the ship — which by now has left Kuala Lumpur — since this is the only asset which the shipping company has and the banks have priority for their loans to the company which have been secured by mortgages in the ship. In fact, the proceeds of a sale of the ship will not suffice to pay the bank owing to the fall of ship's values in recent times.

Faced with the difficulties to pursue the claim against the owner of "Windmill", Fade Away Co. and Occasion Sea Transport, the buyer asks the seller for the insurance policy. The seller informs that he has not taken out any insurance, since the goods were sold CFR. The buyer refers to his telex where the goods are ordered CIF. The seller then refers to his telex, where it is clearly said that the goods are sold CFR which is also repeated in the con-firming letter. The buyer then takes the position that, in fact, no contract has been made since the terms mentioned for the buyer's offer to buy the goods CIF did not conform with the seller's acceptance to sell the goods CFR.

On this ground the buyer requests repayment of the purchase sum which the seller has col-lected from the bank. If this action should fail, the buyer has indicated to the bank that he intends to direct a claim against the bank for wrongful payment contrary to instructions, since the bank has accepted a bill of lading issued by another firm than the shipowner.

Consider the following questions:

1) Who of the parties within the "family of carriers" bears the responsibility for the shipment:

   a) the shipowner?

   b) the time-charterer?

   c) the voyage charterer?

2) Is "peril of the sea" an available defence?

3) Is the sea carrier's liability limited to 100 US$ per bundle, that is 100,000 US$?

4) Has a contract been made between the seller and the buyer in spite of the fact that they do not seem to have agreed on the same trade term?

5) Assuming that the seller only has the obligation to deliver the goods CFR, has he then fulfilled his CFR obligation by tendering a bill of lading signed for the time-charterer?

6) Has the buyer a claim against the bank for failure to request a bill of lading signed for the shipowner?

32. A merchant in Hong Kong has purchased "CIF Incoterms Hong Kong" from a Glasgow distiller's agent in London 10,000 bottles of Scotch whisky packed in 100 wooden boxes with 100 bottles in each. Payment shall be made to the seller under an irrevocable and confirmed letter of credit by a bank in London. In addition to the invoice, the insurance certificate and the bill of lading, a certificate of contents shall be tendered evidencing that all boxes in fact contain 100 bottles of whisky. The seller provides insurance on FPA-terms and with a warehouse-to-warehouse clause. He also arranges to have the goods delivered to a container terminal operated by a freight forwarder in Glasgow who specializes in consolidation of less than container loads (LCL) for container transport to the Far East.

The seller receives a FIATA bill of lading (FBL) covering the transport from Glasgow to Hong Kong. The seller then tenders the invoice, an insurance certificate and the FBL to the bank in London, but the bank refuses to accept the FBL on three grounds:

1) The FBL does not evidence shipment on board.

2) The FBL is a "forwarding agent's" bill of lading.

3) The FBL cannot be accepted as a "combined transport document", since the credit does not call for such a document and the contract does not evidence a combined transport.

The freight forwarder then persuades the shipping line which has undertaken the sea transit from London to Gdynia not only to issue a FBL for "one container marked BOOZ" but also a through bill of lading for "100 boxes of whisky ex container marked BOOZ" evidencing shipment with M/S "Streamline" from London via Gdynia and the Trans-Siberian railway and Vladivostok to Hong Kong.

The bill of lading contains the usual reservation "said to be". The bank accepts this bill of lading.

All 100 boxes arrive in Hong Kong. Upon instructions from the merchant the goods are immediately after discharge from M/S "Searail" — a so-called feedership on regular liner service between Vladivostok and Hong Kong — stored in public godowns. 65 days later when the boxes are opened it is discovered that between 30–80 bottles in each box sometime during the transport from Glasgow to Hong Kong have been replaced by bottles containing water.

Please consider the following questions:

1) Has the seller fulfilled his CIF obligation?

2) Has the bank

   a) correctly refused to accept the FBL?

   b) correctly accepted the through bill of lading London-Hong Kong?

3) Is the FPA-insurer liable for the loss?

4) Would the insurer's liability have been different under an All Risks-policy?

5) Can the buyer claim damages from the seller for wrongful delivery or cancel the contract?

6) Is it possible to claim compensation from the freight forwarder?

7) Is it possible to claim compensation

   a) under the through bill of lading issued by the shipping line operating M/S "Streamline"?

   b) the Trans-Siberian railway?

   c) the shipping line operating M/S "Searail"?

8) What is the maximum amount of compensation available according to the provisions of the through bill of lading assuming that the loss could be localized to the transit performed by the shipping line operating M/S ?Streamline??

9) Would it have been better for the buyer to have had an FBL instead and thereby a remedy against the freight forwarder?

33. A textile manufacturer in Taipei has a good customer in Kuala Lumpur who over the last 20 years has always punctually paid all invoices. Payment shall, according to their standing agreement, be made 30 days after the date of each invoice. In April 2002, a consignment with an invoice value of 100,000 US $ is sold CIF Incoterms Kuala Lumpur. The goods duly arrive and are stored in a warehouse in Kuala Lumpur, which the buyer customarily uses and from which the goods according to his instructions are sent directly to his customers, the retailers.

Owing to intensified competition the buyer has been compelled to reduce the prices charges to the retailers and, as a consequence, his business deteriorates. He is unable to honour his financial commitments and court proceedings are initiated by his creditors. This comes to the seller's knowledge and he therefore orders the warehouse to hold the goods at his disposition.

The warehouse, in its turn, has a claim on the buyer for unpaid storage fees in the amount of 60,000 US$ out of which 55,000 US$ concerns other goods than the actual consignment. The warehouse, however, claims a right of general lien on the consignment not only for the 5,000 US$ concerning storage fees for the consignment itself but for the full amount of unpaid storage fees and refers to a clause in its General Conditions reading as follows:

> The Company has a lien on the goods under its control not only for costs and claims relating to such goods, fee and warehousing rent included, but also for all other claims it may have against the customer arising from earlier contracts. If goods are lost or destroyed the Company has a right of subrogation to compensation from insurance companies, carriers or other parties. If the Company's claim is not paid when payment is due it may in an appropriate manner sell as much of the goods that, in addition to costs, all its claims are covered. The Company shall, if possible, duly notify the customer of the arrangements which it contemplates with respect to the sale of the goods.

The warehouse refuses to keep the goods at the seller's disposition and sells them on public auction. Out of the net proceeds of the sale, 80,000 US$, the warehouse keeps 60,000 US$ for itself. In the meantime, the buyer has been ordered into bankruptcy and the warehouse then gives account for the surplus of 20,000 US$ to the administrator of the bankrupt's estate.

The parties now claim against each other as follows:

1) The seller
   a) demands the 20,000 US$ from the administrator of the bankrupt's estate.
   b) claims damages from the warehouse in the amount of 120,000 US$ minus the amount which he may get from the administrator of the bankrupt's estate. (There has recently been a sharp rise of the prices owing to inflation and 120,000 US$ represents the actual market value of the goods when the claim was made.)

c) claims redelivery of the goods from the firm which has purchased them on the public auction against subrogation to that firm of his right of damages against the buyer and the warehouse.

d) maintains in support of his claim against the administrator of the bankrupt's estate, the warehouse and the buyer of the goods on the public auction that he has a right to "stop the goods in transit" and that this right is still effective, since the goods had not been delivered to the buyer when the seller instructed the warehouse to keep them at his disposition.

2) The administrator of the bankrupt's estate claims a further 60,000 US$ from the warehouse maintaining that the clause in the General Conditions is invalid, and that, in any event, it is only valid with respect to the storage fees relating to the actual consignment and that, therefore, at least 55,000 US$ should be paid to the administrator of the bankrupt's estate. Further, on these amounts an "inflation increment" of 20% is claimed.

Consider the position of the respective parties and answer, in particular, the following questions:

1) Has the seller a right to stop the goods in transit?

2) Has the warehouse a lien
   a) for the 5,000 US$ representing storage fees on the actual consignment?
   b) the full amount of 60,000 US$?

3) If you answer yes to 1) and 2), does the seller's right to stop the goods in transit take priority over the warehouse's lien on the goods
   a) for the storage fee of 5,000 US$ relating to the goods themselves?
   b) for the full amount of 60,000 US$?

4) If the answer is yes to 1) and yes to 3) a) or b) or no to 2) a) or b) could the seller
   a) recover the 20,000 US$ from the administrator of the bankrupt's estate?
   b) recover 60,000 US$ or 55,000 US$ from the warehouse?
   c) claim damages from the warehouse representing the actual market value of the goods on the date when the claim was made minus any amount recovered under a) and/or b)?
   d) celaim redelivery of the goods from the purchaser who bought them on public auction against subrogation to him of his right against the administrator of the bankrupt's estate and the warehouse?

34. An importer of television sets in Bombay, India, is negotiating a contract of sale with a manufacturer in Kyoto, Japan. There are facilities for multimodal door-to-door transport, using containers, from Kyoto to Bombay. This traffic is handled by a freight forwarder who offers a through rate and who assumes liability as contracting carrier under his own transport documents, a so-called FIATA combined transport bill of lading (FBL).

   The goods are containerized in LCL (less than container load) containers at the freight forwarder's container terminal, "Conterm," in Kyoto. These containers move on road vehicles to Yokohama and are shipped on container vessels from that port to Bombay. The seller is not prepared to assume the risks which may arise during the sea transit and in Bombay. The buyer, in turn, would prefer not to assume the risks before the goods have been delivered for carriage.

   The following questions occur and your advice is requested:

   1) Is it possible or practical for the seller to quote a FOB, CFR or CIF price?

   2) Should the transport document evidence shipment on board?

   3) Would the freight forwarder qualify as "carrier" under the FCA, CPT or CIP terms?

   4) Should FBL be approved as the proper transport document?

   5) Which trade term would you, as an "officious bystander", suggest that the parties insert in their contract of sale?

35. FOB 與臺灣實務界所使用的 FOR 有何區別？又 FOR 價與工廠交貨價，有關銀行費用（如推廣費、手續費……）是否可轉由廠方負擔？

36. 國外客戶要求以 FIS term 條件報價，何謂 FIS？

37. 國外開來的 L/C 列有 CIF landed 條件，與 CIF 有何不同？

38. 中東客戶要求以 CIF NCF 吉達港報價，請問這是什麼條件？

39. 美商要求以 CIF duty paid 報價，請解釋此條件？

40. FOB Los Angeles 與 CIF Los Angeles 有何區別？

41. 以 C&I 交易時，C&I 後面的地點究竟是出口地抑或目的地？

42. 在 CFR 條件下，賣方應於何時向買方發出裝船通知？

43. 在 FOB 條件下，貨物以貨櫃裝載，因故貨物滯留在出口港有一段時間，則貨櫃租賃費用由何方負擔？

44. 以 CIF 條件交易，但開來的 L/C 卻指定船公司、船舶名稱與航次，依 Incoterms 可否接受？

45. 買方為避免船舶抵達目的港之前的一切風險，乃以 DES 條件成交。如果貨物在運送中發生損失，是否可拒絕賣方的押匯？

46. FOB additional service 是否僅止於賣方代為找船？可否有其他服務？

47. 在 Shipment Contract 條件下，運送風險歸買方負擔，但如何鑑定冷凍食品、蔬菜、魚貨的品質係在 loading 之前發生變化？或在 loading 之後（風險移轉後）才發生？

48. 以 FOB、CFR 或 CIF 條件成交，貨物抵達目的港後，發現 shortage 或 deterioration，這時是否完全由買方負擔？（如果是冷凍海產品常有自然冰重耗損的現象，其 shortage 是否也由買方負擔？）

49. 在 CFR、CIF 條件下，賣方須以通常條件 (usual terms) 訂立運送契約，何謂「通常條件」？

50. 以 FOB、CFR、CIF 條件交易時，貨物在出口地貨櫃場遺失或損壞 (loss or damage) 時，其責任由誰承擔？

51. Incoterms 2000 中的各種 trade terms 中，賣方責任最大和責任最小的分別為那種？

52. 在 FOB 契約項下，買賣雙方如何防止船貨脫節？契約中應如何約定？

53. 何謂 trade terms？其對貿易契約的重要性為何？

54. 試說明在 Incoterms EXW 條件下，買賣雙方的主要義務，並說明在何種情況下，可採用 EXW 條件？

55. 在 Incoterms FCA 條件下，買賣雙方的主要義務為何？並說明在何種情況下適用此條件？

56. 試根據 Incoterms 說明在 FAS 條件下，買賣雙方的主要義務，並說明在何種情況下，可採用此條件？

57. 試根據 Incoterms 說明在 FOB 條件下，買賣雙方的主要義務，並說明在何種情況下，可採用此條件？

58. 何謂 internal FOB contract？何謂 external FOB contract？兩者使用場合有何不同？

59. 何謂 orthodox FOB contract？FOB shipment to destination contract？FOB with additional service contract？

60. 試依美國統一商法 (UCC) 說明下列三種 FOB 條件下的風險負擔界限及費用負擔的劃分。

　(1) FOB place of shipment

　(2) FOB place of destination

　(3) FOB vessel, place of shipment

61. 就當事人而言，FOB 與 CIF 下的法律責任為何？

62. 試根據 Incoterms 2000 說明在 CFR 條件下，買賣雙方的主要義務，並說明在何種情況下，適用此條件？

63. 試根據 Incoterms 2000 說明在 CIF 條件下，買賣雙方的主要義務，並說明在何種情況

下，適用此條件？

64.試根據 Incoterms 2000 分別說明在 DEQ、DDU、DAF、DDP 諸條件下，買賣雙方的主要義務，並說明在何種情形下，可適用此等條件？

65.試依據 Incoterms 2000 分別說明在 CPT 及 CIP 條件下，買賣雙方的主要義務，並說明在何種情況下，宜採用這些條件？

66.試比較分析 Incoterms 2000 中：

(1) FOB 與 FCA 的異同。

(2) CFR 與 CPT 的異同。

(3) CIF 與 CIP 的異同。

67.試比較分析 Incoterms 2000 的 FAS 與 Revised American Foreign Trade Definitions (1990) 的 FAS vessel 有何不同？

68.試比較分析 Incoterms 2000 的 CIF 與 Revised American Foreign Trade Definitions (1990) 的 CIF 有何不同？

69.何謂 CIF 契約？此種契約有何特徵？

70.何謂 C&I？在何種情形下，適用此條件？在此條件下，保險金額應為若干？

71.何謂 FOBC 5？其中 C 5 的計算基礎為何？在何種情形下，採用此貿易條件？

72.何謂 CIF landed？在此條件下，貨物風險移轉時期為何？

73.何謂 FOB Stowed？其貨物風險移轉時期為何？

74.何謂 FOB Trimmed？其貨物風險移轉時期為何？

75.何謂 FOBST？其貨物風險移轉時期為何？

76.何謂 FOB Ex Chute？FOB Ex Spout？其貨物風險移轉時期為何？何種貨物買賣可採用此條件？

77.何謂 In Bond？其適用情況為何？

78.何謂 FIS？其適用情況為何？

79.請依美國統一商法說明何謂：

(1) CIF net landed weights

(2) CIF warranty of condition on arrival

80.試述選擇 trade term 的一般原則。

81.試依 Incoterms 2000，就下列貿易條件，在下列適當方格中填入其風險移轉時點以及有關費用與責任的負擔者！

	EXW	FAS	FOB	CIF	CIF landed	DES	DEQ
風險移轉時期							
交貨地							
裝貨費用							
卸貨費用							
運費							
保險費							
出口稅捐							
PSI 費用							
輸出許可證							
輸入許可證							
安排運送工具							

82. 某工廠以 CIF 及 Landed Quality Final 條件外銷一批布疋，貨到目的港時，發覺貨品褪色，與樣品不符，經查是因運送途中海水灌入，貨品遭水浸，賣方已投保 ICC (A)，請問在此情形下，賣方應否負責？理由安在？

83. 試述在 FOB、FCA、CFR、CPT、CIF 及 CIP 條件下，確定品質的時間與地點在何時、何地？

84. 試述在 DES、DEQ 及 DDP 條件下，確定品質的時間與地點，以何為準？

85. 國際貿易條件，按交貨地點的不同，可分為那幾類？舉例說明之。如我方按 CIF 條件外銷，載貨船在海上觸礁，貨受嚴重損害，買方要求我方賠償損失，試問我方應如何處理？為什麼？

86. 試分別說明 FAS 和 FOB，FOB 和 CIF，CIF 和 CIP，CFR 和 CPT 在性質上有何不同？買賣雙方所承擔的風險、費用和責任又有何不同？

87. 按 CFR 條件成交的契約，為什麼賣方於貨物裝船後要迅速發出裝船通知較之 FOB、

CIF 契約更為重要？（SGA 32⑶）

88. Incoterms 1990 FCA 條件中，有關賣方的通知義務與所有其他 Incoterms 條件有何不同之處？為什麼？

89. 就進口商而言，在什麼情形下，以 FOB 成交較佳？在什麼情形下，以 CFR 或 CIF 成交較佳？就出口商而言，又如何？

90. 在下列條件下，對品質的確定，何者以裝運品質為準，何者以卸貨品質為準？

　　⑴FCA　　⑵CIF　　⑶DES　　⑷FOB

91. 試根據下列資料，列出價格條件（以英文表示）：

　　價格結構為 CIF，出口港為基隆，進口港為 Kobe。

　　價格幣制為美金，計價單位為每打美金 15 元，並無佣金在內。

92. 自美國進口時，FOB car Seattle 與 FOB vessel Seattle 有何不同？

93. 試述 CIF 條件的特色。

94. 試詳述 FOB 與 CIF 的異同。

95. 在美國為什麼將「船上交貨條件」以 FOB vessel 表示？

96. 在下列空白處填入適當字。

　　在 CIF 契約，賣方除 FOB cost 之外，尚須負擔⑴ _____ 與⑵ _____。貨物風險在⑶ _____ 時，所有權在⑷ _____ 時，由賣方移轉予買方。

97. 試就 FOB, CIF 及 DES，以風險的移轉及費用的負擔為中心，說明其異同及其本質。

98. 友大水泥公司最近在政府開放水泥外銷的政策下，接獲來自下列客戶的詢價函。由於友大水泥公司在油電價格飛漲，工資昂貴的情況下，公司資金周轉頗為困難，加上建廠貸款本息負擔甚重，因此公司希望能在獲利情況下愈快回收資金愈好，以舒解財政周轉的壓力。因此對下列客戶報價時，應採用何種貿易條件及其他重量、付款等相關條件？理由為何？請注意目前東南亞對水泥外銷競爭相當激烈，同時友大公司一向做內銷生意，對於船運業務頗為生疏。

　⑴伊朗商人甲，擬大量採購，卸貨港柯梅尼港，該國目前正與伊拉克交戰中，船隻都遠離波斯灣，從臺灣至伊朗航線僅剩伊朗國營輪船公司的船隻每十天一次往返，船運問題非常困難，保險費用漲十五倍，而且伊朗外匯短絀。

　⑵科威特商人乙，卸貨港科威特港，由於波斯灣戰爭，致使大批船隻臨時改向科威特港卸貨，造成該港空前壅塞，據聞港口壅塞附加費高達百分之五十，該國外匯充足。

　⑶印度商人丙，擬大量採購，惟該商人對報價，一般習慣接受 C&F 孟買的方式，俾在眾多競銷廠商中選擇對其最有利的條件。孟買碼頭工人水準低，卸貨時由於技術不熟，難免造成相當數量的水泥散失，因此買賣雙方常因重量不足而生爭執。

　⑷荷蘭商人丁，擬小量訂購，屬試銷性質，俟試銷滿意後再大量採購，惟該國政府鑑

於公共安全起見對於特別水泥採嚴格檢驗制度，一不合格即不准進口。

99.臺灣省物資局受臺糖公司委託於民國 62 年 1 月 10 日公開招標購買泰國 A 級長鐘麻四、二〇〇噸，經臺麻紡織股份有限公司以 C&F 高雄港 US$250 per ton，卸貨費由買方自理的條件得標，在買賣契約中約定：

Quality/quantity of the above-mentioned commodity certified by above reports/certificates shall be considered as final.

即以裝船時品質為準。詎料貨物運抵高雄，物資局指定公證公司前往碼頭驗貨發現其中破損顯著者計五八、四一二公斤。無破損者運往物資局倉庫加工製造麻袋，發現品質低劣，乃委請二家公證公司會同公證，發現 A 級品僅佔六三、六四％，其餘為不合格品或破爛品，乃向出賣人索賠。

出賣人抗辯本件為 Shipping Quality Final，而出口時既經泰國遠東公證公司檢驗合格，出具檢驗品質證明書在案。（最高法院 69. 年臺上字第 637 號）

問題(1)試問 Shipping Quality Final 條款下，如買受人於進口國發現貨物品質嚴重不符，應如何處理？此時出口檢驗合格證書效力多大？

　　(2)本案物資局應如何設計 Inspection Clause 方不致吃虧？除 Landed Quality Final 外有無更好的方法來保護買方的利益？

100.試比較 Incoterms DES 與 American Definitions Ex Ship 有何不同？

101.以 FCA 條件交易時，在買方未付款前，賣方如何控制貨物？

102.試說明在 CIF 條件下，貨物所有權的移轉時期。

103.解釋下列貿易術語：

(1) electronic B/L 　　(2) sea waybill

(3) paperless trading 　　(4) data freight receipt

104.在國際貿易，買賣雙方發生爭議時，仲裁人或法官適用下列各項之優先順序為何？（即其法律位階如何？）

(1)公序良俗

(2)強制法

(3)當事人的約定 (expressed intention)，(3)–1 默示條款 (implied terms)

(4)交易過程 (course of dealing)

(5)制定法（例如買賣法）

(6)標準格式 (standard form)

(7)國際貿易習慣 (international custom of the trade)

(8) Incoterms

(9)國際買賣公約（例如 1980 Sales Convention）

(note: 1964 ULIS § 9, 1980 CISG § 9)

105. 我國甲公司向美國紐約州乙工廠購買一批貨物，乙工廠以 FOB New York 報價，經往返磋商後，終於成交，甲公司乃依約定開出信用狀，乙工廠也依約交貨，並憑信用狀取得貨款。詎知一星期後甲公司收到乙工廠帳單，列明該批貨的出口費用，包括其在紐約的內陸運費、保險費、倉租、裝船費用、港務費用等，計一千美元，要求甲公司歸墊。甲公司則依 Incoterms FOB 的規定，主張此項費用應由乙工廠自行負擔，而拒付。但乙工廠則依美國統一商法 (UCC) 及 Revised American Foreign Trade Definitions 一 1990 規定，主張此項費用應由甲公司負擔。

討論：

⑴貿易慣例與一國法律規定牴觸時，應以何者為準？

⑵國際性的貿易慣例與某一國或某一地區的貿易慣例牴觸時，應以何者為準？

⑶何謂國際貿易習慣？ Incoterms 是否為國際貿易習慣？

⑷本案以何方主張較為有理？

⑸本案訂約時，當事人有何疏忽之處？ 應如何防範此類情事的再度發生？

106. 我國甲出口商以 Ex Ship Los Angeles 條件出售一箱工具機給美商乙進口商，該箱工具機在 Los Angeles 港卸貨時，以 Ship's tackle 起吊時，因操作不慎，自 tackle 脫離，掉到碼頭上，結果造成全損。於是進口商拒付。但我出口商則以 Incoterms 2000 DES 為依據，認為風險已移轉給進口商，堅持要求付款。但進口商也不甘示弱，依 UCC § 2–322. (2) (b) 規定主張風險應歸出口商負擔。

討論：

⑴Incoterms 與 UCC 牴觸時，應以何者為準？

⑵本案貨損究由進口商負擔抑應由出口商負擔？

⑶本案契約有何缺陷？

107. ⑴Glitz A. G. of Frankfurt, West Germany, a high-quality furniture manufacturer, took an order from Designs, Inc. of New York City. The order covered a substantial amount of furniture 一 enough to fill five full container loads. After identifying the furniture, the order continued:

Price: $750,000, C&F New York. April shipment. Payment 80% against documents, 20% on arrival of goods, subject to buyer's inspection and determination that goods are as warranted.

On April 22, Glitz delivered five containers to a trucking firm, which was an agent for the ocean carrier. The trucking firm issued a "through bill of lading," acknowledging that the five containers had been "received for shipment" on behalf of the ocean carrier and covering the entire shipment between Frankfurt and New York City.

The truck towing Container No. 1 had an accident on the autobahn outside Frankfurt. A small fracture developed on the top of the container. All of the containers, however, arrived in Rotterdam on April 24 when they were loaded aboard a ship chartered by the carrier. The ship sailed April 28. There were heavy storms throughout the voyage, and a fracture developed in Container No. 3.

In the meantime, Glitz sent the documents to Designs, Inc. through banking channels. Designs paid $600,000 and took the documents. Because of a longshoreman's strike, the ship had to wait outside New York harbor. Demurrage was incurred. (Demurrage is the cost of delays to a chartered vessel; the carrier who charters a vessel normally has a lien against cargo on the vessel until these costs have been paid.) As part of the settlement of the strike, the Port of New York imposed a special unloading charge. Reluctantly, Designs paid the share of these charges allocated to the five containers — $2,000 for demurrage and $100 for the extra unloading charge.

When Designs inspected the shipment, it found all of the furniture in Containers No. 1 and No. 3 to be waterlogged and ruined. Also, some of the furniture in Container No. 1 was torn and scratched. Designs had not taken out any insurance on the shipment. (Shortly afterwards, the ocean carrier went bankrupt.)

⑵Glitz had a second shipment aboard the same vessel. It related to a contract with Mod., Inc., also of New York City. This was for one container of furniture which Glitz had in a warehouse in Rotterdam. The contract price was $130,000 and the terms were "FOB Rotterdam, April shipment."

Mod failed to nominate a vessel for shipment, despite repeated telexes from Glitz throughout April. So Glitz decided to ship the container aboard the April 28 vesse to New York City. It so telexed Mod on April 25 and received no reply. It again telexed Mod on April 28, this time to say that the goods were aboard the vessel. Again Mod did not reply. When Glitz?s New York bank presented the documents to Mod on May 5, Mod said it was can-celling the contract.

This shipment also was severely damaged during the ocean voyage. Glitz hired an agent in New York to sell it for its salvage value.

⑶Designs sued Glitz in New York to have its contract declared cancelled, and to recover the 80% of the purchase price and the $2,100 in demurrage and extra unloading costs it had paid. Glitz appeared and counterclaimed for the remaining 20% of the pur-chase price. Glitz also brought an action in New York against Mod for $130,000 and the agent's expenses, which was heard at the same time.

In each lawsuit, (1) what are the issues, (2) what are the best arguments of each party, and (3) what should be the result?

108. 在下列的 Incoterms 1990 的條件中，有那一個的風險轉移點是在進口地？

　(A) EXW　　(B) FOB　　(C) CIF　　(D) DEQ

109. 以臺灣的地理位置而言，在下列的貿易條件中何者在進出口時最不適於使用的？

　(A) EXW　　(B) FAS　　(C) CIP　　(D) DAF

110. 通稱的起岸價格是指：

　(A) EXW　　(B) FOB　　(C) CFR　　(D) CIF

111. 一般所稱的船上交貨價是指：

　(A) FAS　　(B) FOB　　(C) EXW　　(D) CIF

112. 一般所稱的運費在內價是指：

　(A) CFR　　(B) CPT　　(C) CIF　　(D) CIP

113. 通稱的離岸價格是指：

　(A) EXW　　(B) FOB　　(C) CFR　　(D) CIF

114. 在下列 Incoterms 1990 的條件中，那一個僅適合於港口對港口 (Port to Port) 的運輸？

　(A) EXW　　(B) FCA　　(C) CIF　　(D) DDU

115. 同一交易，下列何種價格金額最低？

　(A) EXW　　(B) FOB　　(C) FAS　　(D) FOB&C

116. 下列何者屬於輸入地陸上交貨條件？

　(A) CIF&C.E.I.　　(B) CIF　　(C) FOB　　(D) DDP

117. 出口報價為 CIF 時，依 Incoterms 1990，賣方應投保之金額為 CIF 值另加多少％？

　(A) 10%　　(B) 15%　　(C) 20%　　(D) 40%

118. 複合運送較適用於以下何種貿易條件？

　(A) FOB　　(B) CFR　　(C) CIF　　(D) CIP

119. 在 DES 條件下，賣方投保水險時，其保險金額至少應為多少？

　(A) 契約金額的一成　　(B) 契約金額加一成　　(C) 等於契約價金　　(D) 賣方自行決定

120. 在 CIF 的貿易條件之下是：

　(A) 買方投保，買方提出保險索賠

　(B) 賣方投保，賣方提出保險索賠

　(C) 買方投保，賣方提出保險索賠

　(D) 賣方投保，買方提出保險索賠

（以上 108–120 題為 87 年普考一試「國際貿易實務概要」）

121. 何謂美國對外貿易定義？其與 Incoterms 有何差異？　　　　　（84 年高考二級）

122. 試根據 Incoterms，說明在 CIF 條件下，買賣雙方的主要義務，並說明在何種情況下適用此條件？　　　　　　　　　　　　　　　　　　（86 年基層三等特考）

123. 試依據 Incoterms 說明在 FOB 貿易條件下，買賣雙方的主要義務；並說明於何情況下乃可適用此條件。　　　　　　　　　　　（87 年普考二試「國際貿易實務概要」）

124. 若賣方無法取得輸入許可證及辦理進口報關，則不宜使用以下何種條件？
　(A) FAS　(B) FOB　(C) DDP　(D) DES

125. 在國貿條規中，以下何種條件賣方負責貨物危險直到貨物送達裝運港，過船舶欄杆為止？
　(A) FCA　(B) FAS　(C) FOB　(D) DES

126. 在國貿條規中，以下何者賣方之義務最輕？
　(A) EXW　(B) FOB　(C) CIP　(D) DDP

127. 下列有關裝船前檢驗 (PSI) 之敘述，何者是錯誤的？
　(A)依 Incoterms 規定，PSI 費用應由賣方負擔
　(B)貨物裝運前，須取得公證行簽發之無瑕疵檢驗報告
　(C)被普遍認為是一種貿易障礙
　(D)多係進口國海關制度未十分健全時，所設計的一種制度

128. 在港口對港口的運輸，如發生運輸索賠時，在實務上大多以何種標準來計算損害額？
　(A) EXW　(B) FOB　(C) CFR　(D) CIF

（以上 124–128 題為 87 年高考三級一試「國際貿易實務」）

129. 以下那一種貿易條件，買方所須負擔的責任最大？
　(A) EXW　(B) DDU　(C) DDP　(D) CIF

130. 以下那一種貿易條件，賣方所須負擔的責任最大？
　(A) EXW　(B) DDU　(C) DDP　(D) CIF

131. 以下那一貿易條件僅適用於海上運送或內陸水路運送？
　(A) CPT　(B) CIP　(C) FOB　(D) FCA

132. 以下那一貿易條件屬於 CIF 系統的貿易條件？
　(A) CPT　(B) CIP　(C) C&I　(D) CFR

133. 若出口商不易取得輸入許可證則在簽訂買賣契約時，不宜使用下列那一貿易條件？
　(A) EXW　(B) DDP　(C) DDU　(D) CIF

134. Incoterms 2000 中的 13 種貿易條件中，買方的共同義務為：
　(A)取得輸入許可證　(B)取得輸出許可證　(C)訂運送契約　(D)支付價金

135.以下那一貿易條件並非 Incoterms 2000 所解釋的?

　　(A) EXW　　(B) Ex Dock　　(C) DAF　　(D) DES

136.以下那一貿易條件不是在進口地交貨的貿易條件?

　　(A) DDU　　(B) FAS　　(C) DDP　　(D) DES

137.不屬於 Loco terms 的貿易條件為:

　　(A) Ex Works　　(B) Ex Factory　　(C) Ex Warehouse　　(D) Ex Dock

138.各國海關對於進出口貨物的統計,有關進口值皆採到岸價格,是指:

　　(A) CIF 值　　(B) FOB 值　　(C) EXW 值　　(D) DDP 值

139.若一國實施外匯管制,則出口商使用那一種貿易條件時,會有實務上的困難?

　　(A) EXW　　(B) DDP　　(C) DES　　(D)以上皆是

140.Incoterms 2000 中的 13 種貿易條件中,保險費用由賣方負擔的貿易條件不包括:

　　(A) CFR　　(B) CIF　　(C) CIP　　(D) DEQ

141.Incoterms 2000 中的 13 種貿易條件中,那一項與美國定義的第 5 類 FOB 類似?

　　(A) CPT　　(B) DDP　　(C) FOB　　(D) CIF

142.Incoterms 2000 中的 13 種貿易條件中,那一項與美國定義中的第 6 類 FOB 類似?

　　(A) CPT　　(B) DDP　　(C) FOB　　(D) CIF

143.Incoterms 2000 中的 13 種貿易條件中,那一項與美國定義之第 2 類 FOB 相似?

　　(A) CPT　　(B) DDP　　(C) FOB　　(D) CIF

144.若買方為國內的一個出口商,且向國內的製造商購買商品外銷,則雙方的交易宜採用那一種貿易條件?

　　(A) CPT　　(B) CIF　　(C) FAS　　(D) FOB

145.我國國際港口設有保稅倉庫,進口商輸入貨物時,可以存入保稅倉庫暫時免繳關稅,此時進口商可以選用下列何種條件?

　　(A) FOB　　(B) CIF　　(C) DES　　(D) DDU

146.目前正處於買方市場,出口商可使用下列那一種貿易條件以提高競爭力?

　　(A) DEQ　　(B) FOB　　(C) DDU　　(D) CIP

147.適用於空運或陸運方式的貿易條件為:

　　(A) FAS　　(B) FCA　　(C) FOB　　(D) CFR

148.若運費或保費有上漲趨勢時,出口商宜選用下列那一種貿易條件?

　　(A) CFR　　(B) CIF　　(C) FOB　　(D)以上皆可

149.採寄售交易時,出口商可以採用下列何種貿易條件最適當?

　　(A) EXW　　(B) In Bond　　(C) CIF cleared　　(D) Ex Dock

150.Incoterms 2000 的貿易條件中,貨物運送費用由賣方負擔,而危險由買方負擔的包括:

(A) CFR　　(B) CIF　　(C) CPT　　(D) FCA

151.各種貿易條件中，運費及保費分別由不同人負擔的貿易條件不包括：

　　(A) CFR　　(B) CPT　　(C) FCA　　(D) C&I

152.各種貿易條件中，貨物運送的進出口通關手續及費用均歸買方負擔的貿易條件不包括：

　　(A) EXW　　(B) FCA　　(C) FAS　　(D)以上皆由買方負擔

153.國際間石油買賣有時候會用到 "CIF afloat" 這樣的條件，afloat 的意義是指貨物目前正在海上運輸途中的意思。因為石油買賣有時候可立即從「國際現貨市場購得」── 舉例：甲公司的船在北海油田接油後在海上航行，甲公司旋向多家煉油廠拍電報說有多少桶的原油可立即銷售，設中油公司同意購買，甲公司會立即拍電報給正航向美國的輪船調頭開往高雄，假設中油與甲公司於 1999 年 1 月 9 日成立契約，雙方用 "CIF Kaohsiung afloat" 成交，非常不幸的，1 月 9 日凌晨一點該船即已沉沒。請問：

　⑴用 "CIF Kaohsiung afloat" 成交，該船於 1 月 1 日起即已從北海油田開航，1 月 9 日凌晨一點沉船，1 月 9 日上午 9 時雙方簽約，這條船的沉沒風險由誰負擔？（Key issue：1. pass rail 的危險負擔要件加上 afloat 後有無影響；2. seller 知情或不知情會不會影響？）97%

　⑵扣分題（你可以不回答，但不回答扣 3 分，回答則給 3 分）3%

　　您一定到加油站加過油，加油是用附有油管的油槍把油注入油箱，油輪運油的方式大概也差不了多少，從碼頭用油管把油接上油輪的石油注入口，依您的看法石油買賣用到 CIF 這個貿易條件會不會用 rail（船舷）當作危險負擔的分界線，如果不會，那麼何處可當 risk 的分界線？（簡答即可）

154.甲公司（貿易公司）的策略是臺灣接單，然後在香港將大陸與臺灣的貨併櫃出貨。某次用 CIF Hamburg 與德國乙公司成交。請問：

　⑴您若是德國進口商，希望裝船港就在臺灣而不是在香港，可如何設計使用這個 "CIF Hamburg" 貿易條件限制其出口港？

　⑵如果是在香港併櫃且裝船，那麼由臺灣出貨的部分，其危險負擔是在超過何地的船舶船舷就移轉給 buyer 負擔？（Key issue：臺灣─香港這段的 risk 歸誰負擔？）請說明之。

155.簡答題

　⑴FAS 與 FCA 的危險負擔各在何時移轉？

　⑵FCA 的通關費用由誰負擔？（答 Seller or Buyer 即可）

　　（open book，可看（帶）書及筆記）

156.中南美洲國家的進口商喜歡用 D/P 或 D/A 方式與我國出口商做生意。為配合這種交

易方式，您認為宜使用 F 類型的 (FOB or FCA) 或 C 組的 (CIF or CIP) 貿易條件與對方做生意較為妥當？為什麼？

157.在 FCA 條件下，由 Cargo Terminal 直到把貨櫃移進船舶的船艙的費用由誰負擔？（直接答 Seller or Buyer 即可）

158.在 FOB Liner Term 貿易條件下，誰負責將貨物由碼頭吊上 PASS 船舶 (rail) 的這段費用？（直接答 Seller or Buyer 即可）

159.若貨物賣與菲律賓，該國規定要實施 PSI (pre-shipment inspection)，雙方契約沒有特別規定要由誰負擔這項檢驗費用，請問在 CIP Manila 貿易條件下，PSI 的費用應由 Seller or Buyer 負擔？

160.加拿大的曾子興公司售與臺灣的劉燕玲公司廢紙一批，Trade Term 為「CIF 臺中港」，這一艘船沒有走蘇伊士運河，繞道好望角，走了 60 天才到臺中港（正常約 20 天），請問劉燕玲公司可以告曾了興公司違約嗎？Why?

161.簡答題

　⑴台化公司欲從加拿大進口硫磺，假設硫磺會侵蝕船舶，請問台化用 CIF or FOB Term 進口硫磺會對它比較有利？

　⑵春節前，臺灣的蔡孟娟公司向美國的呂士杰公司進口腸衣一個貨櫃，貨一裝船拿到提單，馬上要轉讓（提單背書）給新東陽直接去貨櫃場提貨，以趕年節之需，請問要轉賣於水運途中的貨物宜用 FOB (or FCA) 好？或者 CIF (or CIP) 好？Why?

162.請說明 INCOTERMS 2000 年版的 FAS 與 DEQ 與 1990 年版的 INCOTERMS 有何差別？但首先對這兩個 Trade Terms 先下定義。

163.使用 INCOTERMS 主要是在明確契約的何項重點？

164.美商下訂單給臺灣出口商，Trade Terms 為 "FOB Hong Kong port" 要求臺商把貨運到香港，再與從大陸深圳運到香港的貨在香港貨櫃併一個 40′ 的 container，請問在 FOB HK port 底下，臺商應負有那些義務？

165.簡答題

　⑴CIF No arrival No sale 這個變型條件的性質是不是還屬於 CIF？為什麼？

　⑵若使用 FOB，那麼 THC (Terminal Handling Charge) 由誰負擔？

　⑶石油漲價了，船公司要加收燃料附加費，若 Trade Term 為 CIF 或 CIP，該項費用由誰負擔？Why?

166.臺灣 ABC 三家公司聯合向美國華盛頓州的甲公司買 3 萬噸黃豆，Trade Term 為 "FOB Seattle F.I.O."，由臺灣方面傭船運回，雙方約定交貨日期為 2002 年 10 月 30 日，甲公司在碼頭自己有倉庫，裡面放了 6 萬噸（其中 3 萬噸韓商訂購的）。船 10 月 31 日始抵達，碼頭倉庫當天（31 日）也失火了，損失 3 萬噸，請問：

⑴何謂 F.I.O.？FOB F.I.O. 由誰負擔裝船費用？

⑵本例 3 萬噸損失由誰負擔？Why？

⑶USA 的 FOB 有六種，那一種與 INCOTERMS 的 FOB 相當？

167.新臺灣日光燈公司售與伊拉克日光燈管製造設備，使用貿易條件為 CFR 巴斯拉 (Basra)，買賣契約有一個條件為：Delivery: Vessel "Wise". Arrival March 15–30. 但於進入卸貨港途中被伊拉克火箭摧毀（伊拉克與科威特戰爭），請問新台灣日光燈公司要負責嗎？Why？（issue：Arrival March 15–30 如何解釋？）

168.高雄捷運要開工了，甲標到售與捷運的石子，決定從越南進口，並自己傭船載運砂石，傭船契約有一條是這樣的：

"Grab discharge: No cargo shall be loaded: in any compartment inaccessible to reach by grabs"

若有此條款，請問與越南出口商談契約，F 群貿易條件中你認為宜使用那一個？Why？

169.美國發生 911 事件，如興紡織用 CIP 賣與美國 USA "GAP" 公司的牛仔褲，由聯邦快遞公司於 9 月 13 日先空運到加拿大的溫哥華，再用公路運到西雅圖交與 GAP，增加運費約美金 2 千元，請問那方 (seller or buyer) 應負責？Why？又，如果恰為 911 當天飛往西雅圖的飛機因空域封鎖，改降溫哥華再由公路運至西雅圖，結果有無不同？（設加拿大空域開放）

170.聯強國際使用全球運籌管理，緊鄰 Federal express 在田納西 Memphis 總部旁，設立美國子公司，聯強先把貨從臺灣由 Federal express 運至 Memphis 的保稅倉庫，然後用 EXW Bonded warehouse at Memphis 售與 Memphis 的經銷商，請問進口關稅要由誰負擔？Why？

171.甲用 FCA 汐止貨櫃集散站條件售與日本 uniglo 休閒服一批，於指定日期已交予汐止集散站人員收管，當晚洪水肆虐，貨櫃被沖走，請問誰要負擔風險？又，FCA 條件，買方或賣方要負擔 THC 的費用？Why？

172.甲用 FOB Additional Service Contract 售與 Dell 貨物一批，契約規定接到 L/C 後 30 日內出貨，甲到了最後 5 日才開始找船，無法訂艙位，因 space 都已 over，請問訂不到船的風險由誰負擔？無法出貨有無風險提早移轉的問題？（請考慮代理人過失與 risk 有無關連）

（153–172 題為劉鶴田教授在貿協講授時的試題）

173.與客戶以 "door to door" 條件交易，但在買賣契約書上卻約定按 CFR 或 CIF 條件交易，若運輸中發生費用（運費、報關等）糾紛，法律上如何解決？

174.貨櫃運輸上，如仍用 FOB 條件容易引起糾紛，但在一般買賣契約上，仍在使用 FOB 條件。請問貨櫃運輸倘仍以 FOB 條件交易，風險是否在 "Ship's rail" 作為界限？

175. FCA（at 賣方倉庫）v.s. EXW（at 賣方倉庫），以上兩者的差別為何？

176. 依 Incoterms 2000，產地證明書及領事簽證費由進口商或出口商負擔？

177. 請問在 FCA（賣方倉庫）條件下，賣方應負擔何種費用？（如運送人為 forwarder〔一般空運〕快遞公司〔UPS 等〕）

又在上列條件下，風險將在何時轉移？

「已裝載於買方或其代理人所指定的運送人提供的運送工具時」實務上是指什麼時候？是指 forwarder 的手推車？或 forwarder 的貨車？或其他？

178. CIF 後面是 "named port of destination"，但現行交易常要求將貨送到內陸地點，例如 CIF Chicago 或 CIF Nashville 等等，是 "named point of destination" 而不是 "named port of destination, to door service"，是否與 Incoterms 牴觸？

179. FOB/CIF 是否只適用於海運（named "port" 指的一定是海港 [sea port] 而不是空港 [airport]）而不適用於空運？例如：空運時是否相對於 FOB/CIF 的運送條件應訂為 FCA Tokyo airport 或 CIP CKS airport？

180. 賣方在裝船港交貨後，風險就移轉予買方，但賣方須購買貨物在運送中的保險。若貨物出險時，是由賣方向保險公司求償或由風險承擔的買方求償？

181. 在 DDU/DDP 條件下，若貨物出險，則下列那一種是對的？

(1)買方支付貨款給賣方後，向保險公司求償。

(2)買方不必支付貨款給賣方，而由賣方向保險公司求償。

(3)以上兩種方式皆可。

182. 貿易條件是 DDU Bangalore（是內陸地點），貨從 Chinni（港口）卸下後經由卡車或火車送到 Bangalore，賣方是否需付 THC？原因是不知 THC 是在卸貨港付？還是在目的地才需支付此項費用，如何認定其他的港口所發生的費用呢？

參考書目

中　文

五南編輯部，《國貿條規》，五南圖書出版公司，民國80年。

安氏，《國際貿易實務》，商務印書館，民國36年初版。

古嘉諄，〈國際貿易中定型貿易條件之研究〉，興大法研所論文，民國67年。

周渭泉，《國際貿易實務》，中華出版社，民國61年初版。

吳學勵，〈國際貿易交易價格條件之研究〉，文大法研所論文，民國74年。

黃火炎，〈外銷產品價格結構之分析〉，政大企研所論文，民國62年。

陳逸文，〈國際買賣契約價格條件之研究〉，政大貿研所論文，民國67年。

陳猷龍，《CIF買賣契約論》，自印，民國68年初版。

梁滿潮，《貿易實務之法律問題》，自印，民國72年增訂三版。

國際商會中華民國總會，《2000年版國貿條規》，金融研訓中心，民國89年1月。

張錦源，《信用狀理論與實務》，三民書局，民國79年修訂再版。

張錦源，《國際貿易法》，三民書局，民國90年5修訂版1刷。

張錦源，《國際貿易實務詳論》，三民書局，民國91年9版。

葉永芳，《國際貿易法實務㈠》，自印，民國70年初版。

葉永芳，《國際貿易法實務㈡》，自印，民國71年初版。

葉永芳，《海商貿易判決資料彙編㈠》，自印，民國71年初版。

葉勝添，〈FOB買賣契約之研究〉，政大法研所論文，民國63年。

劉鶴田，〈新版國貿條規搜秘〉，《貿易雜誌》，第59期，民國89年9月。

興大法研所，《美國統一商法典及其譯註》，臺灣銀行，民國68年初版。

日　文：

小町谷操三，《海上賣買法論》，岩波書店，1949年初版。

上坂西三，《貿易慣習》，東洋經濟新報社，1968年9刷。

上坂西三，《國際貿易條件基準》，國際商事仲裁協會，1976年9版。

大崎正瑠，《FOB條件とCIF條件》，成山堂書店，1982年初版。

小原三佑嘉，〈Incotermsの法的確信〉，《國際商事法務》，vol. 8，No. 12。

中村　弘，《貿易契約の基礎》，東洋經濟新報社，1983年初版。

朝岡良平，〈CIF契約における所有權と危險の移轉〉，《早稻田商學》，186號，191號，196號，1966–67年。

朝岡良平，《貿易賣買と商慣習》，布井出版，1976年初版。

朝岡良平，《國際貿易條件基準の解說》，國際商事仲裁協會，1977年初版。

新堀　聰，《貿易賣買》，同文館，1990年初版。

橋本英三，《外國貿易取引條件の研究》，國元書房，1953年初版。

濱谷源藏，《貿易賣買の研究》，同文館，1964年初版。

濱谷源藏，《貿易取引の基本問題》，同文館，1977年初版。

濱谷源藏，〈定型貿易取引條件の分類基準〉，《經濟集志》，第50卷1號，1980年。

英　文

A. G. Guest, *Benjamin's Sale of Goods*, 3rd ed. (2nd ed.), Sweet & Maxwell, 1987 (1981).

"CIF Contracts in American K. N. L. Law," *Yale Law Journal*, vol. 32, 1923, pp. 771–720.

C. M. Schmitthoff etc., *The Transnational Law of International Commercial Transactions*, vol. 12., 1st ed.,
　　　Kluwer Law and Taxation Publishers, 1980.

C. M. Schmitthoff, *International Trade Usage*, Institute of International Business and Practice, 1987.

C. M. Schmitthoff, *Export Trade*, 9th ed. (7th ed), Stevens & Sons, 1990 (1980).

Charles Debattista, *Incoterms in Practice*, ICC Publishing S. A., 1995.

David M. Sassoon, "Trade Terms and the Container Revolution," *Journal of Maritime Law and Commerce*,
　　　vol. 1, No. 1, Oct. 1969, pp. 73–84.

David M. Sassoon and H. Orren Merren, *CIF and FOB Contracts,* 3rd ed., Stevens & Sons, 1984.

Eric J. Davis, "The Various Types of FOB Contract," *Business Law Review*, 1957, pp. 256–270.

"FOB Contracts and Proposed Sales Legislation," *Columbia Law Review*, vol. 41, 1941, pp. 892–910.

Guide to Incoterms, 2nd ed., ICC Publication, No. 354, ICC Services, 1980.

Henry Paine Crawford, "Analysis and Operation of a CIF Contract," *Tulane Law Review*, vol. 29, 1955, pp.
　　　396–430.

Interpretation & Application of International Trade Usages, ICC Publication, No. 374, ICC Services, 1981.

Incoterms Q & A, ICC Publication, No. 589, ICC Publishing S. A., 1998.

Incoterms 2000, ICC Publication, No. 620, ICC Publishing S. A., 1999.

Incoterms 2000—A Forum of Experts, ICC Publication, No. 617, ICC Publishing S. A., 2000.

Jan Ramberg, *Incoterms in the Era of Electronic Data Interchange*, Forum International, 1999.

Jan Ramberg, *Guide to Incoterms 2000*, ICC Publishing S. A., 1999.

Jan Ramberg, *Guide to Incoterms*, ICC Publishing S. A., 1991.

Lawrence Vold, *Law of Sales*, St. Paul, 1960.

Michael A. Schwind, "FAS Clauses in American and Comparative Law," *New York University Law Review*, vol. 32, Nov. 1957, pp. 1247–1260.

Philip W. Thayer, "CIF Contract in International Commerce," *Harvard Law Review*, vol. 53, 1940, pp. 1792–1826.

"Sales—When Title Passes in FOB Transactions," *Tennesse Law Review*, vol. 12, 1933–34, pp. 61–64.

Stanley B. Kay, "C&F Contracts," *Journal of Maritime Law and Commerce*, vol. 2, No. 2, Jan. 1971, pp. 431–436.

信用狀理論與實務 —— 國際商業信用狀實務（增訂四版）
張錦源／著

　　本書係為配合大專院校教學與從事國際貿易人士需要而編定，另外，為使理論與實務相互配合，以專章說明「信用狀統一慣例補篇——電子提示」及適用範圍相當廣泛的ISP98。閱讀本書可豐富讀者現代商業信用狀知識，提昇從事實務工作時的助益，可謂坊間目前內容最為完整新穎之信用狀理論與實務專書。

國際貿易實務詳論（修訂九版）　　張錦源／著

　　買賣的原理、原則為貿易實務的重心，貿易條件的解釋、交易條件的內涵、契約成立的過程、契約條款的訂定要領等，均為學習貿易實務者所不可或缺的知識。本書按交易過程先後作有條理的說明，期使讀者對全部交易過程能獲得一完整的概念。除進出口貿易外，對於託收、三角貿易……等特殊貿易，本書亦有深入淺出的介紹，彌補坊間同類書籍之不足。

國際貿易實務（修訂二版）　　張錦源、劉　玲／著

　　對於國際貿易實務的初學者來說，一本內容簡潔且周全的入門書，可使初學者有親臨戰場的感覺；對於已經有貿易實務經驗者而言，連貫的貿易實例與統整的名詞彙編更有助於掌握整個國貿實務全貌。本書期能以簡潔的貿易程序、周全的貿易單據、整套貿易文件的實例連結及附加價值高的名詞彙編，使學習國際貿易實務者，皆能如魚得水的悠游於此一領域。

國際貿易理論與政策（修訂新版）　　歐陽勛、黃仁德／著

　　在全球化的浪潮下，各國在經貿實務上既合作又競爭，為國際貿易理論與政策帶來新的發展和挑戰。為因應研習複雜、抽象之國際貿易理論與政策，本書採用大量的圖解，作深入淺出的剖析；由靜態均衡到動態成長，實證的貿易理論到規範的貿易政策，均有詳盡的介紹，讓讀者對相關議題有深入的瞭解，並建立起正確的觀念。

經濟學 —— 原理與應用　　黃金樹／著

　　本書企圖解釋一門關係人類福祉以及個人生活的學問——經濟學。它教導人們瞭解如何在有限的物力、人力以及時空環境下，追求一個力所能及的最適境界；同時，也將帶領人類以更加謙卑的態度，相互包容、尊重的情操，創造一個可以持續發展與成長的生活空間，以及學會珍惜大自然的一草一木。隨書附贈的光碟有詳盡的圖表解說與習題，可使讀者充分明瞭所學。

行銷學（增訂三版） 方世榮／著

　　顧客導向的時代來臨，每個人都該懂行銷！本書的內容完整豐富，並輔以許多「行銷實務案例」來增進對行銷觀念之瞭解與吸收，一方面讓讀者掌握實務的動態，另一方面則提供讀者更多思考的空間。此外，解讀「網路行銷」這個新興主題，讓讀者能夠掌握行銷最新知識、走在行銷潮流的尖端。

保險學理論與實務 邱潤容／著

　　由於金融控股公司法的公布施行，結合銀行、保險、證券……等的金融控股公司陸續成立，使得保險對於社會與個人日趨重要，不僅相關從業人員必須熟悉保險，一般大眾更需要瞭解保險。本書針對保險理論與實務加以分析、探討，期望讀者對保險之經營與操作有更深入的理解。除了可作為修習相關課程之大專院校學生的教科書，對於實務界而言，更是培育金融保險人員的最佳參考。

策略管理 伍忠賢／著

　　本書作者曾擔任上市公司董事長特助，以及大型食品公司總經理、財務經理，累積數十年經驗，使本書內容跟實務之間零距離。全書內容及所附案例分析，對於準備研究所和ＥＭＢＡ入學考試，均能遊刃有餘。以標準化圖表來提綱挈領，採用雜誌行文方式寫作，易讀易記，使你閱讀輕鬆，愛不釋手。並引用多本著名管理期刊約四百篇之相關文獻，讓你可以深入相關主題，完整吸收。

策略管理全球企業案例分析 伍忠賢／著

　　一服見效的管理大補帖，讓你快速吸收惠普、嬌生、西門子、UPS、三星、臺塑、統一、國巨、台積電、聯電……等二十多家海內外知名企業的成功經驗！本書讓你在看故事的樂趣中，盡得管理精髓。精選最新、最具代表性的個案，精闢的分析，教你如何應用所學，尋出自己企業活路！

期貨與選擇權 陳能靜、吳阿秋／著

　　本書以深入淺出的方式介紹期貨及選擇權之市場、價格及其交易策略，並對國內期貨市場之商品、交易、結算制度及其發展作詳盡之探討。除了作為大專相關科系用書，亦適合作為準備研究所入學考試，與相關從業人員進一步配合實務研修之參考用書。